Mark Twain (d.i. Samuel Langhorne Clemens), geboren am 30. November 1835 in Florida, Missouri, ist am 21. April 1910 in Redding, Connecticut gestorben.

Mark Twain gehört zu den großen Erzählern der amerikanischen Literatur des 19. Jahrhunderts. Er bediente sich ganz unterschiedlicher epischer Formen. Er beherrschte meisterhaft die pointierte humoristische Skizze, [illegible] Kurzgeschichten oder auch [illegible] Reiseberichte und festigte seinen Ruf als Autor längerer Erzählungen, die später zu den Klassikern des Abenteuerromans wurden: Tom Sawyer und Huckleberry Finn.

Nach den Jugendjahren in Hannibal, dem tatsächlichen Schauplatz seiner Geschichten von *Tom Sawyer* und von *Huckleberry Finn*, führte Twain ein abenteuerliches, abwechslungsreiches Leben. [illegible] Lotse auf dem Mississippi, Goldgräber in Kalifornien, [illegible] San Francisco, so kam er quer durch die Vereinigten Staaten bis [illegible] schließlich seinen literarischen Ruhm. [illegible] Sozialkritische [illegible] gepaart mit den [illegible] seines Humors, [illegible]

Die vorliegende Edition ist die erste große [illegible] Taschenbuchausgabe dieses populären Erzählers im deutschsprachigen Raum. Die repräsentative Sammlung berücksichtigt in ihrer Auswahl aus dem Gesamtwerk sowohl den Klassiker des Abenteuerromans als auch den [illegible] Alle Bände sind illustriert, zum [illegible] mit Abbildungen der Erstausgabe. Jeder Band enthält [illegible] sowie [illegible]

Mark Twain (d.i. Samuel Langhorne Clemens), geboren am 30. November 1835 in Florida/Missouri, ist am 21. April 1910 in Redding/Connecticut gestorben.

Mark Twain gehört zu den großen Erzählern der amerikanischen Literatur des 19. Jahrhunderts. Er bediente sich ganz unterschiedlicher epischer Formen. So beherrschte er meisterhaft die pointierte literarische Skizze, schrieb Kurzgeschichten oder ausführliche Reiseberichte und festigte seinen Ruf als Autor längerer Erzählungen, die später zu den Klassikern des Abenteuerromans wurden: Tom Sawyer und Huckleberry Finn.

Nach den Jugendjahren in Hannibal, dem tatsächlichen Schauplatz seiner Geschichten von *Tom Sawyer* und von *Huckleberry Finn*, führte Twain ein abenteuerlich-abwechslungsreiches Leben: er war Setzerlehrling, Lotse auf dem Mississippi, Goldgräber in Kalifornien, Journalist in San Francisco. So kam er quer durch die Vereinigten Staaten, bis er schließlich seinen literarischen Ruhm Ende der sechziger Jahre zu begründen begann. Sozialkritisches Engagement, gepaart mit der Variationsbreite seines Humors, mal derb-komisch, mal bissig-satirisch, dann wieder ironisch-parodistisch – dies kennzeichnet seinen Stil.

Die vorliegende Edition ist die erste große illustrierte Taschenbuchausgabe dieses populären Erzählers im deutschsprachigen Raum. Die repräsentative Sammlung berücksichtigt in ihrer Auswahl aus dem Gesamtwerk sowohl den Klassiker des Abenteuerromans als auch den Humoristen und Reiseschriftsteller. Alle Bände sind illustriert, zum großen Teil mit Abbildungen der Erstausgaben. Jeder Band enthält eine editorische Notiz, die den Leser unter anderem über die Erstveröffentlichung des Textes, über die früheste deutsche Übersetzung sowie über englischsprachige Leseausgaben informiert.

Im Jahre 1878 trat Mark Twain mit einer kleinen Reisegruppe eine Reise durch Europa an, die ihn von Hamburg aus über Frankfurt und Heidelberg durch Süddeutschland, die Schweiz und Oberitalien führte. In *Bummel durch Europa* berichtet er über seine Reiseerlebnisse.

insel taschenbuch 834
Mark Twain
Gesammelte Werke
Band 4

Mark Twain
Gesammelte Werke
in zehn Bänden

Ausgewählt und zusammengestellt
von Norbert Kohl

Band 4

Mark Twain
Bummel durch Europa

Deutsch von Gustav Adolf Himmel
Mit Illustrationen der Erstausgabe
von W. Fr. Brown, True W. Williams,
B. Day und anderen Künstlern

Insel Verlag

insel taschenbuch 834
Erste Auflage 1985
Lizenzausgabe mit freundlicher Genehmigung des Verlags
Vandenhoeck & Ruprecht Göttingen 1963

Vertrieb durch den Suhrkamp Taschenbuch Verlag
Umschlag nach Entwürfen von Willy Fleckhaus
Satz: MZ-Verlagsdruckerei GmbH, Memmingen
Druck: Nomos Verlagsgesellschaft, Baden-Baden
Printed in Germany

5 6 7 8 9 – 96 95 94

Bummel durch Europa

Erstes Buch

Kapitel 1

Eines Tages fiel mir ein, daß der Welt schon seit Jahren nicht mehr der Anblick eines Mannes geboten worden war, der Verwegenheit genug besaß, zu Fuß eine Reise durch Europa zu unternehmen. Gründliches Nachdenken überzeugte mich, daß ich geeignet war, der Welt zu diesem Anblick zu verhelfen. Also entschloß ich mich dazu. Das war im März 1878.

Ich suchte nach dem rechten Mann, der mir als Reisebegleiter dienen würde, und stellte schließlich einen Mr. Harris ein.

Es war noch dazu meine Absicht, mich während meines Aufenthaltes in Europa mit den schönen Künsten zu befassen. Mr. Harris dachte da ganz wie ich. Er war ein ebenso begeisterter Kunstjünger wie ich und nicht weniger als ich darauf aus, malen zu lernen. Ich wünschte außerdem, die deutsche Sprache zu erlernen; Harris wünschte es gleichfalls.

Gegen Mitte April liefen wir auf der *Holsatia* (Kapitän Brandt) aus und hatten eine wahrhaft vergnügliche Überfahrt.

Nach kurzer Rast in Hamburg trafen wir wegen des milden Frühlingswetters Vorbereitungen für eine lange Fußreise nach Süden, änderten jedoch (aus privaten Gründen) im letzten Augenblick unser Programm und nahmen den Schnellzug.

Wir machten kurz in Frankfurt halt und fanden diese Stadt interessant. Gerne hätte ich die Stelle aufgesucht, an der Gutenberg geboren wurde, aber es ging nicht, da nicht überliefert ist, wo das Haus stand. Also verbrachten wir statt dessen eine Stunde im Goethehaus. Die Stadt läßt es zu, daß dieses Haus Privatleuten gehört, anstatt sich mit der Ehre zu schmükken und auszuzeichnen, es zu besitzen und zu beschirmen.

Frankfurt ist eine von den sechzehn Städten, die sich des Vorzugs erfreuen, der Ort zu sein, an dem sich der folgende

Zwischenfall ereignete. Karl der Große gelangte, als er die Sachsen verfolgte (wie *er* sagte), oder als er von den Sachsen verfolgt wurde (wie *sie* sagten), im Morgengrauen bei Nebel an das Ufer des Flusses. Der Feind war entweder vor ihm oder hinter ihm, aber auf alle Fälle wollte Karl hinüber, und zwar sehr. Er hätte alles um einen Fremdenführer gegeben, aber es war keiner zu beschaffen. Schließlich sah er, wie sich eine Hirschkuh mit ihrem Jungen dem Wasser näherte. Er beobachtete sie, denn er sagte sich, daß sie gewiß eine Furt suche, und da irrte er sich nicht. Sie watete durch den Fluß, und das Heer watete hinterher. So wurde ein großer fränkischer Sieg erfochten oder eine große fränkische Niederlage vermieden; und zur Erinnerung an diese Episode befahl Karl der Große, daß an genau der Stelle eine Stadt gebaut werde, die er Frankfurt nannte – die Furt der Franken. Keine von den anderen Städten, in deren Nähe dieses Ereignis stattfand, wurde danach benannt – ein stichhaltiger Beweis, daß Frankfurt der erste Ort war, an dem es sich zutrug.

In Frankfurt wurde mir eine Lehre in Volkswirtschaft erteilt. Ich brachte von zu Hause eine Kiste mit eintausend sehr billigen Zigarren mit. Zu Versuchszwecken ging ich in einen kleinen Laden in einer wunderlichen alten Seitenstraße, erwarb vier buntbeklebte Schachteln Wachshölzer und drei Zigarren und legte eine Silbermünze im Werte von 48 Cents hin. Der Mann gab mir 43 Cents heraus.

In Frankfurt trägt jedermann reinliche Kleidung, und diese ungewöhnliche Beobachtung machten wir wohl auch in Hamburg und in den Dörfern am Wege. Selbst in den engsten und ärmsten und ältesten Vierteln Frankfurts schienen ordentliche und saubere Kleider die Regel. Die kleinen Kinder beiderlei Geschlechts waren fast immer so adrett, daß man sie auf den Schoß nehmen konnte, und die Uniformen der Soldaten schließlich waren Neuheit und schmucke Pracht in letzter Vollendung. Kein Schmutz, kein Körnchen Staub war auf ihnen zu entdecken. Die Straßenbahnschaffner und -fahrer trugen hübsche Uniformen, die wie frisch aus der Putzschachtel aussahen, und ihr Benehmen war nicht weniger fein als ihre Kleidung.

In einem der Läden stieß ich durch einen glücklichen Zufall auf ein Buch, das mich fast mehr bezauberte, als ich zu sagen vermag. Sein Titel lautet »Rheinsagen von Basel bis Rotterdam von F. J. Kiefer; übersetzt von L. W. Garnham, B. A.«

Alle Reisenden *erwähnen* die Rheinsagen auf diese gelassene Art, die besagen soll, der Erwähner sei sein Leben lang mit ihnen vertraut gewesen und sie könnten dem Leser doch wohl kaum unbekannt sein –, aber kein Reisender *erzählt* sie jemals. Dieses kleine Buch fütterte mich also an einer sehr hungrigen Stelle; und ich meinerseits beabsichtige, meinen Lesern ein paar Happen aus derselben Speisekammer vorzusetzen. In dem Kapitel, das den »Frankfurter Sagen« gewidmet ist, finde ich folgendes:

Der Schelm von Bergen

Zu Frankfurt auf dem Römer gab es beim Krönungsfest einen großen Maskenball, und in dem hell erleuchteten Saal lud die klingende Musik zum Tanz, und gar herrlich erschienen die reichen Gewänder und die Geschmeide der Damen und die festlich gekleideten Fürsten und Ritter. Alles schien Frohsinn und Freude und schalkhafte Narretei, nur einer unter den vielen Gästen bot einen düsteren Anblick; aber gerade die schwarze Rüstung, in der er umherging, erregte allgemeines Aufsehen, und sowohl seine hohe Gestalt als auch der edle Anstand seiner Gebärden zogen insbesondere die Aufmerksamkeit der Damen auf sich. Wer der Ritter war? Niemand konnte es erraten, denn sein Visier war wohlverschlossen, und nichts machte ihn kenntlich. Stolz und doch bescheiden näherte er sich der Kaiserin, ließ sich vor ihr auf ein Knie herunter und bat um die Gunst eines Tanzes mit der Königin des Festes. Und sie erlaubte ihm, um was er sie bat. Mit leichten, anmutigen Schritten tanzte er durch den langen Saal mit der Kaiserin, die noch nie einen behenderen und trefflicheren Tänzer gefunden zu haben glaubte. Aber auch durch die Liebenswürdigkeit seines Benehmens und seine schicklichen Reden wußte er die Herrscherin zu gewinnen, und sie gewährte ihm gnädig einen zweiten Tanz, um den er bat, und auch ein dritter und ein vierter und noch weitere wurden ihm nicht verwehrt. Wie da alle zu dem glücklichen Tänzer hinschauten, wie ihn da viele um die hohe Gunst beneideten, wie da die Neugierde wuchs, wer der maskierte Ritter sein mochte!

Auch der Kaiser wurde immer neugieriger, und mit großer Spannung erwartete man die Stunde, da nach Maskengesetz alle maskierten Gäste sich zu erkennen geben würden. Der Augenblick kam heran, aber obwohl alle anderen ihre Masken abnahmen, weigerte sich der geheimnisvolle Ritter, sein Gesicht sehen zu lassen, bis schließlich die Kaiserin, von Neugierde gedrängt und ärgerlich über die hartnäckige Weigerung, ihm befahl, sein Visier zu öffnen. Er öffnete es, und keiner der hohen Herren und Damen kannte ihn. Aber aus der Zuschauermenge traten zwei Männer heran, die den schwarzen Tänzer erkannten, und Grauen und Entsetzen griffen im Saal um sich, als sie verkündeten, wer der angebliche Ritter war. Es war der Scharfrichter von Bergen. Flammend vor Zorn befahl der Kaiser, daß man den Schurken ergreife und dem Tod überantworte, der es gewagt hatte, mit der Kaiserin zu tanzen, und so seine Gemahlin erniedrigt und die Krone beleidigt habe. Der Tadelnswerte warf sich dem Kaiser zu Füßen und sprach:

»Ich habe wahrlich gegen alle edlen Gäste gesündigt, die hier versammelt sind, aber am schwersten gegen

Euch, mein Herrscher, und meine Kaiserin. Die Kaiserin wurde beleidigt durch meinen Hochmut, der einem Treuebruch gleichkommt, aber keine Strafe, nicht einmal Blut, vermag die Schande zu tilgen, die ihr durch mich erlitten habt. Darum erlaubt mir, o, Kaiser, ein Mittel vorzuschlagen, das die Schmach auslöscht, als sei sie nicht geschehen. Zieht Euer Schwert und schlagt mich zum Ritter, und ich werde einem jeden meinen Handschuh hinwerfen, der es wagt, unehrerbietig von meinem Herrscher zu reden.«

Dieser kühne Vorschlag überraschte den Kaiser, jedoch erschien er ihm als der weiseste. »Ihr seid ein Schelm«, erwiderte er nach einem Augenblick des Nachdenkens, »aber Euer Rat ist gut und zeigt Bedachtsamkeit, wie Eure Missetat Wagemut verrät.« Und damit vollführte er den Ritterschlag. »Also erhebe ich Euch in den Adelsstand; Ihr, die Ihr um Gnade für Eure Missetat bittet, kniet nun vor mir und steht als Ritter auf; wie ein Schelm habt Ihr gehandelt, und so sollt Ihr hinfort der Schelm von Bergen heißen.« Und frohen Mutes erhob sich der schwarze Ritter; ein dreimaliges Hoch wurde zu Ehren des Kaisers ausgebracht, und laute Freudenrufe bezeugten die Zustimmung der Gäste, als die Kaiserin nun noch einmal mit dem Schelm von Bergen tanzte.

Kapitel 2

Heidelberg

Wir stiegen in einem Hotel in der Nähe des Bahnhofs ab. Am nächsten Morgen, als wir in meinem Zimmer auf das Frühstück warteten, wurden wir mächtig von Dingen gefesselt, die sich gegenüber vor einem anderen Hotel taten. Zuerst erschien in der Tür die Persönlichkeit, die Portier genannt wird (eine Art Erster Steuermann im Hotel; siehe Anhang A), angetan mit einer blitzsauberen Tuchuniform mit funkelnden Messingknöpfen und Goldlitze um Mütze und Ärmelaufschläge; und weiße Handschuhe trug er auch. Er warf einen dienstlichen Blick auf die Lage und begann dann, Befehle zu erteilen. Zwei Mägde kamen mit Eimern und Besen und Bürsten heraus und scheuerten das Trottoir gründlich sauber; unterdessen schrubbten zwei andere die vier Marmorstufen, die zum Eingang hinaufführten. Dahinter sahen wir mehrere Hausdiener den Teppich auf der großen Treppe hochheben. Dieser Teppich wurde fortgetragen und das letzte Körnchen Staub aus ihm herausgeklopft und -gebürstet; dann wurde er zurückgebracht und wieder hingelegt. Die Messingleisten an den Stufen ließen eine erschöpfende Politur über sich ergehen, bevor man sie in ihre Halter zurückschob. Nun brachte ein Trupp Bediensteter Töpfe und Kübel mit blühenden Pflanzen und gruppierte sie zu einem wunderschönen Dschungel um den Eingang und das untere Treppenende. Andere schmückten sämtliche Balkone in den verschiedenen Stockwerken mit Blumen und Bannern; noch andere stiegen aufs Dach und hißten eine große Fahne an der Stange dort oben. Nun kamen einige weitere Zimmermädchen und überarbeiteten das Trottoir, und hinterher wischten sie die Marmorstufen mit feuchten Tüchern und staubten sie zum Schluß mit Federquasten ab. Nun wurde ein breiter schwarzer Teppich herausgeschleppt und die Marmorstufen hinunter und quer über das Trottoir zum Bordstein hin ausgerollt. Der Portier warf einen Blick daran entlang und stellte fest, daß er nicht vollkommen gerade lag; er befahl, daß man ihn geradeziehe; die Bediensteten gaben sich Mühe – gaben sich mehrfach Mühe, um es genau zu sagen –, aber der Portier war nicht zufrieden. Er ließ ihn schließlich aufnehmen, und dann legte er ihn selber hin, und da lag er richtig.

An diesem Punkt der Handlung wurde ein schmaler hellroter Teppich entrollt und von der obersten Marmorstufe bis an den Bordstein als Mittelstreifen auf den schwarzen Teppich gelegt. Dieser rote Pfad bereitete dem Portier noch mehr Verdruß als der schwarze. Aber er schob ihn geduldig hin und her und vor und zurück, bis er vollkommen richtig und in der Mitte des schwarzen Teppichs lag. In New York hätten diese Darbietungen eine gewaltige Schar neugieriger und brennend interessierter Zuschauer angelockt; hier jedoch fesselten sie lediglich ein Publikum von einem halben Dutzend kleiner Jungen, das quer über den Gehsteig aufgereiht stand. Ein paar Jungen trugen einen Schultornister auf dem Rücken, andere hatten die Arme voller Bündel und Pakete; alle folgten der Vorstellung selbstvergessen und hingebungsvoll. Hin und wieder hüpfte einer von ihnen unehrerbietig über den Teppich und bezog auf der anderen Seite Stellung. Den Portier ärgerte das jedesmal sichtlich.

Nun folgte eine Wartepause. Der Besitzer stellte sich in einfacher Kleidung und barhäuptig auf die unterste Marmorstufe in eine Höhe mit dem Portier, der am anderen Ende derselben Stufe stand. Sechs oder acht Kellner, behandschuht, barhäuptig und in ihrem weißesten Linnen, ihrer weißesten Krawatte und ihrem besten Frack, gruppierten sich um diese beiden Häuptlinge, ließen jedoch den Teppichweg frei. Niemand sprach oder rührte sich jetzt noch; alles wartete nur.

Alsbald hörte man das schrille Pfeifen eines einfahrenden Zuges, und augenblicklich liefen Leute auf der Straße zusammen. Zwei oder drei offene Kutschen trafen ein und setzten ein paar Ehrendamen und Hofbeamte vor dem Hotel ab. Kurz darauf brachte eine andere offene Kutsche den Großherzog von Baden, einen stattlichen Mann in Uniform mit dem hübschen messingbeschlagenen Pickelhelm der Armee auf dem Kopf. Als letzte kamen die Kaiserin von Deutschland und die Großherzogin von Baden in einer geschlossenen Kutsche. Diese beiden gingen zwischen den sich tief verneigenden Bediensteten hindurch und verschwanden im Hotel, uns nur einen Blick auf ihren Hinterkopf gewährend, und die Vorstellung war zu Ende.

Es scheint nicht weniger schwierig zu sein, einen Souverän anzulanden, als ein Schiff vom Stapel zu lassen.

Aber nun zu Heidelberg. Die Tage wurden allmählich ziemlich warm, ja, sogar sehr warm. Darum verließen wir das Tal und bezogen Quartier im Schloß-Hotel auf dem Berg oberhalb des Schlosses.

Heidelberg liegt am Ausgang einer engen Schlucht – einer Schlucht in Form eines Hirtenstabes: schaut man in ihr talaufwärts, sieht man, daß sie etwa zwei Kilometer weit fast gerade verläuft, dann einen scharfen Knick nach rechts macht und verschwindet. Diese Schlucht – über deren Boden sich der schnelle Neckar ergießt – wird eingeschlossen von (oder wurde eingehauen zwischen) zwei langen, steilen Bergrücken, die dreihundert Meter hoch und bis an den Kamm dicht bewaldet sind, mit Ausnahme eines Stückes, das gerodet wurde und nun beackert wird. Diese Bergrücken sind am Ausgang der Schlucht abgehackt und bilden zwei steile, in die Augen fallende Vorgebirge, zwischen denen Heidelberg behaglich ruht; zu ihren Füßen erstreckt sich die blasse Weite des Rheintals, und in diese Weite wandert der Neckar in leuchtenden Schleifen davon, bis er schließlich dem Auge verlorengeht.

Wenn man sich nun umdreht und noch einmal die Schlucht hinaufschaut, sieht man zur Rechten das Schloßhotel hoch oben auf einer Steilklippe über dem Neckar – einer Steilklippe, die so üppig mit Blattwerk gepolstert und verhüllt ist, daß nichts von dem Felsen darunter hervorschaut. Das Gebäude sieht sehr luftig aus dort oben. Es scheint auf ein Sims in halber Höhe des bewaldeten Berghanges gesetzt worden zu sein; und da es einsam und für sich allein steht und sehr weiß ist, zeichnet es sich kräftig gegen den himmelanstrebenden Laubwall in seinem Rücken ab.

Dieses Hotel bot eine Besonderheit, die eine entschiedene Neuheit darstellte und die sich jedes Haus in beherrschender Lage mit Nutzen zu eigen machten könnte. Diese Besonderheit ließe sich als eine Folge verglaster Salons beschreiben, *die sich außen ans Haus klammerten*, vor jedem Schlafzimmer und jeder Stube. Sie sehen aus wie lange, schmale, hohe, am Haus aufgehängte Vogelkäfige. Mein Zimmer war ein Eckzimmer

und hatte daher zwei von diesen Dingern, eins nach Norden und eins nach Westen.

Aus dem Nordkäfig blickt man die Neckarschlucht hinauf; aus dem westlichen blickt man die Schlucht hinunter. Letzterer gewährt die weiteste Aussicht und dazu noch eine der lieblichsten, die man sich vorstellen kann. Aus einem Gewoge lebhaft grünen Laubwerks erhebt sich einen Flintenschuß entfernt die gewaltige Ruine des Heidelberger Schlosses mit leeren Fensterbögen, efeugepanzerten Zinnen, zerbröckelten Türmen – der Lear der unbelebten Natur: verlassen, der Krone verlustig, von Stürmen gepeitscht, aber immer noch königlich und schön. Es ist ein herrlicher Anblick, wenn abends das Sonnenlicht auf den Hang am Fuß des Schlosses trifft und an ihm hochschießt und es wie in leuchtende Gischt taucht, während das anstoßende Gehölz in tiefem Schatten liegt.

Hinter dem Schloß schwillt ein großer, kuppelförmiger, waldbestandener Berg und dahinter ein stolzerer, erhabenerer. Das Schloß blickt auf die dichtgedrängte braungedachte Stadt hinunter; und von der Stadt aus überspannen zwei malerische alte Brücken den Fluß. Nun weitet sich der Blick; durch das Tor der Schildwache stehenden Vorgebirge schaut man auf die weite Rheinebene hinaus, die sich sanft und vielfarbig ausbreitet, allmählich und traumhaft verschwindet und schließlich unmerklich im fernen Horizont zerschmilzt.

Ich habe mich noch nie einer Aussicht erfreut, die solch einen heiteren und befriedigenden Zauber gewährte wie diese.

An unserem ersten Abend gingen wir früh zu Bett und schlafen; aber ich wachte nach zwei oder drei Stunden auf und lag eine behagliche Weile da und horchte auf das beruhigende Plätschern des Regens gegen die Balkonfenster. Ich hielt es für Regen, aber es stellte sich heraus, daß es nur das Rauschen des ruhlosen Neckars war, der tief unten in der Schlucht über seine Dämme dahinschoß. Ich stand auf und ging in den Westbalkon, und hier bot sich mir ein zauberhafter Anblick. Unter der schwarzen Masse des Schlosses lag tief am Fluß entlang die

Stadt, das verschlungene Spinnengewebe der Straßen von funkelnden Lichtern wie mit Edelsteinen besetzt; Lichterreihen hingen auf den Brücken; diese warfen Lanzen aus Licht auf das Wasser im schwarzen Schatten der Bögen; und weit hinten am äußersten Rand dieses Märchenspiels blinkte und glühte eine dichtgehäufte Vielzahl von Gasflammen, die sich über viele Morgen Land zu erstrecken schien; es sah aus, als seien alle Diamanten der Welt dort ausgestreut worden. Ich wußte bis dahin nicht, daß ein Kilometer einer sechsgleisigen Eisenbahnstrecke solch ein Schmuck sein konnte.

Man sagt sich wohl, daß Heidelberg bei Tag – mit seiner Umgebung – die äußerste Möglichkeit des Schönen darstelle; aber wenn man Heidelberg bei Nacht sieht, eine herabgefallene Milchstraße mit dem glitzernden Sternbild Eisenbahn an ihrem Rand, braucht man Zeit, um das Urteil zu überdenken.

Niemals wird man müde, in den Wäldern herumzustöbern, die all diese stattlichen Neckarberge bis zum Gipfel bekleiden. Die großen Tiefen eines grenzenlosen Waldes wirken in jedem Land ihren berückenden und ergreifenden Zauber; aber die deutschen Sagen und Märchen verliehen jenen Wäldern noch einen Zauber dazu. Sie bevölkerten die ganze Gegend mit Gnomen, Zwergen und allerlei anderen nicht geheuren Geschöpfen. Zu der Zeit, von der ich hier schreibe, hatte ich so viel von dieser Literatur gelesen, daß ich manchmal nicht sicher war, ob ich nicht anfing, an Gnome und Feen als an wirkliche Wesen zu glauben.

Eines Nachmittags verirrte ich mich etwa eineinhalb Kilometer vom Hotel entfernt im Wald, und alsbald verfiel ich in allerhand versonnene Gedankengänge über Tiere, die sprechen können, und Kobolde und verhexte Leute, und was es da sonst noch an reizendem Märchenzeug gibt; und nachdem ich so meine Einbildungskraft tüchtig angefacht hatte, bildete ich mir schließlich ein, ich sähe kleine Schatten hier und dort durch die säulengesäumten Chorgänge des Waldes flitzen. Der Ort war ganz besonders dazu geeignet. Es war ein Tannenwald mit solch einem dicken und weichen Teppich aus braunen Nadeln, daß die Schritte nicht lauter darauf klangen, als wenn man auf Wolle trat; die Stämme der Bäume waren so rund und gerade und glatt wie Säulen und standen dicht beieinander; sie waren ohne Äste bis etwa fünfundzwanzig Fuß über dem Boden und von da an aufwärts so eng mit Zweigen besetzt, daß kein einziger Sonnenstrahl durchdrang. Die Welt draußen lag im hellen Sonnenschein, aber dort herrschte dichte, milde Dämmerung und dazu eine solch tiefe Stille, daß ich meine eigenen Atemzüge zu hören schien.

Zehn Minuten hatte ich dort gestanden und nachgedacht und mir dies und das vorgestellt und mein Gemüt mit dem Ort in Einklang gebracht und mich selber in die rechte Stimmung für das Übernatürliche, da stieß plötzlich über mir ein Rabe einen heiseren Schrei aus. Ich schrak zusammen; und dann wurde ich ärgerlich, weil ich zusammengeschreckt war. Ich schaute nach oben – da saß das Geschöpf auf einem Ast genau über mir und blickte auf mich hinunter. Ich fühlte mich gedemütigt, ich war gekränkt; ich empfand, wie man empfindet, wenn man feststellt, daß ein fremder Mensch einen in einem Augenblick, da man sich allein glaubte, insgeheim beobachtet und sich allerlei dabei gedacht hat. Ich beäugte den Raben, und der Rabe beäugte mich. Mehrere Sekunden lang sprach keiner. Dann stolzierte der Vogel ein Stückchen den Ast entlang zu einer Stelle, von der aus er mich besser sehen konnte, lüpfte die Schwingen, streckte den Kopf ein gut Teil tiefer als die Schultern zu mir hinunter und krächzte abermals – ein Krächzen mit deutlich beleidigendem Ausdruck. Hätte er Englisch gesprochen, hätte er um nichts deutlicher sagen können, was er auf Rabe sagte: »Na, was machen Sie denn hier?« Ich war so beschämt, als habe mich wer mit Verantwortungsbewußtsein bei einer Gemeinheit ertappt und streng getadelt. Ich erwiderte jedoch nichts; ich bin nicht der Mann, der sich mit einem Raben zankt. Mein Widersacher wartete eine Weile, die Schultern immer noch angehoben, den Kopf zwischen ihnen abwärts gereckt, das scharfe blanke Auge auf mich gerichtet. Dann stieß er zwei oder drei weitere Beleidigungen hervor, von denen ich nicht mehr begriff, als daß sie zu einem gewissen Teil aus Ausdrücken bestanden, die in der Kirche nicht benutzt werden.

Ich erwiderte immer noch nichts. Da hob der Widersacher den Kopf und rief. Ein Krächzen antwortete ihm aus geringer Entfernung im Wald – ganz offenbar ein erkundigendes Krächzen. Der Widersacher gab begeistert Aufklärung, und der andere Rabe ließ alles stehen und liegen und kam. Die beiden hockten nun nebeneinander auf dem Ast und unterhielten sich so freimütig und beleidigend über mich, wie sich zwei große Naturforscher vermutlich über eine neue Käferart unterhalten. Die Sache wurde immer peinlicher. Sie riefen noch einen Freund herbei. Da wurde es mir zuviel. Ich sah ein, daß sie gegen mich im Vorteil waren, und beschloß, mich aus der Klemme zu ziehen, indem ich aus ihr herausspazierte. Mehr als sie sich an meiner Niederlage ergötzten, hätten sich irgendwel-

che niedriggesinnte Weiße auch nicht daran ergötzen können. Sie reckten die Hälse und lachten mich aus (denn ein Rabe *kann* lachen, genau wie ein Mensch), sie schrien beleidigende Bemerkungen hinter mir her, bis sie mich nicht mehr sehen konnten. Sie waren nur Raben – ich wußte es –; was sie von mir dachten, war absolut ohne Bedeutung; und dennoch: wenn ein Rabe einem »Mensch, was für ein Hut!«, »He, zieh' die Weste 'runter!« und dergleichen Dinge mehr nachruft, das verletzt und demütigt einen, und mit scharfsinnigem Vernünfteln und hübschen Gründen und Gegengründen ist da nichts auszurichten.

Tiere reden selbstverständlich miteinander, daran ist überhaupt nicht zu zweifeln. Aber es gibt wohl nur sehr wenige Menschen, die sie verstehen können. Ich bin nur einem einzigen begegnet. Daß er es konnte, wußte ich jedoch sofort, denn er hat es mir selbst erzählt. Er war ein Bergmann in mittleren Jahren und mit einfältigem Herzen, der viele Jahre in den Wäldern und Bergen in einem einsamen Winkel Kaliforniens gelebt und die Gewohnheiten seiner einzigen Nachbarn, der wilden Tiere und Vögel erforscht hatte, bis er schließlich davon überzeugt war, daß er jede Bemerkung, die sie fallenließen, genau übersetzen konnte. Jim Baker hieß er. Laut Jim Baker besitzen manche Tiere nur eine begrenzte Bildung und benutzen daher nur sehr einfache Wörter und kaum jemals einen Vergleich oder eine andere schmückende Figur, während andere Tiere über einen großen Wortschatz, eine gewandte Sprachbeherrschung und eine allzeit bereite, flüssige Vortragskunst verfügen; folglich reden diese letzteren eine Menge; sie reden gerne; sie sind sich ihrer Begabung bewußt, und es macht ihnen Spaß, damit anzugeben. Baker sagte, er sei nach langer, sorgfältiger Beobachtung zu dem Schluß gekommen, daß die Blauhäher die besten Sprecher seien, die er unter Vögeln und Tieren angetroffen habe.

»Ein Blauhäher, mit dem hat es mehr auf sich als mit irgendeinem anderen Lebewesen. Er hat mehr Stimmungen und mehr voneinander verschiedene Gefühle als jede andere Kreatur; und das sag' ich Ihnen: alles, was ein Blauhäher fühlt, kann er in Worte fassen. Und seine Sprache ist nicht etwa nur eine ganz gewöhnliche Umgangssprache, sondern ausgepichtes Buchgerede, das nur so daherschnattert – und mit Metaphern ist es gespickt, richtiggehend gespickt! Und was die Redegewandtheit angeht – Mann, der Blauhäher, dem die Worte fehlen, der ist noch nicht geboren, niemand hat noch nie einen gesehen. Die Worte kochen nur so aus ihm 'raus! Und noch 'was: ich habe eine Menge beobachtet; kein Vogel, keine Kuh oder sonstwas steht mit die Grammatik auf so guten Fuß wie der Blauhäher. Jetzt sagen Sie vielleicht, eine Katze, die ist nicht schlecht in Grammatik. Richtig, ist sie nicht. Aber soll die Katze sich nur mal aufregen; soll sie sich nur 'mal mit 'ner anderen Katze auf'm Schuppen ins Fell geraten, des Nachts, und Sie hören Grammatik, davon kriegen Sie die Maulsperre. Unwissende Leute glauben, der *Lärm*, den balgende Katzen machen, *der* ist so aufreizend, aber da sind sie im Irrtum; es ist ihre üble Grammatik. Jawohl, und ich habe noch nie einen Blauhäher gehört, der sich falsch ausgedrückt hat, außer ganz selten; und wenn es sie mal passiert, schämen sie sich so sehr wie ein Mensch; sie halten auf der Stelle den Schnabel und gehen.

Man mag einen Blauhäher ja einen Vogel nennen. Nun, das ist er, in gewissem Maße – weil er Federn hat und vielleicht zu keiner Kirche gehört; aber sonst ist er ganz genauso ein Mensch, wie man nur sein kann. Und ich sag' Ihnen auch, wieso. Die Begabung und die Instinkte und Gefühle und Interessen von einem Blauhäher umfassen alles. Ein Blauhäher hat nicht mehr Grundsätze wie ein Kongreßmann. Ein Blauhäher lügt, ein Blauhäher stiehlt, ein Blauhäher betrügt, ein Blauhäher hintergeht; und in vier von fünf Malen bricht der Blauhäher sein feierlichstes Versprechen. Die Heiligkeit von einer Verpflichtung, was das ist, das kann man einem Blauhäher einfach nicht eintrichtern. Und über alldem noch was: ein Blauhäher nimmt es im Fluchen mit jedem Herrn in den Minen auf. Nun werden Sie sagen, eine Katze kann fluchen. Nun, kann sie; aber geben Sie einem Blauhäher ein Thema, das seine schlummernden Kräfte sozusagen wachruft, und wo bleibt dann Ihre Katze? *Mir* können Sie nix erzählen – ich versteh' zuviel davon. Und da ist noch was; in der kleinen Spezialität des Schimpfens – ich meine nichts weiter als gutes, tüchtiges, durch und durch handfestes Schimpfen – da streckt ein Blauhäher alles nieder; kein Mensch, kein Gott ist ihm gewachsen. Jawohl, mein Herr, ein Blauhäher ist alles, was ein Mensch ist. Ein Blauhäher kann sich schämen, ein Blauhäher kann überlegen und planen und diskutieren, ein Blauhäher ist vernarrt in Klatsch und Geläster, ein Blauhäher hat Sinn für Humor, ein Blauhäher weiß ebensogut wie Sie, wann er ein Esel ist – vielleicht besser. Wenn ein Blauhäher nicht ein Mensch ist, dann soll er mal lieber seinen Laden dichtmachen, das kann ich nur sagen. So. Und jetzt erzähl' ich Ihnen eine vollkommen wahre Tatsache über ein paar Blauhäher.«

Kapitel 3

Bakers Blauhäher-Garn

»Als ich gerade anfing, die Hähersprache richtig zu verstehen, da hat sich hier eine kleine Begebenheit ereignet. Vor sieben Jahren zog der letzte Mann weg, der hier in der Gegend wohnte, von mir mal abgesehen. Da steht sein Haus – die ganze Zeit leer gewesen; ein Blockhaus mit einem Bohlendach – nur *ein* großer Raum, weiter nichts; keine Decke – nichts zwischen Dachsparren und Fußboden. Nun, an einem Sonntagmorgen sitze ich so hier draußen vor meiner Hütte, mit meiner Katze, und ich lasse mich von der Sonne bescheinen und betrachte die blauen Berge und höre den Blättern zu, die so einsam in den Bäumen rascheln, und denke an das Zuhause weit drüben in den Staaten, von wo ich schon seit dreizehn Jahren nichts mehr gehört habe, da landet auf einmal ein Blauhäher mit einer Eichel im Schnabel auf diesem Haus und sagte: ›Hei! Da habe ich was gefunden!‹ Beim Sprechen fiel ihm die Eichel natürlich aus dem Schnabel und rollte vom Dach, aber er kümmerte sich nicht drum; er war voll und ganz mit dem beschäftigt, was er da gefunden hatte: ein Astloch im Dach. Er legte den Kopf schief, kniff ein Auge zu und ging mit dem anderen dicht an das Loch ran, wie 'ne Beutelratte, die in einen Krug linst; dann blickte er auf mit seinen blanken Augen, schlug ein-, zweimal mit den Flügeln – was, wie man wissen muß, freudige Zufriedenheit bedeutet – und sagt: ›Es sieht wie ein Loch aus, es liegt wie ein Loch – ich will verdammt sein, wenn ich nicht glaube, es *ist* ein Loch!«

Dann kippte er den Kopf abermals und warf einen zweiten Blick hinein; diesmal schaut er in heller Freude auf, schlägt nicht nur mit den Flügeln, sondern auch mit dem Schwanz, und sagt: ›Oh nein, da fehlt nix, da ist alles dran, ganz bestimmt! Hab' ich ein Glück! Mensch, ein durch und durch elegantes Loch!‹ Also flog er 'runter und holte die Eichel und flog wieder 'rauf und warf sie hinein und legte gerade den Kopf zurück mit dem himmlischsten Lächeln im Gesicht, da erstarrte er urplötzlich in Horchstellung, und dieses Lächeln rutschte ganz langsam aus seinen Zügen wie der kalte Atem vom Rasiermesser, und der wunderlichste Ausdruck der Überraschung nahm seinen Platz ein. Dann sagte er: ›Nanu, ich hab' sie nicht fallen hören!‹ Er kippte das Auge wieder zu dem Loch hinunter und warf einen langen Blick hinein; erhob sich und schüttelte den Kopf; trat auf die andere Seite des Loches und warf auch von da aus einen Blick hinein; schüttelte abermals den Kopf. Er sann einen Augenblick lang nach, dann faßte er die Sache gründlich an – stapste wieder und wieder um das Loch herum und spähte von jedem Kompaßstrich hinein. Keinen Zweck. Darauf nahm er oben auf dem First Denkhaltung ein und kratzte sich eine Weile mit dem rechten Fuß den Kopf, und schließlich sagte er: ›Na, das ist zuviel für mich, das ist sicher! Muß ein mächtig langes Loch sein; wie dem auch sei – ich hab' keine Zeit nich, hier herumzutrödeln; ich muß mich an die Arbeit machen; wird schon in Ordnung sein – lassen wir's mal drauf ankommen.‹

Also fliegt er los und holt noch eine Eichel und wirft sie hinein und versucht, flink genug mit dem Auge an das Loch heranzukommen, um zu sehen, was aus der Eichel wird, aber er kommt zu spät. Er hält das Auge eine volle Minute ans Loch, und dann richtet er sich auf und seufzt und sagt: ›Verfluchte Tat, ich versteh' das nicht; ich versteh' das einfach nicht! Aber ich versuch's noch mal!‹ Er holte also noch eine Eichel und gab sich die allergrößte Mühe zu sehen, was aus ihr wurde, aber er schaffte es einfach nicht. Er sagt: ›Hm! So ein Loch ist mir doch noch nie begegnet! Ich bin der Meinung, es ist eine absolut neue Sorte Loch.‹ Nun packte ihn allmählich die Wut. Eine Weile beherrschte er sich noch, spazierte auf dem Dachfirst hin und her und schüttelte den Kopf und knurrte vor sich hin; alsbald jedoch gingen seine Gefühle mit ihm durch, und er tobte los und fluchte, bis er schwarz im Gesicht war. Ich hab' noch nie einen Vogel gesehen, der sich wegen einer Kleinigkeit so angestellt hat. Als er damit fertig war, geht er zum Loch zurück und linst abermals eine halbe Minute hinein; dann sagt er: ›Na schön, du bist ein langes Loch und ein tiefes Loch und alles in allem ein verflixt einzigartiges Loch – aber ich hab' angefangen, dich voll zu machen, und ich will v---t sein, wenn ich dich nicht bis oben hin voll mache, und wenn ich hundert Jahre dazu brauche!‹

Und damit flog er los. Solange Sie leben, haben Sie nie einen Vogel so arbeiten sehen. Er legte sich ins Zeug wie ein Neger, und wie er da ungefähr zweieinhalb Stunden lang Eicheln in dieses Loch packte – Mensch, was Aufregenderes und Erstaunlicheres hab' ich selten gesehen. Er machte kein einziges Mal Pause, um nochmal nachzusehen – packte sie nur immer rein und flog sofort wieder los nach der nächsten. Na, schließlich kriegte er kaum noch die Flügel hoch, so erledigt war er. Noch einmal kommt er kraftlos 'runter, schwitzend wie ein Eiswasserkrug, läßt seine Eichel fallen und sagt: ›Na, *jetzt* hab' ich dich aber wohl!‹ Und er bückt sich, um einen Blick ins Loch zu werfen. Ich sage Ihnen, als der Kopf wieder hochkam, da war er blaß vor Wut. Er sagt: ›Ich hab' soviel Eicheln da hineingeschaufelt, davon kann ich die Familie dreißig Jahre ernähren, aber wenn ich auch nur die Spur von einer einzigen Eichel sehe, will ich in zwei Minuten mit dem Bauch voll Sägemehl im Museum landen!‹

Er hatte nur gerade noch genug Kraft, zum First hinaufzukrabbeln und sich mit dem Rücken an den Schornstein zu lehnen, und dann sammelte er seine Eindrücke und fing an, seine Ansicht bekanntzugeben. Ich begriff sofort: was ich in den Minen für lästerliches Gerede gehalten hatte, waren nichts weiter als die Anfangsgründe, sozusagen.

Ein anderer Blauhäher kam vorbei und hörte ihm bei seiner Andachtsübung zu und macht halt und fragt: ›Was ist los?‹ Der Geschädigte erzählt ihm alles und sagt: ›Jawohl, und da drüben ist das Loch, und wenn du mir nicht glaubst, geh' hin und guck es dir selber an!‹ Also geht dieser Bursche hin und guckt nach und kommt zurück und sagt: ›Wieviele, sagst du, hast du da reingesteckt?‹ ›Kein bißchen weniger als zwei Tonnen‹, sagt der Geschädigte. Der andere Blauhäher geht hin und sieht sich das Loch nochmal an. Ist nicht zu kapieren, denkt er; also stößt er einen Schrei aus, und drei weitere Häher kommen. Alle betrachten eingehend das Loch; sie lassen sich von dem Geschädigten das Ganze noch einmal erzählen, dann unterhalten sie sich darüber, und mehr hornochsige Ansichten, als die da nun auftischten, hätte eine durchschnittliche Menschenansammlung auch nicht zusammengekriegt.

Sie riefen noch mehr Blauhäher zu Hilfe; dann immer noch mehr, so daß die ganze Gegend bald wie blau angelaufen aussah. Fünftausend müssen wohl im ganzen dagewesen sein; und so ein Schwadronieren und Disputieren und Fluchen und Lästern haben Sie noch nicht gehört. Jeder einzelne Häher hielt ein Auge an das Loch und verkündete eine noch dummköpfigere Ansicht über das Rätsel als sein Vorgänger. Und sie untersuchten auch das ganze Haus. Die Tür stand halb offen, und schließlich ging ein alter Häher hin und ließ sich auf ihr nieder und äugte da rein. Und damit war das Rätsel natürlich hin. Da – über den ganzen Fußboden verstreut – lagen die Eicheln. Er schlug mit den Flügeln und erhob gellend die Stimme. ›Kommt her!‹ ruft er. ›Alle herkommen! Gehenkt will ich sein, wenn der Narr nicht versucht hat, ein Haus mit Eicheln zu füllen!‹ Wie eine blaue Wolke kamen alle heruntergeschossen. Einer nach dem anderen landete auf der Tür und warf einen raschen Blick hinein, und einer nach dem anderen begriff mit einem Schlag den ganzen Irrsinn der Verdingung, auf die dieser erste Blauhäher sich da eingelassen hatte, und einer nach dem anderen erstickte fast vor Lachen und kippte hintüber von der Tür, und der nächste Häher nahm seinen Platz ein und tat genau dasselbe.

Jawohl, mein Herr, und sie saßen eine geschlagene Stunde oben auf dem Haus und auf den Bäumen und lachten schallend über die Geschichte, wie Menschen. Hat keinen Zweck, mir weiszumachen, ein Blauhäher hätte keinen Sinn für Humor, denn ich weiß Bescheid. Und erinnern kann er sich auch. Die Häher hier, die haben Häher von überall aus den Vereinigten Staaten mitgebracht, damit sie in das Loch guckten, drei Sommer lang. Auch andere Vögel. Und alle kriegten die Pointe mit, nur eine Eule nicht, die aus Neuschottland gekommen war, um sich das Yosemite-Tal anzusehen, und auf dem Rückweg dies hier mitnahm. Sie sieht nicht, was da komisch daran sein soll, sagt sie. Nun war sie allerdings auch vom Yosemite-Tal ziemlich enttäuscht.«

Kapitel 4

Studentenleben

Das Sommersemester war in vollem Gang; folglich war die häufigste Figur in und um Heidelberg der Student. Die meisten Studenten waren natürlich Deutsche, aber die Vertreter fremder Länder waren recht zahlreich. Sie kamen aus jedem Winkel der Erde, denn das Studium ist billig in Heidelberg und das Leben ebenfalls. Der *Anglo-American-Club*, dem britische und amerikanische Studenten angehören, hatte fünfundzwanzig Mitglieder, und das Reservoir war noch längst nicht erschöpft.

Neun Zehntel der Heidelberger Studenten trugen keine Abzeichen oder Uniformen, das übrige Zehntel trug Mützen von verschiedener Farbe und gehörte geselligen Vereinigungen an, die Korps heißen. Es gab fünf Korps, von denen jedes seine eigene Farbe hatte; man sah weiße Mützen, blaue Mützen, rote, gelbe und grüne. Das berühmte Duellfechten ist auf die Korpsstudenten beschränkt. Die »Kneipe« scheint ebenfalls ihre Spezialität sein sein. Kneipen werden von Zeit zu Zeit abgehalten, um einen großen Anlaß zu feiern, wie zum Beispiel die Wahl eines Bierkönigs. Es ist dies eine recht unkomplizierte Festlichkeit; die fünf Korps versammeln sich des Abends, und auf ein Zeichen hin fangen alle an, sich aus Halbliterkrügen so schnell wie möglich mit Bier vollzugießen. Jeder zählt für sich – gewöhnlich indem er für jeden Krug, den er leert, ein Zündholz hinlegt. Die Wahl ist bald entschieden. Wenn die Kandidaten nichts mehr hinunterkriegen, wird gezählt, und wer die meisten halben Liter getrunken hat, wird zum König ausgerufen. Man hat mir erzählt, daß der letzte Bierkönig, der von den Korps – oder, wenn man so will, von seinen eigenen Fähigkeiten – gewählt wurde, seinen Bierkrug fünfundsiebzigmal geleert habe. Kein Magen könnte natürlich diese ganze Menge auf einmal aufnehmen – aber es gibt Mittel und Wege, häufig ein

Vakuum zu schaffen, die jedem, der viel auf See war, einleuchten werden.

Man sieht zu jeder Tageszeit so viele Studenten, daß man sich schließlich zu fragen beginnt, ob sie wohl überhaupt irgendeine feste Arbeitszeit haben. Einige haben sie, andere nicht. Jeder kann selber wählen, ob er arbeiten oder sich vergnügen will, denn das Leben an den deutschen Universitäten ist ein sehr freies Leben; es scheint keine Beschränkungen zu kennen. Der Student wohnt nicht in den Universitätsgebäuden, sondern mietet sich seine eigene Unterkunft, wo immer er will, und er nimmt seine Mahlzeiten ein, wann und wo es ihm gefällt. Er geht zu Bett, wann es ihm paßt, und steht nur auf, wenn er mag. Er wird nicht für eine bestimmte Zeitspanne auf der Universität eingeschrieben; daher wechselt er nicht selten. Er braucht keine Prüfung beim Eintritt in die Universität zu bestehen. Er bezahlt lediglich eine geringe Gebühr von etwa fünf oder zehn Dollar, erhält eine Karte, die ihm Anspruch auf die Vorrechte der Universität verleiht, und damit Schluß. Er kann sich nun an die Arbeit machen – oder ans Vergnügen, ganz wie es ihm mehr behagt. Beschließt er zu arbeiten, findet er eine lange Liste von Vorlesungen vor, aus der er wählen kann. Er entscheidet sich für die Fächer, die er studieren will, und schreibt sich für diese Studien ein; aber er braucht deshalb nicht auch hinzugehen.

Die Folge dieses Systems ist, daß Vorlesungen über Spezialgebiete entlegener Art häufig vor einer sehr mageren Zuhörerschaft, jene über praktischere und alltäglichere Bildungsgegenstände hingegen vor einer sehr großen gehalten werden. Ich habe von einem Fall gehört, in dem die Zuhörerschaft eines Professors Tag für Tag aus nur drei Studenten bestand – und immer aus denselben drei. Aber eines Tages blieben zwei von ihnen der Vorlesung fern. Der Professor begann wie gewöhnlich:

»Meine Herren« –

– dann korrigierte er sich todernst und sagte:

»Mein Herr« –

– und setzte seine Abhandlung fort.

Es wird behauptet, die überwiegende Mehrheit der Heidelberger Studenten arbeite hart und nutze die gebotenen Möglichkeiten aufs allerbeste; sie habe keine überschüssigen Mittel für Ausschweifungen und keine Zeit für Lustbarkeiten. Eine Vorlesung folgt der anderen auf den Fersen, und den Studenten bleibt nur eine geringe Spanne, um sich aus einem Hörsaal in

den anderen zu begeben; aber die fleißigen schaffen es im Trab. Die Professoren helfen ihnen beim Zeitsparen, indem sie pünktlich beim Stundenschlag hinter ihrem kleinen Katheder-kasten erscheinen und ihn ebenso pünktlich wieder verlassen, wenn die Stunde um ist. Ich ging an einem Tag, unmittelbar bevor die Uhr schlug, in einen leeren Hörsaal. In dem Raum standen schlichte, ungestrichene Kiefernpulte und Bänke für ungefähr zweihundert Personen.

Etwa eine Minute, bevor die Uhr schlug, schwärmten einhundertfünfzig Studenten herein, stürzten an ihre Plätze, schlugen unverzüglich ihre Kolleghefte auf und tauchten ihre Federn in die Tinte. Als die Uhr zu schlagen begann, betrat ein beleibter Professor den Hörsaal, wurde mit allgemeinem Beifallsklatschen empfangen, ging flink den Mittelgang hinunter, sagte »Meine Herren« und begann zu reden, als er die Stufen zum Katheder hinaufstieg; und als er dann in seinem Kasten eintraf und das Gesicht seinen Hörern zuwandte, hatte seine Vorlesung gute Fahrt, und alle Federn waren in Bewegung. Er benutzte keine Notizen, er sprach mit erstaunlicher Geschwindigkeit und Energie eine volle Stunde – dann machten die Studenten ihn auf allerlei wohlverstandene Weisen darauf aufmerksam, daß seine Zeit um war; er griff, immer noch redend, nach seinem Hut, stieg flink vom Katheder und brachte das letzte Wort seiner Abhandlung heraus, als er ebenen Boden betrat; alles erhob sich ehrerbietig, er flitzte den Mittelgang hinauf und verschwand. Sofort begann der Sturm auf irgendeinen anderen Hörsaal, und eine Minute später war ich wieder mit den leeren Bänken allein.

Nein, müßiggehende Studenten sind ganz bestimmt nicht die Regel. Von den achthundert in der Stadt kannte ich nur etwa fünfzig dem Gesicht nach; aber diese fünfzig sah ich überall und jeden Tag. Sie spazierten auf den Straßen umher und in den bewaldeten Bergen, sie fuhren in Kutschen, sie ruderten auf dem Fluß, sie schlürften des Nachmittags Bier und Kaffee im Schloßgarten. Ein gut Teil trug die bunten Mützen der Korps.

Sie waren elegant und nach der Mode gekleidet, ihre Umgangsformen waren absolut erstklassig, und sie führten ein ungezwungenes, sorgloses, behagliches Leben. Wenn ein Dutzend von ihnen zusammensaß, und ein Herr oder eine Dame kamen vorbei, die einer von ihnen kannte und grüßte, standen alle auf und nahmen die Mütze ab. Die Angehörigen eines Korps empfingen einen Korpsbruder ebenfalls stets auf diese Weise, aber Angehörigen eines anderen Korps schenkten sie keine Beachtung; sie schienen sie nicht zu sehen. Das war nicht Unhöflichkeit; es gehörte lediglich zu der kunstvollen und strengen Korps-Etikette.

Zwischen den deutschen Studenten und ihren Professoren scheint kein frostiger Abstand zu herrschen, sondern vielmehr ein recht umgängliches Verhältnis, ganz das Gegenteil von Kühle und Reserviertheit. Wenn der Professor des Abends ein Wirtshaus betritt, in dem Studenten versammelt sind, erheben sich diese von ihren Plätzen und nehmen die Mütze ab und laden den alten Herrn ein, sich zu ihnen zu setzen und mitzuhalten. Er nimmt die Einladung an, und die muntere Unterhaltung und das Bier fließen eine Stunde lang oder zwei, und über ein Weilchen entbietet der Professor, gehörig angefüllt und heiter, den Studenten eine gute Nacht, während die Studenten sich mit entblößtem Haupt stehend von ihrem Platz aus verbeugen; und nun, da die ganze gewaltige Fracht der Gelehrsamkeit in seinem Laderaum schwimmt, macht er sich glücklich und zufrieden auf den Heimweg. Niemand nimmt Anstoß, niemand ist empört; es hat nichts zu sagen.

Korps-Etikette muß es anscheinend auch gewesen sein, einen Hund oder dergleichen zu halten. Ich denke da an den Korpshund, der Allgemeinbesitz der Verbindung ist wie der Korps-Küchenmeister oder der Dienstknecht; dann aber gibt es noch andere Hunde, die einzelnen Studenten gehören.

An einem Sommernachmittag sah ich sechs Studenten ernst und würdevoll in einer Reihe hintereinander in den Schloßgarten einziehen, jeder mit einem bunten chinesischen Sonnenschirm in der Hand und einem gewaltigen Hund an der Leine. Es war ein sehr eindrucksvoller Anblick. Manchmal hielten sich ebensoviele Hunde wie Studenten um den Pavillon herum auf; und zwar Hunde sämtlicher Rassen und aller Grade von Schönheit und Häßlichkeit. Diese Hunde führten ein recht langweili-

ges Leben, denn sie wurden an den Bänken festgebunden und hatten ein paar Stunden lang keine Abwechslung außer der, die sie sich selber verschafften, indem sie nach den Mücken schnappten oder zu schlafen versuchten und es nicht fertigbrachten. Allerdings bekamen sie hin und wieder ein Stück Zucker – den hatten sie gern.

Es erschien mir recht und passend, daß Studenten Hunden nachhingen, aber jeder andere hatte ebenfalls einen – alte und junge Männer, alte Frauen und honette junge Damen. Wenn es einen Anblick gibt, der unangenehmer ist als viele andere, dann ist es der einer elegant gekleideten jungen Dame mit einem Hund im Schlepp. Es soll angeblich Zeichen und Symbol vereitelter Liebe sein. Ich möchte meinen, daß man eine andere Möglichkeit der öffentlichen Bekanntmachung finden könnte, die ebenso auffallend und doch nicht so mißlich für Anstand und Schicklichkeit ist.

Es wäre ein Irrtum anzunehmen, daß der faulenzende, vergnügungssüchtige Student einen leeren Kopf spazierenführt. Ganz im Gegenteil. Er hat neun Jahre auf dem Gymnasium zugebracht, und zwar unter einem System, das ihm keine Freiheit ließ, sondern ihn mit allem Nachdruck zwang, wie ein Sklave zu arbeiten. Folglich hat er das Gymnasium mit einer Bildung verlassen, die so breit und vollständig ist, daß die Universität nichts weiter tun kann, als einige der tieferschürfenden Spezialbereiche zu vervollkommnen. Es wird behauptet, daß ein Schüler bei Verlassen des Gymnasiums nicht nur eine umfassende Bildung besitze, sondern auch *wisse*, was er weiß – die Bildung ist nicht mit Unsicherheiten vernebelt, sie ist ihm unauslöschlich eingebrannt. Zum Beispiel liest und schreibt er nicht nur Griechisch, sondern spricht es auch; mit dem Lateinischen ist es dasselbe. Die Jugend anderer Länder hält sich dem Gymnasium fern; seine Regeln sind zu unerbittlich. Sie geht zur Universität, um ihrer Allgemeinbildung ein Mansardendach aufzusetzen; der deutsche Student hingegen hat sein Mansardendach bereits, also zieht er auf die Universität, um ein Türmchen in Gestalt irgendeiner Spezialität hinzuzufügen, zum Beispiel einen bestimmten Zweig der Rechtswissenschaft, Medizin oder Philologie – wie etwa internationales Recht oder Augenheilkunde oder ein Studium der alten gotischen Dialekte. Demgemäß besucht dieser Deutsche nur die Vorlesungen, die das von ihm gewählte Fach betreffen, und den Rest des Tages trinkt er sein Bier, schleppt seinen Hund herum und läßt es sich gut sein. Er war so lange in strenger Zucht, daß die großzügige Freiheit des Universitätslebens genau das ist, was er braucht, gern hat und durch und durch zu schätzen weiß; und da sie nicht ewig währen kann, nutzt er sie aufs beste, solange sie andauert, und legt sich einen ordentlichen Überschuß für den Tag zurück, da er unausweichlich abermals die Ketten anlegen und sich in die Sklaverei eines Amtes oder Berufslebens begeben muß.

Kapitel 5

Auf dem Paukboden

An einem Tag erhielt mein Reisebegleiter im Interesse der Wissenschaft die Erlaubnis, mich auf den Paukboden der Studenten zu führen. Wir überquerten den Fluß und fuhren ein paar hundert Meter am Ufer entlang, bogen dann nach links in eine schmale Gasse ein, folgten ihr etwa hundert Meter und kamen vor einem zweistöckigen Wirtshaus an; das Äußere war uns vertraut, denn es war vom Hotel aus zu sehen. Wir gingen nach oben und gelangten in einen großen weißgetünchten Saal, der etwa fünfzehn Meter lang und zehn Meter breit und sechs oder auch sieben Meter hoch war. Der Saal hatte gutes Licht. Einen Teppich gab es nicht. An einem Ende und an den beiden Langseiten waren Tische aufgereiht, und daran saßen etwa fünfzig bis fünfundsiebzig Studenten.

Einige von ihnen tranken Wein, andere spielten Karten, andere Schach, noch andere plauderten miteinander, und viele rauchten Zigaretten, während sie auf die kommenden Duelle warteten. Fast alle trugen bunte Mützen. Ich sah weiße Mützen, grüne Mützen, blaue Mützen, rote Mützen und leuchtend gelbe; alle Korps waren also mit starker Streitmacht vertreten. In den Fensternischen am freien Ende des Raumes standen sechs oder acht lange schmalklingige Säbel mit großem Handschutz, und draußen war ein Mann dabei, weitere auf einem Schleifstein zu schärfen. Er verstand sein Handwerk; wenn ein Säbel seine Hände verließ, konnte man sich damit rasieren.

Es war zu beobachten, daß die jungen Herren nicht mit Studenten sprachen, deren Mütze sich in der Farbe von ihrer eigenen unterschied, ja, sie nicht einmal durch eine Verbeugung begrüßten. Das war keine Feindseligkeit, sondern nur bewaffnete Neutralität. Man war der Ansicht, daß jemand im Duell härter und mit ernsterem Interesse schlug, wenn er zu seinem Gegner nie ein kameradschaftliches Verhältnis unterhalten hatte. Kameradschaft zwischen den Korps war daher nicht erlaubt. Von Zeit zu Zeit pflegen die Vorsitzenden der fünf Korps kühlen offiziellen Umgang miteinander, aber damit ist es auch getan. Wenn zum Beispiel der regelmäßige Duelltag eines Korps näherrückt, bittet der Vorsitzende um die Meldung von Freiwilligen, die sich schlagen werden; drei oder mehr melden sich – aber weniger als drei dürfen es nicht sein; der Vorsitzende legt ihre Namen den anderen Vorsitzenden mit dem Ansinnen vor, für diese Herausforderer Gegner aus dem eigenen Korps zu stellen. Dem wird unverzüglich nachgekommen. Es traf sich, daß das Ereignis, dem ich beiwohnte, der Kampftag des Rotmützenkorps war. Sie waren die Herausforderer, und bestimmte Mützen anderer Farben hatten sich freiwillig erboten, gegen sie anzutreten. Die Studenten fechten während siebeneinhalb bis acht Monaten im Jahr zweimal wöchentlich Duelle in dem Saal aus, den ich beschrieben habe. Der Brauch besteht in Deutschland seit zweihundertfünfzig Jahren.

Aber zurück zu meinem Bericht. Ein Student mit weißer Mütze nahm uns in Empfang und stellte uns sechs oder acht Freunden vor, die ebenfalls weiße Mützen trugen, und während wir noch da standen und uns unterhielten, wurden zwei seltsam aussehende Gestalten aus dem Raum nebenan hereingeführt: zwei voll zum Duell gerüstete Studenten. Sie waren barhäuptig; ihre Augen wurden von einer eisernen Brille geschützt, die einen Zoll oder noch mehr vorstand und deren Lederriemen die Ohren platt an den Kopf banden; ihr Hals war dick mit Binden umwickelt, die ein Säbel nicht zerschneiden konnte; vom Kinn bis an die Enkel waren die beiden gründlich gegen Verletzungen gepolstert; ihre Arme waren Lage über Lage dick bandagiert, so daß sie wie massive schwarze Klötze aussahen. Diese sonderbaren Erscheinungen waren vor einer Viertelstunde ansehnliche Jünglinge in eleganter Kleidung gewesen, nun jedoch glichen sie Wesen, denen man nur in Alpträumen begegnet. Mit steif abstehenden Armen kamen sie daher; sie hielten sich nicht selber aufrecht; andere Studenten gingen neben ihnen her und gewährten ihnen die nötige Stütze.

Alles eilte nun zum freien Ende des Saales, und wir schlossen uns an und bekamen gute Plätze. Die Kombattanten wurden mit dem Gesicht zueinander aufgestellt, jeder mit mehreren Angehörigen seines Korps zur Assistenz um sich herum; zwei Sekundanten faßten gutgepolstert und mit einem Säbel in der Hand nahebei Posten; ein Student, der keinem der gegeneinander antretenden Korps angehörte, begab sich an eine günstige Stelle, von der aus er den Kampf als Schiedsrichter beobachten konnte; ein weiterer Student stand mit einer Taschenuhr und einem Notizbuch bereit, um die Zeit und die Zahl und Art der Wunden festzuhalten; ein grauhaariger Arzt war zugegen mit seinem Zupflinnen, seinen Binden und seinen Instrumenten. Nach einer kurzen Pause grüßten die Duellanten den Schiedsrichter ehrerbietig, dann traten die verschiedenen Helfer einer nach dem anderen vor, nahmen mit Anstand ihre Mütze ab und grüßten ihn ebenfalls und gingen wieder an ihren Platz zurück. Alles war nun bereit; Studenten drängten sich dicht aneinander am Rand des freien Platzes, und andere standen auf Stühlen und Tischen hinten ihnen. Aller Augen waren dem Mittelpunkt des Interesses zugewandt.

Die Kombattanten beobachteten einander mit wachsamen Augen; es herrschten vollkommene Stille und atemlose Anteilnahme. Ich glaubte, daß ich nun allerlei kluge, bedachtsame

Arbeit zu sehen bekommen würde. Nichts dergleichen. Als durch Zuruf das Zeichen zum Anfangen gegeben wurde, sprangen die beiden Erscheinungen vor und ließen mit solch rasender Geschwindigkeit Schläge aufeinander niederregnen, daß ich nicht unterscheiden konnte, ob ich die Säbel sah oder nur ihr Blitzen in der Luft. Der prasselnde Lärm dieser Hiebe, wenn sie auf Stahl oder Bandagen trafen, hatte etwas wundervoll Aufrüttelndes, und es wurde mit solch fürchterlicher Wucht geschlagen, daß ich nicht begriff, wieso der gegnerische Säbel von dem Anprall nicht niedergehauen wurde. Nach einer kleinen Weile sah ich inmitten des Säbelblitzens ein Büschel Haare durch die Luft segeln, so als habe es lose auf dem Kopf des Opfers gelegen und sei von einem plötzlichen Zugwind fortgepustet worden.

Die Sekundanten riefen »Halt!« und schlugen gleichzeitig die Säbel der Kombattanten mit ihren eigenen hoch. Die Duellanten setzten sich; einer der offiziellen Helfer trat vor, untersuchte den verletzten Kopf und betupfte die Stelle ein paarmal mit einem Schwamm; der Arzt kam und strich das Haar zurück – und legte eine hochrot klaffende Wunde von etwa zwei bis drei Zoll bloß und machte sich daran, ein ovales Stück Leder

und ein Büschel Zupflinnen darüber zu binden; der Rechnungsführer trat heran und vermerkte einen Punkt für die Gegenseite in seinem Buch.

Dann bezogen die Duellanten abermals Stellung; ein kleines Blutrinnsal lief dem Verletzten an der Seite des Kopfes herunter und von dort über die Schulter und am Körper abwärts bis auf den Fußboden, aber es schien ihn nicht zu bekümmern. Der Zuruf erklang, und die beiden fuhren ebenso heftig aufeinander los wie zuvor; abermals regneten und prasselten und blitzten die Hiebe; alle paar Augenblicke entdeckte einer der flinkäugigen Sekundanten, daß ein Säbel verbogen war – dann riefen sie »Halt!«, schlugen die miteinander kämpfenden Waffen hoch, und einer der Helfer bog die verbogene Klinge wieder gerade.

Weiter ging der wundervolle Tumult – auf einmal sprang ein heller Funke von einer der Klingen, und diese Klinge, die in mehrere Stücke zerbrochen war, schickte eins ihrer Bruchstücke in hohem Flug an die Decke. Ein neuer Säbel wurde angereicht und der Kampf fortgesetzt. Die körperliche Anstrengung war natürlich ungeheuer; und nach einer Weile ließen die Kämpfer beträchtliche Erschöpfungen erkennen. Sie durften sich in kurzen Abständen immer wieder einen Augenblick ausruhen; weitere Rastpausen verschafften sie sich durch gegenseitiges Verwunden, denn dann konnten sie sich setzen, während der Arzt Scharpie und Verband anlegte. Es ist Vorschrift, daß der Kampf fünfzehn Minuten andauern muß, falls die Männer durchstehen; und da die Pausen nicht mitzählen, zog sich dieses Duell meiner Schätzung nach über zwanzig bis dreißig Minuten hin. Schließlich wurde entschieden, daß die beiden Männer zu ermattet waren, um sich noch weiter zu schlagen. Sie wurden weggeführt, von Kopf bis Fuß hochrot durchtränkt. Es war dies ein guter Kampf, aber er zählte nicht, teils weil er nicht die vorgeschriebenen fünfzehn Minuten (tatsächlichen Schlagens) gedauert hatte, teils weil keiner der beiden Männer durch seine Wunden kampfunfähig geworden war.

Es war ein unentschiedener Kampf, und das Korps-Gesetz fordert, daß unentschiedene Kämpfe aufs neue ausgefochten werden, sobald die Widersacher von ihren Wunden genesen sind.

Während des Duells hatte ich mich hin und wieder ein wenig mit einem jungen Herrn vom Weißmützen-Korps unterhalten, und er hatte erwähnt, daß er sich als nächster schlagen werde, und hatte mir auch seinen Herausforderer gezeigt, einen jungen Herrn, der an der Wand gegenüber lehnte, eine Zigarette rauchte und in aller Ruhe dem im Gang befindlichen Duell zusah.

Meine Bekanntschaft mit einem der Beteiligten an dem kommenden Zweikampf hatte zur Folge, daß ich ihm mit einer Art persönlicher Anteilnahme entgegensah; ich wünschte natürlich, er werde gewinnen, und es war alles andere als angenehm zu erfahren, daß er wahrscheinlich nicht gewinnen werde, denn er war zwar ein hervorragender Fechter, aber der Herausforderer galt als ihm überlegen.

Alsbald begann das Duell, und zwar mit demselben Ungestüm, das auch das vorhergehende ausgezeichnet hatte. Ich stand nahebei, konnte jedoch nicht unterscheiden, welche Hiebe zählten und welche nicht – sie fielen und verschwanden wie Lichtblitze so schnell. Anscheinend zählten sie alle. Die Säbel bogen sich immerzu über die Köpfe der Gegner hinweg und schienen von der Stirn bis zum Wirbel aufzutreffen; aber dem war nicht so – eine schützende Klinge fuhr, für mich unsichtbar, jedesmal dazwischen. Nach zwölf Sekunden hatte jeder der Männer zwölf- bis fünfzehnmal zugehauen und zwölf bis fünfzehn Schläge abgewehrt, und nichts war passiert; dann wurde ein Säbel außer Gefecht gesetzt, und es folgte eine kurze Ruhepause, während der ein neuer herbeigebracht wurde. Gleich zu Beginn der nächsten Runde erhielt der Student vom weißen Korps eine böse Wunde an der Seite des Kopfes und brachte seinem Gegner eine ebensolche bei. In der dritten Runde empfing dieser eine weitere schwere Kopfwunde, und jenem wurde die Unterlippe gespalten. Danach gelang dem Studenten vom weißen Korps eine ganze Reihe schwerer Wunden, ihn selber jedoch erwischte es nicht mehr ernstlich. Nach insgesamt fünf Minuten brach der Arzt das Duell ab; der Herausforderer hatte solch erhebliche Verletzungen erlitten, daß weitere Wunden gefährlich werden konnten. Diese Verletzungen boten einen gräßlichen Anblick, bleiben jedoch besser unbeschrieben. Wider Erwarten war mein Bekannter also der Sieger.

Kapitel 6

Das dritte Duell war kurz und blutig. Der Arzt brach es ab, als er sah, daß der eine von den beiden Männern mit den schweren Wunden, die er empfangen hatte, nicht ohne Gefahr für sein Leben würde weiterkämpfen können.

Das vierte Duell war ein fürchterliches Treffen; aber nach fünf oder sechs Minuten griff der Arzt abermals ein: noch ein Mann war so ernstlich verletzt, daß weiterer Schaden ihm gefährlich werden würde. Ich sah dieser Begegnung zu, wie ich den anderen zugesehen hatte – mit hingerissener Anteilnahme und starker Erregung und einem Erschauern bei jedem Hieb, der eine Wange oder eine Stirn schlitzte, und einem mir selber bewußten Erbleichen, wenn hin und wieder einem der Duellanten eine Wunde von noch erschreckenderer Art beigebracht wurde. Meine Augen ruhten auf dem Verlierer dieses Duells, als er seine letzte Wunde, die bezwingende, empfing – der Hieb traf ihn im Gesicht und entführte ihm – gleichviel, die Einzelheiten bleiben besser unerwähnt. Ich blickte nur kurz hin und wandte mich dann rasch ab, aber ich hätte überhaupt nicht hingeschaut, hätte ich gewußt, was kam. Nein, das stimmt wohl nicht ganz; man glaubt, man würde nicht hinschauen, falls man wüßte, was kommt, aber die Anteilnahme und die Erregung sind so mächtig, daß sie alle anderen Empfindungen ohne weiteres unterdrücken; und so erliegt man dann angesichts der ingrimmigen Heiterkeit des aufeinanderprallenden Stahls doch der Versuchung und schaut hin. Manchmal fallen Zuschauer bei diesen Duellen in Ohnmacht – und das scheint mir gar nicht so unvernünftig.

Beide Teilnehmer an diesem vierten Duell waren böse verwundet – so böse, daß der Arzt sie fast eine volle Stunde in Arbeit hatte – eine Tatsache, die zu allerhand Vermutungen Anlaß gibt. Aber diese Wartezeit wurde von den versammelten Studenten nicht müßig vertan. Die Mittagsstunde war eben verstrichen; daher ließen sie vom Wirt unten im Haus heiße Beefsteaks, Hühnchen und dergleichen heraufschicken und tafelten behaglich rundum an den Tischen und plauderten, disputierten und lachten dabei. Die Tür zum Arztzimmer stand derweil offen, aber das Schneiden, Nähen, Spleißen und Verbinden, das dort vor aller Augen vor sich ging, schien niemandem den Appetit zu verderben. Ich ging hinein und sah dem Arzt eine Weile bei seinen Bemühungen zu, fand aber keine rechte Freude daran; beim Austeilen der Wunden zugegen zu sein war sehr viel weniger unangenehm als zuzuschauen, wie sie geflickt wurden; die Aufregung und der Tumult und die Musik des Stahls fehlten hier – der grausige Anblick zerrte an den Nerven, ohne daß der angenehme Schauer des Duells für einen Ausgleich sorgte.

Endlich war der Arzt fertig, und die Männer, die den letzten Kampf des Tages ausfechten sollten, traten an. Zahlreiche Mittagessen waren noch nicht verzehrt, aber das machte nichts, sie konnten nach dem Kampf kalt gegessen werden; also drängte alles nach vorne zum Zuschauen. Dies war kein Duell zum Vergnügen, sondern eine »Satisfaktions«-Angelegenheit. Die beiden Studenten hatten sich gezankt, und waren nun hier, um die Sache zu begleichen. Sie gehörten keinem der Korps an, aber die fünf Korps stellten ihnen aus Gefälligkeit Waffen und Rüstung zur Verfügung und erlaubten ihnen, sich in dem Saal zu schlagen. Die beiden jungen Männer waren offensichtlich mit dem Duellier-Zeremoniell nicht vertraut, wenn sie sich auch durchaus auf den Umgang mit dem Säbel verstanden. Als man sie zum Kampf aufstellte, glaubten sie, es sei Zeit, anzufangen – und sie fingen an, und zwar mit der ungestümsten Energie und ohne darauf zu warten, daß jemand das Kommando gab. Dies belustigte die Zuschauer ungeheuer; ja, es schmolz sogar ihren gekünstelten würdigen Ernst und brachte sie unversehens zum Lachen. Selbstverständlich schlugen die Sekundanten die Säbel hoch und begannen das Duell von neuem. Auf den Zuruf hin rauschte die Flut der Schläge los, aber schon bald griff der Arzt abermals ein – aus dem einzigen Grund, der ihm einzugreifen gestattet –, und die Schlacht des Tages war geschlagen. Es war zwei Uhr nachmittags, und ich hatte seit halb zehn Uhr morgens zugeschaut. Das Schlachtfeld war nun tatsächlich rot; aber etwas Sägemehl brachte das bald wieder in Ordnung. Ein Duell war ausgefochten worden, bevor ich mich eingefunden hatte. In ihm empfing einer der Männer zahlreiche Wunden, während der andere ohne eine einzige Schramme davonkam.

Ich hatte zugeschaut, wie zehn jungen Männern Kopf und Gesicht in jeder Richtung von scharfen zweischneidigen Säbeln zerhauen worden waren, und doch hatte ich keines der Opfer auch nur ein einziges Mal zusammenzucken sehen oder ein Stöhnen gehört oder auch nur ein flüchtiges Verziehen des Gesichtes bemerkt, das den scharfen Schmerz eingestanden hätte, den die Wunden den Kämpfenden verursachten. Das war fürwahr bemerkenswerte Seelenstärke. Solches Erdulden erwartet man bei Wilden und Preisboxern, denn sie sind dazu geboren und abgerichtet worden; aber es in solcher Vollkommenheit bei diesen wohlerzogenen und liebenswürdigen jungen Burschen vorzufinden, war überraschend. Und nicht nur in der Erregung des Säbelfechtens bewiesen sie diese Seelenstärke; sie bewiesen sie nicht minder im Zimmer des Arztes, in dem eine wenig begeisternde Stille herrschte und keine Zuschauer anwesend waren. Unter den Handgriffen des Arztes ächzte niemand, und niemand verzog das Gesicht. Und in den Kämpfen war zu beobachten, daß diese Jungen, wenn sie von heftig blutenden Wunden bedeckt waren, mit demselben ungeheuren Feuer wie zu Beginn einhackten und zuschlugen.

Die allgemeine Öffentlichkeit betrachtet das Universitätsduell als eine recht farcenhafte Angelegenheit. Gewiß, aber wenn man bedenkt, daß das Universitätsduell von Knaben ausgefochten wird, daß die Säbel richtige Säbel sind und daß Kopf und Gesicht freiliegen, so erscheint es mir doch als eine Farce mit einer recht ernsthaften Seite. Die Leute lachen hauptsächlich darüber, weil sie glauben, der Student sei in solch einen Panzer eingepackt, daß er nicht verwundet werden könne. Aber dem ist nicht so; seine Augen und Ohren sind zwar geschützt, aber das übrige Gesicht und der Kopf bleiben bloß. Er kann nicht nur schwer verwundet werden, sein Leben steht sogar in Gefahr; und manchmal wäre es um ihn geschehen, griffe nicht der Arzt rechtzeitig ein. Es ist nicht beabsichtigt, daß Gefahr für sein Leben besteht. Tödliche Unfälle sind jedoch möglich. Zum Beispiel kann der Säbel des Studenten abbrechen und die Spitze hinter dem Ohr seines Gegner hochfliegen und eine Schlagader zerschneiden, die nicht erreichbar ist, solange der Säbel heil bleibt. Dies ist von Zeit zu Zeit vorgekommen, und der Tod trat dann auf der Stelle ein. Früher waren die Achselhöhlen des Studenten nicht geschützt – und zu der Zeit benutzte man spitze Säbel, während sie nun stumpf sind; daher wurde zuweilen eine Arterie in der Achselhöhle zertrennt, was den Tod zur Folge hatte. Außerdem war zur Zeit der spitzen Säbel gelegentlich einer der Zuschauer das Opfer – das abgebrochene Ende eines Säbels flog drei, vier Meter weit und grub sich ihm in Hals oder Herz, und der Tod ereilte ihn unverzüglich. Die Studentenduelle in Deutschland führen heutzutage zu etwa zwei oder drei Todesfällen im Jahr, aber diese haben ihre Ursache lediglich in der Sorglosigkeit der Verletzten; sie essen oder trinken unbedachtsam oder strengen sich übermäßig an; eine Entzündung setzt ein und macht solche

Fortschritte, daß ihr kein Einhalt mehr geboten werden kann. O ja, das Universitätsduell bringt in der Tat genügend Blut und Schmerzen und Gefahr mit sich, daß es Anspruch auf ein beträchtliches Maß Hochachtung erheben darf.

Alle Bräuche, alle Vorschriften, alle Umstände, die mit dem Studentenduell zu tun haben, sind wunderlich und unbefangen. Das ernste, abgezirkelte und artige Zeremoniell verleiht ihm den Reiz des Altmodischen.

Seine Würde und die bei ihm geübten ritterlichen Tugenden deuten auf das Turnier hin und nicht auf den Boxsport. Seine Regeln sind in all ihrer Eigentümlichkeit streng. So darf der Duellant zum Beispiel von der Linie, auf die er gestellt wird, vorrücken, sich jedoch niemals von ihr zurückziehen. Tritt er hinter die Linie oder beugt er sich auch nur zurück, gilt es als ausgemacht, daß er einem Hieb auszuweichen sucht oder sich einen Vorteil verschaffen will; also wird er in Unehren aus seinem Korps ausgestoßen. Man möchte meinen, es sei nur allzu natürlich, daß ein Duellant unbewußt vor einem auf ihn einhauenden Säbel zurückweicht – gegen seinen Willen und seine Absicht; aber solche Unbewußtheit ist nicht erlaubt. Ich wiederhole: verzieht der Empfänger einer Wunde bei dem plötzlichen Schmerz auch nur das Gesicht, sinkt er um einige Grade in der Achtung seiner Korpsbrüder. Sie schämen sich seiner und nennen ihn einen Hasenfuß.

Kapitel 7

Außer den Korps-Gesetzen gibt es noch verschiedene Korps-Gebräuche, die die Kraft von Gesetzen haben.

Angenommen zum Beispiel den Fall, dem Vorsitzenden eines Korps fiele auf, daß einer aus der Mitgliedschaft, obwohl kein zum Duell nicht zugelassener Neuling mehr, sich bisher nicht freiwillig zum Schlagen gemeldet hat. Eines Tages wird der Vorsitzende, anstatt um Freiwillige zu bitten, diesen Studenten dazu *bestimmen*, daß er sich im Säbelduell mit einem Studenten eines anderen Korps mißt. Es steht ihm frei, abzulehnen – das sagt jeder – es besteht kein Zwang. Stimmt – aber ich habe von keinem Studenten gehört, der tatsächlich abgelehnt hatte. Jeder würde selbstverständlich eher aus dem Korps austreten als ablehnen; abzulehnen und dennoch im Korps zu verbleiben würde einen unangenehm von den anderen abstechen lassen, wußte man doch, als man beitrat, daß die Hauptaufgabe eines Mitglieds das Schlagen sein würde. Nein, es gibt kein Gesetz gegen das Ablehnen – nur das Gesetz der Gewohnheit, das eingestandenermaßen überall mächtiger ist als das geschriebene Gesetz.

Die zehn jungen Leute, bei deren Duellen ich Zeuge gewesen war, gingen nicht nach Haus, nachdem sie verbunden worden waren (wie ich angenommen hatte), sondern kamen, sobald der Arzt sie entließ, einer nach dem anderen zurück und mischten sich unter die im Duellsaal Versammelten. Der Weißmützenstudent, der den zweiten Kampf gewonnen hatte, sah bei den letzten drei zu und unterhielt sich in den Pausen mit uns. Er konnte nicht sehr gut reden, da der Säbel seines Gegners ihm die Unterlippe gespalten hatte, und der Mediziner hatte sie dann noch zusammengenäht und verschwenderisch mit weißem Pflaster überklebt; und das Essen fiel ihm auch nicht gerade leicht; dennoch gelang es ihm, sich eine langsame, beschwerliche Mahlzeit einzuverleiben, während das letzte Duell vorbereitet wurde. Der Mann, der von allen am schwersten verwundet war, spielte Schach, während er darauf wartete, dieser letzten Begegnung zuzuschauen. Ein gut Teil seines Gesichtes war mit Verbänden und Pflasterstreifen bedeckt, und der ganze übrige Kopf war davon verhüllt. Es wird behauptet, daß sich die Studenten in diesem Aufputz gerne auf der Straße und an anderen öffentlichen Orten zeigten und daß diese Vorliebe sie oft draußen weilen lasse, wenn Regen oder Sonne eine bedenkliche Gefahr für sie bedeuten. Frischverbundene Studenten sind ein sehr alltäglicher Anblick in den öffentlichen Parks von

Heidelberg. Es wird ferner behauptet, daß der Student sich über Wunden im Gesicht freue, weil die zurückbleibenden Narben dort so gut zu sehen seien; und es wird außerdem behauptet, daß diese Gesichtswunden so hoch eingeschätzt würden, daß man von Fällen gehört habe, wo der junge Mann die Wunde von Zeit zu Zeit wieder aufriß und Rotwein hineingoß, damit sie schlecht heile und eine möglichst scheußliche Narbe hinterlasse.

Es scheint dies nicht sehr vernünftig, aber es wird nichtsdestoweniger rundum versichert und bestätigt. Eins weiß ich sicher: An Narben fehlt es in Deutschland unter den jungen Leuten nicht; und sehr häßlich sind sie auch. Sie überziehen das Gesicht kreuz und quer in zornroten Striemen und sind dauerhaft und unauslöschlich. Manche von diesen Narben bieten einen sehr sonderbaren und fürchterlichen Anblick; und die Wirkung ist außerordentlich, wenn mehrere von ihnen die zahmeren, die einen Stadtplan im Gesicht eines Mannes bilden, unterstreichen; sie weisen auf das »niedergebrannte Viertel« hin. Uns war oft aufgefallen, daß viele Studenten ein buntes Seidenband diagonal über der Brust trugen. Dies bedeutet, wie sich herausstellte, daß der Träger drei Duelle ausgefochten hat, in denen eine Entscheidung erzielt wurde – Duelle, in denen er siegte oder besiegt wurde –, denn unentschiedene Treffen zählen nicht. Nachdem ein Student sein Band erhalten hat, ist er »frei«; er kann mit dem Schlagen aufhören, ohne daß es ihm einen Tadel eintrüge – außer jemand beleidigte ihn; sein Vorsitzender kann ihn nicht zum Duell benennen; falls er selber sich zu duellieren wünscht, kann er sich freiwillig melden, oder aber auch sich ausruhen, falls er das vorzieht. Die Statistik zeigt jedoch, daß er es *nicht* vorzieht, sich zur Ruhe zu setzen. Sie zeigt, daß dem Duell eine einzigartige Faszination anhaftet, denn diese Männer, weit davon entfernt, sich auf dem Vorrecht, das ihnen ihr Band gewährt, wie auf einem Faulbett auszustrecken, melden sich immerzu freiwillig. Ein Korpsstudent erzählte mir, daß Fürst Bismarck während seiner Universitätszeit in einem einzigen Sommersemester zweiunddreißig dieser Duelle ausgefochten habe. Also schlug er sich noch neunundzwanzigmal, nachdem sein Band ihm bereits das Recht verliehen hatte, sich vom Kampf zurückzuziehen.

Diese statistischen Angaben dürften in Verschiedenem interessant sein. Zwei Tage in jeder Woche sind dem Duellieren gewidmet. Es ist strenge Vorschrift, daß an jedem dieser Tage drei Duelle stattfinden müssen; meistens sind es mehr, aber weniger dürfen es nicht sein. Sechs wurden an dem Tage ausgefochten, an dem ich zugegen war; manchmal kommt es sogar zu sieben oder acht. Man wies mich darauf hin, daß acht Duelle pro Woche – vier an jedem der beiden Tage – ein zu niedriger Durchschnitt für eine Berechnung sei, aber ich will von der Zahl ausgehen, da ich eine Untertreibung einer Übertreibung vorziehe. Dies erfordert etwa vierhundertachtzig für fünfhundert Duellanten im Jahr – denn im Sommer dauert das Semester etwa dreieinhalb Monate und im Winter etwa vier Monate und manchmal länger. Von den siebenhundertfünfzig Studenten, die sich zu der Zeit, über die ich berichte, auf der Universität befanden, gehörten nur achtzig den fünf Korps an, und nur in diesen Korps schlägt man sich; hin und wieder borgen andere Studenten Waffen und Paukboden der fünf Korps, um einen Handel zu bereinigen, aber das geschieht nicht an jedem Duelltag.* Folglich stellen achtzig Jünglinge das Material für einige zweihundertfünfzig Duelle im Jahr. Bei diesem Schnitt entfallen auf jeden der achtzig sechs. Diese gewaltige Arbeit könnte nicht vollbracht werden, wenn die Bandträger sich auf ihr Privileg versteiften und aufhörten, sich freiwillig zum Schlagen zu melden.

Wo soviel gekämpft wird, lassen die Studenten es sich selbstverständlich angelegen sein, beständig mit der Klinge in der

* Sie müssen die Waffen borgen, weil sie sie sonstwo oder auf andere Weise nicht beschaffen könnten. Wenn ich recht verstanden habe, gestatten die Behörden in ganz Deutschland den fünf Korps, Säbel zu besitzen, gestatten ihnen aber nicht, sie zu benutzen. Das Gesetz ist streng, nur die Durchführung ist lax.

Übung zu bleiben. An den Tischen im Schloßpark sieht man sie oft, wie sie ihre Peitsche oder ihren Spazierstock dazu benutzen, um ein neues Säbelkunststück vorzuführen, vom dem sie gehört haben; und auch an dem Tag, dessen Geschichte ich hier schreibe, waren die Säbel zwischen den Duellen durchaus nicht immer müßig; von Zeit zu Zeit hörten wir eine Folge dieser scharfen Zischgeräusche, die ein Säbel macht, wenn er die Luft zerschneidet, und daraus entnahmen wir, daß einer der Studenten übte. Diese unablässige Hinwendung zur Fechtkunst bringt notwendigerweise dann und wann einen Experten hervor. Er wird berühmt auf seiner eigenen Universität, sein Ruhm dringt zu anderen Universitäten. Er wird nach Göttingen eingeladen, um dort mit einem Göttinger Experten zu kämpfen; gewinnt er, wird er von weiteren Universitäten eingeladen, oder diese Universitäten schicken ihm ihre Experten. Amerikaner oder Engländer treten häufig einem der fünf Korps bei. Vor ein paar Jahren war der führende Heidelberger Säbelkundige ein massiger Kentuckianer; er wurde von den verschiedenen Universitäten eingeladen und hinterließ eine Spur von Siegen quer durch ganz Deutschland; schließlich jedoch bezwang ihn ein kleiner Student in Straßburg. Früher einmal gab es einen Studenten in Heidelberg, der einen Trick beherrschte, den er irgendwo einmal gelernt hatte und der darin bestand, daß er von unten hochschnitt, statt von oben einzuhauen. Solange der Trick ihm treu blieb, gewann er hintereinander sechzehn Duelle an seiner eigenen Universität; aber dann hatten Beobachter herausgefunden, worin der Zauber bestand und wie er zu brechen war, und vorbei war es mit seiner Meisterschaft.

Die Regel, die geselligen Umgang zwischen Angehörigen verschiedener Korps verbietet, ist streng. Auf dem Paukboden, in den Parks, auf der Straße und überall sonst, wo Studenten sich aufhalten, sieht man stets die Mützen derselben Farbe zusammen. Wenn alle Tische in einem Gartenrestaurant außer einem besetzt wären, und an diesem einen gäbe es zwei Rotmützen-Studenten und zehn freie Stühle, würden die Gelbmützen, die Blaumützen, die Weißmützen und die Grünmützen, die nach Plätzen suchten, an dem Tisch vorbeigehen, als sähen sie ihn nicht und seien sich nicht einmal bewußt, daß dieser Tisch überhaupt existierte. Der Student, durch dessen Gefälligkeit es uns ermöglicht worden war, den Paukboden zu besuchen, trug eine weiße Mütze – die Mütze des Preußenkorps. Er machte uns mit vielen Weißmützen bekannt, aber mit niemandem von einer anderen Farbe. Die Korps-Etikette erstreckte sich sogar auf uns, die wir Fremde waren, und verlangte, daß wir uns nur zu dem weißen Korps setzten oder stellten und nur mit dem weißen Korps sprachen, solange wir seine Gäste waren, und uns von den andersfarbigen Mützen fernhielten. Einmal wollte ich mir ein paar von den Säbeln näher ansehen, aber ein amerikanischer Student sagte: »Das wäre nicht ganz höflich; diese da in den Fensternischen haben allesamt rote oder blaue Griffe; man wird bald welche mit weißem Heft hereinbringen, und die können Sie gern in die Hand nehmen.« Als im ersten Duell ein Säbel zersprang, wollte ich ein Stück davon haben; aber der Griff war von der falschen Farbe, und man hielte es daher für das beste und höflichste, daß ich einen passenderen Zeitpunkt abwarte. Das Bruchstück wurde mir gebracht, nachdem alles den Duellsaal verlassen hatte, und ich werde nun, um die Breite der Waffe zu zeigen, eine »lebensgroße« Zeichnung davon anfertigen, indem ich mit meiner Feder eine Linie rundherumziehe. Die Länge dieser Säbel beträgt etwa neunzig Zentimeter, und sie sind recht schwer. Die Neigung zu Bravorufen während oder am Ende der Duelle war natürlich stark, aber die Korps-Etikette verbot irgendwelche Kundgebungen dieser Art. Ein Treffen oder ein Sieg konnte noch so glänzend sein – kein Zeichen und kein Laut verrieten, daß irgend jemand davon bewegt war. Zurückhaltung und würdiger Ernst bestimmten in jedem Augenblick das Bild.

Als die Duelle beendet waren und wir uns zum Gehen anschickten, nahmen die Herren vom Preußenkorps, denen wir vorgestellt worden waren, ihre Mütze auf die höfliche deutsche Art ab und schüttelten uns dazu die Hand; ihre Brüder vom gleichen Orden nahmen die Mütze ab und verbeugten sich, ohne uns jedoch die Hand zu geben; die Herren von den anderen Korps behandelten uns genauso, wie sie Weißmützen behandelt hätten – sie traten zur Seite, scheinbar unbewußt, und ließen uns einen unbehinderten Durchgang, schienen uns aber nicht zu sehen, ja überhaupt nicht zu merken, daß wir da waren. Wären wir in der nächsten Woche als die Gäste eines anderen Korps hierhergekommen, hätten die Weißmützen die Etikette ihres Ordens befolgt und ohne beleidigende Absicht ihrerseits unsere Anwesenheit übersehen.

(Wie seltsam sich doch Komödie und Tragödie in diesem Leben vermischen! Noch war keine volle Stunde verstrichen, seitdem ich vom Zuschauen bei diesen mutwilligen Scheinduellen nach Hause zurückgekehrt war, da erforderten die Umstände, daß ich augenblicklich aufbrach, um mich bei einem echten nützlich zu machen – bei einem Duell ohne verweichlichte Einschränkungen im Hinblick auf das Ergebnis: einem Kampf bis auf den Tod. Das nächste Kapitel wird daher dem Leser zeigen, daß Duelle, die von Knaben zum Spaß ausgefochten werden, und Duelle zwischen Männern, die es ernst meinen, zwei sehr verschiedene Dinge sind.)

Kapitel 8

Das große französische Duell

Das moderne französische Duell mag von gewissen Leuten, die sich besonders schlau dünken, noch so lächerlich gemacht werden, es ist in Wirklichkeit eine der gefährlichsten Einrichtungen unserer Zeit. Da es stets im Freien ausgefochten wird, holen sich die Kombattanten fast mit Sicherheit einen Schnupfen. Monsieur Paul de Cassagnac, der unermüdlichste aller französischen Duellanten, hat so oft auf diese Weise gelitten, daß sein Gebrechen nun chronisch ist; und der beste Arzt von Paris hat die Ansicht geäußert, wenn er sich noch weitere fünfzehn oder zwanzig Jahre duelliere, werde er noch einmal sein Leben in Gefahr bringen, es sei denn, er mache es sich zur Gewohnheit, in einem behaglichen Zimmer zu kämpfen, wo Feuchtigkeit und Zugluft nicht eindringen können. Dies sollte das Gerede jener Leute mäßigen, die hartnäckig behaupten, das französische Duell sei wegen der Bewegung an der frischen Luft, die es mit sich bringt, die allergesundeste Erholung. Und es sollte ebenfalls dieses törichte Geschwätz in seine Schranken weisen, das da behauptet, französische Duellanten und den Sozialisten verhaßte Monarchen seien die einzigen Menschen, die unsterblich sind.

Aber es wird Zeit, daß ich zu meinem Thema komme. Sobald ich von dem jüngsten hitzigen Zusammenstoß zwischen Monsieur Gambetta und Monsieur Fourtou in der französischen Nationalversammlung hörte, wußte ich, daß Verdruß folgen mußte. Ich wußte es, da meine lange Freundschaft mit Monsieur Gambetta mir das verwegene und unversöhnliche Wesen dieses Mannes enthüllt hatte. Mochte sein körperliches Ausmaß gewaltig sein – sein Rachedurst würde, dessen war ich gewiß, seine Person bis an den äußersten Rand durchdringen.

Ich wartete nicht ab, bis er zu mir kam, sondern begab mich sofort zu ihm. Wie vorausgesehen, traf ich den tapferen Kerl in äußerster französischer Ruhe an. Ich sage in französischer Ruhe, denn französische Ruhe und englische Ruhe unterscheiden sich in mancher Hinsicht. Er ging mit flinken Schritten zwischen den Trümmern seiner Möbel auf und ab. Dabei stieß er hin und wieder Bruchstücke, die ihm in den Weg kamen, mit dem Fuß vor sich her, knirschte ein nicht endendes Mahlgut von Flüchen durch die Mühle seiner Zähne und blieb alle Augenblicke stehen, um eine weitere Handvoll von seinen Haaren auf den Berg zu legen, den er bereits auf dem Tisch aufgehäuft hatte.

Er umschlang mich mit beiden Armen, bog mich über seinen

Bauch an seine Brust, küßte mich auf beide Wangen, drückte mich vier- oder fünfmal an sich und setzte mich dann in seinen Sessel. Sobald ich wieder genesen war, kamen wir zur Sache.

Ich sagte, daß ich annähme, er werde mich als Sekundanten haben wollen, und er sagte: »Selbstverständlich.«

Ich sagte, daß mir gestattet werden müsse, unter einem französischen Namen aufzutreten, damit ich in meinem Heimatland vor Verleumdungen geschützt sei – im Falle eines tödlichen Ausgangs. Hier zuckte er zusammen, wahrscheinlich wegen der Andeutung, daß man dem Duellieren in Amerika nicht mit Hochachtung gegenüberstand. Dennoch ging er auf meinen Wunsch ein. So erklärt sich, warum in allen Zeitungsmeldungen Monsieur Gambettas Sekundant dem Anschein nach ein Franzose war.

Zunächst setzten wir den letzten Willen meines Duellanten auf. Ich bestand darauf und ließ mich nicht davon abbringen. Ich sagte zu ihm, ich hätte noch nie gehört, daß ein Mann, der bei Sinnen war, hingegangen sei und ein Duell ausgefochten habe, ohne vorher sein Testament gemacht zu haben. Er sagte zu mir, er habe noch nie von einem Mann, der bei Sinnen war, gehört, dem irgend etwas dergleichen eingefallen sei. Als er mit dem Testament fertig war, wünschte er, zur Wahl seiner »letzten Worte« überzugehen. Er wollte wissen, was ich von folgenden Worten als Ausruf vor dem Sterben hielte:

»Ich sterbe für meinen Gott, für mein Vaterland, für die Freiheit der Rede, für Fortschritt und eine weltumspannende Bruderschaft der Menschen!«

Ich wandte ein, daß dies einen schleichenden Tod erfordere; es sei eine gute Ansprache für einen Schwindsüchtigen, jedoch kaum geeignet für die Dringlichkeit des Feldes der Ehre. Wir zankten uns um mehrere Ante-mortem-Aussprüche, aber schließlich brachte ich ihn dahin, seinen Nekrolog auf das Folgende zu beschneiden, und mit dem Vorsatz, ihn auswendig zu lernen, trug er ihn in sein Notizbuch ein: *Ich sterbe, damit Frankreich leben möge.*

Ich wies ihn darauf hin, daß mir diese Bemerkung nicht zutreffend scheine; aber er antwortete, aufs Zutreffen käme es bei letzten Worten ganz und gar nicht an, was man brauche, sei der rechte Schauer.

Nächster Punkt war die Wahl der Waffen. Mein Duellant sagte, er fühle sich nicht wohl, und wolle dies und die anderen Einzelheiten des bevorstehenden Treffens mir überlassen. Daher verfaßte ich das folgende Schreiben und ging damit zu Monsieur Fourtous Freund:

»*Mein Herr*: Monsieur Gambetta nimmt Monsieurs Forderung an und ermächtigt mich, Plessis-Piquet als den Ort der Begegnung vorzuschlagen, morgen früh bei Tagesanbruch als die Zeit und Äxte als Waffe.

Ich verbleibe mit der größten Hochachtung

Mark Twain.«

Monsieur Fourtous Freund las dieses Schreiben und erschauerte. Dann wandte er sich mir zu und sagte mit einem Anflug von Strenge in der Stimme:

»Haben Sie bedacht, mein Herr, was das unvermeidliche Ergebnis eines solchen Treffens sein würde?«

»Was denn wohl?«

»Blutvergießen!«

»Darauf dürfte es hinauslaufen, ja« sagte ich. »Falls es keine unbillige Frage ist – was gedachte Ihre Seite zu vergießen?«

Da hatte ich ihn. Er merkte, daß er einen Schnitzer gemacht hatte, und beeilte sich, ihn wegzuerklären. Er sagte, er habe nur gescherzt. Dann fügte er hinzu, sein Duellant würde an Äxten Vergnügen finden, ja sie wahrhaftig vorziehen, aber solche Waffen seien nach den französischen Vorschriften nicht zugelassen, und daher müsse ich meinen Vorschlag ändern.

Ich schritt auf und ab und ließ mir die Sache gründlich durch den Kopf gehen, und nach einer Weile kam ich zu dem Schluß, daß Revolverkanonen auf fünfzehn Schritt eine vielversprechende Möglichkeit seien, auf dem Felde der Ehre eine Entscheidung zu erzielen. Also formte ich diesen Gedanken zu einem Vorschlag.

Aber er wurde nicht angenommen. Die Vorschrift stand abermals im Weg. Ich schlug Büchsen vor; dann doppelläufige Schrotflinten; dann Colts Marinerevolver. Da diese allesamt zurückgewiesen wurden, riet ich sarkastisch zu Backsteinen auf Dreiviertelmeilendistanz. Es geht mir stets gegen den Strich, einen Spaß an jemanden zu verschwenden, der für Humor kein Empfindungsvermögen hat, und es erfüllte mich mit Verbitterung, als dieser Mann im Ernst hinging und seinem Duellanten den letzten Vorschlag unterbreitete.

Er kam alsbald zurück und sagte, sein Duellant sei entzückt von dem Gedanken an Backsteine auf Dreiviertelmeilendistanz, müsse jedoch ablehnen wegen der Gefahr, die für zufällig des Weges kommende Unbeteiligte entstehen könne. Da sagte ich:

»Jetzt bin ich am Ende meiner Weisheit. Vielleicht wären *Sie* so gut, eine Waffe vorzuschlagen? Vielleicht haben Sie gar die ganze Zeit an etwas Bestimmtes gedacht?«

Seine Miene hellte sich auf.

»Aber ganz gewiß, Monsieur!« sagte er dienstfertig. Und schon machte er sich ans Durchsuchen seiner Taschen – Tasche um Tasche, und er hatte eine Menge davon –, und während er suchte, murmelte er immer wieder: »Wo kann ich sie denn nur gelassen haben?«

Endlich hatte er Erfolg. Aus seiner Westentasche zog er zwei kleine Gegenstände, die ich ans Licht trug und mit Sicherheit als Pistolen erkannte. Sie hatten einen Lauf und waren mit Silber beschlagen und sehr zierlich und hübsch. Ich brachte vor Bewegung kein Wort heraus. Stumm hängte ich eine an meine Uhrkette und gab die andere zurück. Mein Komplize wickelte nun eine Briefmarke auseinander, in der er mehrere Patronen verwahrte, und reichte mir eine davon. Ich fragte ihn, ob er mir damit bedeuten wolle, daß unseren Leuten nur je ein Schuß gestattet sei. Er erwiderte, die französische Vorschrift erlaube nicht mehr. Ich bat ihn darauf, fortzufahren und auch die Distanz vorzuschlagen, denn mein Verstand begann zu erlahmen und sich zu verwirren unter der Belastung, der er ausgesetzt gewesen war. Er nannte fünfundsechzig Meter. Ich verlor fast die Geduld. Ich sagte:

»Fünfundsechzig Meter? Mit diesen Dingern? Spritzpistolen wären tödlicher auf fünfzig! Bedenken Sie, mein Freund: Sie und ich, wir sind mit dem Tod verbündet und nicht mit dem ewigen Leben!«

Aber mit meiner ganzen Überredungskunst und all meinen Argumenten konnte ich ihn nicht dazu bringen, die Entfernung auf weniger als fünfundfünfzig Meter herunterzusetzen; und selbst dieses Zugeständnis machte er nur widerstrebend, und er seufzte und sagte: »Ich wasche meine Hände in Unschuld bei diesem Schlachten; Sie tragen die Verantwortung.«

Es blieb mir nichts anderes übrig, als zu meinem Löwenherz zurückzukehren und ihm Bericht über das demütigende Abkommen zu erstatten. Als ich eintrat, opferte Monsieur Gambetta gerade sein letztes Haarbüschel auf dem Altar. Er stürzte auf mich zu und rief: »Die verhängnisvollen Vereinbarungen sind getroffen – ich sehe es Ihren Augen an!«

»Ja«, sagte ich.

Er erbleichte ein wenig und lehnte sich haltsuchend an den Tisch. Ein paar Augenblicke lang atmete er heftig und hörbar, so aufgewühlt war sein Inneres; dann flüsterte er heiser:

»Die Waffe, die Waffe! Schnell! Was ist die Waffe?«

»Das da!« Und ich zeigte ihm das silberbeschlagene Ding. Er warf nur einen kurzen Blick darauf, dann sank er in gewichtiger Ohnmacht zu Boden.

Als er wieder zu sich kam, sagte er kummervoll:

»Die unnatürliche Ruhe, zu der ich mich gezwungen habe, hat an meinen Nerven gezehrt. Aber weg mit der Schwäche! Ich werde meinem Schicksal entgegentreten, wie es sich für einen Mann und einen Franzosen gebührt.«

Er erhob sich und nahm eine Haltung ein, die an Erhabenheit

von keinem Menschen je erreicht und von Standbildern selten übertroffen wurde. Dann sagte er mit seinem tiefen Baß:

»Sehen Sie mich an, ich bin ruhig, ich bin bereit; enthüllen Sie mir die Entfernung.«

»Fünfundfünfzig Meter ...«

Ich konnte ihn natürlich nicht aufheben; aber ich rollte ihn herum und goß ihm Wasser über den Rücken. Alsbald kam er wieder zu sich und sagte:

»Fünfundfünfzig Meter – ohne Auflage? Aber was frage ich? Mord ist die Absicht dieses Mannes, warum sollte er da um Kleinigkeiten feilschen? Aber denken Sie an meine Worte: In meinem Untergang wird die Welt erkennen, wie Frankreichs Ritterschaft dem Tod entgegentritt.«

Nach einer langen Stille fragte er:

»Wurde nicht davon gesprochen, daß die Familie dieses Mannes mit ihm Aufstellung nimmt – zum Ausgleich für meine Fülle? Ah, was soll's! Ich würde mich nicht dazu erniedrigen, solch ein Ansinnen vorzubringen; falls er nicht edel genug ist, es selber vorzuschlagen, soll er seinen Vorteil haben, den kein ehrenwerter Mann ausnutzen würde.«

Er versank nun in tiefes, ohnmachtähnliches Nachdenken, das einige Minuten andauerte. Dann brach er sein Schweigen.

»Die Zeit – welche Zeit ist festgesetzt für das Treffen?«

»Morgen bei Tagesanbruch.«

Er schien außerordentlich überrascht und erwiderte umgehend: »Wahnsinn! So etwas habe ich noch nie gehört. Niemand ist unterwegs um die Zeit!«

»Darum habe ich es vorgeschlagen. Wollen Sie etwa sagen, Sie wünschen ein Publikum?«

»Es ist nun nicht die rechte Zeit für einen Wortwechsel. Ich bin erstaunt, daß Monsieur Fourtou einer solch merkwürdigen Neuerung zugestimmt hat. Gehen Sie sogleich zu ihm und bitten Sie um einen späteren Zeitpunkt.«

Ich lief nach unten, riß die Haustür auf und stürzte Monsieur Fourtous Sekundanten beinahe in die Arme. Er sagte:

»Ich habe die Ehre auszurichten, daß mein Duellant heftigen Einspruch gegen den gewählten Zeitpunkt erhebt und Sie bittet, einer Verschiebung auf halb zehn beizupflichten.«

»Jegliche Gefälligkeit, mein Herr, die zu gewähren in unserer Macht steht, steht zu Diensten Ihres vortrefflichen Duellanten. Wir erklären uns mit dem vorgeschlagenen Wechsel des Zeitpunktes einverstanden.«

»Ich bitte Sie, den Dank meines Klienten entgegenzunehmen.« Darauf wandte er sich zu einem Mann um, der hinter ihm stand, und sagte: »Sie haben es gehört, Monsieur Noir: die Begegnung ist auf halb zehn verschoben.« Worauf Monsieur Noir sich verbeugte, seinem Dank Ausdruck verlieh und davonging. Mein Komplize fuhr fort:

»Falls Sie einverstanden sind, werden sich Ihre Hauptärzte und unsere im selben Wagen an den Ort begeben, wie es Brauch ist.«

»Ich bin ganz und gar einverstanden, und ich bin Ihnen verbunden, daß Sie die Ärzte erwähnt haben, denn ich hätte wohl kaum von selber daran gedacht. Wieviele werde ich benötigen? Zwei bis drei sollten genügen, hm?«

»Zwei ist die übliche Anzahl für jede Partei – ich meine zwei Hauptärzte; aber in Anbetracht der hohen Stellung, die unsere Klienten bekleiden, wird es schicklich und angebracht sein, daß jeder von uns mehrere beratende Kapazitäten aus dem höchsten Rang des ärztlichen Standes hinzuzieht. Diese werden in ihren eigenen Kutschen kommen. Haben Sie einen Leichenwagen bestellt?«

»Wie dumm von mir! Daran habe ich überhaupt nicht gedacht! Ich werde mich sofort darum kümmern. Ich muß Ihnen sehr unwissend erscheinen; aber Sie müssen versuchen, es zu übersehen, denn ich habe noch nie in meinem Leben mit solch einem vornehmen Duell zu tun gehabt. Zwar habe ich meine Erfahrungen – und keine geringen – mit Duellen an der Pazifikküste, aber ich merke nun, das war ungeschliffenes Zeug. Ein Leichenwagen – Donnerwetter! Wir ließen die Auserwählten lose herumliegen, und wer wollte, konnte sie klaftern und wegkarren. Haben Sie sonst noch etwas anzumerken?«

»Nichts, außer daß die Oberleichenbestatter wie üblich zusammen in einem Wagen fahren werden. Ihre Untergebenen und die Begräbniswärter gehen – wie ebenfalls üblich – zu Fuß. Ich werde Sie um acht Uhr früh aufsuchen, damit wir die Zugordnung festsetzen. Ich habe die Ehre, Ihnen einen guten Tag zu entbieten.«

Ich kehrte zu meinem Klienten zurück, und der fragte mich: »Nun, wann soll das Treffen beginnen?«

»Um halb zehn.«

»Sehr, sehr gut. Haben Sie die Nachricht an die Zeitungen gegeben?«

»Mein *Herr!* Falls Sie mich nach unserer langjährigen engen Freundschaft auch nur einen Augenblick lang solch niedriger Hinterhältigkeit für fähig halten können –«

»Aber, aber! Was sind das für Worte, mein lieber Freund? Habe ich Sie verletzt? Ah, verzeihen Sie mir! Ich überlade Sie mit Mühen. Nehmen Sie sich daher bitte der anderen Details an und streichen Sie dieses von der Liste. Der blutrünstige Fourtou wird sich gewiß darum kümmern. Oder ich selber – ja, um sicher zu gehen, werde ich meinem Journalistenfreund Monsieur Noir eine Nachricht schicken –«

»O, da fällt mir ein – die Mühe können Sie sich sparen; dieser andere Sekundant hat Monsieur Noir bereits informiert.«

»Ah, ich hätte es mir denken können. Es sieht Fourtou nur zu ähnlich; immer muß er ein Aufsehen machen.«

Am nächsten Morgen um halb zehn traf der Zug in folgender Ordnung in Plessis-Piquet ein: zuerst kam unser Wagen – niemand darin außer Monsieur Gambetta und mir; dann ein Wagen mit Monsieur Fourtou und seinem Sekundanten; dann ein Wagen, enthaltend zwei Dichterredner, die nicht an Gott glaubten, und diesen ragten die Manuskripte von Grabreden aus der Brusttasche; dann ein Wagen mit den Hauptwundärzten und ihren Instrumententaschen; dann acht Privatkutschen mit beratenden Ärzten; dann ein Mietspferd mit einem Leichenbeschauer; dann die beiden Leichenwagen; dann ein Wagen mit den Oberleichenbestattern; dann ein Gefolge von Helfern und Begräbniswärtern zu Fuß; und hinter ihnen stapfte ein langer Schweif von Schlachtenbummlern, Polizisten und Bürgern im allgemeinen durch den Nebel. Es war ein prächtiger Aufzug, und er hätte ein herrliches Schauspiel abgegeben, wäre nur die Luft durchsichtiger gewesen.

Unterhaltung fand nicht statt. Ich richtete mehrfach das Wort an meinen Duellanten, aber er merkte es wohl nicht, denn er schlug immerzu in seinem Notizbuch nach und murmelte zerstreut: »Ich sterbe, damit Frankreich leben möge.«

Auf dem Feld angekommen, schritten mein Mitsekundant und ich die fünfundfünfzig Meter ab und losten dann um die Wahl der Position. Letzteres war nichts weiter als ein schmükkendes Zeremoniell, denn bei diesem Wetter lief jede Wahl auf dasselbe hinaus. Nachdem diese Vorbereitungen abgeschlossen waren, ging ich zu meinem Duellanten und fragte ihn, ob er bereit sei. Er dehnte sich zu voller Breite und sagte: »Ich bin bereit! Man möge die Batterien laden!«

Das Laden fand in Gegenwart vorschriftsmäßig bestellter Zeugen statt. Wir hielten es für das beste, diese knifflige Feinarbeit wegen des Wetters mit Hilfe einer Laterne vorzunehmen. Dann stellten wir unsere beiden Leute auf.

Nun merkte die Polizei, daß sich die Zuschauer auf der rechten und linken Seite des Feldes zu Haufen geballt hatten; sie bat daher um einen kleinen Aufschub, damit man die armen Leute in Sicherheit bringen könne.

Die Bitte wurde gewährt.

Die Polizei befahl den beiden Zuschauermengen, hinter den beiden Duellanten Aufstellung zu nehmen, und wir waren abermals bereit. Da das Wetter immer noch undurchsichtiger wurde, kamen der andere Sekundant und ich überein, vor Erteilen des unheilvollen Signals beide einen lauten Kriegsschrei auszustoßen, damit es den Widersachern möglich sei, den ungefähren Standort des anderen festzustellen.

Nun kehrte ich zu meinem Duellanten zurück und bemerkte zu meinem Kummer, daß ein gut Teil seines Kampfgeistes dahin war. Ich tat mein Bestes, ihn aufzumuntern. Ich sagte: »Ehrlich, Monsieur, die Dinge stehen nicht so schlecht, wie es scheint. Bedenkt man die Art der Waffen, die begrenzte Anzahl erlaubter Schüsse, die großzügige Entfernung, die undurchdringliche Dichte des Nebels und dazu noch die Tatsache, daß einer der Duellanten nur auf einem Auge sieht und der andere schieläugig und kurzsichtig ist, so will es mich dünken, daß dieses Treffen nicht notwendig verhängnisvoll auslaufen muß. Es besteht die Möglichkeit, daß Sie beide mit dem Leben davongekommen. Guten Muts, also! Lassen Sie den Kopf nicht hängen!«

Diese Ansprache hatte solch eine gute Wirkung, daß mein Duellant unverzüglich die Hand ausstreckte und ausrief: »Ich bin wieder ich selber; reichen Sie mir die Waffe!«

Ich reichte sie ihm, und sie lag, einsam und verlassen, inmitten der unermeßlichen Einöde seiner offenen Hand. Er blickte auf sie hinunter und erschauerte. Und während er sie noch kummervoll betrachtete, murmelte er mit gebrochener Stimme:

»O! Nicht vor dem Tode graut mir, sondern vor Verstümmelung.«

Ich sprach ihm abermals Mut zu, und zwar mit solchem Erfolg, daß er alsbald rief: »Möge die Tragödie beginnen! Stellen Sie sich hinter mich; lassen Sie mich in dieser ernsten Stunde nicht allein, mein Freund.«

Ich gab ihm mein Versprechen. Dann half ich ihm, die Pistole auf die Stelle zu richten, an der ich seinen Widersacher vermutete, und schärfte ihm ein, gut hinzuhorchen und sich zwecks genaueren Zielens nach dem Schrei meines Mitsekundanten zu richten. Darauf stemmte ich mich Rücken an Rücken gegen Monsieur Gambetta und stimmte ein gewaltiges »Hu-uppiiii!«

an. Der Schlachtruf wurde fern aus dem Nebel beantwortet, und sofort rief ich: »Eins – zwei – drei – *Feuer*!«

Zweimal klang es mir leise wie *spuck! spuck!* ins Ohr, und im selben Augenblick ging ich unter einem Berg aus Fleisch zu Boden. Böse gequetscht, hörte ich doch noch ein mattes Gestammel über mir: »Ich sterbe ... damit ... Teufel noch eins, damit was? Wer? ... Ah, ja – *Frankreich!* Ich sterbe, damit Frankreich leben möge!«

Die Ärzte schwärmten mit der Sonde in der Hand herbei und richteten ihre Mikroskope auf die gesamte Oberfläche von Monsieur Gambettas Person mit dem glücklichen Ergebnis, daß sie nichts fanden, was einer Wunde ähnelte. Dann folgte eine Szene, die in jeglicher Hinsicht erfreulich und begeisternd war.

Die beiden Gladiatoren fielen einander unter Strömen stolzer und glückseliger Tränen um den Hals; dieser andere Sekundant umarmte mich; die Wundärzte, die Redner, die Leichenbestatter, die Polizei, alles umarmte einander, alles gratulierte, alles weinte, die Luft war angefüllt mit Lob und Preis und unaussprechlicher Freude.

In dem Augenblick hatte ich keine Zweifel, daß ich lieber der Held eines französischen Duells als ein Monarch mit Szepter und Krone sein würde.

Als die Bewegung sich ein wenig gelegt hatte, hielten alle Ärzte gemeinsam Konsultation und gelangten nach längerem Disputieren zu dem Schluß, es bestehe Grund zu der Annahme, daß ich bei richtiger Fürsorge und Pflege von meinen Verletzungen genesen würde. Meine inneren Verletzungen wurden für die ernstesten gehalten, da offenbar eine gebrochene Rippe meinen linken Lungenflügel durchbohrt hatte und viele meine Organe so weit auf die entgegengesetzte Seite gedrückt worden waren, daß man bezweifeln konnte, ob sie jemals lernen würden, ihre Funktion an solch abgelegenen und ungewohnten Orten auszuüben. Darauf schienten sie meinen linken Arm an zwei Stellen, renkten meine rechte Hüfte ein und holten meine Nase wieder hervor. Ich war der Mittelpunkt großer Anteilnahme, ja sogar Bewunderung; und zahlreiche aufrichtige und warmherzige Männer ließen sich mir vorstellen und sagten, sie seien stolz, den einzigen Mann zu kennen, der seit vierzig Jahren in einem französischen Duell verletzt worden sei.

Man schob mich in einen Krankenwagen ganz an der Spitze des Zuges, und unter erquickendem allgemeinen Beifall brachte man mich, die hervorragendste Figur in diesem großen Schauspiel, nach Paris zurück und ins Krankenhaus.

Das Kreuz der Ehrenlegion wurde mir verliehen. Allerdings entrinnen nur wenige dieser Auszeichnung.

Das ist die wahre Fassung des denkwürdigsten Privatkonfliktes unserer Zeit.

Ich führe gegen niemanden Klage. Ich handelte in eigener Verantwortung, und ich weiß die Folgen zu tragen.

Ohne prahlen zu wollen, darf ich wohl sagen, daß ich keine Angst habe, mich vor einen französischen Duellanten hinzustellen, aber solange ich bei Sinnen bin, werde ich niemals wieder einwilligen, mich hinter einen zu stellen.

Kapitel 9

An einem Tag bestiegen wir den Zug und fuhren nach Mannheim, um uns »König Lear« auf deutsch anzusehen. Das war ein Fehler. Drei volle Stunden saßen wir auf unseren Plätzen und verstanden nichts außer dem Donnern und Blitzen, und selbst das war, um deutschen Vorstellungen zu entsprechen, umgedreht, denn der Donner kam zuerst und der Blitz hinterher.

Das Benehmen des Publikums war makellos. Es gab kein Rascheln, kein Flüstern oder andere kleine Störungen; jeder Akt wurde schweigend angehört, und applaudiert wurde erst, wenn der Vorhang herunter war. Die Türen wurden um halb fünf geöffnet, das Stück begann pünktlich um halb sechs, und zwei Minuten später waren alle, die kamen, auf ihren Plätzen, und es herrschte Stille. Ein deutscher Herr im Zug hatte uns gesagt, daß ein Drama von Shakespeare in Deutschland ein hochgeschätzter Genuß sei und wir daher bestimmt ein volles Haus vorfinden würden. Er hatte recht; alle sechs Ränge waren besetzt und blieben bis zum Schluß besetzt – was darauf hindeutet, daß nicht nur die Leute in den Logen ihren Shakespeare lieben, sondern die im Parkett und auf der Galerie ebenfalls.

An einem anderen Tag fuhren wir nach Mannheim und hörten uns eine Katzenmusik, will sagen: eine Oper an, und zwar jene, die »Lohengrin« heißt. Das Knallen und Krachen und Dröhnen und Schmettern war unglaublich. Die mitleidlose Quälerei hat ihren Platz in meiner Erinnerung gleich neben der Erinnerung an die Zeit, da ich mir meine Zähne in Ordnung bringen ließ. Die Umstände erforderten, daß ich bis zum Ende der vier Stunden blieb, also blieb ich; aber die Erinnerung an diese lange, sich hinschleppende, unbarmherzige Leidenszeit ist unzerstörbar. Der Schmerz verschärfte sich noch dadurch, daß er schweigend und stillsitzend ertragen werden mußte. Ich saß in einem von einem Geländer umgebenen Abteil zusammen mit acht oder zehn Fremden beiderlei Geschlechts, und das erforderte Zurückhaltung; aber zuweilen war der Schmerz so heftig, daß ich kaum die Tränen unterdrücken konnte. Wenn das Heulen und Wehklagen und Kreischen der Sänger und Sängerinnen und das Wüten und Toben des gewaltigen Orchesters höher anschwollen und wilder und wilder und grimmiger und grimmiger wurden, hätte ich aufschreien können, wäre ich allein gewesen. Diese Fremden hätte es nicht überrascht, einen Mann schreien zu sehen, dem Stück für Stück die Haut abgezogen wurde, aber hier wären sie verwundert gewesen und hätten zweifellos ihre Bemerkungen darüber gemacht, obgleich nichts in der gegenwärtigen Lage vorteilhafter als Gehäutetwerden war. Es gab eine Pause von einer halben Stunde nach dem ersten Akt, und ich hätte während der Zeit hinausgehen und mich ausruhen können, aber ich traute mich nicht, denn ich wußte, daß ich desertieren und draußenbleiben würde. Gegen neun Uhr kam noch einmal eine Pause von einer halben Stunde, aber inzwischen hatte ich so viel durchgemacht, daß all meine Lebensgeister hin waren und ich nur noch einen einzigen Wunsch besaß, nämlich in Frieden gelassen zu werden.

Ich möchte nicht zu verstehen geben, daß es all den anderen Leuten genauso wie mir ergangen sei, denn das war wahrhaftig nicht der Fall. Ob sie diesen Lärm von Natur aus schätzten oder ob sie durch Gewöhnung gelernt hatten, ihn gern zu haben, wußte ich zu der Zeit nicht; aber sie hatten ihn gern – das war mehr als deutlich. Solange er andauerte, saßen sie da und sahen so hingerissen und dankbar aus wie Katzen, wenn man ihnen den Rücken streichelt; und sooft der Vorhang fiel, erhoben sie sich als eine einzige, mächtige, einmütige Menge, und die Luft war dicht verschneit von winkenden Taschentüchern, und Wirbelstürme des Beifalls tosten durch den Raum. Dies war mir unbegreiflich. Selbstverständlich waren viele Leute dort, die sich nicht zum Bleiben gezwungen sahen; dennoch waren die Ränge am Schluß ebenso voll wie zu Beginn. Das bewies, daß die Darbietung ihnen gefiel.

Es war ein merkwürdiges Stück. Kostüme und Bühnenbild waren schön auffällig, aber Handlung gab es nicht viel. Ich will sagen, es wurde nicht eigentlich viel getan, sondern nur darüber geredet; und stets heftig. Es war ein Stück, das man ein Erzählstück nennen könnte. Jeder hatte eine Erzählung und eine Beschwerde vorzutragen und keiner benahm sich vernünftig dabei, sondern alle befanden sich in einem beleidigenden, zügellosen Zustand. Man sah wenig von diesem vertrauten Brauch, wo der Tenor und der Sopran vorne an die Rampe treten und mit gemischten Stimmen trällern und schmettern und immerzu die Arme einander hinstrecken und sie wieder zurückziehen und beide Hände mit einem Beben und einem Drücken erst über die eine Brustseite und dann über die andere breiten – nein, jeder Aufrührer für sich und kein Zusammenklingen, so lautete hier die Losung. Einer nach dem anderen sang, begleitet vom gesamten Orchester, das sechzig Instrumente umfaßte, seine anklagende Geschichte, und wenn dies eine Weile angedauert hatte, und man zu hoffen begann, sie würden zu einer Verständigung kommen und den Lärm einschränken, tobte ein ganz und gar aus Besessenen zusammengefügter Chor los, und während der folgenden zwei und manchmal drei Minuten durchlebte ich von neuem alles, was ich seinerzeit erlitt, als das Waisenhaus abbrannte.

Nur eine einzige kleine Spanne Himmel und himmlischer Verzückung und himmlischen Friedens wurde uns gewährt während dieser ganzen langen emsigen und bitteren Wiedererschaffung jenes anderen Ortes. Dies geschah, als im dritten Akt ein prachtvoller Festzug immerzu im Kreis herummarschierte und den Brautchor sang. Das war Musik für mein ungebildetes Ohr – geradezu göttliche Musik. Während meine versengte Seele in den heilenden Balsam dieser anmutigen Klänge eintauchte, schien es mir, daß ich die Qualen, die ihnen vorausgegangen waren, fast noch einmal würde erdulden mögen, um abermals so geheilt zu werden. Hier enthüllt sich der tiefe Sinn der Oper. Sie befaßt sich so weitgehend mit Schmerz und Pein, daß die verstreuten Freuden durch den Kontrast ungeheuer gewinnen. Eine hübsche Arie in einer Oper ist dort hübscher als irgendwo sonst, so wie ein ehrlicher Mann in der Politik mehr glänzt, als er es sonst irgendwo vermöchte.

Ich habe inzwischen herausgefunden, daß die Deutschen nichts so sehr lieben wie eine Oper. Sie lieben sie nicht auf milde, gemäßigte Art, sondern von ganzem Herzen. Dies ist das folgerichtige Ergebnis von Gewohnheit und Bildung. Die Leute bei uns werden ohne Zweifel nach und nach die Oper ebenfalls hochschätzen. Einer von fünfzig, die sich Opern anhören, schätzt sie vielleicht jetzt schon, aber ein gut Teil von den anderen neunundvierzig geht wohl hin, um sie schätzen zu lernen, und der Rest, um aus Erfahrung darüber reden zu können. Letztere summen gewöhnlich die Arien mit, damit der Nachbar weiß, daß sie schon öfter in der Oper waren. Die Begräbnisse dieser Leute kommen nicht oft genug vor.

Eine freundliche, altjüngferliche Dame und ein reizendes junges Ding von siebzehn Jahren saßen an jenem Abend in der Mannheimer Oper genau vor uns. Sie unterhielten sich zwischen den Akten, und wenn ich auch nichts von dem verstand, was auf der fernen Bühne geredet wurde – diese beiden verstand ich. Anfangs sahen sie sich bei ihrer Unterhaltung vor, aber nachdem sie meinen Reisebegleiter und mich hatten Englisch sprechen hören, ließen sie ihre Zurückhaltung fallen, und ich schnappte zahlreiche ihrer kleinen vertraulichen Mitteilungen auf – *ihrer* in der Einzahl, nämlich die vertraulichen Mitteilungen des älteren Teils; das junge Mädchen hörte nur zu und nickte zustimmend, sagte aber selber kein Wort. Wie hübsch sie war und wie reizend! Wie sehr ich wünschte, sie würde etwas sagen! Aber offensichtlich war sie in ihre eigenen Gedanken versunken, in ihre eigenen Jungmädchenträume, und fand größeres Entzücken im Schweigen. Aber sie träumte keine schläfrigen Träume, nein, sie war wach, lebendig, höchst munter; sie konnte keinen Augenblick lang stillsitzen. Bezaubernd war sie anzusehen: ihr Gewand war aus weichem weißen Seidenstoff, der sich ihrer wohlgerundeten jungen Figur wie eine Fischhaut anschmiegte, und es war überkräuselt von den zierlichsten hauchdünnen Spitzen; sie hatte tiefe, sanfte Augen mit langen, gebogenen Wimpern; und sie hatte Pfirsichwangen und ein Grübchen am Kinn und einen Mund wie eine allerliebste taufrische Rosenknospe; und sie war so taubenhaft, so rein und anmutig, so süß und so bestrickend! Viele lange Stunden hindurch wünschte ich mit aller Macht, sie würde etwas sagen. Und schließlich sagte sie etwas; die roten Lippen hoben sich voneinander, und heraus sprang, was sie dachte – hüpfte mit der arglosesten und wunderhübschesten Begeisterung hervor: »Tante, ich habe ganz bestimmt fünfhundert Flöhe an mir!«

Fünfhundert waren wahrscheinlich mehr als der Durchschnitt. Ja, es muß sehr viel mehr als der Durchschnitt gewesen sein. Der Durchschnitt im Großherzogtum Baden betrug zu der Zeit laut amtlicher Schätzung des Innenministers bei jungen Personen fünfundvierzig (wenn allein); der Durchschnitt bei älteren Leuten wechselte und war nicht festzulegen, denn wenn sich ein gesundes Mädchen in die Nähe älterer Menschen begab, senkte es augenblicklich deren Durchschnitt und erhöhte seinen eigenen. Es wurde zu einer Art Sammelbüchse. Das liebe junge Persönchen im Theater hatte dort gesessen und unwissentlich eine Sammlung veranstaltet. Manch ein dürres altes Wesen in unserer Nachbarschaft war dank ihrem Erscheinen glücklicher und ruhiger.

Unter den zahlreichen Zuschauern befanden sich an diesem Abend acht sehr auffallende Personen. Dies waren Damen, die ihren Hut aufhatten. Wie segensreich wäre es doch, wenn eine Dame in unseren Theatern dadurch auffallen könnte, daß sie ihren Hut aufbehält. In Europa ist es nicht üblich, daß man den Damen und Herren erlaubt, Hüte, Mützen, Mäntel, Spazierstöcke oder Regenschirme in den Zuschauerraum mitzunehmen, aber in Mannheim wurde diese Regel nicht durchgesetzt, da die Zuschauerschaft zu einem großen Teil aus Leuten von auswärts bestand, und unter diesen gab es stets ein paar furchtsame Damen, die Angst hatten, sie würden ihren Zug verpassen, falls sie nach Schluß der Vorstellung in einem Vorraum ihre Sachen abholen mußten. Aber die große Mehrzahl derer, die von auswärts kamen, ging das Risiko ein und ließ es darauf ankommen, zog sie doch das Versäumen des Zuges einem Verstoß gegen die guten Sitten und dem Unbehagen vor, drei bis vier Stunden lang auf nicht angenehme Weise aufzufallen.

Kapitel 10

Drei bis vier Stunden an derselben Stelle – das ist eine lange Zeit, ob man nun auffällt oder nicht; manche von Wagners Opern jedoch krachen sechs geschlagene Stunden lang an einem Stück daher! Aber die Leute sitzen da und genießen jeden Augenblick und wünschen, es würde immer noch weitergehen. In München sagte mir eine deutsche Dame, daß einem Wagners Musik zu Anfang nicht gefallen könne, sondern daß man bewußt lernen müsse, Geschmack daran zu finden – dann jedoch werde man danach hungern und niemals genug davon bekommen können. Sie sagte, sechs Stunden Wagner seien auf gar keinen Fall zu viel. Sie sagte, dieser Komponist habe die Musik vollständig revolutioniert und begrabe die alten Meister einen nach dem anderen. Und sie sagte, Wagners Opern unterschieden sich von allen anderen in der bemerkenswerten Hinsicht, daß sie nicht lediglich hier und da mit Musik betupft, sondern *ganz* Musik seien, vom ersten Takt bis zum letzten. Das überraschte mich. Ich erzählte ihr, ich hätte einem seiner Aufstände beigewohnt und kaum *irgendwelche* Musik darin entdeckt, abgesehen von dem Brautchor. Sie erwiderte, »Lohengrin« sei lauter als die anderen Opern von Wagner, aber wenn ich ihn mir immer wieder ansähe, würde ich allmählich feststellen, daß er ganz aus Musik bestehe, und folglich hinfort Vergnügen daran finden. Ich hätte antworten *können*: »Aber würden Sie denn einem Menschen raten, sich zwei Jahre lang absichtlich darin zu üben, Zahnschmerzen in der Magengrube zu haben, damit sie ihm dann allmählich Entzücken bereiten?« Aber ich hielt die Bemerkung zurück.

Diese Dame war voll des Lobes für den ersten Tenor, der am Abend zuvor in einer Wagneroper aufgetreten war, und sie ließ sich des längeren und breiteren über seinen alten und gewaltigen Ruhm und all die Ehren aus, mit denen Deutschlands Fürstenhäuser ihn überschüttet hatten. Dies war eine weitere Überraschung. Ich hatte mir, in Gestalt meines Reisebegleiters, genau diese Oper angehört und eingehende und genaue Beobachtungen vorgenommen. Also sagte ich:

»Aber, gnädige Frau, *meine* Erfahrung ermächtigt mich zu der Feststellung, daß die Stimme dieses Tenors überhaupt keine Stimme ist, sondern nichts weiter als ein Schrei – der Klageschrei einer Hyäne.«

»Da haben Sie sehr recht«, antwortete sie. »Jetzt kann er nicht mehr singen; schon vor vielen Jahren hat er seine Stimme verloren, aber früher hat er gesungen – o! er hat himmlisch gesungen! Jedesmal, wenn er jetzt kommt, werden Sie daher sehen, daß das Theater nicht alle Menschen faßt. O ja, bei Gott! Seine Stimme ist wunderschön. Damals.«

Ich erklärte ihr, daß sie mir da einen sehr freundlichen Zug an den Deutschen entdecke, der es wert sei, daß man ihn nachahme. Drüben auf der anderen Seite des Wassers, sagte ich, seien wir nicht so großherzig; ein Sänger, der seine Stimme verloren hat, und ein Springer, der seine Beine verloren hat, ziehe bei uns nicht mehr. Ich sagte, ich sei einmal in Hannover in der Oper gewesen und einmal in Mannheim und einmal (in Gestalt meines bevollmächtigten Reisebegleiters) in München, und diese breite Erfahrung habe mich beinahe überzeugt, daß die Deutschen Sänger, die nicht singen könnten, vorzögen. Und dies war keine sonderlich überspannte Feststellung, denn eine Woche vor der Vorstellung hatte ganz Heidelberg von nichts anderem als den Verdiensten jenes beleibten Mannheimer Tenors geredet – seine Stimme jedoch klang wie das peinigende Geräusch, das ein Nagel macht, wenn man mit ihm über eine Fensterscheibe kratzt. Ich erwähnte dies am Tag darauf gegenüber Heidelberger Freunden, und sie sagten schlicht und in aller Ruhe, daß dies sehr wahr sei, aber *früher* habe er eine ganz wundervolle Stimme gehabt. Und der Tenor in Hannover war ein weiteres Beispiel dieser Art. Der Englisch sprechende Herr, der dort mit mir in die Oper ging, schäumte über vor Begeisterung über diesen Tenor. Er sagte:

»Gott, ein großer Mann! Sie werden ihn erleben. Er ist berühmt in ganz Deutschland, und er bezieht eine Pension, jawohl, von der Regierung. Er muß jetzt nicht mehr singen, nur zweimal im Jahr; aber wenn er nicht zweimal im Jahr singt, nehmen sie ihm die Pension weg.«

Nun schön, wir gingen hin. Als der ruhmreiche alte Tenor erschien, empfing ich einen Rippenstoß, und mein Begleiter flüsterte mir aufgeregt zu:

»Jetzt werden Sie ihn erleben!«

Aber der berühmte Mann war eine bestürzende Enttäuschung für mich. Wäre er von einem Wandschirm verdeckt gewesen, hätte ich angenommen, man nehme einen chirurgischen Eingriff an ihm vor. Ich schaute zu meinem Freund hin – zu meiner großen Überraschung war er berauscht vor Entzükken, in seinen Augen schwamm die schiere Seligkeit. Als der Vorhang schließlich fiel, brach er in den stürmischsten Beifall aus und hielt ihn durch – zusammen mit dem ganzen Haus –, bis der betrübliche Tenor dreimal vor den Vorhang getreten war, um sich zu verbeugen. Während der glühende Bewunderer sich den Schweiß aus dem Gesicht schwabberte, sagte ich:

»Ich möchte Ihnen nicht im mindesten weh tun, aber glauben Sie wirklich, er kann singen?«

»Er? Gott im Himmel, nein! Aber wie der vor fünfundzwanzig Jahren singen konnte!« (Dann nachdenklich) »Ach nein, jetzt singt er nicht mehr, jetzt schreit er nur noch. Wenn er jetzt denkt, er singt, dann singt er gar nicht; nein, er macht nur wie eine Katze, die sich nicht wohlfühlt.«

Wo und wie sind wir nur zu der Vorstellung gekommen, die

Deutschen seien ein schwerfälliges, phlegmatisches Volk? In Wirklichkeit sind sie alles andere als das. Sie sind warmherzig, leicht gerührt, leidenschaftlich, begeisterungsfähig, die Tränen kommen ihnen bei sanftestem Anstoß, und es ist nicht schwer, sie zum Lachen zu bringen. Niemand könnte mehr dem Gefühl des Augenblicks nachgeben. Mit den Deutschen verglichen sind wir kalt und verschlossen. Sie umarmen sich und küssen sich und rufen und schreien und tanzen und singen; und wo wir ein Kosewort benutzen, verströmen sie gleich ein ganzes Dutzend. Ihre Sprache ist voll von zärtlichen Verkleinerungsformen; nichts, was sie lieben, entgeht der Anwendung eines hätschelnden Diminutivs – weder das Haus, noch der Hund, noch das Pferd, noch die Großmutter, noch irgendein anderes Wesen der belebten oder unbelebten Natur.

In den Theatern in Hannover, Hamburg und Mannheim lernte ich einen klugen Brauch kennen. Sobald der Vorhang sich hob, wurden die Lampen im Zuschauerraum heruntergedreht. Das Publikum saß im kühlen Halbdunkel eines schattigen Dämmerlichts, wodurch der strahlende Glanz der Bühne noch um vieles lebendiger wurde. Außerdem sparte man auf diese Weise Gas, und die Leute schwitzten sich nicht tot.

Als ich mir »König Lear« anschaute, wurde niemandem erlaubt, den Szenenwechsel mitanzusehen; selbst wenn nur ein Wald aus dem Weg geschoben werden mußte, um den Blick auf einen Tempel dahinter freizugeben, sah man nicht etwa, wie dieser Wald sich in der Mitte spaltete und vom entzaubernden Anblick der antreibenden Hände und Hacken begleitet quietschend davonrollte – nein, jedesmal fiel einen Augenblick lang der Vorhang; man hörte nicht die geringste Bewegung dahinter; aber wenn er im nächsten Augenblick wieder hochging, war der Wald verschwunden. Auch wenn ein völlig neues Bühnenbild aufgebaut wurde, hörte man kein Geräusch. Während der ganzen »König Lear«-Vorstellung war der Vorhang kein einziges Mal länger als zwei Minuten zu. Das Orchester spielte, bis der Vorhang sich zum erstenmal hob, dann gingen die Musiker nach Hause. Wo die Pausen knapp auf zwei Minuten kommen, bleibt keine Gelegenheit für Musik.

An einem Abend besuchte ich ein Konzert in München. Die Leute strömten herein, der Uhrzeiger zeigte auf sieben, die Musik begann, und augenblicklich hörte jegliche Bewegung im Saal auf – niemand stand noch oder lief durch die Gänge oder klapperte an seinem Sitz herum; der Strom der Hereinkommenden war plötzlich an seiner Quelle versiegt. Ich lauschte ungestört einem Musikstück, das fünfzehn Minuten dauerte – immer darauf gefaßt, daß ein paar säumige Kartenbesitzer sich

vor meinen Knien vorbeizwängen würden, und immerzu angenehm enttäuscht –, aber kaum war der letzte Ton verklungen, strömte es von neuem. Man hatte nämlich die Nachzügler von Anfang bis zum Ende der Musik in dem behaglichen Warteraum festgehalten.

Es war, soweit ich denken konnte, das erstemal, daß man dieser Sorte von Verbrechern das Vorrecht versagte, die Glückseligkeit eines Hauses voll besserer Menschen zu stören. Einige von ihnen waren recht vornehme Vögel, aber das machte gar nichts, sie mußten draußen in dem langgestreckten Warteraum unter den prüfenden Blicken einer Doppelreihe livrierter Lakaien und Zofen ausharren, die mit dem Rücken die Wände stützten und die Siebensachen ihrer Herren und Herrinnen auf den Armen hielten.

Wir besaßen keine Lakaien, die unsere Sachen hätten halten können, und es war nicht gestattet, sie in den Konzertsaal mitzunehmen; aber es gab dort ein paar Männer und Frauen, die sich für uns darum kümmerten. Sie händigten uns Marken für unsere Sachen aus und verlangten uns einen festen Preis ab, der im voraus zu entrichten war – fünf Cents.

In Deutschland hören die Leute in einer Oper immer etwas, das in Amerika bis jetzt vielleicht noch nie zu hören war – ich meine den letzten Takt eines vortrefflichen Solos oder Duetts. Wir knallen stets mit einem Erdbeben von Beifall mitten hinein. Folglich berauben wir uns des süßesten Teils des Genusses; den Whisky bekommen wir, aber nicht den Zucker unten im Glas.

Unsere Methode, den Beifall über den Akt zu verteilen, scheint mir hingegen besser als der in Mannheim geübte Brauch, ihn ganz und gar bis zum Ende des Aktes aufzusparen. Es ist mir unbegreiflich, wie ein Schauspieler sich vor einem stummen, kalten Publikum vergessen und heiße Leidenschaft darstellen kann. Er muß sich doch albern vorkommen. Noch heute denke ich nur unter Qualen daran, wie jener alte deutsche Lear auf der Bühne raste und weinte und heulte, ohne daß sich in dem vollkommen stillen Zuschauerraum irgend etwas regte, ohne daß vor Ende des Aktes ein einziges Mal Beifall losbrach. Ich empfand die feierliche Totenstille, die jedesmal den gewaltigen Gefühlsausbrüchen dieses alten Mannes folgte, als überaus unbehaglich. Ich konnte mir nicht helfen, ich mußte mich in seine Lage versetzen – ich glaubte zu wissen, wie übel und schal ihm bei diesem Schweigen zumute war, denn ich erinnerte mich an einen Fall, bei dem – aber ich will die Begebenheit erzählen:

Eines Abends lag an Bord eines Mississippi-Dampfers ein Knabe von zehn Jahren in seiner Koje und schlief – ein hochgeschossener, schlankbeiniger Knabe war er, und er steckte in einem recht kurzen Hemd; es war das erstemal, daß er eine Reise auf einem Dampfboot machte, daher war er verwirrt und ängstigte sich und hatte sich mit dem Kopf voll drohender Baumstümpfe und Explosionen und Feuersbrünsten und gewaltsamem Tod zu Bett gelegt. Gegen zehn Uhr saßen einige zwanzig Damen im Damensalon, lasen, nähten, stickten, und was weiß ich, und unter ihnen befand sich ein reizendes und gütiges altes Fräulein mit einer runden Brille auf der Nase und fleißigen Stricknadeln in den Händen. Und mitten in dieses friedliche Bild

platzte urplötzlich mit wildem Blick und zu Berge stehendem Haar jener schlankbeinige Knabe im knappen Hemd und schrie: »Feuer, Feuer! Springen Sie! Laufen Sie! Das Schiff brennt! Gleich ist es schon viel zu spät.« Die Damen sahen zu ihm auf und lächelten reizend, niemand rührte sich, das alte Fräulein zog seine Brille herunter, blickte über sie hinweg und sagte zärtlich: »Aber du mußt dich nicht erkälten, Kind. Lauf' und steck' dir deine Krawattennadel an und dann komm' zurück und erzähl' uns, was du uns erzählen willst.«

Das war eine grausame Abkühlung für die überschwengliche Leidenschaft solch eines armen kleinen Teufels. Er hatte gehofft, eine Art Held zu werden – der Schöpfer einer wilden Panik – und da saßen sie alle da und lächelten ein spöttisches Lächeln, und eine alte Frau machte sich über sein Schreckgespenst lustig. Ich machte kehrt und schlich demütig davon – denn ich war dieser Knabe –, und ich wollte nicht einmal mehr herausfinden, ob ich das Feuer geträumt oder tatsächlich gesehen hatte.

Man sagte mir, in einem deutschen Konzert oder in einer deutschen Oper werde kaum jemals nach einem Lied oder einer Arie ein Dakapo verlangt; auch wenn die Zuhörer ein bestimmtes Stück um alles in der Welt gerne noch einmal hören möchten, bewahre ihre Wohlerzogenheit sie gewöhnlich doch davor, eine Wiederholung zu fordern.

Könige dürfen allerdings um ein Dakapo bitten; das ist ganz etwas anderes; jeden entzückt es zu sehen, daß der König zufrieden ist; und was den zu einer Wiederholung aufgeforderten Darsteller betrifft – sein Stolz und seine Dankbarkeit sind schier grenzenlos. Dennoch kann unter Umständen selbst ein königliches Dakapo –

Aber das muß ich näher erläutern. Der König von Bayern ist ein Dichter und besitzt die ausgefallenen Launen eines Dichters – nebst dem Vorteil gegenüber allen anderen Dichtern, daß er sie, ganz gleich, welche Form sie annehmen, auch befriedigen kann. Er hat eine Schwäche für die Oper, aber nicht gerne Publikum um sich; daher ist es in München zuweilen vorgekommen, daß die Darsteller, als die Oper aus war und sie sich gerade umzogen und abschminkten, Befehl erhielten, Schminke und Kostüm erneut anzulegen. Bald darauf traf dann, allein und ohne Begleitung, der König ein, und die Darsteller fingen noch einmal von vorne an und spielten die ganze Oper ein zweites Mal mit nur diesem einen Menschen in dem gewaltigen weihevollen Theater als Publikum. Einmal verfiel er auf einen besonders grillenhaften Gedanken. Hoch oben über der gewaltigen Bühne des Residenztheaters befindet sich ein unsichtbares Gewirr verschlungener Rohre, die so angebohrt sind, daß im Falle eines Feuers zahllose fadendünne Wasserstrahlen nach unten gesprüht werden können; und falls nötig, kann man das Sprühen zu einer Sturzflut anschwellen lassen.

Amerikanische Theaterdirektoren möchten sich das vielleicht notieren. Der König war der einzige Zuhörer. Die Oper rollte ab, es war ein Stück, in dem ein Unwetter vorkam; der nachgeahmte Donner begann zu grollen, der nachgemachte Wind begann zu klagen und zu heulen und der nachgemachte Regen zu prasseln. Die Anteilnahme des Königs wuchs und wuchs; sie steigerte sich zur Begeisterung. Er rief:

»Gut, ja, sehr gut! Aber ich will richtigen Regen! Dreht das Wasser an!«

Der Direktor bat flehentlich um eine Zurücknahme des Befehls; wies darauf hin, daß die teuren Kulissen und die herrlichen Kostüme ganz und gar verdorben würden, aber der König rief:

»Macht nichts, macht nichts, ich will richtigen Regen! Dreht das Wasser an!«

Also wurde der richtige Regen angestellt, und er sprühte in spinnwebfeinen Speeren auf die nachgemachten Blumenbeete und Kieswege auf der Bühne. Die kostbar gekleideten Darsteller und Darstellerinnen hüpften tapfer singend umher und taten, als mache es ihnen nichts aus. Der König war entzückt – seine Begeisterung wallte noch höher. Er rief: »Bravo, bravo! Mehr Donner! Mehr Blitz! Noch mehr Regen andrehen!«

Der Donner dröhnte, der Blitz zuckte, die Sturmwinde tosten, die Flut stürzte herab. Den Mitgliedern der nachgemachten königlichen Familie auf der Bühne klebte die pudelnasse Seide auf dem Leib; sie planschten enkeltief durchs Wasser und gaben lieblich trällernd ihr Bestes; die Fiedler unter der Traufe der Bühne sägten, als gelte es ihr Leben, während sich ihnen der kalte Überfluß in den Nacken ergoß, und der trockene König saß zufrieden in seiner erhabenen Loge und klatschte seine Handschuhe zu Fetzen.

»Mehr!« rief der König. »Noch mehr! Laßt allen Donner los! Dreht alles Wasser an! Ich hänge den Mann, der seinen Schirm aufspannt!«

Als dieses gewaltigste und wirkungsvollste Unwetter, das je

in einem Theater inszeniert wurde, schließlich vorüber war, kannte der Beifall des Königs keine Grenzen. Er rief:

»Großartig, großartig! Da capo! Das Ganze noch einmal!«

Aber der Direktor konnte ihn durch kluge Worte dazu bringen, daß er die Aufforderung zur Wiederholung zurücknahm. Er sagte, die Truppe fühle sich durch die bloße Tatsache, daß Seine Majestät ein Dakapo gewünscht hätten, ausreichend gelobt und belohnt und wolle ihren König nicht mit einer Wiederholung zur Befriedigung der eigenen Eitelkeit ermüden.

Während der restlichen Vorstellung priesen sich die Darsteller glücklich, deren Rolle einen Kostümwechsel verlangte; die übrigen waren ein gänzlich durchnäßtes, trostloses, aber überaus malerisches Häufchen. Die Kulissen waren ruiniert, die Versenkungen so aufgequollen, daß man sie eine ganze Woche lang nicht gebrauchen konnte, die prächtigen Kostüme waren hin, und die Zahl der kleineren Zerstörungen, die dieses bemerkenswerte Unwetter angerichtet hatte, war überhaupt nicht zu übersehen.

Ein wahrhaft königlicher Einfall – jenes Unwetter – und königlich auch die Verwirklichung. Aber man beachte das Maßhalten des Königs; er bestand nicht auf seinem Dakapo. Wäre er ein frohgemutes, gedankenloses amerikanisches Opernpublikum gewesen, hätte er sein Unwetter gewiß so oft wiederholen lassen, bis alles ertrunken war.

Kapitel 11

Die Sommertage in Heidelberg gingen angenehm dahin. Wir nahmen uns einen erfahrenen Trainer und brachten unsere Beine unter seiner Anleitung in die rechte Verfassung für die geplanten Wanderungen; wir waren sehr zufrieden mit unserem Fortschritt in der deutschen Sprache* und mehr als zufrieden mit dem, was wir in der bildenden Kunst erreicht hatten. Im Zeichnen und Malen hatten wir die besten Lehrer in Deutschland – Hämmerling, Vogel, Müller, Dietz und Schumann. Hämmerling lehrte uns Landschaftsmalerei, Vogel lehrte uns Figurenzeichnen, Müller lehrte uns, wie man bei einem Stilleben verfährt, und Dietz und Schumann erteilten uns abschließenden Unterricht in zwei Spezialitäten – Schlachtgemälden und Schiffsuntergängen. Was ich in der bildenden Kunst bin, verdanke ich diesen Männern. Ich habe etwas von der Art eines jeden von ihnen; aber sie alle sagten, ich besäße außerdem meine Eigenart und sie sei auffallend. Sie sagten, mein Stil besitze etwas deutlich Persönliches, insofern nämlich, als ich beim Malen des allergewöhnlichsten Hundes dem Aussehen dieses Hundes unfehlbar ein gewisses Etwas mitgebe, das ihn davor bewahre, fälschlich für die Schöpfung eines anderen Künstlers gehalten zu werden. Insgeheim wollte ich all diesen freundlichen Aussprüchen gewiß Glauben schenken, aber es gelang mir nicht; ich fürchtete, die Parteinahme meiner Lehrer für mich und ihr Stolz auf mich

* Siehe Anhang D zwecks Auskunft über dieses furchteinflößende Idiom.

könnten ihr Urteil beeinflußt haben. Also beschloß ich, die Probe zu machen. Allein und ohne daß irgend jemand davon wußte, malte ich mein großes Bild – »Das Heidelberger Schloß mit Festbeleuchtung« (mein erstes wirklich bedeutendes Werk in Öl) und ließ es unsigniert inmitten eines Dschungels von Ölgemälden in der Kunstausstellung aufhängen. Zu meiner großen Freude wurde es augenblicklich als von mir stammend erkannt. Ganz Heidelberg strömte herbei, und selbst aus den Nachbarorten kamen die Leute, um es sich anzusehen. Es erregte mehr Aufsehen als irgendein anderes Werk in der Ausstellung. Am allererfreulichsten jedoch war, daß zufällig durchreisende Fremde, die nicht von meinem Bild gehört hatten, nicht nur von ihm gleich beim Betreten der Galerie wie von einem Magneten angezogen wurden, sondern auch ausnahmslos glaubten, es handele sich um einen Turner.

Mr. Harris schloß etwa gleichzeitig mit mir sein Kunststudium ab, und wir mieteten gemeinsam ein Atelier. Eine Weile warteten wir auf ein paar Aufträge; als uns dann die Zeit ein wenig lang wurde, beschlossen wir, eine Fußreise zu unternehmen. Nach gründlichem Überlegen und Abwägen faßten wir einen Ausflug nach Heilbronn am Ufer des schönen Neckars entlang ins Auge. Das hatte offenbar noch nie jemand gemacht. Ruinen von Schlössern und Burgen auf überhängenden Steilwänden und Felsspitzen gab es hier den ganzen Weg entlang; um diese sollten sich Sagen ranken wie um die am Rhein, und diese Sagen waren noch nie gedruckt worden, wodurch sie uns ganz besonders verlockend erschienen. Nichts stand in den Büchern über diese liebliche Gegend; die Reisenden hatten sie nicht beachtet, und sie war jungfräulicher Boden für den literarischen Pionier.

Inzwischen waren die Ranzen, die derben Wanderanzüge und die kräftigen Wanderstiefel, die wir bestellt hatten, fertig und geliefert. Ein Mister X. und ein junger Mister Z. hatten sich bereitgefunden, uns zu begleiten. Eines Abends machten wir dann die Runde bei unseren Freunden und sagten ihnen Lebewohl, und hinterher gaben wir in einem Hotel ein kleines festliches Abendessen. Wir begaben uns früh zu Bett, denn wir wollten früh aufbrechen, um die Morgenkühle zu nutzen.

Bei Tagesanbruch waren wir aus dem Bett und nahmen frisch und rüstig ein tüchtiges Frühstück zu uns; dann zogen wir durch die Laubarkaden des Schloßparks zur Stadt hinunter. Welch ein herrlicher Sommermorgen, und wie die Blumen ihren Duft verströmten, und wie die Vögel sangen! Es war genau die richtige Zeit für eine Wanderung durch Wald und Gebirge.

Wir waren alle vier gleich gekleidet und ausgerüstet: breitkrempiger Schlapphut zum Schutz gegen die Sonne; grauer Ranzen; blaues Militärhemd; blaue Latzhose; strammgeknöpfte Ledergamaschen von den Knien bis an die Knöchel; festverschnürte hochhackige derbe Schuhe. Jeder trug ein Opernglas, ein Kochgeschirr und eine Reiseführertasche an einem Schulterriemen, einen Alpenstock in der einen Hand und einen Regenschirm in der anderen. Unsere Hüte waren mehrmals mit einem weichen weißen Musselinschal umwickelt, dessen Enden schlaff über den Rücken herabhingen – eine aus dem Orient eingeführte Idee, die von Reisenden überall in Europa angewandt wird. Harris trug das »Pedometer« – ein kleines uhrenartiges Instrument, das die Aufgabe hat, die Schritte zu zählen und anzuzeigen, wie weit man gewandert ist.

Alle Leute blieben auf der Straße stehen, um unsere Tracht zu bewundern und uns mit munterem Zuruf einen angenehmen Marsch zu wünschen.

Als wir mitten in der Stadt ankamen, stellte ich fest, daß man mit der Eisenbahn bis acht Kilometer vor Heilbronn fahren konnte. Der Zug wollte gerade abfahren, also sprangen wir auf und brausten in prächtiger Laune los. Wir stimmten alle vier darin überein, daß wir klug gehandelt hatten, würde es doch ebenso vergnüglich sein, den Neckar *abwärts* zu wandern, statt aufwärts, und beide Male zu Fuß zu gehen, das war ja wohl nicht notwendig. In unserem Abteil saßen ein paar liebenswürdige Deutsche. Nach einer Weile begann ich, über allerlei recht Privates zu reden. Harris wurde nervös. Er stieß mich mit dem Ellenbogen an und sagte:

»Sprechen Sie deutsch – diese Deutschen verstehen vielleicht englisch!«

Ich folgte seinem Rat, und das war gut so; denn es stellte sich heraus, daß unter den Deutschen keiner war, der nicht vorzüglich Englisch verstand. Es ist merkwürdig, wie weit unsere Sprache in Deutschland verbreitet ist. Nach einer Weile stiegen ein paar von diesen Leuten aus, und ein deutscher Herr und seine beiden jungen Töchter stiegen ein. Ich wandte mich mehrfach auf deutsch an eine der letzteren, erzielte jedoch keinen Erfolg. Schließlich sagte sie:

»Ich verstehe nur deutsch und englisch.«

Und wahrhaftig – nicht nur sie, sondern auch ihr Vater und ihre Schwester sprachen englisch. Also hatten wir von nun an alle Unterhaltung, nach der uns verlangte, und das war nicht wenig, denn sie waren sehr angenehme Leute. Sie zeigten lebhaftes Interesse für unsere Tracht, besonders für die Alpenstöcke, denn sie hatten noch nie welche gesehen. Sie sagten, die Neckarstraße sei vollkommen eben, also müßten wir wohl nach der Schweiz oder irgendeinem anderen holprigen Land unterwegs sein; und sie fragten uns, ob wir das Wandern bei solch warmem Wetter nicht sehr ermüdend fänden. Wir sagten nein, das fänden wir nicht.

Nach drei Stunden stiegen wir, nicht im geringsten müde, in Wimpfen aus – ich glaube wenigstens, es war Wimpfen. Wir fanden ein gutes Gasthaus und bestellten Bier und Mittagessen und machten dann einen Spaziergang durch das ehrwürdige alte Dorf. Es war sehr malerisch und baufällig und schmutzig und interessant. Es hatte wunderliche fünfhundertjährige Häuser und einen fünfunddreißig Meter hohen Turm, der schon seit über einem Jahrtausend steht. Ich fertigte eine kleine Zeichnung von ihm an. Eine Kopie habe ich aufbewahrt – das Original schenkte ich dem Bürgermeister. Ich glaube, das Original war besser, denn es hatte mehr Fenster und das Gras stand aufrechter und sah frischer aus. Um den Turm herum wuchs allerdings gar keins; ich entwarf das Gras selber nach Skizzen, die ich zu Hämmerlings Zeiten auf einer Wiese bei Heidelberg gemacht hatte. Der Mann oben auf dem Turm, der die Aussicht betrachtet, ist offensichtlich zu groß, aber er ließ sich nicht kleiner machen, sollte er seinen Zweck erfüllen. Ich wollte, daß er da saß, wollte aber auch, daß man ihn sah, also dachte ich mir eine Lösung aus, die beides erreichte: ich entwarf das Bild mit zwei Blickpunkten. Den Mann muß man etwa von der Stelle aus betrachten, an der sich die Fahnenstange befindet, und den Turm selber von der Erde aus. Dadurch wird die scheinbare Zwiespältigkeit wieder in Einklang gebracht.

In der Nähe eines alten Domes standen unter einem Schutzdach drei Steinkreuze. Sie waren moderig und stark beschädigt und trugen lebensgroße Steinfiguren. Die beiden Diebe waren nach der phantasievollen höfischen Mode aus der Mitte des sechzehnten Jahrhunderts gekleidet, während der Heiland, von einem Tuch um die Lenden abgesehen, nackt war.

Zu Mittag aßen wir unter den grünen Bäumen in einem Garten, der zu dem Gasthof gehörte und auf den Neckar hinaus lag, und nachdem wir unsere Pfeife geraucht hatten, gingen wir zu Bett. Gegen drei Uhr standen wir erfrischt auf und legten unsere Rüstung an. Als wir fröhlich zum Tor des Städtchens hinauszogen, überholten wir einen Bauernkarren, der teilweise mit Kohlresten und ähnlichen Gemüseabfällen beladen war und von einer kleinen Kuh und einem noch kleineren Esel im selben Joch gezogen wurde. Es war ein recht langsames Unternehmen, aber wir erreichten Heilbronn vor Einbruch der Dunkelheit – es waren acht Kilometer, vielleicht aber auch elf.

Wir stiegen in demselben Gasthaus ab, in dem der berühmte alte Raubritter und Haudegen Götz von Berlichingen wohnte, nachdem er vor dreihundertfünfzig oder vierhundert Jahren aus der Gefangenschaft im viereckigen Turm von Heilbronn entlassen worden war. Harris und ich schliefen in demselben

Zimmer, in dem er geschlafen hatte, und dieselbe Tapete hatte sich noch nicht ganz von den Wänden geschält. Die Möbel waren wunderliches, altes geschnitztes Zeug, bestimmt vierhundert Jahre alt, und ein paar der Gerüche waren älter als eintausend. Aus der Wand ragte ein Haken, und der Wirt sagte, an ihn habe der furchterregende alte Götz seine eiserne Hand gehängt, wenn er zu Bett ging. Das Zimmer war sehr groß – geradezu ungeheuerlich groß – und lag im ersten Stock, was bedeutet, daß es im zweiten Stock lag, denn in Europa sind die Häuser so hoch, daß man den ersten Stock nicht mitzählt, sonst würden die Leute vom Treppensteigen müde werden, bevor sie oben ankommen. Die Tapete war feuerrot mit einem riesigen goldenen Muster. Sie war von der Zeit tüchtig angeschmuddelt und bedeckte sämtliche Türen. Diese Türen paßten so genau und führten das Muster so nahtlos weiter, daß man die Wand nach ihnen absuchen und abtasten mußte, um sie zu finden, wenn sie geschlossen waren. In der Ecke stand ein Ofen – einer von diesen hohen, vierkantigen, stattlichen weißen Porzellanklötzen, die wie ein Denkmal aussehen und einen dauernd an den Tod erinnern, wenn man sich seiner Reise erfreuen sollte. Die Fenster blickten auf eine schmale Gasse und weiter in einen Stall und mehrere Geflügel- und Schweinehöfe auf der Rückseite einiger Wohnhäuser. Das Zimmer hatte die üblichen zwei Betten, das eine auf der einen Seite, das andere ungefähr einen altmodischen messingbeschlagenen einläufigen Pistolenschuß entfernt auf der anderen. Und auch genauso schmal wie die üblichen deutschen Betten waren sie, und sie besaßen die unausrottbare Angewohnheit der deutschen Betten, die Dekken auf den Boden rutschen zu lassen, sobald und sooft man sich vergaß und einschlief.

Ein runder Tisch von der Größe des König Artus'schen stand mitten im Zimmer; während die Kellner ihn deckten, um uns das Abendessen darauf vorzusetzen, gingen wir alle noch einmal hinaus, um die berühmte Uhr an der Rathausfassade zu besichtigen.

Kapitel 12

Das Rathaus ist ein Stück sonderbarster und malerischster mittelalterlicher Architektur. Es hat einen wuchtigen Säulenvorbau und eine mit einem schweren Geländer gesäumte und mit lebensgroßen rostigen Eisenrittern in voller Rüstung geschmückte Freitreppe. Die Uhr an der Vorderseite des Gebäudes ist sehr groß und von recht eigener Gestalt. Ein vergoldeter Engel schlägt mit einem Hammer die volle Stunde auf einer Glocke; wenn das Schlagen zu Ende geht, hebt eine lebensgroße Figur, die Zeit darstellend, ihr Stundenglas und dreht es um; zwei goldene Schafböcke gehen aufeinander los; ein vergoldeter Hahn hebt die Flügel; aber die Glanzstücke sind zwei große Engel, die mit einer langen Posaune an den Lippen zu beiden Seiten des Zifferblattes stehen ; es wurde behauptet, daß sie zu jeder vollen Stunde melodisch ins Horn stießen – aber für uns taten sie's nicht. Hinterher erzählte man uns, daß sie nur des Nachts bliesen, wenn es ruhig sei in der Stadt.

Im Innern des Rathauses hing eine Anzahl präparierter Wildschweinsköpfe auf Stützbrettern an der Wand; Inschriften darunter verrieten, wer die Tiere erlegt hatte und vor wieviel hundert Jahren. Einer der Räume in dem Gebäude diente der

Aufbewahrung eines alten Archivs. Dort zeigte man uns zahllose betagte Urkunden und Dokumente; einige waren von Päpsten unterschrieben, einige von Tilly und anderen großen Heerführern, und es befand sich auch ein Brief darunter, den Götz von Berlichingen 1519 kurz nach seiner Entlassung aus dem viereckigen Turm in Heilbronn geschrieben und unterzeichnet hat.

Dieser treffliche alte Raubritter war ein frommer und wahrhaft religiöser Mensch, gastfreundlich, mildtätig gegenüber den Armen, furchtlos im Kampf, tatkräftig und unternehmend und von edlem, großherzigen Wesen. Er besaß eine Eigenschaft, die in jenen rauhen Zeiten selten war – die Fähigkeit, geringe Kränkungen zu übersehen und tödliche zu vergeben und zu vergessen, sobald er den Urheber gründlich gezüchtigt hatte. Er war jederzeit bereit, einen Strauß auszufechten und sein Leben aufs Spiel zu setzen, damit ein armer Teufel zu seinem Recht kam. Den einfachen Leuten war er lieb und teuer, und noch heute grünt die Erinnerung an ihn in Ballade und Überlieferung. Er legte sich an die Straße und plünderte reiche Reisende aus oder stieß von seiner hohen Burg ins Neckartal hinab und erbeutete durchziehende Kaufmannsfracht. In seinen Lebenserinnerungen dankt er fromm dem Geber aller Güter, der sich seiner erinnert habe in der Not und ihm manch solche Fracht zu Zeiten geschickt habe, da nur göttliche Fügung ihn habe retten können. Er war ein beherzter Kriegsmann und hatte innige Freude am Kampf. Als er erst dreiundzwanzig Jahre alt war, wurde ihm bei einem Angriff auf eine Burg in Bayern die rechte Hand weggeschossen, aber so sehr fesselte ihn der Kampf, daß er es eine ganze Weile lang überhaupt nicht merkte. Er hat behauptet, daß er mit der eisernen Hand, die später für ihn angefertigt wurde und die er länger als ein halbes Jahrhundert trug, fast ebenso geschickt gewesen sei wie mit der aus Fleisch.

Zu meiner Freude konnte ich ein Faksimile des Briefes dieses großartigen deutschen Robin Hood erstehen. Allerdings kann ich ihn nicht lesen. Er war ein größerer Künstler mit dem Schwert als mit der Feder.

Wir gingen zum Fluß hinunter und sahen uns den viereckigen Turm an. Es war dies ein sehr ehrwürdiges, sehr starkes und sehr schmuckloses Bauwerk. Eine Öffnung in Bodennähe gab es nicht. Zweifellos hat man eine Leiter benutzen müssen, um hineinzukommen.

Auch die Hauptkirche besichtigten wir – ein seltsames altes Bauwerk mit einem Turm, der mit allerlei sonderbaren Steinfiguren geschmückt ist. Die Innenwände der Kirche waren von großen Kupfertafeln bedeckt, deren Inschriften die Verdienste alter, vor zwei- bis dreihundert Jahren verstorbener Heilbronner Berühmtheiten priesen und sie auf kunstlos gemalten Bildern mitsamt ihrer Familie in der sonderbaren Tracht jener Zeit auch selber zeigten. Das Oberhaupt der Familie saß jeweils im Vordergrund, und hinter ihm erstreckte sich die scharf zurückweichende, kleiner werdende Reihe der Söhne; ihm gegenüber saß seine Frau, und hinter ihr erstreckte sich die lange Reihe der immer kleiner werdenden Töchter. Die Familie war meistens groß, aber die Perspektive mißlungen.

Dann mieteten wir Pferd und Kutsche, mit denen Götz von Berlichingen auszufahren pflegte, und fuhren mehrere Kilometer über Land nach einem Ort namens Weibertreu. Dieser Ort war im Mittelalter eine Burg. Als wir uns ihm näherten, stellte sich heraus, daß er wunderschön lag, aber auf einer runden, recht steilen und etwa sechzig Meter hohen Anhöhe. Wir kletterten daher nicht zu ihm hinauf – denn die Sonne brannte heiß vom Himmel –, sondern nahmen ihn auf Treu und Glauben hin und betrachteten ihn aus der Ferne, während das Pferd sich gegen einen Zaun lehnte und rastete. Der Ort bietet keinen Reiz, außer dem, der ihm von seiner Sage verliehen wird, die sehr hübsch ist – nämlich so:

Im Mittelalter kämpften zwei Brüder, beides junge Herzöge, in einem von diesen Kriegen auf verschiedenen Seiten; der eine kämpfte für den Kaiser, der andere gegen ihn. Einem von ihnen gehörten die Burg und das Dorf oben auf der Anhöhe, von der ich gesprochen habe, und in seiner Abwesenheit rückte sein Bruder mit seinen Rittern und Söldnern an und begann eine Belagerung. Es war ein langes, beschwerliches Unternehmen, denn die Leute verteidigten sich hartnäckig und getreu. Aber schließlich gingen ihnen die Vorräte aus, und der Hunger begann sein Werk; mehr Menschen wurden von ihm hingerafft als von den Geschossen des Feindes. Nach einer Weile ergaben die Leute sich und baten um nachsichtige Behandlung. Aber der belagernde Fürst war so wütend auf sie wegen des langen Widerstandes, daß er erklärte, er werde nur die Frauen und Kinder schonen – die Männer solle man ohne Ausnahme über die Klinge springen lassen und ihren Besitz zerstören. Da kamen die Frauen und fielen auf die Knie und baten um das Leben ihrer Männer.

»Nein«, sagte der Fürst, »kein einziger von ihnen soll mit dem Leben davonkommen; ihr selber sollt mit euren Kindern in die Verbannung gehen, wo ihr kein Haus habt und keine Freunde; aber damit ihr nicht verhungert, gewähre ich euch diese eine Gnade: jede Frau mag von hier so viel von ihrem kostbarsten Besitz mitnehmen, wie sie selber tragen kann.«

Nun gut, alsbald öffnete sich das Tor, und diese Frauen kamen mit ihren *Männern* auf dem Rücken heraus. Rasend vor Wut über die List, wollten sich die Belagerer auf die Männer stürzen, um sie hinzuschlachten, aber der Herzog vertrat ihnen den Weg und sagte:

»Nein – steckt eure Schwerter ein – das Wort eines Fürsten ist unverbrüchlich.«

Als wir in den Gasthof zurückkamen, stand König Artus' runder Tisch unter weißem Faltenwurf für uns bereit, und der

Oberkellner und sein erster Gehilfe, beide in Frack und weißer Krawatte, brachten alsbald die Suppe und die heißen Gänge.

Mr. X hatte das Abendessen bestellt, und als der Wein auf den Tisch kam, nahm er eine Flasche in die Hand, warf einen kurzen Blick auf das Etikett und wandte sich dann an den ernsten, den melancholischen, den grabesdüsteren Oberkellner und sagte, es sei nicht die Sorte Wein, um die er gebeten habe. Der Oberkellner griff nach der Flasche, ließ sein Leichenbestatterauge darauf ruhen und sagte:

»Das ist wahr; ich bitte um Verzeihung.« Dann wandte er sich seelenruhig zu seinem Untergebenen um und sagte: »Bring' ein anderes Etikett!«

Unterdessen schob er das Etikett mit der Hand von der Flasche und legte es beiseite; es war frisch aufgeklebt worden, die Gummierung war noch feucht. Als das neue Etikett kam, klebte er es auf. Nachdem so unser französischer Wein, ganz nach Wunsch, in deutschen Wein verwandelt worden war, widmete sich der Oberkellner freundlich seinen anderen Obliegenheiten. Augenscheinlich war das Wirken eines Wunders von dieser Sorte für ihn eine alltägliche, mit keinerlei Schwierigkeiten verbundene Angelegenheit.

Mr. X. sagte, er habe bisher nicht gewußt, daß es Leute gebe, die ehrlich genug seien, dieses Wunder öffentlich vorzuführen, aber er wisse sehr wohl, daß Jahr für Jahr Tausende und Abertausende von Etiketten aus Europa nach Amerika eingeführt würden, damit es den Händlern möglich sei, ihre Kunden auf einfache und billige Weise mit allen verlangten ausländischen Weinen zu versorgen.

Nach dem Essen spazierten wir gemächlich durch die Stadt und fanden sie im Mondschein durchaus genauso interessant wie bei Tage. Die Straßen waren schmal und holperig gepflastert und Gehsteige und Straßenlaternen nicht vorhanden. Die Häuser waren jahrhundertealt und groß genug für Hotels. Sie wurden nach oben zu immer breiter; die Stockwerke ragten von einem zum nächsthöheren immer weiter vor und immer weiter

nach beiden Seiten hinaus, und die Reihen erleuchteter Fenster, die mit kleinen Scheiben gefüllt, mit gemustertem weißem Musselin verhängt und draußen mit Blumenkästen geschmückt waren, erzielten eine hübsche Wirkung. Der Mond schien hell; Licht und Schatten waren sehr kräftig; und nichts hätte malerischer sein können als diese gewundenen Straßen mit ihren Fluchten ausladender hoher Giebel, die sich auf freundlich schwatzhafte Art dicht zueinander beugten, und die Menschen, die unten einmal durch schattenhafte Finsternis, dann wieder durch Streifen milden Mondlichtes schlenderten. Fast alles war draußen, plauderte, sang, tollte oder drängte sich müßig und in bequemer Haltung um die offenen Türen.

An einem Platz stand ein öffentliches Gebäude, das von einer dicken rostigen Kette eingezäunt war, die von Pfosten zu Pfosten in einer Reihe von Schaukeln tief durchhing. Das Pflaster bestand hier aus schweren Steinblöcken. Im Mondschein schaukelte eine Schar barfüßiger Kinder auf diesen Ketten und hatte ihren lärmenden Spaß daran. Diese Kinder waren nicht die ersten, die das taten; selbst ihre Ururgroßväter, als sie noch Kinder waren, dürften nicht die ersten gewesen sein. Das Schleifen der nackten Füße hatte Rillen von mehreren Zoll Tiefe in die Steinplatten gewetzt; das zu erreichen brauchte es viele Generationen von Kindern. Überall in der Stadt fanden sich der Moder und der Verfall, die mit Altertum einhergehen und dafür zeugen; aber nichts hat uns wohl ein solch lebhaftes Gefühl für Heilbronns großes Alter vermittelt wie die mit den Füßen eingeschliffenen Rillen in den Pflastersteinen.

Kapitel 13

Als wir in den Gasthof zurückkehrten, zog ich den Schrittmesser auf, stellte ihn und steckte ihn in die Tasche, denn ich sollte ihn am nächsten Tag tragen und die zurückgelegten Entfernungen notieren. Von der Arbeit, die das Instrument während des eben verflossenen Tages zu leisten gehabt hatte, war es nicht merklich ermattet. Um zehn Uhr begaben wir uns zur Ruhe, denn bei Tagesanbruch wollten wir zu unserer Wanderung heimwärts aufbrechen. Ich lag noch eine Weile wach, Harris jedoch schlief sofort ein. Mir mißfällt ein Mensch, der sofort einschläft; sein Verhalten birgt ein undefinierbares Etwas – nicht gerade eine Beleidigung, aber durchaus eine Unverschämtheit, und zwar eine schwer zu ertragende. Ich lag da und ärgerte mich über die Kränkung und versuchte, einzuschlafen; aber je energischer ich es versuchte, desto wacher wurde ich. Ich begann, mich sehr allein zu fühlen im Dunkeln mit nichts als einem unverdauten Abendessen zur Gesellschaft. Nach einer Weile machte sich mein Verstand an die Arbeit, ich dachte über den Anfang eines jeden Themas nach, über das jemals nachgedacht worden war; aber über den Anfang kam ich bei keinem hinaus; nichts hielt mich; mit besessener Eile floh ich von Gegenstand zu Gegenstand. Nach einer Stunde drehte sich alles in meinem Kopf, und ich war todmüde und vollkommen erschöpft.

Die Erschöpfung war so groß, daß sie alsbald einigen Vorsprung gegenüber meiner nervösen Gereiztheit gewann; während ich hellwach zu sein glaubte, dämmerte ich in Wirklichkeit in Augenblicke der Bewußtlosigkeit hinüber, aus denen ich jedesmal wieder sehr plötzlich unter spürbarem Zusammenzucken zurückkehrte: in diesen Augenblicken glaubte ich, rücklings in einen jähen Abgrund zu stürzen. Nachdem ich in acht oder neun jähe Abgründe gestürzt war und auf diese Weise herausgefunden hatte, daß die eine Hälfte meines Gehirns acht- oder neunmal eingeschlafen sein mußte, ohne daß die hart arbeitende, hellwache andere es auch nur ahnte, breiteten die periodischen Bewußtlosigkeiten allmählich ihre Zaubermacht über weitere Teile meines Hirnhoheitsgebietes aus, und schließlich sank ich in einen Schlummer, der tiefer und tiefer wurde und bestimmt gerade zu einer gesegneten, durch nichts zu erschütternden traumlosen Ohnmacht werden wollte, als – was war das?

Meine benommenen Sinne schleppten sich teilweise ins wache Leben zurück und nahmen Aufnahmehaltung ein. Nun drang aus unermeßlicher, aus grenzenloser Ferne ein Etwas heran, das wuchs und wuchs und rückte näher und wurde alsbald als ein Geräusch erkennbar – zunächst war es eher ein Gefühl gewesen. Dieses Geräusch war nun zwei Kilometer entfernt – vielleicht war es das Grollen eines Gewitters; und nun kam es näher – war nicht einmal mehr einen halben Kilometer weg; war es das gedämpfte Mahlen und Kratzen ferner Maschinen? Nein, es rückte immer noch näher; war es der Gleichschritt marschierender Soldaten? Aber es kam näher und immer noch näher – und schließlich war es im Zimmer selber: nur eine Maus, die am Holz nagte. Und wegen dieser Nichtigkeit hatte ich die ganze Zeit den Atem angehalten!

Nun gut, was geschehen war, war geschehen und ließ sich nicht mehr ändern; ich würde jetzt sofort einschlafen und die verlorene Zeit aufholen. Welch gedankenloser Gedanke! Ohne daß ich es wollte – ohne daß es mir auch nur ganz bewußt wurde –, machte ich mich daran, angespannt nach diesem Geräusch zu horchen und sogar unbewußt die Striche der mäuslichen Muskatnußreibe zu zählen. Schon bald bereitete mir diese Beschäftigung die größten Qualen, aber ich hätte sie vielleicht ertragen können, wäre die Maus nur beständig bei der Arbeit geblieben;

aber gerade das tat sie nun nicht; immer wieder hielt sie inne, und ich litt mehr, wenn ich horchte und darauf wartete, daß sie wieder anfing, als dann, wenn sie nagte. Zu Beginn setzte ich im Geiste eine Belohnung von fünf, sechs, sieben, zehn Dollar für diese Maus aus; aber gegen Ende bot ich Belohnungen, die glatt über meine Verhältnisse gingen. Ich reffte die Ohren – das heißt, ich bog die Lappen herunter und rollte sie fünf- oder sechsmal zusammen und drückte sie gegen die Höröffnung – aber es nützte nichts: mein Gehör war vor nervöser Gereiztheit so geschärft, daß es zu einem Mikrofon geworden war und ohne Mühe durch das dämpfende Polster empfangen konnte.

Mein Zorn steigerte sich zur Raserei. Schließlich tat ich das, was jeder vor mir zurück bis zu Adam hin getan hat – ich beschloß, etwas zu schmeißen. Ich griff unters Bett und bekam meine Wanderstiefel zu fassen, dann setzte ich mich aufrecht hin und horchte, um das Geräusch genau zu orten. Aber es gelang mir nicht; es war so unortbar wie das Zirpen einer Grille, und wo man glaubt, daß das herkomme, da kommt es ganz gewiß nicht her. Also warf ich schließlich einen der beiden Schuhe aufs Geratewohl und mit boshafter Wucht. Er knallte Harris zu Häupten gegen die Wand und fiel auf ihn; ich hatte nicht geglaubt, daß ich so weit würde werfen können. Der Schuh weckte Harris auf, und das freute mich, bis ich feststellte, daß er nicht ärgerlich war; da tat es mir leid. Er schlief bald wieder ein, und ich war froh darüber; aber sofort fing die Maus wieder an, was mich von neuem rasend machte. Ich wollte Harris nicht noch einmal wecken, aber das Nagen dauerte an, bis ich gezwungen war, den anderen Schuh zu werfen. Diesmal zerschmiß ich einen Spiegel – in dem Zimmer hingen zwei –, ich erwischte natürlich den größeren. Harris wurde abermals wach, beschwerte sich aber nicht, und es tat mir noch leider. Ich beschloß, lieber alle möglichen Martern zu erdulden, als ihn ein drittes Mal zu stören.

Die Maus zog sich schließlich zurück, und allmählich versank ich in Schlaf, da fing eine Uhr an zu schlagen; ich zählte, bis sie fertig war, und wollte gerade wieder eindösen, als eine andere Uhr anhub; ich zählte; dann begannen die beiden großen Rathausuhrengel, sanft und volltönend und melodisch auf ihren langen Trompeten zu blasen. Noch nie zuvor hatte ich etwas so Liebliches, so Überirdisches, so Geheimnisvolles gehört – aber als sie dann auch die Viertelstunden bliesen, dünkte mich doch, daß sie die Sache ein wenig übertrieben. Jedesmal, wenn ich einen Augenblick lang hinüber war, weckte ein neues Getön mich auf. Jedesmal, wenn ich wach wurde, vermißte ich mein Deckbett und mußte auf den Fußboden greifen und es zurückholen.

Endlich ließ mich alle Schläfrigkeit im Stich. Ich merkte, daß ich hoffnungslos und auf immer hellwach war. Hellwach und wie in einem Fieber und durstig. Nachdem ich mich so lange, wie es sich ertragen ließ, von einer Seite auf die andere geworfen hatte, fiel mir ein, daß es eine gute Idee wäre, wenn ich mich anzöge und auf den großen Platz ginge und eine erfrischende Waschung in dem Brunnen vornähme und rauchte und nachdachte, bis die Nacht vorüber war.

Ich glaubte, daß ich mich im Dunkeln würde anziehen können, ohne Harris aufzuwecken. Ich hatte meine Schuhe nach der Maus verschossen, aber meine Pantoffeln würden in der Sommernacht genügen. Also stand ich leise auf und bekam auch nach und nach alles an – bis auf einen Socken. Wie ich es auch immer anstellte, diesem Socken schien ich einfach nicht auf die Spur kommen zu können. Aber ich mußte ihn haben; also ließ ich mich auf Hände und Knie hinunter und begann, leise herumzutapsen und den Boden abzusuchen, hatte jedoch keinen Erfolg. Ich vergrößerte meinen Kreis und tapste und suchte weiter. Wie der Fußboden unter jedem Druck meines Knies quietschte! Und jeder Gegenstand, an den ich zufällig stieß, schien fündunddreißigmal oder gar sechsunddreißigmal soviel Lärm zu machen, als er bei Tage gemacht hätte. Ich machte jedesmal halt und hielt den Atem an, bis ich sicher war, daß ich Harris nicht aufgeweckt hatte – dann kroch ich weiter.

Kreis um Kreis zog ich, jedoch den Socken fand ich nicht; ich schien überhaupt nichts außer Möbeln zu finden. Ich konnte mich nicht erinnern, daß viele Möbel in dem Zimmer gestanden hätten, als ich zu Bett ging, aber nun war es voll davon – besonders von Stühlen – überall standen Stühle. Waren in der Zwischenzeit ein paar Familien eingezogen? Und es schien mir niemals zu gelingen, einen dieser Stühle nur zu streifen – jedesmal stieß ich voll und mit dem Kopf zuerst dagegen. Meine Wut wuchs langsam, aber sicher, und während ich weiter und weiter tapste, begann ich halblaut boshafte Bemerkungen hervorzuknirschen.

Schließlich erklärte ich mit giftiger Gereiztheit, ich würde ohne den Socken gehen; also erhob ich mich und hielt geradenwegs auf die Tür zu – glaubte ich, bis ich mich plötzlich meinem trüben, gespensterhaften Abbild in dem zerbrochenen Spiegel gegenübersah. Es jagte mir solch einen Schrecken ein, daß mir die Luft wegblieb, wenigstens einen Augenblick lang; es zeigte mir außerdem, daß ich mich verirrt hatte und nicht die blasseste Ahnung hatte, wo ich war. Als mir dies klar wurde, packte mich ein solcher Zorn, daß ich mich auf den Boden setzen und irgendwo festhalten mußte, um nicht das Haus mit einer Explosion meiner wahren Ansichten von der Sache aus den Fugen zu sprengen. Wäre nur ein Spiegel im Zimmer gewesen, hätte er mir vielleicht geholfen, mich zurechtzufinden; aber es waren zwei da, und zwei waren so schlimm wie tausend; überdies hingen sie an gegenüberliegenden Wänden. Ich sah den trübe verschwommenen Lichtfleck der Fenster. Aber in meinem verdrehten Zustand waren sie genau da, wo sie nicht hätten sein sollen, also verwirrten sie mich nur noch mehr, statt mir zu helfen.

Ich wollte aufstehen und stieß einen Regenschirm um; er knallte wie ein Pistolenschuß, als er auf dem harten, glatten, teppichlosen Fußboden aufschlug; ich knirschte mit den Zähnen und hielt den Atem an – Harris rührte sich nicht. Ich stellte den Schirm langsam und vorsichtig aufrecht gegen die Wand, aber sobald ich meine Hand fortnahm, rutschte er unten weg und lag unter erneutem Knall abermals da. Ich zuckte zusammen und horchte einen Augenblick lang in stummem, ingrimmigem Zorn – nichts war passiert, alles blieb ruhig. Mit peinlichster Sorgfalt stellte ich den Schirm noch einmal genau aufrecht hin, und wieder schlug er um.

Man hat mich streng erzogen, aber wenn es in dem abgeschiedenen, riesenhaften Zimmer nicht so dunkel und feierlich und furchterregend gewesen wäre, hätte ich gewiß in diesem Augenblick manches gesagt, was man in einem Sonntagsschulbuch nicht abdrucken könnte, ohne den Verkauf desselben zu gefährden. Die fortgesetzten Qualen mußten meinen Verstand bereits beträchtlich unterhöhlt haben, sonst wäre es mir wohl kaum eingefallen zu versuchen, auf einem von diesen glasglatten deutschen Fußböden im Dunkeln einen Regenschirm aufrecht hinzustellen; das geht selbst bei Tage nicht ohne vier Fehlschläge auf jeden Erfolg ab. Einen Trost hatte ich allerdings – Harris war auch jetzt noch still und stumm – er hatte sich nicht gerührt.

Der Schirm konnte mir nicht verraten, wo ich war – rundum an den Wänden standen vier, und sie waren alle gleich. Aber ich konnte mich ja an der Wand entlangtasten und auf diese Weise die Tür finden. Ich stand auf und machte mich an dieses Unternehmen, riß aber dabei ein Bild herunter. Es war kein großes Bild, aber es machte Krach genug für ein Panorama. Harris gab auch jetzt keinen Laut von sich, aber ich war überzeugt, daß ihn weitere Experimente mit den Bildern aufwecken würden. Also gab ich es besser auf, hinausfinden zu wollen. Ja – ich würde noch einmal König Artus' runden Tisch suchen (dem ich schon mehrmals begegnet war) und ihn als Ausgangsbasis für einen meinem Bett geltenden Entdeckungsgang benutzen; falls ich mein Bett fand, konnte ich von da aus meinen Wasserkrug finden; ich würde meinen rasenden Durst löschen und mich dann hinlegen. Ich kroch also auf Händen und Knien los, denn so bewegte ich mich flinker und mit mehr Zuversicht vorwärts und konnte nichts umstoßen. Nach einigem Suchen fand ich den Tisch – mit dem Kopf – rieb ein bißchen über die Beule, stand dann auf und machte mich, mit ausgestreckten Armen und gespreizten Fingern balancierend, auf den Weg. Ich fand einen Stuhl; dann die Wand; dann noch einen Stuhl; dann ein Sofa; dann einen Alpenstock, dann noch ein Sofa – was mich verwirrte, denn ich erinnerte mich nur an ein Sofa. Ich spürte abermals den Tisch auf und begann noch einmal von vorne; fand noch ein paar Stühle.

Nun fiel mir ein, was mir schon längst hätte einfallen sollen, daß nämlich der Tisch, da er rund war, als Ausgangsposition für eine Kursbestimmung nichts taugte; also stapfte ich noch einmal, diesmal aufs Geratewohl, mitten in die Wildnis aus Stühlen und Sofas hinein – stieß in unbekannte Regionen vor und hieb alsbald einen Kerzenleuchter von einem Kaminsims, schnappte nach dem Kerzenleuchter und stieß dabei eine Lampe um,

schnappte nach der Lampe und stieß dabei unter Klirren und Krachen einen Wasserkrug um und dachte bei mir: Endlich habe ich dich gefunden – wußte ich doch, daß ich ganz in der Nähe war! Harris schrie »Mord!« und »Diebe!« und »Hilfe! Ich ertrinke!«

Der Krach hatte das ganze Haus geweckt. Mr. X kam in seinem langen Nachthemd hereinstolziert, eine Kerze in der Hand, den jungen Z. mit einer anderen Kerze hinter sich; ein ganzer Festzug mit Kerzen und Laternen marschierte zu einer anderen Tür herein – der Wirt und zwei deutsche Gäste im Nachthemd, ein Stubenmädchen (desgleichen).

Ich blickte mich um; ich stand neben Harris' Bett, hundert Schritte von meinem Bett entfernt. Nur ein Sofa war da; es stand an der Wand; nur ein Stuhl stand so, daß man an ihn herankonnte – ich war die halbe Nacht wie ein Planet um ihn gekreist und die halbe Nacht wie ein Komet mit ihm zusammengestoßen.

Ich erklärte den Versammelten, womit ich mich beschäftigt hätte und warum. Danach zogen der Wirt und sein Gefolge sich zurück, und wir übrigen rüsteten uns zum Frühstück, denn die Morgendämmerung wollte eben anbrechen. Ich warf einen verstohlenen Blick auf meinen Schrittmesser und stellte fest, daß ich 75 Kilometer zurückgelegt hatte. Aber das focht mich nicht an; schließlich war ich hergekommen um zu wandern.

Kapitel 14

Als der Wirt erfuhr, daß ich und meine Begleiter Künstler waren, stieg unsere Gesellschaft merklich in seiner Achtung; wir stiegen noch höher, als er erfuhr, daß wir uns auf einer Fußreise durch Europa befanden.

Er erzählte uns alles über den Weg nach Heidelberg und welche Orte man am besten mied und an welchen man sich mit Nutzen aufhielt. Er berechnete mir weniger als die Selbstkosten für die Sachen, die ich während der Nacht zerschlagen hatte; er packte uns einen hübschen Imbiß ein und dazu eine Handvoll hellgrüner Pflaumen, das leckerste Obst, das es in Deutschland gibt; er war so sehr darauf bedacht, uns auszuzeichnen, daß er uns einfach nicht erlauben wollte, Heilbronn zu Fuß zu verlassen; er ließ Götz von Berlichingens Pferd und Wagen bringen und bestand darauf, daß wir fuhren.

Ich habe die festliche Ausfahrt gezeichnet. Es soll kein *Werk* sein, sondern nur das, war wir Maler eine »Skizze« nennen – nach ihr wird dann das richtige Bild gemalt. Die Skizze hat mehrere Mängel; zum Beispiel fährt der Wagen nicht so schnell, wie das Pferd läuft. Das ist nicht gut. Dann ist die

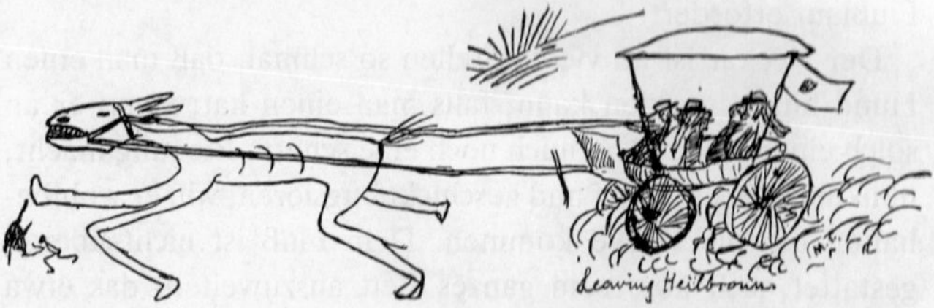

Person, die davonzulaufen versucht, zu klein; die Perspektive stimmt nicht, wie wir sagen. Die beiden oberen Linien sind nicht der Rücken des Pferdes, sondern die Zügel – ein Rad scheint zu fehlen – dies würde in dem richtigen Werk natürlich korrigiert werden. Was da hinten herausflattert, ist keine Fahne, sondern ein Vorhang. Das andere Ding da oben ist die Sonne, aber ich habe sie nicht weit genug weggerückt. Ich kann mich jetzt nicht mehr entsinnen, was das Ding vor dem weglaufenden Mann ist, aber ich glaube, es ist ein Heuschober oder eine Frau. Die Skizze war im Pariser Salon von 1879 ausgestellt, bekam jedoch keinen Preis. Für Skizzen werden dort keine Preise vergeben.

An der Brücke schickten wir den Wagen um. Der Fluß war mit Stämmen bedeckt – langen, schlanken, borkelosen Tannenstämmen –, und wir beugten uns über das Brückengeländer und sahen zu, wie die Männer sie zu Flößen zusammenfügten. Diese Flöße waren in Form und Bauart auf die vielen Biegungen und die außerordentlich geringe Breite des Neckars abgestimmt. Sie waren fünfzig bis hundert Meter lang und verjüngten sich allmählich von neun Stämmen am Heck zu drei Stämmen am Bug. Das Steuern wird hauptsächlich am Bug besorgt, und zwar mit einer Stange; die Dreistammbreite läßt dort nur für den Steuermann Platz, denn die schlanken Stämme haben nicht mehr Umfang als die Taille einer durchschnittlichen jungen Dame. Die Verbindungen zwischen den verschiedenen Abschnitten des Floßes sind schlaff und biegsam, so daß man das Floß mühelos zu jeder Art Kurve biegen kann, die der Flußlauf erfordert.

Der Neckar ist an vielen Stellen so schmal, daß man einen Hund hinüberwerfen kann, falls man einen hat; wenn er an solch einer Stelle dann auch noch eine scharfe Biegung macht, muß der Flößer scharf und geschickt bugsieren, will er wohlbehalten um die Kurve kommen. Dem Fluß ist nicht überall gestattet, sich über sein ganzes Bett auszuweiten, das etwa fünfundzwanzig, manchmal auch fünfunddreißig Meter breit ist, sondern er wird in drei Wasserläufe aufgespalten, und zwar von Steindämmen, die Hauptmenge, Haupttiefe und Hauptströmung des Wassers in den mittleren lenken. Bei Niedrigwasser schauen die schmalkämmigen Dämme etwa eine Handbreit wie der First eines untergetauchten Daches hervor, aber bei Hochwasser werden sie überspült. Ein Hutvoll Regen führt auf dem Neckar zu Hochwasser und ein Korbvoll zu einer Überschwemmung.

Auf der Höhe des Schloßhotels befinden sich solche Dämme, und die Strömung ist an der Stelle überaus heftig. Oft habe ich stundenlang in meinem Glaskäfig gesessen und zugesehen, wie lange schmale Flöße durch die Mittelrinne flitzten, den Damm zur Rechten streiften und bedachtsam den mittleren Bogen der Brücke weiter unten ansteuerten – habe zugesehen und all die Zeit in der Hoffnung verschwendet, endlich einmal werde eins von ihnen den Brückenpfeiler treffen und daran zerschellen; aber immerzu wurde ich enttäuscht. Eines Morgens wurde tatsächlich ein Floß zerschmettert, aber da war ich gerade für einen Augenblick in mein Zimmer gegangen, um mir eine Pfeife anzuzünden, und so entging es mir.

Während ich an jenem Morgen in Heilbronn auf die Flöße hinunterblickte, überkam mich plötzlich tollkühne Abenteuerlust und ich sagte zu meinen Weggenossen:

»*Ich* fahre mit einem Floß nach Heidelberg. Werden Sie es wagen, mich zu begleiten?«

Ihre Gesichter wurden ein bißchen blaß, aber sie willigten mit soviel Anstand ein, wie ihnen zu Gebote stand. Harris wollte seiner Mutter telegrafieren – hielt es für seine Pflicht, da sie außer ihm niemanden habe auf dieser Welt –, während er das also erledigte, ging ich zu dem längsten und besten Floß hinunter und begrüßte den Kapitän mit einem munteren »Ahoi, Schiffskamerad!«, was uns gleich in ein freundschaftliches Verhältnis zueinander brachte, und unverzüglich kamen wir zur Sache. Ich sagte zu ihm, wir befänden uns auf einer Fußwanderung nach Heidelberg und würden gerne als Passagiere bei ihm mitfahren. Ich sagte ihm dies teils durch den jungen Z., der sehr gut Deutsch sprach, und teils durch Mr. X., dessen Deutsch eigentümlich war. Ich *verstehe* Deutsch so gut wie der Wahnsinnige, der es erfunden hat, aber ich *spreche* es am besten mit Hilfe eines Dolmetschers.

Der Kapitän zog sich die Hose hoch, schob dann seinen Priem bedächtig aus der einen Backe in die andere. Schließlich sagte er genau das, was ich erwartet hatte – daß er keine Genehmigung besitze, Passagiere mitzuführen, und daher Angst habe, das Gesetz werde ihn beim Kragen packen, wenn die Angelegenheit herumgeschwätzt würde oder ihnen ein Unfall zustieße. Also *charterte* ich Floß und Besatzung und nahm alle Verantwortung auf mich.

Mit einem lärmenden Lied macht sich die Steuerbordwache an die Arbeit, holte das Haltetau ein, lupfte dann den Anker, und schon löste sich unsere Barke mit majestätischem Schwung und fuhr bald mit etwa zwei Knoten dahin.

Unsere Gesellschaft war mitschiffs versammelt. Anfangs klang die Unterhaltung ein wenig düster und drehte sich hauptsächlich um die Kürze des Lebens, die Ungewißheit desselben, die Fährnisse, von denen es heimgesucht wurde, und von der Notwendigkeit und Klugheit, immer auf das Schlimmste vorbereitet zu sein; dies leitete über zu leise vorgebrachten Hinweisen auf die Gefahren der Tiefe und verwandte Dinge; aber als der graue Osten sich zu röten begann und der geheimnisvolle Ernst und das feierliche Schweigen der Morgendämmerung allmählich in den Jubelgesängen der Vögel untergingen, nahm die Unterhaltung einen fröhlicheren Ton an, und unsere Stimmung stieg stetig.

Deutschland im Sommer ist die Vollendung des Schönen, aber niemand, der nicht auf einem Floß den Neckar hinuntergefahren ist, hat die äußersten Möglichkeiten dieser sanften und friedlichen Schönheit wirklich begriffen und ausgekostet. Die Bewegung eines Floßes ist genau die richtige; sie ist ruhig und gleitend und glatt und geräuschlos; sie besänftigt alle fieberhafte Geschäftigkeit, sie schläfert alle nervöse Hast und Ungeduld ein; unter ihrem friedlichen Einfluß schwinden alle Ärgernisse und alle Trübsal und alle Plagen, die uns quälen, und das Dasein wird ein Traum, ein Zauber, ein tiefes und stilles Entzücken. Welch ein Gegensatz zur erhitzenden, schwitzenden Fußwanderei, zur staubigen und ohrenbetäubenden Eisenbahnhatz und zum langweiligen Stuckern hinter müden Pferden auf blendenen weißen Landstraßen!

Lautlos glitten wir zwischen den grünen, duftenden Ufern mit einem Gefühl der Wonne und Zufriedenheit dahin, das immer noch wuchs und zunahm. Manchmal hing dichtes Weidengezweig von den Ufern herab und verbarg die dahinterliegende Erde ganz; manchmal lagen stattliche Berge zur einen Seite, die bis an den Kamm dicht mit Laubwerk bekleidet waren, und zur anderen Seite flache Felder, die vom Klatschmohn flammten oder vom kräftigen Blau der Kornblume leuchteten; manchmal trieben wir im Schatten eines Waldes und manchmal am Rand langer Streifen samtigen Grases, das mit seinem frischen, glänzenden Grün nie aufhörte, das Auge zu bezaubern. Und die Vögel! – sie waren überall; ohne Unterlaß schossen sie über dem Fluß hin und her, und ihre jubilierende Musik verstummte nie.

Welch tief befriedigende Freude, zuzusehen, wie die Sonne den neuen Morgen erschuf und ihn allmählich, geduldig, liebend in eine Pracht und eine Herrlichkeit nach der anderen kleidete, bis das Wunder vollkommen war! Wie anders erscheint dieses Wunder, wenn man ihm von einem Floß zuschaut, statt durch die schmutzigen Fenster eines Bahnhofs in irgendeinem armseligen Dorf, während man an einem versteinerten Butterbrot würgt und auf den Zug wartet.

Kapitel 15

Den Fluß hinunter

Männer und Frauen und Tiere waren nun auf den taunassen Feldern bei der Arbeit. Die Leute stiegen oftmals an Bord unseres Floßes, wenn wir an den Grasufern entlangglitten, und schwatzten auf etwa hundert Meter mit uns oder der Besatzung und stiegen dann, von der Fahrt erfrischt, wieder an Land.

Nur die Männer übrigens; die Frauen hatten zuviel zu tun. Frauen machen jede Arbeit in Europa. Sie graben, sie hacken, sie ernten, sie säen, sie tragen gewaltige Lasten auf ihrem Rücken, sie schieben ähnliche auf Schubkarren weite Strecken vor sich her, sie ziehen den Wagen, wenn kein Hund oder eine magere Kuh zum Ziehen da sind – und falls doch, helfen sie dem Hund oder der Kuh. Alter spielt keine Rolle – je älter die Frau ist, desto kräftiger ist sie offenbar. Auf dem Bauernhof sind die Aufgaben einer Frau nicht festgelegt – sie erledigt von allem etwas; in der Stadt hingegen ist es anders, dort obliegen ihr nur bestimmte Dinge, alles andere besorgen die Männer. Eine Hausmagd in einem Hotel zum Beispiel braucht nichts weiter zu tun, als die Betten und das Feuer in fünfzig bis sechzig Zimmern zu machen, Handtücher und Kerzen zu bringen und mehrere Tonnen Wasser hundertpfundweise in gewaltigen Metallkrügen mehrere Treppen hochzuschleppen. Sie braucht nicht mehr als achtzehn oder zwanzig Stunden am Tag zu arbeiten, und sie kann sich jederzeit hinknien und die Fußböden in Gängen und Kammern schrubben, wenn sie müde ist und eine Ruhepause benötigt.

Als es im Laufe des Morgens wärmer wurde, zogen wir unsere Überkleidung aus und setzten uns in einer Reihe an die Kante des Floßes, hielten unsere Sonnenschirme über uns und ließen die Beine ins Wasser baumeln. Von Zeit zu Zeit sprangen wir ins Wasser und schwammen eine Weile. Jeder grasbewachsene Ufervorsprung bot eine fröhliche Schar nackter Kinder, Jungen und Mädchen getrennt, letztere gewöhnlich in der Obhut eines Mütterchens, das mit seinem Strickzeug im Schatten eines Baumes saß. Die kleinen Jungen schwammen manchmal zu uns hinaus, aber die kleinen Mädchen standen knietief im Wasser und unterbrachen ihr Planschen und Herumtollen, um unser Floß mit arglosen Augen zu begucken, wenn es vorbeitrieb. Einmal bogen wir plötzlich um eine Kurve und überraschten ein schlankes Mädchen von zwölf oder mehr Jahren, als es gerade ins Wasser steigen wollte. Die Maid hatte keine Zeit mehr, fortzulaufen, aber sie tat, was ebenso dienlich war: zog mit der einen Hand prompt einen biegsamen jungen Weidenast vor ihren weißen Leib und betrachtete uns mit unschuldigem, unbekümmertem Interesse. So stand sie da, während wir vorbeiglitten. Sie war ein hübsches Geschöpf, und sie und ihr Weidenzweig fügten sich zu einem hübschen Bild, und zwar zu einem, das auch das Anstandsgefühl des mäkelsinnigsten Betrachters nicht hätte verletzten können. Ihre weiße Haut hatte eine niedrige Wand aus frischen grünen Weiden zum

Hintergrund und wirkungsvollen Kontrast, und über ihr schauten die begierigen Gesichter und weißen Schultern zweier kleinerer Mädchen hervor.

Gegen Mittag hörten wir den aufmunternden Ruf: »Segel voraus!«

»Wo?« rief der Kapitän.

»Drei Strich in den Wind!«

Wir liefen nach vorne, um das Fahrzeug zu sehen. Es stellte sich heraus, daß es ein Dampfboot war – seit Mai verkehrte auf dem Neckar ein Dampfer. Es war ein Schlepper, und zwar einer von sehr eigentümlicher Bauart und eigentümlichem Aussehen. Ich hatte ihn des öfteren oben aus dem Hotel beobachtet und mich vergeblich gefragt, wie er angetrieben wurde, denn er besaß offensichtlich keine Schraube und keine Schaufelräder. Nun kam er herangepflügt unter allerlei Lärm, den er hin und wieder durch das Betätigen einer heiseren Dampfpfeife noch verschlimmerte. Neun Schleppkähne waren an ihn gehängt und folgten ihm in langer, schlanker Reihe. Wir begegneten ihm an einer schmalen Stelle zwischen Dämmen, und es war kaum Raum für uns beide in der beengten Fahrrinne. Als er knirschend und ächzend an uns vorbeifuhr, entdeckten wir das Geheimnis seines Antriebs. Er bewegte sich nicht mit Schaufelrädern oder Schrauben fort, sondern zog sich an einer dicken Kette flußaufwärts. Diese Kette liegt im Flußbett und ist nur an den beiden Enden befestigt. Sie ist über hundert Kilometer lang. Sie kommt über den Bug des Bootes an Bord, läuft um eine Trommel und wird achtern ausgesteckt. Das Dampfboot zieht an der Kette und schleppt sich so den Fluß hinauf und hinunter. Genau genommen hat es weder Bug noch Heck, denn es führt ein langes Ruder an beiden Enden und dreht nie. Es benutzt stets beide Ruder, und sie sind so stark, daß es trotz des heftigen Widerstandes der Kette nach rechts oder links ausweichen oder um Kurven steuern kann. Ich hätte nie geglaubt, daß diese Unmöglichkeit zu verwirklichen sei; aber ich habe es selber gesehen und weiß daher nun, daß es *eine* Unmöglichkeit gibt, die möglich ist. Welches Wunder wird der Mensch als nächstes zu vollbringen suchen?

Wir begegneten vielen Lastkähnen auf ihrem Weg flußaufwärts, die Segel, Maultiere und lästerliches Fluchen als Antrieb benutzten – ein langwieriges, beschwerliches Unternehmen. Ein Drahtseil führte von der Vormarsstenge zu der hundert Meter voraus auf dem Treidelpfad einherstapfenden Maultierkette, und mit gründlichem Schlagen und Fluchen und Stoßen gelang es dem Trupp der Treiber, drei bis vier Kilometer in der Stunde gegen die steife Strömung aus den Maultieren herauszuholen. Der Neckar ist von jeher als Schiffahrtsweg benutzt worden und hat auf diese Weise sehr vielen Menschen und Tieren Arbeit gegeben; aber nun, da dieser Dampfschlepper mit einer kleinen Besatzung und ein paar Scheffeln Kohle neun Kähne in einer Stunde weiter den Fluß hinaufziehen kann als dreißig Männer und dreißig Maultiere in zwei, glaubt man allgemein, daß die altmodische Treidelindustrie auf dem Sterbebett liegt. Ein zweiter Dampfer nahm drei Monate, nachdem der erste in Dienst gestellt worden war, seine Arbeit auf dem Neckar auf.

Um die Mittagszeit gingen wir an Land und kauften Flaschenbier und ließen uns, während das Floß wartete, ein paar Hähnchen braten; dann stachen wir unverzüglich wieder in See und verzehrten unser Mittagsmahl, bevor das Bier warm und die Hähnchen kalt wurden. Es gibt keinen angenehmeren Platz für solch ein Mahl als ein Floß, das den vielgewundenen Neckar hinuntergleitet, vorbei an grünen Weiden und bewaldeten Bergen und schlummernden Dörfern und felsigen, von verfallenen Türmen und Zinnen geschmückten Höhen.

An einer Stelle sahen wir einen gutgekleideten deutschen Herrn gänzlich ohne Brille. Bevor ich Anker werfen konnte, war er schon wieder weg. Das war sehr schade. Zu gerne hätte ich ihn gezeichnet! Der Kapitän tröstete mich allerdings über meinen Verlust hinweg, indem er bemerkte, der Mann sei ohne Zweifel ein Schwindler gewesen, der durchaus eine Brille besaß, sie jedoch in der Tasche trug, um aufzufallen.

Unterhalb von Haßmersheim kamen wir an Hornberg vorbei, Götz von Berlichingens alter Burg. Sie steht auf einer steilen Anhöhe sechzig Meter über dem Fluß; sie hat hohe berankte Mauern, hinter denen Bäume hervorschauen, und einen Turm mit Spitzdach von etwa fünfundzwanzig Meter Höhe. Der stark abschüssige Hang, der von der Burg bis hart ans Wasser reicht, ist terrassiert und dicht mit Reben bewachsen. Das sieht aus, als bebaue man ein Mansardendach. Alle Steilhänge an diesem Teil des Flusses, die zur Sonne hin offenliegen, sind für den Wein da. Die Gegend ist ein bedeutender Erzeuger von Rheinweinen. Die Deutschen haben eine außerordentliche Schwäche für Rheinwein; er wird in hohe schlanke Flaschen abgefüllt und gilt als angenehmes Getränk. Von Essig unterscheidet man ihn mit Hilfe des Etiketts.

Der Hornberg soll untertunnelt werden, und die neue Eisenbahn wird unter der Burg hindurchführen.

Die Geisterhöhle

Drei Kilometer unterhalb von Burg Hornberg öffnet sich in einer niedrigen Felswand eine Höhle, in der einstmals in alten Zeiten, wie der Kapitän des Floßes uns erzählte, eine schöne Erbin von Hornberg wohnte, das Ritterfräulein Gertrude. Das war vor siebenhundert Jahren. Um Gertrude bewarben sich eine Anzahl reicher und vornehmer Freier und ein armer und unberühmter, der Herr Wendel Lobenfeld. Mit der angestammten Dickköpfigkeit aller Romanzenheldinnen zog sie den armen und unberühmten Liebhaber vor. Mit dem angestammten nüchternen Menschenverstand aller Väter von Romanzenheldinnen schloß der damalige von Berlichingen seine Tochter in seinem Bergfried oder seinem Burgverlies oder seiner Feldschlange oder wo weiß ich ein und entschied, daß sie dort zu bleiben habe, bis sie einen von ihren reichen und vornehmen Freiern zum Mann wähle. Diese besuchten sie und verfolgten sie mit ihren flehentlichen Bitten, hatten jedoch keinen Erfolg, denn ihr Herz blieb dem armen verachteten Kreuzritter treu, der im Heiligen Land kämpfte. Dennoch wurden ihr die Aufmerksamkeiten der reichen Freier nach einer Weile zu viel; in einer stürmischen Nacht entwich sie daher und schwamm den Fluß hinunter und versteckte sich in der Höhle auf der anderen Seite. Ihr Vater durchsuchte das ganze Land nach ihr, fand aber keine Spur. Viele Tage gingen hin, und immer noch war ihm keine Kunde von ihr gebracht worden. Da begann sein Gewissen ihn zu plagen, und er ließ öffentlich erklären, falls sie noch lebe, möge sie zu ihm zurückkehren; er werde sich ihren Wünschen nicht mehr widersetzen; sie könne heiraten, wen sie wolle. Monate verstrichen, alle Hoffnung schwand dem alten Mann, er zog sich von seinen gewohnten Beschäftigungen und Vergnügen zurück, widmete sich frommen Werken und sehnte sich nach der Erlösung durch den Tod.

Nun stand in jeder Nacht die abhandengekommene Erbin genau um Mitternacht in weiße Gewänder gekleidet im Eingang der Höhle und sang eine kleine Liebesballade, die ihr Kreuzfahrer für sie gedichtet hatte. Falls er noch lebte und nach Hause kam, so sagte sie sich, würden die abergläubischen Bauern ihm von dem Geist erzählen, der in der Höhle sang, und sobald man ihm die Ballade beschrieb, würde ihm einfallen, daß nur er und sie dieses Lied kannten; also würde er vermuten, daß sie noch lebe, und sie suchen kommen. Die Zeit verging, und der »Geist in der Spukhöhle« machte der Gegend argen Kummer. Es wurde behauptet, daß ein Unglück den befalle, der das Pech hatte, das Lied zu hören. Schließlich wurde jedes Unheil, das sich dort herum ereignete, dieser Musik zur Last gelegt. Daher fand sich kein Schiffer mehr bereit, bei Nacht an der Höhle vorbeizufahren; die Bauern mieden den Ort selbst bei Tage. – Aber die getreue Maid sang Nacht um Nacht und Monat um Monat weiter und wartete geduldig; irgendwann mußte sie doch belohnt werden. Fünf Jahre zogen vorbei, und immer noch schwebten in jeder Nacht um Mitternacht die klagenden Töne durch das stille Land, während weit in der Runde Schiffer und Bauern die Finger in die Ohren steckten und schaudernd ein Gebet hersagten.

Und jetzt kam der Kreuzfahrer nach Hause. Braungebrannt war er und mit Narben bedeckt, aber er brachte großen und herrlichen Ruhm mit, um ihn seiner Erwählten zu Füßen zu legen. Der alte Herr von Hornberg empfing ihn wie einen Sohn und wollte, daß er bei ihm bleibe und ihm Trost und Segen in seinem Alter sei; aber die Geschichte der Liebe dieses jungen Mädchens zu ihm und ihrer erbarmenswerten Folgen machte einen anderen Menschen aus dem Ritter. Er konnte sich seiner wohlverdienten Ruhe nicht erfreuen. Er sagte, sein Herz sei gebrochen, er werde den Rest seines Lebens hohen Taten zu Nutz und Frommen der Menschheit weihen, um auf solche Weise zu einem würdigen Tod zu kommen und zu einer gesegneten Wiedervereinigung mit dem tapferen treuen Herzen, dessen Liebe ihn mehr geehrt habe als all seine Siege im Krieg.

Als die Leute von diesem seinem Beschluß hörten, kamen sie

zu ihm und erzählten ihm, da hause ein unbarmherziger Drachen als Mensch verkleidet in der Geisterhöhle, ein furchtbares Geschöpf, dem entgegenzutreten noch kein Ritter kühn genug gewesen sei, und baten ihn, das Land von seinem verheerenden Dasein zu befreien. Er sagte zu. Sie erzählten ihm von dem Lied, und als er fragte, was das für ein Lied sei, erwiderten sie, man habe es vergessen, denn seit vier oder noch mehr Jahren sei keiner mehr verwegen genug gewesen, es sich anzuhören.

Gegen Mitternacht kam der Kreuzfahrer mit seiner getreuen Armbrust in den Händen in einem Boot den Fluß herunter. Lautlos glitt er durch die verschwimmenden Spiegelbilder von Felsen und Bäumen, den Blick unverwandt auf das niedrige Felsenufer gerichtet, dem er entgegensteuerte. Als er näherkam, erkannte er die schwarze Öffnung der Höhle. Da – ist das eine weiße Gestalt? Ja! Das Klagelied beginnt hervorzuquillen und schwebt über Wiese und Fluß dahin – die Armbrust wird langsam in Anschlag gebracht, wird ruhig und fest auf das Ziel gerichtet, der Bolzen fliegt geradenwegs ins Weiße – die Gestalt sinkt zu Boden, immer noch singend, der Ritter nimmt die Watte aus den Ohren und erkennt die alte Ballade – zu spät! Ah, hätte er sich doch nur keine Watte in die Ohren gestopft!

Der Kreuzfahrer zog wieder in den Krieg davon und fiel alsbald, für das Kreuz kämpfend, in der Schlacht. Der Überlieferung zufolge sang der Geist des unglückseligen Mädchens noch mehrere Jahrhunderte lang nächtlich um Mitternacht aus der Höhle, aber die Musik enthielt keinen Fluch; und obgleich viele nach den geheimnisvollen Klängen aushorchten, wurde doch nur wenigen die Gunst zuteil, denn nur wer noch nie die Treue gebrochen, nie das ihm geschenkte Vertrauen mißbraucht hatte, konnte sie hören. Man glaubt, daß der Gesang auch nun noch andauert, aber es steht fest, daß ihn während des gegenwärtigen Jahrhunderts niemand gehört hat.

Kapitel 16

Eine alte Rheinsage

Die letzte Sage erinnert an die »Lorelei« – eine Rheinsage. Es gibt auch ein Lied, das »Die Lorelei« heißt.

Deutschland ist reich an Volksliedern, und Worte und Weisen von so manchen von ihnen sind von eigentümlicher Schönheit – »Die Lorelei« jedoch ist beim Volke am allerbeliebtesten. Anfangs konnte ich das Lied nicht ausstehen, aber dann ergriff es mich mehr und mehr, und jetzt kenne ich keine Melodie, die mir so gut gefällt.

In Amerika kann sie wohl nicht sehr bekannt sein, sonst hätte ich sie ja mal gehört. Daß ich sie dort nie gehört habe, beweist, daß es bei uns auch noch andere gibt, denen es ganz genauso ergangen ist. Ihnen zuliebe drucke ich Worte und Weise in diesem Kapitel ab. Und um die Erinnerung des Lesers aufzufrischen, werde ich die Lorelei-Sage ebenfalls abdrucken. Ich trage sie mit mir herum in den „Rheinsagen“, vom aberwitzig begabten Garnham, Bachelor of Arts, ins Englische übertragen. Auch zur Auffrischung meiner eigenen Erinnerung drucke ich die Sage hier ab, denn ich habe sie noch nie gelesen.

Lore war eine Wassernixe, die saß meistens auf einem hohen Felsen im Rhein, einer Ley oder Lei, und lockte Schiffer ins Verderben in einer tosenden Stromschnelle, die an dieser Stelle die Fahrrinne verschandelte. Sie behexte die Vorbeifahrenden so sehr mit ihrem Klagegesang und ihrer wunderbaren Schönheit, daß sie alles andere vergaßen und nur zu ihr hinaufschauten, und so trieben sie alsbald zwischen den zerklüfteten Felsenklippen und ertranken.

In jenen uralten Zeiten nun lebte auf einer großen Burg in der Nähe Graf Bruno mit seinem Sohn Graf Hermann, einem Jüngling von zwanzig Jahren. Hermann hatte viel gehört von der schönen Lore und sich schließlich heftig in sie verliebt, ohne sie noch jemals gesehen zu haben. So zog er denn des Abends mit seiner Zither vor den Felsen, um »sein Verlangen in leisem Gesang kundzutun«, wie Garnham schreibt. An einem dieser Abende »schwebte plötzlich um die Felsenkrone ein heller Schein von nie gesehener Farbenpracht, der, zu immer engeren Kreisen verdichtet, der schönen Lore bezaubernde Gestalt annahm.

Ein unbeabsichtigter Freudenschrei entfuhr dem Jüngling, er ließ seine Zither fallen, und mit weit ausgebreiteten Armen rief er laut den Namen des geheimnisvollen Wesens, das sich liebevoll zu ihm herabzubeugen und ihm freundlich zuzuwinken schien. Ja, falls sein Ohr ihn nicht täuschte, rief sie seinen Namen in unaussprechlich zärtlichem Flüstern, wie es der Liebe eigentümlich ist. Außer sich vor Entzücken, schwanden dem Jüngling die Sinne; bewußtlos sank er zu Boden.«

Von Stund an war er ein anderer Mensch. Träumend ging er umher, immer nur seine Nixe im Sinn, nichts sonst auf der Welt konnte ihn rühren. »Voller Kummer sah der alte Graf diese Umwendung in seinem Sohn«, deren Ursache er nicht erriet, und er versuchte, dessen Gedanken in fröhlichere Bahnen zu lenken, was ihm aber nicht gelang. Schließlich machte der alte

Graf von seiner väterlichen Gewalt Gebrauch. Er befahl den Sohn ins Feldlager. Dieser gelobte Gehorsam. Garnham schreibt:

»Es war am Vorabend seiner Abreise, da wollte er noch ein letztes Mal die Lei aufsuchen und der Rheinnixe seine Seufzer, seine Zithertöne und seine Lieder darbringen. In seinem Boot, diesmal von einem getreuen Knappen begleitet, fuhr er den Strom hinab. Der Mond ergoß sein silbriges Licht über das ganze Land; die steilwändigen Berge erschienen in den phantastischsten Gestalten, und die hohen Eichen beiderseits beugten ihre Äste über den dahingleitenden Hermann. Kaum näherte er sich der Lei und vernahm Brandungswellen, da packte unaussprechliche Angst seinen Diener, der daraufhin um die Erlaubnis, an Land gehen zu dürfen, bat. Aber der Ritter griff in die Saiten seiner Guitarre und sang:

›Ich sah dich einmal in dunkler Nacht
In übernatürlicher Schönheitspracht.
Aus Lichterstrahlen deine Gestalt war,
Darinnen leuchtete hell dein Lockenhaar.

Aus Wellen getaucht, bunt dein Gewand,
Ein Liebeszeichen von deiner Hand.
Deiner Augen süße Zaubersonne
Scheint auf mich, oh, oh, die Wonne!

Ach daß du meine Liebste wärst,
Von meiner Liebe hört'st und hört'st!
Wie hinge ich stets an deinem Mund
Im Felsenhaus dein, im tiefsten Grund.‹«

Daß Hermann sich überhaupt dorthin begeben hatte, war unklug; daß er es mit solch einem Lied auf den Lippen tat, war ein schwerer Fehler. Diesmal rief die Lorelei nicht »seinen Namen in aussprechlich zärtlichem Flüstern«. Nein, dieses Lied bewirkte natürlich eine jähe und gründliche ›Umwendung‹ in ihr; und damit nicht genug, versetzte es auch die Innereien der gesamten in Mitleidenschaft gezogenen Gegend in Aufruhr – denn

»Kaum waren diese Töne verklungen, da begann allenthalben Lärm und Getöse wie von Stimmen über und unter Wasser. Oben aus der Lei schlugen Flammen, die Nixe stand darüber wie beim andernmal und winkte dem betörten Ritter deutlich und dringlich mit der rechten Hand, während sie mit einem Stab in der linken den Wellen gebot. Die türmten sich himmelwärts; das Boot hüpfte, widersetzte sich jeder Anstrengung, die Wellen klatschten bis an den obersten Rand und schleuderten das Boot auf die harten Felsen, wo es splitternd auseinanderbrach. Der Jüngling sank in die Tiefe, der Knappe jedoch wurde von einer mächtigen Welle ans Ufer geworfen.«

Die bittersten Klagen sind im Laufe der Jahrhunderte gegen die Lorelei erhoben worden, bei dieser Gelegenheit jedoch hat sie wahrlich unsere Hochachtung verdient. Man fühlt sich zärtlich zu ihr hingezogen und ist geneigt, ihre vielen Missetaten zu vergessen und nur der einen guten Tat zu gedenken, mit der sie ihre Laufbahn krönte und beschloß.

»Die Nixe ward nie wieder gesehen; aber ihren Zaubergesang konnte man oft hören. In den schönen, erquickenden, stillen Frühlingsnächten, wenn der Mond sein Silberlicht über das Land ergießt, hört der lauschende Schiffer aus dem Rauschen der Wellen den Widerklang einer wundervoll reizenden Stimme, die ein Lied aus dem gläsernen Schloß singt, und mit Trauer und Bangigkeit denkt er an den jungen Grafen Hermann, der von einer Nixe verführt wurde.«

Hier sind die Noten und die deutschen Worte von Heinrich Heine. Das Lied ist nun schon seit vierzig Jahren eines der beliebtesten in Deutschland und wird wohl immer eins der beliebtesten bleiben.

Ich bin voreingenommen gegen Leute, die etwas in einer fremden Sprache abdrucken und keine Übersetzung beifügen. Falls ich der Leser bin, und der Autor hält mich für fähig, mir meine Übersetzung selber zu machen, macht er mir damit ein recht hübsches Kompliment – aber wenn er mir das Übersetzen abnimmt, würde ich vielleicht gern auf das Kompliment verzichten. Wenn ich jetzt zu Hause wäre, könnte ich mir eine Übersetzung des Liedes besorgen, aber ich bin auf Reisen im Ausland, also geht's nicht; darum werde ich eigenhändig eine Übersetzung anfertigen. Es mag keine gute sein, denn Lyrik ist nicht mein Fach, aber sie wird ihren Zweck erfüllen – nämlich dem nichtdeutschen jungen Mädchen ein Wortgeklingel an die Hand zu geben, an das es die Melodie hängen kann, bis es an eine gute Fassung gerät, eine, die von einem Dichter stammt, der weiß, wie man einen poetischen Gedanken von einer Sprache in die andere überführt.

The Lorelei

I cannot divine what it meaneth,
  This haunting nameless pain:
A tale of the bygone ages
  Keeps brooding through my brain:

Lorelei.

Andante.
1. Ich weiss nicht, was soll es be - deu - ten, dass ich so trau-rig bin; ein
2. Die schön - ste Jung-frau sit - zet dort o - ben wun-der - bar, ihr
3. Den Schif-fer im klei - nen Schif - fe er-greift es mit wil-dem Weh: er
p
1. Mar-chen aus al - ten Zei - ten, das kommt mir nicht aus dem Sinn. Die
2. gold - nes Ge-schmeide blit - zet, sie kämmt ihr gol-de-nes Haar. Sie
3. schaut nicht die Fel-sen-rif - fe, er schaut nur hin-auf in die Höh. Ich
1. Luft ist kühl und es dun - kelt, und ru - hig fliesst der Rhein; der
2. kämmt es mit gol-de-nem Kam - me, und singt ein Lied da - bei; das
3. glau - be, die Wel-len ver-schlin - gen am En - de Schif-fer und Kahn; und
cresc.
1. Gi - pfel des Ber - ges fun - kelt im A - bend son - nen - schein.
2. hat ei - ne wun-der - sa - me, ge - wal - ti - ge Me - lo - dei.
3. das hat mit ih - rem Sin - gen die Lo - re - lei ge - than.
cresc.

The faint air cools in the gloaming,
  And peaceful flows the Rhine,
The thirsty summits are drinking
  The sunset's flooding wine;

The loveliest maiden is sitting
  High-throned in yon blue air,
Her golden jewels are shining,
  She combs her golden hair;

She combs with a comb that is golden,
  And sings a weird refrain
That steeps in a deadly enchantment
  The listener's ravished brain:

The doomed in his drifting shallop,
  Is tranced with the sad sweet tone,
He sees not the yawning breakers,
  He sees but the maid alone:

The pitiless billows engulf him! –
  So perish sailor and bark;
And this, with her baleful singing,
  Is the Lorelei's gruesome work.

Ich besitze auch eine Übersetzung von Garnham, Bachelor of Arts, aus den »Rheinsagen«, aber die würde den oben erwähnten Zweck nicht erfüllen, da das Vermaß auf seine edle Art allzu unregelmäßig ist; paßt einfach nicht auf die Melodie; an manchen Stellen hängt es am Ende zu weit über, und an anderen wieder gehen einem die Wörter aus, bevor man am Ende des Taktes ankommt. Dennoch hat Garnhams Übersetzung ihre nicht zu übersehenden Vorzüge, und nicht im Traum würde mir einfallen, sie aus meinem Buch auszuschließen. Ich glaube, dieser Dichter ist völlig unbekannt in Amerika und

England. Es ist mir ein ganz eigenes Vergnügen, ihn vorzustellen, da er meines Wissens von mir entdeckt wurde.

The Lorelei

Translated by L. W. Garnham, B. A.

I do not know what is signifies
That I am so sorrowful:
A fable of old times so terrifies,
Leavers my heart so thoughtful.

The air is cool and it darkens,
And calmly flows the Rhine;
The summit of the mountain hearkens
In evening sunshine line.

The most beautiful Maiden entrances
Above wonderfully there,
Her beautiful golden attire glances,
She combs her golden hair.

With golden comb so lustrous,
And thereby a song sings,
It has a tone so wondrous,
That powerful melody rings.

The shipper in the little ship
It affects with woe's sad might;
He does not see the rocky clip,
He only regards dreaded height.

I believe the turbulent waves
Swallow at last shipper and boat;
She with her singing craves
All to visit her magic moat.

Keine Übersetzung könnte dichter am Original sein. Der Übersetzer hat alle Fakten untergebracht, dazu noch in der richtigen Reihenfolge. Keine Zahlenangabe fehlt. Sie ist kurz und bündig wie eine Rechnung. So soll eine Übersetzung sein; sie muß den Gedanken des Originals widerspiegeln. *Singen* kann man »Above wonderfully there« nicht, weil es sich der Melodie einfach nicht anbequemt, ohne daß der Sänger dabei zu Schaden käme; aber es ist eine anhaftendst genaue Übersetzung von *Dort oben wunderbar* – schmiegt sich an wie ein Zugpflaster. Mr. Garnhams Neuschöpfung hat noch andere Vorzüge – Hunderte! –, auf die man jedoch nicht eigens hinweisen muß. Sie dürften auch so entdeckt werden.

Niemand, der eine besondere Begabung sein eigen nennt, darf sich einbilden, daß er ein Monopol darauf besitzt. Selbst Garnham hat Konkurrenten. Mr. X. führte eine kleine Broschüre mit, die er während seines Aufenthalts in München erstanden hatte. Ihr Titel lautete: »A Catalogue of Pictures in the Old Pinacotek«, und sie war in einer sonderbaren Sprache abgefaßt.

Hier ein paar Kostproben:

»Es ist nicht erlaubt, besagenes Werk zu benutzen zu einer Veröffentlichkeit desselben Inhalts wie auch von dem geraubten Druck davon.«

»Abendlandschaft. Im Vordergrund nah von einem Teich und einer Gruppe weißen Buchen lang führt ein Fußpfad ent, der sich von Reisenden belebt.«

»Ein gelernter Mann in geschabter und gerissener Bekleidung mit aufgeschlugenem Buch in seiner Hand.«

»Der heilige Bartholomäus und der Scharfrichter mit dem Messer den Märtyrer zu vollenden.«

»Bildnis eines Jünglings. Lange Zeit hielt man dieses Bild als Porträt Bindi Altovitis gedacht, jetzt gestehen wieder manche dazu, es Raphaels Selbstbildnis sein könnte.«

»Susanna im Bade, von den zwei alten Männern übergerascht. Im Hintergrund die Steinbewerfung des Verdammten.«

(›Steinbewerfung‹ klingt gut, sehr viel eleganter als ›Steinigung‹).

»Der heilige Rochus in einer Landschaft sitzend, dabei ein Engel, der seine Testschwere blickt, derweil der Hund mit Brot im Munde beisteht.«

»Frühling. Die Götting Flora im Sitzen. Hinter ihr ein fruchtbares Tal von einem Fluß durchnäßt.«

»Ein schöner Blumenstrauß von Maikäfern usw. belebt.«

»Krieger in Rüstung mit Pfeife von Gips in seiner Hand neigt an den Tisch und weht den Rauch weit von ihm.«

»Niederländliche Landschaft an beschiffbarem Fluß, der sie bis an den Hintergrund durchnäßt.«

»Singende Landmänner in einer Kate. Eine Frau erlaubt aus einem Becher ihr Kind zu trinken.«

»Täuferhaupt von Johannes als Junge, auf den Putz gemalen.«

»Junger Mann aus der Familie Riccio, sein Haar am Ende glatt geschneidert, schwarz gekleiden mit ebensolcher Mütze. Raphael zugeschrieben, aber die Signatur ist im Irrtum.«

»Jungfrau hält Kind. Höchlichst nach Sassoferratos Manier gemalen.«

»Vorratskammer mit Gemüsen und totem Bild von einer Kochmagd und zwei Küchenknaben belebt.«

Die Sprache dieses Katalogs ist allerdings mindestens so glücklich gewesen, wie die, die eine Inschrift an einem Bild in Rom auszeichnet, nämlich:

»Offenbarungsaussicht. Der heilige Johannes auf der Patterson Insel.«

Unterdessen gleitet das Floß weiter.

Kapitel 17

Zwei oder auch drei Kilometer oberhalb von Eberbach sahen wir aus dem Laubwerk, das die Kuppe eines hohen und sehr steilen Berges umkleidete, eine eigentümliche Ruine hervorragen. Diese Ruine bestand lediglich aus zwei zerbröckelnden Steingebilden, die eine grobe Ähnlichkeit mit menschlichen Gesichtern aufwiesen; sie verneigten sich gegeneinander und berührten sich mit der Stirn und sahen aus, als seien sie tief in ein Gespräch versunken. Die Ruine hatte kein einziges Fenster mehr, und ganz gewiß war sie nicht durchsichtig oder blinkte, blitzte oder glitzerte auch nur; nichtsdestoweniger wurde sie die »Gläserne Ruine« genannt.

Die Sage von der gläsernen Ruine

Der Kapitän des Floßes, der bis zum Rand mit Geschichte vollgepfropft war, erzählte, im Mittelalter habe der ungeheuerlichste feuerspeiende Drache in der Gegend gehaust und mehr Ärger gemacht als ein Steuereinnehmer. Er war so lang wie ein Eisenbahnzug und hatte am ganzen Leib die üblichen undurchdringlichen grünen Schuppen. Sein Atem brachte Pest und Feuersbrünste, und sein Appetit führte zu Hungersnöten. Er fraß Menschen und Tiere ohne Ansehn der Person und war außerordentlich unbeliebt. Der damals regierende deutsche Kaiser machte das übliche Angebot: er werde dem Überwinder des Drachen gewähren, worum auch immer er bitte; denn er hatte einen Überschuß an Töchtern, und es war Brauch unter Drachentötern, eine Tochter als Bezahlung zu nehmen.

Also strömten die berühmtesten Ritter aus allen vier Ecken der Erde herbei und zogen sich einer nach dem anderen den Drachenschlund hinunter zurück. Eine Panik brach aus und griff um sich. Die Helden wurden vorsichtig. Der Strom versiegte. Der Drache wurde verderblicher denn je. Das Volk verlor jegliche Hoffnung auf Hilfe und suchte in den Bergen Zuflucht.

Da endlich traf Herr Wissenschaft ein, ein armer, unberühmter Ritter aus fernem Land, um das Ungeheuer zum Kampf zu stellen. In seiner Rüstung, die in Fetzen um ihn hing, und mit dem seltsam geformten Tornister auf seinem Rücken bot er einen erbarmenswürdigen Anblick. Alles rümpfte die Nase, und manche lachten ihn ganz offen aus. Aber es focht ihn nicht an. Er erkundigte sich nur, ob das Angebot des Kaisers immer noch in Kraft sei. Ja, sagte der Kaiser, riet ihm aber in seiner Güte, doch lieber hinzugehen und Hasen zu jagen und nicht ein solch kostbares Leben wie das seine bei einem Unterfangen in Gefahr zu bringen, das für so viele von den glanzvollsten Helden der Welt mit dem Tod geendet habe.

Aber dieser Hergelaufene fragte nur: »Waren irgendwelche von diesen Helden Männer der Wissenschaft?« Darauf erhob sich natürlich Gelächter, denn die Wissenschaft wurde zu jener Zeit verachtet. Aber der Landstreicher war nicht im mindesten zu erschüttern. Er sagte, vielleicht sei er ja seiner Zeit ein bißchen voraus, aber das mache gar nichts – irgendwann werde man schon noch dazu kommen, daß man die Wissenschaft in Ehren halte. Er sagte, er werde am nächsten Morgen gegen den Drachen ins Feld ziehen. Aus Mitleid wurde ihm nun ein tüchtiger Speer angeboten, aber er lehnte ab und sagte, Speere seien »nutzlos für Männer der Wissenschaft«. Sie gestatteten ihm, mit der Dienerschaft zu Abend zu essen, und gaben ihm ein Lager im Stall.

Als er am nächsten Morgen aufbrach, waren Tausende versammelt, um ihn zu sehen. Der Kaiser sagte:

»Seid nicht unvorsichtig, nehmt einen Speer und schnallt Euren Tornister ab!«

Aber der Landstreicher antwortete:

»Es ist kein Tornister«, und machte sich auf den Weg.

Der Drache wartete schon und war bereit. Er spie gewaltige

Massen schwefligen Rauches und totenbleiche Flammen. Der zerlumpte Ritter stahl sich bedachtsam an eine günstige Stelle, dann nahm er seinen zylindrischen Tornister vom Rücken – der nichts anderes war als der uns Heutigen vertraute gewöhnliche Feuerlöscher –, und bei der allerersten Gelegenheit drehte er seinen Schlauch an und schoß dem Drachen genau mitten ins höhlenartige Maul hinein. Das Feuer war im Handumdrehen aus, und der Drache ringelte sich zusammen und starb.

Dieser Mann hatte seinen Verstand zu Hilfe genommen. Er hatte in seinem Laboratorium Drachen aus dem Ei aufgezogen, er hatte sie wie eine Mutter gehütet und sie, während sie heranwuchsen, geduldig studiert und Versuche mit ihnen angestellt. Auf diese Weise hatte er herausgefunden, daß das Lebenselement des Drachen das Feuer war; löschte man das Feuer in einem Drachen, konnte er keinen Dampf mehr erzeugen und mußte sterben. Mit einem Speer ließ sich das Feuer nicht erstikken, also erfand er den Feuerlöscher. Nun, da der Drache tot war, fiel der Kaiser dem Helden um den Hals und sagte:

»Erretter, nennt Eure Forderung!« Und gleichzeitig winkte er mit dem Absatz nach hinten – eine Abteilung seiner Töchter möge Aufstellung nehmen und vorrücken. Aber der Landstreicher schenkte ihnen keine Beachtung. Er sagte nur:

»Ich bitte, mir das Monopol für die Herstellung und den Verkauf von Brillen in Deutschland erteilen zu wollen.«

Der Kaiser sprang beiseite und rief:

»Das übersteigt alle Unverschämtheit, die mir jemals zu Ohren gekommen ist! Eine bescheidene Forderung – bei allem, was mir heilig ist! Warum bittet Ihr da nicht gleich um die kaiserlichen Einkünfte, und wir sind quitt?«

Aber der Herrscher hatte sein Wort gegeben, und er hielt es. Zu jedermanns Überraschung senkte der selbstlose Monopolist unverzüglich den Preis für Augengläser so beträchtlich, daß der Nation eine gewaltige und drückende Bürde von den Schultern genommen wurde. Dieser großherzigen Tat zu gedenken und um zu beweisen, wie sehr er sie zu schätzen wußte, erließ der

Kaiser eine Verordnung, in der einem jeden anbefohlen wurde, die Brillen dieses Wohltäters zu kaufen und zu tragen, ob man nun eine brauchte oder nicht.

So entstand der in Deutschland weitverbreitete Brauch, eine Brille zu tragen; und da in diesen alten Ländern ein einmal eingeführter Brauch unzerstörbar ist, blieb dieser im Reich bis auf den heutigen Tag allgemein. Das ist die Sage von der einstmals stolzen und prächtigen Burg des Monopolisten, die nun die Gläserne Ruine genannt wird.

Am rechten Ufer, zwei oder drei Meilen unterhalb der Gläsernen Ruine, kamen wir an einer erhabenen Anhäufung türmchen- und zinnengeschmückter Bauten vorbei, die vom Kamm einer stolzen Anhöhe über das Wasser schauten. Die zweihundert Meter lange hohe Vordermauer war schwer mit Efeu verhängt, und aus dem Gewirr der Gebäude dahinter ragten drei malerische alte Türme auf. Die Anlage befand sich in gutem Zustand und wurde von einer Familie fürstlichen Ranges bewohnt. Auch diese Burg hatte ihre Sage, aber ich könnte es kaum rechtfertigen, sie hier wiederzugeben, erschienen mir doch einige kleinere Einzelheiten nicht sehr wahrscheinlich.

Weiter flußabwärts in dieser Gegend sprengten mehrere Trupps italienischer Arbeiter die Vorderfront der Berge weg, um Platz für die neue Eisenbahn zu schaffen. Die Leute arbeiteten fünfzehn oder vielleicht auch dreißig Meter über dem Fluß. Als wir um eine scharfe Kurve bogen, begannen sie mit den Armen zu fuchteln und gaben uns mit lauten Warnschreien den Rat, auf die Explosionen achtzugeben. Nett von ihnen, daß sie uns warnten, aber was sollten wir machen? Man kann mit einem Floß nicht flußaufwärts zurückschwimmen, man kann die Fahrt flußabwärts nicht beschleunigen, man kann nicht zur Seite ausscheren, wenn der Spielraum kaum der Rede wert ist, und die Steilklippen am anderen Ufer sagen einem auch nicht recht zu, wenn dort allem Anschein nach ebenfalls gesprengt wird. Man sieht, die Möglichkeiten sind beschränkt. Es bleibt einem schlechthin nichts anderes übrig, als zu wachen und zu beten.

Seit mehreren Stunden fuhren wir dreieinhalb bis vier Knoten, und die fuhren wir auch nun noch. Dahingehüpft waren wir geradezu – bis diese Männer zu schreien anfingen; in den nächsten zehn Minuten dünkte es mich, daß kein Floß, das ich jemals gesehen hatte, so langsam gefahren sei. Als die erste Detonation losging, spannten wir unsere Sonnenschirme auf und warteten auf die Folgen. Nichts – keiner von den Steinen fiel ins Wasser. Eine zweite Detonation folgte und noch eine und immer noch eine. Einiger Schutt klatschte dicht hinter uns ins Wasser.

Wir liefen Spießruten an dieser ganzen Batterie von neun aufeinanderfolgenden Sprengungen vorbei, und es war wahrhaftig eine der aufregendsten und unbehaglichsten Wochen, die ich jemals erlebt habe, und zwar sowohl zu Schiff wie an Land. Natürlich bemannten wir wiederholt die Stangen und stakten verbissen eine Sekunde lang, aber sobald einer dieser Strahle aus Staub und Felsbrocken hochschoß, ließen alle die Stangen fallen und schauten nach oben, um sich ihren Anteil herauszusuchen. Das waren eine Weile sehr unruhige Zeiten da entlang. Es erschien uns als ausgemacht, daß wir umkommen müßten, aber selbst das war nicht der bitterste Gedanke; nein, die unheroische Todesart – das war der Stachel –, sie und der bizarre Wortlaut des sich zwangsläufig ergebenden Nachrufs: *»Erschossen von einem Stein auf einem Floß.«* Keine Poesie würde darüber gedichtet werden. Es *könnte* keine darüber gedichtet werden. Beispiel:

Nicht in der Schlacht, sondern bloß
Erschossen von einem Stein auf einem Floß.

Kein Dichter, dem sein Ruf lieb ist, würde solch ein Thema anrühren. Ich würde mich dadurch auszeichnen, daß ich der einzige »verdiente Tote« war, der im Jahre 1878 unsonettiert in die Grube fuhr.

Aber wir kamen davon, und ich habe es nie bereut. Die letzte Detonation dauerte besonders lange, und nachdem die feineren Trümmer sich um uns her ausgeregnet hatten und wir uns eben einander händeschüttelnd zu unserer Errettung beglückwünschen wollten, ging ein verspäteter größerer Stein inmitten unserer kleinen Wanderschar nieder und zertrümmerte einen Schirm. Sonst richtete er keinen Schaden an; nichtsdestoweniger flüchteten wir uns ins Wasser.

Augenscheinlich wird die schwere Arbeit in den Steinbrüchen und an den neuen Bahnkörpern meistens von Italienern geleistet. Das war eine Offenbarung für mich. Wir hegen hierzulande die Vorstellung, Italiener verrichteten niemals irgendwelche schwere Arbeit, sondern beschränkten sich auf die leichteren Künste, wie Drehorgelspiel, Opernsang und Meuchelmord. Wir haben uns mächtig geirrt, das dürfte feststehen.

Überall am Fluß entlang sahen wir in der Nähe eines jeden Dorfes kleine Bahnhöfe für die zukünftige Eisenbahn. Sie waren bereits fertig und warteten nur noch auf die Schienen und auf den Verkehr. Sie sahen so schmuck und niedlich und hübsch aus, wie man sie sich nur immer wünschen konnte. Stets waren sie aus Ziegeln oder Bruchsteinen gebaut und von anmutigem Äußeren; sie wurden schon jetzt von Reben und Blumen umrankt, und um sie her war das Gras frisch und grün, und man sah, daß es liebevoll gepflegt wurde. Die Bahnhöfe waren alles andere als ein Ärgernis, sie waren eine Zierde der schönen Landschaft. Jeder Schotterhaufen oder Stapel gebrochener Steine, den man erblickte, war so sauber und exakt aufgeschichtet wie ein neues Grab oder ein Stoß Kanonenkugeln; nichts an diesen Bahnhöfen und um sie herum und an der Bahnstrecke und der Straße daneben durfte armselig aussehen oder ohne Schmuck sein. Ein Land so wunderschön in Stand zu halten, wie Deutschland es tut, hat überdies noch eine kluge praktische Seite: Tausende von Menschen haben Arbeit und Brot, die sonst müßig gehen und Unheil stiften würden.

Als die Nacht hereinbrach, wollte der Kapitän festmachen, aber ich glaubte, wir würden es vielleicht noch bis Hirschhorn schaffen, also fuhren wir weiter. Alsbald bezog sich jedoch der Himmel, und der Kapitän kam nach achtern und sah beunruhigt aus. Er warf einen Blick in die Höhe, wiegte den Kopf und meinte, es werde wohl gleich anfangen zu wehen. Meine Begleitung wollte sofort landen – darum wollte ich weiterfahren. Der Kapitän meinte, wir sollten auf alle Fälle die Segel reffen; das erfordere die allgemeine Vorsicht. Die Backbordwache erhielt also Befehl, ihre Stange hinzulegen. Es wurde nun recht dunkel, und der Wind frischte auf. Er heulte durch die schwankenden Äste der Bäume und fegte in ruckhaften Böen über unsere Decks. Es fing an, böse auszusehen. Der Kapitän rief dem Steuermann vorne auf den Stämmen zu:

»Kurs?«

Die Antwort kam schwach und rauh von weit vorne zurück:

»Nordost und zu Nord – Ost zu Ost, halb Ost, Herr Kapitän!«

»Einen Strich abfallen!«

»Jawohl, Herr Kapitän!«

»Wieviel Wasser?«

»Untiefe, Herr Kapitän! Zwei Fuß an Steuerbord, knapp zweieinhalb an Backbord!«

»Noch einen Strich abfallen!«

»Jawohl, Herr Kapitän!«

»Nach vorne, Leute, alle nach vorne! Lebhaft! Alles klarmachen! Jetzt geht's um die Wetterecke!«

»Jawohl, Herr Kapitän!«

Es folgte ein wildes Laufen und Trampeln und heiseres Schreien, aber die Gestalten der Männer verloren sich in der Dunkelheit, und die Laute wurden vom Tosen des Windes verzerrt und durcheinandergewirbelt. Die See ging nun zollhoch und drohte die zerbrechliche Barke jeden Augenblick zu verschlingen. Da kam der Erste Steuermann nach achtern gerannt und flüsterte dem Kapitän aufgeregt ins Ohr:

»Machen Sie sich auf das Schlimmste gefaßt, Herr Kapitän – wir sind leckgesprungen!«

»Du meine Güte! Wo?«

»Gleich hinter der zweiten Stammreihe.«

»Nur ein Wunder kann uns retten! Sagen Sie es ja den Männern nicht, oder es gibt eine Panik und Meuterei! Legen Sie zum Ufer über und stellen Sie sich mit der Heckleine bereit und springen Sie, sobald wir anstoßen. Meine Herren, ich muß sie bitten, in dieser Stunde der Gefahr meine Bemühungen zu unterstützen. Sie haben Hüte – gehen Sie nach vorne und schöpfen Sie um Ihr Leben!«

Wieder fegte ein mächtiger Windstoß in Gischt und dichtes Dunkel gehüllt über uns hinweg. Und ausgerechnet in diesem Augenblick kam von weit vorne her der entsetzlichste Schrei, den man auf See je zu hören bekommt:

»Mann über Bord!«

Der Kapitän brüllte:

»Hart Backbord! Laßt den Mann! Er soll an Bord klettern oder ans Ufer waten!«

Ein erneuter Schrei fuhr mit dem Wind heran:

»Brandung voraus!«

»Wo?«

»Keine Stammlänge vom Backbordvorderfuß!«

Wir hatten uns auf dem schlüpfrigen Holz nach vorne getastet und schöpften nun mit der Besessenheit der Verzweiflung Wasser, da hörten wir von achtern plötzlich den entsetzten Schrei des Ersten:

»Aufhören mit der verdonnerten Schöpferei, oder wir laufen auf Grund!«

Aber dem folgte unmittelbar der frohe Ruf:

»Land am Steuerbordquerbalken!«

»Gerettet!« rief der Kapitän. »Springt ans Ufer und schlagt das Tau um einen Baum und werft das Ende an Bord!«

Im nächsten Augenblick waren wir alle an Land und weinten und umarmten einander vor Freude, während der Regen in Gießbächern herabstürzte. Der Kapitän sagte, er sei seit vierzig Jahren Seemann auf dem Neckar und in der Zeit habe er Stürme erlebt, die einem die Wangen bleichen und den Puls zum Stillstand bringen konnten, aber noch nie – nie sei ihm ein Sturm begegnet, der sich auch nur annähernd mit diesem habe vergleichen können. Wie vertraut das klang! Ich bin ziemlich häufig auf See gewesen und habe eben diese Bemerkung mit entsprechender Häufigkeit von Kapitänen gehört.

Wir formulierten im Geist die übliche Erklärung der Bewunderung und Dankbarkeit, und bei allererster Gelegenheit stimmten wir darüber ab und legten sie schriftlich nieder und überreichten sie dem Kapitän mit der gebräuchlichen Ansprache.

Wir gingen volle fünf Kilometer zu Fuß durch die Dunkelheit und den heftigen Sommerregen und trafen eine Stunde vor Mitternacht fast erschöpft von Ungemach, Strapazen und Schrecken im Wirtshaus »Zum Naturalisten« im Städtchen Hirschhorn ein. Die Nacht werde ich nie vergessen.

Der Wirt war reich und konnte es sich daher leisten, mürrisch und ungefällig zu sein; es paßte ihm ganz und gar nicht, daß er aus seinem warmen Bett heraus mußte, um uns sein Haus zu öffnen. Aber dann standen seine Leute doch auf und kochten uns rasch ein Abendessen, und wir selber brauten uns einen heißen Punsch, um die Schwindsucht auf Abstand zu halten.

Nach Essen und Punsch rauchten wir ein Stündchen, um uns zu beruhigen, und fochten dabei die Seeschlacht noch einmal aus und beschlossen die Dankadresse; dann zogen wir uns nach oben in außerordentlich schmucke und hübsche Zimmer zurück, in denen saubere und bequeme Betten mit zierlichen und geschmackvollen Erbbezügen standen.

Solche Zimmer und solch besticktes Linnen sind in deutschen Dörfern so sehr die Regel, wie sie in unseren die Ausnahmen sind. Unsere Dörfer übertreffen die deutschen Dörfer mit mehr Vorzügen und Annehmlichkeiten, als ich aufzählen kann, aber die Gasthöfe gehören nicht auf diese Liste.

Das Gasthaus »Zum Naturalisten« trug seinen Namen mit gutem Grund: alle Gänge und Zimmer wurden von großen Glasschränken gesäumt, die mit allen nur erdenklichen, geschickt ausgestopften und in der natürlichsten und beredtesten und dramatischsten Haltung aufgestellten glasäugigen Vögeln und Tieren angefüllt waren. Kaum lagen wir zu Bett, verzog sich der Regen, und der Mond kam heraus. Ich schlief allmählich über der Betrachtung einer großen ausgestopften weißen Eule ein, die von hohem Ansitz angestrengt zu mir herunterblickte, und zwar mit der Miene eines Menschen, der mir schon einmal begegnet zu sein glaubt, aber nicht ganz sicher ist.

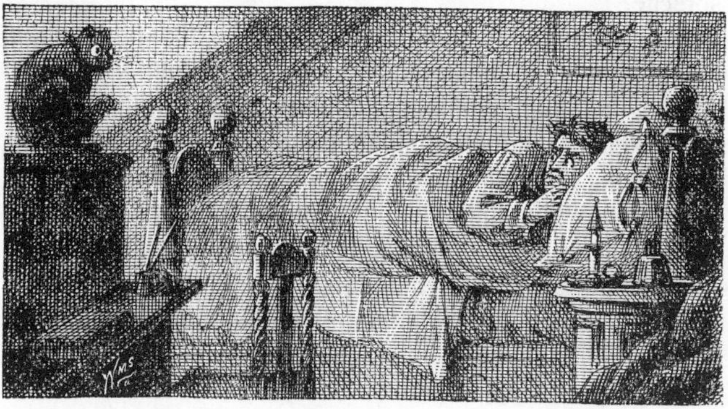

Der junge Z. jedoch kam nicht so glimpflich davon. Als er eben genießerisch in den Schlaf sinken wollte, lüftete der Mond die Schatten und enthüllte eine riesige Katze auf einer Konsole. Tot und ausgestopft war sie, gewiß, aber sie hatte sich mit angespannten Muskeln zum Sprung hingekauert und die glitzernden Glasaugen genau auf ihn gerichtet. Z. wurde es ungemütlich. Er versuchte, seine eigenen Augen zu schließen, aber das war kein Ausweg, denn ein natürlicher Instinkt ließ sie ihn fortgesetzt wieder öffnen, weil er nämlich sehen wollte, ob die Katze immer noch Anstalten machte, über ihn herzufallen – was jedesmal der Fall war. Er versuchte es damit, daß er ihr den Rücken zukehrte, aber auch dieses Mittel versagte, wußte er doch, daß die unheilvollen Augen auch jetzt noch auf ihm ruhten. Also blieb ihm nach ein, zwei Stunden der Qual und des Experimentierens schließlich nichts anderes übrig, als aufzustehen und die Katze auf dem Gang auszusetzen. Auf diese Weise gewann er dann doch noch.

Kapitel 18

Am nächsten Morgen nahmen wir unser Frühstück nach reizendem deutschen Sommerbrauch im Garten unter den Bäumen ein. Die Luft war angefüllt vom Duft der Blumen und wilden Tiere; der lebende Teil der Menagerie im Gasthaus »Zum Naturalisten« umgab uns nach allen Seiten. Es waren dort große, von flatternden und plappernden fremdländischen Vögeln bevölkerte Käfige und andere große Käfige und noch größere Drahtzwinger, in denen einheimische und exotische Vierfüßer wohnten. Ein paar in Freiheit gehaltene Tiere fanden sich noch dazu ein, und sie waren recht gesellig und zutraulich. Weiße Kaninchen hoppelten umher und kamen von Zeit zu Zeit heran und schnupperten an unseren Schuhen und Schienbeinen. Ein Rehkitz mit einem roten Band um den Hals stakste herbei und betrachtete uns furchtlos; seltenen Rassen angehörende Hühner und Tauben bettelten um Krümel, und ein armer alter schwanzloser Rabe hüpfte um uns herum mit einer demütigen, verschämten Miene, die besagte: »Bitte, seht über meine Blöße hinweg – bedenkt, wie euch in meiner Lage zumute wäre, und habt Mitleid!« Wenn man ihm zuviel Beachtung schenkte, zog er sich hinter irgendeine Deckung zurück und blieb dort, bis er sicher war, daß die Aufmerksamkeit der Gesellschaft ein anderes Objekt gefunden hatte. Noch nie ist mir eine stumme Kreatur begegnet, die so krankhaft empfindlich war. Bayard Taylor, der die unklaren Gedankengänge von Tieren deuten konnte und ihre Geistesart besser als die meisten Menschen verstand, hätte eine Möglichkeit gefunden, diesen armen Kerl so weit zu bringen, daß er seinen Kummer eine Weile vergaß, aber wir, die seine freundliche Kunst nicht beherrschten, mußten den Raben seinem Schmerz überlassen.

Nach dem Frühstück erklommen wir den Berg und besichtigten die alte Burg Hirschhorn und die Kirchenruine in der Nähe. An den Innenwänden der Kirche lehnten ein paar eigentümliche Basreliefs – in Stein gehauene Herren von Hirschhorn in voller Rüstung und Herrinnen von Hirschhorn in der malerischen Hoftracht des Mittelalters. Diese Bilder erleiden Schaden und fallen der Zerstörung anheim, denn der letzte Hirschhorn ist seit zweihundert Jahren tot, und niemand kümmert sich nun um die Familiendenkmäler. In der Kanzel entdeckten wir eine verdrehte Steinsäule, und selbstverständlich erzählte uns der Kapitän eine Sage darüber, denn wo es um Sagen ging, schien er sich einfach nicht bezähmen zu können; aber ich gebe diese Geschichte nicht wieder, denn nichts daran ergab einen Sinn, außer daß der Held die Säule mit den Händen zu ihrer gegenwärtigen Schraubenform verdrehte – eine einzige Drehung, fertig. Alles übrige an der Sage war zweifelhaft.

Aber Hirschhorn sieht man sich am besten aus einiger Entfernung flußabwärts an. Dann fügen sich die braunen Türme auf der grünen Bergkuppe und die alte zinnenbewehrte Mauer, die sich zum grasbestandenen Kamm hinaufzieht und in dem

Laubmeer dahinter verschwindet, zu einem Bild zusammen, dessen Anmut und Schönheit das Auge vollkommen erfreuen.

Von der Kirche stiegen wir über steile Steintreppen ab, die sich durch enge Gassen zwischen den vollgestopften und schmutzigen Häusern des Städtchens hierhin und dorthin wanden. Das Viertel war wohlversehen mit mißgebildeten, glotzenden, ungewaschenen und ungekämmten Schwachsinnigen, die ihre Mütze oder die Hand ausstreckten und zum Erbarmen bettelten. Nicht alle Leute des Viertels waren natürlich schwachsinnig, aber alle, die bettelten, sahen so aus, und es wurde uns auch gesagt, daß sie es seien.

Ich hatte vor, zur nächsten Stadt, nach Neckarsteinach, mit einem Ruderboot zu fahren. Daher lief ich vor den anderen zum Fluß hinunter und fragte einen Mann, den ich dort traf, ob er ein Boot zu vermieten habe. Ich muß wohl Hochdeutsch gesprochen haben – Hofdeutsch – jedenfalls sollte es das sein –, also verstand er mich nicht. Ich drehte und verrenkte meine Frage hin und her. Vielleicht würde ich zufällig die Sprachebene des Mannes treffen. Aber der Erfolg blieb aus. Er begriff nicht, was ich von ihm wollte. Unterdessen traf Mr. X. ein. Er baute sich diesem selben Mann gegenüber auf, schaute ihm fest ins Auge und leerte aufs flüssigste und zuversichtlichste seinen Satz über ihn aus:

»Can man boat get here?«

Der Seemann begriff prompt und antwortete prompt. Mir leuchtet durchaus ein, wieso er gerade diesen Satz verstehen konnte – durch schieren Zufall haben alle Worte außer *get* im Deutschen denselben Klang und dieselbe Bedeutung wie im Englischen; aber wie er es fertigbrachte, Mr. X.'s nächstes Ansinnen zu begreifen, war mir ein Rätsel. Ich komme gleich darauf zurück. X. wandte sich einen Augenblick lang ab, und ich fragte den Seemann, ob er nicht vielleicht ein Brett beschaffen und einen zusätzlichen Sitz damit herrichten könne. Ich sprach im reinsten Deutsch mit ihm, aber ich hätte auch reinstes Tschokta sprechen können – der Nutzen wäre derselbe gewesen. Der Mann tat sein Möglichstes, um mich zu verstehen; er versuchte es immer wieder, versuchte es mit wachsender Anstrengung und Konzentration, bis ich schließlich einsah, daß es wirklich keinen Zweck hatte, und sagte:

»Bitte, quälen Sie sich nicht – es ist nicht wichtig.«

Da drehte X. sich zu ihm und sagte kurz und bündig:

»Machen Sie a flat board.«

Meine Grabinschrift soll die Wahrheit über mich sagen, wenn der Mann nicht augenblicklich zur Antwort gab, er werde hingehen und ein Brett besorgen, sobald er sich die Pfeife angezündet habe, die er gerade stopfte.

Wir ließen den Plan, ein Boot zu mieten, fallen, daher brauchte er nicht zu gehen. Ich habe Mr. X.'s Sätze genauso wiedergegeben, wie er sie gesagt hat. Vier von den fünf Wörtern in dem ersten Satz waren englisch, und daß sie auch deutsch waren, war Zufall, nicht Absicht; drei von den fünf Wörtern in dem zweiten Satz waren englisch, und zwar nur englisch, und die beiden deutschen bedeuteten in diesem Zusammenhang nichts Bestimmtes.

X. sprach, wenn er mit Deutschen redete, immer Englisch, aber seine Methode bestand darin, daß er den Satz, der deutschen Konstruktion gemäß, auf den Kopf stellte und hier und da, um der Sache die rechte Würze zu geben, ein deutsches Wort ohne irgendwelche wesentliche Bedeutung darübersprenkelte. Und er machte sich immer verständlich. Er drang zuweilen sogar zu unseren Dialekt sprechenden Flößern durch, wenn selbst der junge Z. nicht zu Rande kam; und der junge Z. war sehr gut im Deutschen. X. sprach immer mit solcher Zuversicht – vielleicht half das. Und möglicherweise sprachen die Flößer den Dialekt, der Plattdeutsch genannt wird, und X.' Englisch klang ihnen vertrauter als eines anderen Deutsch. Gänzlich mittelmäßige Kenner der deutschen Sprache lesen Fritz Reuters plattdeutsche Erzählungen mit rechter Geläufigkeit, denn viele der Wörter sind englisch. Ich nehme an, das ist die Sprache, die unsere sächsischen Vorfahren nach England mitgebracht haben. Ich werde mich demnächst noch einmal bei einem anderen Philologen erkundigen.

Inzwischen war jedoch ruchbar geworden, daß die Männer, die angestellt worden waren, das Floß abzudichten, herausgefunden hatten, daß das Leck überhaupt kein Leck war, sondern nur ein Riß zwischen den Stämmen – ein Riß, der dort hingehörte und nicht gefährlich war: die in Unordnung geratene Phantasie des Ersten Steuermannes hatte ihn zu einem Leck vergrößert. Daher gingen wir mit einem guten Schuß Zuversicht wieder an Bord und stachen alsbald ohne irgendeinen Unfall in See. Während wir zügig zwischen den zauberhaften Ufern dahinschwammen, machten wir uns daran, unsere Erfahrungen mit Sitten und Gebräuchen in Deutschland und anderswo untereinander auszutauschen.

Jetzt, da ich dies (viele Monate später) niederschreibe, wird mir deutlich, daß es einem jeden von uns durch fleißiges und fortwährendes Beobachten und Erkunden und Nachfragen gelungen war, den üppigsten und mannigfaltigsten Vorrat an falschen Auskünften einzuheimsen. Aber das ist nicht überraschend; zutreffende Auskünfte zu bekommen, ist in jedem Land sehr schwierig.

So nahm ich mir zum Beispiel in Heidelberg vor, alles über die fünf Studentenkorps herauszufinden. Mit dem Weißmützenkorps machte ich den Anfang. Ich erkundigte mich bei diesem und jenem und noch bei manchem anderen, und herausgefunden habe ich folgendes:

1. Es heißt Preußenkorps, weil nur Preußen zugelassen sind.

2. Es heißt aus keinem bestimmten Grund Preußenkorps. Jedes Korps hat sich eben nach einem der deutschen Staaten benannt.

3. Es heißt überhaupt nicht Preußenkorps, sondern nur Weißmützenkorps.

4. Jeder Student kann ihm angehören, der von Geburt Deutscher ist.

5. Jeder Student kann ihm angehören, der von Geburt Europäer ist.

6. Jeder als Europäer geborene Student kann ihm angehören, es sei denn, er ist Franzose.

7. Jeder Student kann ihm angehören, ganz gleich wo er geboren wurde.

8. Kein Student kann ihm angehören, der nicht von Familie ist.

9. Kein Student kann ihm angehören, der nicht drei Generationen vornehmer Abkunft vorweisen kann.

10. Adel ist keine notwendige Voraussetzung.

11. Kein mittelloser Student kann ihm angehören.

12. Geld als Voraussetzung ist Unsinn – daran hat noch nie jemand gedacht.

Einen Teil dieser Auskünfte erhielt ich von Studenten selber – von Studenten, die dem Korps nicht angehörten.

Schließlich ging ich zum Hauptquartier – dem der Weißmützen –, wohin ich mich gleich zu Anfang begeben hätte, wäre ich mit den Leuten bekannt gewesen. Aber selbst im Hauptquartier stieß ich auf Schwierigkeiten; ich stellte fest, daß bei Dingen, die das Weißmützenkorps betrafen, oftmals ein Mitglied Bescheid wußte, und ein anderes nicht. Das war nur natürlich; denn sehr wenige Angehörige irgendeiner Vereinigung wissen *alles*, was es darüber zu wissen gibt. Bestimmt gibt es in Heidelberg keinen Mann und keine Frau, die einem Auskunft erbittenden Fremden nicht unverzüglich und zuversichtlich drei von fünf Fragen über das Weißmützenkorps beantworten würden; aber man kann getrost wetten, daß jedesmal zwei von den drei Antworten falsch sind.

Ein deutscher Brauch ist überall zu beobachten – das höfliche Verbeugen gegenüber einem Fremden, wenn man bei Tisch Platz nimmt oder sich erhebt. Diese Verbeugung bringt den Fremden um seine Selbstbeherrschung, wenn er ihr zum erstenmal begegnet, und aller Wahrscheinlichkeit nach stolpert er vor lauter Verlegenheit über seinen Stuhl oder dergleichen, aber der Brauch gefällt ihm trotzdem. Schon bald lernt man, mit dieser Verbeugung zu rechnen und auf der Lauer zu liegen, um stets bereit zu sein, sie zu erwidern; aber zu lernen, dabei den Anfang, also die erste Verbeugung selber zu machen, ist ein schwieriges Geschäft für einen schüchternen Menschen. Man denkt: Wenn ich nun vom Tisch aufstehe und meine Verbeugung anbringe, und diese Damen und Herren setzen es sich in den Kopf, vom Brauch ihres Landes keine Notiz zu nehmen und sie nicht zu erwidern, wie komme ich mir dann vor, falls ich es überlebe und mir überhaupt noch irgendwie vorkommen kann? Daher scheut man vor dem Wagnis zurück. Man sitzt die Mahlzeit bis zum Schluß ab und läßt die Fremden zuerst aufstehen und das Verbeugen in Gang bringen. Ein Essen an der Table d'hôte ist eine langweilige Angelegenheit für einen Mann, der nur selten nach den drei ersten Gängen noch etwas anrührt; ich hatte daher wegen meiner Ängste manch eine mächtig öde Warterei durchzustehen. Ich brauchte Monate, um mich zu überzeugen, daß diese Ängste grundlos waren, aber schließlich überzeugte ich mich doch, und zwar an Hand emsiger Versuche, die ich durch meinen Reisebegleiter betrieb. Ich ließ Harris aufstehen und sich verbeugen und gehen, seine Verbeugung wurde stets erwidert; dann stand ich auf und verbeugte mich selber und zog mich zurück.

So nahm meine Bildung leicht und angenehm ihren Fortgang – leicht und angenehm für mich, nicht für Harris. Mir genügten drei Gänge vom Essen an der Table d'hôte, Harris jedoch aß gerne dreizehn.

Selbst nachdem ich volles Selbstvertrauen gewonnen hatte und die Hilfe meines Begleiters nicht mehr benötigte, begegnete ich zuweilen Schwierigkeiten. In Baden-Baden versäumte ich einmal fast den Zug, weil ich nicht sicher sein konnte, ob die drei jungen Damen, die uns am Tisch gegenübersaßen, Deutsche waren, denn ich hatte sie nicht sprechen hören. Sie konnten Amerikanerinnen sein, sie konnten Engländerinnen sein; es war gefährlich, eine Verbeugung zu wagen. Aber gerade war ich mit meinen Überlegungen bis hierher gekommen, da sagte eine von ihnen zu meiner großen Erleichterung und Freude etwas auf deutsch; und bevor noch ihr drittes Wort heraus war, hatten wir unsere Verbeugungen angebracht, die gnädig erwidert wurden, und waren auf und davon.

Der deutsche Charakter hat einen freundschaftlich gesinnten, wohlwollenden Zug, der sehr gewinnend ist. Als Harris und ich eine Wanderung durch den Schwarzwald unternahmen, kehrten wir eines Tages zum Essen in einem kleinen Gasthaus am Wege ein; zwei junge Damen und ein junger Mann kamen herein und setzten sich uns gegenüber an den Tisch. Auch sie waren Wanderer. Wir hatten unsere Tornister auf den Rücken geschnallt, aber sie wurden von einem kräftigen Burschen begleitet, der sie für sie trug. Alles hatte Hunger, daher unterhielt man sich nicht. Zum Schluß tauschten wir die üblichen Verbeugungen aus und schieden so voneinander.

Als wir am nächsten Morgen im Hotel in Allerheiligen spät beim Frühstück saßen, kamen diese jungen Leute herein und nahmen in unserer Nähe Platz, ohne uns zu bemerken; aber nach einer Weile sahen sie uns und verbeugten sich sofort und lächelten uns zu – nicht steif und förmlich, sondern mit der erfreuten Miene von Menschen, die Bekannte angetroffen haben, wo sie Fremde erwarteten. Sie sprachen dann über das Wetter und die Landstraßen. Wir sprachen gleichfalls über das

Wetter und die Landstraßen. Dann sagten sie, sie hätten eine sehr schöne Wanderung hinter sich, trotz des Wetters. Wir sagten, genau dasselbe könnten wir von uns auch sagen. Darauf sagten sie, sie seien am Tag zuvor fünfzig Kilometer weit gewandert, und fragten uns, wie weit wir gewandert seien. Ich konnte nicht lügen, also wies ich Harris an, es für mich zu tun. Harris antwortete, wir hätten ebenfalls fünfzig Kilometer zurückgelegt. Das stimmte. Wir hatten sie »zurückgelegt«, wenn auch hier und da mit ein wenig Unterstützung.

Nach dem Frühstück kamen die drei hinzu, als wir gerade Auskunft über Wege aus einem stummen Hotelangestellten herauszusprengen versuchten, und als sie merkten, daß wir keinen sehr großen Erfolg hatten, gingen sie und holten ihre Karten und weiteres Zubehör und zeigten und erläuterten uns unseren Kurs so klar, daß selbst ein New Yorker Kriminalpolizist ihm hätte folgen können. Und als wir aufbrachen, sagten sie uns innig Lebewohl und wünschten uns eine angenehme Reise. Vielleicht gingen sie warmherziger und großmütiger mit uns um, als sie mit einheimischen Wanderern umgegangen wären, weil wir ein hilfloses Häuflein in der Fremde waren; ich weiß es nicht; ich weiß nur, daß es wunderschön war, so behandelt zu werden.

Aber weiter. Eines Abends ging ich mit einer jungen amerikanischen Dame zu einem der vornehmen Bälle in Baden-Baden, und oben am Eingang wurden wir von dem Empfangsherren angehalten – irgend etwas an Miß Jones' Toilette entsprach nicht den Vorschriften; ich entsinne mich nicht mehr, was es war – ihr Nackenhaar oder ein Schal oder ein Fächer oder eine Schaufel oder sonst was. Der Empfangsherr war überaus höflich, und es tat ihm überaus leid, aber die Vorschrift war strikt, er konnte uns nicht einlassen. Es war sehr peinlich, denn viele Blicke hatten sich uns zugewandt. Aber in diesem Augenblick kam ein kostbar gekleidetes Mädchen aus dem Ballsaal, erkundigte sich, was es gebe, und erklärte, dem lasse sich im Handumdrehen abhelfen. Sie ging mit Miß Jones in die

Garderobe und brachte sie alsbald in vorschriftsmäßigem Staat zurück, und dann betraten wir zusammen mit dieser Wohltäterin unbehelligt den Ballsall.

Solcherweise aus der Not gerettet, begann ich, mir über meinen zwar grammatisch unzulänglichen, aber aufrichtigen Dank den Kopf zu zerbrechen, und ich war gerade mitten darin, da erkannten wir plötzlich einander – die Wohltäterin und ich waren uns in Allerheiligen begegnet. Die zwei Wochen hatten nichts an ihrem guten Gesicht verändert, und ihr Herz war ganz offensichtlich noch auf dem rechten Fleck, aber der Unterschied zwischen der Kleidung, die sie nun trug, und der Kleidung, in der ich sie gesehen hatte, als sie pro Tag fünfzig Kilometer durch den Schwarzwald wanderte, war so groß – kein Wunder, daß ich sie nicht früher erkannt hatte. Ich hatte ebenfalls meinen anderen Anzug an, aber mein Deutsch würde mich jederzeit jedem verraten, der es auch nur einmal gehört hat. Sie holte ihren Bruder und ihre Schwester herbei, und die drei ebneten uns alle Wege an diesem Abend.

Nun – Monate später fuhr ich mit einer deutschen Dame im Wagen durch München, da sagte sie auf einmal:

»Die dort gehen, das sind Prinz Ludwig und seine Frau.«

Alles verbeugte sich zu ihnen hin – Kutscher, kleine Kinder, jeder – und sie erwiderten jede Verbeugung und übersahen niemanden, und dann kam ihnen eine junge Dame entgegen und machte einen tiefen Knicks.

»Wahrscheinlich eine Hofdame«, sagte meine deutsche Freundin.

Ich sagte:

»Dann ist sie eine Zierde für den Hof. Ich kenne sie. Ich kenne ihren Namen nicht, aber ich kenne *sie*. Ich bin ihr in Allerheiligen und Baden-Baden begegnet. Sie sollte eine Kaiserin sein, aber vielleicht ist sie nur eine Herzogin; so geht es eben in dieser Welt.«

Richtet man an einen Deutschen eine höfliche Frage, erhält man ganz sicher eine höfliche Antwort. Hält man einen Deutschen auf der Straße an und bittet ihn, daß er einem den Weg zu einem bestimmten Haus oder Platz beschreibe, zeigt er sich ganz und gar nicht beleidigt. Sind das Haus oder der Platz schwer zu finden, wird der Mann in neun von zehn Fällen seine eigenen Geschäfte aufschieben und den Fremden hingeleiten.

Auch in London sind so manches Mal Menschen, die mir völlig unbekannt waren, mehrere Straßen weit mit mir gegangen, um mir den Weg zu zeigen.

Diese Art Höflichkeit hat etwas sehr Echtes. Sehr oft ist es mir in Deutschland passiert, daß Ladenbesitzer, wenn sie mir mit dem gewünschten Artikel nicht dienen konnten, einen Angestellten mitschickten, der mir ein Geschäft zeigte, wo er zu kaufen war.

Kapitel 19

Aber ich komme vom Floß ab. Wir liefen den Hafen von Neckarsteinach zeitig an und gingen in den Gasthof, wo wir zum Mittagessen Forellen bestellten, die wir nach unserer Rückkehr von einer zweistündigen Fußwanderung nach dem

Städtchen Dilsberg verzehren wollten, das gut eineinhalb Kilometer entfernt auf der anderen Flußseite lag. Ich meine nicht etwa, daß wir für drei Kilometer zwei Stunden zu brauchen gedachten – nein, die meiste Zeit sollte auf eine Besichtigung Dilsbergs und seines Schlosses verwandt werden.

Denn Dilsberg ist ein ungewöhnlicher Ort, und seine Lage ist nicht minder ungewöhnlich und malerisch. Zunächst ist da der Fluß in all seiner Schönheit; dahinter auf dem anderen Ufer dann ein paar Klafter leuchtend grüner Rasenschwarte; dann plötzlich ein Berg – durch keinen sanft ansteigenden Hang vorbereitet, sondern ein sozusagen im Nu geschehender Berg – ein Berg von etwa achtzig oder auch hundert Meter Höhe, rund wie eine Schüssel und mit derselben fliehenden Krümmung wie eine umgestülpte Schüssel und auch mit genau dem Verhältnis der Höhe zum Durchmesser, das eine gute Schüssel von redlicher Tiefe auszeichnet – ein Berg, der dicht mit grünem Gebüsch bedeckt ist – ein hübscher, wohlgeformter Berg, der da unvermittelt aus der vollkommen flachen grünen Ebene um ihn her aufspringt. Von weither ist er über die Schleifen des Flusses hinweg zu sehen, und der Platz auf seiner Kuppe reicht ganz genau für seine Mütze aus Spitztürmen und Rundtürmchen und ineinander verschränkten Dächern, die sich dicht an dicht in den vollkommenen Kreis der alten Stadtmauer zwängen.

Auf dem ganzen Berg findet man kein Haus außerhalb der Mauer und auch nicht die Spuren eines ehemaligen Hauses; alle Häuser stehen innerhalb der Mauer, aber es paßt auch kein einziges neues mehr hinein. Wahrhaftig eine fertige Stadt, und zwar schon seit sehr langer Zeit fertig. Zwischen der Mauer und dem ersten Häuserring ist kein freier Raum verblieben – die Stadtmauer bildet die Rückwand dieses ersten Häuserrings, und die Dächer ragen ein wenig über die Mauer vor und versehen sie so mit einer Traufe. Die allgemeine Ebene der gereihten Dächer wird von den beherrschenden Türmen der Schloßruine und den hohen Spitzen zweier Kirchen aufs anmutigste unterbrochen und aufgelockert. Aus der Ferne gleicht Dilsberg daher vielleicht eher einer Königskrone als einer Mütze. Ich darf versichern, daß diese grüne Erhebung mit ihrer wunderlichen Krone obenauf im roten Glühen der Abendsonne einen überraschenden Anblick bietet.

Wir überquerten den Fluß in einem Boot und begannen den Aufstieg auf einem schmalen steilen Pfad, auf dem wir sogleich in die belaubte Tiefe der Büsche eintauchten. Aber es war alles andere als eine kühle Tiefe, denn die Sonne brannte heiß herab, und die geringe Brise reichte nicht, uns Linderung zu verschaffen. Auf dem jäh ansteigenden Hang, den wir hinaufkeuchten, begegneten wir hin und wieder barfüßigen Jungen und Mädchen ohne Kopfbedeckung und manchmal auch Männern. Ohne Ankündigung tauchten sie plötzlich vor uns auf, entboten uns die Tageszeit, entschlüpften im Nu zwischen den Bäumen dem Blick und waren so unvermittelt und geheimnisvoll wieder verschwunden, wie sie gekommen waren. Sie waren zur Arbeit auf der anderen Seite des Flusses unterwegs. Durch Generationen hindurch hatten diese Menschen den Pfad benutzt. Immer waren sie ins Tal hinabgestiegen, um dort unten ihr Brot zu verdienen; stets jedoch kehrten sie auf den Berg zurück, um in der Geborgenheit ihres behaglichen Städtchens zu essen und zu schlafen.

Es wird behauptet, daß es die Dilsberger nicht sehr in die Ferne ziehe; sie finden das Leben dort oben in ihrem friedlichen Nest über der Welt angenehmer als das Leben unten in der unruhigen Welt. Und die siebenhundert Einwohner sind alle miteinander verwandt; seit fünfzehnhundert Jahren sind sie miteinander verwandt; sie sind einfach eine einzige große Familie und mögen ihre eigenen Leute lieber als Fremde und bleiben daher beharrlich zu Hause. Es heißt, Dilsberg sei bereits seit Urzeiten nichts weiter als eine emsige und blühende Idiotenmühle. Ich habe keinen Idioten gesehen, aber der Kapitän sagte: »Weil die Regierung sie seit ein paar Jahren ins Irrenhaus steckt oder sonstwohin; und die Regierung will auch die Mühle lahmlegen und versucht, diese Dilsberger dazu zu bringen, daß sie aus der Familie heraus heiraten; aber die wollen einfach nicht.«

Wahrscheinlich hat der Kapitän sich alles dies nur eingebildet, streitet doch die moderne Wissenschaft ab, daß Heirat unter Verwandten die Zucht verderbe.

Innerhalb der Mauer fanden wir das in solch einem kleinen Städtchen übliche Leben und Treiben vor. Wir gingen eine enge krumme Gasse entlang, die im Mittelalter gepflastert

worden war. Ein stämmiges, rotwangiges Mädchen schlug in einer winzigen Kleiderkiste von Scheune auf Flachs oder dergleichen ein, und sie schwang ihren Dreschflegel mit aller Kraft – falls es ein Dreschflegel war; ich verstand nicht genug von der Landwirtschaft, um das genau feststellen zu können. Ein schmutziges, ungekämmtes, nacktbeiniges Mädchen hütete ein halbes Dutzend Gänse mit einem Stock – trieb die Tiere die Gasse entlang und hielt sie aus den Häusern heraus; ein Küfer arbeitete in einer Werkstatt, in der er große Fässer kaum bauen konnte, denn dazu reichte der Platz nicht. In den zur Gasse liegenden Zimmern waren Mädchen und Frauen beim Kochen und Spinnen, und Enten und Hühner watschelten über die Schwelle heraus und herein, pickten hier und dort einen Krümel auf und hielten einen freundschaftlichen Schwatz; ein sehr alter, runzeliger Mann saß schlafend vor seiner Tür, das Kinn auf der Brust und die ausgegangene Pfeife im Schoß; überall auf der Gasse spielten besudelte Kinder, der Sonne ungeachtet, im Schmutz.

Mit Ausnahme des schlafenden Mannes war alles bei der Arbeit, dennoch war der Ort still und friedlich – so still, daß das ferne Gackern einer erfolgreichen Henne von störenden Nebengeräuschen nur wenig gedämpft ans Ohr drang. Jener geläufigste Dorfanblick fehlte hier: die öffentliche Pumpe mit dem durchsichtigen klaren Wasser im großen steinernen Bekken und der dazugehörigen Gruppe schwatzender Krugträgerinnen; denn es gibt keinen Brunnen und keine Quelle auf dem hohen Berg; man benutzt Regenwasserzisternen.

Unsere Alpenstöcke und Musselinschwänze sorgten für Aufsehen, und auf unserem Gang durch das Städtchen sammelten wir einen beträchtlichen Zug kleiner Jungen und Mädchen ein und begaben uns so in rechtem Staat zum Schloß. Es erwies sich als ein ausgedehntes Gehäuf verfallener Mauern, Torbögen und Türme, wuchtig das Ganze, hübsch zu malerischen Effekten gruppiert, voller Unkraut, grasüberwachsen und durch und durch zufriedenstellend. Die Kinder spielten Fremdenführer; sie führten uns oben über die Krone der höchsten Mauer, kletterten dann mit uns in einen hohen Turm hinauf und zeigten uns eine weite, herrliche Landschaft mit fernen Wellen bewaldeter Berge und näher heranreichendem leicht gewelltem grünen Flachland auf der einen Seite des in schimmernden Kurven einherfließenden Neckars und burggekrönten Felsen und Hügelkämmen auf der anderen.

Aber die Hauptattraktion, der höchste Stolz der Kinder, war der alte trockene Brunnen im grasüberwachsenen Schloßhof. Sein wuchtiger Steinrand ragt etwa eineinhalb Meter über den Boden vor und ist gänzlich unversehrt. Die Kinder behaupteten, der Brunnen sei im Mittelalter hundertzwanzig Meter tief gewesen und habe das ganze Städtchen in Krieg und Frieden mit einem Überfluß an Wasser versorgt. Sie sagten, in jenen alten Zeiten habe der Brunnengrund tiefer als der Neckar gelegen, und deshalb sei der Wasservorrat unerschöpflich gewesen.

Aber andere glaubten, daß er überhaupt niemals ein Brunnen gewesen sei und nie tiefer gereicht habe als jetzt – etwa fünfundzwanzig Meter; daß in dieser Tiefe ein unterirdischer Gang aus ihm abzweige und sich allmählich zu einer abgelegenen Stelle im Tal senke, wo er in einem Keller oder verborgenen Schlupfwinkel ende, und daß nun niemand mehr wisse, wo sich dieser geheime Ausgang befinde. Die dies glauben, behaupten, hier liege die Erklärung dafür, daß Dilsberg, das von Tilly und manch einem anderen Kriegsmann vor ihm belagert wurde, niemals eingenommen werden konnte: Auch nach längster und härtester Belagerung vermerkten die Belagerer mit Staunen, daß die Belagerten so wohlgenährt und munter wie eh und je und aufs beste mit Kriegsvorräten und Munition ausgerüstet waren – daher müßten die Dilsberger wohl alles das immerfort durch den unterirdischen Gang frisch herangeführt haben.

Die Kinder behaupteten, daß der Brunnen dort unten tatsächlich einen unterirdischen Ausgang habe – und sie würden es uns beweisen. Also setzten sie ein großes Bündel Stroh in Brand und warfen es in den Brunnen, während wir uns über die Brüstung beugten und zusahen, wie der Feuerwisch abwärts sank. Er traf unten auf und verbrannte allmählich zu Asche. Kein Rauch stieg auf. Die Kinder klatschten in die Hände und riefen: »Sehen Sie? Nichts macht so viel Qualm wie brennendes Stroh – wo soll aber der Qualm hingegangen sein, wenn da unten kein unterirdischer Ausgang ist?«

Damit schien also durchaus erwiesen, daß der unterirdische Ausgang existierte. Aber das Allerschönste innerhalb der Schloßruine war eine herrliche Linde, von der die Kinder sagten, daß sie vierhundert Jahre alt sei, und das war sie ohne Zweifel. Sie hatte einen mächtigen Stamm und ein mächtig gebreitetes Ast- und Laubwerk. Die untersten Äste waren fast so dick wie Fässer.

Dieser Baum hatte die Sturmangriffe von Männern in Kettenpanzern erlebt – wie fern liegt uns diese Zeit und wie unbegreiflich ist uns die Tatsache, daß richtige Männer einstmals in echter Rüstung gekämpft haben! Und er hatte die Zeit erlebt, da diese geborstenen Bögen und hinbröckelnden Zinnen eine schmucke und starke und stattliche Feste waren, über der die Banner fröhlich in der Sonne flatterten und die von einer tatkräftigen Menschheit bewohnt war – wie unvorstellbar lange vergangen scheint uns das! Und doch steht die Linde noch da und steht vielleicht immer noch da und sonnt sich und träumt ihren Traum von der Geschichte, wenn unser Heute bereits der Zeit zugerechnet wird, die man die »alte« nennt.

Nun denn, wir ließen uns zum Rauchen unter dem Baum nieder, und der Kapitän trug uns seine Sage vor:

Die Sage von Schloß Dilsberg

Sie lautete so. In alten Zeiten war einstmals eine große Gesellschaft in dem Schloß versammelt, und man feierte und vergnügte sich und war guter Dinge. Natürlich hatte das Schloß auch ein Spukzimmer, und eines Tages kam die Rede darauf. Es wurde behauptet, daß ein jeder, der darin schlief, erst nach fünfzig Jahren wieder aufwachen werde. Als nun ein junger Ritter mit dem Namen Konrad von Geisberg das hörte, sagte er, wenn das Schloß ihm gehörte, würde er dieses Zimmer einreißen lassen, damit nicht irgendein Narr in Verlegenheit gerate, solch gräßliches Mißgeschick über sich zu bringen und all denen, die ihn liebten, mit der Erinnerung daran einen großen Schmerz zuzufügen. Unverzüglich steckte die Gesellschaft heimlich die Köpfe zusammen, um einen Weg zu ersinnen, wie dieser abergläubische junge Mann dazu zu bringen sei, in besagtem Zimmer zu schlafen.

Und es gelang ihnen – folgendermaßen. Sie überredeten seine Verlobte, ein reizendes mutwilliges junges Ding, Nichte des Schloßherren, ihnen bei ihrem Anschlag zu helfen. Sie nahm den Ritter alsbald beiseite und drang in ihn, aber obwohl sie all ihre Überredungskunst gebrauchte, konnte sie ihn nicht wankend machen. Er entgegnete, er glaube fest daran, daß er fünfzig Jahre schlafen müsse, falls er in jenem Zimmer schlief, und wenn er nur daran denke, schaudere ihm davor, noch einmal daran zu denken. Katharina fing an zu weinen. Das war ein besseres Argument – dagegen hielt Konrad nicht stand. Er gab nach und rief, ihr Wunsch solle ihr erfüllt werden, sie möge nur schnell, schnell wieder lachen und fröhlich sein. Sie umhalste ihn mit beiden Armen, und die Küsse, mit denen sie ihn bedachte, bewiesen, daß ihre Dankbarkeit und ihre Freude sehr echt waren. Dann enteilte sie, der Gesellschaft von ihrem Erfolg zu berichten, und der Beifall, mit dem man sie überschüttete, machte sie froh und stolz, daß sie ihre Mission unternommen hatte; war ihr doch ganz allein gelungen, was sie alle zusammen nicht fertiggebracht hatten.

Um Mitternacht wurde Konrad nach dem üblichen Gelage in das Spukzimmer gebracht und dort allein zurückgelassen. Nach einer Weile schlief er auch ein.

Als er wieder wach wurde und sich umsah, blieb ihm das Herz vor Entsetzen stehen! Das Zimmer sah vollkommen anders aus. Die Wände waren verschimmelt und von uralten Spinnweben überzogen, die Vorhänge und das Bettzeug verrottet; die Möbel waren hinfällig und konnten jeden Augenblick zusammenstürzen. Konrad sprang aus dem Bett, aber seine zitternden Knie sackten unter ihm weg, und er fiel zu Boden.

Altersschwäche, sagte er sich.

Er stand auf und suchte nach seinen Kleidern. Man konnte sie nicht mehr Kleider nennen. Die Farben waren verblichen; als er sich anzog, riß das Zeug an vielen Stellen. Schaudernd floh er auf den Gang und durch den Gang in den großen Saal. Dort begegnete ihm ein Fremder in mittleren Jahren und mit freundlichen Zügen, der stehenblieb und ihn überrascht ansah. Konrad sagte:

»Guter Herr, würdet Ihr mir bitte Herrn Ulrich rufen?«

Der Fremde betrachtete ihn einen Augenblick lang verwirrt, dann fragte er:

»Herrn Ulrich?«

»Ja – falls Ihr so gütig sein wollt.«

Der Fremde rief: »Wilhelm!« Ein junger Bedienter erschien, und der Fremde sagte zu ihm:

»Befindet sich ein Herr Ulrich unter den Gästen?«

»Ich kenne niemanden, der so heißt, mit Verlaub, Euer Gnaden.«

Konrad sagte zögernd:

»Ich meine nicht einen Gast, sondern den Schloßherrn, Herr.«

Der Fremde und der Bediente tauschten einen verwunderten Blick. Dann sagte der erste:

»Ich bin der Schloßherr.«

»Seit wann, Herr?«

»Seit dem Tode meines Vaters, des guten Herrn Ulrich, vor über vierzig Jahren.«

Konrad sank auf eine Bank und schlug die Hände vors Gesicht und wankte stöhnend von einer Seite zur anderen. Der Fremde sagte leise zu dem Bedienten:

»Ich fürchte, dieser arme alte Mann ist von Sinnen. Hole jemanden!« Alsbald erschienen mehrere Leute, stellten sich im Halbkreis um ihn und unterhielten sich flüsternd miteinander. Konrad blickte auf und forschte sinnend in ihren Gesichtern.

Dann schüttelte er den Kopf und sagte kummervoll:

»Nein, es ist niemand unter euch, den ich kenne. Ich bin alt und allein auf der Welt. Die mich liebten, sind seit vielen Jahren tot und begraben. Aber gewiß können mir einige der Alten, die ich um mich sehe, das eine oder andere von ihnen berichten?«

Mehrere gebückte und wackelige Männlein und Weiblein traten näher und beantworteten seine Fragen nach jedem seiner früheren Freunde. Er nannte die Namen, und dieser, sagten sie, sei seit zehn Jahren tot, jener seit zwanzig, ein dritter seit dreißig. Jeder Schlag traf ihn noch schwerer als der vorhergehende. Schließlich sagte der Dulder:

»Da ist noch jemand, aber ich habe nicht den Mut zu – O, meine Katharina, auch dich habe ich verloren!«

Eine der alten Edelfrauen sagte:

»Ah, ich habe sie wohl gekannt, die arme Seele. Ein Mißgeschick widerfuhr ihrem Geliebten, und sie starb vor Gram vor fast fünfzig Jahren. Sie liegt draußen im Schloßhof unter der Linde.«

Konrad senkte den Kopf.

»Ah, warum bin ich nur wieder aufgewacht?« jammerte er. »Vor Gram um mich starb sie, das arme Kind. So jung, so süß, so gut! Nie in dem kurzen Sommer ihres Lebens hat sie wissentlich etwas Arges getan. Ihre Liebesschuld soll zurückgezahlt werden – ich werde sterben vor Gram um sie.«

Der Kopf fiel ihm auf die Brust. Und in dem Augenblick brach die Gesellschaft in fröhliches Lachen aus, ein runder junger Arm schlang sich Konrad um den Hals, und eine liebliche Stimme rief:

»Ach du, mein Konrad, deine lieben Worte bringen mich um – weiter soll die Posse nicht gehen! Blick' auf und lache mit uns – alles war nur ein Scherz!«

Und er blickte auf und starrte verwundert – denn die Verkleidungen waren gefallen, und die betagten Männlein und Weiblein waren wieder munter und jung und vergnügt. Glücklich plapperte Katharina weiter:

»Es war ein herrlicher Streich, und wacker wurde er ausgeführt. Man hat dir einen schweren Schlaftrunk gegeben, bevor du zu Bett gingst, und in der Nacht trug man dich in ein verfallenes Zimmer des Schlosses und legte diese Lumpen neben das Bett. Und als du ausgeschlafen hattest und aus dem Zimmer kamst, waren zwei Fremde, die ihre Rolle gut gelernt hatten, hier zur Stelle, um dich in Empfang zu nehmen; und wir alle, deine Freunde, wir waren natürlich ganz in der Nähe, um alles zu hören und zu sehen. Ah, es war ein wunderschöner Streich! Komm nun, und mache dich bereit für die Freuden des Tages. Wie echt dein Elend eben war, du armer Junge! Sieh auf und lache nun darüber!«

Er blickte auf, forschte, als träume er, in den fröhlichen Gesichtern um ihn her, seufzte dann und sagte:

»Ich bin so müde, Ihr guten Fremdlinge; ich bitte Euch, führt mich an ihr Grab.« Alles Lächeln schwand, eine jede Wange erbleichte, Katharina sank ohnmächtig zu Boden.

Den ganzen Tag über gingen die Leute im Schloß mit bekümmertem Gesicht umher und unterhielten sich nur gedämpft. Eine schmerzliche Stille durchdrang den Ort, der eben noch so voll von fröhlichem Leben gewesen war. Einer nach dem anderen versuchte, Konrad aus seiner Sinnestäuschung aufzustören und wieder zu sich zu bringen; aber keiner erhielt mehr zur Antwort als einen verzagten, verwirrten Blick und dann die Worte:

»Guter Fremdling, ich habe keine Freunde, sie alle ruhen schon seit vielen, vielen Jahren; Ihr sprecht gütig mit mir. Ihr meint es gut mit mir, aber ich kenne Euch nicht; ich bin allein und einsam in dieser Welt – ich bitte Euch, bringt mich zu ihrem Grab!«

Zwei Jahre lang verbrachte Konrad seine Tage vom Morgen

bis in die Nacht unter der Linde, wo er über dem vermeintlichen Grab seiner Katharina trauerte. Katharina war die einzige, die sich zu dem harmlosen Irren gesellte. Er begegnete ihr freundlich, denn sie erinnerte ihn, wie er sagte, auf gewisse Weise an seine Katharina, die er »vor fünfzig Jahren« verloren habe. Oft sagte er:

»Sie war so vergnügt, so frohen Herzens – aber du lachst nie; und immer, wenn du glaubst, ich sehe es nicht, weinst du.«

Als Konrad starb, begrub man ihn unter der Linde, wie er es gewünscht hatte, damit er seiner »armen Katharina nahe sei.« Darauf saß Katharina allein unter der Linde, jeden Tag den ganzen Tag und viele, viele Jahre, sprach mit niemandem und lachte nie; und endlich wurde ihre lange Reue mit dem Tode belohnt, und sie wurde an Konrads Seite begraben.

Harris erregte den Gefallen des Kapitäns mit der Versicherung, daß es eine gute Sage gewesen sei; und noch mehr Freude machte er ihm mit dem Zusatz:

»Nun, da ich diesen mächtigen Baum gesehen habe, wie er kraftvoll hier steht mit seinen vierhundert Jahren, verspüre ich den Wunsch, um *seinet*willen an die Sage zu glauben; also werde ich dem Wunsch stattgeben und es so sehen, daß der Baum tatsächlich über diesen beiden armen Herzen wacht und gleichsam menschliche Zärtlichkeit für sie empfindet.«

Wir kehrten nach Neckarsteinach zurück, tauchten den heißen Kopf in den Trog an der Stadtpumpe und gingen dann zu dem Gasthof und verzehrten in behaglicher Muße unsere Forellen – im Garten, den lieblichen Neckar zu unseren Füßen, auf der anderen Flußseite in geringer Entfernung den wunderlichen Dilsberg und zur Rechten die anmutigen Türme und Zinnen zweier mittelalterlicher Burgen, die der gezackten Landschaft um die Flußschleife herum mit ihren Zacken beistanden. Wir stachen rechtzeitig in See, um die dreizehn Kilometer bis Heidelberg noch vor Einbruch der Nacht hinter uns zu bringen. Im satten Glühen des Sonnenuntergangs glitten wir an unserem

Hotel vorbei, und mit der wahnwitzigen Strömung schossen wir in die enge Fahrrinne zwischen den Dämmen. Ich war überzeugt, uns selber unter der Brücke hindurchsteuern zu können, also ging ich nach vorne zum dreistämmigen Bug des Floßes und nahm dem Steuerer Stange und Verantwortung aus der Hand.

Wir sausten aufs tollste dahin, und ich versah mein heikles Amt durchaus vortrefflich, wenn man bedenkt, daß es mein erster Versuch war; aber als ich dann plötzlich feststellte, daß ich die Brücke selber ansteuerte statt des Bogens darunter, stieg ich in kluger Voraussicht an Land. Im nächsten Augenblick erfüllte sich mein langgehegter Wunsch: ich sah ein Floß zum Wrack zerschellen. Es knallte genau gegen den Pfeiler und barst krachend und splitternd wie eine Schachtel Streichhölzer, in die der Blitz eingeschlagen ist.

Ich war der einzige von unserer Gesellschaft, der dieses großartige Schauspiel sah; die anderen posierten gerade vor einer langen Reihe junger Damen, die sich am Ufer erging, und verpaßten es so. Aber ich half mit, sie unterhalb der Brücke aus dem Wasser zu fischen, und beschrieb es ihnen dann, so gut ich konnte.

Sie zeigten sich jedoch nicht interessiert. Sie sagten, sie seien naß und kämen sich lächerlich vor und machten sich nicht das geringste aus irgendwelchen Beschreibungen irgendwelcher Anblicke. Die jungen Damen und andere Leute umringten uns und zeigten allerhand Mitgefühl, aber das schien nichts zu nützen. Meine Freunde sagten, sie brauchten kein Mitgefühl, sie brauchten Einsamkeit und eine ruhige Nebenstraße.

Kapitel 20

Der nächste Morgen brachte uns gute Nachricht – unsere Reisekoffer waren endlich aus Hamburg eingetroffen. Dies möge dem Leser als Warnung dienen. Die Deutschen sind sehr gewissenhaft, und dieser Charakterzug macht sie sehr umständlich. Sagt man daher einem Deutschen, man möchte irgend etwas sofort erledigt haben, nimmt er einen beim Wort; er glaubt, man meint, was man sagt; also erledigt er es sofort – in Übereinstimmung mit seiner Vorstellung von sofort – nämlich etwa in einer Woche; das heißt, sofort bedeutet eine Woche, wenn es sich um die Herstellung eines Kleidungsstückes handelt, oder anderthalb Stunden, wenn es um die Zubereitung einer Forelle geht. Schön; sagt man einem Deutschen, er möge einem den Koffer »nicht als Eilgut« nachschicken, nimmt er einen beim Wort; er schickt ihn »nicht als Eilgut«, und man kann sich gar nicht vorstellen, wie lange man seine Bewunderung angesichts der Ausdruckskraft dieser Wendung der deutschen Sprache wachsen lassen darf, bevor man seinen Koffer schließlich in Empfang nimmt. Das Fell auf meiner Seekiste war weich und dicht und jugendfrisch, als ich sie in Hamburg zum Versand aufgab; sie war kahlköpfig, als sie Heidelberg erreichte. Allerdings war sie noch heil, das tröstete mich, sie war auch nicht ein bißchen eingedellt oder zerschrammt; die Gepäckleute in Deutschland schienen gewissenhaft vorsichtig mit dem ihren Händen anvertrauten Gepäck umzugehen. Nichts stand nun unserer Abreise noch im Wege, darum machten wir uns unverzüglich an die Vorbereitungen.

Meine Hauptsorge galt natürlich meiner Porzellan- und Tonsammlung. Ich konnte sie selbstverständlich nicht mitnehmen, das wäre lästig gewesen und gefährlich noch dazu. Ich ließ mich beraten, aber die besten Raritätenhändler waren geteilter Meinung hinsichtlich des klügsten von mir einzuschlagenden Weges. Einige sagten, packen Sie die Sammlung ein und bringen Sie sie in ein Lagerhaus; andere rieten mir zu versuchen, sie zur sicheren Aufbewahrung im Großherzoglichen Museum in Mannheim unterzubringen. Ich teilte daher die Sammlung und folgte dem Rat beider Parteien. Für Mannheim legte ich die Stücke beiseite, die am zerbrechlichsten und kostbarsten waren.

Unter ihnen befand sich mein etruskischer Tränenkrug. Ich habe diesen Tränenkrug einem Antiquitätenhändler für vierhundertfünfzig Dollar abgekauft. Er ist sehr selten. Der Mann sagte, die Etrusker hätten Tränen oder dergleichen darin aufbewahrt, und heutzutage sei es sehr schwer, an einen zerbrochenen zu kommen. Auch meinen Henri II.-Teller bestimmte ich für das Museum. Dieser Teller ist ein sehr gutes und seltenes Stück von überaus schöner und ungewöhnlicher Form. Er hat ein wunderbares Dekor. Er kostete mehr als der Tränenkrug, denn es gibt, sagte der Händler, auf der ganzen Welt keinen zweiten Teller, der diesem genau gleicht. Er sagte, es werde allerhand falsche Henri II.-Ware angeboten, aber die Echtheit dieses Stückes stehe außer Frage. Er zeigte mir seinen Stammbaum oder seine Familiengeschichte, wenn man so will; es war eine Urkunde, die die Wanderungen dieses Tellers bis zu seiner Geburt zurückverfolgte: sie zeigte, wer ihn von wem und zu welchem Preis gekauft hatte, vom ersten Käufer bis hin zu mir, wobei ich feststellte, daß er stetig im Preis gestiegen war – von fünfunddreißig Cents auf siebenhundert Dollar. Er sagte, die gesamte Keramikwelt werde davon in Kenntnis gesetzt, daß er sich nun in meinem Besitz befinde, und man werde es sich notieren, nebst Kaufpreis.

Mein erlesenes Exemplar Altblauporzellan setzte ich ebenfalls beiseite. Es gilt als das beste heute noch vorhandene Beispiel chinesischer Kunst – ich denke nicht an die grobe nachahmende chinesische Kunst unserer Zeit, sondern an jene edle und reine und echte Kunst, die unter der fördernden und verständnisvollen Pflege der Kaiser der Tschung-Lung-Fung-Dynastie blühte. Damals gab es Meister, aber ach! damit ist es nun vorbei. Natürlich liegt die größte Kostbarkeit des Stükkes in seiner Farbe, in diesem alten, weltfreudigen, allesdurchdringenden, sich verzweigenden nordlicht-

haft ausstrahlenden Blau, das die modernen Künstler verzweifeln läßt. Die kleine Zeichnung, die ich von diesem Glanzstück angefertigt habe, kann ihm nicht gerecht werden und wird ihm nicht gerecht, da ich die Farbe weglassen mußte. Den Ausdruck habe ich allerdings getroffen.

Jedoch darf ich die Zeit des Lesers nicht mit diesen Einzelheiten verschwenden. Eigentlich hatte ich nicht die Absicht, überhaupt auf Einzelheiten einzugehen, aber diese Schwäche eignet einem jeden wahren Porzellansammler, ja einem jeden echten Liebhaber in allen Sparten der Raritäterei: sind Zunge oder Feder erst einmal bei seinem Lieblingsthema angelangt, kann er einfach nicht aufhören, bevor er vor Erschöpfung umfällt. Wie jeder andere Liebhaber, der von seiner Geliebten erzählt, merkt er nicht, wie die Zeit verfliegt. Schon die »Marke« allein unter einem Stück seltenen Geschirrs läßt mich unter Umständen in stammelnde Verzückung geraten, und ich könnte einen ertrinkenden Verwandten im Stich lassen, um mit darüber zu disputieren, ob der Stöpsel eines verlorenen Buon-Retiro-Riechfläschchens echt oder nachgemacht sei.

Viele Leute behaupten, die Jagd auf Antiquitäten sei für einen Mann eine etwa ebenso handfeste Beschäftigung wie das Nähen von Puppenkleidern, und diese Leute werfen mit Schmutz nach dem eleganten und vornehmen Engländer Byng, der ein Buch mit dem Titel »Der Raritätenjäger« schrieb, und machen sich lustig über ihn, weil er hinter dem her ist, was sie »seine verächtlichen Nichtigkeiten« zu nennen belieben, und weil er von diesen Nichtigkeiten »schwärmt« und sein »zutiefst kindisches Entzücken« an dieser (wie sie es nennen) »billigen Sammlung bettlerhafter Alltäglichkeiten« zur Schau stellt und seinem Buch ein Bild von sich selber voranstellt, das ihn sitzend und in »alberner, selbstgefälliger Haltung inmitten seines armen kleinen lachhaften Raritäten- und Trödelladens« zeigt.

Es ist einfach, dergleichen zu sagen; es ist einfach, uns zu schmähen, einfach, uns zu verachten; mögen diese Leute darum weiterlästern, sie können nicht fühlen, wie Byng und ich fühlen – es geht ihnen ab, nicht uns. Was mich betrifft, so bin ich willens, ein Raritätenmensch und Porzellanbesessener zu sein – ja mehr noch: es macht mich stolz, daß man mich so nennt. Es macht mich stolz, daß ich angesichts eines seltenen Kruges mit einer berühmten Marke darunter augenblicklich den Verstand verliere, als hätte ich selbigen Krug soeben geleert. Nun gut; ich

packte und verstaute einen Teil meiner Sammlung, und den Rest übergab ich mit Erlaubnis des Direktors der Fürsorge des Großherzoglichen Museums in Mannheim. Meine Altblaukatze ist immer noch da. Ich habe sie diesem vortrefflichen Institut geschenkt.

Nur ein einziges Mißgeschick widerfuhr mir mit meinen Sachen. Ein Ei, das ich an diesem Morgen vom Frühstück zurückbehalten hatte, ging beim Packen entzwei. Das war sehr schade. Ich hatte es den besten Kennern in Heidelberg gezeigt, und sie alle hatten gesagt, daß es sich um eine Antike handele. Wir brachten ein paar Tage mit Abschiedsbesuchen hin und brachen dann nach Baden-Baden auf. Es war eine angenehme Reise, denn das Rheintal ist stets reizvoll. Daher bedauerten wir nur, daß die Reise so kurz war. Wenn ich mich recht erinnere, nahm sie nur etwa zwei Stunden in Anspruch, ich schätze also, daß die Entfernung kaum, wenn überhaupt, mehr als achtzig Kilometer betrug. In Oos stiegen wir aus dem Zug und wanderten dann den ganzen übrigen Weg bis Baden-Baden, abgesehen von einer weniger als einstündigen Mitfahrt auf einem Bauernwagen, denn es war erschöpfend heiß. Wir betraten die Stadt zu Fuß.

Einer der ersten Menschen, denen wir begegneten, als wir die Straße entlangzogen, war Pastor X., ein alter Bekannter aus Amerika – wahrlich eine glückhafte Begegnung, denn er hat eine überaus sanfte, vornehme und feinfühlige Art, und seine Gesellschaft und der Umgang mit ihm sind eine wahre Erquikkung. Wir wußten, daß er sich seit einiger Zeit in Europa aufhielt, hatten aber ganz und gar nicht damit gerechnet, ihn zu treffen. Beide Seiten brachen in die liebenswürdigste Begeisterung aus, und Pastor X. sagte:

»Ich führe ein bis zum Rand volles Reservoir von Erlebnissen mit, das ich über Sie ausgießen muß, und ein leeres, das nach dem dürstet, was Sie hineinzuschütten haben; wir werden uns bis Mitternacht zu einem tüchtigen durststillenden Austausch zusammensetzen, denn ich reise morgen ganz früh ab.« Natürlich waren wir einverstanden.

Eine ganze Weile war mir nun aber schon beiläufig ein Mensch aufgefallen, der in gleicher Höhe mit uns die Straße entlangging; ich hatte ein paarmal verstohlen zu ihm hingeblickt und festgestellt, daß er ein gutgewachsener, großer, kräftiger junger Bursch war mit offenen, einen unabhängigen Sinn verratenden Gesichtszügen, die leicht verschattet wurden von einem blassen und kaum wahrnehmbaren Bewuchs frühen Flaums, und daß er von Kopf bis Fuß kühles und beneidenswert schneeweißes Linnen trug. Ebenfalls glaubte ich bemerkt zu haben, daß sein Kopf wie zum Horchen ein wenig schräg stand.

Etwa zu diesem Zeitpunkt nun sagte Pastor X.:

»Der Bürgersteig ist wohl kaum breit genug für drei; ich gehe besser hinterher; aber erzählen Sie weiter, erzählen Sie weiter, wir haben keine Zeit zu verlieren, und Sie können sich darauf verlassen, ich werde meinen Teil beisteuern!« Er reihte sich hinter uns ein, und unverzüglich setzte sich dieser stattliche schneeweiße junge Kerl ihm an die Seite, hieb ihm herzlich mit seiner breiten Pranke auf die Schulter und rief frisch und fröhlich:

»*Amerikaner*, da mache ich jede Wette! Was?«

Der Pastor zuckte zusammen, antwortete jedoch milde:

»Ja – wir sind Amerikaner.«

»Vergelt's Ihnen Gott, und Sie können wetten, ich bin's auch – jederzeit! Schlagen Sie ein!«

Er hielt seine Sahara von offener Hand hin, und der Pastor legte sein Händchen hinein und wurde mit solch einem herzlichen Händedruck bedacht, daß wir seinen Handschuh darunter aus den Nähten krachen hörten.

»Sie, hab' ich Sie nicht gleich erkannt?«

»O ja.«

»Hoho, jawohl! Ich habe gleich gemerkt, Sie sind einer von uns, sobald ich Sie quaken gehört habe. Schon lange hier?«

»Ungefähr vier Monate. Sind Sie schon lange hier?«

»*Lange?* Ho, kann man wohl sagen! Bald zwei *Jahre*, Herrjemine! Sagen Sie, haben Sie Heimweh?«

»Nein, das kann ich eigentlich nicht behaupten. Sie?«

»O Mensch, ja!« (Das mit ungeheurer Begeistung.)

Der Pastor schrumpfte ein wenig in seinen Kleidern, und wir gewahrten – eher instinktiv als sonstwie –, daß er Notsignale nach uns aussandte; aber wir mischten uns nicht ein und versuchten auch nicht, ihm Beistand zu leisten – wir waren ganz zufrieden.

Der junge Bursche hakte sich nun bei dem Pastor ein mit der

vertrauensvollen und dankbaren Gebärde eines heimatlos umherirrenden Menschen, der sich nach einem Freund gesehnt hat und nach einem mitfühlenden Ohr und nach einer Gelegenheit, wieder einmal die lieblichen Töne der Muttersprache zu lispeln – und dann lockerte er seine Sprechmuskulatur und legte los – und mit welch einem Genuß! Manche von seinen Wörtern waren keine Sonntagsschulwörter, ich muß daher an die betreffenden Stellen Striche setzen.

»Jawohl! Wenn *ich* kein Amerikaner bin, dann gibt es *überhaupt* keine Amerikaner, das sage ich Ihnen. Und als ich euch Kerls hier in meinem guten alten Amerikanisch dahertönen höre – ho, ich will – – sein, wenn ich mich nicht mächtig zurückhalten mußte, um Ihnen nicht um den Hals zu fallen! Meine Zunge ist schon ganz verbogen, weil sie sich dauernd um diese – – verlassenen, windgalligen, neungelenkigen deutschen Wörter ringeln muß; Mensch, ich sage Ihnen, es tut schrecklich gut, mal wieder ein paar christliche Wörter in den Mund zu nehmen und den alten Geschmack sozusagen einsacken zu lassen. Ich bin aus'm Westen von New York; heiße Cholley Adams. Ich bin Student, müssen Sie wissen. Schon fast zwei Jahre hier. Ich studiere auf Pferdedoktor! *Der* Teil gefällt mir ja, wissen Sie, aber – – die Leute hier, die lernen mich ja nicht in meine eigene Sprache, die zwingen mich, Deutsch zu lernen! Bevor ich mich also mit Pferdedoktorei 'rumschlagen konnte, mußte ich mich mit dieser elenden Sprache 'rumschlagen.

Zuallererst, da habe ich gedacht, Mensch, habe ich gedacht, ich kriege zuviel, aber jetzt habe ich eigentlich gar nichts mehr dagegen, jetzt sitzt es wohl drin. Und was soll ich Ihnen sagen, Latein mußte ich auch noch lernen! Wissen Sie, unter uns – ich würde keinen feuchten Pfifferling für alles Latein geben, das jemals gequasselt worden ist, und was ich mache, wenn ich hier fertig bin, das kann ich Ihnen genau sagen: sofort hinsetzen und vergessen. Lange brauch' ich nicht dazu, und ist mir auch ganz gleich, wie lange es dauert. Und noch was! Der Unterschied zwischen der Schule drüben und der Schule hier – *hoho!* Wir haben ja keine Ahnung! Hier muß man nur immerzu pauken und pauken und pauken, da ist überhaupt nie mal Pause – und was man hier lernt, das muß man dann *wissen*, verstehen Sie – oder einer von diesen – – spatigen, bebrillten, ringbeinigen, knieschüssigen alten Professoren kommt einem auf den Kopf. Ich bin lange genug hier, und ich werde es allmählich verflixt satt, darauf können Sie sich verlassen. Mein alter Herr hat geschrieben, daß er im Juni 'rüberkommen wollte, und im August wollte er mich mit nach Hause nehmen, hat er geschrieben, ob ich nun mit meinem Studium fertig bin oder nicht, aber verdonnert noch mal, er ist nicht gekommen; hat auch nicht geschrieben, warum nicht; schickte nichts weiter als einen Packkorb Sonntagsschulbücher, und immer schön brav soll ich sein und noch 'ne Weile aushalten. Mache mir nichts aus Sonntagsschulbüchern, Sie – ich reiß mir kein Bein danach aus, wenn ich Kuchen kriegen kann – aber ich *lese* sie auf jeden Fall, denn was der alte Herr sagt, das wird gemacht, auf Biegen oder Brechen, müssen Sie wissen. Ich hab' mich hingesetzt und die ganzen Bücher gelesen, weil er es so haben wollte. Aber aufregend, wissen Sie, aufregend, finde *ich* son Zeug nicht; ich zieh was Munteres vor. Aber ich hab' scheußliches Heimweh. Ich hab' Heimweh vom Ohrengang bis zur Kruppe und von der Kruppe bis ins Hachsengelenk; aber es nützt alles nichts, ich muß hierbleiben, bis der alte Herr sich's überlegt und ins Horn stößt – jawohl, hier in diesem – – Land muß ich herumsitzen, bis der alte Herr ›Komm!‹ sagt –, und Sie dürfen Ihren letzten Dollar wetten, Johnny, es ist *nicht* so einfach – leichter kriegt 'ne Katze Zwillinge!«

Zum Schluß dieser lästerlichen und aufrichtigen Explosion stieß er ein gewaltiges »Puhhh!« hervor, um seinen Lungen Erleichterung zu verschaffen und darauf hinzuweisen, daß auch er die Hitze spürte, und dann stürzte er sich geradenwegs zu »Johnnys« Bestem abermals in seinen Bericht. »Na – – man kann sagen, was man will, manche von diesen richtigen amerikanischen Wörtern, die haben nun mal wirklich einen prächti-

gen Schwung; mit ihnen kann man sich *ausdrücken* – man kriegt *gesagt*, was man sagen will, wissen Sie.«

Als wir vor unserem Hotel eintrafen und es so aussah, als müsse er den Pastor nun verlieren, zeigte er sich so bekümmert und bat so inständig und ernst, daß das Herz des Pastors nicht hart genug war, seinem Flehen standzuhalten – also ging der Pastor mit dem elternverehrenden Studenten, wie es sich für einen rechten Christenmenschen gehört, speiste mit ihm in seinem Quartier zu Abend und saß bis fast Mitternacht in der rauschenden Brandung seiner Flüche und saftigen Redensarten und schied dann von ihm – schied ziemlich verausgabt, aber froh »bis in die Hufe 'runter«, wie er sich ausdrückte. Der Pastor sagte, während der Unterhaltung habe er unter anderem erfahren, daß »Cholley« Adams' Vater im Westen des Staates New York ein großer Pferdehändler sei; daher Cholleys Berufswahl. Der Pastor kam mit einer recht hohen Meinung von Cholley zurück; er sei ein mannhafter junger Kerl, der das Zeug zu einem nützlichen Mitglied der Gesellschaft in sich habe. Der Pastor hielt ihn für eine ziemlich rauhe Perle, aber nichtsdestoweniger für eine Perle.

Kapitel 21

Baden-Baden liegt im Schoß der Berge, und die natürliche und künstliche Schönheit seiner Umgebung vereinigt sich wirkungsvoll und reizend. Der ebene Streifen Land, der sich durch die Stadt und dann noch weiter zieht, ist ein einziger schmucker, von edlen Bäumen überschatteter und in Abständen mit luftig glitzernden Springbrunnen verzierter Park. Dreimal täglich macht eine flotte Kapelle auf der öffentlichen Promenade vor dem Kurhaus Musik, und am Nachmittag und des Abends ist dieser Ort von elegant gekleideten Menschen beiderlei Geschlechts bevölkert, die vor dem großen Orchesterpavillon auf- und abspazieren und sehr gelangweilt aussehen, wenn sie auch so tun, als fühlten sie sich ganz anders. Es sieht alles nach einem ziemlich ziellosen und faden Dasein aus. Nicht wenige von diesen Leuten sind jedoch aus einem echten Grund hier; sie werden vom Rheuma geplagt und sind gekommen, damit es in den heißen Bädern verdampfe. Diese Kranken machten einen recht melancholischen Eindruck; sie humpelten an ihren Stökken und Krücken daher und hingen ganz offensichtlich lauter trüben und unerfreulichen Gedanken nach. Es wird behauptet, daß Deutschland mit seinen feuchten Steinhäusern die Heimat des Rheumatismus' sei. Falls dem so ist, hat die Vorsehung es schon vorher gewußt und darum das Land mit diesen Heilbädern durchsetzt. Wohl kein anderes Land ist so großzügig mit Heilquellen versehen wie Deutschland. Manche von diesen Bädern sind gut für eine Krankheit, manche für eine andere; und bestimmte Beschwerden werden wiederum bekämpft, indem man die besonderen Eigenschaften verschiedener Bäder miteinander verbindet. So trinkt der Patient zum Beispiel bei einigen Leiden das örtliche Baden-Badener heiße Wasser, in dem ein Löffel Salz aus den Karlsbader Quellen gelöst ist. Die Dosis sollte man möglichst nicht vergessen.

Dieses heiße Wasser wird nicht *verkauft* – o nein; man geht in die große Trinkhalle und steht herum, zuerst auf dem einen Fuß und dann auf dem anderen, während zwei oder drei junge Mädchen in der Nähe an irgendeiner damenhaften Näharbeit herumspielen und einen anscheinend nicht sehen können – höflich wie Dreidollarschreiber in Regierungsbüros.

Schließlich erhebt sich dann eins von diesen Mädchen mühsam und streckt sich – streckt Fäuste und Körper himmelwärts, bis sich die Absätze vom Boden heben, und erquickt sich gleichzeitig an einem solch umfassenden Gähnen, daß der Großteil ihres Gesichts hinter der Oberlippe verschwindet und man sehen kann, wie sie innen gebaut ist – dann klappt sie ihre Höhle langsam zu, nimmt Fäuste und Absätze herunter, kommt schleichend näher, betrachtet einen verächtlich, füllt einem ein Glas von dem heißen Wasser ab und stellt es hin, wo man es in Empfang nehmen kann, wenn man die Hand weit genug danach ausstreckt. Man nimmt es und fragt:

»Was kostet es?« Und mit sorgsamer Gleichgültigkeit gibt sie einem die Bettlerantwort:

»Nach Beliebe.«

Diese Anwendung eines gewöhnlichen Bettlertricks und des Losungswortes eines gewöhnlichen Bettlers, um einen bei seiner Freigebigkeit zu packen, wenn man auf nichts weiter als eine schlichte geschäftliche Transaktion gefaßt ist, fördert die bereits blühende und gedeihende Gereiztheit. Man überhört die Antwort und fragt noch einmal:

»Was kostet es?«

Und sie antwortet in aller Ruhe und Gleichgültigkeit:

»Nach Beliebe.«

Man kriegt allmählich die Wut, aber man versucht, es sich nicht anmerken zu lassen; man beschließt, die Frage so lange zu wiederholen, bis die Holde ihre Antwort ändert oder doch zumindest ihre ärgerlich gleichgültige Haltung. Wenn es daher wie in meinem Fall zugeht, steht man dann da, ein Hanswurst vor dem anderen, und ohne eine wahrnehmbare Gefühlsbewegung oder irgendeinen Nachdruck auf irgendeiner Silbe schaut man einander freundlich in die Augen und führt folgende idiotische Unterhaltung:

»Was kostet es?«

»Nach Beliebe.«

»Was kostet es?«

»Nach Beliebe.«

»Was kostet es?«

»Nach Beliebe.«

»Was kostet es?«

»Nach Beliebe.«
»Was kostet es?«
»Nach Beliebe.«
»Was kostet es?«
»Nach Beliebe.«

Ich weiß nicht, was andere getan hätten, aber an dieser Stelle gab ich es auf; diese gußeiserne Gleichgültigkeit, diese seelenruhige Verachtung bezwang mich, und ich strich die Flagge.

Nun wußte ich allerdings, daß sie gewohnt war, etwa einen Cent von mannhaften Besuchern zu erhalten, die sich den Teufel um die Meinung einer Scheuermagd scheren, und etwa zwei Cent von Feiglingen im Geiste; aber ich legte ihr in Reichweite ein silbernes Vierteldollarstück hin und versuchte, sie mit folgender sarkastischen Ansprache einzuschrumpfen:

»Falls es nicht reicht, würden Sie sich dann freundlichst weit genug von Ihrer amtlichen Würde herablassen, um es mir zu sagen?«

Sie schrumpfte nicht. Ohne mich auch nur eines Blickes zu

würdigen, griff sie schlaff nach der Münze und biß darauf, um zu sehen, ob sie echt war! Dann machte sie kehrt und watschelte gelassen an ihren Rastplatz zurück, im Vorbeigehen das Geld in eine offene Kassette werfend. So blieb sie Siegerin bis zum Schluß.

Ich habe mich so eingehend mit den Manieren dieses Mädchens befaßt, weil sie typisch sind; ihre Manieren sind die Manieren eines gut Teils der Baden-Badener Geschäftswelt. Die Geschäftsleute dort betrügen einen, wenn sie nur irgend können, und beleidigen einen, ob sie nun beim Betrügen Erfolg haben oder nicht. Auch die Badewärter geben sich die größte Mühe, einen schmählich zu behandeln. Die unordentliche, ungekämmte Frau, die hinter einem Stand in der Eingangshalle des großen Friedrichsbades saß und Badekarten verkaufte, hat mich nicht nur zweimal täglich beleidigt, sondern mich auch eines Tages um einen Schilling betrogen, und zwar unter solchen Mühen, daß ihr eigentlich mindestens zehn zustanden. Baden-Badens großartige Spieler sind dahin, geblieben sind nur die winzigkleinen Gauner.

Ein englischer Herr, der bereits seit Jahren dort wohnte, erklärte mir:

»Wenn man seine Nationalität verbergen könnte, würde man keinerlei Unverschämtheit begegnen. Diese Ladenbesitzer verabscheuen die Engländer und verachten die Amerikaner; unhöflich sind sie zu beiden, ganz besonders zu Damen Ihrer und meiner Nationalität. Falls diese ohne einen Herrn oder einen Bedienten einkaufen gehen, können sie ziemlich sicher sein, daß sie sich kleinen Unverschämtheiten aussetzen – Unverschämtheiten, die mehr im Verhalten und im Tonfall liegen als in dem, was gesagt wird, wenn es auch zuweilen an schwer zu ertragenden Worten nicht fehlt. Ich weiß von einem Fall, bei dem ein Ladenbesitzer einer amerikanischen Dame eine Münze mit der kurzangebundenen Bemerkung wieder hinwarf: ›Wir nehmen kein französisches Geld an.‹ Und ich weiß von einem anderen Fall, bei dem eine englische Dame zu einem von diesen Geschäftsleuten sagte: ›Meinen Sie nicht auch, daß Sie zuviel für diesen Artikel verlangen?‹ Und er ihr mit der Frage antwortete: ›Meinen Sie, Sie müßten ihn kaufen?‹ Diese selben Leute sind jedoch zu Russen oder Deutschen nicht unhöflich. Und was gesellschaftlichen Rang betrifft, den beten sie an, denn sie sind seit jeher an Generäle und den Adel gewohnt. Falls Sie einmal sehen möchten, in welche Abgründe Unterwürfigkeit hinabsteigen kann, brauchen Sie sich nur einem Baden-Badener Geschäftsmann gegenüber als russischer Fürst auszugeben.«

Es ist eine geistlose Stadt, voll von Schein und Schwindel und mickerigem Betrug und Aufgeblasenheit, aber die Bäder sind gut. Ich habe mit vielen Leuten gesprochen, und in diesem Punkt waren sie alle mit mir einer Meinung. Seit drei Jahren hatte mich immer wieder das Rheuma gezwackt, aber das letzte Ziehen verschwand nach vierzehntägiger Badekur in Baden-Baden und ist bisher nicht wieder zurückgekehrt. Ich glaube voll und ganz, daß ich mein Rheuma in Baden-Baden gelassen habe. Es sei Baden-Baden gegönnt. Es war wenig genug, aber alles, was ich zu geben hatte. Am liebsten hätte ich etwas Ansteckendes zurückgelassen, aber es stand nicht in meiner Macht.

Es gibt mehrere heiße Quellen dort, und seit zweitausend Jahren schon sprudelt aus ihnen ein nie abnehmender Überfluß des heilenden Wassers. Dieses Wasser wird in Rohrleitungen zu den zahlreichen Badehäusern geführt und durch den Zusatz von kaltem Wasser auf eine erträgliche Temperatur gebracht. Das neue Friedrichsbad ist ein sehr großes und schönes Gebäude, und in ihm kann man jedes Bad nehmen, das jemals erfunden wurde, und mit all den Kräutern und Essenzen, die für die Heilung des Leidens, mit dem man befallen ist, gut sind oder die der Badearzt für eine nützliche Badewasserbeigabe hält. Man geht dorthin, betritt das Gebäude durch die große Eingangstür, nimmt von dem glanzvollen Portier eine nach Zuschnitt der Kleidung abgestufte Verbeugung entgegen und von der strubbeligen Frau für einen Vierteldollar eine Badekarte und eine Beleidigung; sie läutet eine Glocke, und ein Badediener führt einen durch einen langen Korridor und sperrt einen in ein geräumiges Zimmer ein, das eine Waschkommode, einen Spiegel, einen Stiefelknecht und ein Sofa enthält, und hier kleidet man sich in aller Ruhe aus.

Das Zimmer wird von einem großen Vorhang in zwei Hälften geteilt; man zieht den Vorhang zur Seite und steht vor einer großen Badewanne aus weißem Marmor. Sie ist bis zum Rand in den Fußboden eingelassen, und drei Stufen aus weißem Marmor führen in sie hinein. Diese Wanne ist mit kristallklarem Wasser angefüllt, dessen Temperatur man auf 52° abgestimmt hat. Neben der Wanne ist ein Kupferkasten mit einem Deckel in den Boden eingelassen, in dem sich ein paar warme Handtücher und ein Laken befinden. Man sieht wahrhaftig so weiß wie ein Engel aus, wenn man langgestreckt in diesem durchsichtig klaren Bad liegt. Beim erstenmal bleibt man zehn Minuten darin, und dann verlängert man die Zeit von Tag zu Tag, bis man auf zwanzig oder auch dreißig Minuten kommt. Da hört man auf. Die Einrichtung des Hauses ist so luxuriös, der Nutzen so deutlich, der Preis so bescheiden und die schmähliche Behandlung so sicher, daß man schon sehr bald sein ganzes Herz an das Friedrichsbad hängt und es regelmäßig heimsucht.

Wir wohnten in Baden-Baden in einem einfachen, anspruchslosen, guten Hotel, dem Hôtel de France – und das Zimmer neben meinem Zimmer gehörte einer kichernden, gackernden, schnatternden Familie, die grundsätzlich zwei Stunden später als ich zu Bett ging und zwei Stunden früher aufstand. Aber das ist üblich in deutschen Hotels; die Leute gehen im allgemeinen lange nach elf Uhr zu Bett und stehen lange vor acht Uhr auf. Die Zwischenwände leiten den Schall wie ein Trommelfell, und jeder weiß das; aber es macht nichts – eine deutsche Familie, die tagsüber ganz freundliche Rücksichtnahme ist, gibt sich offensichtlich des Nachts keine Mühe, ihren Lärm zu Nutz und Frommen des Zimmernachbarn zu mäßigen. Da wird gesungen, gelacht, laut geredet und aufs mitleidloseste mit den Möbeln Krach geschlagen. Klopft man inständig flehend an die Wand, werden die nebenan einen Augenblick lang still und bereden die Angelegenheit leise untereinander – und dann beginnen sie, ganz wie die Mäuse, wieder von neuem mit ihrer Belästigung, und nicht weniger tatkräftig als zuvor. Und dabei spät zu Bett und früh auf – eine grausame Angewohnheit für solch ein lautes Volk!

Aber natürlich – wer an den Bräuchen eines fremden Volkes etwas auszusetzen findet, der wird flugs einen Wink bekommen, näher vor der eigenen Haustür nachzuschauen, ehe seine Kritik noch sehr weit gediehen ist. Ich schlage mein Notizbuch auf, um nachzusehen, ob ich noch mehr wertvolle Auskünfte über Baden-Baden mitzuteilen habe, und das erste, worauf ich stoße, ist folgende Eintragung:

Baden-Baden (kein Datum). »Menge stimmstarker Amerikaner heute beim Frühstück. Glauben sich zu unterhalten, reden aber in Wirklichkeit aufeinander ein – jeder auf jeden. Deutlich sichtbar auf der ersten Reise. Geben an. Die üblichen Anzeichen – affektiert zwanglose Erwähnung großer Entfernungen und ausländischer Städte. ›Na, dann bis später, alter Junge – falls ich Ihnen in Italien nicht über den Weg laufe, müssen Sie mich unbedingt in London aufsuchen, bevor Ihr Schiff geht.‹«

Die nächste Eintragung, die ich in meinem Notizbuch vorfinde, ist die folgende:

»Die Tatsache, daß eine Bande von 6000 Indianern zur Zeit unsere Leute an der Grenze in aller Bequemlichkeit frech hinmordet und daß wir nicht in der Lage sind, ihnen mehr als 1200 Soldaten entgegenzuschicken, wird hier benutzt, um von der Auswanderung nach Amerika abzuraten. Die Leute glauben, die Indianer stünden in New Jersey.«

Ein neues und originelles Argument gegen die zahlenmäßige Beschränkung unseres Heeres auf einen lächerlich niedrigen Stand! Und recht treffend ist es auch. Ich habe die Wahrheit nicht entstellt, wenn ich behaupte, daß das, was in obiger Tagebucheintragung vom Heer und von den Indianern gesagt wird, dazu benutzt wird, um den Leuten die Lust zum Auswandern nach Amerika zu nehmen. Daß die einfachen Leute sehr ungenaue geographische Vorstellungen haben und nur recht ungefähr wissen, wo die Indianer sich befinden, ist vielleicht erheiternd, jedoch kaum überraschend.

Baden-Baden hat einen interessanten alten Friedhof, und wir brachten mehrere angenehme Stunden damit zu, auf ihm herumzuspazieren und die Inschriften auf den betagten Grabsteinen zu entziffern. Anscheinend ist man der Ansicht, daß jemand seinen Grabstein nicht mehr braucht, nachdem er ein Jahrhundert oder auch zwei darunter gelegen hat und eine tüchtige Anzahl Leute über ihm begraben worden ist. Ich schließe das aus der Tatsache, daß Hunderte von Grabsteinen von den Gräbern entfernt und innen an der Friedhofsmauer aufgestellt worden sind. Was für Künstler es doch in jenen alten Zeiten gab! Sie meißelten aufs üppigste und großzügigste ihre Engel und Cherubim und Teufel und Skelette – was das Angebot betrifft –, in der Form jedoch sind sie eigentümlich verzerrt und sonderbar. Es ist nicht immer leicht herauszufinden, welche Figuren zu den Seligen gehören und welche zu der Gegenpartei. Aber einer dieser alten Steine trug eine französische Inschrift, die wundersam und hübsch war und schlechthin von keinem anderen als einem Dichter stammen konnte. Sie lautete etwa:

Hier
ruht in Gott
CAROLINE DE CLERY,
Nonne, aus St. Denis,
83 Jahre alt – und blind.
Das Licht wurde ihr wiedergeschenkt
in Baden am 5. Januar
1839.

Wir unternahmen verschiedene Ausflüge zu Fuß nach Dörfern in der Nähe, die uns über kurvenreiche, herrliche Wege und durch entzückende Waldlandschaft führten. Die Wälder und Wege ähneln denen in Heidelberg, sind aber nicht so bestrikkend, so behexend. Wege und Wälder von der Heidelberger Güte sind wohl selten auf dieser Erde.

Einmal wanderten wir weit hinaus zum Schloß La Favorita, das mehrere Meilen von Baden-Baden entfernt liegt. Der Park um das Schloß war schön, das Schloß selber eine Kuriosität. Es wurde von einer Markgräfin im Jahre 1725 erbaut und ist so geblieben, wie sie es bei ihrem Tode hinterlassen hat. Wir gingen durch viele der Räume, und sie alle hatten ihre auffallenden Eigentümlichkeiten in Einrichtung und Schmuck. So waren zum Beispiel die Wände eines Zimmers nahezu vollständig mit kleinen Bildern der Markgräfin in jeder nur denkbaren Kostümierung, darunter auch männlicher, bedeckt.

An den Wänden eines anderen Zimmers hingen handgewirkte Gobelins mit kunstvollen, sonderbaren Figurenmustern. Die muffigen alten Betten standen noch in den Schlafzimmern, und Bettdecken, Vorhänge und Himmel waren mit wunderlicher Handarbeit verziert und Wände und Zimmerdekken in schreienden Farben mit Fresken bemalt, die historische und mythologische Szenen darstellten.

Der verrückte und morsche Plunder in dem Gebäude reichte aus, um einen echten Raritätenjäger gelb vor Neid werden zu lassen. Ein Gemälde im Speisesaal grenzte ans Unfeine – aber schließlich war die Markgräfin selber ja auch ein ganz klein wenig unfein.

Es ist in jeder Beziehung ein abenteuerlich und malerisch ausgeschmücktes Haus und von außerordentlichem Reiz als ein Abbild des Charakters und Geschmacks jener ungestümen und vergangenen Zeit.

Im Park, nicht weit vom Schloß entfernt, steht die Kapelle der Markgräfin, wie sie sie hinterlassen hat – ein kunstloser Holzbau ohne jeden Schmuck. Es wird behauptet, die Markgräfin habe sich jeweils mehrere Monate hintereinander Ausschweifungen und außerordentlicher Leichtlebigkeit hingegeben und sich dann in diese armselige Behausung zurückgezogen, wo sie ein paar Monate mit Buße und der Vorbereitung zu neuen Lustbarkeiten zubrachte. Sie war eine gläubige Katholikin und für die damalige Zeit wohl durchaus eine Musterchristin unter den Christen der großen Gesellschaft.

Die Überlieferung berichtet, daß sie nach einer letzten, triumphalen und rundum zufriedenstellenden Bekundung ihrer Lebenslust die beiden letzten Jahre ihres irdischen Daseins in der wunderlichen Behausung hinbrachte, von der ich gesprochen habe. Dort schloß sie sich ohne jede Gesellschaft, ja sogar ohne einen Diener ein und schwor so der Welt ab. In ihrer winzigen Küche kochte sie für sich selber; sie trug ein härenes Hemd zuunterst und kasteite sich mit Peitschen – diese Hilfsmittel zur Erlangung der Gnade sind noch dort zu sehen. Ihren Rosenkranz betete sie in einem anderen kleinen Raum vor einer wächsernen Madonna in einem kleinen Kasten an der Wand; sie bettete sich wie eine Sklavin.

In einem weiteren kleinen Raum steht ein Tisch aus rohen Dielen, und daran sitzt die heilige Familie in halblebensgroßen wächsernen Figuren, die von dem wohl schlechtesten Künstler angefertigt wurden, der jemals gelebt hat, und in grellbunte dünne Drapierungen gehüllt sind*. Die Markgräfin pflegte ihr Essen zu diesem Tisch zu tragen und *mit der heiligen Familie zu speisen*. Welche eine Idee! Was für ein gruseliger Anblick das gewesen sein muß. Man stelle sich das vor: Auf der einen Seite des Tisches die starren, struwwelköpfigen Figuren mit ihrem leichenhaften Teint und ihren fischigen Glasaugen in der stocksteifen Zurückhaltung, die alle aus Wachs geborenen Menschen auszeichnet, und auf der anderen Seite dieser runzelige, schwelende alte Feuerfresser, der in der geisterhaften Stille und im schattenhaft undeutlichen Licht eines Winterabends seine

* Der Heiland war als Junge von vielleicht 15 Jahren dargestellt. Dieser Figur fehlte ein Auge.

Gebete murmelt und mit vollen Backen seine Würste kaut. Es läuft einem kalt über, wenn man nur daran denkt.

In diesem schäbigen Loch und wie die Ärmste der Armen gekleidet, gebettet und genährt, lebte und betete diese sonderbare Fürstin zwei Jahre lang, und in ihm starb sie auch.

Vor zwei- oder dreihundert Jahren würde das die armselige Hütte zu heiligem Boden gemacht haben, und die Kirche hätte hier eine Wunderfabrik eröffnet und eine Menge Geld herausgeschlagen. Selbst heute noch könnte man den Holzbau in manche Teile Frankreichs verlegen und reichen Gewinn aus ihm ziehen.

Kapitel 22

Von Baden-Baden aus unternahmen wir den üblichen Ausflug in den Schwarzwald. Die meiste Zeit waren wir zu Fuß unterwegs. Diese erhabenen Wälder und die Empfindungen, die sie einem einflößen, lassen sich letztlich nicht beschreiben. Eine dieser Empfindungen jedoch ist eine tiefe Zufriedenheit und eine andere ein übermütiges jungenhaftes Entzücken und eine dritte, stark hervortretende ist das Gefühl, die Werktagswelt weit zurückgelassen zu haben und von ihrem Getriebe vollkommen losgelöst zu sein.

Diese Wälder erstrecken sich ohne Unterbrechung über ein gewaltiges Gebiet; und wo man auch hinkommt, sind sie so dicht und so still, so tannig und so duftend. Die Stämme der Bäume sind sauber und kerzengerade, und vielerorts ist der Boden auf Kilometer hin von einem lebhaft grünen Moospolster bedeckt, das nirgendwo vermodert oder zerrissen ist und von keinem abgefallenen Blatt oder Zweig in seiner makellosen Reinheit und Ordentlichkeit gestört wird. Ein sattes, domhaftes Dämmerlicht fällt in die säulenbestandenen Gänge, so daß die verirrten Sonnensprenkel, die hier auf einen Stamm und dort auf einen Ast treffen, kräftig hervortreten und das Moos regelrecht zu brennen scheint, wo sie den Boden tüpfeln. Aber die eigentümlichste Wirkung und die zauberhafteste bringt das weichgestreute Licht der tiefstehenden Nachmittagssonne hervor; kein einziger Strahl kann dann eindringen, das weiche Licht aber nimmt Farbe an von Moos und Laub und erfüllt alles mit einem zarten grünen Dunst, der Theaterbeleuchtung des Märchenlandes. Die Stimmung des Geheimnisvollen und Übernatürlichen, die zu jeder Zeit über dem Wald liegt, wird durch dieses unirdische Licht noch eindringlicher.

Die Bauernhäuser und Dörfer des Schwarzwaldes sahen genauso aus, wie sie in den Schwarzwaldgeschichten beschrieben werden. Das erste echte Exemplar, auf das wir stießen, war das Herrenhaus eines reichen Bauern und Mitglieds des Gemeinderats. Er war eine wichtige Persönlichkeit in der Gegend und seine Frau natürlich ebenso, und seine Tochter

war *die* Partie, und vielleicht geht sie inzwischen gar als die Heldin von einem von Auerbachs Romanen in die Unsterblichkeit ein. Wir werden es ja sehen, denn wenn er sie in einen Roman steckt, werde ich sie erkennen an ihrer Schwarzwaldtracht und ihrem sonnenverbrannten Gesicht, ihrer molligen Figur, ihren fetten Händen, ihren stumpfen Zügen, ihrem freundlichen Wesen, ihren großzügigen Füßen, ihrem unbedeckten Kopf und den geflochtenen Zöpfen aus hanfblondem Haar, die ihr über den Rücken herabhängen.

Das Haus wäre groß genug für ein Hotel gewesen; es war dreißig Meter lang und fünfzehn breit und drei Meter hoch von der Erde bis zur Traufe; aber von der Traufe bis zum First maß es wohl zwölf Meter oder sogar noch mehr. Dieses Dach bestand aus altem, schmutziggelbem Stroh von zwei Handspannen Dicke und war mit Ausnahme einiger Flecken über und über mit üppigem Grünzeug, hauptsächlich Moos, bewachsen. Die mooslosen Flecken waren Stellen, die durch das Einsetzen neuer Lagen gelben Strohs geflickt worden waren. Die Traufen reichten weit hinunter wie schützende, gastliche Schwingen. An der Giebelwand entlang, die der Straße zugekehrt war, verlief etwa drei Meter über der Erde eine schmale Veranda mit hölzernem Geländer; eine Reihe kleiner Fenster mit sehr kleinen Scheiben blickte auf die Veranda hinaus. Darüber lagen weitere zwei oder drei Fenster, und eins saß ganz oben unter dem spitzen Winkel des Daches. Vor der Tür im Erdgeschoß lag ein riesiger Misthaufen. An der Seite des Hauses stand die Tür eines Zimmers im zweiten Stock offen, und die Öffnung wurde vom Hinterviertel einer Kuh ausgefüllt. Vielleicht das Wohnzimmer? Der ganze vordere Teil des Hauses wurde anscheinend von unten bis oben von Menschen, Kühen und Hühnern bewohnt und die ganze hintere Hälfte von den Zugtieren und vom Heu. Aber das Hauptmerkmal ums ganze Haus herum waren diese großen Mithaufen.

Wir wurden im Schwarzwald sehr vertraut mit dem Stalldünger. Ohne daß wir es eigentlich wollten, gewöhnten wir uns an,

Rang und Stand eines Mannes nach diesem äußeren, sehr beredten Zeichen festzusetzen. Manchmal sagten wir: »Da wohnt ein armer Teufel, das ist ganz offensichtlich.« Erblickten wir eine stattliche Anhäufung, sagten wir: »Ein Bankier.« Wenn wir einem Landsitz begegneten, der von alpiner Mistpracht umgeben war, sagten wir: »Hier wohnt zweifellos ein Herzog.«

Die Bedeutung dieses charakteristischen Merkmals ist in den Schwarzwaldgeschichten noch nicht so recht gewürdigt worden. Stalldung ist ganz offenbar des Schwarzwälders höchster Schatz – sein Goldstück, sein Juwel, sein Stolz, sein alter Meister, sein Porzellan, seine Raritätensammlung, seine ganze Liebe, sein Anspruch auf öffentliche Beachtung, Neid und Verehrung und seine erste Sorge, wenn er sich daranmacht, sein Testament aufzusetzen. Der wahre Schwarzwaldroman wird, sollte er jemals geschrieben werden, folgendes Handlungsgerüst haben:

Exposé für einen Schwarzwaldroman

Reicher alter Bauer namens Huß. Hat großen Reichtum an Mist geerbt und ihn durch Fleiß vergrößert. Haufen hat zwei Sterne im Baedeker. Der Schwarzwaldmaler malt ihn – sein Meisterwerk. Der König kommt, um ihn sich anzusehen. Gretchen Huß, Tochter und Erbin. Paul Hoch, junger Nachbar, wirbt um Gretchens Hand – angeblich: in Wirklichkeit will er den Mist. Hoch besitzt selber manch eine Wagenladung von der Schwarzwaldwährung und ist daher eine gute Partie; aber er ist schäbig, geizig und ohne jedes feine Gefühl, während Gretchen ganz Gefühl und Poesie ist. Hans Schmidt, ein junger Nachbar, voller Gefühl, voller Poesie, liebt Gretchen, Gretchen liebt ihn. Aber er hat keinen Mist. Der alte Huß verbietet ihm das Haus. Sein Herz bricht, er geht davon, um fern der grausamen Welt im Wald zu sterben – denn er sagt mit Bitterkeit: »Was ist der Mensch ohne Mist?« (Sechs Monate vergehen.)

Paul Hoch kommt zum alten Huß und sagt: »Nun bin ich so reich, wie Ihr es verlangt – kommt und seht Euch meinen Haufen an.« Der alte Huß sieht ihn sich an und sagt: »Das reicht – nimm sie und sei glücklich« – nämlich Gretchen.

(Zwei Wochen vergehen.)

Hochzeitsgesellschaft ist im Wohnzimmer des alten Huß versammelt. Hoch glücklich und zufrieden, Gretchen weint über ihr hartes Schicksal. Der Oberbuchhalter vom alten Huß tritt ein. Huß sagt heftig: »Ich habe Ihnen drei Wochen Zeit gegeben, um herauszufinden, warum Ihre Bücher nicht stimmen und um zu beweisen, daß Sie kein Missetäter sind; die Zeit ist um – entweder Sie finden den fehlenden Besitz, oder Sie gehen als Dieb ins Gefängnis.« Buchhalter: »Ich habe ihn gefunden.« »Wo?« Buchhalter (ernst, tragisch): »Im Haufen des Bräutigams! Seht den Dieb! Seht ihn erbleichen und zittern!« (Bewegung.) Paul Hoch: »Verloren, verloren!« – sinkt ohnmächtig über die Kuh und wird bei den Händen gefesselt. Gretchen: »Gerettet!« Sinkt über das Kalb, ohnmächtig vor Freude, wird jedoch aufgefangen von den starken Armen Hans Schmidts, der in diesem Augenblick hereinspringt. Der alte Huß: »Was, du hier, Schurke? Laß von der Maid und hebe dich von hinnen!« Hans (der immer noch das bewußtlose Mädchen hält): »Niemals! Grausamer alter Mann, wisset, daß ich mit Ansprüchen komme, die nicht einmal Ihr geringschätzen könnt!«

Huß: »Was, du? Nenne sie mir!«

Hans: »Hört zu. Die Welt hatte mich verlassen, da verließ ich die Welt; ich wanderte durch die Einsamkeit des Waldes, mich nach dem Tode sehnend, ihn aber nicht findend. Ich ernährte mich von Wurzeln, und in meiner Bitternis grub ich nach den bittersten, da ich die süßen verabscheute. Und als ich vor drei Tagen so grub, traf ich auf eine Mistmine – auf ein Dorado, auf eine unerschöpfliche Goldgrube aus gediegenem Mist! Ich kann euch *alle* kaufen, und habe doch immer noch ganze Gebirgszüge von Mist übrig! Ha-ha! Nun könnt Ihr lachen!« (Ungeheure Bewegung. Vorzeigen von Proben aus der Mine.)

Der alte Huß (begeistert): »Rüttele sie wach, schüttele sie wach, junger Mann, sie ist dein!« Hochzeit findet auf der Stelle statt; Buchhalter wird wieder in Amt und Gehalt eingesetzt, Paul Hoch ins Gefängnis abgeführt. Der Goldgrubenkönig des Schwarzwaldes lebt glücklich bis in ein hohes Alter, gesegnet mit der Liebe seiner Frau und seiner siebenundzwanzig Kinder und dem noch lieblicheren Neid aller um ihn herum.

Einmal verzehrten wir unser Mittagsmahl, bestehend aus gebratener Forelle, im Gasthaus »Zum Pflug« in einem sehr hübschen Dorf (Ottenhöfen), und begaben uns dann zum Ausruhen und Rauchen in die Schankstube. Dort fanden wir neun oder auch zehn Schwarzwaldgranden um einen runden Tisch versammelt. Sie waren der Gemeinderat. Sie hatten sich um acht Uhr morgens dort eingefunden, um ein neues Mitglied zu wählen, und sie tranken nun seit vier Stunden auf Kosten des neuen Mitgliedes Bier. Sie waren Männer von fünfzig bis sech-

zig Jahren mit ernsten, gutmütigen Gesichtern, und sie trugen allesamt die Tracht, die uns durch die Schwarzwaldgeschichten vertraut ist – breite runde schwarze Filzhüte mit rundum hochgekippter Krempe; lange rote Westen mit großen Metallknöpfen, schwarze Alpakajacken mit der Taille oben zwischen den Schultern. Es wurden keine Reden gehalten, man unterhielt sich kaum, es wurde nicht gewitzelt; der Gemeinderat ließ sich allmählich, bedächtig, aber sicher mit Bier vollaufen und gab sich mit gesetztem Anstand, wie es sich geziemt für Männer von Rang, Männer mit Einfluß, Männer mit Mist.

Am Nachmittag kamen wir ins Schwitzen bei einer Fußwanderung talaufwärts am grasbewachsenen Ufer eines klar dahinschießenden Baches entlang und an Bauernhäusern, Wassermühlen und einer endlosen Folge von Kruzifixen und Heiligen und Marienbildern vorbei. Diese Kruzifixe und so weiter wurden von den Überlebenden für verstorbene Freunde errichtet und sind dort fast so häufig wie in anderen Ländern die Telegrafenstangen.

Wir folgten der Wagenstraße und hatten unser übliches Glück; wir stapften in der prallen Sonne daher und sahen den Schatten stets die schattigen Stellen verlassen, bevor wir hingelangten. Bei all unseren Wanderungen gelang es uns nur selten, dann auf eine Strecke Weges zu treffen, wenn bei ihr der Schatten an der Reihe war. An diesem Nachmittag setzte die Hitze uns ganz besonders zu, und wir hatten nur einen Trost: den Bauern, die hoch über uns an dem steilen Hang bei der Arbeit waren, erging es noch schlimmer. Schließlich wurde es unmöglich, die Hitze und das grelle Licht noch länger auszuhalten; also durchquerten wir die Schlucht und tauchten in das tiefe kühle Dämmer des Waldes ein, um nach dem zu suchen, was im Reiseführer als »die alte Straße« bezeichnet wurde.

Wir fanden eine alte Straße, und sie erwies sich am Ende auch als die richtige, wenn wir ihr auch zunächst einmal mit der Überzeugung folgten, daß es die falsche sei. Wenn es die falsche war, bestand kein Grund zur Eile, also beeilten wir uns nicht, sondern ließen uns häufig auf dem weichen Moos nieder und erfreuten uns der geruhsamen Stille und des Schattens der Waldeinsamkeit. Auf der Fahrstraße hatte es allerlei Zerstreuung gegeben – Schulkinder, Bauern, Wagen, Gruppen wandernder Studenten aus ganz Deutschland –, die alte Straße jedoch hatten wir ganz für uns.

Hin und wieder, wenn wir rasteten, beobachteten wir die arbeitsame Ameise bei der Arbeit. Ich stellte nichts Neues an ihr fest – gewiß nichts, was meine Meinung von ihr geändert hätte. Mir scheint, daß die Ameise, was ihre geistigen Fähigkeiten betrifft, ein sonderbar überschätzter Vogel ist. Seit vielen Sommern beobachte ich sie nun immer wieder, wenn ich etwas Gescheiteres tun sollte, und bisher ist mir noch keine lebendige Ameise begegnet, die mehr Sinn und Verstand zu haben schien als eine tote. Ich spreche natürlich von der gewöhnlichen Ameise; ich habe noch keine Berührung gehabt mit diesen wunderbaren Schweizer und afrikanischen Sorten, die zur Wahlurne gehen, durchexerzierte Armeen unterhalten, Sklaven halten und über Religion disputieren. Diese ganz besonderen Ameisen mögen ja in allem dem Bild entsprechen, das die Naturforscher von ihnen malen, aber ich bin überzeugt, daß die Durchschnittsameise glatter Schwindel ist. Ich gestehe ihr selbstverständlich ihren Fleiß zu; sie ist das am härtesten arbeitende Geschöpf der Erde – wenn gerade jemand zuguckt –, aber ich habe ihr doch ihren Schwachsinn entgegenzuhalten. Sie geht auf Futtersuche aus, macht ihren Fang, und was tut sie darauf? Geht sie nach Hause? Mitnichten – alles andere als nach Hause. Sie weiß nicht, wo zu Hause ist. Ihr Heim mag vielleicht nur einen Meter entfernt sein – tut gar nichts, sie kann es nicht finden. Sie macht, wie ich schon sagte, ihren Fang; in der Regel handelt es sich um etwas, das weder ihr noch sonst jemandem irgendwie von Nutzen sein kann; es ist gewöhnlich siebenmal größer, als es sein sollte; sie sucht lange nach der ungeschicktesten Stelle, und da packt sie zu; sie stemmt es mit schierer Kraft hoch in die Luft und macht sich auf den Weg –

nicht nach Hause, sondern in entgegengesetzter Richtung; nicht gelassen und klug, sondern in wilder Hast, die ihre Kräfte vergeudet; sie stößt auf einen Kiesel, und anstatt ihn zu umgehen, klettert sie, die Beute nachzerrend, rückwärts über ihn hinweg, purzelt auf der anderen Seite herunter, springt zornig auf, klopft sich den Staub von den Kleidern, spuckt in die Hände, packt grimmig nach ihrer Habe, reißt sie hierhin, dann dorthin, schiebt sie nun vor sich her, macht im nächsten Augenblick kehrt und schleppt sie nach, wird wütender und wütender, stemmt sie dann plötzlich steil hoch und rast in einer vollkommen neuen Richtung davon; trifft auf ein Unkraut; der Gedanke, das Unkraut zu umgehen, kommt ihr nicht – nein, sie muß über das Unkraut hinwegklettern, und sie klettert, zerrt ihren wertlosen Besitz bis in den Wipfel – was ungefähr so gescheit ist, wie wenn ich einen Sack Mehl von Heidelberg nach Paris über den Turm des Straßburger Münsters hinweg trüge; wenn sie dort oben ankommt, stellt sie fest, daß sie da nicht richtig ist; betrachtet flüchtig die Aussicht und klettert dann entweder wieder abwärts oder purzelt herunter und macht sich erneut auf – wie gewöhnlich in einer abermals neuen Richtung.

Nach etwa einer halben Stunde gelangt sie an eine Stelle, die etwa eine Handbreit von der Stelle entfernt liegt, von der sie aufgebrochen ist, und hier legt sie ihre Last ab; inzwischen hat sie auf zwei Meter im Umkreis alles abgekrabbelt und jedes Unkraut und jeden Kiesel, die ihr begegnet sind, bestiegen. Nun wischt sie sich den Schweiß von der Stirn, streckt die Glieder und marschiert dann in nicht geminderter Hast ziellos davon. Im Zickzack erwandert sie sich eine Menge Gelände und stolpert so nach einer Weile auch wieder über ihre Beute. Sie erinnert sich nicht, sie jemals gesehen zu haben; sie wirft Blicke nach allen Seiten, um festzustellen, wo es nicht nach Hause geht, schnappt ihr Bündel und zieht los; sie erlebt dieselben Abenteuer wie zuvor, hält schließlich inne um zu rasten, und da kommt eine Freundin daher. Offenbar bemerkt die

Freundin, daß ein Heuschreckenbein vom vergangenen Jahr eine sehr erlauchte Erwerbung sei, und erkundigt sich, wo sie es aufgetan habe. Offensichtlich erinnert die Eigentümerin sich nicht mehr genau, wo sie es aufgetan hat, glaubt aber, daß sie es »irgendwo hier in der Gegend« entdeckt habe. Offensichtlich erbietet sich die Freundin, beim Heimtransport behilflich zu sein. Darauf fassen sie mit typisch ameisenhaftem Scharfsinn an je einem Ende des Grashüpferbeines an und beginnen mit aller Macht, in einander entgegengesetzten Richtungen zu ziehen. Alsbald machen sie Pause und konferieren. Sie kommen zu dem Schluß, daß etwas nicht stimmt, können jedoch nicht herausfinden, was es ist. Sie machen sich erneut heran, mit derselben Technik. Selbes Ergebnis. Es folgen Beschuldigungen und Gegenbeschuldigungen. Offensichtlich beschuldigt jede die andere der Obstruktion. Sie reden sich warm, und der Disput endet in einem Handgemenge. Sie klammern sich ineinander und kauen einander eine ganze Weile auf der Kinnlade herum; dann purzeln sie hin und wälzen sich auf der Erde, bis eine von ihnen ein Horn oder ein Bein verliert und sich zur Reparatur davonschleppen muß. Sie vertragen sich wieder und machen sich abermals auf dieselbe schwachsinnige Weise an die Arbeit, aber die lädierte Ameise ist im Nachteil; sie kann noch so zerren – die andere schleppt die Beute ab und die Invalidin an ihrem Ende mit. Statt aufzugeben, hält sie sich verbissen fest und zerschrammt sich die Schienbeine an jedem Hindernis, das ihr in den Weg kommt. Nachdem das Heuschreckenbein auf solche Weise nochmals über ziemlich dasselbe Gelände wie zuvor geschleift worden ist, wird es schließlich ungefähr an der Stelle abgeladen, an der es ursprünglich lag; die beiden schwitzenden Ameisen betrachten es nachdenklich und kommen zu dem Schluß, daß getrocknete Grashüpferbeine, wenn man's genau nimmt, eigentlich doch ein ziemlich armseliges Besitztum seien, und darauf machen sich beide in verschiedener Richtung davon, um mal zu sehen, ob sie nicht vielleicht einen alten Nagel finden können oder sonst etwas, das schwer genug ist, um Unterhaltung zu gewähren, und gleichzeitig so wertlos, daß eine Ameise es auch ganz bestimmt haben möchte.

Dort an dem Berghang im Schwarzwald sah ich eine Ameise eine Vorstellung dieser Art mit einer toten Spinne geben, die gut und gerne zehnmal so schwer wie sie selber war. Die Spinne war noch nicht ganz tot, aber zu weit hin, um noch Widerstand leisten zu können. Sie hatte einen Kugelbauch von der Größe einer Erbse. Die kleine Ameise, da sie merkte, daß ich sie beobachtete, rollte die Spinne auf den Rücken, hieb ihr die Zähne in den Hals, hob sie hoch und machte sich kraftstrotzend mit ihr davon; dabei torkelte sie über kleine Kiesel, trat der Spinne auf die Beine und geriet ins Stolpern, zerrte sie im Rückwärtsgang, stieß sie leibhaftig vor sich her, schleppte sie über handhohe Steine hinweg statt im Bogen um sie herum, kletterte auf Unkräuter, die zwanzigmal so hoch wie sie selber waren, und sprang aus der Krone auf die Erde zurück – und ließ die Spinne schließlich mitten auf der Straße liegen, wo sie ein anderer Schwachkopf der Familie Ameise konfiszieren mochte. Ich maß die Strecke, die dieses dumme Luder zurückgelegt hatte, und gelangte zu dem Schluß, daß der Arbeit, die sie in zwanzig Minuten geleistet hatte, ungefähr folgende menschliche Anstrengung entsprechen würde: Man müßte zwei Pferde von je achthundert Pfund zusammenschnallen, sie etwa einen Kilometer weit hauptsächlich über Felsblöcke von durchschnittlich zwei Meter Höhe tragen (nicht um sie herum), im Verlauf der Reise eine Steilwand von Niagarahöhe und drei fünfunddreißig Meter hohe Kirchtürme erklimmen und von der Spitze herunterspringen und dann die Pferde in aller Öffentlichkeit ohne jede Aufsicht stehenlassen und hingehen und sich aus purer Eitelkeit in irgendein anderes idiotisches Wunderwerk stürzen.

Die Wissenschaft hat kürzlich herausgefunden, daß die Ameise keine Wintervorräte anlegt. Damit dürfte sie für die Literatur so ziemlich erledigt sein. Sie arbeitet nicht, es sei denn, es schaue jemand zu, und auch dann nur, wenn der

Beobachter den grünen Blick des Naturforschers hat und sich Notizen zu machen scheint. Das läuft auf bewußte Täuschung hinaus und wird sie für die Sonntagsschule fast unbrauchbar machen. Sie besitzt nicht einmal genügend Scharfsinn, um Genießbares von Ungenießbarem zu unterscheiden.

Das läuft auf Unwissenheit hinaus und wird den Respekt schmälern, den die Menschheit vor ihr hegt. Sie kann nicht um eine Stoppel herumschlendern und trotzdem noch den Weg nach Hause finden. Das läuft auf Schwachsinn hinaus, und wenn diese schädigende Tatsache erst einmal unzweifelhaft feststeht, werden nachdenkende Menschen aufhören, zu ihr aufzusehen, und gefühlvolle, sie zu hätscheln. Ihr so gepriesener Fleiß ist nichts weiter als Ruhmsucht und ohne Wirkung, da sie nie etwas zu Ende bringt, was sie anfängt. Damit ist auch der letzte Rest ihres Rufes hin, ihre vornehmliche Nützlichkeit als Werkzeug der Moral erledigt, da nun der Faulenzer zögern wird, sich auch weiterhin zwecks bessernder Belehrung an sie zu wenden. Es ist sonderbar und absolut unbegreiflich, daß ein so ausgemachter Aufschneider wie die Ameise es fertiggebracht hat, so viele Völker zum Narren zu halten, und zwar so raffiniert, daß man ihr jahrhundertelang nicht auf die Schliche kam.

Die Ameise ist stark, aber wir fanden auch anderswo noch Stärke, wo wir bis dahin keine große Muskelkraft vermutet hätten. Ein Giftpilz – eins von jenen Exemplaren, die in einer einzigen Nacht zu voller Größe wachsen – war aufgebrochen und hatte ein Polster aus Tannennadeln und Erde hochgehoben, das doppelt so groß war wie er selber, und das hielt er nun frei in der Luft wie ein Pfeiler, der einen Schuppen trägt. Zehntausend Giftpilze könnten wohl, wenn sie es richtig anfaßten, einen Menschen hochheben. Aber was würde das nützen?

Den ganzen Nachmittag über waren wir bergauf gewandert. Gegen fünf Uhr oder halb sechs erreichten wir den Gipfel, und mit einemmal teilte sich der dichte Vorhang des Waldes, und wir schauten in ein tiefes, herrliches Tal hinunter und weit über bewaldete Berge hinweg, deren Gipfel in der Sonne leuchteten, während ihre schneisendurchfurchten Hänge von violetten Schatten gedämpft wurden. Das enge Tal zu unseren Füßen – es hieß Allerheiligen – bot am Ende seiner grasbewachsenen Sohle gerade Raum genug für ein behagliches, wonnevolles Menschennest, an das die Welt mit ihren Belästigungen nicht heranreichte, und folglich war es den Mönchen in alter Zeit auch nicht entgangen; und da standen die schmucken braunen Ruinen ihrer Kirche und ihres Klosters als Zeugen dafür, daß die Priester vor siebenhundert Jahren einen ebenso feinen Instinkt hatten wie die Priester heutzutage, wenn es darum ging, die erlesensten Winkel und Ecken des Landes aufzuspüren.

Ein großes Hotel verdrängt die Ruinen nun ein wenig und betreibt ein lebhaftes Geschäft mit Sommerfrischlern. Wir stiegen ins Tal hinab und nahmen ein Abendessen zu uns, das sehr zufriedenstellend gewesen wäre, hätte man die Forellen nur nicht gekocht. Überläßt man die Deutschen sich selber, servieren sie eine Forelle und überhaupt alles mit Sicherheit gekocht. Dies ist ein Beweis von einiger Stichhaltigkeit zur Unterstützung der Theorie, daß sie die ursprünglichen Besiedler der unwirtlichen Inseln vor der schottischen Küste waren. Ein mit Apfelsinen beladener Schoner ging vor ein paar Jahren vor einer dieser Inseln zu Bruch, und die zahmen Wilden liehen dem Kapitän so bereitwillig ihre Hilfe, daß er ihnen so viele Apfelsinen schenkte, wie sie haben wollten. Am Tage darauf fragte er sie, wie sie ihnen geschmeckt hätten. Sie schüttelten den Kopf und antworteten:

»Gebraten waren sie zäh; und auch gekocht waren sie nicht gerade das, was einem hungrigen Mann das Wasser im Mund zusammenlaufen läßt.«

Nach dem Abendessen durchwanderten wir das Tal. Es ist wunderschön – eine Mischung aus Waldlieblichkeit und zerklüfteter Felsenwildnis. Ein durchsichtig klarer Gießbach schießt pfeifend talabwärts, und am unteren Ende windet er sich durch einen engen Spalt zwischen hohen steilen Klippen und stürzt dann über eine Folge von Felswänden. Hat man die letzte hinter sich, gewinnt man einen herzerfreuenden Rückblick auf die Fälle – in einer siebenstufigen Treppe aus schäumenden und glitzernden Kaskaden steigen sie auf und ordnen sich zu einem Bild, das ebenso bezaubernd wie ungewöhnlich ist.

Kapitel 23

Wir waren überzeugt, daß wir in einem Tag bis Oppenau wandern konnten, da wir ja nun in der Übung waren; entschlossen, eben dies zu vollbringen, brachen wir also am nächsten Morgen nach dem Frühstück auf. Der Weg führte die ganze Strecke bergab, und wir hatten das herrlichste Sommerwetter. Also stellten wir den Schrittmesser und zogen mit bequemem, regelmäßigem Schritt durch den Wald abwärts, atmeten den duftenden Hauch des Morgens in tiefen erfrischenden Zügen und wünschten, wir möchten bis in alle Ewigkeit nichts anderes mehr zu tun haben als nach Oppenau zu wandern, immerzu und dann noch einmal.

Nun liegt jedoch der wahre Reiz des Wanderns nicht im Gehen oder in der Landschaft, sondern in der Unterhaltung. Das Gehen ist gut – es schlägt den Takt für die Bewegung der Zunge; die Landschaft und die Waldesdüfte sind nützlich – sie umgeben den Wanderer mit einem unbewußten und gar nicht zudringlichen Zauber und erquicken Auge, Seele und Sinne; aber den größten Genuß gewährt die Unterhaltung. Es ist ganz gleichgültig, ob man Weisheit von sich gibt oder Blödsinn redet, in jedem Fall liegt das Hauptvergnügen im fröhlichen Wackeln der Kinnlade und im teilnehmenden Spitzen des Ohres.

Und welch eine krause Vielfalt von Themen zwei Männer im Verlauf einer Tageswanderung abgrasen! Die Geselligkeit ist so ungezwungen, daß man jederzeit das Thema wechseln kann und keiner neigt dazu, solange auf einem einzigen Gesprächsgegenstand herumzudreschen, bis er fade wird. Wir unterhielten uns in den ersten fünfzehn oder zwanzig Minuten dieses Morgens über alles, was wir wußten, und dann stießen wir in das frohe, freie, grenzenlose Reich der Dinge vor, deren wir nicht so ganz sicher waren.

Harris behauptete, falls der beste Schriftsteller der Welt sich einmal die Schludrigkeit angewöhnen sollte, sein »hätte« zu verdoppeln, würde er sie sein Lebtag nicht mehr los. Genauer gesagt: falls jemand sich angewöhnt zu schreiben, »Ich hätte es gerne gehabt, wenn ich mehr davon gewußt hätte«, anstatt schlicht zu sagen, »Ich hätte gerne mehr davon gewußt«, hat er sich eine Krankheit auf den Leib geholt, die nicht mehr zu kurieren ist. Harris sagte, diese Nachlässigkeit sei in einer jeden Nummer einer jeden Zeitung zu finden, die jemals gedruckt worden ist, und in fast allen Büchern, selbst in Grammatiken, selbst bei den Klassikern der Sprache. Harris glaubte, daß nur Milchzähne im Munde des Menschen häufiger vorkämen als dieses »verdoppelte hätte«.

Damit wechselte das Thema zur Zahnheilkunde hinüber. Ich sagte, daß meiner Ansicht nach der Durchschnittsmensch mehr Angst vor dem Zahnziehen als vor einer Amputation habe, und daß er leichter bei ersterer als bei letzterer Operation zu schreien anfange. Der Philosoph Harris entgegnete, daß der Durchschnittsmensch, falls er Publikum habe, weder in dem einen noch in dem anderen Fall schreien werde. Und er fuhr fort:

»Anfangs, als unsere Brigade am Potomac ins Lager ging, hat uns von Zeit zu Zeit ein ohrenzerreißender Schmerzensschrei hochfahren lassen: In einem der Zelte wurde einem Soldaten ein Zahn gezogen. Aber die Feldscher schafften da bald Abhilfe; sie führten die Freiluft-Zahnbehandlung ein. Von dem Tag an war nie wieder ein Schrei zu hören – jedenfalls nicht von dem Manne, dem der Zahn gezogen wurde. Zur täglichen

Zahnbehandlungsstunde versammelten sich etwa fünfhundert Soldaten in der Nähe des Behandlungsstuhls, um der Vorstellung beizuwohnen – und zu helfen; und sobald der Feldscher mit der Zange den Zahn des Kandidaten packte und zu hebeln begann, griffen sich diese fünfhundert Spitzbuben sämtlich mit der Hand an die Backe und fingen an, auf einem Bein herumzuhüpfen und aus vollster Lunge zu schreien! Die Haare gingen einem hoch, wenn diese vielstimmige und doch gewaltig einmütige Katzenmusik losbrach! Bei solch einem großen und spöttischen Publikum hätte der Leidende auch keinen Laut von sich gegeben, wenn ihm der Kopf abgerissen worden wäre. Die Feldschere behaupteten, daß ziemlich oft ein Patient inmitten sciner Pein lachen mußte, aber geschrien habe nach Einrichtung der Freilichtvorführung nie wieder einer.«

Zahnärzte ließen an Ärzte denken, Ärzte an den Tod, der Tod an Skelette – in einem logischen Prozeß schmolz die Unterhaltung auf diese Weise aus einem Thema ins andere, bis die

Skelette schließlich Nicodemus Dodge aus dem tiefen Grab in meiner Erinnerung auferstehen ließen, in dem er seit fünfundzwanzig Jahren vergessen geschlummert hatte. Als ich Laufjunge in einer Druckerei in Missouri war, kam eines Tages ein schlaksiges, langbeiniges, struwwelköpfiges Bauernkerlchen von vielleicht sechzehn Jahren in blauem Arbeitszeug hereingestapft und sah sich, ohne die Hände aus den Tiefen seiner Hosentaschen hervorzuholen oder die ausgebleichte Ruine eines Schlapphutes abzunehmen, dessen zerrissene Krempe ihm wie ein vom Ungeziefer befallenes Kohlblatt in Fetzen über Augen und Ohren hing, gleichgültig bei uns um, lehnte sich dann mit der Hüfte gegen das Schreibpult des Redakteurs, stellte seine mächtigen Quadratstiefel über Kreuz, zielte durch einen Spalt zwischen seinen oberen Zähnen nach einer weit entfernten Fliege, legte sie flach und sagte in aller Gemütsruhe:

»Wo is'n wohl mal der Meister?«

»Ich bin der Meister«, sagte der Redakteur, während er das sonderbare Stück Architektur bis zum Zifferblatt hinauf verwundert mit den Augen abtastete.

»Sie woll'n nich' vielleicht ein'ha'm für den Betrieb hier zu lernen, oder vielleicht doch?«

»Hm, ich weiß nicht. Möchtest du ihn gerne lernen?«

»Papa is' so arm, der kann nich' mehr für mich aufkomm', also will ich mich im Sommer was suchen, wenn ich kann, ganz egal, was – ich bin stark und gesund, und ich drück mich vor keiner Arbeit, harte oder feine.«

»Meinst du, du würdest gerne die Druckerei lernen?«

»Hm, ei'ntlich is' es mir verdonnert egal, was ich lerne, wenn ich nur 'ne Schangse hab', auf eigene Beine zu stehen. Ja, doch – warum soll ich nich' drucken lern', warum eigentlich nich'?«

»Kannst du lesen?«

»Ja – so einigermaßen.«

»Schreiben?«

»Na, hab' schon Leute besser schreiben sehen.«

»Rechnen?«

»Hm, 'n Laden könnte ich wohl nich' aufmachen, nee, aber bis zwölf-mal-zwölf, da bin ich gar nich' so schlecht. Was dann kommt, damit können Sie mich kriegen!«

»Wo bist du zu Hause?«

»Von Shelby her.«

»Welche Konfession hat dein Vater?«

»Der? O, er ist Schmied.«

»Nein, nein – ich meine nicht seinen Beruf. Welcher *Religion* gehört er an?«

»O – ich hab' Sie ehm nich' verstanden. Er ist Freimaurer.«

»Nein, nein, du verstehst mich immer noch nicht. Ich meine – gehört er einer *Kirche* an?«

»Ach so! Ich konnte überhaups nich' verstehen, was Sie da ehm fragen wollten. Gehört er zu einer *Kirche*? Na, Meister, er ist der fleißigste Baptist, wo Sie finden können, und nun schon seit vierzig Jahren. Es gibt keine fleißigeren als was er ist. Mächtig guter Mann ist mein Papa, jawohl. Sagt jeder. Und wenn Sie was an'eres sagen wolln – nich', wenn ich dabei bin, nee – kein bißchen! Nich', wenn ich dabei bin!«

»Und was ist deine Religion?«

»Hm, Meister, da ha'm Sie mich – und ei'ntlich ha'm Sie mich doch wieder nich' – nich' sehr. Ich denke mir, wenn ein Kerl ei'm anderen Kerl helft, wenn der geholft werden muß, und wenn er nich' flucht und nix Gemeines nich' tut und überhaups nix, was ihn überhaups nix angeht, und den Namen unseres Heilands nich' mit ei'm kleinen g schreiben tut, dann kann nix schiefgehen – dann ister faß so sicher, als wenner einer Kirche angehören täte.«

»Aber angenommen, er schriebe ihn mit einem kleinen g – was dann?«

»Hm, wenn er's mit Absicht getan hätte, hatter wohl keine Schangse – auf jeden Fall *dürfte* er keine Schangse haben, da bin ich ganz verdaxt sicher!«

»Wie heißt du?«

»Nicodemus Dogde.«

»Ich glaube, wir können dich gebrauchen, Nicodemus. Wir stellen dich auf jeden Fall zur Probe ein.«

»Is' gut.«

»Wann möchtest du anfangen?«

»Jetzt.«

Und so war dieses unbeschriebene Blatt bereits zehn Minuten, nachdem wir seiner ansichtig geworden waren, einer von uns und mit ausgezogener Jacke tüchtig bei der Arbeit.

Hinter unserem Betrieb lag ein verlassener, wegloser, dicht mit dem blumigen und tückischen Stechapfel und seiner üblichen Freundin, der Sonnenblume, bewachsener Garten. Inmitten dieses traurigen Flecks Erde stand ein verfallenes und betagtes kleines Fachwerkhäuschen mit nur einem Raum, einem Fenster und keiner Decke – eine Generation zuvor war es eine Räucherkammer gewesen. Dieses einsame und gespenstische Loch gab man Nicodemus als Schlafstube.

Die Dorfwitzlinge hatten sofort heraus, welch eine Perle ihnen in Nicodemus beschert worden war – eine Zielscheibe für Streiche und allerlei Schabernack. Er konnte es nicht verbergen, daß er unsagbar arglos und vertrauensselig war. George Jones gewann den Ruhm für sich, ihm den ersten Streich gespielt zu haben; er gab ihm eine Zigarre mit einem Knallfrosch darin und zwinkerte den anderen mit einem Auge zu, sie möchten näherkommen; das Ding explodierte prompt und versengte Nicodemus' Augenbrauen und Wimpern völlig. Er sagte nur:

»Diese Ssigarrenmarke halte ich für gefährlich« – und schien keinen Verdacht zu schöpfen. Am nächsten Abend lauerte Nicodemus George auf und goß ihm einen Eimer mit eiskaltem Wasser über den Kopf.

Eines Tages, als Nicodemus schwamm, machte Tom McElroy Knoten in Ärmel und Beine seiner Sachen. Zur Vergeltung zündete Nicodemus mit Toms Sachen ein Feuerchen an.

Ein dritter Streich wurde Nicodemus ein paar Tage später

gespielt – er ging am Sonntagabend mit einem weithin sichtbaren bedruckten Zettel auf dem Rücken den Mittelgang der Kirche hinunter. Der Spaßvogel verbrachte nach dem Kirchgang den Rest der Nacht im Keller eines leerstehenden Hauses, und Nicodemus saß, bis es Zeit zum Frühstücken wurde, auf der Kellertür, damit der Gefangene auch ja nicht vergaß, daß rauhe Behandlung die Folge sein würde, sollte er es sich einfallen lassen, Lärm zu schlagen. In dem Keller standen zwei Fuß Wasser, und der Boden war mit einer guten Handbreit weichen Schlamms bedeckt.

Aber ich schweife ab. Das Thema Skelette war es, das mir diesen Jungen ins Gedächtnis zurückrief. Ehe noch sehr viel Zeit verstrichen war, setzte sich bei den Witzbolden und Schlaumeiern im Dorf das unbehagliche Gefühl fest, daß ihre Anschläge auf den Einfaltspinsel »von Shelby her« nicht gerade von leuchtendem Erfolg gekrönt waren. Die Attentate wurden seltener und vorsichtig. Aber nun kam der junge Arzt zu Hilfe. Alles war entzückt und klatschte laut Beifall, als er vorschlug, Nicodemus zu Tode zu erschrecken, und auch gleich erklärte, wie er es anzustellen gedachte. Er besaß ein edles neues Skelett – das Gebein der verstorbenen und einzigen Lokalberühmtheit: des Dorfsäufers Jimmy Finn – ein grausliches Stück Eigentum, das er von Jimmy Finn persönlich für fünfzig Dollar bei einer Versteigerung gegen scharfe Konkurrenz erworben hatte, als Jimmy vierzehn Tage vor seinem Tod in der Gerberei schwerkrank darniederlag. Die fünfzig Dollar waren prompt für Whisky draufgegangen und hatten den Besitzerwechsel beträchtlich beschleunigt. Der Arzt würde dem Nicodemus Jimmy Finns Skelett ins Bett legen!

So geschah es – abends gegen halb elf. Um Nicodemus' übliche Schlafenszeit – etwa um Mitternacht – schlichen sich die Dorfspaßvögel verstohlen durch Stechapfel und Sonnenblumen an das einsame Fachwerkhäuschen heran. Sie gelangten an das Fenster und spähten hinein. Da saß der langbeinige arme Wicht in nichts weiter als einem sehr kurzen Hemd auf seinem

Bett und baumelte zufrieden mit den Beinen und spielte »Rennen in Camptown« auf einem mit Seidenpapier belegten Kamm, den er gegen den Mund drückte; neben ihm lagen eine neue Maultrommel, ein neuer Brummkreisel, ein Hartgummiball, eine Handvoll bemalter Murmeln, fünf Pfund Kandiszukker und ein breiter, tüchtig beknabberter Kanten Lebkuchen von der Dicke und Größe eines Notenalbums. Nicodemus hatte das Skelett einem durchziehenden Quacksalber für drei Dollar verkauft und genoß nun die Folgen!

Harris und ich hatten das Thema Skelette abgeschlossen und wollten gerade zwanglos zu Fossilien überwechseln, da hörten wir einen Schrei und blickten den steilen Berghang hinauf. Wir entdeckten hoch oben Männer und Frauen, die mit entsetzten Gesichtern dastanden, und etwas recht Umfängliches kam purzelnd den Steilhang hinunter auf uns zugestürzt. Wir traten zur Seite, und als das Umfängliche auf der Straße landete, erwies es sich als ein Junge. Er war gestolpert und hingeschlagen, und es war ihm nichts anderes übriggeblieben, als seinem Glück zu vertrauen und hinzunehmen, was kam.

Wenn man an solch einer Stelle erst einmal ins Rollen kommt, gibt es kein Halten, bis man unten ist. Man stelle sich Leute vor, die Land an einem Berghang bebauen, der so steil ist, daß man nichts Besseres von ihm sagen kann – falls man es sehr genau nehmen will –, als daß er ein wenig steiler als eine Leiter und nicht ganz so steil wie ein Mansardendach ist. Genau dies tun diese Leute. Manche der Äcker, die zu den kleinen Bauerngehöften auf den Hängen Heidelberg gegenüber gehörten, standen gleichsam auf der Kante. Der Junge war prächtig durchgerüttelt worden, und er blutete aus Schrammen am Kopf, die ihm kleine spitze Steine unterwegs gerissen hatten.

Harris und ich hoben ihn auf und setzten ihn auf einen Stein, und unterdessen waren die Männer und Frauen eiligst heruntergeklettert und hatten seine Mütze gebracht.

Aus kleinen Katen in der Nähe kamen Männer, Frauen und Kinder herbeigelaufen und gesellten sich zu den Umstehenden.

Der blasse Junge wurde getätschelt und angestarrt und bemitleidet, und man brachte ihm Wasser zum Trinken und zum Baden seiner Schrammen und Prellungen. Und ein Geschnatter! Alle, die der Katastrophe zugeschaut hatten, beschrieben sie gleichzeitig, und jeder versuchte, noch lauter zu reden als sein Nachbar; und ein junger Mensch von überlegener geistiger Größe lief ein Stück den Berg hinauf, bat laut um Aufmerksamkeit, stolperte, fiel hin, rollte uns vor die Füße und zeigte auf diese Weise triumphierend, wie es genau gewesen war.

Harris und ich wurden in all diese Schilderungen eingeschlossen; wie wir dahergekommen waren; wie Hans Groß schrie; wie wir Peter einer Kanonenkugel gleich auf uns zuschießen sahen; mit wieviel Besonnenheit wir zur Seite traten und ihn kommen ließen; und mit welch großer Geistesgegenwart wir ihn aufhoben und abbürsteten und auf einen Stein setzten, als die Vorführung vorbei war. Wir waren ebensosehr Helden wie alle anderen, außer Peter, und wurden als solche anerkannt; wir wurden nebst Peter und dem gemeinen Volk zur Hütte von Peters Mutter mitgenommen, und dort aßen wir Brot und Käse und tranken Milch und Bier mit allen anderen und ließen es uns aufs geselligste gut sein; und als wir dann weiterzogen, schüttelten sie uns alle die Hand und riefen zahllose Male »Lebewohl!« zurück, bis eine Biegung der Straße uns für immer von unseren herzlichen und wohlwollenden neuen Freunden trennte.

Es gelang uns, was wir uns vorgenommen hatten. Um halb neun Uhr abends, genau elfeinhalb Stunden nach unserem Aufbruch von Allerheiligen, betraten wir Oppenau – 236 Kilometer. Das ist die Entfernung laut Schrittmesser; der Reiseführer und die Kaiserlichen Generalstabskarten geben nur 16½ Kilometer an – ein überraschender Schnitzer, denn wenn es sich um Entfernungen handelt, sind diese beiden Quellen gewöhnlich überaus genau.

Kapitel 24

Es war eine durch und durch zufriedenstellende Wanderung – es sollte von allen die einzige sein, bei der es den ganzen Weg über nur bergab ging. Am nächsten Morgen bestiegen wir den Zug und kehrten durch gräßliche Staubnebel nach Baden-Baden zurück. Dazu war noch jeder Sitz besetzt, denn es war Sonntag, und daher machte jeder eine »Vergnügungs«-reise. Die Hitze! Der Himmel war der reinste Backofen – und ein guter: keine Risse, die irgendwelche Luft einließen. Wahrhaftig eine sonderbare Zeit für eine Vergnügungsreise!

Sonntag ist der große Tag in Europa – der freie Tag, der frohe Tag. Man kann auf hunderterlei Art den Feiertag nicht heiligen, ohne eine Sünde zu begehen.

Wir arbeiten am Sonntag nicht, weil das Gebot es verbietet; die Deutschen arbeiten am Sonntag nicht, weil das Gebot es verbietet. Wir ruhen uns am Sonntag aus, weil das Gebot es verlangt; die Deutschen ruhen sich am Sonntag aus, weil das Gebot es verlangt. Aber in der Definition des Wörtchens »ausruhen« liegt der ganze Unterschied beschlossen. Für uns lautet seine Sonntagsbedeutung: Bleibe im Hause und verhalte dich still; für die Deutschen scheint die Sonntagsbedeutung dieselbe wie die Werktagsbedeutung zu sein: Ruhe den müden Teil aus – der Rest steht nicht zur Debatte; ruhe den müden Teil aus und bediene dich dabei der Mittel, die zum Ausruhen eben dieses Teiles am besten geeignet sind. War also jemand von Berufs wegen die ganze Woche ans Haus gefesselt, wird er sich ausruhen, wenn er den Sonntag im Freien verbringt; gehörte es zu seinen Pflichten, die ganze Woche hindurch gewichtigte und ernste Dinge zu lesen, wird er sich ausruhen, wenn er am Sonntag Leichtes liest; hatte seine Arbeit an jedem Tag der Woche mit Tod und Beerdigung zu tun, wird er sich ausruhen, wenn er am Sonntagabend ins Theater geht und zwei bis drei Stunden über eine Komödie lacht; ist er müde, weil er die ganze Woche Gräben ausgehoben oder Bäume gefällt hat, wird er sich ausruhen, wenn er am Sonntag still zu Hause liegt; falls die Hand, der Arm, das Gehirn, die Zunge oder irgendein anderer Körperteil vom Nichtbenutzen ermattet sind, ruht man sich nicht aus, indem man noch einen weiteren Tag keinen Gebrauch von ihnen macht; sind sie jedoch ermattet, weil sie benutzt wurden, ist Nichtbenutzen die richtige Ruhe. So scheinen die Deutschen das Wort »ausruhen« zu definieren – sie ruhen den jeweiligen Körperteil aus, indem sie seine Kraft wiederherstellen. Aber unsere Definition ist weniger weitmaschig. Wir ruhen uns des Sonntags alle auf die gleiche Weise aus – indem wir uns zurückziehen und still verhalten, ob dies uns nun die gründlichste Rast verschafft oder nicht. Die Deutschen lassen ihre Schauspieler, Prediger usw. am Sonntag arbeiten. Wir ermuntern Pastöre, Drucker, Redakteure usw. dazu, sonntags zu arbeiten, und vertrauen darauf, daß die Sünde uns schon nicht angekreidet werden wird; aber ich weiß nicht, wie wir die Tatsache wegerklären wollen, daß es für einen Pastor kaum weniger falsch sein kann, als für einen Drucker, wenn er am Sonntag seinem Gewerbe nachgeht, macht doch das Gebot keine Ausnahme zu Gunsten des Pastors. Wir kaufen uns am Montagmorgen unsere Zeitung und lesen sie und unterstützen so das Drucken am Sonntag. Aber ich werde es nie wieder tun.

Die Deutschen halten den Feiertag heilig, indem sie sich der Arbeit enthalten, wie das Gebot es befiehlt; wir halten ihn heilig, indem wir uns der Arbeit enthalten, wie das Gebot es befiehlt, und uns außerdem des Spiels enthalten, was das Gebot nicht befiehlt. Vielleicht *verstoßen* wir daher gegen das Gebot der Ruhe, da unser Ausruhen in den meisten Fällen nur dem Namen, aber nicht der Sache nach ein Ausruhen ist.

Diese Überlegungen genügten einigermaßen, um den Riß in meinem Gewissen zu flicken, der dadurch entstanden war, daß ich an einem Sonntag nach Baden-Baden zurückreiste. Wir trafen zeitig genug ein, um uns aufzuputzen und noch vor Beginn des Gottesdienstes zur englischen Kirche zu gelangen. Und wir kamen mit beträchtlichem Gepränge an, denn der Wirt hatte den erstbesten Wagen, den er hatte finden können, vorfahren lassen, da keine Zeit zu verlieren war, und der Kutscher trug solch eine prächtige Livree, daß man uns wahrscheinlich für zwei versprengte Herzöge hielt, denn warum sonst wohl soll man uns mit einem Gestühl für uns allein hoch oben unter den Erwähltesten zur Linken der Kanzel beehrt haben? Das war mein erster Gedanke. In dem Gestühl unmittelbar vor uns saß eine einfach und billig gekleidete ältere Dame; neben ihr saß eine junge Dame mit einem sehr lieben Gesicht, und auch sie war sehr einfach gekleidet; aber überall um uns herum sah man Kleider und Schmuck, in denen zu beten und lobzusingen jedermann das Herz erwärmen würde.

Ich glaubte recht deutlich zu erkennen, daß es der älteren Dame peinlich war, in solch billiger Kleidung an solch auffallendem Platz zu sitzen. Sie begann mir leid zu tun. Ich machte mir Gedanken um sie. Sie gab sich Mühe, sehr mit ihrem Gesangbuch und dem Responsorium beschäftigt zu erscheinen, und tat, als merke sie nicht, daß sie fehl am Platze war, aber ich

dachte bei mir: Es gelingt ihr nicht – da ist ein kummervolles Tremulo in ihrer Stimme, das wachsende Verlegenheit verrät. Plötzlich fiel der Name des Heilands, und in ihrer Aufregung verlor sie nun vollkommen den Kopf und erhob sich und verneigte sich, statt wie alle anderen nur leicht zu nicken. Das Blut schoß mir mitfühlend in die Schläfen, und ich drehte mich um und bedachte diese feinen Vögel mit einem Blick, der ein bittender Blick sein sollte, aber meine Gefühle bemächtigten sich meiner und verwandelten ihn in einen Blick, der besagte: »Wenn einer von euch Lieblingen des Glücks über diese arme Seele lacht, verdient ihr, daß man euch dafür auspeitscht!« Die Sache wurde immer schlimmer, und alsbald war ich soweit, daß ich mich im Geiste zum Beschützer der freundlosen Dame ernannte. Alle meine Gedanken waren bei ihr. Ich achtete überhaupt nicht mehr auf die Predigt. Ihre Verlegenheit nahm immer stärker von ihr Besitz; nun ließ sie den Verschluß ihres Riechfläschchens schnappen – es war ein lautes, knallendes Geräusch, aber in ihrer Beklemmung ließ sie ihn schnappen und schnappen und schnappen – sie wußte nicht, was sie tat, sie merkte es gar nicht. Zum Äußersten kam es, als der Teller zur Kollekte die Runde zu machen begann; die einfachen Leute legten ihre Pfennige darauf, der Adel und die Reichen spendeten Silber, sie jedoch legte mit widerhallendem *klick!* ein goldenes Zwanzigmarkstück vor sich auf die Gesangbuchauflage! Ich dachte bei mir: Sie hat sich von all ihren armseligen Ersparnissen getrennt, um sich die Achtung dieser mitleidlosen Leute zu erkaufen – der Anblick jammert mich. Diesmal wagte ich nicht, mich umzusehen, aber als der Gottesdienst zu Ende ging, sagte ich mir: »Sollen sie lachen – jetzt können sie es noch; aber vor der Tür dieser Kirche werden sie sehen, wie sie mit uns in unsere vornehme Kutsche einsteigt, und unser Prachtkutscher wird sie nach Hause fahren.«

Dann erhob sie sich, und die ganze Gemeinde stand, während sie den Mittelgang hinunter zum Ausgang schritt. Es war die Kaiserin von Deutschland!

Nein – sie war durchaus nicht so verlegen gewesen, wie ich geglaubt hatte. Meine Einbildung war mit mir auf der falschen Fährte davongerannt, und das ist immer hoffnungslos; man kann dann sicher sein, daß man bis zum Schluß in einem fort alles andere ebenfalls falsch deutet. Die junge Dame, die Ihre Majestät begleitete, war eine Ehrendame – und ich hatte sie die ganze Zeit über für einen ihrer Pensionsgäste gehalten!

Dies war das einzige Mal, daß sich eine Kaiserin meines persönlichen Schutzes erfreute; und wenn ich meine Unerfahrenheit in Betracht ziehe, kann ich mich nur wundern, wie gut ich meine Sache gemacht habe. Bestimmt wäre ich selber ein bißchen verlegen gewesen, hätte ich schon vorher gewußt, wozu ich mich da verdingt hatte.

Wir erfuhren, daß die Kaiserin sich seit mehreren Tagen in Baden-Baden aufhielt. Sie soll nie einer anderen Gottesdienstform als der englischen beiwohnen.

Den übrigen Sonntag lag ich zu Bett und las und ruhte mich von der Erschöpfung der Reise aus, aber ich schickte meinen Reisebegleiter, damit er mich beim Nachmittagsgottesdient vertrete, denn ich lasse mich durch nichts in meiner Gewohnheit beirren, jeden Sonntag zweimal zur Kirche zu gehen.

Am Abend war eine große Menschenmenge im öffentlichen Park versammelt, um der Kapelle beim »Fremersberg« zuzuhören. Dieses Musikstück erzählt eine der alten Sagen aus dieser Gegend – von einem großen Herrn des Mittelalters, der sich in den Bergen verirrte und mit seinen Hunden in einem schrecklichen Unwetter umherwanderte, bis schließlich das ferne Läuten einer Klosterglocke, die die Mönche zur Mitternachtsmesse rief, an sein Ohr drang und er der Richtung, aus der das Läuten kam, folgte und gerettet wurde. Eine wundervolle Melodie durchlief die Musik, ohne je aufzuhören, manchmal laut und kräftig, manchmal so zart, daß sie kaum zu erkennen war – aber sie war immer da; sie schwang sich erhaben durch das schrille Pfeifen des Gewitterwindes, durch das Prasseln des Regens und das Krachen und Dröhnen des Donners; sie wand sich sanft und

leise durch die leiseren Klänge, die entfernten, wie zum Beispiel das Klingen der Klosterglocke, die wohltönenden Signale aus dem Horn des Jägers, das kummervolle Bellen seiner Hunde und den feierlichen Sprechgesang der Mönche; sie erhob sich erneut in jubelndem Ton und mischte sich mit den ländlichen Liedern und Tänzen der Bauern, die im Refektorium des Klosters versammelt waren, um den geretteten Jäger beim Mahl zu erfreuen. Die Instrumente ahmten alle diese Laute mit staunenerregender Genauigkeit nach. Mehr als einer wollte seinen Schirm aufspannen, als das Gewitter losbrach und der nachgeahmte Regen in Kübeln über uns niederging; es war kaum möglich, nicht nach dem Hut zu fassen, wenn der wütende Wind zu heulen und zu toben begann; und es war *un*möglich, nicht zusammenzuzucken, wenn diese plötzlichen und zauberhaft echten Donnerschläge krachten.

Ich nehme an, der »Fremersberg« ist eine sehr niedere Sorte

von Musik – ja, ich weiß, daß er eine niedere Sorte von Musik sein muß, denn er hat mich so entzückt, so von innen her erwärmt, mich bewegt, mich aufgerührt, mich erhoben, mich hingerissen, daß ich die ganze Zeit hätte heulen mögen und rasend vor Begeisterung war. Seit meiner Geburt war meine Seele nie wieder so gründlich gereinigt worden. Der feierliche und majestätische Gesang der Mönche wurde nicht von Instrumenten dargestellt, sondern von Männerstimmen; und er erhob sich und verklang wieder und erhob sich abermals in jenem üppigen Ineinander sich bekriegender Klänge und rhythmisch tönender Glocken und dem hoheitsvollen Schwung jener stets gegenwärtigen bezaubernden Melodie, und ich sagte mir, daß nur die allerniedrigste der niederen Musik so überirdisch schön sein *kann*. Die große Menschenmenge, die vom »Fremersberg« angelockt worden war, bewies ebenfalls, daß es sich um Musik niederer Qualität handelte; denn nur die Wenigen sind so gebildet, daß Musik hoher Qualität ihnen Vergnügen bereitet. Ich habe nie genügend klassische Musik gehört, um mich daran erfreuen zu können. Die Oper mißfällt mir, weil ich sie lieben möchte und sie nicht lieben kann.

Es ist wohl so, daß es zwei Arten von Musik gibt – eine Art, die man so fühlt, wie sie vielleicht auch von einer Auster gefühlt wird, und eine andere, die ein höheres Organ erfordert, eine Fähigkeit, die durch Unterweisung gefördert und entwickelt werden muß. Aber falls niedere Musik gewissen Leuten unter uns Flügel wachsen läßt, warum sollen wir uns da eine andere wünschen? Wir tun's jedoch. Wir wünschen sie uns, weil die Oberen und Besseren sie mögen. Aber wir möchten sie haben, ohne ihr die notwendige Zeit und Mühe zu widmen; also klettern wir mittels einer Lüge in jenen oberen Rang, auf jene Logenplätze, wir *tun so*, als gefalle sie uns. Ich kenne mehrere solche Leute – und ich nehme mir vor, zu ihnen zu stoßen, wenn ich mit meiner hochfeinen europäischen Bildung nach Hause komme.

Und dann ist da die Malerei. Was für den Stier ein rotes

Tuch, war für mich Turners »Sklavenschiff«, bevor ich mich mit der Kunst befaßte. Mister Ruskin ist in der Kunst so sehr gebildet, daß dieses Bild ihn in eine ebenso rasende Ekstase des Entzückens versetzt, wie sie mich vor einem Jahr, als ich unwissend war, in eine des Zorns gestoßen hat. Seine Bildung befähigt ihn – und nun auch mich –, Wasser in diesem grellgelben Schlamm zu erkennen und naturhafte Vorgänge in diesen geisterblassen Explosionen aus Rauch und Flammen und der hochroten Sonnenuntergangsherrlichkeit; es versöhnt ihn – und nun auch mich – mit dem Schwimmen eiserner Ankerketten und anderer nichtschwimmender Gegenstände; es versöhnt uns mit Fischen, die oben auf dem Schlamm herumschwimmen – will sagen auf dem Wasser. Das Bild ist zum größten Teil eine ausgemachte Unmöglichkeit, das heißt also: eine Lüge; und nur unerbittliche Bildung kann einen Menschen dazu befähigen, Wahrheit in einer Lüge zu finden. Aber sie hat Mister Ruskin dazu befähigt, und sie hat mich dazu befähigt, und ich bin dankbar dafür. Ein Zeitungsreporter aus Boston ging hin und warf einen Blick auf das Sklavenschiff, das sich da durch die stürmische Feuersbrunst der Rot und Gelb kämpft, und sagte, es erinnere ihn an eine getigerte Katze, die einen Anfall in einer Schüssel mit Tomatensoße hat. Damals war ich noch ungebildet, und die Bemerkung saß. Das ist doch einmal, dachte ich, ein Mann, der Augen hat, zu sehen. Mister Ruskin würde gesagt haben: Dieser Mensch ist ein Esel. Genau das würde ich jetzt ebenfalls sagen.

Nun, wie dem auch sei, wir waren diesmal in Baden-Baden, um zu unserem Reiseleiter zu stoßen. Ich hatte es für das beste gehalten, einen zu dingen, da wir ja schließlich noch nach Italien wollten und die Sprache nicht beherrschten. Er auch nicht. Wir trafen ihn im Hotel an, wo er sich bereithielt, um uns zu übernehmen. Ich fragte ihn, ob er reiseklar sei. Er war es. Sehr. Er gedachte eine Reisekiste, zwei Handkoffer und einen Regenschirm mitzunehmen. Ich würde ihm monatlich 55 Dollar und alle Eisenbahnfahrten zahlen. In Europa kostet die

Beförderung eines großen Koffers ungefähr ebensoviel wie die einer Person. Reiseleiter brauchen nirgendwo für Unterkunft und Verpflegung zu bezahlen. Dies sieht nach einer großen Ersparnis für den Touristen aus – anfangs. Dem Touristen wird nicht klar, daß *einer* dem Mann schließlich sein Essen und sein Bett bezahlen muß. Irgendwann, in einem seiner lichten Augenblicke, dämmert es ihm dann aber doch noch.

Kapitel 25

Am nächsten Morgen reisten wir mit der Bahn in die Schweiz ab und trafen gegen zehn Uhr abends in Luzern ein. Meine erste Entdeckung war die, daß man die Schönheit des Sees nicht übertrieben hatte. Schon wenige Tage später gelang mir eine zweite Entdeckung. Ich fand heraus, daß die vielgepriesene Gemse keine Wildziege ist; daß sie kein gehörntes Tier ist; daß sie nicht scheu ist; daß sie menschliche Gesellschaft nicht meidet und daß es nicht gefährlich ist, sie zu jagen. Die Gemse ist schwarz oder braun und nicht größer als ein Senfkorn; man braucht sich nicht an sie heranzumachen, sie macht sich an einen heran; sie tritt in riesigen Herden auf und hüpft und krabbelt einem auf dem ganzen Leib herum, in den Kleidern. Also ist sie nicht scheu, sondern überaus gesellig; sie fürchtet sich nicht vor dem Menschen, im Gegenteil, sie greift ihn entschlossen an; ihr Biß ist nicht gefährlich, aber angenehm ist er auch nicht. Ihre Behendigkeit hat man indessen nicht zu hoch eingeschätzt – versucht man den Finger daraufzuhalten, hüpft sie mit einem einzigen Satz eine Strecke, die tausendmal so lang ist wie sie selber. Allerhand romantischer Blödsinn ist über die Schweizer Gemse und die Gefahren beim Jagen derselben geschrieben worden, wo doch in Wahrheit selbst Frauen und Kinder sie jagen, und zwar furchtlos. Ja, jeder jagt sie, und sie wird zu jeder Zeit gejagt, Tag und Nacht, im Bett und nicht im Bett! Es ist poetische Narretei, mit der Flinte auf sie Jagd zu

machen; das tun nur sehr wenige; unter Millionen gibt es nicht einen, der sie mit der Flinte treffen kann. Sie ist viel leichter zu fangen als zu schießen, und nur der erfahrene Gemsenjäger bringt beides fertig. Eine weitere übliche Übertreibung im Hinblick auf die Gemse ist ihre angebliche Seltenheit. Sie ist das glatte Gegenteil von selten. Herden von 100000000 Gemsen sind keine Seltenheit in Schweizer Hotels. Ja, sie sind so zahlreich, daß sie eine Plage darstellen. Poeten und Bücherschreiber staffieren den Gemsenjäger stets mit einer phantasievollen, malerischen Tracht aus, und dabei jagt man dieses Wild am allerbesten ohne jegliches Kostüm. Der Handelsartikel mit dem Namen Gamsleder ist ebenfalls Betrug; niemand könnte einer Gemse das Fell über die Ohren ziehen, sie ist zu klein. Das Tier ist ein einziger großer Schwindel, und alles, was man darüber geschrieben hat, ist sentimentale Übertreibung. Es war keine Freude für mich, der Gemse auf die Schliche zu kommen, denn sie war eine meiner liebsten Illusionen gewesen. Mein ganzes Leben lang hatte ich davon geträumt, sie eines Tages in ihrer Heimat auf freier Wildbahn zu sehen und mich des abenteuerlichen Vergnügens zu befleißigen, sie von Fels zu Fels zu jagen. Und es macht mir auch nun keine Freude, sie bloßzustellen und des Lesers Entzücken an ihr und seine Hochachtung vor ihr zu zerstören, aber es muß sein, denn wenn ein aufrechter Schriftsteller einen Schwindel entdeckt, ist es einfach seine

Pflicht, ihm die Maske herunterzureißen und ihn von seinem Ehrenplatz zu stürzen, ganz gleich, wer darunter leidet; mit jedem anderen Verhalten würde er sich zu Recht das Vertrauen der Leser verscherzen.

Luzern ist ganz reizend. Es beginnt mit einem Saum von Hotels unten am Wasser und krabbelt dichtgedrängt und ohne Ordnung, aber malerisch über drei steil ansteigende Berge, so daß sich dem Auge ein aufgetürmter Wirrwarr von roten Dächern, wunderlich altmodischen Giebeln, Bodenfenstern und zahnstocherähnlichen Spitztürmen bietet, in dem sich hier und dort ein Stück zinnenbewehrter alter Mauer wie ein Wurm über den Firsten krümmt und hier und dort ein alter viereckiger Turm aus wuchtigen Bruchsteinen aufragt. Und außerdem hier und dort eine Stadtuhr mit nur einem Zeiger – einem Zeiger, der sich pfeilgerade ohne Gelenk über das ganze Zifferblatt erstreckt; solch eine Uhr erhöht den Reiz des Bildes, aber die Tageszeit kann man von ihr nicht ablesen. Zwischen der geschwungenen Kette der Hotels und dem See verläuft eine breite Promenade mit Lampen und einer Doppelreihe breitkroniger Bäume. Das Seeufer hat eine Steinmauer wie eine Pier, und oben an der Kante der Mauer läuft eine Reling entlang, damit die Leute nicht über Bord fallen. Den ganzen Tag über sausen Wagen über die Promenade, und Kinderfrauen, Kinder und Touristen sitzen im Schatten unter den Bäumen oder beugen sich über das Geländer und beobachten die Fischschwärme, die in dem klaren Wasser hin und her schießen, oder blicken über den See zu dem stattlichen Gestade schneebedeckter Bergspitzen hinüber. Kleine Vergnügungsdampfer fahren schwarz von Menschen den ganzen Tag hinüber und herüber; und überall sieht man junge Mädchen und junge Männer in altertümlichen Ruderbooten umherpaddeln oder, falls sich ein Wind auftut, unter Segeln dahingleiten. Die dem See zugekehrten Zimmer des Hotels haben einen kleinen, mit einem Eisengitter umschlossenen Balkon, auf dem man für sich allein in ruhiger und kühler Behaglichkeit speisen und diesen geschäftigen und hübschen Anblick genießen kann, ohne irgend etwas mit der dazugehörigen Arbeit zu schaffen zu haben.

Die meisten Leute, Männer und Frauen, tragen Wandertracht und führen Alpenstöcke mit. Allem Anschein nach gilt es in der Schweiz selbst in der Stadt als zu gefährlich, ohne Alpenstock zu gehen. Falls ein Tourist es vergißt und ohne seinen Alpenstock zum Frühstück herunterkommt, geht er zurück und

holt ihn und stellt ihn in die Ecke. Ist seine Schweizer Rundreise beendet, wirft er diesen Besenstiel nicht weg, sondern schleppt ihn mit nach Hause bis in den fernsten Winkel der Erde, obwohl es ihn mehr Geld und Mühe kostet, als ein Säugling oder ein Reisebegleiter ihn je kosten könnten. Nämlich der Alpenstock ist seine Trophäe; sein Name ist in ihn eingebrannt; und falls er mit ihm einen Berg erklommen, einen Bach übersprungen oder eine Ziegelei durchquert hat, werden die Namen dieser Örtlichkeiten ebenfalls eingebrannt. Demnach ist er sozusagen seine

Regimentsfahne: er kündet von seinen Errungenschaften. Er ist drei Schweizer Franken wert, wenn er ihn kauft, aber nicht einmal mit einer Goldgrube wäre er zu erstehen, wenn einmal seine Heldentaten in ihn eingegraben sind. Überall in der Schweiz gibt es Handwerker, deren Handwerk darin besteht, daß sie diese Dinge in die Alpenstöcke der Touristen einbrennen. Und wohlgemerkt, der Respekt, den man einem Menschen in der Schweiz zollt, hängt von seinem Alpenstock ab. Ich mußte feststellen, daß niemand mich auch nur beachtete, solange ich einen ungezeichneten trug. Das Brennen ist jedoch nicht teuer, also war der Schaden schnell behoben. Die Wirkung auf die nächste Reisegesellschaft war bemerkenswert. Ich fühlte mich für meine Mühe belohnt.

Die Hälfte der sommerlichen Horden in der Schweiz besteht aus Engländern, die andere aus vielen Nationalitäten, unter denen die Deutschen führen und die Amerikaner an zweiter Stelle liegen. Die Amerikaner waren nicht so zahlreich vertreten, wie ich erwartet hatte.

Die Table d'hôte im großen Schweizerhof bot des Abends eine mächtige Schlachtordnung der verschiedensten Völkerschaften, aber man konnte hier besser Moden und Trachten studieren als Leute, denn die Menge saß an ungeheuer langen Tischen, und darum sah man die Gesichter der meisten nur von ferne; das Frühstück jedoch wurde an kleinen runden Tischen serviert, und wenn man dann das Glück hatte, einen Tisch in der Mitte der Ansammlung zu erhaschen, konnte man so viele Gesichter studieren, wie man sich nur wünschen mochte. Gewöhnlich versuchten wir, die Staatsangehörigkeit zu erraten, und das gelang uns im allgemeinen recht ordentlich. Manchmal versuchten wir auch, den Namen von Leuten zu raten, aber das klappte gar nicht. Man braucht wahrscheinlich eine Menge Übung dazu. Wir gaben es bald auf und wandten unsere Anstrengungen weniger schwierigen Eigenheiten zu. Eines Morgens sagte ich:

»Da drüben, das sind Amerikaner.«

Harris sagte:

»Ja – aber aus welchem Staat?«

Ich nannte einen Staat, Harris nannte einen anderen. In einem Punkt jedoch waren wir derselben Meinung – daß die junge Dame, die zu der Gesellschaft gehörte, sehr schön war und ihre Kleidung von vorzüglichem Geschmack zeugte. Aber über ihr Alter konnten wir uns nicht einigen. Ich sagte achtzehn, Harris sagte zwanzig. Wir stritten uns warm, und schließlich sagte ich (und zwar so, als meinte ich es ernst): »Nun, es gibt eine Möglichkeit, diese Angelegenheit zu bereinigen – ich werde hingehen und sie fragen.«

»Aber natürlich«, sagte Harris sarkastisch. »Sie brauchen nichts weiter zu tun als die hier übliche Formel anzuwenden: hingehen und sagen: ›Ich bin Amerikaner!‹ Und sie wird sich selbstverständlich freuen, Sie kennenzulernen.«

Dann ließ er durchblicken, es sei ja wohl kaum zu befürchten, daß ich es wagen würde, sie anzusprechen.

Ich erwiderte: »Ich habe es nur so hingesagt – ich hatte tatsächlich nicht vor, sie anzusprechen, aber ich merke, Sie wissen gar nicht, was für ein unerschrockener Mensch ich bin. Ich fürchte mich vor keiner Frau auf der ganzen Welt. Ich werde hingehen und mit diesem jungen Mädchen reden.«

Was ich zu tun beabsichtigte, war nicht weiter schwierig. Ich wollte sie auf das respektvollste ansprechen und sie bitten, mir zu verzeihen, falls eine starke Ähnlichkeit mit einer Bekannten von mir mich täuschen sollte; und falls sie erwiderte, daß der Name, den ich erwähnte, nicht der ihre sei, würde ich sie abermals aufs respektvollste um Verzeihung bitten und mich zurückziehen. Niemand konnte mir das übelnehmen. Ich ging zu ihrem Tisch hinüber, verbeugte mich vor dem Herrn, wandte mich dann ihr zu und wollte gerade mit meiner kleinen Ansprache beginnen, da rief sie aus:

»Ich *wußte* doch, ich habe mich nicht geirrt – gerade habe ich zu John gesagt, daß Sie es seien! John meinte, wahrscheinlich nicht, aber ich wußte, daß ich recht hatte. Ich habe zu ihm

gesagt, daß Sie mich bestimmt sofort erkennen und an den Tisch kommen würden; und ich bin so froh, daß Sie gekommen sind, denn es hätte mir nicht sehr geschmeichelt, wenn Sie hinausgegangen wären, ohne mich erkannt zu haben. Setzen Sie sich, setzten Sie sich bitte! Das ist wirklich ein seltsamer Zufall. Ihnen noch einmal zu begegnen – damit habe ich nun ganz und gar nicht gerechnet.«

Das war eine verblüffende Überraschung. Einen Augenblick lang benahm sie mir glatt Verstand und Sinne. Dann jedoch schüttelten wir allesamt einander die Hand, und ich nahm Platz. Aber es war wahrhaftig die verzwickteste Klemme, in der ich jemals gesteckt habe. Ich glaubte, mich dunkel an das Gesicht der jungen Dame zu erinnern, aber ich hatte keine Ahnung, wo ich diesem Gesicht zuvor begegnet war und zu welchem Namen es gehörte. Ich versuchte unverzüglich ein Geplauder über die Schweizer Landschaft in Gang zu bringen, damit sie sich nur ja nicht in Themen stürzte, die verraten könnten, daß ich sie nicht kannte, aber es nützte nichts, sie kam sogleich mit Dingen, die sie mehr interessierten: »Meine Güte, war das eine Nacht, als die See die vorderen Boote wegspülte – erinnern Sie sich noch?«

»O, nicht doch!« sagte ich – aber ich erinnerte mich nicht. Ich wünschte, die See hätte das Ruder und den Schornstein und den Kapitän weggeschwemmt – dann hätte ich die Fragerin einordnen können.

»Und erinnern Sie sich noch, was für eine Angst die arme Mary gehabt hat, und wie sie geschrien und geweint hat?«

»Und ob!« sagte ich. »Meine Zeit – wie einem alles wieder einfällt!«

Ich wünschte inbrünstig, es würde mir tatsächlich wieder einfallen, aber mein Gedächtnis versagte vollkommen – da oben war alles leer. Das Klügste wäre gewesen, es zuzugeben; aber ich brachte es nicht übers Herz, nachdem ich von der jungen Dame so sehr dafür gelobt worden war, daß ich sie wiedererkannt hatte; also watete ich tiefer und tiefer in die Tinte hinein, immer in der Hoffnung auf einen zufälligen Anhaltspunkt, der aber nicht kam. Die Nichtwiederzuerkennende fuhr lebhaft fort:

»Wissen Sie, daß George Mary doch noch geheiratet hat?«

»Was Sie nicht sagen! Tatsächlich?«

»Tatsächlich. Er sagte, seiner Ansicht nach sei es nicht einmal halb so sehr ihre Schuld wie die ihres Vaters gewesen, und ich glaube, er hatte recht. Meinen Sie nicht auch?«

»Aber natürlich. Die Sache war vollkommen eindeutig. Habe ich immer schon gesagt.«

»Hm, nein – das haben Sie nicht! In dem Sommer jedenfalls nicht.«

»O nein, in dem Sommer nicht. Nein, da haben Sie vollkommen recht. Erst im Winter darauf, da habe ich es gesagt.«

»Nun, es hat sich herausgestellt, daß Mary überhaupt keine Schuld traf, sondern nur ihren Vater – oder doch jedenfalls nur ihren Vater und den alten Darley.«

Es war erforderlich, daß ich etwas sagte, also sagte ich:

»Ich habe Darley von Anfang an für einen lästigen alten Kerl gehalten.«

»Das war er wohl auch, aber andrerseits mochten ihn doch auch alle sehr gut leiden, obwohl er so viele seltsame Angewohnheiten hatte. Erinnern Sie sich: wenn es draußen auch nur ein bißchen kalt war – sofort wollte er ins Haus kommen.«

Ich hatte ziemliche Angst, weiter mitzumachen. Offensichtlich war Darley kein Mensch – er mußte irgendein anderes Tier sein – möglicherweise ein Hund, vielleicht ein Elefant. Eine Zunge ist jedoch allen Tieren gemeinsam, ich riskierte also zu sagen:

»Und die Zunge, die er hatte!«

»Die Zunge! Er hatte tausend Zungen!«

Das war verwirrend. Ich wußte nicht recht, was ich sagen sollte, darum sagte ich nur:

»Ja, was die Zunge betraf, da war er in der Tat wohlversehen.«

»Allerdings – für einen Neger, und einen verrückten noch dazu!« sagte sie.

Mir wurde verflixt schwül. Ich dachte bei mir: Ist es möglich, daß sie hier innehält und darauf wartet, daß ich etwas sage? Falls dem so ist, sitzt die Unterhaltung fest. Ein Neger mit tausend Zungen ist ein Thema, über das man ohne gewisse Vorbereitung nicht fließend und lehrreich sprechen kann. Sich unbesonnen an einen solch gewaltigen Gegenstand zu verlieren –

Aber an dieser Stelle war sie so nett, meinen Gedankengang zu unterbrechen:

»Ja, wie mit tausend Zungen erzählte er, und wenn er einmal anfing mit diesen Geschichten von all seinen verrückten Unglücksfällen, dann fand er einfach kein Ende mehr, wenn nur jemand zuhörte. Seine eigene Behausung war bestimmt gemütlich, aber wenn es nur ein bißchen kalt wurde, konnte die Familie sicher sein, daß er sie mit seiner Gesellschaft beehrte – nichts hielt ihn dann aus dem Haus heraus. Aber alle nahmen es immer freundlich hin, weil er vor Jahren Tom das Leben gerettet hatte. Sie erinnern sich an Tom?«

»O ja, sehr gut. War'n feiner Kerl.«

»Ja, das war er. Und sein Kind – so ein hübsches kleines Ding!«

»Da haben Sie recht. Nie habe ich ein hübscheres Kind gesehen.«

»Es hat mir immer solche Freude gemacht, es zu hätscheln und auf dem Schoß zu schaukeln und mit ihm zu spielen.«

»Mir auch.«

»Sie haben ihm den Namen gegeben. Wie hieß es doch wieder? Es fällt mir jetzt nicht ein.«

Es entging mir nicht, daß das Eis scheußlich dünn wurde. Ich hätte etwas darum gegeben, zu wissen, welchen Geschlechtes das Kind war. Es widerfuhr mir aber das Glück, daß mir ein Name einfiel, der sowohl als auch paßte, und den brachte ich an.

»Frances«, sagte ich.

»Wahrscheinlich nach einem Verwandten, ja? Aber Sie haben doch auch dem anderen Kind, das gestorben ist, den Namen gegeben – dem, das ich nie gesehen habe. Wie hatten Sie das doch wieder genannt?«

Mein Vorrat an neutralen Namen war erschöpft, aber da das Kind tot war und sie es nie gesehen hatte, konnte ich es vielleicht riskieren, ihm einen Namen zu geben und auf mein Glück zu bauen. Ich sagte daher:

»Thomas Henry habe ich den Kleinen genannt.«

Sie sagte sinnend:

»Das ist sehr merkwürdig . . . sehr merkwürdig.«

Ich saß ganz still und ließ den kalten Schweiß rinnen. Da hockte ich ganz schön in der Tinte, aber ich würde mich wohl aus der Schlinge ziehen können, wenn sie mich nur nicht aufforderte, noch weiteren Kindern Namen zu geben. Ich überlegte, wo wohl nun der Blitz einschlagen würde. Sie sann immer noch dem Namen des letzten Kindes nach, aber mit einemmal sagte sie: »Es hat mir immer so leid getan, daß Sie damals verreist waren – ich hätte Sie gebeten, auch den Namen für mein Kind auszusuchen.«

»Für *Ihr* Kind? Sind Sie verheiratet?«

»Ich bin seit dreizehn Jahren verheiratet.«

»Getauft, meinen Sie.«

»Nein, verheiratet. Der junge Mann neben Ihnen ist mein Sohn.«

»Das ist doch unglaublich, ja, unmöglich. Ich möchte Ihnen gewiß nicht zu nahe treten, aber würden Sie mir bitte sagen, ob Sie über achtzehn sind – ich meine, könnten Sie mir sagen, wie alt Sie sind?«

»Ich war genau neunzehn am Tage des Sturmes, von dem wir sprachen. Es war an meinem Geburtstag.«

Das half mir wenig, wußte ich doch das Datum des Sturmes nicht. Ich suchte nach irgend etwas Unverfänglichem, das ich sagen konnte, um meinen Teil zur Unterhaltung beizutragen und meine Armut an Erinnerungen so wenig wie möglich zu offenbaren, aber das Unverfängliche schien mir ausgegangen zu sein. Ich wollte schon sagen: »Sie haben sich seither kein bißchen verändert« – aber das war zu riskant. Dann dachte ich daran zu sagen: »Und Sie sehen jetzt *so*viel besser aus«, aber das ging natürlich auch nicht. Gerade wollte ich zu meiner Rettung einen Seitensprung ins Wetter versuchen, da kam mir die junge Dame zuvor und sagte:

»Ich habe mich so gefreut, wieder einmal von diesen glücklichen alten Zeiten sprechen zu können – haben Sie sich nicht auch gefreut?«

»In meinem ganzen Leben habe ich noch nicht solch eine halbe Stunde verbracht!« sagte ich bewegt, und ich hätte hinzufügen können, was der Wahrheit sehr nahe kam: »Und ich würde mich lieber skalpieren lassen als noch einmal eine ähnliche zu erleben.« Ich war heilfroh, daß die Qual nun ein Ende hatte, und schon wollte ich mich verabschieden und davonmachen, da sagte die junge Dame auf einmal:

»Aber eins, das verstehe ich einfach nicht.«

»Und das wäre?«

»Der Name dieses Kindes. Wie, sagten Sie, lautete der doch wieder?«

Da zappelte ich wunderschön: Ich hatte den Namen des Kindes vergessen; ich hatte mir nicht vorstellen können, daß er noch einmal benötigt würde. Aber ich mußte wenigstens so tun, als wisse ich ihn, also sagte ich:

»Joseph William.«

Der Knabe neben mir verbesserte mich:

»Nein, Thomas Henry.«

Ich dankte ihm – den Worten nach – und sagte unter Zittern und Beben:

»O ja – ich dachte an ein anderes Kind, dem ich den Namen gegeben habe – ich habe furchtbar vielen den Namen gegeben, und manchmal bringe ich sie durcheinander – ja, dieses Kind hat tatsächlich den Namen Henry Thompson erhalten –«

»Thomas Henry«, schob der Knabe in aller Ruhe ein.

Ich dankte ihm abermals – absolut ausschließlich in Worten – und stammelte:

»Thomas Henry – ja, Thomas Henry hieß das arme Kind. Ich nannte den Kleinen so nach Thomas – eh – Carlyle, dem großen Schriftsteller, Sie wissen schon, und Henry nach – eh – eh – Heinrich dem Achten. Die Eltern waren sehr froh, daß sie ein Kind mit Namen Thomas Henry hatten.«

»Das macht die Sache noch merkwürdiger«, murmelte meine schöne Freundin.

»Ach ja? Wieso?«

»Weil die Eltern, wenn sie jetzt von dem Kind sprechen, es immer Susan Amelia nennen.«

Das vernagelte meine Kanone. Ich kriegte keinen Ton heraus. Meine Reserve an verbalen Verirrungen war ganz und gar ausgeschöpft; noch einen Schritt weiterzugehen, hieße lügen, und lügen würde ich nicht. Also saß ich einfach still da und litt – saß stumm und ergeben da und schmorte – denn ich wurde in meinem eigenen Erröten schön langsam und allmählich weichgebraten. Da lachte meine Gegnerin mit einemmal fröhlich auf und sagte:

»*Mir* hat unsere Unterhaltung über die alten Zeiten Spaß gemacht, aber Ihnen nicht. Ich hatte sehr bald heraus, daß Sie nur so taten, als kennten Sie mich, und da ich daher zu Anfang ein Kompliment an Sie verschwendet hatte, beschloß ich, Sie zu strafen. Und das ist mir ganz hübsch gelungen. Es freute mich, festzustellen, daß Sie George und Tom und Darley kannten, denn ich hatte nie zuvor von ihnen gehört, und war daher nicht ganz sicher, ob Sie sie vielleicht kannten; und gefreut hat es mich auch, die Namen dieser imaginären Kinder zu erfahren. Man kann Ihnen einen wahren Schatz von Auskünften entlokken, wenn man es nur schlau genug anstellt. Mary und der Sturm und die fortgespülten Boote auf dem Vorschiff waren Tatsachen – alles andere war frei erfunden. Mary war meine Schwester; mit ihrem vollen Namen hieß sie Mary – – –. Erinnern Sie sich jetzt an mich?«

»Ja«, erwiderte ich, »jetzt erinnere ich mich an Sie; und Sie sind noch genauso hartherzig wie vor dreizehn Jahren auf jenem Schiff, denn sonst würden Sie mich nicht so hart gestraft haben. Sie haben sich in gar keiner Weise verändert; Sie sehen genauso jung aus wie damals, Sie sind genauso schön wie damals, und Sie haben ein gut Teil Ihrer Anmut an diesen hübschen Knaben hier weitergegeben. So – falls meine Worte Sie irgendwie bewegen können – Sie haben mich besiegt, und ich gestehe es ein. Wollen wir nicht unter dieser Voraussetzung Frieden schließen?«

Dem wurde auf der Stelle stattgegeben. Als ich zu Harris zurückkehrte, sagte ich:

»Da sehen Sie mal, was ein Mann mit Talent und Anstand vermag.«

»Entschuldigen Sie, aber ich sehe nur, was ein Mensch von kolossaler Unwissenheit und Einfalt fertigbringt. Der Gedanke! Hinzugehen und über eine Gesellschaft von Fremden herzufallen und eine halbe Stunde zu reden! Na, dergleichen habe ich noch nie von einem Mann gehört, der bei Sinnen war. Was haben Sie zu ihnen gesagt?«

»Nichts Schlimmes. Ich habe die junge Dame lediglich nach ihrem Namen gefragt.«

»Ich bezweifle es nicht. Mein Ehrenwort, ich bezweifle es nicht. Ich bin sicher, Sie haben es fertiggebracht. Es war unverzeihlich dumm von mir, Sie hingehen und solch eine lächerliche Figur machen zu lassen. Aber Sie wissen, ich konnte es einfach nicht glauben, daß Sie so etwas Unentschuldbares tun würden. Was werden diese Leute von uns denken? Aber *wie* haben Sie gefragt? Ich meine, auf welche Art? Hoffentlich waren Sie nicht auch noch schroff!«

»Nein, da war ich sehr vorsichtig. Ich habe gesagt: ›Mein Freund und ich möchten gerne wissen, wie sie heißen, falls es Ihnen nichts ausmacht‹.«

»Nein, das war nicht schroff. Das blitzt geradezu von einer feinpolierten Höflichkeit, die Ihnen unsagbare Ehre macht. Und ich bin froh, daß Sie mich erwähnt haben; das war eine sehr zartfühlende Aufmerksamkeit, die ich in ihrem vollen Wert zu schätzen weiß. Was hat sie gemacht?«

»Och, eigentlich nichts. Sie hat mir gesagt, wie sie heißt.«

»Einfach gesagt, wie sie heißt. Wollen Sie mir etwa weismachen, sie hätte überhaupt keine Überraschung gezeigt?«

»Hm, wenn ich es mir jetzt überlege – sie hat etwas gezeigt; vielleicht war es Überraschung; daran habe ich gar nicht gedacht – ich hielt es für Freude.«

»Ah, da hatten Sie bestimmt recht; es muß Freude gewesen sein; es kann gar nicht anders als erfreulich sein, von einem Fremden mit solch einer Frage überfallen zu werden. Und was haben Sie dann gemacht?«

»Ich hielt meine Hand hin, und alle schüttelten sie.«

»Ich sah es. Ich traute meinen Augen nicht. Deuteten die Herren an, daß sie Ihnen möglicherweise den Hals abschneiden würden?«

»Nein, sie schienen sich alle zu freuen, mich zu sehen, soweit ich das beurteilen konnte.«

»Ja, und wissen Sie was? Ich glaube, sie haben sich tatsächlich gefreut. Bestimmt haben sie sich gesagt: ›Diese Rarität ist zweifellos ihrem Wärter entlaufen – wir werden unseren Spaß mit ihm treiben.‹ Anders ist ihre widerspruchslose Fügsamkeit nicht zu erklären. Sie nahmen Platz. Hat man Sie *gebeten*, Platz zu nehmen?«

»Nein, gebeten haben sie mich nicht; aber sicherlich haben sie nicht daran gedacht.«

»Ihr Feingefühl ist unfehlbar. Was haben Sie sonst noch gemacht? Worüber haben Sie gesprochen?«

»Hm, ich habe die junge Dame nach ihrem Alter gefragt.«

»*Un*zweifelhaft. Ihre zarte Rücksicht kann nicht genug gepriesen werden. Nur weiter, nur weiter! Kümmern Sie sich nicht um mein elendes Aussehen – so sehe ich immer aus, wenn ich ganz tiefe und ehrfurchtsvolle Freude bin. Erzählen Sie weiter! Sie hat Ihnen gesagt, wie alt sie ist?«

»Sie hat mir gesagt, wie alt sie ist, und alles von ihrer Mutter hat sie mir erzählt und von ihrer Großmutter und ihren anderen Verwandten und alles von sich.«

»Diese Angaben hat sie freiwillig gemacht?«

»Nein, nicht ganz. Ich habe meine Fragen gestellt, und sie hat sie beantwortet.«

»Himmlisch. Nur weiter – es ist nicht etwa möglich, daß Sie vergessen haben, sich nach ihren politischen Anschauungen zu erkundigen?«

»Nein, ich habe daran gedacht. Sie ist für die Demokraten, ihr Mann für die Republikaner, und beide sind Baptisten.«

»Ihr Mann? Ist das Kind verheiratet?«

»Sie ist kein Kind. Sie ist verheiratet, und der bei ihr sitzt, das ist ihr Mann.«

»Hat sie Kinder?«

»Ja – siebeneinhalb.«

»Das ist unmöglich.«

»Nein, sie hat sie. Hat sie mir selber erzählt.«

»Schön, aber sieben*einhalb*? Wieso ein halbes? Wie kommt sie zu einem halben Kind?«

»Das ist ein Kind, das sie mit einem anderen Ehemann gehabt hat – nicht mit diesem, sondern mit einem anderen –, es ist also ein Stiefkind, und sie zählen es nicht als ganzes.«

»Mit einem anderen Ehemann? War sie schon einmal verheiratet?«

»Viermal. Das ist Mann Nummer vier.«

»Ich glaube kein Wort davon. Es ist einfach unmöglich. Ist der Knabe ihr Bruder?«

»Nein, ihr Sohn. Ihr jüngster. Er ist nicht so alt, wie er aussieht; er ist erst elfeinhalb.«

»Alles das ist ganz offensichtlich unmöglich. Eine nichtswürdige Geschichte! Ganz klarer Fall: Die haben im Nu gewußt, was sie da vor sich hatten, und beschlossen, sich einen richtigen Jux mit Ihnen zu machen. Scheint ihnen gelungen zu sein. Ich bin froh, daß ich da nicht mit hineingeraten bin; vielleicht sind sie so gütig und glauben nicht gleich, wir seien zwei von der Sorte. Bleiben sie lange hier?«

»Nein, sie reisen vor dem Mittagessen ab.«

»Ich kenne einen, den es zutiefst mit Dankbarkeit erfüllt. Wie haben Sie es erfahren? Gefragt, nehme ich an!«

»Nein, zu Anfang, da habe ich mich so ein bißchen nach ihren Plänen erkundigt, ganz allgemein, und da sagten sie, sie blieben etwa eine Woche und wollten Ausflüge überall in die Umgebung machen; aber gegen Ende der Unterhaltung, als ich sagte, Sie und ich würden mit Vergnügen mitkommen bei diesen Ausflügen, und ich mich erbot, Sie herüberzuholen und ihnen vorzustellen, da zögerten sie unmerklich und fragten, ob Sie aus demselben Heim wie ich kämen. Ich sagte ja, und dann sagten sie, sie hätten es sich anders überlegt und hielten es für unumgänglich, sofort aufzubrechen und eine kranke Verwandte in Sibirien zu besuchen.«

»O, o, o! Das ist die Höhe! Das ist die erhabenste Höhe der

Dummheit, die menschliche Anstrengung jemals erklommen hat! Sie kriegen ein Denkmal aus Eselsschädeln so hoch wie das Straßburger Münster, wenn Sie vor mir sterben. Die wollten wissen, ob ich aus demselben ›Heim‹ käme wie Sie, hm? Was meinten sie mit ›Heim‹?«

»Ich weiß es nicht; ich habe vergessen zu fragen.«

»Nun, *ich* weiß es. Sie meinten eine Anstalt – eine *Irren*anstalt, verstehen Sie? Sie glauben also doch, daß wir zwei von der Sorte sind. Wofür halten Sie sich eigentlich?«

»Hm, ich weiß nicht. Ich habe nicht gedacht, daß ich was Böses tat; es war jedenfalls nicht böse *gemeint*. Es waren sehr nette Leute, und ich schien ihnen zu gefallen.«

Harris ließ ein paar unfeine Bemerkungen fallen und ging dann auf sein Zimmer – um ein paar Möbel zu zerschlagen, wie er sagte. Er war ein außergewöhnlich reizbarer Mensch, die kleinste Kleinigkeit brachte ihn hoch.

Ich war hübsch geröstet worden von der jungen Frau, aber es machte nichts, ich ließ mich an Harris aus. Man sollte stets irgendwie quitt werden, sonst tut die wunde Stelle immer weiter weh.

Kapitel 26

Die Hofkirche ist berühmt für ihre Orgelkonzerte. Den ganzen Sommer über strömen die Touristen abends gegen sechs Uhr zu ihr hin, bezahlen ihren Franken und hören sich den Lärm an. Nicht den ganzen allerdings. Sie stehen irgendwann auf und trappeln über den laut hallenden Steinboden hinaus, wobei sie Zuspätgekommenen begegnen, die mit lebhaften und laut hallenden Schritten hereingetrappelt kommen. Dieses Raus- und Reingetrappel hält fast die ganze Zeit über an und wird von dem ununterbrochenen Türenschlagen und dem Husten und Belfern und Niesen der Menge mit Akzenten versehen. Unterdessen dröhnt und kracht und donnert die große Orgel daher und tut ihr möglichstes, um zu beweisen, daß sie die größte und lauteste Orgel Europas ist und eine enge kleine Schachtel von Kirche der günstigste Ort zur rechten Würdigung ihrer Fähigkeiten. Zugegeben, es gab hin und wieder ein paar leise, sich erbarmende Passagen, aber das Trapp-Trapp der Touristen gestattete einem sozusagen nur einen flüchtigen Blick auf sie, und schon ließ der Organist seine nächste Lawine los.

Luzerns Handel liegt hauptsächlich auf dem Gebiet des Firlefanzes von der Andenkensorte; die Läden sind mit Bergkristall, Ansichtskarten und Holz- und Elfenbeinschnitzereien vollgepackt. Ich will nicht verschweigen, daß Miniaturnachbildungen des »Löwen von Luzern« in ihnen zum Verkauf ausliegen. Millionen davon. Aber jede einzelne ist eine Schmähung. Das majestätische Pathos des Originals hat ein subtiles Etwas, das der Kopist nicht wiedergeben kann. Selbst der Sonne gelingt es nicht – Fotograf und Bildschnitzer liefern beide einen sterbenden Löwen und weiter nichts. Die Form stimmt, die Haltung

stimmt, die Proportionen stimmen, aber es fehlt dieses nicht zu beschreibende Etwas, das den Löwen von Luzern zu dem traurigsten und bewegendsten Stück Stein auf der Welt macht.

Der Löwe liegt in seiner Höhle in der senkrechten Wand eines nicht sehr hohen Felsens – denn er ist aus dem gewachsenen Stein der Felswand herausgehauen worden. Seine Größe ist kolossal, seine Haltung edel. Er hat den Kopf gesenkt, die abgebrochene Lanze steckt in seiner Schulter, seine Pranke liegt schützend auf den Lilien Frankreichs. Ranken hängen von der Felswand herab und pendeln im Wind, und ein klarer Bach rieselt von oben herab und ergießt sich in einen Teich zu seinen Füßen, und in der glatten Fläche des Teiches spiegelt sich der Löwe zwischen den Wasserlilien.

Rundum wachsen grüne Bäume und Gras. Der Ort ist ein geschützer, ruhevoller Waldwinkel, weitab von Lärm und Betrieb und Gewirr – und alles das ist angemessen, denn Löwen sterben tatsächlich an solchen Orten und nicht auf granitenen Sockeln auf öffentlichen Plätzen, von verschnörkelten Eisengittern umgeben. Der Löwe von Luzern wäre überall eindrucksvoll, aber nirgendwo so eindrucksvoll wie dort, wo er ist.

Ein Märtyrer zu werden ist für manche Leute das glücklichste Schicksal. Louis XVI. starb nicht in seinem Bett, folglich geht die Geschichte sehr sanft mit ihm um; sie übt Nachsicht gegenüber seinen Schwächen und entdeckt Tugenden an ihm, die man üblicherweise nicht für Tugenden hält, wenn sie in einem König wohnen. Sie stellt ihn dar als einen Mann mit sanftmütiger und schlichter Seele, dem Herzen einer Heiligen und einem nicht ganz richtigen Kopf. Außer der letzten ist keine von diesen Eigenschaften königlich. Zusammengenommen ergeben sie einen Charakter, dem es übel ergangen wäre in den Händen der Geschichte, hätte sein Besitzer das Pech gehabt, dem Martyrium zu entgehen. Mit den besten Absichten, das Richtige zu tun, gelang ihm stets das Falsche. Und die Heilige war einfach nicht aus ihm herauszukriegen. Er wußte sehr wohl, daß er in vaterländischer Not nicht zu überlegen hatte, wie er als Mensch handeln sollte, sondern wie er als König handeln mußte; daher versuchte er aufrichtig, den Menschen zu unterdrücken und König zu sein – aber der Versuch schlug fehl – ihm gelang nur die Heilige. Nie war er zur rechten Zeit bei der Hand, immer zur unrechten. Man konnte ihn nicht dazu bringen, irgend etwas zu tun, solange es nützlich sein konnte – dann war er eisern und unerschütterlich in seiner Dickköpfigkeit – aber sobald das, was es zu tun galt, den Punkt erreicht hatte, wo es ganz gewiß Schaden stiften würde, ging er unfehlbar hin und tat es, und nichts konnte ihn davor zurückhalten. Er tat es nicht etwa, *weil* es Schaden stiften würde, sondern weil er hoffte, es sei noch nicht zu spät, um das Gute zu bewirken, das von ihm ausgegangen wäre, wenn er sich früher dazu entschlossen hätte. Sein Begreifen kam immer ein bis zwei Tage zu spät. Erforderte ein vaterländischer Zeh die Amputation, glaubte er, er brauche nichts weiter als Bäder und Umschläge; wenn andere sahen, daß der Absterbeprozeß das Knie erreicht hatte, begriff er erst, daß der Zeh abgeschnitten werden mußte – also schnitt er ihn ab; und er zertrennte das Bein am Knie, wenn andere bereits sahen, daß die Krankheit den Oberschenkel erfaßt hatte. Er war gut und aufrichtig und besten Willens, wenn es um die Jagd auf vaterländische Krankheiten ging, aber eingeholt hat er keine einzige. Als Privatmann wäre er liebenswert gewesen; betrachtet man ihn jedoch als König, war er durch und durch verächtlich.

Seine Laufbahn war eine höchst unkönigliche, aber das erbärmlichste Schauspiel dieser Laufbahn war sein sentimentaler Verrat an seiner Schweizer Leibwache an jenem denkwürdigen 10. August, als er es zuließ, daß diese Helden für seine Sache hingeschlachtet wurden, und ihnen verbot, das »heilige französische Blut« zu vergießen, das angeblich in den Adern des rotbemützten Pöbels von Schurken floß, der um den Palast herum tobte. Er wollte königlich sein, aber es langte wieder einmal nur zur Heiligen. Hätte Napoleon I. in Ludwigs XVI. Schuhen gestanden an jenem Tage, anstatt nur ein zufälliger und unbekannter Zuschauer zu sein, gäbe es jetzt keinen Löwen von Luzern, aber es gäbe einen gutbesetzten Aufständischen-Friedhof in Paris, mit dessen Hilfe man sich ebensogut an den 10. August erinnern könnte.

Das Märtyrertum machte vor dreihundert Jahren aus Maria Stuart eine Heilige, und ihr Heiligsein hat sie immer noch nicht ganz wieder verloren. Das Märtyrertum machte eine Heilige aus der unbedeutenden und törichten Marie Antoinette, und ihre Biographen umgeben sie bis auf den heutigen Tag mit dem Geruch der Heiligkeit, während sie unbewußt auf jeder Seite, die sie schreiben, beweisen, daß die einzige unglückselige Neigung, die ihr Gemahl nicht besaß, bei ihr um so ausgeprägter vorhanden war – die Neigung, jeden ehrlichen, tüchtigen und treuen Beamten, den sie nur finden konnte, auszujäten und davonzujagen. Die scheußliche, aber wohltätige Französische Revolution wäre verschoben worden oder wäre nicht restlos gelungen oder hätte vielleicht überhaupt nicht stattgefunden, wenn Marie Antoinette den unklugen Fehler begangen hätte, nicht das Licht der Welt zu erblicken. Die Welt verdankt der Französischen Revolution sehr viel und darum auch ihren beiden Hauptförderern: Ludwig dem Armen im Geiste und seiner Königin.

Wir kauften keine hölzernen Nachbildungen des Luzerner Löwen und auch keine aus Elfenbein oder Marmor oder Kalkstein oder Zucker oder Schokolade oder gar irgendeine fotografische Beleidigung. Diese Kopien waren so allgemein, so allgegenwärtig in den Läden und überall, daß sie für das ermattete Auge schon bald unerträglich wurden, wie der neueste Gassenhauser gewöhnlich für das geplagte Ohr. Auch die Schnitzereien anderer Art, die so reizend anzusehen waren, wenn man sie hier und da zu Hause sah, begannen uns in Luzern bald zu ermüden. Wir wurden es sehr leid, immerzu hölzerne Wachteln und Hühner um Ziffernblätter herumpicken und -stolzieren zu sehen, und noch leider, hölzerne Abbilder der angeblichen Gemse betrachten zu müssen, die das fragwürdige

Tier darstellten, wie es über hölzerne Felsblöcke hüpft oder mit ganzer Familie darauf liegt oder wachsam hinter ihnen hervorlugt. Am ersten Tag hätte ich hundertfünfzig von diesen Uhren gekauft, hätte ich nur das Geld gehabt – und drei kaufte ich tatsächlich, aber am dritten Tag hatte die Krankheit sich ausgetobt, ich war genesen und abermals auf dem Markt – mit dem Versuch, meine Erwerbungen zu verkaufen. Ich hatte jedoch kein Glück, was vielleicht gar nicht mal so verkehrt war, denn diese Dinger werden zweifellos recht hübsch aussehen, wenn ich mit ihnen zu Hause ankomme.

Seit Jahren hatte meine innigste Abneigung der Kuckucksuhr gegolten; und nun war ich endlich hier, mitten in der Heimat dieses Tieres. Wohin ich mich also auch wandte, immerzu klang mir dieses qualvolle »*Huh*-huh! *Huh*-huh! *Huh*-huh!« in den Ohren. Ein schöner Zustand für einen nervösen Menschen! Manche Laute sind hassenswerter als andere, aber kein Laut ist wohl auch nur annähernd so geistlos, albern und ärgerlich wie das »*Huh*-huh« der Kuckucksuhr. Ich habe eine gekauft und werde sie für einen gewissen Menschen mit nach Hause nehmen, denn ich habe mir immer geschworen, falls sich die Gelegenheit einmal ergeben sollte, würde ich diesem Mann einen bösen Streich spielen. Was ich meinte: ich wollte ihm eins seiner Beine brechen oder dergleichen; aber in Luzern begriff ich augenblicklich, daß ich seinem Geist Schaden zufügen konnte. Das würde dauerhafter sein und in jeder Hinsicht befriedigender. Also kaufte ich die Kuckucksuhr, und falls ich jemals mit ihr zu Hause ankomme, ist dieser Mann mein Opfer. Ich dachte noch an einen anderen Kandidaten – einen Kritiker, den ich mit Namen nennen könnte, wenn ich wollte – aber nachdem ich es mir noch einmal überlegt hatte, kaufte ich ihm doch keine Uhr. Sein Geist ist nicht zu beschädigen.

Wir besuchten die beiden langen überdeckten Holzbrücken, die die leuchtend grüne Reuß knapp unterhalb der Stelle überspannen, an der sie sich mit lautem Hurra aus dem See stürzt. Diese unregelmäßig gebauten, senkrückigen Tunnel mit ihren vorgebuchteten Ausgucken auf das reizende und belebende Wasser sind sehr anziehend. Sie enthalten zwei- oder auch dreihundert wunderliche alte Bilder von alten Schweizer Meistern – alten Schildermalern, die vor dem Verfall der Kunst gediehen.

Im See wimmelt es von Fischen, die deutlich zu sehen sind, denn das Wasser ist sehr klar. Die Steinbrüstungen vor den Hotels waren gewöhnlich von Anglern jeden Alters gesäumt. An einem Tag nahm ich mir vor, stehenzubleiben und zuzusehen, wie ein Fisch gefangen wurde. Das Ergebnis erinnerte mich zwingend an eine Begebenheit, an die ich schon zwölf Jahre lang nicht mehr gedacht hatte, nämlich an diese:

Der Mann, der im Gadsby abstieg

Als mein alter Freund Riley und ich Korrespondenten in Washington waren, im Winter '67, gingen wir eines Nachts fast um Mitternacht in einem heftigen Schneesturm die Pennsylvania Avenue herunter, und da fiel mit einemmal der Schein einer Straßenlaterne auf einen Mann, der in aller Eile auf uns zugerannt kam. Der Mann blieb mit einem Ruck stehen und rief:

»Welch ein Glück! Sie sind Mister Riley, nicht wahr?«

Riley war der gefaßteste und bedächtigste Mensch der Vereinigten Staaten. Er blieb stehen, betrachtete seinen Mann von oben bis unten und sagte schließlich:

»Ich bin Mister Riley. Suchen Sie mich etwa?«

»Genau das«, sagte der Mann hocherfreut, »und es ist das größte Glück der Welt, daß ich Sie gefunden habe. Ich heiße Lykins. Ich bin einer der Lehrer an der Mittelschule in San Francisco. Sobald ich hörte, daß die Stelle des Postmeisters von San Francisco frei sei, beschloß ich, mich darum zu bewerben – und da bin ich.«

»Ja«, sagte Riley bedächtig, »ganz wie Sie sagen ... Mister Lykins ... da sind Sie. Und haben Sie die Stelle bekommen?«

»Hm, nicht eigentlich *bekommen* – noch nicht; aber schon fast. Ich habe eine Bittschrift bei mir, sie ist unterschrieben vom Inspektor für das öffentliche Unterrichtswesen und sämtlichen Lehrern und über zweihundert anderen Leuten. Und nun möchte ich, falls Sie so gut sein wollen, daß Sie mit mir zur Pazifik-Delegation gehen, denn ich will diese Sache so schnell wie möglich erledigen und wieder nach Hause.«

»Falls die Sache so eilig ist, werden Sie bestimmt die Delegation noch heute abend aufsuchen wollen«, sagte Riley mit einer Stimme, aus der – für ein nicht eingewöhntes Ohr – kein bißchen Spott klang.

»Ja, aber selbstverständlich heute abend! Ich habe keine Zeit, hier herumzutrödeln. Ich brauche die Zusage, bevor ich zu Bett gehe – ich bin keiner von den Leuten, die reden, ich *handele*!«

»Durchaus, und da sind Sie genau an der richtigen Stelle. Wann sind Sie angekommen?«

»Gerade vor einer Stunde.«

»Wann gedenken Sie, wieder abzureisen?«

»Morgen abend nach New York, nach San Francisco am nächsten Morgen.«

»Aha ... Was haben Sie morgen vor?«

»*Morgen vor?* Na, ich muß zum Präsidenten mit der Bittschrift und der Delegation und mir die Ernennung holen, oder etwa nicht?«

»Ja ... durchaus ... das stimmt. Und dann?«

»Senatssitzung um 2 Uhr – muß mir die Ernennung bestätigen lassen, stimmt's?«

»Ja ... ja«, sagte Riley nachdenklich, »auch da haben Sie wieder vollkommen recht. Und dann fahren Sie abends mit dem Zug nach New York und am nächsten Morgen mit dem Dampfer nach San Francisco, hm?«

»Genau – ja, genauso habe ich es geplant!«

Riley überlegte eine Weile und fragte dann:

»Sie könnten nicht vielleicht einen Tag ... oder sagen wir zwei Tage ... länger hier bleiben?«

»Bewahre, nein! Das ist nicht mein Stil. Ich bin kein Mann, der rumläuft und seine Zeit verplempert – ich bin ein Mann, der *handelt* – da können Sie sicher sein.«

Der Sturm tobte, der dichte Schnee fegte in Böen heran. Riley stand eine Minute lang oder auch noch länger schweigend und scheinbar traumverloren da, dann blickte er auf und sagte:

»Kennen Sie die Geschichte von dem Mann, der einmal im Gadsby abgestiegen ist? ... Ah, ich sehe schon, Sie kennen sie nicht.«

Er drückte Mr. Lykins gegen einen Eisenzaun, packte ihn beim Aufschlag seines Mantels, faßte ihn scharf und unerbittlich ins Auge und machte sich daran, seine Erzählung so friedlich und gelassen abzuspulen, als würden wir nicht von einem winterlich-mitternächtlichen Sturm bedrängt, sondern lägen behaglich ausgestreckt in einer blühenden Sommerwiese:

»Ich will Ihnen erzählen, was dem Mann widerfahren ist. Es war zu der Zeit, als Jackson Präsident war. Damals war Gadsby das größte Hotel. Nun, dieser Mann traf eines Morgens gegen neun Uhr mit einem schwarzen Kutscher und einer prächtigen vierspännigen Kutsche und einem eleganten Hund, dem er offensichtlich sehr zugetan war, aus Tennessee ein; er fuhr am Hotel Gadsby vor, und der Sekretär und der Besitzer und alle anderen stürzten hinaus, um sich seiner anzunehmen, aber er sagte nur ›Vielen Dank‹ und stieg flugs aus und trug dem Kutscher auf zu warten – er habe keine Zeit, irgendwas zu essen, sagte er, er müsse nur eben eine kleine Forderung kassieren, die er gegen die Regierung habe, wolle nur mal rasch zum Finanzministerium hinüber und das Geld holen und dann unverzüglich nach Tennessee zurückkehren, denn er sei in größter Eile.

Nun, gegen elf Uhr abends kam er zurück, ließ sich ein Bett geben und die Pferde in den Stall bringen – die Forderung werde er am nächsten Morgen kassieren. Das war im Januar, müssen Sie wissen, im Januar 1834 – am 3. Januar, einem Mittwoch.

Na, am 5. Februar verkaufte er die schöne Kutsche und kaufte sich eine billige aus der Hand – in ihr könne er das Geld ganz genauso gut nach Hause bringen, sagte er, und er gebe nichts um äußeres Gepränge.

Am 11. August verkaufte er ein Paar seiner schönen Pferde – er sei immer schon der Ansicht gewesen, sagte er, daß zwei Pferde auf den schlechten Straßen durch die Berge, auf denen man sehr vorsichtig fahren müsse, besser seien als vier, und so hoch sei seine Forderung ja auch nicht, daß er das Geld nicht bequem mit einem Zweispänner nach Hause schaffen könne.

Am 13. Dezember verkaufte er noch ein Pferd – zwei wären ja nun wahrhaftig nicht nötig, sagte er, um das alte leichte Kutschending nach Hause zu schleppen – ja, ein Pferd könne schneller damit daherflitzen, als absolut notwendig war, da ja jetzt bei dem tüchtigen Winterwetter die Straßen in prachtvollem Zustand seien.

Am 17. Februar verkaufte er die alte Kutsche und kaufte sich eine billige gebrauchte Einspännerdroschke – eine Einspännerdroschke, sagte er, sei genau das richtige für eine flotte Fahrt auf den nassen schlammigen Vorfrühlingsstraßen, und er habe sowieso schon immer einmal eine Einspännerdroschke auf diesen Gebirgsstraßen ausprobieren wollen.

Am 1. August verkaufte er die alte Einspännerdroschke und kaufte den Überrest eines alten Sulkys – er möchte nun einmal zu gerne sehen, sagte er, wie die Tennesseer, die ja absolut hinterm Mond lebten, Mund und Augen aufrissen, wenn er in einem Sulky dahergerast käme; sicherlich hätten sie in ihrem Leben noch nichts von einem Sulky gehört, meinte er.

Na, am 29. August verkaufte er seinen Negerkutscher – schließlich brauche er für einen Sulky keinen Kutscher, sagte er; wäre sowieso nicht Platz für zwei darauf – und außerdem geschehe es nicht jeden Tag, daß die Vorsehung einem einen Dummen schickt, der bereit war, neunhundert Dollar für einen drittrangigen Neger zu bezahlen, wie seiner einer gewesen sei; wollte den Kerl schon seit Jahren loswerden, aber schließlich nicht gerade wegwerfen.

Nun, anderthalb Jahre später – genau gesagt am 15. Februar 1837 – verkaufte er den Sulky und kaufte einen Sattel – Reiten sei genau das, sagte er, was der Arzt ihm immer schon empfohlen habe, und verdaxt noch eins, würde er sich etwa den Hals brechen wollen und mitten im Winter auf Rädern über diese Gebirgsstraßen reisen? Nein – *er* nicht!

Am 9. April verkaufte er den Sattel – er wolle schließlich nicht sein Leben riskieren auf den regnerischen, schlüpfrigen Aprilstraßen mit irgendeinem zerreißbaren Sattelgurt, wenn er auf bloßem Rücken reiten und wissen könne, daß er sicher sei; und ohnehin habe er immer schon Sättel verschmäht.

Am 24. April verkaufte er sein Pferd. ›Ich werde heute 57‹, sagte er, ›und ich bin gesund und munter – wäre doch eine Schande für mich, wenn ich solch eine Reise bei diesem Wetter auf einem Pferd verschwenden wollte, wo es nichts Herrlicheres auf der Welt gibt als eine Fußwanderung durch die frischen Frühlingswälder und über die heiteren Berge – für einen Mann, der ein *Mann* ist –, und meine Forderung, wenn ich sie kassiert habe, kann ich ohnehin von meinem Hund in einem kleinen Bündel tragen lassen. Also werde ich morgen in aller Herrgottsfrühe aufstehen, mein bißchen Geld abholen und mit einem kräftigen Lebewohl zum Gadsby hinaus und auf meinen eigenen Hinterbeinen nach Tennessee marschieren.‹

Am 22. Juni verkaufte er seinen Hund. ›Nur lästig‹, sagte er, ›so ein Hund, wo ich mich gerade zu einer famosen, prächtigen Vergnügungsreise durch die sommerlichen Wälder und Berge aufmachen will – überaus lästig – jagt nach Eichhörnchen, bellt alles an, hopst und planscht in den Furten herum – da kommt man ja nie dazu, nachzudenken und sich der Natur zu erfreuen – und mir ist es verdaxt lieber, wenn ich mein Geld selber trage – ist ja doch ein mächtiges Stück sicherer – mir immer schon aufgefallen: ein Hund ist finanziell eine mächtig unsichere Sache – na, zum letztenmal, Jungs, – macht's gut – für mich heißt's morgen früh: auf nach Tennessee – und auf geht's mit tüchtigen Beinen und frohem Herzen!«

Riley verstummte, und es wurde still – nur den Wind hörte man und den daherstiebenden Schnee. Mr. Lykins fragte ungehalten:

»Und?«

Riley antwortete:

»Hm – das war vor dreißig Jahren.«

»Na schön, na schön! Und?«

»Dieser alte Patriarch und ich, wir sind dicke Freunde. Er kommt jeden Abend, um sich von mir zu verabschieden. Vor einer Stunde habe ich mit ihm gesprochen – morgen in aller Frühe bricht er nach Tennessee auf – wie üblich; er werde wohl mit seiner Forderung durchkommen, meinte er, bevor Nachteulen wie ich aus dem Bett seien. Tränen standen ihm in den Augen, so froh war er, daß er nun sein liebes Tennessee und seine Freunde noch einmal wiedersehen würde.«

Wieder schwieg er.

Der Fremde brach das Schweigen:

»Ist das alles?«

»Das ist alles.«

»Na, mitten in der Nacht, und in was für einer Nacht, da war die Geschichte wahrhaftig lang genug! Aber was soll das Ganze?«

»O, nichts Besonderes.«

»Na, aber wo ist die Pointe?«

»Och, sie hat eigentlich keine richtige Pointe. Nur – falls Sie nicht gar so eilig mit Ihrer Bestallung zum Postmeister wieder nach San Francisco zurückmöchten, Mister Lykins, würde ich Ihnen raten, für ein Weilchen ›im Gadsby abzusteigen‹ und nichts zu überstürzen. Leben Sie wohl, und Gott behüte Sie!«

Und damit machte Riley freundlich auf dem Absatz kehrt und ließ den erstaunten Schulmeister stehen – ein nachdenkliches und bewegungsloses Schneedenkmal, das im breitgeworfenen Lichtschein der Straßenlaterne leuchtete.

Das Postamt hat er nie gekriegt.

Um nach Luzern und zu seinen Anglern zurückzukehren: nach neunstündigem Warten kam ich zu dem Schluß, daß jemand, der sich vornimmt, solange auszuharren, bis er sieht, wie einer von den Anglern einen dieser wohlgenährten und erfahrenen Fische fängt, es als klug erachten wird, »im Gadsby abzusteigen« und nichts zu überstürzen. Wahrscheinlich ist schon seit vierzig Jahren kein Fisch mehr an der Uferbrüstung gefangen worden; aber das macht nichts – der geduldige Angler starrt nichtsdestoweniger den lieben langen Tag auf seinen Korken, und es scheint ihm Spaß zu machen. Man kann die Angelbummler ebenso dicht bei dicht und zufrieden und glücklich und geduldig in Paris an der Seine entlang hocken sehen, aber die Überlieferung berichtet, daß das einzige, das in unserer Zeit dort gefangen werde, das sei, wonach man ganz und gar nicht angele – der jüngstverstorbene Hund und die hinübergegangene Katze.

Kapitel 27

In der Nähe des Löwen von Luzern liegt der sogenannte »Gletschergarten« – und er ist der einzige seiner Art auf der Welt. Er liegt auf erhöhtem Gelände. Vor vier oder fünf Jahren stießen Arbeiter beim Ausschachten für die Fundamente eines neuen Hauses auf dieses interessante Überbleibsel einer längst vergangenen Zeit. Wissenschaftler erkannten in ihm eine Bestätigung ihrer Theorien über die Eiszeit; auf ihr Drängen hin wurde das kleine Stück Boden daher gekauft und für immer gegen Bebauung geschützt. Die Erde wurde weggekarrt, und da lag die geraspelte und geriefte Spur, die der alte Gletscher bei seiner langsamen und beschwerlichen Reise hinterlassen hatte. Die Fährte war durchsiebt von riesigen kesselförmigen Löchern, die in das gewachsene Gebirge hineingemahlen worden waren von dem Geröll, das der ungestüme Gießbach, der unter jedem Gletscher einherschießt, in wildem Wirbel um und um gespült hatte. Diese gewaltigen runden Geröllbrocken liegen immer noch in den Löchern; sie und die Wände der Löcher sind glattgeschliffen worden bei dem langanhaltenden Reiben, das sie in jenen alten Zeiten einander angedeihen ließen. Eine mächtige Kraft war vonnöten, um diese großen Steinblöcke auf solch heftige Art herumzuwirbeln. Die umgebende Landschaft hatte zu der Zeit ein anderes Gesicht – die Täler haben sich seitdem gehoben und sind Berge geworden, und die Berge wurden zu Tälern. Die Felsblöcke in den Löchern waren weit gewandert, denn Gestein ihrer Art gibt es erst wieder am fernen Rhonegletscher.

Ein paar Tage lang waren wir damit zufrieden, den blauen Luzerner See zu betrachten und die aufgetürmten Massen schneebedeckter Berge, die ihn ringsum einschließen – ein verlockender Anblick, dieser letztere, denn ein majestätischer Schneegipfel ist von fesselnder Schönheit und bannendem Zauber, wenn die Sonne hell auf ihm gleißt oder der Mond ihn in seinem weichen Licht aufleuchten läßt –, aber schließlich beschlossen wir doch, es ein bißchen mit Dampferrundfahrten auf dem See zu versuchen und den Rigi anzugehen – zu Fuß, versteht sich. Nun, wir machten einen herrlichen Ausflug nach Flüelen bei Sonnenschein und leichter Brise. Alles saß an Deck auf Bänken unter einer Plane; alles redete, lachte und entzückte sich mit vielen Ahs und Ohs über die wunderschöne Umgebung; und wahrhaftig – eine Fahrt über den See ist das vollkommenste Vergnügen, das man sich denken kann. Die Berge waren ein Wunder ohne Ende. Manchmal stiegen sie unmittelbar aus dem See auf und überschatteten unseren zwergenhaft kleinen Dampfer aufs eindrucksvollste mit ihrer wuchtigen Größe. Sie waren nicht mit Schnee bedeckt, diese Berge, aber kletterten doch hoch genug in den Himmel hinauf, um den Wolken zu begegnen und ihre Stirn mit ihnen zu umschleiern. Sie waren nicht nackt und abweisend, sondern in Grün gekleidet und beruhigend und angenehm für das Auge. Und sie waren manchmal so steil, ja fast senkrecht, daß man sich nicht vorstellen konnte, wie irgend jemand dort den Boden unter den Füßen zu behalten vermochte, aber es gibt Pfade an den Hängen, und die Schweizer gehen jeden Tag auf ihnen bergab und bergauf.

Manchmal hatte eins dieser Steilwandungeheuer die leichte Neigung einer riesigen Werfthalle und hoch oben, himmelan, die etwas stärkere Neigung eines Mansardendaches, und oben auf diesem schwindelerregenden Mansardendach entdeckte das Auge kleine Dinger, die wie Schwalbenkästen aussahen, bis man plötzlich feststellte, daß es sich um die Behausungen von Bauern handelte – wahrhaftig ein luftiger Ort für eine Wohnstatt! Und angenommen, einer der Bauern würde schlafwandeln oder sein Kind würde aus dem Vorgarten plumpsen? Die Freunde und Angehörigen würden eine lange, beschwerliche Abwärtsreise aus jener Wolkenhöhe hinter sich bringen müssen, bevor sie die Überreste fänden. Und doch sahen jene fernen Häuser so überaus verführerisch aus, sie waren so weit weg von der Unruhe der Welt, sie schlummerten so friedlich und verträumt vor sich hin – gewiß würde niemand, der einmal

gelernt hatte, dort oben zu leben, jemals in niederen Gefilden leben wollen.

Wir glitten zwischen diesen gewaltigen grünen Wänden über die hübschesten kleinen gewundenen Arme des Sees dahin und waren immer wieder von neuem entzückt, wenn das erhabene Panorama sich vor uns entrollte und hinter uns wieder in sich zusammenschrumpfte und verschwand und sich dann wieder von neuem vor uns auftat; und dann und wann erlebten wir die schauererregende Überraschung, daß plötzlich ein ungeheures weißes Massiv in unser Blickfeld sprang, wie zum Beispiel die ferne, alles beherrschende Jungfrau oder ein verwandter Riese, die mit Haupt und Schultern hoch über die hingestürzten kleineren Alpenberge hinausragen.

Einmal, als ich gerade dabei war, eine von diesen Überraschungen gierig in mich hineinzuschlingen, und mein Möglichstes tat, alles aus ihr herauszuholen, was sich nur eben herausholen ließ, solange sie andauerte, unterbrach mich eine sorglose junge Stimme:

»Sie sind bestimmt Amerikaner – ich auch.«

Er war vielleicht achtzehn Jahre alt, vielleicht auch neunzehn, schlank und mittelgroß; offenes, freimütiges, glückliches Gesicht; ein nie stillstehender, aber unabhängiger Blick; eine Stupsnase, die aussah, als halte sie sich mit geziemendem Abstand vor dem seidenfeinen neugeborenen Schnurrbart zurück, bis man sie vorstellte; eine locker eingehängte Kinnlade, damit sie sich leicht in ihren Fassungen bewegte. Er trug einen flachen, schmalkrempigen Strohhut mit einem breiten blauen Band, in das vorne ein weißer Anker eingestickt war; hochfeine Jacke mit kurzen Schößen, lange Hosen, Weste – alles das geschmackvoll und elegant und nach der letzten Mode; rotgestreifte Strümpfe, sehr flachhackige Lackleder-schuhe mit schwarzen Bändern, blaues Band um den Hals, weit offener Kragen, Hemdknöpfe mit winzigen Brillanten darauf; faltenlose Glacéhandschuhe; vorstehende, von großen oxydierten Silberknöpfen mit Hundekopf zusammengeschlossene Manschetten – Hundekopf auf den Knöpfen: englischer Mops. Er hielt einen schlanken Spazierstock in der Hand, dessen Knauf der Kopf eines englischen Mopses mit Glasaugen war. Unter dem Arm trug er eine deutsche Grammatik – Ottos. Sein Haar war kurz, gerade und glatt, und als er plötzlich den Kopf flüchtig zur Seite drehte, sah ich, daß es säuberlich gescheitelt war.

Er nahm eine Zigarette aus einem zierlichen Etui, steckte sie in eine Meerschaumspitze, die er in einem Saffianfutteral mitführte, und griff nach meiner Zigarre. Während er mit dem Anzünden beschäftigt war, sagte ich:

»Ja, ich bin Amerikaner.«

»Habe ich gewußt – erkenne ich immer. Sofort. Mit welchem Schiff sind Sie ’rübergekommen?«

»*Holsatia*.«

»Wir mit der *Batavia* – Cunard, kennen Sie, nicht wahr? Wie war Ihre Überfahrt?«

»Ganz schön stürmisch.«

»Unsere auch. Kapitän sagte, hätte kaum jemals eine stürmischere erlebt. Wo sind Sie her?«

»Neuengland.«

»Ich auch. Ich bin aus New Bloomfield. Haben Sie jemand bei sich?«

»Ja – einen Freund.«

»Wir sind mit der ganzen Familie hier. Es ist schrecklich langweilig, alleine herumzureisen – finden Sie nicht auch?«

»Ziemlich langweilig.«

»Schon mal in Europa gewesen?«

»Ja.«

»Ich nicht. Meine erste Reise. Aber wir waren überall – Paris und so weiter. Ich soll nächstes Jahr nach Harvard. Lerne die ganze Zeit Deutsch. Kann nicht anfangen mit dem Studium, bevor ich nicht Deutsch kann. Französisch, da weiß ich eine ganze Menge – ich komme sehr gut zurecht in Paris oder überall sonst, wo man Französisch spricht. In welchem Hotel sind Sie abgestiegen?«

»Schweizerhof.«

»Nein! Tatsächlich? Ich sehe Sie nie in der Empfangshalle. Ich gehe ziemlich oft in die Empfangshalle, denn da sind so viele Amerikaner. Ich schließe lauter Bekanntschaften. Ich erkenne einen Amerikaner sofort, wenn ich ihn nur sehe – und also spreche ich ihn an und schließe Bekanntschaft mit ihm. Ich möchte immerzu nur Bekanntschaften schließen – Sie nicht auch?«

»Wüßte nicht, was ich lieber täte!«

»Nämlich es schafft erstklassige Abwechslung bei einem Ausflug wie diesem hier. Ich langweile mich nie bei solch einem Ausflug, wenn ich eine neue Bekanntschaft machen und mit jemand reden kann. Aber ich glaube, solch ein Ausflug, der wäre scheußlich fade, wenn man niemand finden kann, mit dem man bekanntwerden und reden kann auf so einem Ausflug wie diesem hier. Ich unterhalte mich gern, Sie auch?«

»Leidenschaftlich gern.«

»Haben Sie sich auf diesem Ausflug gelangweilt?«

»Nicht die ganze Zeit, nur einen Teil der Zeit.«

»Sehen Sie – Sie sollten herumgehen und Bekanntschaften schließen und sich unterhalten. So mach' ich es immer – gehe immer nur 'rum, 'rum, 'rum und rede, rede, rede – wird mir nie langweilig. Waren Sie schon oben auf dem Rigi?«

»Nein.«

»Wollen Sie noch?«

»Ich glaube ja.«

»In welchem Hotel steigen Sie ab?«

»Ich weiß es nicht. Gibt es da oben mehr als eins?«

»Drei. Steigen Sie im Schreiber ab – Sie werden sehen, es ist voll von Amerikanern. Mit welchem Schiff, sagten Sie, sind Sie herübergekommen?«

»*City of Antwerp*«.

»Deutsch, hm? Fahren Sie nach Genf?«

»Ja.«

»In welchem Hotel steigen Sie ab?«

»Hotel de l'Ecu de Génève.«

»Tun Sie das nicht! Keine Amerikaner! Steigen Sie in einem von den großen Hotels auf der anderen Seite der Brücke ab – bis zum Bersten voll von Amerikanern.«

»Aber ich möchte mich so gerne im Arabischen üben.«

»Du meine Güte! Sprechen Sie Arabisch?«

»Ja – gerade so, um zurechtzukommen.«

»Ha, da wundern Sie sich aber mal nicht – in Genf kommen Sie nicht damit durch – *die* sprechen kein Arabisch, die sprechen Französisch. Wo wohnen Sie hier?«

»Hotel-Pension Beaurivage.«

»Ho, Sie sollten im Schweizerhof absteigen. Wußten Sie denn nicht, daß der Schweizerhof das beste Hotel der Schweiz ist? Schlagen Sie im Baedeker nach!«

»Ja, ich weiß – aber ich dachte mir, es wären vielleicht keine Amerikaner da.«

»Keine Amerikaner! Aber mein Bester, es wimmelt geradezu von ihnen. Ich bringe die meiste Zeit in der großen Empfangshalle zu. Da schließe ich eine Menge Bekanntschaften. Nicht so viele wie zu Anfang, weil sich ja nur die neuen da unten auf halten – die anderen gehen einfach nur durch. Wo sind Sie her?«

»Arkansas.«

»Ah ja? Ich bin aus Neuengland – New Bloomfield ist meine Stadt, wenn ich zu Hause bin. Ich vergnüge mich mächtig heute, Sie auch?«

»Himmlisch.«

»Das sage ich auch. Macht mir Spaß, dieses lockere und ungebundene Herumstreifen und Bekanntschaftenschließen und Unterhalten. Ich erkenne einen Amerikaner sofort, wenn ich ihn sehe; und dann gehe ich hin und spreche ihn an und mache seine Bekanntschaft. Ich langweile mich keine Minute auf so einem Ausflug wie diesem hier, wenn ich nur neue Bekanntschaften schließen und reden kann. Ich rede so schrecklich gerne, wenn ich den richtigen Mann zum Unterhalten gefunden habe, Sie auch?«

»Ich ziehe es jeder anderen Ausschweifung vor.«

»Genau meine Ansicht. Manche Leute nehmen sich ja nun gerne ein Buch und lesen, lesen, lesen oder träumen herum und gaffen diesen See an und die Berge und so weiter, aber das ist nicht meine Art, ganz bestimmt nicht – nee. Wenn es ihnen Spaß macht, sollen sie's nur machen, ich hab' nichts dagegen; aber was mich betrifft – reden, nichts als reden. Waren Sie schon auf dem Rigi?«

»Ja.«

»In welchem Hotel haben Sie übernachtet?«

»Schreiber.«

»Genau richtig – bin ich auch abgestiegen; *Voll* von Amerikanern, oder? Ist es immer – immer. Das höre ich überall. Jeder sagt das. Mit welchem Schiff sind Sie 'rübergekommen?«

»*Ville de Paris.*«

»Französisch, was? Wie war Ihre Überfa ... entschuldigen

Sie mich bitte einen Augenblick, da drüben sind ein paar Amerikaner, die ich noch nicht gesehen habe.«

Und weg war er. Und zwar unverletzt – mich überfiel die mörderische Regung, ihn mit meinem Alpenstock im Rücken zu harpunieren, aber als ich die Waffe hob, schwand der Vorsatz dahin. Ich hatte einfach nicht das Herz, ihn umzubringen; er war solch ein vergnügter, harmloser, gutmütiger Dummkopf.

Eine halbe Stunde später saß ich auf einer Bank und betrachtete mit großem Interesse einen edlen Findling, an dem wir vorbeiglitten – kein von Menschenhand, sondern von der großen freizügigen Hand der Natur geformter Felsblock war das, ein massiver, pyramidenförmiger Stein von fünfundzwanzig Meter Höhe, von der Natur vor zehn Millionen Jahren für den Tag ersonnen, an dem er einem würdigen Mann als Denkmal dienen würde. Die Zeit war gekommen, und nun trug dieser großartige Erinnerer Schillers Namen in riesigen Buchstaben an seiner Stirnseite. Erstaunlicherweise wurde der Felsen dadurch ganz und gar nicht besudelt oder entwürdigt. Es wird behauptet, daß ein Fremder sich vor zwei Jahren mit Stricken und Flaschenzügen oben von der Felskante heruntergelassen und mit blauen Buchstaben, die noch größer als die in Schillers Namen waren, folgende Worte über die ganze Wand gepinselt habe:

Versucht Sosodont
KAUFT SONNEN-HERDPUTZ
Helmbold für jeden
Benzalin ist gut fürs Blut

Er wurde gefaßt, und es ergab sich, daß er Amerikaner war. In der Gerichtsverhandlung sagte der Richter zu ihm:

»Sie stammen aus einem Land, wo jeder unverschämte Kerl, der nur will, das Recht hat, die Natur und in ihr den Gott der Natur zu beleidigen und zu entweihen, wenn er dadurch nur ein paar niederträchtige Pennies in seine Tasche scheffeln kann.

Da Sie Ausländer und unwissend sind, werde ich Ihnen eine leichte Strafe zumessen; wären Sie ein Hiesiger, würde ich streng mit Ihnen verfahren. Hören Sie also: Sie werden unverzüglich jede Spur Ihrer beleidigenden Untat vom Schillerdenkmal entfernen; Sie zahlen eine Strafe von zehntausend Franken; Sie werden zu zwei Jahren harter Arbeit eingekerkert werden; sodann wird man Sie auspeitschen, teeren und federn, Ihnen die Ohren abschneiden und Sie unter Schimpf und Schande über die Grenze des Kantons jagen und für immer des Landes verweisen. Die schweren Strafen werden in Ihrem Fall nicht angewandt – nicht aus Wohlwollen Ihnen gegenüber, sondern als Gunstbezeigung gegenüber jener großen Republik, der das Mißgeschick widerfahren ist, Sie zu ihren Söhnen zählen zu müssen.«

Die Bänke des Dampfers standen Rücken an Rücken quer über das Deck hinweg. Mein Hinterhaupthaar vermengte sich unschuldig mit dem Nackenhaar zweier Damen. Mit einemmal redete jemand die beiden an, und ich hörte die folgende Unterhaltung mit: »Sie sind Amerikaner, ja? Ich auch.«

»Ja – wir sind Amerikaner.«

»Ich wußte es – ich finde es immer heraus. Auf welchem Schiff sind Sie herübergekommen?«

»*City of Chester*.«

»Ah ja – Inman-Linie. Wir sind mit der *Batavia* gekommen – Cunard. Wie war Ihre Überfahrt?«

»Ziemlich glatt.«

»Da haben Sie Glück gehabt. Bei uns war's schrecklich stürmisch. Kapitän sagte, er habe es kaum jemals stürmischer gehabt. Wo sind Sie her?«

»New Jersey.«

»Ich auch. Nein – das wollte ich nicht sagen; ich bin aus Neuengland. Aus New Bloomfield. Sind das hier Ihre Kinder? Sie gehören Ihnen beiden?«

»Nur einem von uns; mir; meine Freundin ist unverheiratet.«

»Ledig, schätze ich, hm? Ich auch. Reisen die Damen allein?«

»Nein – mein Mann ist mit.«

»Wir sind mit der ganzen Familie hier. Schrecklich langweilig, allein herumzureisen, finden Sie nicht auch?«

»Ja, es muß wohl langweilig sein.«

»Hallo! Da kommt der Pilatus wieder heraus. Er hat seinen Namen von Pontius Pilatus, wissen Sie, der William Tell den Apfel vom Kopf geschossen hat. Soll alles im Reiseführer stehen. Ich habe es nicht gelesen – ein Amerikaner hat es mir erzählt. Ich lese nie, wenn ich mich mit so einem Ausflug vergnüge. Haben Sie die Kapelle gesehen, in der William Tell immer gepredigt hat?«

»Ich wußte nicht, daß er jemals darin gepredigt hat.«

»Ja doch, hat er. Dieser Amerikaner hat es mir gesagt. Der klappt seinen Reiseführer nie zu. Weiß mehr über diesen See als die Fische darin. Außerdem *heißt* sie doch »Tells Kapelle«, das wissen Sie bestimmt auch. Waren Sie früher schon einmal in Europa?«

»Ja.«

»Ich nicht. Dies ist meine erste Reise. Aber wir waren überall – Paris und so weiter. Ich soll nächstes Jahr nach Harvard. Lerne jetzt immerzu Deutsch. Kann nicht mit dem Studium anfangen, bevor ich nicht Deutsch kann. Dieses Buch hier ist Ottos Grammatik. Wahnsinnig gut für die ich-habe-gehabt-zuhabens. Aber ich lerne eigentlich nicht richtig, wenn ich herumreise. Nur manchmal, wenn es mir einfällt, gucke ich mir meine hübschen kleinen ich habe gehabt, du hast gehabt, er hat gehabt, wir haben gehabt, ihr haben gehabt, sie haben gehabt an – – – so als letztes vorm Schlafengehen oder so ähnlich, wissen Sie, und dann mache ich mich vielleicht ganze drei Tage lang nicht wieder heran. Unterhöhlt den Verstand ganz scheußlich, dieses Deutsch; man muß es in kleinen Dosen nehmen, oder sonst läuft einem, ehe man sich's versieht, das Gehirn zusammen und schwappt einem im Schädel herum wie zerlassene Butter. Mit Französisch, das ist ganz was anderes; *Französisch* ist nichts, verglichen mit Deutsch; vor Französisch habe ich nicht mehr Angst als ein Landstreicher vor Apfeltorte; da rassele ich meine kleinen *j'ai, tu as, il a* nur so weg, als wären sie das kleine a-b-c. In Paris und überall, wo man sonst noch Französisch spricht, komme ich ziemlich gut zurecht. In welchem Hotel sind Sie abgestiegen?«

»Im Schweizerhof.«

»Nein! Tatsächlich? Ich sehe Sie nie in der großen Empfangshalle. Ich bringe einen guten Teil meiner Zeit dort zu, weil man so viele Amerikaner trifft. Ich mache lauter Bekanntschaften. Waren Sie schon auf dem Rigi?«

»Nein.«

»Wollen Sie hinauf?«

»Wir hatten daran gedacht.«

»In welchem Hotel wollten Sie übernachten?«

»Ich weiß es nicht.«

»Na, dann steigen Sie auf jeden Fall im Schreiber ab, – *voll* von Amerikanern. Mit welchem Schiff sind Sie herübergekommen?«

»*City of Chester*.«

»Ah ja, ich erinnere mich, danach habe ich Sie schon einmal gefragt. Aber ich frage jeden, mit welchem Schiff er herübergekommen ist, und daher vergesse ich es manchmal und frage noch einmal. Wollen Sie auch nach Genf?«

»Ja.«

»In welchem Hotel wollen Sie absteigen?«

»Wir werden wohl in eine Pension ziehen.«

»Ich glaube kaum, daß Ihnen das gefallen wird; nur sehr wenige Amerikaner in diesen Pensionen. In welchem Hotel wohnen Sie hier?«

»Im Schweizerhof.«

»Ah ja, danach habe ich Sie auch schon einmal gefragt. Aber ich frage immer alle Leute, in welchem Hotel sie wohnen, und darum gehen mir die Hotels alle im Kopf durcheinander. Aber so kommt man zum Reden, und ich rede *so* gern. Erfrischt mich. Sie nicht? Auf solch einem Ausflug wie diesem hier.«

»Ja – manchmal.«

»Genau dasselbe bei mir. Solange ich nur rede, wird es mir nie langweilig – ist das bei Ihnen nicht auch so?«

»Im allgemeinen – ja. Ausnahmen bestätigen die Regel.«

»O, aber natürlich. Ich möchte auch nicht gerade mit jedem reden. Wenn jemand mit irgend so einem Bla-Bla-Bla über Landschaft und Geschichte und Bilder und lauter so'n langweiliges Zeugs anfängt, dann bin ich schon bald soweit, daß ich nervös werde. Dann sage ich: ›Nun, ich muß jetzt gehen – hoffentlich sehe ich Sie bald einmal wieder‹ – und dann gehe ich spazieren. Wo kommen Sie her?«

»New Jersey.«

»Ach, das ist aber doch! *Danach* habe ich Sie auch schon gefragt. Haben Sie schon den Löwen von Luzern gesehen?«

»Noch nicht.«

»Ich auch nicht. Aber der Mann, der mir vom Pilatus erzählt hat, sagt, man muß ihn sich unbedingt ansehen. Er ist neun Meter lang. Kann man sich schlecht vorstellen, aber das hat er jedenfalls gesagt. Er hat ihn gestern gesehen; da hat er gerade im Sterben gelegen, sagt er, dann wird er wohl inzwischen tot sein. Aber das spielt natürlich gar keine Rolle; man wird ihn ausstopfen. Sagten Sie, die Kinder gehören Ihnen – oder ihr?«

»Mir.«

»Ah ja, das sagten Sie. Wollen Sie auf den . . . nein, das habe ich Sie schon gefragt. In welchem Hotel sind Sie . . . nein, das haben Sie mir schon gesagt. Hm, was war denn da noch . . . hm-m . . . O, wie war Ihre Überfa . . . nein, da waren wir auch schon. Hm, hm . . . hm, das war dann wohl alles. *Bonjour* – es hat mich sehr gefreut, Ihre Bekanntschaft zu machen, meine Damen. Guten Tag.«

Kapitel 28

Der Rigi-Kulm ist ein 1800 m hohes imposantes Alpenmassiv, das für sich allein steht und über eine mächtige Aussicht auf blaue Seen, grüne Täler und schneebedeckte Berge gebietet – ein vollgestopftes, großartiges Bild von fünfhundert Kilometer Umfang. Man erklimmt ihn je nach Wunsch und Vorliebe entweder auf dem Schienenweg oder zu Pferde oder aber zu Fuß. Ich und mein Reisebegleiter warfen uns an einem sonnigen Morgen in unsere Wandertracht und überquerten den See mit einem Dampfer; in dem Dorf Wäggis, dreiviertel Stunden von Luzern entfernt, gingen wir an Land. Dieses Dorf liegt am Fuß des Berges.

Schon bald stapften wir gemächlich den laubüberwölbten Maultierpfad hinan, und dann begann auch, wie gewöhnlich, die Unterhaltung zu fließen. Es war zwölf Uhr Mittag und ein wolkenloser Tag mit leichter Brise; der Hang stieg nur allmählich, und die Blicke, die wir durch den Vorhang der Äste auf das blaue Wasser und winzige Segelboote und überhängende Felsenklippen werfen konnten, waren so bezaubernd wie Blicke ins Traumland. Die Umstände waren vollkommen und unsere Erwartung freudig gespannt, denn bald schon würden wir uns ja zum erstenmal an jenem wundervollen Schauspiel ergötzen, einem Sonnenaufgang in den Alpen – dem Zweck unserer Wanderung. Es bestand (allem Anschein nach) kein Grund zur Eile, denn laut Reiseführer brauchte man für den Aufstieg von Wäggis bis zum Gipfel zu Fuß nur dreieinviertel Stunden. Ich sage »allem Anschein nach«, da der Reiseführer uns bereits einmal zuvor zum Narren gehalten hatte – bei der Entfernung zwischen Allerheiligen und Oppenau –, und man konnte nie wissen, vielleicht schickte er sich an, uns abermals zum Narren zu halten. Sicher waren wir nur im Hinblick auf den Höhenunterschied – wieviele Stunden man vom Fuß bis zur Spitze brauchte, würden wir am besten selber herausfinden. Der Gipfel liegt 1800 Meter über dem Meeresspiegel, aber nur 1350

Meter über dem See. Nach einer halben Stunde Weges waren wir so recht in Schwung und Laune für unser Unternehmen, also machten wir uns klar zum Gefecht, das heißt, wir heuerten einen Jungen an, dem wir begegneten, und gaben ihm unsere Alpenstöcke und Tornister und Jacken und so weiter zu tragen; damit waren wir frei für den Ernst der Sache. Wir müssen wohl öfter Pause gemacht haben, um uns im Schatten aufs Gras zu strecken und ein Pfeifchen zu rauchen, als dieser Junge es gewohnt war, denn nach einer Weile fragte er uns, ob wir im Auge gehabt hätten, ihn für die Arbeit oder für ein Jahr zu dingen. Wir sagten ihm, er könne vorausgehen, falls er es eilig habe. Er antwortete, so besonders eilig habe er es wohl nicht, aber er möchte gern oben ankommen, solange er noch jung sei. Wir hießen ihn daraufhin, loszulaufen und die Sachen im höchsten Hotel zu lassen und auszurichten, daß wir bald nachkämen. Er sagte, er werde uns ein Zimmer besorgen, falls wir es wünschten, aber wenn alle Hotels voll sein sollten, werde er darum bitten, daß man ein neues baue und sich beeile, damit Farbe und Putz bei unserer Ankunft trocken seien. Unter allerlei weiteren Neckereien machte er sich den Pfad hinauf auf den Weg und war bald verschwunden. Um sechs Uhr waren wir ziemlich hoch in der Luft, und die Aussicht auf den See und die Berge war mächtig an Umfang und Reiz gewachsen. Wir rasteten eine Weile vor einem kleinen Gasthaus, wo wir auf der Terrasse mit dem großartigen Panorama vor uns Brot und Käse und ein paar Liter Milch zu uns nahmen – und dann zogen wir weiter.

Zehn Minuten später begegneten wir einem erhitzten Menschen mit rotem Gesicht, der mit mächtigen Schritten den Berg heruntergerannt kam und dabei seinen Alpenstock vorausschwang, damit die Eisenspitze im Boden Halt finde und diesen langen Schritten Halt gebe. Er blieb stehen, fächelte sich mit seinem Hut Luft zu, wischte sich mit einem roten Taschentuch den Schweiß von Gesicht und Nacken, holte ein paarmal keuchend Atem und fragte, wie weit es bis Wäggis sei. Drei Stunden, antwortete ich. Er sah mich überrascht an und sagte: »Aber es sieht aus, als könnte ich von hier aus einen Zwieback in den See werfen, so nahe heran ist er. Ist das da ein Gasthaus?«

»Ja«, sagte ich.

»Na«, sagte er, »noch drei Stunden, die halte ich nicht durch; ich habe genug für heute; ich lasse mir hier ein Bett geben.«

Ich fragte: »Sind wir fast oben?«

»Fast *oben*! Aber guter Mann, Sie haben überhaupt noch nicht richtig angefangen!«

Ich sagte, wir würden ebenfalls in dem Gasthaus übernachten. Also machten wir kehrt und bestellten ein warmes Essen und verbrachten einen rundum vergnügten Abend mit diesem Engländer.

Die deutsche Wirtin gab uns hübsche Zimmer und gute Betten, und als ich und mein Reisebegleiter uns zur Ruhe legten, geschah es mit dem Vorsatz, früh aufzustehen, damit wir möglichst viel von unserem ersten Sonnenaufgang in den Alpen hätten. Aber natürlich waren wir todmüde und schliefen wie Polizisten; als ich also am nächsten Morgen zum Fenster lief, war es schon zu spät, denn es war halb zwölf. Das war eine heftige Enttäuschung. Nun denn, wir bestellten Frühstück und baten die Wirtin, den Engländer zu wecken, aber sie sagte, er sei bereits bei Tagesanbruch aufgestanden und weitergewandert – und dabei habe er wütend über dies oder das oder sonst noch was geflucht. Es war nicht herauszufinden, was ihn dazu getrieben hatte. Er hatte die Wirtin gefragt, wie hoch ihr Gasthaus über dem See liege, und sie hatte ihm gesagt, es liege 448 Meter über dem See. Weiter war nichts gesagt worden; an dieser Stelle wurde er heftig. Von – – – Dummköpfen und Reiseführern zusammen könne man in diesem Land in vierundzwanzig Stunden genug Unwissenheit für ein ganzes Jahr sammeln. Harris nahm an, daß unser Junge ihn mit falschen Auskünften vollgestopft habe; und so war es wahrscheinlich gewesen, denn sein schmückendes Beiwort beschrieb diesen Jungen bis aufs I-Tüpfelchen.

Gegen Mittag waren wir reisefertig und machten uns mit frischem, kraftvollem Schritt abermals an den Aufstieg zum Gipfel. Nachdem wir etwa zweihundert Schritte hinter uns gebracht und zum Ausruhen innegehalten hatten, blickte ich, während ich meine Pfeife anzündete, nach links hinüber und entdeckte in der Ferne einen langen schwarzen Rauchwurm, der träge den steilen Berg hinankroch. Das war natürlich die Lokomotive. Wir stützten uns auf den Ellenbogen, um Ausschau zu halten, denn wir hatten noch nie zuvor eine Bergbahn gesehen. Schon bald erkannten wir den Zug. Es schien unglaublich, daß das Ding geradeswegs einen Hang hinaufkriechen konnte, der so steil war wie ein Hausdach – aber da kam es daher und vollbrachte genau dieses Wunder.

Im Verlaufe der nächsten zwei Stunden erklommen wir eine hübsch windige Höhe, wo die Dächer der kleinen Hütehütten mit dicken Steinen vollgepackt waren, damit sie sie auf der Erde festhielten, wenn die schweren Stürme tobten. Das Land war nun unbebaut und felsig, aber es wuchsen genügend Bäume, genügend Moos und Gras.

Weit drüben auf dem anderen Ufer des Sees sahen wir ein paar Dörfer, und zum erstenmal konnten wir nun den wirklichen Größenunterschied zwischen ihnen und dem Bergriesen feststellen, zu dessen Füßen sie schliefen. Wenn man durch eins dieser Dörfer geht, macht es einen geräumigen Eindruck und die Häuser sehen groß aus und scheinen nicht ohne jedes Verhältnis zu den Bergen, die sie überragen. Aber wie anders das alles aus unserer Höhe wirkte! Die Berge waren höher und großartiger denn je, wie sie da mit dem Kopf in den treibenden Wolken standen und ihre ernsten Gedanken dachten, aber die Dörfer zu ihren Füßen – wenn das angestrengte Auge sie überhaupt aufspüren konnte – waren so zusammengeschrumpft, so beinahe unsichtbar und lagen so flach auf der Erde, daß sie sich am treffendsten mit Ameisenhaufen aus gekörnter Erde vergleichen ließen, die von der gewaltigen Masse eines Doms überragt wurden. Die Dampfer, die unten an den jähen Steilhängen vorbeiglitten, wurden durch die Entfernung zu winzigen zierlichen Spielzeugbooten, die Segeljachten und Ruderboote zu Schaluppen für Feen, die ihr Haus in den Kelchen der Lilien haben und auf dem Rücken von Hummeln zu Hofe reiten.

Nach einer Weile begegneten wir ein paar Schafen, die im Sprühen eines klaren Baches weideten, der von einer dreißig Meter hohen Felswand herabstürzte, und mit einemmal ertönte von einer nahen, aber unsichtbaren Stelle her ein wohlklingendes »Huliholdrioh!« und wir wußten, daß wir zum erstenmal das berühmte Jodeln der Älpler auf freier Wildbahn hörten. Und außerdem stellten wir fest, daß es sich dabei um dieses eigenartige Ineinander von Bariton und Falsett handelt, das wir zu Hause »Tiroler Trällern« nennen.

Das Jodeln erklang in einem fort und war sehr hübsch und erfrischend anzuhören. Dann erschien der Jodler – ein Hütejunge von sechzehn Jahren – und in unserer Freude und Dankbarkeit gaben wir ihm einen Franken und baten ihn, noch ein bißchen mehr zu jodeln. Also jodelte er, und wir lauschten.

Nach einer Weile zogen wir weiter, und er begleitete uns großzügig mit seinem Jodeln, bis wir seinen Blicken entschwunden waren. Nach etwa einer Viertelstunde begegneten wir einem anderen Hütejungen, der jodelte, und gaben ihm einen halben Franken, damit er weiterjodele. Auch er jodelte uns zum Geleit, bis wir nicht mehr zu sehen waren. Von nun an stießen wir alle zehn Minuten auf einen Jodler; wir gaben dem ersten acht Cents, den zweiten sechs Cents, dem dritten vier Cents, dem vierten einen Penny, zahlten Nummer fünf, sechs und sieben nichts und brachten den Rest des Tages alle übrigen Jodler mit je einem Franken dazu, daß sie von ihrem Jodeln abließen. Es geht ein bißchen zu weit mit dieser Jodelei in den Alpen.

Als der Nachmittag etwa zur Hälfte um war, durchschritten

wir ein wundervolles natürliches Tor, das sogenannte Felsentor, das von zwei ungeheuren aufrechten Felsen gebildet wird, denen oben ein dritter quer aufliegt. Ein sehr anheimelndes kleines Hotel lag in der Nähe, aber unsere Kräfte waren noch nicht erschöpft, also kletterten wir weiter.

Drei Stunden später kamen wir an das Bahngeleise. Es führte in gerader Linie mit der Neigung einer an eine Hauswand gelehnten Leiter den Berg hinauf, und es dünkte uns, daß ein Mensch gute Nerven brauche, der sich vornahm, auf diesen Schienen aufwärts- oder auch abwärts zu fahren.

Während des noch verbleibenden Teils des Nachmittags kühlten wir unser röstendes Inneres mit eiskaltem Wasser aus klaren Bächen, dem einzigen wirklich erfrischenden Wasser, das wir seit unserer Abfahrt von zu Hause getrunken hatten, denn in den Hotels in Europa bekommt man nichts weiter als ein Glas mit Eis, auf das man das Wasser gießen kann, und damit verringert man zwar seine Wärme, macht es aber nicht kalt. Wasser kann nur dann stark genug zu sommerlicher Erquickung gekühlt werden, wenn man es in einem Eisschrank oder in einem geschlossenen Krug bereitet. Die Europäer sagen, Eiswasser schade der Verdauung. Woher wollen sie das wissen? Sie trinken nie welches.

Um zehn nach sechs erreichten wir den Haltepunkt Kaltbad, in dessen Nähe sich ein geräumiges Hotel mit großen Veranden befindet, von denen man einen majestätischen Blick auf einen weiten Ausschnitt der See- und Gebirgslandschaft genießt. Wir waren nun ziemlich erledigt, aber da wir den alpinen Sonnenaufgang nicht versäumen wollten, aßen wir so rasch wie möglich zu Abend und begaben uns eiligst zu Bett. Es war unaussprechlich behaglich, die müden Glieder zwischen den kühlen, klammen Laken zu strecken. Und wie wir schliefen! Denn es gibt kein besseres Schlafmittel als eine Alpenwanderung.

Am nächsten Morgen wachten wir beide im selben Augenblick auf, sprangen aus dem Bett, liefen zum Fenster und ris-

sen die Vorhänge zur Seite; aber wieder erlitten wir eine bittere Enttäuschung: es war bereits halb vier nachmittags.

Wir kleideten uns verdrießlich und übelgelaunt an; jeder warf dem anderen vor, daß er sich verschlafen habe. Harris meinte, wenn wir den Reiseleiter mitgenommen hätten, was wir eigentlich hätten tun sollen, wären uns diese Sonnenaufgänge nicht durchgegangen. Ich entgegnete, er wisse sehr wohl, daß einer von uns hätte wachbleiben müssen, um den Reiseleiter zu wecken; und ich fügte hinzu, daß wir bei diesem Aufstieg gerade genug Mühe hätten, auf uns selber zu achten, ohne gleichzeitig auch noch auf einen Reiseleiter aufpassen zu müssen.

Während des Frühstücks wurde unsere Laune ein bißchen besser, denn wir lasen in unserem Reiseführer, daß der Reisende es in den Hotels auf dem Gipfel nicht dem glücklichen Zufall zu überlassen brauche, ob er zu seinem Sonnenaufgang kam oder nicht. Er werde rechtzeitig von einem Mann geweckt, der die Korridore mit einem großen Alpenhorn abschreitet, dessen Töne die Toten aufwecken würde. Und noch etwas

Beruhigendes stand in dem Reiseführer zu lesen: Dort oben auf dem Gipfel zögen die Gäste sich nicht erst lange an, sondern griffen kurzentschlossen nach einer roten Decke und stürzten wie Indianer angetan zum Haus hinaus. Das war gut: das würde romantisch sein; zweihundertfünfzig Menschen in Gruppen und Grüppchen auf dem winzigen Gipfel mit wehendem Haar und flatternden roten Decken im Angesicht der feierlich-ernsten Schneewände und der Vorbotenherrlichkeit der kommenden Sonne, das würde ein ungewöhnliches und denkwürdiges Schauspiel werden. Also war es Glück und nicht Pech, daß wir die anderen beiden Sonnenaufgänge verpaßt hatten.

Unser Reiseführer unterrichtete uns, daß wir uns nun 968 Meter über dem See befanden – volle zwei Drittel des Weges hatten wir demnach hinter uns gebracht. Wir brachen um Viertel nach vier auf; hundert Meter oberhalb des Hotels teilte sich die Bahnstrecke; ein Geleise führte geradeswegs bergan, das andere bog im rechten Winkel unter sehr leichtem Ansteigen nach rechts ab. Wir wählten letzteres, folgten ihm fast zwei Kilometer weit, bogen um eine Felsenecke und sahen ein schmuckes neues Hotel vor uns. Wären wir weitergegangen, hätten wir den Gipfel erreicht, aber Harris zog es vor, allerhand Fragen zu stellen – wie gewöhnlich richtete er sie an einen Mann, der nicht die geringste Ahnung hatte –, und dieser Mann hieß uns, umzukehren und dem anderen Geleise nachzugehen. Das taten wir. Dieser Zeitverlust sollte uns übel bekommen.

Wir kletterten und kletterten und kletterten, dann kletterten wir immer noch weiter; wir erklommen etwa vierzig Gipfel, aber immer lag ein Stück weiter noch einer. Es fing an zu regnen, und zwar mit tödlichem Ernst. Wir waren naß bis auf die Haut, und es war bitterkalt. Als nächstes deckte ein rauchiger Wolkendunst die ganze Umgebung dicht ein. Wir hielten uns an die Bahnschwellen, um uns nicht zu verirren. Manchmal schwappten wir auf dem schmalen Pfad links neben dem Geleise entlang, aber wenn dann nach einer Weile der Nebel ein wenig verwehte und wir feststellen mußten, daß wir am Rande des Abgrunds einherstapften und unsere linken Ellenbogen über eine vollkommen grenzen- und bodenlose Leere hinausragten, blieb uns die Luft weg, und wir hüpften schnell wieder auf die Schwellen zurück.

Die Nacht brach herein – dunkel und nieselig und kalt. Gegen acht Uhr abends lichtete sich der Nebel und zeigte uns einen vielbenutzten Pfad, der sehr steil zur Rechten hochführte. Wir schlugen ihn ein, und sobald wir weit genug von dem Geleise entfernt waren, um es unmöglich wiederfinden zu können, senkte sich der Nebel wieder über uns.

Wir waren an rauhem, ungeschütztem Ort und mußten, ob wir wollten oder nicht, weiterstapfen, um uns warm zu halten, wenn wir auch sehr damit rechneten, früher oder später in einen Abgrund zu stürzen. Etwa um neun Uhr machten wir eine bedeutsame Entdeckung: wir waren nicht auf dem Pfad. Eine Weile tappten wir auf Händen und Knien herum, konnten ihn aber nicht finden; also setzten wir uns in Matsch und spärliches nasses Gras, um zu warten.

Dieser Entschluß entsproß schierem Entsetzen. Plötzlich nämlich sahen wir uns einem mächtigen schwarzen Etwas gegenüber, das sich einen Augenblick lang undeutlich zeigte und im nächsten Augenblick schon wieder vom Nebel verschlungen wurde. Es war nichts anderes als das Hotel, zu dem wir unterwegs waren – der Nebel vergrößerte es ins Ungeheure –, aber wir hielten es für eine Steilklippe und beschlossen, von einem Hinaufkrabbeln abzusehen.

Eine Stunde lang saßen wir mit klappernden Zähnen und am ganzen Leib zitternd da und zankten uns wegen lauter Nichtigkeiten, widmeten jedoch den Großteil unserer Aufmerksamkeit einer gegenseitigen Beschimpfung, bei der jeder dem anderen die Dummheit in die Schuhe zu schieben versuchte, der zufolge wir das Bahngeleise verlassen hatten. Wir saßen mit dem Rücken zu dieser Steilklippe, denn der wenige Wind, der wehte, kam aus der Richtung. Dann und wann lichtete sich der

Nebel ein bißchen, wann, wußten wir nicht, denn wir saßen dem leeren All zugewandt – dort fiel das Lichterwerden nicht auf; aber nach einer Stunde blickte Harris sich zufällig einmal um, und wo sich eben noch die Steilklippe erhoben hatte, stand ein riesiges, unwirkliches, geisterhaftes Hotel. Man konnte schwach Fenster und Kamine erkennen und verschwommene, trübe Lichtflecke. Unsere erste Empfindung war tiefe, unaussprechliche Dankbarkeit, unsere nächste eine törichte Wut, die aus dem Verdacht entsprang, das Hotel könne möglicherweise seit drei Viertelstunden sichtbar gewesen sein, während wir in diesen kalten Pfützen saßen und uns zankten.

Ja, es war das Rigi-Kulm-Hotel, das auf dem allerhöchsten Gipfel steht und dessen fernes Lichtergefunkel wir oft weit dort unten in Luzern von unserem Balkon aus hoch oben zwischen den Sternen hatten glitzern sehen. Der mürrische Portier und die mürrischen Angestellten bereiteten uns den grämlichen Empfang, dessen man bei Leuten ihres Schlages in Zeiten des Wohlstands gewärtig sein muß, aber nachdem wir sie durch ganz besonders große Folgsamkeit und Unterwürfigkeit erweicht hatten, brachten wir sie schließlich doch noch dazu, daß sie uns das Zimmer zeigten, das unser Junge für uns bestellt hatte.

Wir zogen uns trockene Sachen an, und während unser Abendessen zubereitet wurde, bummelten wir verloren durch zwei riesige, höhlenartige Gesellschaftszimmer, von denen eins einen Ofen hatte. Dieser Ofen stand in einer Ecke und war dicht von Leuten ummauert. Wir kamen nicht ans Feuer heran, also bewegten wir uns frei durch den arktischen Raum inmitten einer Menge von Leuten, die stumm, ohne ein Lächeln, verloren und zitternd da saßen – und sich vielleicht insgeheim Dummköpfe schalten, weil sie gekommen waren. Wir sahen ein paar Amerikaner und Deutsche, aber die allermeisten waren offensichtlich Engländer.

Wir spazierten in einen Raum hinein, in dem sich eine beträchtliche Menschenmenge versammelt hatte, weil wir sehen wollten, was dort vorging. Es war ein Andenkenladen. Die Reisenden kauften begierig Papiermesser aller Arten und Stile mit »Andenken an den Rigi« darauf und Griffen aus dem kleinen gebogenen Horn der angeblichen Gemse; und auch Holzbecher in allen möglichen Formen konnte man erstehen und ähnliches Zeug mit ähnlichen Inschriften. Ich wollte schon einen Brieföffner kaufen, aber dann sagte ich mir, daß ich mich auch ohne ihn an die kalte Pracht des Rigi-Kulm würde erinnern können, und unterdrückte die Regung.

Unser Abendessen wärmte uns auf, und hinterher gingen wir unverzüglich zu Bett. Aber da Herr Baedeker alle Reisenden bittet, ihn auf Fehler und Irrtümer aufmerksam zu machen, die ihnen in seinen Reiseführern begegnen, schrieb ich ihm vorher noch rasch ein paar Zeilen, um ihn davon zu unterrichten, daß er sich um etwa drei Tage verschätzt hatte, als er behauptete, für den Aufstieg zu Fuß von Wäggis zum Gipfel brauche man nur dreieinviertel Stunden. Ich hatte ihn vorher schon von seinem Irrtum hinsichtlich der Entfernung von Allerheiligen nach Oppenau unterrichtet und das Kartenamt der deutschen Regierung auf denselben Fehler in den Generalstabskarten des Reiches hingewiesen. Ich will hier hinzufügen, daß ich auf keinen dieser Briefe jemals eine Antwort erhalten habe und nicht den geringsten Dank von seiten dieser beiden Stellen; und was noch unhöflicher ist: weder auf den Karten noch in den Reiseführern sind die Berichtigungen vorgenommen worden! Aber wenn ich Zeit habe, werde ich noch einmal schreiben, denn meine Briefe können ja vielleicht verlorengegangen sein.

Wir rollten uns in den klammen Betten zusammen und schliefen ohne Wiegen ein. Wir waren so vollkommen ermattet, daß wir uns nicht rührten und nicht umdrehten, bis das Dröhnen des Alpenhorns uns aufweckte. Man wird sich gut vorstellen können, daß wir absolut keine Zeit verloren. Hastig zogen wir dies und das über, wickelten uns in die vorgeschriebene rote Decke wie in einen Kokon ein und stürzten barhäuptig die Gänge entlang und in den heulenden Wind hinaus. Auf der äußersten

Spitze des Gipfels erblickten wir ein großes Holzgerüst und rannten darauf zu. Wir flitzten die Stufen hinauf, und dann standen wir mit wehendem Haar oben auf dem Gerüst, und unsere brandroten Decken flatterten und knallten in der heftigen Brise.

»Mindestens eine Viertelstunde zu spät!« sagte Harris bedrückt. »Die Sonne steht schon ganz über dem Horizont.«

»Macht nichts«, sagte ich, »der Anblick ist großartig, und wir sehen auf jeden Fall noch den restlichen Aufgang.«

Im Nu waren wir tief in das Wunder vor unseren Augen versunken und hatten für nichts sonst Augen und Ohren. Die große, von Wolken vergitterte Scheibe der Sonne stand sozusagen mit ihrem unteren Rand auf einer grenzenlosen Weite hochgeplätscherter Katzenköpfe – auf dem wogigen Chaos massiger Bergkuppen und -spitzen, die in nievergehenden Schnee gekleidet und in ein opalenes Leuchten von stetig wechselndem und schmelzendem Glanz getaucht waren, während durch Spalten in einer schwarzen Wolkenbank über der Sonne Strahlenspeere aus Diamantenstaub in den Zenit hinaufschossen. Die klaffenden Täler der niederen Welt schwammen in einem farbigen Dunst, der das Schroffe und Unfreundliche ihrer Felsenklüfte und Felsspitzen und knorrigen Wälder verschleierte und dieses ganze abweisende Gelände in ein sanftes und üppiges und sinnenfreudiges Paradies verwandelte.

Wir konnten nichts sagen. Wir konnten kaum atmen. Wir konnten nur in trunkener Verzückung schauen und es in uns hineintrinken. Mit einemmal rief Harris:

»Ei – – – dammt, sie geht *unter*!«

Er hatte vollkommen recht. Wir hatten das *Morgen*horn verpaßt und den ganzen Tag geschlafen. Das war sehr verblüffend.

Harris sagte:

»Ha! Nicht die Sonne bietet den aufregenden Anblick, sondern *wir*! Stehen gaffend hier oben auf diesem Galgen in unseren idiotischen Decken, und zweihundertfünfzig wohlgekleidete Männer und Frauen da unten gaffen zu uns herauf und scheren sich nicht die Bohne darum, ob die Sonne auf- oder untergeht – Hauptsache, sie können so ein lächerliches Schauspiel wie dies hier in ihr Tagebuch eintragen. Die scheinen sich die Rippen wackelig zu lachen, und ein Mädchen ist da unten, das bricht gleich vor Lachen in Stücke. Einen Mann wie Sie habe ich noch nie gesehen. Ich glaube, als Esel sind Sie der absolut letzte Schrei.«

»Was habe ich jetzt schon wieder gemacht?« fragte ich hitzig.

»Was Sie gemacht haben? Sie sind abends um halb sieben aufgestanden, um die Sonne aufgehen zu sehen; das haben Sie gemacht!«

»Und Sie? Sind Sie etwa einen Deut besser? Ich bin jeden Tag mit der Lerche aufgestanden, bevor ich unter den versteinernden Einfluß Ihres aufgedunsenen Geistes geriet!«

»*Sie* sind mit der Lerche aufgestanden – o, kein Zweifel –, eines Tages werden Sie noch mal mit dem Henker aufstehen. Aber Sie sollten sich was schämen, hier so herumzumaulen, in einer roten Decke, auf einem zehn Meter hohen Gerüst oben auf den Alpen. Und all die Leute da unten noch dazu! Wahrhaftig kein Ort, um heftig zu werden.«

Und so weiter – unsere übliche Streiterei. Als die Sonne so ziemlich ganz untergegangen war, schlüpften wir im barmherzigen Dämmerlicht ins Hotel zurück und krochen wieder ins Bett. Auf dem Weg begegneten wir dem Hornbläser, und er versuchte, sein Honorar nicht nur für die Ankündigung des Sonnenuntergangs zu kassieren, den wir tatsächlich gesehen hatten, sondern auch für die Ankündigung des Sonnenaufgangs, den wir ganz und gar verpaßt hatten; aber wir sagten nein, wir hielten uns bei der Sonnenzuteilung streng an die europäische Methode – gezahlt wird für das, was man kriegt. Er versprach uns, dafür zu sorgen, daß wir sein Horn am nächsten Morgen hörten, falls wir dann noch lebten.

Kapitel 29

Er hielt Wort. Wir hörten sein Horn und standen sofort auf. Es war dunkel und kalt und abscheulich. Während ich nach den Streichhölzern herumfühlte und dabei mit meinen zitternden Händen dies und das umstieß, wünschte ich, die Sonne würde mitten am Tag aufgehen, wenn es warm und hell und freundlich war und man selber nicht so verschlafen. Wir machten uns beim Schein zweier kläglicher Kerzen ans Ankleiden, aber wir kriegten kaum einen Knopf zu, so bebten unsere Hände. Ich dachte an all die glücklichen Menschen in Europa, Asien und Amerika und überall, die friedlich in ihren Betten schliefen und nicht aufstehen und den Sonnenaufgang auf dem Rigi betrachten mußten – lauter Leute, die diesen Vorzug mit ziemlicher Sicherheit nicht zu schätzen wußten, sondern an diesem Morgen aufstehen und weitere Wohltaten von der Vorsehung erbitten würden. Während ich diesen Gedanken nachhing, gähnte ich auf ziemlich umfassende Art und meine oberen Zähne hakten sich an einem Nagel über der Tür fest, und während ich einen Stuhl bestieg, um mich zu befreien, zog Harris den Fenstervorhang zurück und sagte:

»Haben wir ein Glück! Wir brauchen überhaupt nicht nach draußen – da liegen die Berge – genau vor uns!«

Das war wahrhaftig frohe Kunde. Wir wurden auf der Stelle vergnügt. Die großartigen Alpenmassive zeichneten sich schwach gegen das schwarze Firmament ab, und ein paar blasse Sterne blinkten durch Ritzen in der Nacht. Voll angekleidet und in Decken gehüllt, kauerten wir uns mit angezündeter Pfeife ans Fenster und fielen ins Plaudern, während wir in außerordentlicher Behaglichkeit darauf warteten, wie sich wohl ein alpiner Sonnenaufgang bei Kerzenlicht ausnehmen würde. Nach einer Weile breitete sich ein zarter, gleichsam ätherischer Glanz in kaum wahrnehmbarem Fortschreiten über den erhabensten Höhen der Schneewüste aus – aber da schien Schluß zu sein mit der Vorstellung. Ich sagte nach einer Weile:

»Irgendwo ist ein Haken bei diesem Sonnenaufgang. Scheint nicht zu klappen. Was meinen Sie, was mit ihm los ist?«

»Ich weiß es nicht. Er scheint irgendwo festzuhängen. Ich habe noch nie einen Sonnenaufgang gesehen, der sich so aufgeführt hat. Könnte es sein, daß das Hotel uns nasführen will?«

»Unsinn. Das Hotel hat nur Besitzanteile an der Sonne, mit der Geschäftsleitung hat es nichts zu tun. Und es ist noch ein ziemlich unsicherer Besitz dazu; ein paar totale Sonnenfinsternisse hintereinander würden diese Kneipe wahrscheinlich ruinieren. Aber was kann denn nur mit diesem Sonnenaufgang los sein?«

Harris sprang auf und rief:

»Ich hab's! Ich weiß, was mit ihm los ist! Wir haben uns die Stelle angeguckt, an der die Sonne gestern abend *unter*gegangen ist!«

»Vollkommen richtig! Konnte Ihnen das nicht früher einfallen? Jetzt ist uns schon wieder einer durchgegangen! Und alles nur wegen Ihrer Schnitzer. Das sieht Ihnen genau ähnlich – eine Pfeife anzünden und sich hinsetzen und warten, daß die Sonne im Westen aufgeht!«

»Es sah mir ebenfalls genau ähnlich, den Irrtum zu entdekken. Ich entdecke alle Irrtümer.«

»Und Sie begehen sie auch allesamt, denn sonst wäre ja Ihre allerkostbarste Fähigkeit auf Sie verschwendet. Aber kein Streit jetzt – vielleicht kommen wir noch nicht zu spät.«

Aber wir kamen zu spät. Die Sonne stand rund am Himmel, als wir auf dem Vorführgelände eintrafen.

Auf dem Weg nach oben begegneten wir der zurückkehrenden Menge – Männer und Frauen in allerlei seltsamer Kostümierung, denen das frierende Elend aus Schritt und Gesichtszügen sprach. Ein Dutzend war noch auf dem Besichtigungsgelände, als wir uns dort einfanden. Diese Leute kauerten, den Rücken dem bitterkalten Wind zugekehrt, zu Füßen des Gerüstes. Sie hatten den Aufriß der Aussicht in ihren roten Reiseführern aufgeschlagen, suchten mühsam die verschiedenen

Berge heraus und versuchten, Name und Lage ihrem Gedächtnis einzuprägen. Es war dies einer der traurigsten Anblicke, die mir jemals begegnet sind.

Zwei Seiten dieses Platzes waren durch ein Geländer geschützt, damit niemand in den Abgrund geweht wurde. Die Aussicht von dieser hohen Erhebung nach Osten unmittelbar in das weite Tal hinunter war sehr wunderlich und eigentümlich. Kantone, Städte, Bergrippen und Kämme, weite grüne Wiesen, große Waldzüge, sind windende Bäche und Flüsse, ein Dutzend blauer Seen, ein Schwarm geschäftiger Dampfer – wir sahen diese ganze kleine Welt in unübertrefflicher Genauigkeit aller Einzelheiten – sahen sie so, wie die Vögel sie sehen –, und das Ganze war auf den winzigsten Maßstab reduziert und scharf und fein wie ein Stahlstich ausgearbeitet. Die zahlreichen Spielzeugdörfer mit winzigen, aus ihnen hervorstechenden Kirchtürmen wirkten ganz so, als hätten Kinder sie vom Spielen am Tag zuvor so liegengelassen; die Waldzüge waren zu Moospolstern eingeschrumpft, ein paar der Seen zu Tümpeln verkümmert, die kleineren zu Pfützen – wenn sie auch nicht wie Pfützen aussahen, sondern wie Ohrgehänge, die hingefallen und in leichten, ihrer Form angepaßten Vertiefungen inmitten der Moospolster und der glatten Flächen zierlichen grünen Ackerlandes liegengeblieben waren; die mikroskopisch feinen Dampfer glitten daher wie in einem städtischen Wasserreservoir und brauchten mächtig viel Zeit für die Strecke zwischen Häfen, die nur einen Meter auseinanderzuliegen schienen; und die Landenge, die zwei Seen voneinander trennte, sah aus, als könne man sich darauf ausstrecken und beide Ellenbogen ins Wasser tauchen, und doch wußten wir, daß unsichtbare Frachtwagen auf ihr entlangächzten und die Entfernung als beschwerlich empfanden. Diese wunderschöne Miniaturwelt sah genauso aus wie eine dieser Reliefkarten, die die Natur getreulich wiedergeben, indem sie Höhen und Tiefen und andere Einzelzüge auf einen verkleinerten Maßstab abstufen und Felsen, Bäume, Seen und so weiter in ihren natürlichen Farben zeigen.

Ich glaubte, daß wir zu Fuß in einem Tag nach Wäggis oder Vitznau würden absteigen können, aber ich wußte, daß man auf dem Schienenweg etwa eine Stunde brauchte, also entschloß ich mich zu letzterem. Ich wollte ohnehin einmal sehen, wie das ging. Der Zug traf gegen Mitte des Morgens ein, und er war wahrhaftig ein sonderbares Ding. Der Kessel der Lokomotive stand aufrecht, und er und die ganze Lokomotive neigten sich scharf nach hinten. Zwei Wagen führte der Zug; sie hatten Dächer, waren jedoch ansonsten rundum weit offen. Die Wagen waren nicht nach hinten geneigt, aber die Sitze. Dadurch war es dem Fahrgast möglich, waagerecht zu sitzen, wenn es einen steilen Hang hinunterging.

Das Geleis besteht aus drei Schienen; die mittlere hat Zähne; der Drehling der Lokomotive greift in diese Zahnstange und zieht den Zug so den Berg hinauf oder bremst seine Fahrt bergab. Etwa dieselbe Geschwindigkeit – fünf Kilometer pro Stunde – wird aufwärts und abwärts eingehalten. Die Lokomotive ist sowohl bei der Bergfahrt wie bei der Talfahrt am unteren

Ende des Zuges. Im ersten Fall schiebt sie, im zweiten hält sie zurück. Der Fahrgast sitzt aufwärts mit dem Rücken zur Fahrtrichtung, und abwärts blickt er voraus.

Wir bekamen Sitze in der ersten Bankreihe, und während der etwa fünfzig Meter, die der Zug sich auf ebenem Boden vorwärtsbewegte, hatte ich kein bißchen Angst; aber dann schoß er unvermittelt talwärts, und ich hielt den Atem. Und genau wie all meine Nachbarn, stemmte ich mich unwillkürlich mit aller Gewalt zurück und warf all mein Gewicht nach hinten, um zu bremsen, aber das nützte so gut wie gar nichts. Als Junge war ich Treppengeländer hinuntergerutscht, und es hatte mir nicht das geringste ausgemacht; aber mit einem Eisenbahnzug ein Treppengeländer hinunterzurutschen – dabei konnte es einem schon eiskalt über den Rücken laufen. Manchmal war der Boden volle *drei Meter* fast eben, und dann konnten wir bei leidlichem Wohlbefinden ein paarmal tief Atem holen; aber dann bogen wir auch gleich schon wieder um eine Kurve und sahen eine lange abschüssige Schienengerade vor uns, und mit dem Wohlbefinden war es vorbei. Man würde doch gewiß annehmen, daß die Lokomotive innehielt oder jedenfalls ihre Fahrt verlangsamte und sich solch einer Sturzstrecke vorsichtig näherte, aber sie tat nichts dergleichen; sie ratterte seelenruhig weiter, und wenn sie die Absprungstelle erreichte, machte sie plötzlich eine Verbeugung und glitt, unbekümmert um die äußeren Umstände, zügig treppab.

Es war maßlos aufregend, auf diese grausliche Weise am Rand des Abgrunds entlangzuschlittern und jäh einen Blick in das ferne Tal zu werfen, das ich oben beschrieben habe.

Am Haltepunkt Kaltbad gab es keinen ebenen Boden; der Bahnkörper war steil wie ein Dach; ich war gespannt, wie man das Anhalten bewerkstelligen würde. Aber es war ganz einfach; der Zug kam talwärts daher, und als er die richtige Stelle erreicht hatte, hielt er schlicht an – weiter nichts –, hielt auf der steilen Strecke an, und nachdem die Reisenden mit ihrem Gepäck ein- und ausgestiegen waren, zog er an und glitt weiter talwärts. Der Zug kann überall halten, und zwar im Handumdrehen.

Man konnte einen eigentümlichen Effekt beobachten, den zu beschreiben ich mir keine Mühe zu machen brauche – ich schneide die Schilderung aus dem Reklameprospekt der Bahngesellschaft aus und spare meine Tinte:

»Während der ganzen Fahrt, besonders aber bei der Talfahrt, unterliegen wir einer optischen Täuschung, die uns oft unglaublich erscheint. Alle Büsche, Tannen, Ställe, Häuser und so weiter sehen aus, als kippten sie wie unter gewaltigem Luftdruck vornüber. Sie stehen alle schief, und zwar so sehr schief, daß die Sennhütten und Bauernhäuser umzufallen scheinen. Dies ist die Folge der steilen Neigung der Bahnstrecke. Wer in den Wagen sitzt, merkt nicht, daß er einen Abhang von 20 oder 30 Grad hinunterfährt (da ja die Sitze auf diesen Vorgang eingerichtet und nach hinten übergeneigt sind). Man nimmt fälschlicherweise den Wagen und seine horizontalen Linien als wirkliche Ebene, und daher müssen alle Gegenstände draußen, die sich tatsächlich in horizontaler Lage befinden, in bezug auf den Berg eine Schräglage von 20 bis 30 Grad einnehmen.«

Wenn man Kaltbad erreicht, hat man allmählich Zutrauen zu der Bahn gewonnen und hört nun auf, die Fahrt der Lokomotive verlangsamen zu wollen, indem man sich zurückstemmt. Fortan raucht man in heiterer Gelassenheit sein Pfeifchen und betrachtet mit ungehemmtem Vergnügen das großartige Bild unter einem und um einen herum. Da gibt es nichts, was die Aussicht oder den Wind behindert; man fühlt sich, als besichtige man die Welt auf Flügeln. Allerdings – um genau zu sein –, an einer Stelle ist es für eine Weile aus mit der heiteren Gelassenheit, nämlich bei der Fahrt über die Schnurrtobelbrücke, ein zartes Bauwerk, das sein altweibersommerfeines Traggerüst in schwindelerregender Höhe wie einen Spinnenfaden über eine Schlucht hinweg abwärtsspannt.

Es bereitet keine Schwierigkeiten, aller Sünden zu gedenken, während der Zug diese Brücke hinunterkriecht; und man bereut sie auch – stellt dann beim Eintreffen in Vitznau allerdings fest, daß es nicht nötig gewesen wäre. Die Brücke ist vollkommen sicher.

So endet der ereignisreiche Ausflug, den wir zum Rigi-Kulm unternahmen, um einen Sonnenaufgang in den Alpen zu erleben.

Zweites Buch

Kapitel 1

Eine Stunde Fahrt über den See, und wir waren wieder in Luzern. Ich hielt es für das beste, gleich zu Bett zu gehen und mich mehrere Tage auszuruhen, denn als der Mann, der es unternahm, Europa zu Fuß zu bereisen, mußte ich schließlich auf mich aufpassen.

Beim Überdenken meiner Reisepläne stellte ich fest, daß ich den Furka-Paß, den Rhonegletscher, das Finsteraarhorn, das Wetterhorn usw. nicht berücksichtigt hatte. Ich schlug sofort im Reiseführer nach, ob sie wichtig seien, und fand heraus, daß sie es waren; ja, eine Wanderung durch Europa war ohne sie einfach keine Wanderung durch Europa. Selbstverständlich entschloß ich mich auf der Stelle zu einer Besichtigung, denn ich gestatte mir nie, irgend etwas nur halb oder auf schludrige oder oberflächliche Art zu erledigen.

Ich rief meinen Reisebegleiter und wies ihn an, unverzüglich hinzugehen und die genannten Örtlichkeiten einer eingehenden Prüfung zu unterziehen – zu Fuß, versteht sich –, und das Ergebnis in einem schriftlichen Bericht zurückzubringen, den ich in mein Buch einschieben konnte. Ich trug ihm auf, sich so schnell wie möglich nach Hospental zu begeben und von dort zu seiner großen Expedition aufzubrechen; seine Fußwanderung sodann bis an den Gießbachfall auszudehnen und vom Gießbachfall mit der Postkutsche oder auf dem Rücken eines Maultiers zurückzukehren. Den Reiseleiter sollte er mitnehmen.

Harris war gegen den Reiseleiter, und zwar aus einem nicht ganz unberechtigten Grund, stand er doch im Begriff, sich auf neues, unerprobtes Terrain vorzuwagen; aber ich sagte mir, daß er gar nicht früh genug lernen könne, auf den Reiseleiter aufzupassen, und bestand daher auf meinem Entschluß. Ich erklärte ihm, daß der Ärger, die Verzögerungen und die Unbequemlichkeiten, die das Reisen mit einem Reiseleiter mit sich brächten, durch den tiefen Respekt ausgeglichen würden, den die Anwesenheit desselben hervorruft, und ich müsse darauf bestehen, sagte ich, daß es bei meinen Reisen nach der feinstmöglichen Lebensart hergehe. Also warfen sich die beiden in komplette Bergsteigerkluft und brachen auf. Nach einer Woche kamen sie völlig erledigt zurück, und mein Reisebegleiter überreichte mir folgendes Schriftstück.

Offizieller Bericht
über einen Besuch der Furka-Gegend.
Von H. Harris, Reisebegleiter

Gegen sieben Uhr morgens brachen wir bei bestem Wetter von Hospental auf und trafen nach knapp *quatre* Stunden in der *maison* auf dem Furka ein. Der Mangel an Abwechslung im Landschaftsbild von Hospental aus machte den *kahkahponeeka* zu einer ermüdenden Angelegenheit, aber das soll niemanden entmutigen; niemand kann umhin, für seine Ermattung vollkommen *recompensée* zu sein, wenn er zum erstenmal den Herrscher des Oberlandes, das gewaltige Finsteraarhorn, vor sich erblickt. Noch einen Augenblick zuvor war alles langweilig und öde, aber ein weiterer *pas* hat uns auf den Gipfel des Furka geführt; und genau vor uns, in einer *hopow* von nur zweiundzwanzig Kilometern, erhebt dieser großartige Berg seine schneebekränzten Felsenklippen in den tiefblauen Himmel. Die geringeren Berge zu beiden Seiten des Passes bilden eine Art Rahmen für das Bild ihres gefürchteten Oberherren und schließen den Blick so vollkommen ab, daß kein weiteres hervorstechendes Merkmal des Oberlandes von diesem *bong-a-bong* aus zu sehen ist; nichts lenkt die Aufmerksamkeit ab von der einsamen Größe des Finsteraarhorns und seiner Ausläufer, die die Strebepfeiler für die Spitze in der Mitte bilden.

Zusammen mit einigen anderen, die ebenfalls nach dem Grimsel unterwegs waren, bildeten wir eine große *hyloj* bei unserem Abstieg über den Steg, der sich um einen Berghang herum auf den Rhonegletscher zuwindet. Schon bald verließen wir den Pfad und begaben uns aufs Eis; und nachdem wir *un peu* zwischen den Gletscherspalten umhergewandert waren, um die Wunder dieser tiefblauen Höhlen zu bestaunen und das Wasser durch die Kanäle unter dem Eis rauschen zu hören, nahmen wir Kurs auf *l'autre côté*, überquerten den Gletscher mit Erfolg und kamen ein kleines Stück oberhalb der Höhle aus, in der die junge Rhone ihren ersten Sprung unter der gewaltigen Steilklippe aus Eis hervortut. Einen knappen Kilometer weiter unten begannen wir mit der Besteigung der blumengeschmückten Seite der Meienwand. Einer aus unserer Gruppe kletterte den anderen voraus, aber die *caleur* war so groß, daß wir ihn völlig erschöpft lang ausgestreckt im Schatten eines großen *pierre* vorfanden. Wir setzten uns eine Weile zu ihm, denn wir alle litten außerordentlich unter der Hitze beim Bezwingen dieses sehr steilen *bolwoggoly*, und dann brachen wir gemeinsam wieder auf und gelangten schließlich in die Nähe des Totensees am Fuß des Siedelhorns. Dieser einsame Ort, der einmal nach einer blutigen *battue* zwischen Franzosen und Österreichern aus dem Steigreif als Friedhof benutzt worden war, ist Trostlosigkeit in letzter Vollendung; nichts ist zu sehen, das auf die Hand des Menschen hindeutet, nur eine Reihe verwitterter geweißter Pfähle, die man aufgestellt hat, damit sie in der *owdawakk* des Winters die Richtung zum Paß weisen. Nicht weit von dieser Stelle entfernt trifft der Fußpfad auf einen breiteren Weg, der den Grimsel mit dem oberen Ende des Rhone*schnawp* verbindet; dieser Weg ist sorgfältig angelegt worden und führt mit vielen Windungen über *les pierres* und zwischen ihnen hindurch zum Ufer des düsteren kleinen *schwapp-schwapp* hinunter, der fast die Mauer des Grimsel-Hospizes bespült. Als wir hier gegen Ende unserer Tagesreise eintrafen, waren wir erhitzt genug, um den Schritt zu rechtfertigen, den die meisten unserer Partie unternahmen; wir stürzten uns in das kristallklare Wasser des schneegespeisten Sees.

Am nächsten Nachmittag brachen wir zu einer Wanderung zum Unteraargletscher auf, und zwar mit dem Vorsatz, unter allen Umständen die Hütte zu erreichen, die von den meisten Reisenden, die über den Strahleck-Paß nach Grindelwald wollen, als Schlafstätte benutzt wird. Wir brachten die beschwerliche Sammlung von Steinen und *débris* hinter uns, die den *pied* des Gletschers bedeckt, und waren etwa drei Stunden vom Grimsel aus unterwegs und wollten gerade nach rechts hinüberwechseln, um die Felsen zu Füßen der Hütte zu erklimmen, da senkten sich plötzlich die Wolken, die bereits seit einiger Zeit ein drohendes Aussehen angenommen hatten, und eine große Masse von ihnen, die vom Finsteraarhorn her auf uns zutrieb, überschüttete uns mit einer Flut von *haboolong* und Hagel. Zum Glück waren wir nicht weit von einem großen Gletschertisch entfernt; es war dies ein riesiger Felsblock, der hoch genug auf einem Sockel aus Eis balancierte, daß wir allesamt zum *gowkarak* unterkriechen konnten. Ein Bach aus *puckittypukk* hatte sich an seinem Fuß einen Lauf durch das Eis gefurcht, und wir waren gezwungen, mit dem einen *pied* auf der einen Seite

und mit dem anderen auf der anderen zu stehen und zu versuchen, uns *chaud* zu halten, indem wir Stufen in die steile Böschung des Sockels hackten, um einen höheren Standplatz zu gewinnen, da der *eau* in dem Graben rapide stieg. Eine sehr kalte *bzzzzzzzzziiii* begleitete das Gewitter und machte unsere Lage alles andere als angenehm; und mit einemmal zuckte ein *zmru* herab, allem Anschein nach mitten in unsere Partie hinein, und ihm folgte augenblicklich dröhnender *yokky*, daß es sich anhörte, als habe man gleich neben unseren Ohren eine Kanone abgefeuert; die Wirkung war erschreckend, aber schon wenige Sekunden später war unsere Aufmerksamkeit ganz von dem röhrenden Echo des Donners in Anspruch genommen, das vielfältig von den Bergen zurücksprang, die uns nach allen Seiten einschlossen. Es folgten noch viele weitere Ausbrüche, von denen jedoch keiner so gefährlich nahe kam wie der erste; und nachdem wir eine lange *demi*-Stunde in unserem Eisgefängnis ausgeharrt hatten, machten wir einen Ausfall und liefen durch einen *haboolong*, der zwar nicht mehr ganz so heftig wie zu Anfang war, jedoch immer noch völlig ausreichte, um uns bis auf die Haut zu durchnässen, bevor wir in dem Hospiz eintrafen.

Dieses Hospiz ist *certainement* ein wunderbares Bauwerk. Es liegt gewissermaßen auf dem Grund eines riesigen Kraters, dessen Wände aus vollkommen ödem Fels bestehen, auf dessen nacktem Gestein nicht einmal ein einziger Tannen*arbre*, sondern nur spärliche Nahrung für eine Herde von *gmwkwllolps* wächst, und es sieht aus, als müsse es vom Winterschnee ganz und gar begraben werden. Gewaltige Lawinen krachen in jedem Frühjahr gegen das Hospiz an und bedecken manchmal alles bis zu einer Höhe von zehn bis zwölf Metern; und obwohl die Mauer über einen Meter dick und die Fenster mit eisernen Außenläden versehen sind, wissen die beiden Männer, die dort ausharren, wenn die *voyageurs* behaglich in ihren fernen Heimen sitzen, zu erzählen, daß der Schnee das Haus manchmal bis in die Grundfesten erbeben läßt.

Am nächsten Morgen hielt der *wogglebumgullup* immer noch ebenso schlimm an, aber wir beschlossen, weiterzuziehen und uns so gut zu schlagen, wie es ging. Eine halbe Stunde nach unserem Aufbruch wurde der Regen in unfreundlichem Maße dichter und wir flüchteten schutzsuchend unter einen überhängenden Felsen, aber da wir bereits so *blkitti* waren, daß ein Stehenbleiben alles andere als *agréable* war, setzten wir unsere Wanderung nach dem Handeck fort und trösteten uns bei dem Gedanken, daß wir – dem wilden Dahinschießen der Aar an unserer Seite nach zu urteilen – nun auf alle Fälle den berühmten Wasserfall in *grande perfection* zu sehen bekommen würden. Und wir sollten in unseren Erwartungen nicht *nappersokket* werden; das Wasser stürzte in herrlicher Raserei die 75 Meter hohe Wand hinunter, während die Bäume, die sich zu beiden Seiten an den Felsen klammern, in dem heftigen Hurrikan, den es mit sich brachte, hin und her schwankten; selbst der Bach, der im rechten Winkel in die Hauptkaskade hineinfällt und *toutefois* einen wunderschönen Zug in dem Gesamtanblick bildet, war nun zu einem reißenden Strom angeschwollen, und die Wildheit dieses »Wassertreffens« etwa fünfzig Fuß unter der zerbrechlichen Brücke, auf der wir standen, war fürchterlich großartig. Während wir es noch betrachteten, schimmerte *par bonheur* die Sonne ein klein wenig durch die Wolken, und augenblicklich bildete die sprühende Gischt einen Regenbogen, der mitten in der Luft über der grausigen Schlucht hing.

Als wir das *Châlet* über dem Wasserfall betraten, teilte man uns mit, daß in der Nähe von Guttannen eine *nikepom* eingestürzt sei und wir daher fürs erste unmöglich weiter könnten; folglich saßen wir eine Stunde in unserem aufgeweichten Zustand herum, dann jedoch trafen *voyageurs* aus Meiringen ein und berichteten, daß es zwar einen geringfügigen Unfall gegeben habe, die Brücke jedoch nun wieder passierbar sei. Als wir an der Stelle ankamen, neigte ich sehr zu dem Verdacht, daß die ganze Geschichte eine List war, um uns dazu zu bringen, länger in dem Gasthaus am Handeck zu bleiben und entsprechend mehr zu trinken, denn nur ein paar Planken waren weggerissen worden, und obwohl man mit Maultieren vielleicht gewisse Schwierigkeiten gehabt hätte, war die Lücke gewiß nicht größer, als daß eine *mmbglx* sie mit einem sehr leichten Satz hätte überspringen können. Kurz von Guttannen hörte der *haboolong* zum Glück auf, und wir hatten noch Zeit, uns trokken zu laufen, bevor wir in Reichenbach eintrafen, wo wir im »Hotel des Alps« ein vorzügliches *diné* zu uns nahmen.

Am nächsten Morgen wanderten wir nach Rosenlaui, dem *beau idéal* schweizerischer Landschaft, und dort verwandten wir die Mitte des Tages auf einen Ausflug zum Gletscher. Dieser Gletscher war schöner, als Worte beschreiben können, denn in der ständigen Vorwärtsbewegung des Eises hat sich die Gestalt seines äußersten Endes gewandelt, so daß eine riesige Höhle entstand, die so blau ist wie der Himmel darüber und gekräuselt wie ein gefrorenes Meer. Ein paar in das *wuppjamboreeho* gehauene Stufen gestatteten es uns, ganz darunter her zu gehen und unsere Augen an den herrlichsten Schöpfungen der Natur zu weiden. Der Gletscher war rundum zerteilt durch Spalten von derselben erlesenen Färbung, und die wunderschönsten Walderdbeeren wuchsen nur wenige Schritte von dem Eis entfernt. Der Gasthof steht auf einem *charmant* Fleck gleich an der *côte de la rivière*, die weiter unterhalb den Reichenbachfall bildet, und wird umschlossen von den mächtigsten, dichtesten Tannenwäldern, während das feingeformte Wellhorn zur Krönung des bezaubernden *bopples* auf ihn herabblickt. Am Nachmittag wanderten wir über die Große Scheidegg nach Grindelwald und statteten unterwegs dem Obergletscher einen Besuch ab; aber wir wurden abermals von schlechtem *hogglebumgullup* überrascht und trafen in *tel* einem Zustand im Hotel ein, daß die Garderobe des Wirtes sehr begehrt war.

Die Wolken schienen nun ihr Schlimmstes geleistet zu haben, denn es folgte ein ganz herrlicher Tag, den wir einer Besteigung des Faulhorns zu widmen beschlossen. Wir verließen Grindelwald, als das Gewitter im Abklingen begriffen war, und hofften, oben *beau temps* anzutreffen; aber der Regen, der fast aufgehört hatte, begann von neuem zu fallen, und beim Aufstieg stießen wir auf rasch wachsendes *froid*. Zwei Drittel des Weges nach oben hatten wir hinter uns, da schlug der Regen in *gnillic* um, womit der Boden dicht bedeckt war, und bevor wir noch den Gipfel erreichten, wurden *gnillic* und Nebel so dicht, daß wir einander nicht weiter als auf zwanzig *puhpuh* Abstand sehen konnten und das Gehen auf dem unebenen und dichtbepackten Untergrund beschwerlich wurde. Vor Kälte zitternd, krochen wir mit einer doppelten Zuteilung an Kleidung ins Bett und schliefen behaglich, während der Wind *autar de la maison* heulte; als ich wach wurde, sahen Wand und Fenster gleich dunkel aus, aber eine Stunde später konnte ich letzteres gerade eben als schwachen Schimmer erkennen. Also sprang ich aus dem Bett und öffnete es mit Gewalt, was wegen des Frostes und der davor aufgehäuften Menge von *gnillic* nicht leicht war.

Eine Reihe riesiger Eiszapfen hing vom Dachrand herab, und man kann sich nichts Winterlicheres vorstellen als diese ganze *vue*; aber das plötzliche Erscheinen der vor mir liegenden großen Berge war so ergreifend, daß ich nicht den Wunsch empfand, mich noch einmal zu Bett zu begeben. Der Schnee, der sich vor der *fenêtre* angesammelt hatte, hatte die Finsternis, auch die Dunkelheit genannt, vertieft, und so stellte ich beim Hinausblicken zu meiner Überraschung fest, daß das Tageslicht bereits beträchtlich war und der *balragoomah* daher offensichtlich schon bald aufgehen werde. Nur die hellsten *étoiles* leuchteten noch; der Himmel über mir war wolkenlos, tief unter uns jedoch kräuselten sich Nebelstreifen in den Tälern, legten sich zu Kränzen um den Fuß der Berge und trugen so zu der Pracht ihrer erhabenen Gipfel bei. Schon bald waren wir angekleidet und sahen vor dem Haus dem allmählichen Nahen der Morgendämmerung zu, gänzlich hingegeben an den ersten Blick aus der Nähe auf die Riesen des Oberlandes, der sich uns nach der pechschwarzen Finsternis des vorhergehenden Abends so völlig unerwartet bot. »*Kabaugwakko songwashee Kum Wetterhorn snawpo!*« rief jemand, als dieser großartige Gipfel in der ersten Morgenröte aufschimmerte; und wenige Augenblicke später folgte der Doppelkamm des Schreckhorns dem Beispiel des Wetterhorns; Spitze auf Spitze schien sich zum Leben zu erwärmen, die Jungfrau errötete noch sehr viel schöner als ihre Nachbarn, und bald glühte vom Wetterhorn im Osten bis zum Wildstrubel im Westen eine lange Reihe von Feuern auf mächtigen, der Götter wahrhaft würdigen Altaren. Der *wlgw* war außerordentlich streng; unser Nachtquartier ließ sich kaum distinguieren von dem umgebenden Schnee, der in der vergangenen Nacht zur Höhe einer *Flirk* gefallen war, und wir stürzten uns mit rechtem Vergnügen in eine mühsame Kletterei *en bas* zu den Gießbachfällen, wo wir bald auf ein wärmeres Klima stießen. Um die Mittagszeit am Tage zuvor konnte das Thermometer in Grindelwald kaum weniger als 40 Grad in der Sonne angezeigt haben; und am Abend mußte es, den neugebildeten Eiszapfen nach zu urteilen, mindestens zwölf *dingblatter* unter dem Gefrierpunkt gewesen sein, was einen Temperaturwechsel von über 50 Grad innerhalb weniger Stunden bedeutete.

Ich sagte:

»Das haben Sie gut gemacht, Harris; dieser Bericht ist knapp, gedrängt, wohlgesetzt; der Stil ist lebendig, die Beschreibungen sind anschaulich und nicht mit unnötiger Genauigkeit überladen; Ihr Bericht kommt gleich zur Sache, bleibt strikte dabei und treibt sich nicht herum. Er ist in vieler Hinsicht ein vortreffliches Dokument. Aber er hat einen Fehler – er ist zu gelehrt, er ist viel zu gelehrt. Was ist ›dingblatter‹?«

»›Dingblatter‹ ist ein Fidschiwort und heißt ›Grad‹.«

»Sie kennen also in Ihrer eigenen Sprache ein Wort dafür?«

»Aber ja.«

»Was ist ›gnillic‹?«

»Das ist der Ausdruck, den die Eskimos für Schnee gebrauchen.«

»Sie wissen also auch dafür das einheimische Wort?«

»Aber gewiß.«

»Was bedeutet ›mmbglx‹?«

»Es heißt ›Fußgänger‹ in der Zulusprache.«

»›Während das feingeformte Wellhorn zur Krönung des bezaubernden bopples auf ihn herabblickt.‹ Was ist ›bopple‹?«

»Bild. In Tschokta-Indianisch.«

»Was heißt ›schnawp‹?«

»Tal. Ebenfalls Tschokta-Indianisch.«

»Was ist ein ›bolwoggoly‹?

»Das ist Chinesisch für ›Berg‹.«

»›Kahkahponeeka‹?«

»›Aufstieg‹. Tschokta.«

»Aber wir wurden abermals von schlechtem hogglebumgullup überrascht. Was soll ›hogglebumgullup‹ heißen?«

»Das ist das chinesische Wort für ›Wetter‹.

»Ist ›hogglebumgullup‹ besser als unser eigenes Wort? Sagt es mehr? Ist es anschaulicher?«

»Nein, es bedeutet genau dasselbe.«

»Und ›dingblatter‹ und ›gnillic‹ und ›bopple‹ und ›schnawp‹ – sind sie besser als unsere eigenen Wörter?«

»Nein, sie bedeuten genau das, was unsere eigenen bedeuten.«

»Warum benutzen Sie sie dann? Warum haben Sie all dieses chinesische und indianische und Zuluzeug benutzt?«

»Weil ich nur ein paar Worte Französisch kenne und Latein oder Griechisch überhaupt nicht kann.«

»Das macht aber doch nichts. Warum wollen Sie überhaupt Wörter aus anderen Sprachen verwenden?«

»Um meine Seiten zu verzieren. Das machen alle.«

»Wer ist ›alle‹?«

»Alle. Jeder, der elegant schreibt. Jeder, der will, hat das Recht dazu.«

»Ich glaube, da irren Sie sich.« Darauf ließ ich mich in vernichtendem Tonfall folgendermaßen vernehmen: »Wenn wirklich gelehrte Leute Bücher für andere gelehrte Leute schreiben, sind sie berechtigt, so viele gelehrte Wörter zu benutzen, wie sie nur mögen – ihre Leser werden sie verstehen; aber ein Mann, der für das allgemeine Publikum schreibt, hat kein Recht, seine Seiten durch unübersetzte Ausdrücke aus fremden Sprachen zu verunstalten. Es ist eine Unverschämtheit gegenüber der Mehrheit der Käufer, denn es besagt aufs offenste und frechste: ›Laß dir selber eine Übersetzung anfertigen, falls du eine brauchst; dieses Buch ist nicht für die Nichtswisser geschrieben.‹ Es gibt Leute, die beherrschen eine Fremdsprache so gut und haben so lange im täglichen Umgang von ihr Gebrauch gemacht, daß sie ganze Salven davon beim Schreiben unbewußt in ihre eigene Sprache hineinzusprengen scheinen, und daher unterlassen sie mindestens die Hälfte der Zeit das Übersetzen. Das ist überaus grausam gehandelt gegen neun von zehn Lesern. Und was ist die Entschuldigung dafür? Der Schriftsteller wird sagen, er benutze die fremde Sprache nur dort, wo die feine Schattierung dessen, was er sagen wolle, in seiner eigenen nicht vermittelt werden könne. Schön und gut, dann schreibt er also sein Bestes für jeden zehnten und sollte die anderen neun vor dem Kauf seines Buches warnen. Er bringt jedoch wenigstens noch eine Entschuldigung vor; aber dann gibt es da noch eine andere Gruppe von Leuten, die sind genau wie *Sie;* sie kennen hier und da ein *Wort* aus einer fremden Sprache oder ein paar bettlerhafte, hinten aus dem Wörterbuch gestohlene Ausdrücke, und diese pfeffern sie unverdrossen in ihre Literatur hinein, und zwar mit der Vorspiegelung, sie kennten diese Sprache – welche Entschuldigung haben diese Leute anzubieten? Die fremdsprachlichen Wörter und Ausdrücke, die sie benutzen, haben ihre genaue Entsprechung in einer edleren Sprache – ihrer eigenen; und sie glauben, sie ›verzierten ihre Seiten‹, wenn sie statt Straße *rue* und statt Bahnhof *gare* und so weiter sagen – indem sie also vor dem Leser mit diesen flatternden Fetzen der

Armut protzen und sich einbilden, er werde dumm genug sein, sie für die Zeichen eines unermeßlichen, in Reserve gehaltenen Reichtums zu halten. Ich will Ihre ›Gelehrsamkeit‹ in Ihrem Bericht stehen lassen; Sie haben wohl ebensosehr das Recht, Ihre Seiten mit chinesischem und indianischem und Zuluplunder zu ›verzieren‹, wie die anderen Ihres Schlages das Recht haben, die ihrigen mit den dreisten Brocken zu schmücken, die sie einem halben Dutzend gelehrter Sprachen entwendet haben, von denen sie nicht einmal das Abc beherrschen.«

Wenn das in Gedanken versunkene Spinnenmännchen auf die rotglühende Schaufel tritt, zeigt es zunächst heftigste Überraschung, und dann schrumpelt es zusammen. Ähnlich war die Wirkung dieser ätzenden Worte auf den seelenruhigen und ahnungslosen Reisebegleiter. Ich kann fürchterlich grob werden, wenn die Lust dazu mich ankommt.

Kapitel 2

Wir bereiteten uns nun auf eine ansehnliche Fußwanderung vor – von Luzern über den Brünig-Paß nach Interlaken. Aber dann war das Wetter so schön, daß ich es mir im letzten Augenblick anders überlegte und eine vierspännige Kutsche mietete. Es war ein mächtiges Gefährt, geräumig, weich in der Bewegung wie eine Sänfte und überaus bequem.

Recht früh am Morgen brachen wir nach einem warmen Frühstück auf, und dann ging es geschwind daher über die harte, glatte Straße durch die Schweizer Sommerherrlichkeit; nahe und ferne Seen und Berge vor uns und um uns herum erfreuten das Auge, und die Musik der zahllosen Vögel bezauberte das Ohr. Manchmal lag nur die Breite der Straße zwischen den achtunggebietenden Felsenklippen zur Rechten und dem klaren kühlen Wasser zur Linken mit seinen Schwärmen unfangbarer Fische, die zwischen den Sonnen- und Schattenstreifen hin und her huschten; und manchmal erstreckte sich an

Stelle der Felsenklippen das Grasland in scheinbar endloser Steigung von der Straße an aufwärts und war überall von behaglich hingeduckten Sennhütten getüpfelt, den eigentümlich bestrickenden Bauernkaten der Schweiz.

Die gewöhnliche Sennhütte steht mit ihrer breiten, rechtschaffenen Giebelseite der Straße zugekehrt, und ihr großes Dach mit den weit überragenden Traufen ruht schützend und zärtlich auf der Wohnstatt. Die wunderlichen Fenster haben lauter kleine Scheiben und sind mit weißen Musselingardinen besetzt und mit Kästen voll blühender Blumen geschmückt. An der ganzen Giebelwand und an den weitgespannten Traufen hinauf und an dem wunderlichen Geländer der schmalen Veranda entlang finden sich feingearbeitete Schnitzereien – Kränze, Früchte, Arabesken, Verse aus der Schrift, Namen, Daten usw. Das ganze Haus besteht aus Holz, das einen rötlich braunen Ton hat – eine sehr hübsche Farbe. Meistens klettern Ranken überall an ihm empor. Man setze ein solches Haus vor das frische Grün des Berghangs, und es sieht so heimelig und einladend und malerisch aus und stellt ganz gewiß einen anmutigen Gewinn für die Landschaft dar.

Man merkt es, wie sehr die Sennhütte einen gefangengenommen hat, wenn man plötzlich auf ein neues Haus stößt – ein Haus, das die Stadtmode in Deutschland und Frankreich nachäfft, ein gekünsteltes Kastending, von außen verputzt, damit es wie aus Stein aussieht, und überhaupt so steif, so förmlich, so häßlich und abstoßend und in solchem Mißklang zu der heiteren Landschaft und so taub und stumm und tot für die Poesie seiner Umgebung, daß man an einen Sarghändler bei einem Picknick, eine Leiche auf einer Hochzeit, einen Puritaner im Paradies denkt.

Im Verlauf des Morgens kamen wir an der Stelle vorbei, an der Pontius Pilatus sich in den See gestürzt haben soll. Die Legende berichtet, daß ihn nach der Kreuzigung sein Gewissen zu plagen begann, und er floh aus Jerusalem und irrte ziellos durch die Welt, des Lebens überdrüssig und von Seelenqualen

gefoltert. Schließlich versteckte er sich oben auf dem Pilatus und lebte dort jahrelang in den Wolken und Felsenschründen; aber Ruhe und Frieden blieben ihm auch nun versagt, also machte er schließlich seinem Elend ein Ende, indem er sich ertränkte.

Wenig später fuhren wir durch den Ort, in dem ein Mann geboren wurde, der in besserem Geruch steht: Sankt Nikolaus, der Kinderfreund. Manch ein Ruf auf dieser Welt ist einfach unerklärlich. Der Ruf dieses Heiligen gehört dazu. Seit Jahren gilt er nun als der besondere Freund der Kinder, aber seinen eigenen Kindern scheint er kein besonders großer Freund gewesen zu sein. Er hatte zehn, und als er fünfzig Jahre alt war, verließ er sie und suchte sich die elendigste Zufluchtstätte vor der Welt, die er finden konnte, und wurde Einsiedler – ganz gewiß, damit er über fromme Dinge nachdenken konnte, ohne dabei durch fröhliches und anderes Geschrei aus der Kinderstube gestört zu werden.

Pilatus und Sankt Nikolaus nach zu urteilen, scheint es keine Regeln für die Herstellung von Einsiedlern zu geben; sie werden offenbar aus jedem nur möglichen Material verfertigt. Aber Pilatus widmete sich dem Büßen seiner Sünden zu Lebzeiten, während Sankt Nikolaus wahrscheinlich für immer und ewig am Nikolausabend durch verrußte Kamine kriechen und den Kindern anderer Leute Freude bringen muß, um das Verlassen seiner eigenen wiedergutzumachen.

Seine Gebeine werden in der Dorfkirche von Sachseln, die wir besuchten, aufbewahrt und genießen natürlich große Verehrung. Sein Bild trifft man in fast allen Bauernhäusern der Gegend an, aber viele glauben, daß es dem Heiligen nicht sehr ähnele. Nach der Legende nahm er einmal im Monat beim Abendmahl vom Brot und Wein, fastete jedoch den ganzen übrigen Monat.

Was uns auf dieser Reise bei der flinken Fahrt am Fuß der steilen Berge entlang immer wieder in Erstaunen setzte, war nicht die Tatsache, daß Lawinen vorkommen, sondern daß sie sich nicht immerzu ereignen. Man begreift einfach nicht, wieso nicht Tag für Tag Steine und Erde diese Hänge hinunterstürzen. Vor einem Dreivierteljahrhundert kam es zu einem Bergrutsch auf dem Weg von Arth nach Brunnen, und das war eine furchterregende Angelegenheit. Eine Geröllmasse von drei Kilometer Länge, dreihundert Meter Breite und dreißig Meter Dicke brach in tausend Meter Höhe von einer Felswand ab, stürzte in das darunterliegende Tal und begrub vier Dörfer und fünfhundert Menschen wie in einem Grab unter sich.

Es war solch ein wunderschöner Tag, und es glitt ein solch endloses Panorama von klaren Seen und grünen Bergen und Tälern und majestätischen Gipfeln und milchigen, von steilen Überhängen abwärtstanzenden und in der Sonne glitzernden Wasserfällen an uns vorbei, daß wir einfach nicht anders konnten, wir mußten zu aller Welt freundlich sein. Also versuchten wir, alle Milch zu trinken und alle Trauben und Aprikosen und Beeren zu essen und alle Feldblumensträuße zu kaufen, die kleine Bauernjungen und Bauernmädchen uns zum Verkauf anboten; aber schließlich mußten wir dann doch von diesem Vertrag zurücktreten, er war zu anstrengend. In kurzen Abständen – und sie waren entschieden zu kurz – warteten Gruppen von sauberen und reizenden Kindern, die ihre Waren hübsch und verlockend im Gras unter einem schattigen Baum aufgebaut hatten, und sobald wir herannahten, stürzten sie in einem Schwarm auf die Straße, hielten ihre Körbe und Milchflaschen hoch, liefen barfüßig und mit bloßem Kopf neben unserem Wagen her und drängten uns durch anhaltendes Bitten zum Kauf. Nur selten ließen sie bald ab; meistens liefen sie weiter und drängten weiter – neben dem Wagen her, solange sie eben konnten, und hinter ihm her, bis ihnen die Luft ausging. Dann machten sie kehrt und jagten neben und hinter einer zurückkehrenden Kutsche zu ihrem Handelsplatz zurück. Wenn dies mehrere Stunden ohne Unterbrechung anhält, wird es fast lästig. Ich weiß nicht, was wir hätten machen sollen, wären nicht die zurückkehrenden Wagen gewesen, die der Verfolgungsjagd immer wieder eine andere Richtung gaben. An diesen fehlte es allerdings nicht; mit staubigen Reisenden beladen und hoch mit Gepäck bepackt, kamen sie uns entgegen. Ja, zwischen Luzern und Interlaken bot sich uns neben anderen Landschaftsbildern der Anblick eines ununterbrochenen Zuges von Obsthändlern und Reisewagen.

Unsere Unterhaltung drehte sich meistens um das, was wir schließlich bei der Abfahrt auf der anderen Seite des Brünig-Passes zu sehen bekommen würden. Alle unsere Freunde in Luzern hatten uns versichert, der Blick auf Meiringen hinunter und auf die blaugrau dahinschießende Aar und die breite grüne Talebene und darüber hinaus auf die mächtigen Alpenwände, die aus diesem Tal steil und jäh bis zu den Wolken aufragen, und zu den mikroskopisch kleinen Sennhütten hinauf, die auf den schwindelerregenden Felsvorsprüngen dieser Wände hockten und nur hin und wieder undeutlich durch hintreibende Dunstschleier herabwinkten, und immer noch weiter hinauf zu dem herrlichen Oltschibach und anderen wundervollen Wasserfällen, die, in pulvriges Sprühen gekleidet, mit Halskrausen aus Schaum bekränzt und mit Regenbogen gegürtet, von diesen zerklüfteten Höhen springen – der Blick auf all diese Dinge sei ein Blick auf die höchste Möglichkeit des Erhabenen und Bezaubernden. Darum unterhielten wir uns, wie gesagt, über diese uns bevorstehenden Wunder; wenn wir uns irgendeiner Ungeduld bewußt waren, dann des Wunsches, zu günstiger Zeit hinzugelangen; wenn wir uns sorgten, dann darum, daß dieser Tag vollkommen bleiben und uns erlauben möge, diese Wunder in all ihrer Herrlichkeit zu schauen.

Als wir uns dem Kaiserstuhl näherten, riß etwas an unserem Geschirr. Einen Augenblick lang waren wir in Not, aber nur einen Augenblick lang. Gerissen war dieses Von-vorne-nach-hinten-Ding – das Ding, das vom Vorderteil des Pferdes nach hinten führt und an dem Ding festgemacht ist, das den Wagen zieht. In Amerika wäre es ein dicker Lederriemen gewesen; aber in ganz Europa ist es nichts weiter als ein Stück Strick von der Dicke des kleinen Fingers – Wäscheleine, nichts anderes. Droschken benutzen ihn, Privatkutschen, Fracht- und Reisewagen, alle möglichen Gefährte. In München sah ich diese Stricke späterhin an einem langen Flachwagen, der mit vierundfünfzig Fässern Bier beladen war; vorher hatte ich bemerkt, daß die Droschken in Heidelberg sie verwenden – nicht etwa neue Stricke, sondern Stricke, die seit Adams Zeiten in Gebrauch waren – und ich war hin und wieder nervös geworden dahinter, wenn solch eine Droschke bergabwärts raste. Aber inzwischen hatte ich mich längst daran gewöhnt, ja ich fürchtete mich bereits vor den Lederriemen, die an ihre Stelle gehörten. Unser Fahrer holte ein neues Stück Wäscheleine aus seinem Kasten und flickte den Riß in zwei Minuten.

Das zu einer europäischen Gewohnheit. Jedes Land hat seine eigenen Gebräuche. Es mag den Leser interessieren zu erfahren, wie man in Europa Pferde anschirrt. Der Mann stellt die Pferde zu beiden Seiten des Dinges auf, das am vorderen Ende des Wagens vorragt, und wirft dann den ganzen Geschirrknäuel über die Pferde und steckt das Ding, das nach vorne führt, durch einen Ring und zieht es nach hinten und steckt das andere Ding durch den anderen Ring und zieht es an der anderen Seite des anderen Pferdes nach hinten, dem anderen gegenüber, nachdem man sie gekreuzt und das lose Ende zurückgeholt hat, schnallt dann das andere Ding unter dem Pferd fest und nimmt ein anderes Ding und wickelt es um das Ding, das ich vorher

erwähnt habe, und streift jedem Pferd ein anderes Ding über den Kopf, daran sind breite Klappen, damit sie keinen Staub in die Augen kriegen, und schiebt ihnen das Eisending ins Maul, damit sie ordentlich mit den Zähnen darauf knirschen können, wenn's bergauf geht, und führt die Enden dieser Dinger über den Rücken nach hinten, nachdem man ein anderes um den Hals geschnallt hat, damit sie den Kopf hochhalten, und ein anderes Ding an einem anderen Ding, das über die Schulter führt, festgehakt hat, damit sie bergauf den Kopf hochhalten, und zieht dann das Ding straff, das ich vor einer Weile erwähnte, und holt es nach hinten und macht es an dem Ding fest, das den Wagen zieht, und reicht die anderen Dinger dem Fahrer hinauf, der damit den Wagen lenkt. Ich habe noch nie selber ein Pferd angeschirrt, aber ich glaube nicht, daß wir es so machen.

Wir hatten vier sehr schöne Pferde, und der Fahrer war sehr stolz auf sein Gefährt. Auf der Landstraße rollte er in gemächlichem Trab daher, aber wenn er in ein Dorf einfuhr, geschah es wie die wilde Jagd und begleitet von tobsuchtartigem, pausenlosem Peitschengeknall, das wie Flintsalven klang. Wie ein Gewitter auf Rädern donnerte er durch die engen Straßen und um scharfe Ecken, ließ seine Salven niederprasseln und schob eine ununterbrochene Flutwelle ausreißender Kinder, Enten, Katzen und Mütter vor sich her – Mütter, die Säuglinge umschlangen, die sie im letzten Augenblick vom Pfad der herannahenden Zerstörung weggeschnappt hatten; und nun, da diese lebende Welle zu beiden Seiten an die Häuserwände spülte, vergaßen die einzelnen Bestandteile, die jetzt in Sicherheit waren, ihre Furcht und blickten voller Bewunderung zu dem prachtvollen Fahrer hinauf, bis er um die nächste Ecke donnerte und den Blicken entschwand.

Mit seinen prächtigen Kleidern und seiner schreckenerregenden Art war er ein großer Mann für diese Dorfbewohner. Sooft er anhielt, um seine Pferde zu tränken und mit Laiben Brot füttern zu lassen, standen die Dörfler herum und bewunderten ihn, während er auf und ab stolzierte; die kleinen Jungen blickten in demütiger Ehrfurcht zu ihm auf, und der Wirt brachte schäumende Krüge Bier heraus und unterhielt sich stolz mit ihm, während er trank. Dann kletterte er auf seinen luftigen Bock, schwang seine explosive Peitsche und stob wieder wie der Sturmwind davon. Dergleichen hatte ich nicht mehr gesehen, seit ich ein Knabe war und die Postkutsche unter Horngeschmetter durchs Dorf jagte, daß der Staub nur so flog.

Als wir am Fuß des Kaiserstuhls ankamen, spannten wir noch zwei weitere Pferde vor; anderthalb oder vielleicht auch zwei Stunden lang ging es recht mühsam und beschwerlich vorwärts, denn der Anstieg war nicht gerade sanft, aber als wir die Anhöhe hinter uns hatten und uns der Station näherten, übertraf der Fahrer alles, was er zuvor an prasselnder wilder Jagd geleistet hatte. Er konnte nicht immer mit sechs Pferden kutschieren, also nutzte er seine Chance aufs äußerste, solange sie andauerte.

Bis zu diesem Punkt hatten wir uns im Herzen des Wilhelm-

Tell-Landes befunden. Der Held ist ganz und gar nicht vergessen; und er wird auch nicht nur lau und obenhin verehrt. Sein Bild aus Holz mit gespannter Armbrust über der Tür eines Gasthofs ist ein häufig anzutreffendes Merkmal dieser Landschaft.

Gegen Mittag trafen wir am Fuß des Brünig-Passes ein und

machten zwei Stunden Rast im Dorfgasthaus, einem weiteren von diesen sauberen, hübschen und durch und durch gepflegten Gasthöfen, die ein solches Staunen hervorrufen bei Leuten, die an Herbergen von elendig anderem Zuschnitt in entlegenen Flecken auf dem Lande gewöhnt sind. Es fand sich ein See hier im Schoß der hohen Berge, die grünen Hänge, die zu den weniger hohen Felsen anstiegen, waren mit weit verstreuten Schweizer Bauernhäusern geschmückt, die inmitten von Miniaturäckern oder -gärten nisteten, und weit oben stürzte aus laubbedecktem Hinterhalt ein lärmender Wasserfall herab.

Wagen auf Wagen traf ein mit Reisenden und Koffern beladen, und bald war der stille Gasthof voller Menschen. Wir saßen schon früher an der gemeinschaftlichen Tafel und sahen so die anderen Leute hereinkommen. Es mochten fünfundzwanzig sein, und sie gehörten den verschiedensten Nationalitäten an, aber wir waren die einzigen Amerikaner. Neben mir saß eine frischvermählte Engländerin und neben ihr der frischgebackene Ehemann, den sie »Neddy« nannte, obwohl er groß und kräftig genug war, um Anspruch auf seinen vollen Namen erheben zu können. Sie hatten einen hübschen kleinen Zank unter Liebenden um die Frage, welchen Wein sie trinken sollten. Neddy war dafür, dem Reiseführer zu gehorchen und den Wein des Landes zu bestellen; aber die junge Frau sagte:

»Was, das ekelhafte Zeug!«

»Er ist nicht ekelhaft, Liebling, er ist recht gut.«

»Er ist ekelhaft.«

»Nein, er ist nicht ekelhaft.«

»Er ist schrecklich ekelhaft, Neddy, und ich werde ihn nicht trinken.«

Nun erhob sich die Frage, was sie dann zu trinken gedenke. Sie sagte, er wisse ganz genau, daß sie nie etwas anderes als Champagner trinke. Sie fügte hinzu: »Du weißt ganz genau, daß Papa immer Champagner auf dem Tisch hat, und ich bin daran gewöhnt.«

Neddy tat scherzhaft so, als bereite die Ausgabe ihm Kummer, und das erheiterte sie so sehr, daß sie sich ausschütten wollte vor Lachen – und das wiederum entzückte ihn so sehr, daß er seinen Scherz ein paarmal wiederholte und neue, noch unwiderstehlichere Varianten hinzufügte. Als die junge Frau sich schließlich erholt hatte, versetzte sie ihrem Neddy mit dem Fächer einen liebevollen Klaps auf den Arm und sagte mit schelmischer Strenge:

»Nun, du mußtest mich ja unbedingt haben – nichts anderes kam in Betracht; jetzt wirst du also aus einem schlechten Handel das beste machen müssen. Bestelle bitte sofort den Champagner, ich bin schrecklich durstig.«

Mit einem gespielten Stöhnen, das sie abermals zum Lachen brachte, bestellte Neddy also den Champagner.

Die Tatsache, daß diese junge Frau die Spitzensäume ihrer Seele nie mit einem weniger plebejischen Trunk als Champagner benetzt hatte, hinterließ eine nachhaltige und dämpfende Wirkung auf Harris. Er glaubte, sie müsse dem Königshaus angehören. Aber ich hegte meine Zweifel.

Wir hörten zwei oder drei verschiedene Sprachen am Tisch und errieten die Nationalität der meisten Gäste zu unserer Zufriedenheit, aber wir versagten bei einem älteren Herrn und seiner Frau und einem jungen Mädchen, die uns gegenüber saßen, und bei einem Herrn von etwa fünfunddreißig Jahren, der drei Plätze hinter Harris saß. Alle diese Leute hörten wir nicht sprechen. Aber schließlich verließ der letztgenannte Herr den Tisch, als wir gerade nicht hinsahen, aber wir blickten auf, als er am unteren Ende ankam. Dort hielt er einen Augenblick lang inne und machte Toilette mit einem Taschenkamm. Also war er Deutscher, oder aber er hatte lange genug in deutschen Hotels gewohnt, um den Brauch zu übernehmen. Als das ältere Paar und das junge Mädchen aufstanden, verbeugten sie sich ehrerbietig vor uns. Sie waren also ebenfalls Deutsche. Dieser Volksbrauch ist für den Export sechsmal soviel wert wie der andere.

Nach dem Essen unterhielten wir uns mit mehreren Engländern, und sie entflammten unseren Wunsch, die Sehenswürdigkeiten von Meiringen von der Höhe des Brünig-Passes zu besichtigen, zu höheren Hitzegraden. Sie sagten, die Aussicht sei wunderbar, und wer sie einmal gesehen habe, könne sie nie wieder vergessen. Sie sprachen auch von der romantischen Beschaffenheit der Paßstraße, und sie sei, sagten sie, an einer Stelle dergestalt aus der Flanke des massiven Felsgesteins herausgehauen worden, daß der Berg über dem Reisenden hänge, wenn er hier durchfahre; und sie sagten weiterhin, daß die scharfen Kehren der Straße und die schroffe Abschüssigkeit zu einem schauererregenden Erlebnis für uns werden würden, denn wir schössen in fliegendem Galopp talwärts und hätten dabei den Eindruck, auf der Spirale eines Wirbelwindes zu kreiseln – wie ein Whiskytropfen, der an den Windungen eines Korkenziehers herunterrutscht. Ich holte alle Auskünfte, die wir gebrauchen konnten, aus diesen Herren heraus, und damit auch nichts ungeklärt bleibe, fragte ich sie dann noch, ob man notfalls hier und da ein bißchen Obst oder Milch bekommen könne. Sie warfen die Arme hoch in wortloser Andeutung, daß die Straße geradezu gepflastert sei mit Erfrischungskrämern. Nun konnten wir den Aufbruch kaum noch erwarten, und der Rest unserer zweistündigen Rast schleppte sich sehr hin. Aber schließlich war der festgesetzte Zeitpunkt da, und wir begannen mit der Bergfahrt. Es war tatsächlich eine herrliche Straße. Sie war glatt und fest und sauber, und die zum Abgrund gelegene Seite war den ganzen Weg entlang durch behauene Steine geschützt, die man in kurzen Abständen aufgestellt hatte. Die Straße hätte nicht besser gebaut sein können, wenn Napoleon I. sie gebaut hätte. Er scheint den Straßentyp eingeführt zu haben, der nun in Europa benutzt wird. Die ganze Literatur, die das Leben in England, Frankreich und Deutschland bis zum Ende des vorigen Jahrhunderts schildert, ist voll von Szenen, in denen sich Kutschen und Wagen bis zur Achse in Schlamm und Schmutz durch diese drei Länder wälzen; aber sobald Napoleon sich durch ein erobertes Königreich hindurchgewühlt hatte, richtete er es im allgemeinen so ein, daß die übrige Welt ihm trockenen Fußes folgen konnte.

Höher und höher kletterten wir und kurvten hierhin und dorthin im Schatten edler Wälder und umgeben von einer reichen Vielfalt und Fülle wilder Blumen. Und wir erhaschten flüchtige Durchblicke auf grasbewachsene Berglehnen unter uns mit schmucken Sennhütten und knabbernden Schafen darauf und andere Durchblicke auf weit tieferes Gelände, wo die Ferne die Hütten zu Bauklötzen verkleinerte und die Schafe ganz und gar wegwischte; und von Zeit zu Zeit schwang sich ein hermelinbedeckter Monarch der Alpen einen Augenblick lang großartig ins Blickfeld, glitt dann hinter einen sich dazwischenschiebenden Gebirgsvorsprung und verschwand wieder.

Es war eine ganz und gar berauschende Fahrt; das außerordentliche Gefühl der Zufriedenheit, das einem guten Essen folgt, trug in hohem Maße zu dem Vergnügen bei: die Vorfreude auf und das Nachsinnen über etwas Besonderes, wie es die nahenden Erhabenheiten Meiringens darstellten, erhöhten den Genuß. Noch nie hatte Rauchen so gut geschmeckt, noch nie war wahrhaftes Behagen so so wahrhaft gewesen; stumm, versonnen und zutiefst in Glückseligkeit getaucht, lehnten wir uns gegen die weichen Polster zurück.

Ich rieb mir die Augen, öffnete sie und fuhr hoch. Ich hatte geträumt, ich sei auf See, und es war eine durchdringende Überraschung, aufzuwachen und sich von Land umgeben zu sehen. Ich brauchte ein paar Sekunden, um zu mir zu kommen; dann betrachtete ich die Lage. Die Pferde tranken aus einem Trog am Rand eines Städtchens, der Fahrer schlürfte Bier, Harris schnarchte an meiner Seite, der Reiseleiter schlief mit verschränkten Armen und dem Kinn auf der Brust oben auf dem Bock, zwei Dutzend barfüßige und unbemützte Kinder hatten sich um das Gefährt herum versammelt und standen mit den Händen auf dem Rücken da und blickten in ernstem und unschuldvollem Staunen zu den schlummernden Touristen auf, die sich von der Sonne braten ließen. Mehrere kleine Mädchen trugen Säuglinge mit Nachtmützen auf dem Arm, die fast so groß wie sie selber waren, und selbst diese fetten Säuglinge schienen sich auf ihre etwas dümmliche Art für uns zu interessieren.

Wir hatten anderthalb Stunden geschlafen und den ganzen Anblick verpaßt! Niemand brauchte mir das zu sagen. Wäre ich ein Mädchen gewesen, hätte ich vor Ärger fluchen können. So aber weckte ich meinen Reisebegleiter und sagte ihm die Meinung. Statt gedemütigt zu sein, warf er mir auch noch vor, daß ich es so sehr an Wachsamkeit hätte fehlen lassen. Er sagte, er habe geglaubt, er werde seinen Geist bilden, wenn er nach Europa komme, aber mit mir könne man bis an sämtliche Enden der Welt reisen und nicht das geringste sehen, denn ich sei nun einmal mit einer wahren Begabung zum Pech ausgestattet. Er versuchte sogar, sich wegen des armen Reiseleiters zu erregen, der durch meine Unachtsamkeit niemals eine Gelegenheit erhalte, irgend etwas zu sehen. Aber als ich glaubte, genug in diesem Tonfall erduldet zu haben, drohte ich Harris, ich würde ihn zu Fuß zum Gipfel zurücklaufen und einen Bericht über jenen Anblick anfertigen lassen, und dieser Vorschlag vernagelte seine Batterie.

Mürrisch fuhren wir durch Brienz, taub gegen die Verlockungen seines verwirrenden Angebots an Schweizer Holzschnitzereien und das lärmende *Huh*-huh seiner Kuckucksuhren, und wir hatten unsere gute Laune immer noch nicht ganz wiedergefunden, als wir über die Brücke ratterten, die den reißenden blauen Fluß überspannt, und in das hübsche Städtchen Interlaken einfuhren. Die Sonne wollte gerade untergehen, und wir hatten die Reise von Luzern in zehn Stunden hinter uns gebracht.

Kapitel 3

Wir stiegen im Hotel zur Jungfrau ab, einer von diesen mächtigen Einrichtungen, die von den Bedürfnissen des modernen Reisens in jedem hübschen Fleck Europas geschaffen worden sind. Zum Abendessen versammelte sich eine stattliche Menschenmenge, und wie immer hörte man die verschiedensten Sprachen.

An der Table d'hôte wurde von Kellnerinnen in der altmodischen kleidsamen Schweizer Bauerntracht bedient. Diese besteht aus einem einfachen, mit Rosenwasser abgesetzten gros de laine mit Überrock in sacre bleu ventre saint gris, der auf der abgewandten Seite quergeschnitten ist und Aufschläge aus petit polonaise und schmale Einsätze aus paté de foie gras hat, die in Form eines jeu d'esprit aufs mise en scène gesteppt sind. Sie gibt der Trägerin ein außerordentlich pikantes und verführerisches Aussehen.

Eine dieser Kellnerinnen, eine Frau von vierzig, hatte einen halb die Kinnlade herunterreichenden Backenbart. Er war zwei Finger breit, dunkel und ziemlich dicht, und die Haare waren einen Zoll lang. Man sieht in Europa viele Frauen mit recht auffallendem Schnurrbart, aber diese Frau war die einzige, der ich begegnet bin, die es zur Würde eines Backenbarts gebracht hatte.

Nach dem Essen verteilten sich die Gäste beiderlei Geschlechts über die Veranden und den zum Hotel gehörenden Ziergarten, um die kühle Luft zu genießen; aber als sich die Dämmerung zur Dunkelheit vertiefte, versammelten sie sich in jenem traurigsten und förmlichsten und zwanghaftesten aller Räume, dem öden großen Gesellschaftszimmer, das das Hauptmerkmal aller europäischen Sommerhotels ist. Dort gruppierten sie sich zu Paaren und zu dritt und murmelten mit gedämpfter Stimme und sahen verschüchtert und heimatlos und verloren aus.

Ein kleines Klavier stand in diesem Zimmer, ein klirrendes,

röchelndes, asthmatisches Ding, ganz gewiß die schlimmste Fehlgeburt, die der Welt je unter Klavieren begegnet ist. Fünf oder sechs niedergeschlagene und heimwehkranke Damen näherten sich ihm nacheinander zweifelnden Gesichts, versetzten ihm einen einzigen prüfenden Schlag und zogen sich mit einem Kinnbackenkrampf zurück. Aber der Herr, besser: die Herrin, über dieses Instrument sollte doch noch kommen, und zwar aus meinem Lande – aus Arkansas.

Sie war nagelneu vermählt, unschuldig, mädchenhaft, selber glücklich und glücklich mit ihrem ernsten, sie verehrenden Bürschchen von Gemahl; sie war etwa achtzehn, frisch von der Schule weg, ohne alle Ziererei; die leidenschaftliche Menge um sie her bemerkte sie überhaupt nicht; und als sie zum erstenmal auf das alte Wrack einhieb, wurde einem sofort klar, daß es seinem Schicksal begegnet war. Ihr Bürschchen holte einen Armvoll hochbetagter Noten aus ihrem Zimmer herbei – denn diese Frischvermählte hatte vorgesorgt, das muß man sagen – und beugte sich liebevoll über sie und machte sich zum Umblättern bereit.

Die junge Frau raste mit den Fingern einmal über die ganze Länge der Tasten, wohl um sich zu orientieren, und man sah, wie die Versammlung unter der Qual die Zähne zusammenbiß. Dann ließ sie ohne jedes weitere Vorspiel alle Schrecken der »Schlacht von Prag«, dieses ehrwürdigen Schauerstücks, los und watete bis zum Kinn im Blut der Erschlagenen. Sie brachte es auf einen recht ehrenhaften Durchschnitt von zwei falschen Tönen unter fünf, aber ihre Seele war in Waffen und sie hielt nie inne, um sich zu verbessern. Die Zuhörer hielten es eine Weile mit tüchtigem Zähneknirschen aus, aber als die Kanonade dann immer heißer und grimmiger wurde und der Dissonanzendurchschnitt auf vier in fünf stieg, begann der Auszug. Ein paar Nachzügler hielten noch etwa zehn Minuten länger die Stellung, aber als das Mädchen die wahre Innerlichkeit aus den »Schreien der Verwundeten« herauszuwringen begann, strichen auch sie die Flagge und zogen sich panikartig zurück.

Einen vollständigeren Sieg hat es nie gegeben; ich war der einzige Nichtkombattant, der sich noch auf dem Schlachtfeld befand. Ich hätte meine Landsmännin auf keinen Fall im Stich gelassen, aber eigentlich lag mein Verlangen auch gar nicht in der Richtung. Keiner von uns mag Mittelmäßigkeit, wir alle verehren das Vollkommene. Die Musik dieses Mädchens war auf ihre Art Vollkommenheit: es war die schlechteste Musik, die jemals auf diesem Planeten von nichts weiter als einem Menschen hervorgebracht wurde.

Ich ging ganz dicht heran, damit mir auch nicht ein Ton entwische. Als sie fertig war, bat ich sie, das Ganze noch einmal zu spielen. Sie tat es mit freudiger Bereitwilligkeit und erhöhter Begeisterung. Diesmals spielte sie *nur* Dissonanzen. Sie legte ein Maß an Qual in die Schreie der Verwundeten, das neues Licht auf menschliches Leid warf. Den ganzen Abend war sie auf dem Kriegspfad. Immer wieder versammelten sich Gruppen von Leuten auf der Veranda und drückten sich die Nase an den Fensterscheiben platt, um das Wunder zu besichtigen, aber auch die tapfersten wagten sich nicht herein. Die Jungvermählte ging, nachdem sie ihren gefräßigen Appetit schließlich gestillt hatte, befriedigt und glücklich mit ihrem jungen Burschen von dannen, und die Touristen schwärmten zurück.

Welch ein Wandel doch in der Schweiz und auch im übrigen Europa im Laufe dieses Jahrhunderts stattgefunden hat. Vor siebzig oder achtzig Jahren war Napoleon der einzige in Europa, den man wirklich einen Reisenden nennen konnte; er war der einzige, der dem Reisen Aufmerksamkeit widmete und kräftiges Interesse daran nahm, der einzige, der viel reiste. Nun jedoch fährt jeder überall hin, und die Schweiz und viele andere Gebiete, die vor hundert Jahren unbesuchte und unbekannte Abgelegenheiten waren, sind heutzutage in jedem Sommer ein summender Bienenstock voll rastloser Fremder. Aber ich schweife ab.

Als wir am nächsten Morgen zum Fenster hinausschauten, bot sich uns ein wunderbarer Anblick. Auf der anderen Seite des Tales und dem Anschein nach recht nachbarlich und nahebei erhob sich hinter einem Tor in dem noch näher gelegenen Hochland die Riesengestalt der Jungfrau kalt und weiß zum klaren Himmel empor. Ich fühlte mich irgendwie an eine von diesen gewaltigen Wogen erinnert, die manchmal auf See plötzlich neben dem Schiff aufsteigen – Kamm und Schultern schneeweiß und die übrige ebenmäßige edle Gestalt abwärts von sahnigem Schaum gestreift.

Ich holte mein Skizzenbuch hervor und zeichnete ein kleines Bild von der Jungfrau, nur um ihre Form festzuhalten.

Ich betrachte dieses Bild nicht als eins meiner vollendeten Werke, ja, ich reihe es überhaupt nicht unter meine Werke ein; es ist nur eine Studie; es ist kaum mehr als das, was man wohl eine Skizze nennen würde. Andere Maler waren so liebenswürdig, es zu bewundern; aber ich bin streng in der Beurteilung meiner eigenen Bilder, und dieses rührt mich nicht an.

Es war kaum zu glauben, daß dieses erhabene bewaldete Vorgebirge zur Linken, das die Jungfrau so deutlich überragt, in Wirklichkeit nicht die höhere Erhebung von den beiden war, aber natürlich war es das nicht. Es ist nur 600 oder vielleicht 900 Meter hoch und hat selbstverständlich im Sommer keinen Schnee. Wohingegen die Jungfrau weit über 4000 Meter mißt und der unterste Rand des Schnees an ihrem Hang, der hier fast bis auf die Talsohle hinunterzureichen scheint, daher in Wirklichkeit etwa 2000 Meter höher als der Gipfel des bewaldeten Vorgebirges liegt. Die Entfernung ruft diese Täuschung hervor. Die bewaldete Höhe ist nur etwa sechs oder acht Kilometer von uns entfernt, die Jungfrau jedoch vier- oder gar fünfmal so weit.

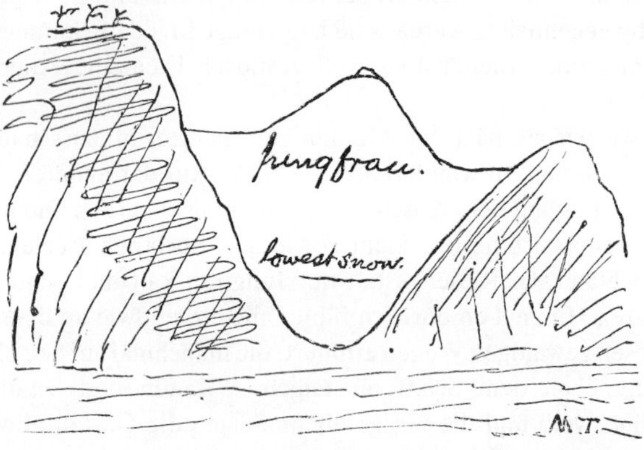

Als ich am Vormittag die Straße mit den Läden hinunterspazierte, fesselte mich ein nebst Rahmen aus einem einzigen schokoladenfarbenen Holzblock geschnitztes großes Bild. Es gibt Leute, die wissen alles. Einige von ihnen hatten uns versichert, daß Ladenbesitzer auf dem europäischen Festland ihre Preise für Engländer und Amerikaner stets heraufsetzen. Viele Leute hatten uns erzählt, es sei teuer, Sachen über einen Reiseleiter zu kaufen, während ich geglaubt hatte, gerade das Gegenteil sei der Fall. Als ich dieses Bild sah, vermutete ich, daß es wohl mehr wert sein würde, als der Freund, für den ich es kaufen wollte, gern dafür bezahlt hätte, aber es lohnte sich immerhin zu fragen, also trug ich dem Reiseleiter auf, hineinzugehen und sich nach dem Preis zu erkundigen, als wolle er das Bild für sich haben; ich wies ihn an, nicht englisch zu sprechen und vor allem nicht die Tatsache zu enthüllen, daß er Reiseleiter war. Dann ging ich ein paar Schritte weiter und wartete.

Der Reiseleiter kam alsbald wieder aus dem Laden heraus und teilte mir den Preis mit. Ich sagte mir: »Das sind hundert Franken zu viel« und dachte daher nicht mehr weiter über die Sache nach. Aber am Nachmittag kam ich mit Harris an dem Laden vorbei, und das Bild fesselte mich abermals. Wir traten ein, um herauszufinden, wieviel höher gebrochenes Deutsch den Preis treiben würde. Die Frau im Laden nannte einen Preis, der genau hundert Franken niedriger lag als der, den der Reiseleiter mir genannt hatte. Das war eine angenehme Überraschung. Ich sagte, ich würde es kaufen. Nachdem ich Anweisungen gegeben hatte, wohin es geschickt werden sollte, sagte die Ladenfrau mit dringlich bittender Miene:

»Wenn es Ihnen nichts ausmacht – sagen Sie nicht Ihrem Reiseleiter, daß Sie es gekauft haben.«

Das war eine unerwartete Bemerkung. Ich fragte:

»Wie kommen Sie zu der Annahme, daß ich einen Reiseleiter hätte?«

»O, ganz einfach; er hat es mir selber gesagt.«

»Sehr aufmerksam von ihm. Aber sagen Sie – warum haben Sie ihm mehr abverlangen wollen, als Sie mir nun abverlangen?«

»Auch das ist ganz einfach: Ihnen brauche ich keine Prozente zu zahlen.«

»Ah, mir geht ein Licht auf. Sie hätten dem Reiseleiter einen Anteil zahlen müssen.«

»Aber gewiß. Der Reiseleiter bekommt immer seinen Anteil. In diesem Fall hätte er hundert Franken betragen.«

»Dann trägt also der Geschäftsmann nicht einen Teil davon – der Käufer zahlt ihn ganz?«

»In manchen Fällen einigen sich der Geschäftsmann und der Reiseleiter auf einen Preis, der den Wert des Artikels ums Doppelte oder Dreifache übersteigt; dann teilen sich beide den Zuschlag, und beide kriegen ihre Prozente.«

»Ah ja. Aber selbst dann bezahlt ja wohl der Käufer das Ganze, oder?«

»Aber natürlich! Das versteht sich von selber.«

»Aber dieses Bild habe ich selber gekauft; warum soll der Reiseleiter denn nichts davon erfahren?«

»Weil dann mein kleiner Gewinn dahin ist!« rief die Frau bekümmert. »Er würde kommen und seine hundert Franken verlangen, und ich würde sie ihm zahlen müssen.«

»Er hat den Kauf nicht getätigt. Sie könnten sich weigern.«

»Ich könnte es nicht wagen, mich zu weigern. Er würde nie wieder Reisende herbringen. Ja mehr noch, er würde mich bei den anderen Reiseleitern anschwärzen, sie würden mir ihre Kundschaft vorenthalten, und das wäre ein Schaden für mein Geschäft.«

Ich schied in nachdenklicher Verfassung. Mir dämmerte, warum ein Reiseleiter es sich leisten konnte, für 55 Dollar im Monat plus Fahrtkosten zu arbeiten. Ein paar Monate später gelang es mir zu begreifen, warum ein Reiseleiter nie für Kost und Logis zu bezahlen brauchte und warum meine Hotelrechnung immer höher war, wenn ich ihn bei mir hatte, als dann, wenn ich ihn ein paar Tage irgendwo zurückgelassen hatte.

Und noch etwas anderes klärte sich nun ebenfalls auf. In einer Stadt hatte ich den Reiseleiter mit zur Bank genommen. Ich wollte mir einiges Geld auszahlen lassen, und er sollte für mich dolmetschen. Ich setzte mich ins Lesezimmer, während die Transaktion vorgenommen wurde. Nach einer Weile brachte mir ein Angestellter das Geld persönlich und war überaus höflich, ja, er ging mir sogar zur Tür voraus und hielt sie mir offen und verbeugte sich, als sei ich eine hochstehende Persönlichkeit. Das war eine neue Erfahrung für mich. Seit ich in Europa reiste, war der Geldumtausch stets zu meinen Gunsten ausgefallen, nur dieses eine Mal nicht. Ich erhielt lediglich den Wert der Zahlungsanweisung und keinen Franken darüber, und ich hatte mit gar nicht wenigen gerechnet. Es war das erste Mal, daß ich auf einer Bank von meinem Reiseleiter Gebrauch gemacht hatte. Ich war damals schon mißtrauisch geworden und erledigte fortan, solange er in meinen Diensten stand, meine Bankgeschäfte selber.

Und dennoch – wenn ich glaube, mir die Ausgabe leisten zu können, würde ich niemals ohne Reiseleiter reisen, denn ein guter Reiseleiter bedeutet eine Annehmlichkeit, die nicht nach Dollar und Cents eingeschätzt werden kann. Ohne ihn ist das Reisen eine böse Quälerei, ein Fegefeuer kleiner erbitternder Ärgernisse, eine unaufhörliche und erbarmungslose Strafe – ich meine, für einen leicht erregbaren Menschen, der von geschäftlichen Dingen nichts versteht und durch Nebensächlichkeiten verwirrt wird.

Ohne Reiseleiter hat das Reisen nicht das geringste Vergnügen zu bieten; aber mit ihm ist es eine immerwährende, ungetrübte Freude. Er ist stets zur Hand, muß niemals erst gerufen werden; erscheint er nicht prompt, wenn man die Glocke läutet – und das geschieht selten, – braucht man nur die Tür zu öffnen und daraufloszureden, der Reiseleiter wird einen hören und dafür sorgen, daß der Auftrag ausgeführt wird, oder einen Aufstand anzetteln. Man sagt ihm, wann man aufbrechen will und wohin man sich zu begeben gedenkt – und alles übrige überläßt man ihm. Man braucht sich nicht nach Zügen oder Fahrpreisen oder Wagenwechseln oder Hotels oder sonst was zu erkundigen. Er wird einen zur rechten Zeit in eine Droschke oder einen Omnibus packen und einen zum Zug oder Schiff bringen; er hat das Gepäck gepackt und aufgegeben, er hat alle Rechnungen bezahlt. Andere Leute sind einem eine halbe Stunde vorausgeeilt, um Plätze, die es gar nicht mehr gibt, an sich zu reißen und die Geduld zu verlieren, aber man selber darf

sich Zeit lassen; der Reiseleiter hat die Plätze gesichert, und man kann sie in aller Ruhe einnehmen.

Auf dem Bahnhof quetschen die Leute einander zu Mus in dem Bestreben, die Aufmerksamkeit des Wiegemeisters auf ihre Koffer zu lenken; sie streiten sich erhitzt mit diesen Tyrannen, die kühl und gleichgültig bleiben; endlich bekommen sie ihren Gepäckschein und geraten augenblicklich in ein neues Gedränge und in neue Wut bei dem entmutigenden Versuch, den Gepäckschein eintragen zu lassen und zu bezahlen, und in ein drittes Gedränge und eine dritte Wut bei dem nicht weniger entmutigenden Versuch, nahe genug an den Fahrkartenschalter heranzukommen, um eine Fahrkarte zu lösen; und nun, nachdem ihre Fassung endgültig dahin ist, müssen sie mit der müden Gemahlin und den quengelnden Säuglingen und mit Mänteln und Taschen und Decken beladen zusammengepfercht und eingesperrt im Wartesaal warten, bis die Türen aufgerissen werden, und dann stürzt sich alles in einem letzten großen Ansturm auf den Zug, stellt fest, daß er voll ist, und muß auf dem Bahnsteig herumstehen und sich ärgern, bis ein paar neue Wagen angehängt werden. Diese Leute sind nun in einer Verfassung, in der sie jemanden umbringen könnten. Unterdessen hat man selber rauchend in seinem Abteil gesessen und all diesem Elend in allergrößter Bequemlichkeit zugesehen.

Während der Reise ist der Schaffner höflich und wachsam – läßt keinen ins Abteil hinein – erzählt jedem, man sei gerade von den Pocken genesen und möchte nicht gestört werden. Denn der Reiseleiter hat alles mit dem Schaffner geregelt. Während des Aufenthalts auf Bahnhöfen unterwegs kommt der Reiseleiter ins Abteil, um sich zu erkundigen, ob man ein Glas Wasser oder eine Zeitung oder sonst etwas wünscht; bei Aufenthalten zum Essen läßt er einem die Mahlzeit in den Zug bringen, während die anderen Leute im Speisesaal würgen und schlingen. Falls irgend etwas an dem Waggon, in dem man reist, zu Bruch geht, und der Bahnhofsvorsteher schickt sich an,

einen nebst seinem Reisebegleiter zu Fremden ins Abteil zu stecken, enthüllt der Reiseleiter ihm vertraulich, daß man ein taubstumm geborener französischer Herzog sei, und der Beamte kommt und teilt durch gütige Zeichen mit, daß er einen erlesenen Wagen an den Zug hat anhängen lassen.

Auf Zollstationen schlurft die Menge schwitzend und gereizt in langer Reihe durch die lästige Prozedur und sieht zu, wie die Beamten sich in die Koffer einwühlen und alles durcheinanderwerfen; aber man selber gibt dem Reiseleiter die Schlüssel und bleibt ruhig sitzen. Vielleicht kommt man in einem Unwetter spät abends um zehn Uhr am Ziel an – das ergibt sich meistens so. Die Menge braucht eine halbe Stunde, um ihr Gepäck entgegenzunehmen und zu den Omnibussen schaffen zu lassen; der Reiseleiter hingegen setzt einen unverzüglich in ein Gefährt, und wenn man im Hotel eintrifft, stellt man fest, daß die Zimmer zwei oder drei Tage im voraus bestellt worden sind, alles ist bereit, man kann sich sofort zu Bett begeben. Einige von diesen anderen Leuten müssen im Regen herumfahren und ihr Glück bei zwei oder drei Hotels versuchen, bevor sie eine Unterkunft finden.

Ich habe nicht einmal die Hälfte der Tugenden genannt, mit denen ein guter Reiseleiter ausgestattet ist, aber ich glaube, ich habe genügend erwähnt um darzulegen, daß ein reizbarer Mensch, der sich einen leisten kann und dennoch keinen in Dienst nimmt, an der falschen Stelle spart. Mein Reiseleiter war der schlechteste in ganz Europa, aber er war beträchtlich besserer als gar keiner. Es machte sich für ihn nicht bezahlt, ein besserer zu sein, als er war, weil ich mir nicht leisten konnte, über ihn einzukaufen. Für das bißchen, was er aus seiner Arbeitsleistung herausholte, war er gar nicht so übel. Ja, mit einem Reiseleiter zu reisen ist schiere Seligkeit, ohne ihn zu reisen das genaue Gegenteil.

Ich habe mit einigen sehr schlechten Reiseleitern zu tun gehabt; aber ich bin auch einem begegnet, den man wohl vollkommen nennen darf. Es war ein junger Pole namens Joseph N. Verey. Er sprach acht Sprachen und schien sich in ihnen allen gleichermaßen zu Hause zu fühlen; er war gewitzt, flink, immer auf dem laufenden und pünktlich; er war erfinderisch und einzigartig begabt im Überwinden von Schwierigkeiten; nicht nur beherrschte er alles, was in sein Fach fiel, sondern er kannte auch stets die beste und schnellste Methode; er war geschickt mit Kindern und Kranken; sein Dienstherr brauchte nichts weiter zu tun, als es sich bequem zu machen und alles dem Reiseleiter zu überlassen. Er ist zu erreichen über die Firma Gay & Son, Strand, London; er hat vormals als Leiter von Gays Reisegesellschaften gewirkt. Vorzügliche Reiseleiter sind recht rar; falls der Leser eine Reise vorhat, wird er es nützlich finden, sich diesen zu merken.

Kapitel 4

Der herrliche Gießbachfall liegt in der Nähe von Interlaken auf der anderen Seite des Brienzer Sees und wird jeden Abend mit diesen prachtvollen Bühnenlampen angestrahlt, an deren Namen ich mich im Augenblick nicht erinnern kann. Es hieß, dies sei ein Schauspiel, das der Reisende sich auf keinen Fall entgehenlassen dürfe. Die Versuchung war mächtig, aber ich konnte mich nicht mit Anstand hinbegeben, denn man mußte mit einem Boot fahren. Die Aufgabe, die ich mir gestellt hatte, bestand darin, Europa zu Fuß zu durchwandern, und nicht, mit einem Boot darüber hinwegzuflitzen. Ich hatte im stillen einen Vertrag mit mir selber abgeschlossen; es war meine Pflicht, ihn einzuhalten. Ich war willens, Bootsfahrten zu meinem Vergnügen zu unternehmen, aber mit einem Zweck im Auge konnte ich mich, wollte ich gewissenhaft vorgehen, unmöglich darauf einlassen.

Es gab mir einen schmerzhaften Stich, daß ich mir diese kostbare Sehenswürdigkeit entgehenlassen mußte, aber ich bezwang meinen Wunsch und stieg durch diesen Triumph in meiner Selbstachtung. Allerdings hatte ich an Ort und Stelle eine noch kostbarere und noch großartigere Sehenswürdigkeit zur Verfügung: die mächtige Spitze der Jungfrau, die sich zart gegen den Himmel abzeichnete und vom Licht der Sterne hauchfein versilbert wurde. Es war etwas Bezwingendes in der Wirkung dieser stummen und feierlichen und ehrfurchtheischenden Erscheinung; man schien dem Umwandelbaren, dem Unzerstörbaren, dem Ewigen von Angesicht zu Angesicht gegenüberzustehen und durch den Gegensatz das Belanglose und Vergängliche des eigenen Daseins um so schärfer zu empfinden. Man hatte das Gefühl, der nachdenklichen Betrachtung eines Geistes, nicht einer unbelebten Masse Fels und Eis, ausgesetzt zu sein – eines Geistes, der in der langsamen Trift der Zeit auf Millionen verschwundener Menschenrassen hinuntergeschaut und über sie Gericht gehalten hat und über noch eine weitere Million Gericht halten und immer noch da sein und zusehen würde, unverändert und unveränderlich, wenn alles Leben längst verschwunden und die Erde wüst und leer geworden war.

Während ich dies empfand, tastete ich mich, ohne es noch zu wissen, an eine Antwort auf die Frage heran, was das für ein Zauber sei, den die Menschen in den Alpen finden und in keinem anderen Gebirge – diese seltsame, tiefe, namenlose Einwirkung, die man nicht mehr vergißt, wenn man sie einmal gespürt hat, die, hat man sie einmal gespürt, ein ruhloses Verlangen hinterläßt, sie abermals zu verspüren – eine Sehnsucht, die wie Heimweh ist; ein schmerzliches, nie verstummendes Sehnen, das fleht und beschwört und einen solange plagt, bis es seinen Willen bekommt. Ich habe Dutzende von Leuten getroffen, Leute mit Phantasie und Leute ohne Phantasie, Gebildete und Ungebildete, die aus fernen Ländern heranreisten und Jahr um Jahr die Schweizer Alpen durchstreiften – sie konnten nicht erklären, warum. Zum erstenmal, sagten sie, seien sie aus schierer Neugierde gekommen, da alle Welt darüber redete; seither jedoch kamen sie, weil sie einfach nicht anders konnten, und aus demselben Grund würden sie immer wieder kommen, solange sie lebten. Sie hatten versucht, ihre Ketten zu sprengen und wegzubleiben, aber es hatte nichts genützt; und nun war ihnen der Wunsch, sie zu sprengen, abhandengekommen. Andere kamen einem Formulieren ihrer Empfindungen näher: sie sagten, wenn sie Kummer hätten, könnten sie nirgendwo sonst Ruhe und Frieden finden; aller Verdruß, aller Ärger, alle Qual schliefen angesichts der gütigen Heiterkeit der Alpen ein; der Große Berggeist hauche seinen eigenen Frieden über ihre wunde Seele und ihr wehes Herz und heile sie; dort vor dem sichtbaren Thron Gottes könnten sie nichts Niedriges denken und nichts Gemeines und Schändliches tun.

Ein Stück die Straße hinunter lag ein »Kursaal«, und wir schlossen uns der Menschenflut an, weil wir herausfinden wollten, welche Zerstreuungen er zu bieten hatte. Es war das übliche Konzert im Freien, hier in einem Ziergarten, mit Wein, Bier, Milch, Molke, Trauben usw. – Molke und Trauben, weil sie Lebensbedürfnis für gewisse Leidende sind, die die Ärzte nicht mehr wiederherstellen können und die nur dank Molke und Trauben weiterexistieren. Einer dieser Abgeschiedenen erzählte mir in traurigem und leblosem Tonfall, daß er nicht anders leben könne als von Molke; er trank nichts anderes mehr als Molke und war ganz und gar vergessen auf Molke. Molke war das, was er wollte. Nach Verfertigung dieses überaus unlauteren Reimes verstarb er.

Einige andere Überbleibsel, die durch die Traubenmethode vor der Verwesung bewahrt wurden, erzählten mir, daß die Trauben eine besondere Sorte seien, von höchst heilkräftiger Natur, und daß sie von den Traubendoktoren so gewissenhaft abgezählt und verabreicht würden wie Pillen. Der neue Patient begann, falls er sehr hinfällig war, mit einer Weinbeere vor dem Frühstück, nahm drei während des Frühstücks, zwei zwischen den Mahlzeiten, fünf zum Mittagessen, drei im Laufe des Nachmittags, sieben zum Abendessen, vier zum Nachtmahl und den Teil einer Beere unmittelbar vor dem Schlafengehen. Die Menge wurde dann allmählich und regelmäßig erhöht, je nach Bedürfnis und Aufnahmevermögen des einzelnen Patienten, bis man ihn schließlich den ganzen Tag über seine eine Weinbeere pro Sekunde und ein regelmäßiges Faß pro Tag einnehmen sah.

Er sagte, daß Menschen, die auf diese Weise geheilt würden und sodann die Traubenmethode aufgeben können, nie wieder die Angewohnheit abzulegen vermöchten, so zu sprechen, als diktierten sie einem langsamen literarischen Gehilfen, denn sie machten nach jedem zweiten Wort eine Pause, während sie Fruchtfleisch und Saft aus einer imaginären Traube lutschten. Er sagte, diese Leute seien langweilig im Gespräch. Er sagte, daß man Menschen, die durch das andere Verfahren geheilt worden seien, leicht vom Rest der Menschheit unterscheiden könne, da sie nach jedem zweiten Wort den Kopf in den Nakken kippten und einen tüchtigen Zug imaginärer Molke hinunterschluckten. Er sagte, es sei sehr eindrucksvoll, zwei Menschen, die durch die beiden Verfahren geheilt worden seien, bei einer Unterhaltung zuzusehen – ihre Pausen, sagte er, und die begleitenden Bewegungen seien so regelmäßig, daß der Fremde sich zwei Automaten gegenüber wähne. Man findet allerhand wundervolle Dinge heraus, wenn man reist, man muß nur an den Richtigen geraten.

Ich blieb nicht lange im Kursaal; die Musik war nicht übel, aber sie erschien mir etwas zahm nach dem Wirbelsturm der Expertin aus Arkansas. Außerdem hatte sich mein Abenteuergeist ein furchterregendes Unternehmen ausgedacht – nichts Geringeres als eine Exkursion von Interlaken über Gemmi und Visp bis hin nach Zermatt zu Fuß! Daher war es nötig, daß wir die Einzelheiten planten und uns zu einem frühen Aufbruch rüsteten. Der Reiseleiter (nicht der, von dem ich eben gesprochen habe) meinte, der Hotelportier werde uns den Weg wohl erklären können. Und da hatte er recht. Der Hotelportier zeigte uns die ganze Gegend auf einer Reliefkarte, und wir konnten unsere Route mit allen Erhebungen und Senken, allen Dörfern und Flüssen so deutlich sehen, als segelten wir in einem Ballon darüber hinweg. Eine Reliefkarte ist eine großartige Sache. Der Portier schrieb uns auch auf einem Zettel jede Tagesetappe und das jeweilige Hotel für die Nacht auf und machte uns unseren Kurs so deutlich, daß wir uns ohne hochbezahlte Hilfe von außen unmöglich würden verlaufen können.

Ich empfahl den Reiseleiter der Fürsorge eines Herrn, der nach Lausanne reiste, und dann begaben wir uns zu Bett, nachdem wir unsere Wandertracht hervorgeholt und für augenblickliche Besitznahme am nächsten Morgen zurechtgelegt hatten.

Als wir jedoch um acht Uhr in der Frühe zum Frühstück herunterkamen, sah es so sehr nach Regen aus, daß ich für das erste Drittel der Reise eine zweispännige Droschke mit Verdeck mietete. Zwei, drei Stunden zockelten wir die ebene

Straße entlang, die den wunderschönen See säumt, und die ganze Zeit lag, von dämpfendem Dunst verschleiert, unklar und wie im Traum das Bild einer weiten Wasserfläche und geisterhafter Alpenberge vor uns. Dann setzte ein steter Landregen ein und verbarg alles bis auf die nächsten Dinge. Wir hielten den Regen mit Regenschirmen dem Gesicht fern und dem Körper mit der ledernen Spritzdecke der Kutsche; aber der Kutscher saß ungeschützt da und ließ den Guß seelenruhig über sich ergehen und schien Freude daran zu finden. Wir hatten die Straße ganz für uns, und es war der angenehmste Ausflug, den ich je unternommen habe.

Das Wetter begann sich aufzuklären, während wir das Kiental hinauffuhren, und plötzlich löste sich eine riesige schwarze Wolkenbank vor uns auf und enthüllte das herrliche Ebenmaß und die hochfliegende Erhabenheit der Blümlisalp. Es war eine ziemlich atemberaubende Überraschung, denn wir hatten nichts weiter als ein ebenes Tal hinter diesem tiefhängenden Laken aus düsteren Wolken vermutet. Was wir hoch dort oben für flüchtig durchblickenden Himmel gehalten hatten, waren in Wirklichkeit Flecken des schneebedeckten Kammes der Blümlisalp, die hin und wieder durch einen zerfransten Riß in dem vorbeitreibenden Dunsttuch zu sehen gewesen waren.

Wir saßen im Gasthof zu Frutigen, und unser Kutscher sollte eigentlich ebenfalls dort essen, aber er hätte nicht genügend Zeit gehabt, zu essen *und* sich zu betrinken, also beschloß er, aus letzterem ein Meisterwerk zu machen, und es gelang ihm. Ein deutscher Herr und seine beiden kaum erwachsenen Töchter hatten ihr Mittagsmahl in dem Gasthof eingenommen, und als sie kurz vor uns aufbrachen, war nicht zu übersehen, daß ihr Kutscher ebenso betrunken war wie unserer und ebenso fröhlich und guter Dinge, und das hieß viel. Diese beiden Spitzbuben flossen über vor Aufmerksamkeiten und Auskünften für ihre Gäste und vor brüderlicher Liebe für einander. Sie banden ihre Zügel fest und zogen Hut

und Mantel aus, damit sie sich unbehindert der Unterhaltung und den zur Illustration nötigen Gesten widmen konnten.

Die Straße war glatt; sie führte hinauf und hinunter über eine ununterbrochene Folge von Bergen; aber sie war schmal, die Pferde waren an sie gewöhnt und konnten ohnehin nicht gut von ihr herunter – warum sollten die Kutscher da nicht sich und uns die Zeit vertreiben? Die Nüstern unserer Pferde stießen nachbarlich unter das hintere Ende der vorausfahrenden Kutsche, und wenn wir uns mühsam einen dieser langen Berge hinaufarbeiteten, stand unser Kutscher auf und redete mit seinem Freund, und sein Freund stand auf und redete, Hinterviertel zur Aussicht, mit ihm. Wenn wir oben ankamen und auf der anderen Seite abwärtsflogen, änderte sich nichts am Programm. Noch heute habe ich diesen vorderen Kutscher vor Augen, wie er auf seinem Hochsitz kniet, die Ellenbogen auf der Rückenlehne, und mit seligem Blick und flatterndem Haar und vergnügtem roten Gesicht auf seine Fahrgäste hinunterstrahlt und dem alten deutschen Herrn seine Karte reicht, während er sein Gefährt und seine Pferde preist und beide Gespanne einen langen Berg hinunterrasen und niemand sagen kann, ob wir der Vernichtung oder einer unverdienten Ungeschorenheit entgegenrollen.

Bei Sonnenuntergang kamen wir in ein wunderschönes grünes, von Sennhütten getüpfeltes Tal, ein trauliches Reich, das sich weitab von der Welt in einem abgeschlossenen Winkel verbarg, zwischen riesenhaften Felswänden mit schneebedeckten Gipfeln darauf, die wie Inseln über der sich kräuselnden Brandung des Dunstmeeres zu treiben schienen, das sie von der Welt unter ihnen abschnitt. Von ungewissen, dampfigen Höhen kamen im Zickzack kleine krause Milchbäche gekrochen und suchten sich ihren Weg zum Rand einer dieser ungeheuren überhängenden Wände, von wo sie sich als silberner Strahl abwärtsstürzten, der mitten im Fall zu Atomen zerstob und sich in eine luftige Pusteblume aus leuchtendem Wasserstaub verwandelte. Hier und dort in den tiefeingeschnittenen Senken zwischen den Schneewüsten der höchsten Höhen entdeckte man das Ende eines Gletschers mit seinen durchlöcherten seegrünen Eiszinnen.

Am oberen Ende des Tales nistete unter einer schwindelerregenden Steilwand das Dorf Kandersteg, unser Halteplatz für die Nacht. Bald waren wir angelangt und im Gasthof untergebracht. Aber der schwindende Tag wirkte so verlockend auf uns, daß wir nicht lange im Haus blieben, sondern uns aufmachten und an einem reißenden Gießbach aus Eiswasser entlang zu seiner weit entfernten Quelle hinaufstiegen, die gleichsam in einer mit einem Grasteppich ausgelegten Wohnstube lag, die rundum von gewaltigen Felswänden umgeben und von dichtgehäuften Eisgipfeln überragt wurde. Dies war der heimeligste kleine Krocketplatz, den man sich vorstellen kann; er war vollkommen eben und nicht länger als ein guter Kilometer und kaum breiter als ein halber. Die Wände, die ihn umgaben, waren so riesenhaft und alles um ihn herum von solch mächtigem Ausmaß, daß er im Vergleich dazu zu dem verkleinert wurde, womit ich ihn verglichen habe – einer behaglichen, mit einem Teppich ausgelegten Wohnstube. Er lag so hoch über dem Kanderstegtal, daß sich nichts mehr zwischen ihm und den Schneegipfeln befand. Ich hatte nie zuvor ein solch inniges Verhältnis zu großen Höhen gehabt; bisher waren die Schneegipfel stets ferne und unnahbare Großartigkeiten gewesen; nun jedoch waren wir dicke Tunke – falls man solch einen scheinbar respektlosen Ausdruck im Zusammenhang mit solch erhabenen Schöpfungen gebrauchen darf.

Wir konnten die Rinnsale, die den Gießbach speisten, an dem wir hinaufgestiegen waren, unter den grünlichen Ausläufern des Gletschers hervorquellen sehen; aber zwei oder drei von ihnen versickerten im Gestein, statt über die Felswand zu fließen, und schossen als mächtiger Strahl aus Löchern mitten in der Wand hervor.

Dieser grüne Winkel, den ich soeben beschrieben habe, heißt Gasterntal. Die Gletscherbäche sammeln sich in ihm und strömen als breiter und reißender Fluß auf einen engen Spalt zwischen zwei Felswänden zu; hier wird der reißende Fluß zu einem tosenden Sturzbach und schießt dröhnend und donnernd nach Kandersteg hinunter, peitscht und drischt sich seinen Weg über Steine hinweg und zwischen ihnen hindurch und wirbelt hier eine Wurzel und dort einen Baumstamm wie Strohhalme herum. An Wasserfällen bestand kein Mangel auf dieser Strecke. Der Pfad neben dem Gießbach war so schmal, daß man scharf aufpassen mußte, wenn man eine Kuhglocke hörte, und tunlichst an eine Stelle flitzte, die breit genug war, um einer Kuh und einem Christenmenschen nebeneinander Platz zu bieten, und solch eine Stelle war nicht immer im Handumdrehen zu haben. Die Kühe tragen Kirchenglocken, und das ist eine gute Idee von den Kühen, denn neben diesem Gießbach könnte man eine gewöhnliche Kuhglocke nicht weiter hören als das Ticken einer Taschenuhr.

Ich brauchte Bewegung, also stellte ich meinen Reisebegleiter an, gestrandete Stämme und abgestorbene Bäume flott zu machen, und ich setzte mich auf einen Felsblock und guckte zu, wie sie Hals über Kopf den siedenden Gießbach hinunterwirbelten und -hüpften. Es war ein wunderbar erheiternder Anblick. Nachdem ich mir genügend Bewegung verschafft hatte, veranlaßte ich den Reisebegleiter, dasselbe zu tun, und zwar dadurch, daß er mit einem dieser Stämme um die Wette lief. Ich kam zu einer kleinen Einnahme, indem ich auf den Stamm setzte.

Nach dem Abendessen spazierten wir in der schummerigen Dämmerung durch das stille Kanderstegtal und wieder zurück, und die verlöschenden Lichter des Tages, die um die Kämme und Spitzen des oberen Reiches spielten, lieferten uns den Text für unsere Unterhaltung. Man hörte keinen Laut außer dem gedämpften Klagen des Gießbaches und dem gelegentlichen Klingeln einer fernen Glocke. Der Geist, den der Ort atmete, war ein Gefühl tiefen, alles durchdringenden Friedens; hier könnte man seelenruhig sein Leben verträumen und es nicht vermissen und sich nichts daraus machen, wenn es dahin ist.

Der Sommer schied mit der Sonne, und mit den Sternen kam der Winter. Es sollte eine bitterkalte Nacht werden in dem kleinen Gasthof, der sich mit dem Rücken an eine Felswand lehnte, die keinen sichtbaren oberen Rand hatte, aber wir schliefen warm und erfuhren beim Aufwachen am nächsten Morgen, daß alle anderen bereits vor drei Stunden nach dem Gemmi aufgebrochen waren. Unser großherziges Vorhaben, dieser deutschen Familie (hauptsächlich dem alten Herrn) über den Paß zu helfen, war mithin vereitelt.

Kapitel 5

Wir nahmen uns den einzigen Bergführer, der noch übriggeblieben war. Er war über siebzig, aber er hätte mir neun Zehntel seiner Kräfte abgeben können und immer noch die besessen, die ihm seinem Alter nach zukamen. Er schulterte unsere Rucksäcke, Mäntel und Alpenstöcke, und wir machten uns den steilen Pfad hinan auf den Weg. Es war heiße Arbeit. Der alte Mann bat uns schon bald, ihm auch unsere Jacken und Westen zu tragen zu geben, und wir gaben sie ihm; man konnte einem solch armen alten Mann so eine Kleinigkeit nicht abschlagen; wir hätten ihm alles gegeben, und wäre er auch hundertfünfzig Jahre alt gewesen.

Als wir mit dem Aufstieg begannen, sahen wir eine mikroskopisch kleine Sennhütte hoch oben unter dem Himmel auf dem scheinbar höchsten Berg in unserer Nähe hocken. Sie lag zu unserer Rechten, jenseits des engen oberen Talendes. Aber als wir genau gegenüber auf die gleiche Höhe kamen, wurde sie rundum von mächtigen Bergen überragt, und wir stellten fest, daß sie ungefähr ebenso hoch wie das kleine Gasterntal lag, das wir uns am Tag zuvor angesehen hatten. Trotzdem wirkte sie immer noch recht luftig dort oben in jener öden und einsamen Felsenwildnis. Sie hatte ein eingezäuntes Stück Gras vor der Haustür, das ungefähr so groß wie ein Billardtisch aussah, und dieses Grasstück war so abschüssig und so kurz und endete so überaus schnell am Rand eines absolut senkrechten Abgrunds, daß es einen schauderte, dachte man daran, daß jemand es wagen sollte, an einem solchen Hang überhaupt seinen Füßen zu trauen. Nur einmal angenommen, jemand trat auf dem Rasen dort oben auf eine Apfelsinenschale; er konnte sich nirgendwo festhalten; er geriet unfehlbar ins Rollen; fünf Umdrehungen, und er war an der Felskante – und hinüber. Wie furchtbar tief er fallen würde! Denn es gibt nur sehr wenige Vögel, die bis in jene Höhe fliegen. Er würde auf seinem Weg nach unten zwei- oder dreimal aufschlagen und zurückprallen, aber das wäre auch kein Vorteil. Ich würde eher auf dem Seitenhang eines Regenbogens frische Luft schöpfen als in solch einem Vorgarten. Ja, es wäre mir wesentlich lieber, denn die Entfernung nach unten ist mehr oder weniger dieselbe und Rutschen ist angenehmer als Aufschlagen und Zurückprallen.

Ich verstand nicht, wie die Bauern überhaupt zu dem Haus hinaufkamen – die ganze Umgebung schien, ausgenommen für einen Ballon, einfach zu steil.

Als wir nun weiterzogen und höher und höher kletterten, schoben sich fortwährend benachbarte Gipfel in erhabenem Aufragen ins Blickfeld, die zuvor hinter niedrigeren Bergen versteckt gelegen hatten, und erst nach einer ganzen Weile, als wir vor einer Gruppe von diesen Riesen standen, drehten wir uns noch einmal nach der Sennhütte um; und da lag sie – tief unten, dem Anschein nach auf einer unauffälligen Erhebung im Tal! Sie lag nun so weit unter uns, wie sie bei Beginn unseres Aufstiegs über uns gelegen hatte.

Etwas später führte der Pfad uns an einem mit einem Geländer versehenen Abgrund vorbei, und wir schauten über das Geländer nach unten – tief unter uns lag wieder die behagliche Wohnstube, das kleine Gasterntal, mit den Wasserfontänen, die aus ihren Felswänden schossen. Wir hätten einen Stein hineinfallen lassen können. Die ganze Zeit schon hatten wir immerzu den höchsten Punkt gefunden – und immerzu feststellen müssen, daß sich aufs enttäuschendste genau vor uns ein noch höherer Punkt ins Bild stahl; als wir ins Gasterntal hinunterblickten, waren wir ziemlich sicher, daß wir endlich den wahren höchsten Punkt erreicht hatten, aber weit gefehlt; noch wollten viel höhere Höhen erklommen werden. Wir wanderten immer noch im angenehmen Schatten von Waldbäumen, wir befanden uns immer noch in Gefilden, die mit wunderschönen Moosen gepolstert waren und im vielfarbigen Glanz zahlloser Bergblumen leuchteten.

Die Bergblumen nun fesselten uns mehr als alles andere. Wir pflückten ein paar Exemplare von jeder Art, die uns unbekannt war, und so kamen wir zu prächtigen Sträußen. Eine unserer interessantesten Beschäftigungen bestand jedoch darin, am Berg hinauf den Jahreszeiten nachzusteigen und sie nach der Anwesenheit von Blumen und Beeren zu bestimmen, mit denen wir vertraut waren. In Meereshöhe zum Beispiel schrieb man Ende August; im Kanderstegtal am Fuß des Passes fanden wir Blumen, die in Meereshöhe erst in zwei oder drei Wochen blühen würden; noch weiter oben gerieten wir in den Oktober und pflückten gezackten Enzian. Ich habe keine Notizen gemacht und die Einzelheiten vergessen, aber das Anlegen des Blumenkalenders war zur Zeit sehr unterhaltsam.

In den höheren Gefilden fanden wir einen reichen Vorrat an Alpenrosen, dieser herrlichen roten Blume, aber wir konnten kein Exemplar der häßlichen Schweizer Lieblingsblume, des Edelweißes, entdecken. Sein Name scheint zu besagen, daß es edel sei und weiß. Na, edel mag es ja sein, aber es ist nicht hübsch und es ist nicht weiß. Die flaumige Blüte hat die Farbe von Zigarrenasche und sieht aus, als habe man sie aus grauem Plüsch billiger Qualität hergestellt. Das Edelweiß hat die edle, zurückhaltende Art, sich auf große Höhen zu beschränken, aber wahrscheinlich nur wegen seines Aussehens; es besitzt jedoch offenbar kein Monopol für jene höheren Regionen, denn zuweilen dringen die lieblichsten Talarten der wilden Blumen bis hier oben hin vor. In den Alpen trägt jeder ein Edelweiß am Hut. Es ist nicht nur der Liebling der Einheimischen, sondern auch aller Touristen.

Den ganzen Morgen über, während wir vergnüglich dahinbummelten, kamen andere Wanderer mit kraftvollen Schritten und dem beflissenen und entschlossenen Blick von Menschen, die um die Wette laufen, stockschwingend an uns vorbeigestapft. Sie trugen weite Kniehosen, lange Strümpfe und dick benagelte hochgeschnürte Wanderstiefel. Es waren Herren, die nach England oder Deutschland zurückkehren und erzählen würden, um wie viele Kilometer sie jeden Tag den Reiseführer geschlagen hätten. Aber ich bezweifle, daß sie jemals wirkliche Freude daran hatten, abgesehen von der großartigen Wonne der Wanderung durch die grünen Täler und über die windigen Höhen selber; denn sie waren fast immer allein, und selbst die schönste Landschaft verliert unschätzbar, wenn niemand da ist, der sich mit einem daran erfreut.

Den ganzen Morgen über zog eine endlose Doppelprozession von Reisenden auf Maultieren auf dem schmalen Pfad an uns vorbei – die eine aufwärts, die andere abwärts. Wir hatten uns mit nicht geringer Mühe den freundlichen deutschen Brauch beigebracht, alle Fremden mit gezogenem Hut zu grüßen, und wir hielten zäh daran fest an diesem Morgen, obwohl er uns die meiste Zeit barhäuptig gehen ließ und nicht immer erwidert wurde. Dennoch fesselte uns das Unternehmen, da wir natürlich gerne wußten, wer unter den Vorüberziehenden Engländer oder Amerikaner war. Alle auf dem Kontinent Heimischen grüßten selbstverständlich zurück und einige von den Engländern und Amerikanern ebenfalls, aber im allgemeinen gaben diese beiden Völkerschaften kein Zeichen von sich. Sooft ein Mann oder eine Frau uns mit kalter Nichtachtung begegnete, wandten wir uns vertrauensvoll in unserer eigenen Sprache an sie und baten um irgendeine Auskunft, die wir gerade benötigten, und immer bekamen wir eine Antwort in derselben Sprache. Engländer und Amerikaner sind nicht unfreundlicher als Angehörige anderer Völker, sie sind nur zurückhaltender, und zwar aus Gewohnheit und infolge ihrer Erziehung. In einer öden Steinwüste und weit oberhalb der Vegetationsgrenze begegneten wir einem Zug von fünfundzwanzig berittenen jungen Männern, lauter Amerikanern. Fast alle von ihnen erwiderten natürlich unsere Verbeugung, denn sie waren in einem Alter, in dem man sich ohne große Mühe nach der Sitte des Landes richten kann.

Am äußersten Ende dieser Einöde entdeckten wir einen schmalen Streifen spärlichen, mutlosen Grases, der überragt wurde von zerklüfteten und abweisenden Felsen, die in ihren verschatteten Schründen ewige Schneewehen hegten, und in ein paar Hütten lebten hier tatsächlich ein Mann und eine Schweinefamilie. Folglich mußte dieses Stück Land wohl als »Besitz« gelten; es hatte einen Geldwert und war zweifellos besteuert. Dort dürfte die Grenze des unbeweglichen Besitztums auf dieser Welt liegen. Es würde schwerhalten, den Geld-

wert für einen Flecken Erde festzusetzen, der zwischen dieser Stelle und dem leeren Weltraum liegt. Dieser Mann darf die Auszeichnung für sich in Anspruch nehmen, das Ende der Welt zu besitzen, denn wenn es ein bestimmtes Ende der Welt gibt, dann hat er es wahrhaftig gefunden.

Von nun an zogen wir durch eine sturmgepeitschte, niemals lächelnde Wüstenei. Überall um uns her erhoben sich riesenhafte Blöcke, Spitzen und Wände aus nacktem und ödem Felsgestein, und wir sahen nichts Lebendiges, keine Spur, nichts, was auch nur entfernt an eine Pflanze oder einen Baum oder eine Blume erinnert hätte. Der Frost und die Stürme ungezählter Zeitalter hatten mit tödlicher Tatkraft an diesen Klippen gehämmert und gehackt und sie Stück für Stück zerstört; um ihren Fuß herum war daher alles ein wüstes Chaos großer Brocken, die weggebrochen und zu Boden gestürzt waren. Schmutzige alte Schneewälle schoben sich bis dicht an unseren Pfad heran. Die entsetzliche Trostlosigkeit der Gegend war so ungeheuerlich vollkommen, als habe Doré die Pläne dazu geliefert. Hin und wieder jedoch gewannen wir durch die finsteren

Tore um uns her einen Blick auf irgendeinen majestätischen Gipfel in der Nähe, der, in glitzerndes Eis gekleidet, seine weiße Reinheit in einer Höhe zur Schau stellte, mit der verglichen die unsere unwürdig und plebejisch war, und solch ein Anblick kettete sogleich alles Interesse und alle Bewunderung an sich und ließ uns vergessen, daß es irgend etwas Häßliches auf der Welt gab.

Ich sagte gerade, daß es nichts als Tod und Verheerung in diesen scheußlichen Gefilden gegeben habe, aber da habe ich etwas vergessen. An der verlassensten und ödesten und allerelendsten Stelle, wo das geborstene und zersplitterte Geröll am dicksten lag, wo der uralte Schnee ganz bis an den Pfad heranreichte, wo der Wind am bittersten wehte und alles am traurigsten und einsamsten aussah und am weitesten entfernt von irgendeinem Schimmer der Freude oder Hoffnung, fand ich ein einziges winziges Vergißmeinnicht, das dort blühte und gedieh – nichts war welk an ihm, es hielt seinen hellblauen Stern mit der hübschesten und tapfersten Gebärde der Welt hoch: die einzige fröhliche Seele, das einzige lächelnde Wesen in all der gräßlichen Wüste. »Frischauf!« schien es zu sagen. »Wenn wir schon einmal hier sind, wollen wir das Beste daraus machen!« Es hatte ganz gewiß ein Anrecht auf einen wirtlicheren Platz verdient. Ich grub es daher aus und schickte es an einen Freund in Amerika, der es achten wird wegen des Kampfes, den es da ganz allein gekämpft hatte, das winzige Ding, um eine ganze gewaltige verzagte Alpeneinöde dazu zu bringen, daß sie aufhörte, sich angesichts des Unabänderlichen das Herz zu brechen, und den Kopf hob und die Dinge zur Abwechslung einmal von ihrer fröhlichen Seite betrachtete.

Zum Mittagessen kehrten wir in einem wuchtig gebauten kleinen Gasthof ein, der »Zum Schwarenbach« hieß. Er liegt an einem einsamen Fleck zwischen den Bergspitzen, wo die schleppenden Fransen der Wolkenbänke über ihn hinwegtreiben und fast an jedem Tag seines Lebens Regen und Schnee auf ihn niedergehen und Stürme ihn tobend heimsuchen. Es war die einzige Behausung in der ganzen Umgebung des Gemmi-Passes.

Ganz in der Nähe bot sich nun Gelegenheit zu einem haarsträubenden alpinen Abenteuer. Nahebei kühlte das schneebedeckte Massiv des Großen Altels seine Haube im Himmel und forderte uns zu einer Besteigung heraus. Der Gedanke befeuerte mich, und auf der Stelle beschloß ich, die nötigen Bergführer, Seile usw. zu beschaffen und sie zu unternehmen. Ich wies Harris an, sich zum Wirt des Gasthofes zu begeben und ihn mit den Vorbereitungen zu betrauen. Unterdessen machte ich mich fleißig ans Werk und las nach, was es mit dieser vielberedeten Bergsteigerei auf sich hatte und wie man bei ihr zuwege ging – denn auf diesem Gebiet war ich unwissend. Ich schlug Mr. Hinchcliffs »Sommer in den Alpen« (1857 erschienen) auf und wählte folgenden Bericht einer Besteigung des Monte Rosa. Er begann:

»Es ist sehr schwer, am Abend vor einer großen Expedition keine Aufregung zu verspüren –«

Ich stellte fest, daß ich zu ruhig war. Also ging ich eine Weile im Zimmer auf und ab und steigerte mich in eine mächtige Aufregung hinein; aber die nächste Bemerkung in dem Buch – daß der Abenteurer um zwei Uhr morgens aufstehen müsse – machte sie beinahe wieder vollends zunichte. Ich schürte sie jedoch erneut und las weiter, wie Mr. Hinchcliff sich bei Kerzenlicht ankleidete und »schon bald unten bei den Führern war, die geschäftig im Gang hin und her eilten, Vorräte packten und alle Vorbereitungen zum Aufbruch trafen«, und wie er in die kalte klare Nacht hinausblickte und sah, daß – »der ganze Himmel vor Sternen leuchtete, die größer und heller waren, als sie in der dichteren Atmosphäre schienen, die von den Bewohnern der tiefergelegenen Gebiete der Erde geatmet wird. Sie sahen aus, als hingen sie vom dunklen Gewölbe des Himmels herab, und ihr sanftes Licht warf einen feenhaften Schimmer über die Schneefelder am Fuß des Matterhorns, das seinen wundervollen Gipfel so hoch erhob, daß er ins Herz des Großen

Bären eindrang und sich mit einem Diadem aus seinen herrlichsten Sternen krönte. Kein Laut störte die tiefe Stille der Nacht; nur das ferne Tosen der Bäche hörte man, die sich vom Hochplateau des Sankt-Theodul-Gletschers abwärts ergießen und kopfüber steile Felsenklippen hinabstürzen, bis sie sich schließlich im Irrgarten des Gorner-Gletschers verlieren.«

Er nahm seinen warmen Toast und Kaffee zu sich, und gegen halb vier zog seine Karawane von zehn Männern vom Riffel-Hotel aus los und begann mit dem steilen Aufstieg. Um halb sechs blickte er sich zufällig um und sein Auge fiel »auf das herrliche Matterhorn, das ganz leicht vom rosenfingerigen Morgen angerührt wurde und wie eine gewaltige Feuerpyramide aussah, die aus dem leeren Eis- und Felsenmeer um sie herum aufragte«. Dann entzündeten sich auch das Breithorn und der Dent Blanche an der leuchtenden Glut, aber »wegen der dazwischen liegenden Felsmasse des Monte Rosa mußten wir noch viele Stunden klettern, bevor wir hoffen konnten, die Sonne selber zu erblicken, wenn die Luft nach der prächtigen Geburt des Tages auch rasch wärmer wurde.«

Er blickte zu dem luftigen Gipfel des Monte Rosa hinauf und zu den Schneewüsten, die seine steilen Zugänge bewachten, und der oberste Bergführer ließ sich mit der Ansicht vernehmen, daß kein Mensch ihre furchteinflößenden Höhen bezwingen und den Fuß auf den Gipfel da oben setzen könne. Aber die Abenteurer kletterten nichtsdestoweniger beständig weiter.

Sie arbeiteten sich hoch und höher und immer noch höher; sie ließen das Große Plateau hinter sich, erklommen dann eine steile Flanke des Berges, wobei sie sich wie Fliegen an die zerklüfteten Felsen klammerten; und nun sahen sie sich einer gewaltigen Wand gegenüber, von der ganz offenbar große Eis- und Schneeblöcke gewohnheitsmäßig herabstürzten. Sie wandten sich nach der Seite, um die Wand zu umgehen, und kletterten allmählich höher, bis ein »Gewirr von riesenhaften Schneeriesen« ihnen den Weg versperrte – also scherten sie abermals nach

der Seite aus und »begannen mit einem langen Anstieg, der so steil war, daß sich ein Zickzackkurs als nötig erwies.«

Ermüdung zwang sie häufig, ein paar Augenblicke lang halt zu machen. Während einer dieser Pausen rief jemand: »Da – der Mont Blanc!« und »uns wurde mit einemmal bewußt, wie groß die Höhe war, die wir erklommen hatten, konnten wir doch den Herrscher der Alpen mit seinen aufwartenden Trabanten über die Spitze des Breithorns hinweg sehen, die selber mindestens 4000 Meter hoch ist!«

Diese Leute kletterten in einer Reihe hintereinander und waren alle in regelmäßigen Abständen an einem starken Seil festgebunden, so daß im Falle, daß jemand in dieser schwindelerregenden Höhe ausglitt, die anderen sich gegen ihren Alpenstock stemmen und ihn davor bewahren konnten, daß er in das viele hundert Meter tiefer gelegene Tal abstürzte. Schließlich gelangten sie an einen eisbedeckten Grat, der in spitzem Winkel aufwärtsführte und an einer Seite über einem Abgrund lag. Sie mußten an ihm hinauf, also hackte der Führer, der als erster kletterte, mit seinem Beil Stufen ins Eis, und sobald er seine Zehen aus einer dieser leichten Vertiefungen herausnahm, wurde sie von den Zehen des Mannes hinter ihm eingenommen.

»Langsam, aber zügig setzten wir unseren Weg über dieses gefährliche Stück des Aufstiegs fort, und es war gewiß für manche von uns ein Glück, daß die Aufmerksamkeit vom Kopf abgelenkt wurde durch die vordringlichere Notwendigkeit, auf die Füße zu achten; denn während zur Linken die Eiskante so steil war, daß niemand sich bei einem Ausrutschen vor einem Absturz hätte retten können, wenn es den anderen nicht gelang, ihn abzufangen, hätten wir zur Rechten einen Stein aus der Hand über Abgründe von unbekannter Ausdehnung auf den gewaltigen Gletscher unter uns fallen lassen können.

Große Vorsicht war daher unbedingt vonnöten, und an dieser vollkommen ungeschützten Stelle griff uns jener große Gegner aller Monte-Rosa-Aspiranten mit all seiner Heftigkeit an – ein starker und bitterkalter Wind von Norden. Der feine Pulverschnee trieb in Wolken an uns vorbei und drang in die Lücken in unserer Kleidung ein, und die Eisstücke, die unter Peters Axtschlägen davonstoben, wurden in die Luft gerissen und sausten dann über die Kante in den Abgrund. Wir hatten mehr als genug damit zu tun, uns vor derselben unbarmherzigen Behandlung zu bewahren, und hin und wieder, wenn der Wind in besonders heftigen Stößen heranwehte, waren wir froh, daß wir unseren Alpenstock ins Eis stoßen und uns mit aller Macht daran festhalten konnten.«

Nachdem sie diesen gefährlichen Steilgrat überwunden hatten, setzten sie sich nieder und hielten eine kurze Rast mit dem

Rücken gegen einen schützenden Felsen und den baumelnden Hacken über einem bodenlosen Abgrund; dann kletterten sie zum Fuß eines weiteren Grates hinauf – eines noch schwierigeren und gefährlicheren:

»Der Grat war auf seiner ganzen Länge überaus schmal und der Abfall auf beiden Seiten verzweifelt steil, aber in manchen dieser Einschübe zwischen den Felsenmassen nahm das Eis die Form einer bloßen Spitzkante, ja geradezu einer Messerklinge, an; diese Stellen sahen ungewöhnlich schwierig aus, wenn sie auch nicht länger als drei oder vier kleine Schritte waren; aber wie das Schwert, das die wahrhaft Gläubigen zum Tor des Paradieses geleitet, mußten wir sie hinter uns bringen, bevor wir an den Gipfel unserer Träume gelangen konnten. Sie waren an zwei oder drei Stellen so schmal, daß beim Überschreiten mit (zwecks größerer Sicherheit) stark nach außen gekehrten Zehen ein Ende des Fußes über den schrecklichen Abgrund zur Rechten hinausragte, während das andere sich auf dem Anfang des vereisten Hanges zur Linken befand, der kaum weniger steil als die Felsen war. An solch einer Stelle nahm Peter mich bei der Hand, und dadurch, daß wir uns beide so weit streckten, wie es eben ging, gelang es ihm, einen festen Stand zwei oder drei Schritte oder noch ein wenig weiter vor mir zu gewinnen, von wo aus er aller Voraussicht nach mit einem Sprung den Felsen auf der anderen Seite erreichen konnte; dann drehte er sich um und rief mir zu, ich möge kommen, und nach zwei vorsichtigen Schritten streckte sich mir beim dritten seine Hand zum Zufassen bereit entgegen, und einen Augenblick später stand ich neben ihm. Die anderen kamen auf mehr oder weniger dieselbe Art nach. Einmal rutschte ich mit dem rechten Fuß auf der dem Abgrund zugekehrten Seite aus, aber sofort streckte ich meinen Arm aus, so daß mich die Eiskante unter der Achselhöhle abfing und beträchtlich stützte; im selben Augenblick schaute ich rasch an der Seite hinunter, nach der ich ausgerutscht war, und es gelang mir, meinen rechten Fuß auf ein Stück Felsen von der Größe eines Kricketballs zu stemmen, das zufällig am äußersten Rand des Abgrunds aus dem Eis hervorstieß. Dergestalt gleichsam vorne und achtern verankert, hätte ich mich wohl leicht retten können, selbst wenn ich allein gewesen wäre, wenn auch zugegeben werden muß, daß die Situation nichts an Scheußlichkeit zu wünschen übriggelassen hätte; ein Ruck von Peter indessen bereinigte die Lage im Nu, und ich stand wieder fest auf den Beinen. Das Seil ist eine unermeßliche Hilfe an solchen Stellen.«

Nun trafen sie am Fuß einer großen Spitze oder Kuppe ein, die mit Eis ausgelegt und mit Schnee gepudert war – der höchste Gipfel, das letzte bißchen Festigkeit zwischen ihnen und dem hohlen Himmelsgewölbe. Sie machten sich mit ihren Beilen an die Arbeit und krochen alsbald wie Insekten an dieser Spitze hoch. Dabei ragten die Absätze ihrer Stiefel über das allerdünnste Nichts hinaus, das nur wenig angedickt wurde von weit unter ihnen träge dahinziehenden Wolkenfetzen und Dunstschleiern. Plötzlich brach einem der Männer das Eis unter dem Fuß weg, und er fiel! Da baumelte er in der Luft an seinem Seil wie eine Spinne, bis seine Freunde über ihm ihn wieder an seinen Platz heraufzogen.

Ein wenig später stand die Gruppe im treibenden Wind auf dem winzigen Sockel des äußersten Gipfels und blickte über die grüne Weite Italiens und den uferlosen Ozean wogender Alpen hinweg.

Als ich bis hierher gelesen hatte, platzte Harris in edler Aufregung ins Zimmer und teilte mit, daß man die Seile und die Bergführer herbeigeschafft habe, und fragte mich, ob ich bereit sei. Ich erwiderte, daß ich den Altels diesmal wohl nicht besteigen würde. Ich sagte ihm, daß das Bergsteigen in den Alpen etwas anderes sei, als ich geglaubt hätte, und daß ich es daher für besser hielt, wenn wir uns mit seinem Wesen und seiner Technik eingehend befaßten, bevor wir tatsächlich damit begannen. Aber ich wies ihn an, die Führer nicht zu entlassen, sondern ihnen aufzutragen, uns nach Zermatt zu folgen, wo ich von ihnen Gebrauch zu machen gedachte. Ich sagte ihm, daß ich die ersten Regungen der Abenteuerlust in mir verspürte und sicher sei, daß die grimmige Faszination der Alpenkletterei schon bald über mich kommen werde. Ich sagte ihm, er könne sich bereits darauf gefaßt machen, daß wir, bevor wir noch eine Woche älter seien, eine Tat vollbracht hätten, bei der das Haar der Furchtsamen sich vor Entsetzen kräuseln würde.

Das machte Harris glücklich und erfüllte ihn mit hochgespannten Erwartungen. Er ging sofort hinunter, um den Führern auszurichten, sie möchten nach Zermatt folgen und all ihren Zubehör mitbringen.

Kapitel 6

Welch ein großartiges, welch ein kostbares Ding ist doch ein neuer Gesichtspunkt! Wie er von einem Besitz ergreift! Wie er sich an einen klammert, wie er einen beherrscht und lenkt! Ich verließ die Herberge »Zum Schwarenbach« als ein verwandelter Mensch, ein umgestalteter Charakter. Ich ging durch eine neue Welt, ich sah mit neuen Augen. Ich hatte lediglich zu den riesenhaften Schneegipfeln hinaufgeschaut als zu Dingen, die man wegen ihrer Erhabenheit und ihrer Herrlichkeit und ihrer unaussprechlichen Anmut verehren mußte; nun blickte ich zu ihnen hinauf als zu etwas, das es außerdem zu bezwingen und zu besteigen galt. Mein Gefühl für ihre Großartigkeit und ihre edle Schönheit war weder dahin noch getrübt; ich sah die Berge unter einem neuen Gesichtspunkt, ohne dafür den alten einzubüßen. Ich kletterte Zoll um Zoll mit den Augen an den steilen Linien aufwärts und wog die Möglichkeit oder Unmöglichkeit ab, mit den Füßen hinterherzuklettern. Wenn ich einen schimmernden Eishelm über die Wolken hinausragen sah, versuchte ich mir vorzustellen, ich sähe Reihen schwarzer Pünktchen, die sich mit Spinnwebfäden aneinandergeseilt an ihm aufwärtsarbeiteten.

Wir umgingen einen einsamen See, den Daubensee, und kamen alsbald dicht an einem Gletscher vorbei, der zu unserer

Rechten lag – wie ein mächtiger Fluß sah er aus, der im Hinfließen plötzlich eingefroren und an der Mündung kantig wie eine Wand abgebrochen war. Noch nie zuvor hatte ich einen Gletscher aus so großer Nähe gesehen.

Hier stießen wir auf eine neue Bretterhütte und auf mehrere Männer, die mit dem Bau eines Steinhauses beschäftigt waren; der Gasthof »Zum Schwarenbach« würde also bald einen Rivalen haben. Wir erstanden ein paar Flaschen Bier; jedenfalls nannte es sich Bier, aber am Preis merkte ich, daß es aufgelöste Juwelen waren, und am Geschmack, daß aufgelöste Juwelen als Getränk nichts taugen.

Wir waren von einer gräßlichen Einöde umgeben. Wir traten ein Stück vor an eine Art Absprungplatz und sahen uns einem überraschenden Kontrast gegenüber: wir schienen in ein Märchenland hinunterzublicken. Sechs- bis achthundert Meter unter uns lag eine leuchtend grüne Ebene mit einem hübschen Städtchen in ihrer Mitte und einem silbernen Bach, der sich durch die Wiesen schlängelte; der bezaubernde Fleck war

rundum von riesigen, tannenbestandenen Bergwänden eingefaßt, und über den Tannen stiegen aus der verschwimmenden Ferne die schneebedeckten Spitzen und Kuppen des Monte-Rosa-Gebietes auf. Wie überaus grün und wunderhübsch das kleine Tal dort unten war! Die Entfernung war nicht groß genug, um Einzelheiten auszulöschen, es machte sie nur klein und weich in den Umrissen und zierlich, als sehe man Landschaft und Stadt durch einen umgekehrten Feldstecher.

Genau unter uns stieg ein schmaler Felsvorsprung mit einem grünen, abschüssigen bankförmigen Abschluß nach oben aus dem Tal auf, und auf dieser wie mit einem grünen Tuch bedeckten Bank gruppierte sich eine große Zahl von schwarzen und weißen Schafen, die nur wie übergroße Würmer aussahen. Die Bank schien sich ein gutes Stück bis fast in unsere Nachbarschaft zu erheben, aber der Schein trog – es war sehr weit bis zu ihr hinunter.

Wir begannen nun unseren Abstieg auf dem bemerkenswertesten Weg, den ich jemals gesehen habe. Er wand sich in Korkenzieherkehren an der gewaltigen Steilklippe abwärts – ein schmaler Pfad, auf dem man stets die schiere Felswand neben dem einen Ellenbogen und das senkrechte Nichts neben dem anderen hatte. Wir begegneten einem nie abreißenden Zug von Bergführern, Trägern, Maultieren, Sänften und Touristen, der auf diesem steilen und schmutzigen Pfad aufwärtsklomm, und da war kein Platz mehr übrig, wenn man an einem einigermaßen wohlgenährten Maultier vorbei mußte. Ich verfügte mich stets auf die Innenseite, wenn ich ein Maultier kommen hörte oder sah, und drückte mich flach gegen die Wand. Die Innenseite zog ich selbstverständlich vor, aber ich hätte sie in jedem Fall benutzen müssen, denn das Maultier zieht die Außenseite vor, und was ein Maultier vorzieht, das hat man – an einer Steilklippe – zu respektieren. Seine Wahl fällt stets auf die Außenseite. Sein Leben ist in der Hauptsache der Beförderung umfänglicher Körbe und Ballen gewidmet, die ihm an der Seite aufliegen, daher ist es gewöhnt, sich an den

Außenrand der Gebirgspfade zu halten, damit seine Lasten sich an der Innenkante nicht an Felsen und Böschungen reiben. Wenn es ins Passagiergeschäft einsteigt, hält es widersinnigerweise an seiner alten Gewohnheit fest, so daß ein Bein des Reisenden immerzu über den gewaltigen Tiefen der niederen Welt baumelt, während sich das Herz des menschlichen Reisenden sozusagen im Hochland befindet. Mehr als einmal sah ich den Hinterhuf eines Maultieres über die Außenkante rutschen und Erde und Geröll in den bodenlosen Abgrund schleudern; und mir fiel auf, daß in solchen Fällen Reiter oder Reiterin aussahen, als sei ihnen nicht ganz wohl.

An einer Stelle hatte man den Pfad durch leichtes Mauerwerk um gut zwei Handspannen verbreitert, und da der Pfad hier einen scharfen Knick machte, war vor langer Zeit zum Schutz ein Zaun angebracht worden. Dieser Zaun war alt und grau und zerbrechlich, und das Mauerwerk hatte sich bei kürzlich gefallenem Regen gelockert. Eine junge Amerikanerin kam auf einem Maultier daher, und als das Maultier um die Ecke bog, stieß es mit dem Hinterhuf das ganze lose Mauerwerk und einen Zaunpfahl über Bord; das Maultier warf sich mit einem plötzlichen heftigen Schlingern innenbords, um sich zu retten, was ihm auch gelang, aber das Mädchen war einen Augenblick lang so weiß wie der Schnee auf dem Mont Blanc.

Der Pfad war hier nichts weiter als eine in die Steinwand gehauene Rille. Der Wanderer hatte massives Felsgestein von gut einem Meter Breite wie das schmale Dach einer Veranda knapp über dem Kopf. Er konnte von dieser Galerie aus auf der anderen Seite einer zwiebackwurfbreiten Schlucht oder Spalte eine gipfel- und bodenlose schiere Felswand sehen – aber der Fuß seiner eigenen Steilklippe blieb ihm unsichtbar, wenn er sich nicht hinlegen und die Nase über den Rand stecken wollte. Das tat ich nicht, denn ich wollte mir meine Sachen nicht beschmutzen.

Alle paar hundert Schritte, an besonders gefährlichen Stellen, gelangte man an ein Stück Bohlenzaun; aber diese Geländer waren stets alt und schwach und neigten sich im allgemeinen über den Abgrund und gaben kein vorschnelles Versprechen, daß sie Leute hochhalten würden, die vielleicht der Stütze bedurften. An einem Stück Zaun war nur noch das obere Brett übriggeblieben. Ein junger englischer Wandersmann kam den Pfad heruntergesaust, wurde von dem Wunsch gepackt, einen Blick in den Abgrund zu tun, und warf sich, ohne sich auch nur zu besinnen, mit seinem ganzen Gewicht gegen das gebrechliche Brett. Es bog sich um fast einen halben Meter nach außen! Ich bin beim Luftanhalten noch nie dem Ersticken so nahe gekommen wie in dem Augenblick. Das Gesicht des englischen Jünglings verriet lediglich lebhafte Überraschung, sonst nichts. Er setzte mit langen wiegenden Schritten seinen Weg talwärts fort, als wisse er nicht, daß er soeben den Leichenbeschauer um die haarfeinste Haaresbreite betrogen hatte.

Die Alpensänfte sieht manchmal wie eine ausgepolsterte Kiste in der Mitte zwischen zwei langen Stangen aus, und manchmal ist sie ein Stuhl mit einer Fußstütze. Sie wird von Staffeln kräftiger Träger getragen. Die Fortbewegung ist angenehmer als die eines jeden anderen Beförderungsmittels. Wir begegneten einigen Männern und einer großen Zahl von Dramen in Sänften; die meisten Damen erschienen mir sehr blaß und wie von Übelkeit geplagt; ihre allgemeine Erscheinung ließ mich vermuten, daß sie geduldig ein schreckliches Leiden ertrugen. In der Regel blickten sie in den Schoß und überließen die Landschaft sich selber.

Aber das am meisten geängstigte Geschöpf, das ich sah, war ein am Halfter geführter Hengst, der uns überholte. Der arme Kerl! Er war auf den Wiesen unten im Kanderstegtal geboren und aufgewachsen und hatte noch nie zuvor solch eine gräßliche Umgebung gesehen. Alle paar Schritte blieb er mit einem Ruck stehen, blickte verstört von der schwindelerregenden Höhe um sich, blähte dann seine roten Nüstern weit auf und keuchte so heftig, als habe er ein Rennen gelaufen; und die ganze Zeit über zitterte er vom Kopf bis zu den Fesseln wie bei Schlagfluß. Er war ein hübscher Bursche, und er bot ein edles Standbild des Entsetzens, aber es war ein Jammer, ihn so leiden zu sehen.

Dieser grausige Pfad hat seine Tragödie erlebt. Baedeker beginnt und endet den Bericht in gewohnter Kürze und Bündigkeit:

»Der Abstieg zu Pferde sollte vermieden werden. Im Jahre 1861 fiel eine Komteß d'Harlincourt aus dem Sattel in den Abgrund und war auf der Stelle tot.«

Wir blickten an der Stelle nach unten und sahen das Denkmal, das an diese Begebenheit erinnert. Es steht auf dem Boden der Schlucht in einer Nische, die in den Felsen gehauen wurde, um es vor dem Gießbach und vor Stürmen zu schützen. Unser alter Bergführer sprach immer nur, wenn man ihn etwas fragte, und beschränkte sich dann auf ein oder zwei Silben, aber als wir ihn nach Einzelheiten dieser Tragödie fragten, zeigte er starke Anteilnahme. Er sagte, die Gräfin sei sehr hübsch gewesen und sehr jung – ja, kaum erst ihren Mädchenjahren entwachsen. Sie hatte gerade geheiratet und befand sich auf der Hochzeitsreise. Der junge Ehemann ritt ein kleines Stück voraus; ein Führer führte das Pferd des Ehemanns, ein zweiter das der jungen Frau. Der alte Mann fuhr fort:

»Der Führer, der das Pferd des Mannes führte, sah sich zufällig um, und da saß das arme junge Ding und starrte in den Abgrund hinunter; und ihr Gesicht senkte sich ein bißchen, und sie hob langsam beide Hände zum Gesicht auf – so – und drückte sie fest gegen die Augen – so –, und dann sank sie mit einem spitzen Aufschrei aus dem Sattel, und man sah nur noch ein Kleid aufblitzen, und alles war vorbei.«

Nach einer Pause dann:

»O ja, der Führer, der hat das alles gesehen, genauso, wie ich es Ihnen erzählt habe.«

Nach einer erneuten Pause:

»O ja, er hat es alles gesehen. Mein Gott, das war *ich*. Ich war dieser Führer!«

Dies war das eine große Ereignis im Leben des alten Mannes gewesen; man konnte also sicher sein, daß er auch nicht die kleinste Kleinigkeit vergessen hatte. Wir hörten uns alles an, was er zu berichten hatte – was getan wurde und was geschah und was nach der traurigen Begebenheit gesagt wurde, und das war eine schmerzliche Geschichte.

Als wir uns talwärts bis etwa in die letzte Biegung des Korkenziehers gewunden hatten, flog Harris' Hut über das letzte noch verbleibende Stückchen Felswand hinaus – eine geringe Klippe von fünfzig Meter Höhe – und segelte auf einen stark abschüssigen Hang aus grobem Bruchgestein zu, das so manches Unwetter von den Felswänden geschuppt hatte. Wir stiegen gemächlich zu diesem Hang hinunter in der Hoffnung, daß wir ihn ohne Mühe finden würden, aber da hatten wir uns geirrt. Wir suchten zwei Stunden lang – nicht weil der alte Strohhut vielleicht so wertvoll war, sondern aus Wißbegierde: Wir wollten herausfinden, wie solch ein Hut sich in einem offenen Gelände verstecken konnte, wo es nichts gab, das sich als Versteck benutzen ließ. Wenn man im Bett liest und sein Papiermesser hinlegt, kann man es nicht wiederfinden, falls es kleiner als ein Säbel ist. Dieser Hut war so widerspenstig, wie irgendein Papiermesser nur immer hätte sein können, und wir mußten die Suche schließlich aufgeben; aber wir fanden ein Bruchstück, das einmal zu einem Opernglas gehört hatte, und nach allerlei Graben und Steinewälzen sammelten wir nach und nach sämtliche Linsen und Röhren und all diese Kleinigkeiten ein, aus denen ein vollständiges Opernglas besteht. Wir haben das Ding hinterher zusammenbauen lassen, und der Eigentümer kann seinen lange verlorenen abenteuerlichen Besitz gegen Vorlage von Beweisen und Erstattung der Reparaturkosten wiederhaben. Wir hegten die Hoffnung, den Eigentümer dort zwischen den Steinen zerstreut zu finden, denn das hätte einen hübschen Abschnitt in meinem Buch ergeben, aber wir wurden enttäuscht. Dennoch verloren wir durchaus nicht den Mut, denn da war immer noch ein umfangreiches Gebiet, das wir noch nicht gründlich abgesucht hatten; wir waren überzeugt, daß er dort lag, irgendwo, also beschlossen wir, einen Tag in Leuk zu bleiben und dann zurückzukommen und ihn zu holen.

Dann setzten wir uns hin, um die schweißbedeckte Stirn blankzuputzen und uns zu überlegen, was wir mit ihm machen würden, wenn wir ihn hatten. Harris war dafür, daß wir ihn dem Britischen Museum schenkten; aber ich war dafür, daß wir ihn per Post an seine Witwe schickten. Das ist der Unterschied zwischen Harris und mir: Harris ist von ganzem Herzen für das Zurschaustellen; ich bin von ganzem Herzen für das schlichtweg Rechte, und wenn ich auch Geld dabei einbüße. Harris argumentierte zugunsten seines Vorschlages und gegen meinen, ich argumentierte zugunsten meines Vorschlages und gegen seinen. Die Debatte erhitzte sich zu einem Disput, der Disput erhitzte sich zu einem Streit. Schließlich sagte ich sehr bestimmt:

»Mein Entschluß steht fest. Er geht an die Witwe.«

Harris erwiderte heftig:

»Und meiner steht ebenfalls fest. Er geht ans Museum.«

Ich sagte ruhig:

»Das Museum darf in die Hände klatschen, wenn es ihn kriegt.«

Harris entgegnete: »Die Witwe kann sich die Mühe sparen, in die Hände zu klatschen, denn ich werde dafür sorgen, daß sie ihn auf keinen Fall kriegt.«

Nach einem zornigen Austausch von allerlei Beiwörtern sagte ich:

»Mir scheint, Sie machen mächtig viel her von diesen Überresten. Ich sehe nicht ganz ein, wieso *Sie* darüber zu bestimmen haben!«

»Ich? Ich habe allein darüber zu bestimmen. Es wäre überhaupt nie an sie gedacht worden, wenn ich ihr Opernglas nicht gefunden hätte. Die Leiche gehört mir, und ich mache damit, was ich will.«

Ich war der Leiter der Expedition, und alle Entdeckungen, die von ihr gemacht wurden, gehörten selbstverständlich mir. Ich hatte ein Anrecht auf diese Überreste und hätte mein Recht durchsetzen können, aber damit es kein böses Blut wegen der Geschichte gab, schlug ich vor, den Streit durch das Aufwerfen einer Münze zu entscheiden. Ich warf Krone und gewann, aber es war ein fruchtloser Sieg, denn obwohl wir den ganzen folgenden Nachmittag mit Suchen hinbrachten, fanden wir keinen einzigen Knochen. Ich kann mir einfach nicht vorstellen, was aus dem Kerl geworden sein soll.

Das Städtchen im Tal heißt Leuk oder Leukerbad. Wir nahmen Kurs daraufzu einen grünenden Hang hinunter, der mit gezacktem Enzian und anderen Blumen geschmückt war, und alsbald betraten wir die schmalen Gassen der Außenbezirke und wateten durch flüssigen Dünger zur Stadtmitte. In Leuk sollte man entweder die Straßen pflastern oder einen Fährdienst einrichten.

Harris' Körper war eine einzige Gemsenweide; er war über und über von den kleinen hungrigen Plagegeistern bevölkert; seine Haut, wenn er sich auszog, war gefleckt wie die eines Scharlachpatienten; als er daher das Schild »Zur Gemse« an dem Gasthof entdeckte, den wir gerade betreten wollten, weigerte er sich, dort abzusteigen. Er sagte, an Gemsen bestehe kein Mangel, man brauche nicht eigens Hotels aufzusuchen, die sich darauf spezialisierten. Ich hatte keine Meinung, denn die Gemse ist ein Geschöpf, das mich weder beißt, noch sich bei mir aufhält, aber damit Harris sich beruhigte, gingen wir zum »Hotel des Alpes«.

An der gemeinschaftlichen Tafel ereignete sich folgender Zwischenfall. Ein sehr ernster Mann – sein Ernst war schon feierlich, ja geradezu unfreundlich – saß uns gegenüber, und er war beschwipst, tat jedoch sein möglichstes, nüchtern zu erscheinen. Er griff nach einer verkorkten Flasche Wein, hielt sie eine Weile über sein Glas gekippt, stellte sie dann mit zufriedenem Gesicht beiseite und aß weiter.

Nach einer Weile führte er sein Glas an den Mund und stellte natürlich fest, daß es leer war. Er war verdutzt und spähte verstohlen und argwöhnisch aus den Augenwinkeln zu einer freundlichen und ahnungslosen alten Dame hin, die neben ihm saß. Schüttelte den Kopf, als wolle er sagen: »Nein, sie kann es nicht gewesen sein.« Er hielt die verkorkte Flasche abermals über sein Glas und sah sich dabei mit seinen wässerigen Augen forschend im Zimmer um, ob ihn vielleicht jemand beobachtete. Er aß ein paar Bissen, hob sein Glas an die Lippen, und natürlich war es immer noch leer.

Er warf einen gekränkten und anklagenden Seitenblick, der ein eingehendes Studium wert war, auf die ahnungslose alte Dame. Sie aß weiter; es war ihr nichts anzumerken. Schlau vor sich hinnickend, nahm er sein Glas und seine Flasche und stellte sie mit gewichtigem Ernst links neben seinen Teller – schüttete sich abermals einen imaginären Trunk ein – machte sich erneut mit Messer und Gabel ans Werk – hob nach einer Weile mit rechter Zuversicht sein Glas und stellte wiederum fest, daß es leer war.

Das war eine geradezu versteinernde Überraschung. Er setzte sich steil auf seinem Stuhl auf und besichtigte bedächtig und bekümmert die beiden emsig essenden alten Damen neben sich, erst die eine und dann die andere. Schließlich schob er seinen Teller sanft von sich, stellte sein Glas genau vor sich hin, hielt es mit der linken Hand fest und machte sich mit der rechten ans Einschütten. Diesmal merkte er, daß nichts kam. Er stellte die Flache auf den Kopf; es kam immer noch nichts; sein Gesicht nahm einen kläglichen Ausdruck an, und er sagte wie zu sich selber: »Hick! Sie haben sie ganz ausgetrunken!« Dann stellte er resigniert die Flasche hin und aß den Rest eines Mahls trocken.

An dieser Table d'hôte konnte ich auch die gewaltigste Dame besichtigen, der ich jemals privat begegnet bin. Sie war weit über zwei Meter groß und prachtvoll proportioniert. Ich war zuerst auf sie aufmerksam geworden, als ich ihr auf einen ihrer

Ausleger trat und von der Decke herunter ein tiefes »Unterlassen Sie bitte diese Übergriffe!« erscholl.

Das war geschehen, als wir durch die Halle kamen, wo ich sie bei dem dämmerigen Licht nur undeutlich sehen konnte. Was mich zum zweitenmal auf sie aufmerksam machte, war der Umstand, daß an einem Tisch in unserer Nähe zwei sehr hübsche Mädchen saßen und diese große Dame kam und zwischen

ihnen und mir Platz nahm und die Aussicht versperrte. Sie hatte ein anziehendes Gesicht, und ihre Figur war vortrefflich – vollkommen, darf ich wohl sagen. Aber sie ließ alles um sich her unbedeutend und recht alltäglich erscheinen. Die Damen in ihrer Nähe sahen wie Kinder aus und die Männer sehr mittelmäßig. Wie Versager sahen sie aus und auch so, als ob sie sich ganz so fühlten. Sie hatte uns den Rücken zugekehrt. In meinem Leben hatte ich noch nicht solch einen Rücken gesehen. Ich hätte zu gerne den Mond über ihm aufgehen sehen. Die ganze Versammlung wartete unter diesem oder jenem Vorwand, bis sie mit dem Essen fertig war und hinausging; jeder wollte sie in voller Größe sehen, und das Verweilen sollte sich lohnen. Sie erfüllte die Vorstellung, die man von einer wahren Herrscherin hat, als sie sich in ihrer unnahbaren Erhabenheit erhob und wahrhaft großartig den Raum verließ.

Wir waren nicht rechtzeitig nach Leuk gelangt, um sie bei Höchstgewicht zu erleben. Sie hatte unter Korpulenz gelitten und war hierhergekommen, um in den Bädern ihr überflüssiges Fleisch loszuwerden. Fünf Wochen Einweichen – fünf ununterbrochene Stunden pro Tag – hatten ihren Zweck erreicht und sie auf die richtigen Proportionen reduziert.

Die Bäder dort beseitigen Fett und Hautleiden. Die Patienten bleiben jeweils mehrere Stunden lang in einem der großen Becken. Ein Dutzend Damen und Herren benutzt gemeinsam ein Becken, und die Badenden vergnügen sich mit Balgereien und allerlei Spielen. Sie haben schwimmende Schreibpulte und Tische, und sie lesen oder essen oder spielen Schach in dem Wasser, das ihnen bis an die Brust reicht. Der Reisende kann, falls ihn danach verlangt, eintreten und diese neuartige Darbietung in Augenschein nehmen. Man hat ein Almosenkästchen für die Armen angebracht, und er wird spenden müssen. Es gibt mehrere von diesen großen Badehäusern, und man merkt es sofort, wenn man sich einem von ihnen nähert – an dem Lärm und der Balgerei und dem lauten Lachen. Das Wasser ist fließendes Wasser und wird fortwährend ausgetauscht, da sonst einem Badegast mit Ringelflechte vielleicht nur ein teilweiser Badeerfolg beschieden würde, denn während er sich von der Ringelflechte zu befreien versuchte, könnte er sich möglicherweise die Krätze holen.

Am nächsten Morgen wanderten wir gemächlich durch das grüne Tal zurück, und vor uns stiegen die gebogenen Wände dieser staunenerregenden nackten Felsenklippen zu den Wolken empor. Ich hatte nie eine schiere, nackte Felswand von eintausendfünfhundert Meter Höhe so unmittelbar vor mir aufragen sehen, und ich werde wohl auch nie wieder eine sehen. Es mag sie ja vielleicht geben, aber nicht an Stellen, wo man mit

Leichtigkeit dicht an sie herankommen kann. Dieser Steinberg hat etwas Eigentümliches. Alle seine Linien und alle Einzelteile vom Fuß bis zu den himmelwärts strebenden Spitzen seiner mächtigen Türme lassen ein wenig an Architektur von Menschenhand denken. Da finden sich angedeutete Bogenfenster, Gesimse, Kamine, gegeneinander abgesetzte Stockwerke usw. Man könnte dort sitzen und nach oben blicken und die Züge und trefflichen Reize dieses großartigen Bauwerkes Stück um Stück und Tag um Tag betrachten, ohne daß das Interesse jemals erlahmen würde. Der Abschluß zur Stadt hin ist, im Profil betrachtet, vollkommen in seiner Gestalt. Er stößt aus den Wolken hervor in einer Folge gerundeter, ungeheurer, terrassenförmiger Überhänge – eine Treppe für die Götter; am oberen Ende springen mehrere stolze, sturmzernarbte Türme auf, einer über dem anderen, und feine Dunstschleier ringeln sich um sie wie geisterhafte Fahnen. Gäbe es einen König, dessen Reiche die ganze Erde umfaßten, dies wäre der passende und geziemende Palast für solch einen Herrscher. Er brauchte ihn nur noch auszuhöhlen und elektrisches Licht hineinzulegen. Unter seinem Dach könnte er jeweils einem ganzen Volk Audienz gewähren.

Nachdem unsere Suche nach jenen Überresten ergebnislos verlaufen war, erforschten wir mit einem Feldstecher den fernen und nur undeutlich zu erkennenden Pfad einer Lawine, die vor langer Zeit von einem der tannenbestandenen Gipfel hinter der Stadt heruntergebrochen war und die Häuser mitgerissen und die Leute unter sich begraben hatte; dann schlugen wir den Weg ein, der zur Rohne hinunterführte – wir wollten uns die berühmten Leitern ansehen. Diese gefährlichen Dinger sind an die Wand eines etwa sechzig oder gar achtzig Meter hohen senkrechten Felsens gebaut. Bauersleute, und zwar Männer und Frauen, kletterten mit schweren Lasten auf dem Rücken an ihnen herauf und herunter. Ich befahl Harris, den Aufstieg zu unternehmen, damit ich Aufregung und Entsetzen, die damit verbunden waren, in meinem Buch darstellen könne, und er vollbrachte die Heldentat mittels eines Unterbegleiters für drei Franken, die ich bezahlte. Noch heute schaudert es mich, wenn ich daran denke, was ich empfand, als ich dort in der Person meines Bevollmächtigten zwischen Himmel und Erde hing. Zuweilen schwamm die Welt um mich her, und ich konnte mich kaum noch zwingen, nicht loszulassen, so schwindelerregend war die entsetzliche Gefahr. So manch einer hätte aufgegeben und wäre umgekehrt, ich aber hielt mich an meine Aufgabe und wich nicht, bis ich sie erfüllt hatte. Ich war rechterdings stolz auf das überstandene Abenteuer, hätte es jedoch um alle Schätze der Welt nicht wiederholt. Ich werde mir noch einmal das Genick brechen bei solch einem tollkühnen Unternehmen, denn Warnungen scheinen nie irgendeine nachhaltige Wirkung auf mich auszuüben. Als die Leute im Hotel herausfanden, daß ich diese altersschwachen Leitern hinaufgeklettert war, wurde ich zum Mittelpunkt beträchtlicher Aufmerksamkeit.

Am nächsten Morgen fuhren wir schon früh ins Rhonetal hinunter und nahmen den Zug nach Visp. Dort schulterten wir unsere Rucksäcke und den übrigen Kram und machten uns in einem gewaltigen Regen zu Fuß auf den Weg durch die gewundene Schlucht nach Zermatt hinauf. Stunde um Stunde patschten wir neben dem tosenden Gießbach unter stolzen niederen Alpen daher, die bis obenhin in sattes, samtenes Grün gekleidet waren und auf Grasbänken überall an ihren dunstgetrübten Höhen entlang winzigkleine Schweizerhäuser trugen.

Der Regen hörte nicht auf zu gießen, und der Gießbach hörte nicht auf zu tosen, und beides hörte nicht auf, uns Spaß zu machen. An der Stelle, an der dieser Gießbach seine weiße Mähne am höchsten schleuderte und am lautesten donnerte und die großen Felsblöcke am wütendsten peitschte, hatte der Kanton sich die Ehre gegeben, die zerbrechlichste Brücke zu bauen, die es auf der Welt gibt. Als wir sie zusammen mit einem Trupp Berittener überquerten, bemerkte ich, daß sie bereits unter dickeren Regentropfen erbebte. Ich machte Harris darauf aufmerksam, und er bemerkte es ebenfalls. Ich dachte bei mir, wenn ich einen Elefanten besäße, und er wäre ein Andenken, würde ich es mir zweimal überlegen, bevor ich mit ihm über diese Brücke ritte.

Gegen halb fünf Uhr nachmittags kletterten wir zu dem Dorf St. Niklaus hinauf, wateten enkeltief durch den Düngersaft und kehrten in einen hübschen neuen Gasthof gleich neben der kleinen Kirche ein. Wir zogen uns aus und gingen zu Bett und schickten unsere Sachen zum Braten nach unten. Die ganze Horde durchweichter Touristen machte es ebenso. Dieses Chaos von Kleidungsstücken geriet in der Küche durcheinander, und das hatte seine Folgen. Ich erhielt nicht dieselben Unterhosen zurück, die ich heruntergeschickt hatte, als unsere Sachen um 6.15 Uhr wieder heraufkamen. Was da kam, war nichts weiter als ein paar weißer, mit Kräuselborte abgesetzter Ungereimtheiten, die oben durch ein schmales Band miteinander verbunden waren; und sie reichten nicht einmal bis an die Knie. Hübsch waren sie ja, gewiß nach der neuesten Mode, aber ich kam mir vor, als seien zwei Leute aus mir geworden – voneinander getrennte Leute noch dazu. Der Mann muß schwachsinnig gewesen sein, der sich für seine Tour durch die Schweizer Alpen so ausstaffiert hatte. Das Hemd, das man mir brachte, war kürzer als die Unterhosen und hatte keine Ärmel – wenigstens weiter nichts als das, was Mr. Darwin »Rudimentär-Ärmel« nennen würde. Diese waren kostbar eingefaßt, aber die Brust war lachhaft schlicht. Das gestrickte seidene Unterhemd, das man mir brachte, war nach einem neuen Schnitt verfertigt und wirklich sehr praktisch; es wurde hinten geknöpft und hatte Innentaschen für die Schulterblätter; aber sie schienen für meine nicht zu passen, und daher erwies sich dieses Kleidungsstück als recht unbequem. Man hatte meine kurzschößige Jacke jemand anderem gegeben und mir einen Ulster geschickt, der einer Giraffe gepaßt hätte. Ich mußte meinen Kragen festbinden, denn das törichte kleine Hemd, das ich oben beschrieben habe, hatte hinten keinen Knopf.

Als ich um 6.30 Uhr fertig zum Essen angekleidet war, saßen

mir meine Sachen an manchen Stellen zu lose und an anderen zu stramm, und alles in allem fühlte ich mich schlumpig und verhunzt. Den anderen Leuten an der Table d'hôte erging es jedoch nicht besser als mir; sie hatten jedermanns Sachen an, nur nicht ihre eigenen. Ein langer Fremder erkannte seinen Ulster, sobald er die Schöße hinter mir den Speisesaal betreten sah, aber niemand erhob Anspruch auf mein Hemd oder auf meine Unterhosen, obwohl ich sie so gut beschrieb, wie ich es vermochte. Ich gab sie dem Zimmermädchen, bevor ich an diesem Abend zu Bett ging, und das Mädchen muß den Besitzer wohl gefunden haben, denn meine eigenen Sachen lagen am nächsten Morgen auf einem Stuhl vor der Tür.

Ein liebenswürdiger englischer Geistlicher war in dem Gasthof abgestiegen, der kam überhaupt nicht zur Table d'hôte. Seine Hose hatte sich als fehlend herausgestellt, und Ersatz war auch nicht gekommen. Er sagte, er sei nicht penibler als andere Leute, aber ihm sei aufgefallen, daß ein Geistlicher ohne Hose beim Abendessen fast mit Sicherheit Aufsehen errege.

Kapitel 7

Wir verschliefen uns nicht in St. Niklaus. Die Kirchenglocke begann um halb fünf in der Frühe zu läuten, und der Länge der Zeit nach zu urteilen, die sie weiter und weiter läutete, braucht der Schweizer Sünder eine gute Weile, bis die Aufforderung zu ihm durchdringt. Die meisten Kirchenglocken auf der Welt sind von armseliger Qualität und haben einen grellen und schroffen Klang, der die Gemüter reizt und zu vielen Sünden verleitet, aber die von St. Niklaus ist weitaus die schlechteste, die man bisher ersonnen hat, und macht einen ganz besonders rasend, wenn sie in Betrieb ist. Aber sie mag immerhin ihr Recht und ihre Entschuldigung für ihr Vorhandensein haben, denn die Gemeinde ist arm, und nicht jeder Bürger kann sich vielleicht eine Uhr leisten; aber es kann nicht die geringste Entschuldigung für unsere Glocken zu Hause geben, denn es gibt keine amerikanische Familie ohne Uhr und folglich gibt es auch keinen stichhaltigen Grund für das übliche Chaos gräßlicher Töne, das sich von unseren Türmen schwingt. In Amerika wird des Sonntags mehr geflucht als an allen sechs Tagen der Woche zusammen, und dazu noch erbitterter und bösartiger als werktags. Es ist die Reaktion auf das nach gesprungenen Töpfen klingende Geschepper der billigen Kirchenglocken.

Wir bauen unsere Kirchen fast ohne jede Rücksicht auf die Kosten; wir richten ein Bauwerk auf, das der Stadt zur Zierde gereicht, und vergolden es und bemalen es mit Fresken und verpfänden es und tun überhaupt alles, was uns zu seiner Vervollkommnung einfällt, und dann verderben wir alles wieder, indem wir eine Glocke hineinhängen, die jeden peinigt, der sie hört, und den einen mit Kopfschmerzen, den anderen mit dem Veitstanz und alle übrigen mit dem Koller schlägt.

Ein amerikanisches Städtchen um zehn Uhr morgens an einem Sommersonntag ist das Stillste und Friedlichste und Heiligste in der ganzen Natur; aber eine halbe Stunde später ist es etwas sehr viel anderes. Mr. Poes Gedicht von den »Glocken«

ist bis heute unvollendet geblieben; aber das ist wohl gut so, denn der öffentliche Vortragskünstler, der hinginge und den Klang der verschiedenartigen Glocken mit der Stimme nachzuahmen versuchte, würde sich in die Enge getrieben sehen, wenn er zu den Kirchenglocken käme. Die Kirche versucht immerzu, andere Leute zur Besserung zu bekehren; es wäre vielleicht gar keine so schlechte Idee, wenn sie ein Beispiel gäbe und sich selber ein wenig besserte. Sie hält immer noch an einigen Dingen fest, die einstmals nützlich waren, jetzt jedoch weder nützen noch zieren. Eins davon ist das Glockenläuten, um eine mit Uhren bewachsene Stadt daran zu erinnern, daß es Zeit zum Kirchgang ist, und ein anderes das Verlesen ermüdender Listen von »Bekanntmachungen«, die jeder, der sich dafür interessiert, bereits in der Zeitung gelesen hat. Der Geistliche liest sogar den Text der Lieder vor – ein Relikt aus grauer Vorzeit, als Gesangbücher knapp und teuer waren; aber heute hat jeder ein Gesangbuch, und das öffentliche Vorlesen ist daher nicht mehr notwendig. Es ist nicht nur unnötig, es ist im allgemeinen auch qualvoll; denn der durchschnittliche Pastor könnte mit der Schrotflinte in seine Gemeinde schießen und keinen schlechteren Vorleser als sich selber treffen, es sei denn, die Waffe streute überaus schändlich. Ich möchte nicht vorlaut und unehrerbietig sein, ich möchte nur die Wahrheit sagen. Der durchschnittliche Geistliche ist in allen Ländern und in allen Konfessionen ein sehr schlechter Vorleser. Man würde annehmen, daß er zumindest nach und nach lernt, das Vaterunser zu sprechen, aber dem ist nicht so. Er rasselt es herunter, als sage er sich, je schneller er damit fertig wird, desto früher werde ihm geantwortet. Jemand, der den außerordentlichen Wert der Pause nicht zu schätzen weiß und ihre Länge nicht besonnen abzumessen versteht, kann die große Schlichtheit und Würde dieses Wortwerkes nicht wiedergeben.

Wir frühstückten ziemlich früh und stapften durch die stinkenden Gassen des Städtchens in Richtung Zermatt los, froh, dieser Glocke zu entrinnen. Nach einer Weile bot sich uns ein prächtiger Anblick zu unserer Rechten: das mauerartige Ende eines riesigen Gletschers, das von einer hoch in den blauen Himmel aufragenden Alpenhöhe zu uns hinunterblickte. Es war eine staunenerregende Menge Eis, die da zu einer einzigen Masse zusammengeballt war. Wir schätzten und kamen zu dem Schluß, daß die Wand aus schierem Eis mehrere hundert Meter vom unteren bis zum oberen Rand messen mußte – Harris glaubte, sie sei sogar doppelt so hoch. Wir rechneten uns aus, daß man die St. Pauls-Kathedrale und den Petersdom und die Cheopspyramide und das Straßburger Münster und das Kapitol in Washington vor dieser Wand aufstellen könnte und es dennoch einem Menschen, der oben auf der Kante saß, nicht möglich wäre, seinen Hut auf eine von den Turmspitzen zu hängen, ohne mindestens hundert Meter hinunterreichen zu müssen – was selbstverständlich kein Mensch kann.

In meinen Augen war dieser mächtige Gletscher sehr, sehr schön. Ich konnte mir nicht vorstellen, daß irgend jemand etwas daran auszusetzen haben könnte; aber da täuschte ich mich. Harris knurrte bereits seit mehreren Tagen. Er war ein grimmiger Protestant, und er erklärte immer wieder:

»In den protestantischen Kantonen findet man nirgendwo solche Armut, solchen Schmutz und solchen Unflat wie in diesem katholischen hier; man sieht nirgendwo Gassen und Straßen von Unrat überschwemmt; man sieht nirgends solche erbärmlichen kleinen Schweinekoben von Häusern; man sieht nirgendwo eine umgekehrte Blechrübe als Spitze oben auf einem Kirchturm; und was die Kirchenglocke betrifft, na, eine Kirchenglocke hört man überhaupt nie!«

Den ganzen Morgen über hatte er etwas auszusetzen gehabt, immerzu, überall. Zuerst war es der Matsch. Er sagte: »In einem protestantischen Kanton ist es nicht matschig, wenn es regnet.« Dann waren es die Hunde: »In den protestantischen Kantonen gibt es diese Hunde mit Schlappohren nicht.« Dann waren es die Wege: »In den protestentischen Kantonen läßt man nicht die Wege sich selber bauen, da bauen die Leute sie –

und sie bauen Wege, die auch wirklich Wege sind.« Als nächstes kamen die Ziegen an die Reihe: »In einem protestantischen Kanton sieht man nie eine Ziege Tränen vergießen – eine Ziege ist dort eins der allerfröhlichsten Wesen der Natur.« Dann waren es die Gemsen: »Eine protestantische Gemse benimmt sich nie und nimmer so wie diese hier – sie beißt ein- oder zweimal zu und geht dann wieder; aber diese Burschen hier schlagen ihr Lager auf einem auf und bleiben.« Dann waren es die Wegweiser: »In einem protestantischen Kanton könnte man sich nicht einmal verlaufen, wenn man es wollte, aber in einem katholischen Kanton sieht man überhaupt keine Wegweiser.« Dann: »Hier sieht man nie Blumenkästen in den Fenstern – überhaupt nichts sieht man hier darin, höchstens dann und wann eine Katze – eine im Winterschlaf; dagegen in einem protestantischen Kanton: alle Fenster überaus reizend mit Blumen geschmückt –, und was die Katzen betrifft – Millionen davon. Die Leute hier in diesem Kanton überlassen die Straße sich selber und dann brummen sie einem eine Strafe von drei Franken auf, wenn man auf ihr ›trabt‹ – als ob ein Pferd jemals auf solch einer Spottgeburt von Straße traben könnte!« Und dann der Kropf. »Die reden hier vom Kropf! Und dabei habe ich in diesem ganzen Kanton noch keinen Kropf gesehen, der nicht in einen Hut gepaßt hätte!«

So hatte er an allem herumgemäkelt, aber ich war überzeugt, daß es ihm kaum gelingen werde, irgend etwas an diesem majestätischen Gletscher auszusetzen zu finden. Ich deutete das an; aber er war auf dem Posten und sagte mit mürrischer Unzufriedenheit: »Sie sollten mal die Gletscher in den protestantischen Kantonen sehen!«

Das brachte mich auf. Aber ich verbarg die Gefühlsregung und fragte: »Was stimmt denn mit diesem hier nicht?«

»Was mit ihm nicht stimmt? Mann Gottes, der ist doch überhaupt in keinem Zustand! Die Gletscher werden hier nicht gepflegt. Die Moräne hat rundum Geröll verschüttet und ihn überall schmutzig gemacht.«

»Aber, lieber Mann, daran können die Leute doch nichts ändern!«

»*Die?* Sie haben recht. Das heißt, sie wollen es nicht. Sie könnten, wenn sie wollten. Man sieht nie den kleinsten Schmutzfleck auf einem protestantischen Gletscher. Sehen Sie sich den Rhonegletscher an. Er ist dreiundzwanzig Kilometer lang und zweihundert Meter dick. Wenn dies hier ein protestantischer Gletscher wäre, würde er nicht so aussehen, wie er jetzt aussieht, das sage ich Ihnen.«

»Unsinn! Was würden sie mit ihm machen?«

»Sie würden ihn tünchen. Das machen sie immer.«

Ich glaubte ihm kein Wort, aber ich wollte mich schließlich nicht zanken, darum ließ ich es durchgehen; denn man verschwendet seinen Atem, wenn man mit einem Fanatiker zu streiten versucht. Ich bezweifelte sogar, daß der Rhonegletscher tatsächlich in einem protestantischen Kanton lag, aber ich wußte es nicht, und es hatte daher keinen Zweck, daß ich einem Mann widersprach, der mich wahrscheinlich sofort mit erdichteten Beweisen an die Wand gedrückt hätte.

Etwa vierzehn Kilometer hinter St. Niklaus führte uns eine Brücke über die reißende Visp, und auf der anderen Seite kamen wir an ein langes nichtiges Geländer, das vorgab, Leute vor dem Sturz von einer zwölf Meter hohen senkrechten Felswand in den Fluß hinein zu bewahren. Drei Kinder näherten sich; eins von ihnen, ein vielleicht acht Jahre altes kleines Mädchen, lief; als es dicht heran war, stolperte es und fiel hin, und seine Füße schossen unter dem Geländer hindurch und ragten einen Augenblick lang über den Gießbach hinaus. Wir erschraken aufs heftigste, denn wir glaubten, die Kleine sei mit Sicherheit verloren, denn das Gelände fiel steil ab, und es schien schlechterdings unmöglich, daß sie sich rettete; aber es gelang ihr, wieder hochzukrabbeln, und lachend lief sie an uns vorbei.

Wir traten an das Geländer und untersuchten die Stelle und sahen die langen Spuren, die ihre Füße in die Erde geschürft

hatten, als sie über die Kante schossen. Wenn sie die Rutschpartie beendet hätte, wäre sie auf ein paar großen Felsblöcken am Rande des Wassers aufgeschlagen, und der Sturzbach hätte sie zwischen den halbüberspülten Steinen stromabwärts gerissen und in zwei Minuten zu Mus zerstoßen. Sehr, sehr wenig hätte gefehlt, und wir wären Zeugen ihres Todes gewesen.

Und nun traten Harris' eigensinniger Charakter und seine angeborene Selbstsucht klar zutage. Selbstverleugnung ist nicht seine Sache, o nein. Auf der Stelle fing er an und hörte eine geschlagene Stunde lang nicht wieder auf, seiner Dankbarkeit Ausdruck zu verleihen, daß das Kind nicht umgekommen war. So einen Menschen habe ich noch nicht gesehen. Das war so richtig seine Art – Hauptsache, *er* war dankbar, alles andere und jeder andere waren ihm schnuppe. Diesen Zug hatte ich immer wieder an ihm bemerkt. Oft war es natürlich nichts weiter als Achtlosigkeit, schlichter Mangel an Überlegung. Das mochte zweifellos sogar in den allermeisten Fällen zutreffen, aber darum war dieser Zug nicht im mindesten leichter zu ertragen – und die Grundlage war schließlich in jedem Fall Egoismus. Um diesen Schluß kommt man nicht herum. In dem hier vorliegenden Fall sagte ich mir, daß ihm die Unschicklichkeit derartiger Auslassungen wahrhaftig hätte aufgehen können; aber nein, das Kind war gerettet, und er war froh, das genügte – er kümmerte sich nicht die Bohne um *meine* Empfindungen oder um den Verlust, den ich erlitten hatte. Welch eine Rosine der Literatur war mir da vom Mund gerissen worden in dem Augenblick, da sie sich hineinzufallen anschickte! In seiner Selbstsucht ging er so weit, seine Freude darüber, daß *ihm* Leiden erspart gelieben war, über alle Rücksicht auf mich, seinen Freund, zu stellen! Ganz offenbar dachte er auch nicht ein einziges Mal an die kostbaren Details, die mir nur so in den Schoß gefallen wären: das Kind herausfischen – Zeuge der Überraschung in der Familie und der Bewegung, die die Sache unter den Bauern ausgelöst hätte – dann Schweizer Leichenbegängnis – dann das Denkmal am Wege, von uns bezahlt, mit unseren Namen in der eingemeißelten Inschrift. Und wir wären in den Baedeker eingegangen und unsterblich geworden. Ich schwieg. Ich war zu sehr gekränkt, um Klage zu führen. Wenn er so handeln konnte, so achtlos und so leichtfertig sein konnte in solch einem Augenblick und wahrhaftig zu frohlocken schien, nach allem, was ich für ihn getan hatte – o, ich hätte mir eher die Hand abgeschlagen als ihn merken lassen, daß ich verletzt war.

Wir näherten uns Zermatt; folglich näherten wir uns dem bekannten Matterhorn. Noch vor einem Monat war dieser Berg nicht mehr als ein Name für uns gewesen, aber letzthin hatten wir uns durch eine beständig dichter werdende Doppelreihe von Bildern vorwärtsbewegt, die den Berg in Öl, Wasserfarbe, farbigem Steindruck, Holz, Stahl, Kupfer, Buntstift oder fotografisch darstellten, und so hatte er schließlich Gestalt für uns angenommen – und zwar eine sehr deutliche, bestimmte, vertraute Gestalt. Wir waren überzeugt, daß wir diesen Berg erkennen würden, wann immer und wo immer wir ihm auch begegnen sollten. Wir täuschten uns nicht. Der Monarch war weit weg, als wir ihn zum erstenmal erbickten, aber ein Irrtum war ausgeschlossen. Er besitzt die seltene Eigenheit, für sich allein zu stehen, und ist ganz besonders steil und auch überaus seltsam geformt. Er türmt sich in den Himmel wie ein ungeheurer Keil, dessen Klinge im oberen Drittel ein wenig nach links verbogen ist. Mit seiner breiten Basis ruht dieser Riesenkeil auf einer großartigen, mit Gletschern gepflasterten alpinen Hochebene, die dreitausend Meter über dem Meeresspiegel liegt; da der Keil selber einige fünfzehnhundert Meter hoch ist, folgt, daß sein Scheitel rund viertausendfünfhundert Meter über den Meeresspiegel hinausragt. Dieses stattliche Stück Felsen, dieser wolkenspaltende Findling, liegt daher ganz oberhalb der Grenze des ewigen Schnees. Während jedoch alle Nachbarn aussehen, als seien sie von der Taille aufwärts aus schierem Schnee erbaut worden, steht das Matterhorn das ganze Jahr hindurch schwarz und nackt und abweisend da oder ist höchstens hier und da einmal weiß gepudert oder gestreift, denn seine Seiten sind so steil, daß der Schnee nicht haften bleibt. Seine seltsame Form, seine erhabene Abgeschiedenheit und seine majestätische Nichtverandtschaft mit seinesgleichen machen es gleichsam zum Napoleon der Gebirgswelt. »Großartig, düster und eigentümlich« – die Beschreibung paßt auf das Matterhorn ebenso, wie sie auf den großen Hauptmann gepaßt hat.

Nun stelle man sich ein Denkmal von eineinhalb Kilometer Höhe vor, das auf einem drei Kilometer hohen Sockel steht! Das ist es, was das Matterhorn ist – ein Denkmal. Fortan und für alle Zeiten wird es sein Amt sein, über dem unbekannten Ruheplatz des jungen Lord Douglas die Wache zu halten, der im Jahre 1865 vom Gipfel in einen 120 Meter tiefen Abgrund

WHYMPER SC.

stürzte und nie wieder gesehen wurde. Noch nie hat ein Mensch solch ein Denkmal besessen; die eindrucksvollsten unter den anderen Denkmälern der Erde sind Atome verglichen mit diesem; und sie werden untergehen, und niemand wird sich mehr erinnern, wo sie standen; dies aber wird bleiben*.

Eine Wanderung von St. Niklaus nach Zermatt ist ein wundervolles Erlebnis. Die Natur hat in dem Gebiet nach gewaltigen und staunenerregenden Plänen gebaut. Man bewegt sich unaufhörlich zwischen Wänden, die bis in den Himmel getürmt sind und deren obere Zonen in ein Gewirr unübertrefflicher Formen aufbrechen, die weiß und kalt vor dem blauen Hintergrund leuchten; und hier und dort sieht man einen Gletscher, der seine Herrlichkeit hoch oben auf einer Steilklippe den Blicken preisgibt, oder einen anmutigen Wasserfall, der an den grünen Steilhängen glitzernd abwärtshüpft. Da gibt es nichts Zahmes oder Billiges oder Gewöhnliches – alles ist großartig. Das kurze Tal ist eine Bildergalerie bemerkenswerter Art: sie enthält nichts Mittelmäßiges; von einem Ende zum anderen hat der Schöpfer sie mit seinen Meisterwerken vollgehängt.

Wir trafen um drei Uhr nachmittags in Zermatt ein, neun Stunden nach unserem Aufbruch von St. Niklaus. Entfernung laut Reiseführer: 19 Kilometer; laut Pedometer: 115 Kilometer. Wir befanden uns im Herzen der Bergsteigerheimat – alles um uns her bewies es uns. Die Schneegipfel befleißigten sich nicht mehr aristokratischer Zurückhaltung, sondern rückten auf freundschaftliche, gesellige Art dicht heran; Bergführer, mit Seilen, Äxten und anderem Zubehör ihres schrecklichen Berufes behangen, hockten wie die Hähne in langer Reihe auf einer Steinmauer vor dem Hotel und warteten auf Kunden; sonnengebräunte Kletterer in Bergsteigertracht kamen von

*Bei dem Unfall, der Lord Douglas das Leben kostete (s. Kap. 12), kamen noch drei weitere Männer um. Diese drei fielen über einen Kilometer tief, und ihre Leichname wurden später dicht nebeneinander auf einem Gletscher gefunden, nach Zermatt gebracht und auf dem dortigen Friedhof beigesetzt. Die Überreste Lord Douglas' wurden nie gefunden. Das Geheimnis seines Grabes muß, wie das von Moses Grab, immer ein Geheimnis bleiben.

Zeit zu Zeit mit Führern und Trägern hinter sich von halsbrecherischen Expeditionen zwischen Gipfeln und Gletschern der Hochalpen zurück; männliche und weibliche Touristen zogen in ununterbrochener Folge auf Maultieren vorbei; sie befanden sich auf dem Rückweg ins Hotel nach verwegenen Abenteuern, die von Mal zu Mal an Großartigkeit zunehmen, wenn an englischen oder amerikanischen Kaminen über sie berichtet wird, bis sie schließlich dem Möglichen über den Kopf wachsen.

Wir träumten nicht; dies war keine nur erdachte, von unserer eigenen begeisterten Phantasie erschaffene Heimat der Bergsteiger; nein, da ging Mr. Girdlestone persönlich, der berühmte Engländer, der sich ohne Bergführer seinen Weg auf die furchterregendsten Alpengipfel sucht. Ich wäre nicht fähig, mir einen Girdlestone auszudenken; ich konnte ihn mir selbst dann kaum vorstellen, als ich ihn mir aus größter Nähe geradenwegs ansah. Lieber würde ich mich ganzen Hyde-Parks von Artillerie gegenübersehen als den grausigen Todesarten, die ihm zwischen den Gipfeln und Steilwänden entgegenstarrten. Es gibt vermutlich kein Vergnügen, das dem Vergnügen, einen gefährlichen Alpengipfel zu besteigen ebenbürtig ist; aber es ist ein Vergnügen, das ausschließlich auf Menschen beschränkt ist, die Vergnügen darin finden können. Ich bin nicht mit einem voreiligen Sprung zu diesem Schluß gelangt; ich bin sozusagen mit dem Schotterzug zu ihm gereist. Ich habe die Sache durchdacht und bin vollkommen überzeugt, daß ich recht habe. Der Kletterappetit eines geborenen Bergsteigers ist schwer zu befriedigen; wenn er ihn überfällt, ist er wie ein Halbverhungerter mit einem Schmaus vor sich; er mag anderes zu erledigen haben, aber das muß warten. Mr. Girdlestone war wie immer zu den Sommerferien in die Alpen gefahren und hatte die Ferien wie üblich verbracht: mit der Jagd nach einzigartigen Gelegenheiten, sich den Hals zu brechen; seine Ferien waren zu Ende, seine Koffer zur Abreise nach England bereits gepackt, aber urplötzlich hatte ihn ein Hunger befallen, noch einmal das ungeheure Weißhorn zu besteigen, denn er hatte von einem neuen, vollkommen unmöglichen Weg zum Gipfel gehört. Sein Gepäck wurde auf der Stelle wieder ausgepackt, und nun brachen er und ein Freund mit Rucksäcken, Eispickeln, Seilen und Kannen voll Milch gerade auf. Sie würden die Nacht irgendwo hoch oben im Schnee zubringen und um zwei Uhr in der Frühe aufstehen und das Unternehmen beenden. Ich verspürte einen heftigen Wunsch, mitzugehen, bezwang ihn jedoch – eine Heldentat, zu der Mr. Girdlestone mit all seiner Seelenstärke nicht fähig gewesen war.

Selbst Damen werden von der Klettermanie befallen und können sie einfach nicht wieder loswerden. Eine berühmte Bergsteigerin hatte es wenige Tage vor unserer Ankunft mit dem Weißhorn versucht, und sie und ihre Führer hatten sich hoch oben zwischen Gipfeln und Gletschern in einem Schneesturm verlaufen und waren gezwungen gewesen, eine ganze Weile herumzuirren, bevor sie den Weg talwärts finden konnten. Als die Dame unten ankam, war sie dreiundzwanzig Stunden auf den Beinen gewesen!

Unsere Bergführer, die wir auf der Gemmi angeheuert hatten, waren schon in Zermatt, als wir dort eintrafen. Nichts hinderte uns also daran, mit einem Abenteuer zu beginnen; wir brauchten nur noch Zeit und Ziel festzusetzen. Ich beschloß, meinen ersten Abend in Zermatt zum Zwecke der Vorbereitung dem Studium des alpinen Bergsteigens zu widmen.

Ich las mehrere Bücher, und hier folgen nun einige von den Dingen, die ich herausfand. Die Schuhe müssen stark und schwer sein und spitze Bergnägel unter der Sohle haben. Der Alpenstock muß aus dem besten Holz gefertigt sein, denn sollte er brechen, kann es unter Umständen das Leben kosten. Man sollte ein Beil mitführen, um in großen Höhen Stufen ins Eis hacken zu können. Eine Leiter gehört dazu, denn es gibt steile Felspartien, die mit ihr erklettert werden können, ohne sie aber nicht; solch ein Hindernis hat schon manchen Touristen gezwungen, Stunden mit der Suche nach einer anderen Route zu verschwenden, wo eine Leiter ihm die ganze Mühe hätte ersparen können. Man braucht 45 bis 60 Meter von kräftigem Seil, das man benutzt, um die Leute an steilen Hängen hinabzulassen, die zu steil und zu glatt sind, um auf irgendeine andere Art bezwungen werden zu können. Man benötigt einen Stahlhaken an einem zweiten Seil – eine sehr nützliche Vorrichtung; denn wenn man aufsteigt und an eine niedrige Klippe gerät, die dennoch zu hoch für die Leiter ist, schleudert man dieses Seil wie einen Lasso nach oben, der Haken klammert sich an der Felskante fest, und der Alpinist klettert Hand über Hand an dem Seil hinauf – wobei er mit aller Bedachtsamkeit zu vergessen sucht, daß er, sollte der Haken abrutschen, nie wieder mit Fallen aufhören würde, bevor er in einem Teil der Schweiz eintrifft, in dem man ihn nicht erwartet. Und noch etwas Wichtiges – ein weiteres Seil muß vorhanden sein, mit dem die ganze Gruppe aneinandergebunden wird, damit, falls einer von einem Berg herunterfällt oder in eine bodenlose Gletscherspalte stürzt, die anderen sich gegen das Seil stemmen und ihn retten können. Man braucht einen Seidenschleier, um sein Gesicht gegen Schnee, Graupeln, Hagel und Sturm zu beschirmen, und eine getönte Brille, um die Augen vor jenem gefährlichen Feind, der Schneeblindheit, zu schützen. Schließlich benötigt man noch ein paar Träger, die Ausrüstung und Vorräte befördern, darunter Wein und wissenschaftliche Instrumente und auch Schlafsäcke zum Übernachten.

Ich beendete meine Lektüre mit einem schrecklichen Abenteuer, das Mr. Whymper einmal auf dem Matterhorn erlebte, als er allein 1500 Meter über dem Städtchen Breil umherstrich. Er schob sich vorsichtig um den Rand einer Felswand, die an der Stelle mit einem stark abschüssigen Hang aus vereistem Schnee zusammenstieß. Dieser Hang fiel vielleicht sechzig Meter tief in ein Gießbachbett ab, das in einem Bogen zur oberen Kante einer 250 Meter hohen, einen Gletscher überragenden Felswand führte. Whymper glitt mit einem Fuß aus und fiel hin. Er schreibt:

»Mein Rucksack riß mich kopfüber, und ich prallte etwa vier Meter tiefer auf eine Felskante, rollte über die Kante hinweg und stürzte, abermals kopfüber, in das Gießbachbett; der Stock wurde mir aus der Hand geschlagen, und ich stürzte in mehreren, immer länger werdenden Etappen, weiter ab – nun über Eis, nun gegen Felsen; vier- oder fünfmal schlug ich mit dem Kopf auf, bei jedem Mal heftiger. Der letzte Sturz schleuderte mich von einer Seite des Gießbachbettes zur anderen fünfzehn oder sogar achtzehn Meter durch die Luft, aber zum Glück landete ich mit meiner ganzen linken Seite auf dem Felsen. Meine Sachen hakten sich einen Augenblick lang an ihnen fest, ich fiel auf den Schnee zurück, der Schwung war gebremst. Glücklicherweise kam ich mit dem Kopf nach oben, und ein paar besessene Fanggriffe brachten mich zum Halt – an der engsten Stelle des Gießbaches, hart am Rand des Abgrunds. Stock, Hut und Schleier sausten vorbei und verschwanden, und der krachende Aufschlag der von mir in Bewegung gesetzten Felsbrocken unten auf dem Gletscher verriet mir, wie knapp ich dem sicheren Tod entronnen war. Fast sechzig Meter tief war ich in sieben oder acht Etappen gefallen. Noch drei Meter weiter, und ich wäre in einem einzigen gewaltigen Sturz von 250 Metern unten auf dem Gletscher gelandet.

Die Lage war recht ernst. Ich konnte die Felsen keinen Augenblick lang loslassen, und das Blut schoß mir aus über zwanzig Schrammen und Schnittwunden. Die schlimmsten hatte ich am Kopf, und ich versuchte vergeblich, sie mit einer Hand zuzuhalten, während ich mich mit der anderen weiter festklammerte. Es war zwecklos; bei jedem Pulsschlag spritzte das Blut in einem mich blind machenden Strahl hervor. Schließlich hatte ich eine Eingebung – ich brach einen großen Klumpen Schnee los und klebte ihn mir als Pflaster über den Kopf. Die Idee erwies sich als glücklich, der Blutstrom nahm ab. Ich strampelte mich hoch, gelangte – nicht einen Augenblick zu früh – an eine sichere Stelle und verlor das Bewußtsein. Die Sonne ging gerade unter, als ich wieder zu mir kam, und es war stockfinster, bevor ich die Große Treppe erreichte; aber dank einem Miteinander von Glück und Umsicht brachte ich die gesamten 1500 m des Abstiegs nach Breil hinter mich, ohne nur einmal auszurutschen oder den Weg zu verfehlen.«

Seine Wunden zwangen ihn, mehrere Tage lang das Bett zu hüten. Dann stand er auf und bestieg diesen Berg abermals. So ist das bei einem Alpinisten; je mehr Spaß er schon hat, desto mehr will er noch haben.

Kapitel 8

Als ich meine Lektüre beendet hatte, war ich nicht mehr ich selber; ich war verzückt und benommen, erhoben und berauscht von den fast unglaublichen Gefahren und Abenteuern, bei denen ich die Verfasser begleitet, und von den Triumphen, an denen ich teilgenommen hatte. Eine Zeitlang saß ich schweigend da, dann wandte ich mich zu Harris und sagte:

»Mein Entschluß steht fest.«

Mein Tonfall ließ ihn aufhorchen; und als er mir in die Augen sah und las, was dort geschrieben stand, wurde sein Gesicht merklich blaß. Er zögerte einen Augenblick, dann sagte er: »Sprechen Sie!«

Ich antwortete mit vollkommener Gelassenheit:

»Ich werde den Riffelberg besteigen.«

Mein armer Freund hätte nicht plötzlicher vom Stuhl fallen können, wenn ich auf ihn geschossen hätte. Wäre ich sein Vater gewesen, hätte er mich nicht inständiger anflehen können, von meinem Vorsatz abzulassen. Aber ich verschloß meine Ohren gegen alles, was er sagte. Als er schließlich merkte, daß nichts meinen Beschluß umstoßen konnte, hörte er auf, mich zu bestürmen, und lange Zeit wurde unser Schweigen nur von seinem Schluchzen unterbrochen. Ich saß, den Blick ins Leere gerichtet, in steinharter Entschlossenheit da, denn im Geiste rang ich bereits mit den Gefahren der Berge, und mein Freund starrte mich in anbetender Bewunderung durch seine Tränen an. Endlich warf er sich in einer liebevollen Umarmung auf mich und rief mit versagender Stimme:

»Ihr Harris wird Sie nie verlassen. Wir werden zusammen sterben!«

Ich munterte den edlen Mann mit lobenden Worten auf, und schon bald hatte er seine Ängste vergessen und sah dem Abenteuer begierig entgegen. Er wollte die Führer auf der Stelle herbeirufen und um zwei Uhr in der Frühe aufbrechen, wie er es für üblich hielt; aber ich erklärte ihm, daß um die Zeit niemand zuschauen würde; und daß der Aufbruch im Dunkeln gewöhnlich nicht vom Dorf aus erfolge, sondern vom ersten Nachtlager oben am Berghang. Ich sagte ihm, daß wir das Dorf am nächsten Tag gegen 3 oder 4 Uhr nachmittags verlassen würden; in der Zwischenzeit könne er die Führer benachrichtigen und auch die Allgemeinheit von der Besteigung wissen lassen, die wir zu unternehmen gedachten.

Ich ging zu Bett, fand jedoch keinen Schlaf. Niemand kann schlafen, der sich vorgenommen hat, eins dieser alpinen Abenteuer zu bestehen. Die ganze Nacht warf ich mich wie im Fieber von einer Seite auf die andere, und ich war heilfroh, als ich die Uhr halb zwölf schlagen hörte und wußte, daß es Zeit war, zum Essen aufzustehen. Ich erhob mich matt und steif und ging zum Mittagsmahl hinunter, wo ich den Mittelpunkt von allerlei Anteilnahme und Neugierde bildete, denn die Nachricht hatte bereits die Runde gemacht. Es ist nicht leicht, gelassen zu speisen, wenn man eine Berühmtheit ist, aber sehr angenehm ist es trotzdem.

Wie immer in Zermatt, wenn eine große Besteigung bevorsteht, vergaß alles, Einheimische wie Fremde, vorübergehend jegliches eigene Vorhaben und verschaffte sich einen guten Platz, um dem Aufbruch zuzuschauen. Die Expedition umfaßte 198 Personen einschließlich der Maultiere oder 205 einschließlich der Kühe. Hier ist die Aufstellung:

Leitende Teilnehmer	*Untergebene*
Ich	1 Veterinär
Mr. Harris	1 Butler
17 Bergführer	12 Kellner
4 Ärzte	1 Lakai
1 Geologe	1 Barbier
1 Botaniker	1 Chefkoch
3 Geistliche	9 Gehilfen
2 Zeichner	4 Pastetenbäcker
15 Büfettiers	1 Zuckerbäcker
1 Latinist	

Transport usw.

27 Träger	3 Wäscherinnen und Büglerinnen für Grobwäsche
44 Maultiere	1 dito für Feinwäsche
44 Maultiertreiber	2 Melker
7 Kühe	

Zusammen 154 Leute, 51 Tiere; summa summarum: 205

Vorräte usw.	*Ausrüstung*
16 Schinken	25 Sprungfedermatratzen
2 Fässer Mehl	2 Roßhaarmatratzen, dazu Bettzeug
22 Fässer Whisky	2 Mückennetze
1 Faß Zucker	29 Zelte
1 Fäßchen Zitronen	Wissenschaftliche Instrumente
2000 Zigarren	97 Eispickel
1 Faß Pasteten	5 Kisten Dynamit
1 Faß Fleischkuchen	7 Kanister Nitroglyzerin
143 Krücken	22 Leitern (12 Meter)
2 Fässer Arnika	3 Kilometer Seil
1 Ballen Zupflinnen	154 Regenschirme
27 Fäßchen Opiumtinktur	

Es wurde vier Uhr nachmittags, bevor meine Kavalkade zum Aufbruch bereitstand. Um diese Zeit setzte sie sich in Bewegung. Zahlenmäßig und der aufsehenerregenden Wirkung nach stellte sie die eindrucksvollste Expedition dar, die jemals von Zermatt ausgezogen war.

Ich befahl dem obersten Bergführer, Leute und Tiere in einer Reihe mit jeweils vier Meter Abstand voneinander Aufstellung nehmen zu lassen und sie allesamt an ein starkes Seil zu binden. Er wandte ein, daß die ersten drei Kilometer flach wie ein Brett seien und mehr als genug Platz böten und man vom Seil nur an sehr gefährlichen Stellen Gebrauch mache. Aber ich ließ den Einwand nicht gelten. Meine Lektüre hatte mich gelehrt, daß viele schwere Unfälle in den Alpen nur darum geschehen waren, weil man die Leute nicht früh genug angeseilt hatte; ich hatte nicht die Absicht, der Liste einen weiteren hinzuzufügen. Der Führer fügte sich daraufhin meiner Anweisung.

Als der Zug dann angeleint und marschbereit in Rührt-euch-Haltung da stand, bot er einen Anblick, wie ich einen trefflicheren noch nicht gesehen hatte. Er war 936 Meter lang – fast ein Kilometer; alles außer Harris und mir war zu Fuß, und jeder trug seinen grünen Schleier und seine blaue Schutzbrille und sein weißes Tuch um den Hut und seine Leine aufgrollt über der Schulter und quer über die Brust und sein Eisbeil im Gürtel und seinen Alpenstock in der linken Hand und seinen Regenschirm (zusammengerollt) in der rechten und seine Krücken an einer Schnur auf dem Rücken. Die Lasten der Packesel und die Hörner der Kühe waren mit Edelweiß und Alpenrosen geschmückt.

Ich und mein Reisebegleiter waren die einzigen Berittenen. Wir befanden uns auf dem gefährlichen Posten ganz hinten und waren mit sicheren Leinen an je fünf Bergführern festgebunden. Unsere Waffenträger trugen unsere Eispickel, Alpenstöcke und anderes Zubehör für uns. Wir hatten – aus Sicherheitsgründen – sehr kleine Esel als Reittiere gewählt; in Augenblicken der Gefahr konnten wir die Beine strecken und aufste-

hen und den Esel unter uns weitergehen lassen. Trotzdem kann ich dieses Tier nicht empfehlen – wenigstens nicht für reine Vergnügungsausflüge –, denn seine Ohren versperren die Aussicht. Ich und mein Reisebegleiter besaßen zwar die vorschriftsmäßige Bergsteigertracht, beschlossen jedoch, sie nicht anzulegen. Aus Ehrerbietung gegenüber den zahlreichen Reisenden beiderlei Geschlechts, die sich vor dem Hotel versammeln würden, um uns vorbeiziehen zu sehen, und aus Ehrerbietung gegenüber den vielen Touristen, denen wir bei unserer Expedition begegnen würden, beschlossen wir, den Aufstieg im Abendanzug zu unternehmen.

Fünfzehn Minuten nach vier erteilte ich den Befehl zum Abmarsch, und meine Untergebenen gaben ihn nach vorne durch. Die große Menschenmenge vor dem Hotel Monte Rosa teilte sich unter Hochrufen, als der Zug sich näherte, und als die Spitze vorbeidefilierte, kommandierte ich: »Abprotzen – fertig – *Hißt*!« – und wie mit einer einzigen Bewegung ging ein Kilometer von Regenschirmen hoch. Es war ein wundervoller Anblick und eine vollkommene Überraschung für die Zuschauer.

So etwas hatte man in den Alpen noch nicht gesehen. Der Beifall, den er hervorrief, erfreute mich zutiefst, und ich ritt mit gezogenem Zylinder vorbei, um meine Wertschätzung zu bezeugen. Anderes Zeugnis vermochte ich nicht zu geben, denn zum Sprechen war ich zu bewegt.

Wir tränkten die Karawane an dem kalten Bach, der am Ende des Dorfes durch einen Trog sprudelt, und bald danach ließen wir die Stätten der Zivilisation hinter uns. Gegen halb sechs trafen wir vor der Brücke ein, die die Visp überspannt, und nachdem wir eine Abteilung hinübergeworfen hatten um festzustellen, ob sie hielt, überquerte die Karawane den Fluß ohne Zwischenfälle. Der Weg führte uns nun in leichtem Anstieg über frisches grünes Gras zur Kirche von Winkelmatten. Ohne mich mit einer Besichtigung dieses Bauwerks aufzuhalten, führte ich ein Flankenmanöver nach rechts aus und überquerte die Brücke über den Findelenbach, nachdem wir sie auf ihre Haltbarkeit hin geprüft hatten. Von hier aus schwenkte ich abermals nach rechts und betrat alsbald ein einladendes Stück Weideland, das bis auf ein paar verlassene Hütten am äußersten Ende leer stand. Diese Wiesen gaben einen vortrefflichen Lagerplatz ab. Wir schlugen unsere Zelte auf, aßen, richteten einen ordentlichen Wachdienst ein, zeichneten die Ereignisse des Tages auf und gingen zu Bett.

Um zwei Uhr in der Frühe standen wir auf und kleideten uns bei Kerzenlicht an. Es war eine elende und frostige Angelegenheit. Ein paar Sterne leuchteten, aber der Himmel im allgemeinen war bedeckt und der gewaltige Schaft des Matterhorns in düstere Wolkenfahnen gehüllt. Der oberste Bergführer riet zum Verweilen; er sagte, er rechne mit Regen. Wir warteten bis neun Uhr und brachen dann bei einigermaßen klarem Wetter auf.

Unser Weg führte uns einige fürchterliche Steilhänge hinauf, die dicht mit Lärchen und Zedern bewaldet waren und von Pfaden gekreuzt wurden, die der Regen ausgewaschen hatte, so daß sie voll hinderlicher loser Steine lagen. Doch nicht genug der Gefahr und Unbequemlichkeit – wir begegneten noch dazu dauernd zurückkehrenden Touristen zu Fuß oder zu Pferde, und nicht weniger beständig wurden wir von aufsteigenden Touristen bedrängt und hin- und hergestoßen, die es eilig hatten und an uns vorbei wollten.

Es sollte noch schlimmer kommen. Um die Mitte des Nachmittags ließen die siebzehn Bergführer halten und hielten eine Beratung ab. Nachdem sie eine Stunde beraten hatten, blieb ihr anfänglicher Verdacht bestehen – das heißt, sie glaubten, daß sie sich verirrt hätten. Ich fragte sie, ob sie es nicht *wüßten*. Nein, sagten sie, sie *könnten* einfach nicht wissen, ob sie sich verirrt hätten oder nicht, da keiner von ihnen schon jemals zuvor in dieser Gegend gewesen sei. Ihr Instinkt sagte ihnen, daß sie sich verirrt hätten, aber sie hätten keine Beweise – außer daß sie nicht wüßten, wo sie seien. Sie waren schon seit einer ganzen Zeit keinen Touristen mehr begegnet, und das hielten sie für ein verdächtiges Zeichen.

Da saßen wir wahrhaftig in einer bösen Klemme. Die Führer waren natürlich nicht gewillt, alleine loszuziehen und einen Ausweg aus der schwierigen Lage zu suchen, also machten wir uns alle zusammen auf. Der größeren Sicherheit halber rückten wir langsam und vorsichtig vor, denn der Wald war sehr dicht. Wir marschierten nicht den Berg hinauf, sondern um ihn herum, nämlich in der Hoffnung, den alten Pfad wiederzufinden. Bei Einbruch der Nacht, als wir fast vollkommen erschöpft waren, stießen wir auf einen Felsblock, der war fast so groß wie eine Sennhütte. Dieses Hindernis nahm den Leuten den letzten Mut, und Furcht und Verzweiflung griffen um sich. Sie jammerten und weinten und sagten, sie würden ihr Zuhause und ihre Lieben nie wiedersehen. Dann fingen sie an, mir dafür Vorwürfe zu machen, daß ich sie auf diese Expedition mitgenommen hatte. Einige stießen sogar Drohungen gegen mich aus.

Dies war nicht die Zeit, Schwäche zu zeigen. Also hielt ich eine Rede, in der ich sagte, auch andere Alpenbesteiger hätten sich schon in solch einer gefährlichen Lage befunden und seien ihr doch mit Mut und Ausdauer entronnen. Ich versprach ihnen, daß ich ihnen zur Seite stehen würde, ich versprach ihnen, sie zu retten. Ich schloß mit dem Hinweis, daß wir ausreichend Vorräte für eine recht lange Belagerung hätten, und ob sie etwa glaubten, Zermatt werde einen Kilometer von Leuten und Maultieren eine nennenswerte Zeitlang geheimnisvoll verschwinden lassen, einfach so vor der Nase weg, ohne Nachforschungen anzustellen? Nein, Zermatt würde Suchtrupps aussenden und uns retten.

Die Ansprache erzielte eine große Wirkung. Die Männer schlugen fast fröhlich ihre Zelte auf, und wir lagen behaglich eingerollt, als die Nacht sich über uns senkte. Nun heimste ich die Belohnung für meine kluge Voraussicht ein, die mich für einen Artikel sorgen ließ, der in keinem anderen Buch über Abenteuer in den Alpen erwähnt wird, nur in diesem. Ich meine die Opiumtinktur. Ohne diese wohltätige Droge hätte keiner der Männer in dieser schrecklichen Nacht auch nur einen Augenblick geschlafen. Ohne diesen sanften Zwang hätten sie sich allesamt die ganze Nacht hindurch unruhig hin- und hergewälzt; denn der Whisky war für mich. O ja, sie wären untauglich für ihre Aufgabe am nächsten Morgen aufgestanden. So aber schliefen alle, nur mein Reisebegleiter und ich nicht – nur wir beiden und die Büfettiers nicht. Ich gestatte es mir nicht, in solch einer Lage zu schlafen. Ich fühlte mich für das Leben aller dieser Leute verantwortlich. Ich wollte zur Hand und bereit sein, wenn eine Lawine kam. Ich weiß nun, daß es in der Gegend keine Lawinen gab, aber das wußte ich damals nicht.

Wir beobachteten das Wetter die ganze furchtbare Nacht hindurch und behielten das Barometer im Auge, um auf den geringsten Umschlag vorbereitet zu sein. Das Instrument zeigte während der ganzen Zeit auch nicht die winzigste Veränderung an. Worte können nicht beschreiben, welchen Trost ich in diesen sorgenvollen Stunden aus dem freundlichen, hoffnungsvollen, unerschütterlichen kleinen Ding schöpfte. Es war ein schadhaftes Barometer und hatte keinen Zeiger außer dem feststehenden aus Messing, aber das fand ich erst hinterher heraus. Sollte ich jemals wieder in solch eine Situation geraten, wünsche ich mir dieses Barometer und kein anderes.

Alle Mann standen um zwei Uhr in der Frühe auf und frühstückten, und sobald es hell wurde, seilten wir uns aneinander und gingen diesen Felsblock an. Eine Zeitlang versuchten wir unser Glück mit dem Hakenseil und anderen Möglichkeiten der Besteigung, jedoch ohne Erfolg – das heißt ohne wirklichen Erfolg. Der Haken blieb einmal hängen, und Harris kletterte Hand über Hand an dem Seil aufwärts, aber dann rutschte der Haken ab, und wenn nicht gerade ein Geistlicher unter Harris gesessen hätte, wäre er gewiß zum Krüppel geworden. So aber wurde es der Geistliche. Er griff zu seinen Krücken, und ich befahl, daß man das Hakenseil beiseite lege. Es war ein zu gefährliches Gerät, wenn so viele Leute umherstanden.

Eine Weile wußten wir nicht, was wir machen sollten; dann fielen jemandem die Leitern ein. Eine davon wurde an den Felsen gelehnt, und die Männer kletterten zu Paaren zusammengebunden an ihr hoch. Eine zweite Leiter wurde hinaufgereicht zum Gebrauch beim Abstieg. Nach einer halben Stunde war alles hinüber und der Felsen bezwungen. Wir erhoben unser erstes lautes Triumphgeschrei. Aber die Freude dauerte nicht lange, denn jemand fragte, wie wir die Tiere hinüberschaffen sollten.

Dies war eine ernste Schwierigkeit, ja, es war eine Unmöglichkeit. Sofort begann der Mut der Männer zu wanken; abermals drohte uns eine Panik. Aber als die Gefahr am allergrößten war, wurden wir auf wunderbare Weise gerettet. Ein Maultier, das schon von Anfang an Aufsehen erregt hatte wegen seiner Neigung zum Experimentieren, versuchte, einen Fünfpfundkanister Nitroglyzerin zu fressen. Dies geschah unmittelbar neben dem Felsblock. Die Explosion warf uns alle zu Boden und überschüttete uns mit Erde und Gesteinschutt; und einen heillosen Schrecken jagte sie uns noch dazu ein, denn der Krach, den sie machte, war ohrenbetäubend, und die Erschütterung so heftig, daß die Erde unter uns bebte. Dennoch waren wir dankbar, denn der Felsblock war weg. Sein Platz wurde von einem etwa zehn Meter breiten und fünf Meter tiefen neuen Keller eingenommen. Die Explosion konnte man bis Zermatt hören, und anderthalb Stunden später wurden viele Bewohner dieses Städtchens von herabfallenden hartgefrorenen Maultierfleischbrocken niedergestreckt und ernstlich verletzt. Dies zeigt deutlicher als irgendeine Schätzung in Zahlen, wie hoch der Experimentierende flog.

Wir brauchten nun nur noch den Keller zu überbrücken und weiterzuziehen. Mit einem Hochruf machten die Männer sich an die Arbeit. Ich leitete die Konstruktion pesönlich. Zunächst stellte ich eine starke Abteilung an, mit Eispickeln Bäume zu fällen und sie zu Stützpfeilern für die Brücke zurechtzukappen. Diese Arbeit ging nur langsam voran, denn Eispickel taugen nicht viel zum Holzhacken. Ich ließ meine Pfeiler in Reihen fest in dem Keller aufrichten, und auf die Pfeiler legte ich dicht nebeneinander sechs von meinen zwölf Meter langen Leitern und auf die sechs noch einmal sechs. Über die Brücke ließ ich ein Bett aus Zweigen breiten und auf die Zweige ein fünfzehn Zentimeter dickes Bett aus Erde. Ich spannte auf beiden Seiten Seile als Geländer, und dann war meine Brücke fertig. Ein Zug Elefanten hätte sie sicher und bequem überschreiten können. Bei Einbruch der Nacht waren alle Tiere der Karawane auf der anderen Seite und die Leitern wieder aufgenommen.

Am nächsten Morgen zogen wir eine Zeitlang guten Mutes weiter, obwohl unser Weg beschwerlich war und wir nur langsam vorwärts kamen, denn das Gelände war steil und steinig und der Wald sehr dicht; aber schließlich breitete sich dumpfe Verzweiflung über die Gesichter der Männer aus, und es wurde offenbar, daß nicht nur sie, sondern sogar die Führer überzeugt waren, daß wir uns verirrt hatten. Die Tatsache, daß wir immer noch keinen Touristen begegneten, war ein nur allzu bedeutsamer Beweis. Ein anderer Umstand schien darauf hinzudeuten, daß wir uns nicht nur verirrt, sondern sehr gründlich verirrt hatten; denn es mußten ganz gewiß inzwischen Suchtrupps unterwegs sein, aber bis jetzt hatten wir nichts davon gesehen.

Entmutigung griff um sich; es mußte etwas geschehen, und zwar schnell. Zum Glück bin ich nicht unfruchtbar im Ersinnen von Hilfsmitteln. Ich dachte mir nun eins aus, das von allen begrüßt wurde, denn es sah erfolgversprechend aus. Ich nahm zwölfhundert Meter Seil, band ein Ende einem der Bergführer um den Leib und trug ihm auf, loszugehen und den Weg zu suchen, während die Karawane zurückblieb und wartete. Ich wies ihn an, im Falle eines Fehlschlags mit Hilfe des Seils zu uns zurückzukehren; im Falle des Erfolgs sollte er mehrmals heftig an dem Seil rucken, woraufhin die Expedition sofort nachkommen würde. Er brach auf und war nach zwei Minuten zwischen den Bäumen verschwunden. Ich steckte die Leine persönlich aus, während alles gespannt das hinkriechende Ding beobachtete. Das Seil krabbelte manchmal recht langsam davon und manchmal auch ein bißchen munterer. Zweimal oder dreimal schien das Signal zu uns durchzukommen, und schon wollten die Männer in einen Jubelschrei ausbrechen, da merkten sie, daß es ein falscher Alarm war. Aber als schließlich fast ein Kilometer Seil davongespurt war, hörte die Leine auf zu gleiten und stand vollkommen still – eine Minute – zwei Minuten – drei –, während wir darauf starrten und den Atem anhielten.

Machte der Führer Rast? Suchte er von einer hohen Stelle aus das Gelände ab? Erkundigte er sich bei einem zufällig dahergekommenen Bergsteiger? Halt – war er am Ende von einem Übermaß an Erschöpfung und ängstlicher Sorge ohnmächtig geworden?

Der Gedanke jagte uns einen ganz schönen Schreck ein. Ich war gerade dabei, eine Expedition zu seiner Rettung auf den Weg zu schicken, da wurde mehrmals hintereinander mit solcher Besessenheit an dem Seil geruckt, daß ich es kaum festhalten konnte. Das Hurra, das sich da erhob, tat dem Herzen wohl. »Gerettet! Gerettet!« war das Wort, das von einem Ende der Karawane bis zum anderen widerhallte.

Wir erhoben uns und marschierten sofort ab. Eine Weile war der Weg recht gut, aber dann wurde er allmählich beschwerlich und dann immer beschwerlicher. Als wir unserer Schätzung nach etwa achthundert Meter hinter uns gebracht hatten, rechneten wir damit, jeden Augenblick den Führer vor uns zu erblicken; aber nein, er war nirgends zu sehen; und er wartete auch nicht auf uns, denn das Seil bewegte sich immer noch, also rückte er auch noch vor. Dies ließ vermuten, daß er den richtigen Weg doch noch nicht gefunden hatte, sondern mit irgendeinem Bauern daraufzumarschierte. Uns bleib nichts anderes übrig als weiterzustapfen, und dies taten wir denn auch. Nach drei Stunden stapften wir immer noch. Das war nicht nur rätselhaft, sondern auch erbitternd. Und dazu noch sehr ermüdend, denn anfangs hatten wir mit aller Kraft versucht, den Führer einzuholen, und uns dabei vergeblich abgearbeitet; denn er marschierte zwar langsam, kam aber in diesem Gelände doch immer noch schneller vorwärts als die behinderte Karawane.

Um drei Uhr nachmittags waren wir fast zu Tode erschöpft – und immer noch glitt das Seil langsam davon. Das Murren gegen den Führer war beständig angewachsen und wurde schließlich laut und wütend. Eine Meuterei brach aus. Die Männer weigerten sich, noch einen Schritt weiterzugehen. Sie erklärten, wir seien den ganzen Tag lang immer wieder durch dasselbe Gelände gezogen, gleichsam im Kreis. Sie forderten, daß das Seil an unserem Ende an einem Baum festgemacht werde, damit wir den Führer zum Halten brächten, bis wir ihn einholen und erschlagen könnten. Das war keine unbillige Forderung, also gab ich den Befehl dazu.

Sobald die Leine festgebunden war, marschierte die Expedition weiter – mit jener Bereitwilligkeit, die der Durst nach Rache gewöhnlich mit sich bringt. Aber nach einem beschwerlichen Marsch von fast einem Kilometer stießen wir auf einen Berg, der dick mit zerbröckelndem Felsgeröll bedeckt und so steil war, daß keiner von uns allen in der Verfassung, in der wir uns nun befanden, erklettern konnte. Jeder Versuch schlug fehl und endete damit, daß jemand Schaden an seinen Gliedern erlitt. Nach zwanzig Minuten hatte ich fünf Leute an Krücken. Sooft ein Kletterer versuchte, sich an dem Seil hochzuziehen, rutschte es weg und ließ ihn rücklings abstürzen. Die Häufigkeit dieses Ergebnisses brachte mich auf eine Idee. Ich kommandierte »Ganze Abteilung – kehrt!« und ließ die Karawane in Marschordnung Aufstellung nehmen. Dann machte ich das Schleppseil an dem letzten Maultier fest und gab das Kommando:

»Im Gleichschritt – halbrechts schwenkt – vorwärts – *Marsch!*«

Der Zug setzte sich unter den eindrucksvollen Klängen eines Schlachtgesanges in Bewegung, und ich dachte bei mir: Wenn das Seil nicht reißt, dann wird *das* ja wohl diesen Führer ins Lager zurückholen! Ich beobachtete das herabgleitende Seil und plötzlich, als ich schon ganz auf Triumph eingestimmt war, sah ich mich einer herben Enttäuschung gegenüber; kein Führer hing am Ende des Seils, sondern nur ein entrüsteter alter Ziegenbock. Die Wut der verblüfften Expedition überstieg jedes Maß. Die Leute wollten sogar ihre vernunftlose Rache an der unschuldigen stummen Kreatur üben. Aber ich stellte mich zwischen sie und ihre Beute, von einer starken Wand aus Eispickeln und Alpenstöcken bedroht, und verkündete, daß es nur einen Weg zu diesem Mord gebe, und der führe geradenwegs über meine Leiche. Aber als ich noch sprach, sah ich schon, daß mein Schicksal besiegelt war, es sei denn, ein Wunder griffe ein und hielte diese Wahnsinnigen von ihrem unmenschlichen Vorhaben ab. Noch heute sehe ich diese widerwärtige Wand von Waffen vor mir; ich sehe diese vorrükkende Heerschar, wie ich sie damals sah, ich sehe den Haß in diesen grausamen Augen; ich erinnere mich, wie ich meinen Kopf auf die Brust sinken ließ, ich fühle erneut den erdbebengleichen Stoß in mein Hinterviertel, der mir von demselben

Ziegenbock beigebracht wurde, den ich retten wollte, indem ich mich für ihn opferte; ich höre abermals den Taifun des Gelächters, der aus der angreifenden Kolonne hervorbarst, als ich sie vom Voraustrupp bis zur Nachhut wie ein Kanonenschuß zerteilte.

Ich war gerettet. Ja, ich war gerettet, gerettet durch den barmherzigen Instinkt der Undankbarkeit, den die Natur in die Brust dieses heimtückischen Tieres eingepflanzt hatte. Die Gnade, die Beredsamkeit nicht in den Herzen dieser Männer hatte wecken können, war von einem Lachen geweckt worden. Der Ziegenbock wurde freigelassen und mein Leben geschont.

Hinterher fanden wir heraus, daß dieser Führer uns im Stich gelassen hatte, sobald er einen knappen Kilometer voraus war. Damit kein Verdacht aufkam, hatte er sich gesagt, daß es das beste sei, wenn das Seil sich weiterbewegte; also fing er den Ziegenbock ein, und als er auf ihm hockte und das Seil an ihm festband, das waren die Minuten, da wir glaubten, er liege, von Erschöpfung und Elend überwältigt, ohnmächtig darnieder. Als er dann den Ziegenbock wieder losließ, raste der hin und her in dem Bemühen, sich von dem Seil zu befreien, und das war das Signal, dem zu folgen wir uns unter allerhand Freudenrufen erhoben hatten. Wir waren den ganzen Tag über im Kreis hinter diesem Ziegenbock hergelaufen – eine Vermutung, die durch die Entdeckung bewiesen wurde, daß wir die Expedition in sieben Stunden siebenmal an ein und derselben Quelle getränkt hatten. Als erfahrener Waldläufer, der ich bin, hätte mir das auffallen müssen, aber es war mir irgendwie entgangen, bis meine Aufmerksamkeit durch eine Sau darauf gelenkt wurde. Diese Sau wälzte sich jedesmal an der Quelle im Schlamm, und da sie die einzige Sau war, die wir sahen, brachten mich ihr häufiges Auftauchen und dazu ihre niemals sich ändernde Ähnlichkeit mit sich selber auf den Gedanken, daß sie dieselbe Sau sein mußte, und dies wiederum führte mich zu dem Schluß, daß es ebenfalls dieselbe Quelle sein mußte – was dann auch tatsächlich zutraf.

Ich notiere mir diese Merkwürdigkeit, zeigte sie doch aufs erstaunlichste den Unterschied zwischen dem Verhalten eines Gletschers und dem Verhalten eines Schweines. Es gilt heute als fest erwiesen, daß Gletscher wandern; ich bin der Ansicht, daß meine Beobachtungen mit ebensogroßer Schlüssigkeit beweisen, daß ein Schwein in einer Quelle nicht wandert. Es würde mich freuen, hierzu die Meinungen anderer Beobachter zu erfahren.

Um noch einmal kurz zu diesem Bergführer zurückzukehren – und dann ist er für mich erledigt. Nachdem er den Ziegenbock an das Seil gebunden hatte, war er eine Weile ziellos umhergeirrt und dann zufällig auf eine Kuh gestoßen. In der Vermutung, daß eine Kuh sich natürlich besser auskennen würde als er, packte er sie beim Schwanz, und das Ergebnis gab seiner Vermutung recht. Die Kuh knabberte sich gemächlich bergabwärts, bis die Zeit zum Melken näherrückte; dann machte sie sich auf den Heimweg und zog ihn im Schlepp nach Zermatt.

Kapitel 9

An dieser Stelle mitten in der Wildnis, zu der der Ziegenbock uns geführt hatte, schlugen wir unser Lager auf. Die Leute waren sehr, sehr erschöpft. Die Überzeugung, daß wir uns verirrt hatten, schwand über einem tüchtigen Abendschmaus dahin, und bevor die Reaktion auch nur eine Chance hatte, einzusetzen, lud ich die Männer mit Opiumtinktur auf und steckte sie ins Bett.

Am nächsten Morgen war ich gerade dabei, unsere verzweifelte Situation zu überdenken und mir einen Ausweg einfallen zu lassen, da kam Harris mit einer Baedekerkarte, die überzeugend dartat, daß der Berg, auf dem wir uns befanden, noch in der Schweiz lag – ja, er lag ganz in der Schweiz. Wir hatten uns also doch nicht verirrt. Das war eine ungeheure Erleichterung – es nahm mir die Last zweier solcher Berge von der Seele. Ich ließ die Nachricht sofort ausstreuen und die Karte für jedermann sichtbar anschlagen. Die Wirkung war wundervoll. Sobald die Leute mit ihren eigenen Augen sahen, daß sie wußten, wo sie waren, und daß nicht sie selber, sondern nur der Gipfel abhanden gekommen war, wurden sie fröhlich und guter Dinge und sagten einstimmig, der Gipfel möge sehen, wo er bleibe, seine Verlegenheiten interessierten sie nicht.

Nun, da unsere Not ein Ende hatte, beschloß ich, den Leuten eine Ruhepause im Lager zu gönnen und gleichzeitig der wissenschaftlichen Abteilung eine Gelegenheit zur Forschungsarbeit zu geben. Zuerst las ich den Barometerdruck ab, um unsere Höhe zu bestimmen, aber von einem Resultat konnte nicht recht die Rede sein. Aus meiner Lektüre wissenschaftlicher Werke wußte ich, daß entweder Thermometer oder Barometer abgekocht werden müssen, wenn sie genau anzeigen sollen; ich wußte nicht, welches von den beiden, also kochte ich beide. Immer noch kein Resultat. Darauf untersuchte ich die Instrumente und entdeckte, daß sie mit wesentlichen Mängeln behaftet waren: das Barometer hatte keinen Zeiger, nur den feststehenden Messingpfeil, und die Kugel des Thermometers war mit Silberpapier vollgestopft. Ich hätte beide zu Fetzen kochen können, ohne auch nur zu dem geringsten Ergebnis zu kommen.

Ich spürte ein anderes Barometer auf; es war neu und völlig in Ordnung. Ich kochte es eine halbe Stunde in einem Topf mit Bohnensuppe, die gerade von den Köchen zubereitet wurde. Das Ergebnis war überraschend: das Instrument blieb gänzlich unbeeinflußt, aber die Suppe hatte einen solch starken Barometergeschmack, daß der Chefkoch, der ein außerordentlich gewissenhafter Mensch war, ihren Namen auf dem Speisezettel änderte. Das Gericht mundete allen so sehr, daß ich dem Koch befahl, fortan jeden Tag Barometersuppe zu kochen. Man machte geltend, daß das Barometer nach einer Weile Schaden nehmen könne, aber das war mir ganz gleich. Ich hatte zu meiner Zufriedenheit demonstriert, daß es nicht anzeigen konnte, wie hoch ein Berg war, und damit war es für mich eigentlich nutzlos. Wetterumschläge konnte ich auch ohne Barometer voraussehen; ich wollte nicht wissen, wann das Wetter gut werden würde, sondern wann es schlecht werden würde, und das las ich an Harris' Hühneraugen ab. Harris hatte seine Hühneraugen am staatlichen Observatorium in Heidelberg prüfen und adjustieren lassen, und man konnte sich vertrauensvoll auf sie verlassen. Also gab ich das neue Barometer an die Küche zur Verwendung für die Messe der Expeditionsleitung. Es stellte sich heraus, daß sogar mit dem defekten Barometer eine durchaus eßbare Suppe hergestellt werden konnte; also gab ich die Erlaubnis, daß man dieses der Untergebenenkantine überließ.

Sodann kochte ich das Thermometer und erhielt ein ganz vorzügliches Resultat; das Quecksilber kletterte auf etwa 90° Celsius. Nach Ansicht der anderen Wissenschaftler unserer Expedition zeigte dies an, daß wir die ungewöhnliche Höhe von 70000 m über dem Meeresspiegel erklommen hatten. Die Wissenschaft setzt die Grenze des ewigen Schnees bei etwa 3000 m über dem Meeresspiegel an. Es lag kein Schnee, wo wir waren, folglich durfte als bewiesen gelten, daß die Grenze des ewigen Schnees irgendwo in etwa 3000 m Höhe aufhört und nicht wieder anfängt. Dies war ein interessantes Faktum und dazu noch eins, das noch von keinem Beobachter zuvor beobachtet worden war. Und es war nicht nur interessant, sondern auch wertvoll, denn dank dieses Tatbestands würde man die verlassenen Gipfel der höchsten Alpenberge der Besiedlung und Beackerung zugänglich machen können. Hier zu sein, erfüllte uns mit Stolz, aber es schmerzte uns zu denken, daß wir ohne den Ziegenbock noch 70000 m höher hätten sein können.

Der Erfolg meines letzten Experimentes verleitete mich dazu, ein Experiment mit meinem photographischen Zubehör zu machen. Ich holte es heraus und kochte einen von den Apparaten, aber die Sache war ein Fehlschlag: das Holz quoll auf und platzte, und die Linsen sahen eigentlich auch nicht besser aus als vorher.

Ich beschloß nun, einen Führer zu kochen. Vielleicht würde er besser davon, jedenfalls würde es seine Nützlichkeit nicht schmälern können. Aber es war mir nicht vergönnt, dieses Experiment durchzuführen. Führer haben keinen Sinn für die Wissenschaft, und dieser wollte nicht seine Zustimmung dazu geben, daß man ihn in ihrem Interesse Unerfreulichkeiten unterzog.

Inmitten meiner wissenschaftlichen Arbeit ereignete sich einer von diesen unnötigen Unfällen, wie sie immer wieder unter den Unwissenden und Gedankenlosen vorkommen. Ein Träger schoß auf eine Gemse und verfehlte sie und verwundete den Latinisten. Dies war für mich nichts Ernstes, kann doch ein Latinist seiner Aufgabe an Krücken ebensogut nachkommen wie ohne Krücken. Aber es blieb der Umstand, daß es ein Maultier erwischt hätte, wenn der Latinist nicht im Wege gewesen wäre. Das wäre schon eine recht andere Sache gewesen, denn wenn man nach dem vergleichsweisen Wert fragt, dann besteht ein fühlbarer Unterschied zwischen einem Latinisten und einem Maultier. Ich konnte nicht darauf bauen, daß jedesmal ein Latinist an der richtigen Stelle stehen würde; um also sicherzugehen, befahl ich, daß in Zukunft die Gemse innerhalb des Lagers mit keiner anderen Waffe als dem Zeigefinger gejagt würde.

Meine Nerven hatten sich nach dieser Angelegenheit kaum beruhigt, da traf sie auch schon der nächste Schlag, und zwar einer, der mir einen Augenblick lang allen Mut nahm: Ein Gerücht lief plötzlich durch das Lager, daß einer von den Büfettiers über eine Felskante abgestürzt sei!

Es stellte sich jedoch heraus, daß es sich nur um einen Geistlichen handelte. Ich hatte für genügend Ersatz bei den Geistlichen gesorgt, und zwar ausdrücklich, um auf Fälle dieser Art vorbereitet zu sein, war jedoch – ein unerklärliches Versehen – mit einem recht knapp bemessenen Büfettiertrupp aufgebrochen.

Am nächsten Morgen zogen wir erfrischt und guten Mutes weiter. Ich erinnere mich an diesen Tag mit besonderem Vergnügen, denn in seinem Verlauf sollte uns unser Weg wiedergeschenkt werden. Ja, wir fanden den Weg wieder, und zwar auf die außerordentlichste Weise. Wir waren etwa zweieinhalb Stunden einhergestapft, da stießen wir auf ein schieres Felsmassiv von etwa sieben Meter Höhe. Diesmal bedurfte ich nicht der Unterweisung durch ein Maultier. Ich kannte mich allmählich besser aus als jedes Maultier der Expedition. Ich brachte unverzüglich eine Ladung Dynamit an und sprengte diesen Felsen aus dem Weg. Aber zu meiner Überraschung und zu meinem Verdruß mußte ich feststellen, daß obenauf eine Sennhütte gestanden hatte.

Ich hob alle Mitglieder der Familie auf, die in meiner Nähe niederfielen, und Subordinierte meines Korps sammelten den Rest ein. Keiner von diesen unglücklichen Leuten war zum Glück verletzt, aber sie waren alle sehr, sehr ärgerlich. Ich erklärte dem rangältesten Sennhüttler genau, wie die Geschichte passiert war, und daß ich nur nach dem Weg suchte und ihm ganz gewiß rechtzeitig Bescheid gesagt hätte, wenn mir bewußt gewesen wäre, daß er oben auf dem Felsen saß. Ich sagte ihm, daß es nicht böse gemeint gewesen sei und daß ich hoffte, in seiner Wertschätzung nicht gesunken zu sein, nur weil ich ihn meinerseits einige Klafter in die Luft gehoben hätte. So sprach ich noch manch verständiges Wort, und nachdem ich ihm angeboten hatte, die Sennhütte wieder aufzubauen und den Bruch zu bezahlen und den Keller noch dazuzugeben, war er schließlich besänftigt und zufrieden. Vorher hatte er überhaupt keinen Keller gehabt; nun würde er zwar nicht so eine schöne Aussicht haben wie zuvor, aber was er an Aussicht eingebüßt hatte, hatte er an Keller gewonnen, und zwar genau. Er sagte, solch ein Loch gebe es im ganzen Gebirge nicht noch einmal – und er hätte recht gehabt, wenn das hingegangene Maultier nicht versucht hätte, unser Nitroglyzerin zu fressen.

Ich stellte hundertsechzehn Mann ab, und sie bauten die Sennhütte aus ihren eigenen Trümmern in fünfzehn Minuten wieder auf. Sie sah sehr viel malerischer aus als zuvor. Der Mann sagte, wir befänden uns nun auf dem Fälli-Stutz oberhalb Schwegmatten – eine Auskunft, über die ich herzlich froh war, zeigte sie uns doch unsere Position mit einem Grad der Genauigkeit, an den wir schon seit einem Tag oder noch länger nicht mehr gewohnt waren. Wir erfuhren außerdem, daß wir am Fuß des eigentlichen Riffelberges standen und daß damit das Anfangskapitel unseres Werkes vollendet war.

Es bot sich uns an dieser Stelle ein herrlicher Ausblick auf die kraftsprühende Visp, die dort unter einem riesigen Bogen aus schierem Eis hervor, den sie durch die Fußwand des großen Gorner-Gletschers gespült hat, ihren ersten Sprung in die Welt macht; und auch den Furggenbach konnten wir sehen, den Abfluß des Furggen-Gletschers.

Der Maultierpfad zum Gipfel des Riffelberges führte genau vor der Sennhütte vorbei, ein Umstand, den wir fast augenblicklich bemerkten, denn eine nahezu ununterbrochene Prozession von Touristen zog darauf einher. Des Senners Beruf bestand darin, den Reisenden mit Erfrischungen aufzuwarten. Meine Sprengung hatte sein Geschäft für ein paar Minuten lahmgelegt, indem sie sämtliche Flaschen im Haus zu Bruch gehen ließ; aber ich gab dem Mann eine Menge Whisky, den er als Alpensekt verkaufen konnte, und eine Menge Essig, der recht gut den Rheinwein vertrat, und folglich blühte das Geschäft schon bald wieder so munter wie eh und jeh.

Ich ließ die Expedition draußen, wo sie rasten konnte, und quartierte mich zusammen mit Harris in der Sennhütte ein, denn ich wollte vor Fortsetzung des Aufstiegs meine Tagebuchnotizen und wissenschaftlichen Beobachtungen korrigieren. Kaum hatte ich mit der Arbeit begonnen, da trat ein großer, schlanker, kräftiger, auf dem Abstieg befindlicher junger Amerikaner von etwa dreiundzwanzig Jahren ein und kam mit dieser munteren Selbstgefälligkeit auf mich zu, die Halbwüchsige für die wohlerzogene Ungezwungenheit eines Mannes von Welt halten. Sein Haar war kurz und genau in der Mitte gescheitelt,

und er sah durch und durch nach dieser gewissen Sorte von Amerikanern aus, die ihre Unterschrift mit einer Abkürzung anfangen und den zweiten Vornamen ausschreiben. Er stellte sich mit einem Schmunzeln vor, das er den Höflingen auf der Bühne abgeguckt hatte, streckte seine hellhäutige Klaue aus, und während er meine Hand damit ergriff, knickte er dreimal in der Hüfte ein, wie der Bühnenhöfling es zu tun pflegt, und sagte im affektiertesten und herablassendsten und gönnerhaftesten Tonfall – ich zitiere wörtlich:

»Freut mich sehr, Sie kennenzulernen, o ja, gewiß, freut mich außerordentlich, ich versichere Sie. Ich habe all Ihre kleinen Sächelchen gelesen und sehr bewundert, und als ich hörte, Sie seien hier...«

Ich deutete auf einen Stuhl, und er setzte sich. Dieser Edelmensch war der Enkel eines zu seiner Zeit recht bekannten und auch nun noch nicht gänzlich vergessenen Amerikaners – eines Mannes, dem zu einem großen Mann so wenig fehlte, daß man ihn zu seinen Lebzeiten allgemein dafür hielt.

Ich schritt gemächlich im Zimmer auf und ab, über wissenschaftliche Probleme nachdenkend, und hörte die folgende Unterhaltung:

Enkel: Zum erstenmal in Europa?

Harris: Ich? Ja.

Enkel (mit einem leisen Seufzen der Erinnerung, das auf vergangene Freuden hindeutet, die in ihrer ganzen Frische nur einmal genossen werden können): Ah, ich weiß, was es Ihnen bedeutet. Zum erstenmal! Ah! – der Überschwang! Ich wünsche, ich könnte ihn noch einmal verspüren.

Harris: Ja, ich finde, daß es alle meine Träume übertrifft. Es ist eine einzige Verzauberung. Ich gehe ...

Enkel (mit einer zierlichen Geste der Hand, die besagt: »Ersparen Sie mir Ihren unreifen Enthusiasmus«): Ja, ich weiß, ich weiß; Sie gehen in Dome und geraten in Entzücken; und Sie schleppen sich durch meilenlange Gemäldegalerien und geraten in Entzücken; und Sie stehen hier und dort und noch woanders auf historischem Boden und geraten weiter in Entzücken; und Sie werden durchdrungen von Ihrem ersten unverdauten Kunsterlebnis und sind stolz und glücklich. Hm, ja, stolz und glücklich – so kann man es ausdrücken. Ja doch, ja doch – freuen Sie sich dessen – recht so –, es ist ein unschuldiges Vergnügen.

Harris: Und Sie? Tun Sie alles dies nun nicht auch?

Enkel: Ich! O, das ist sehr gut! Mein lieber Mann, wenn Sie ein solch alter Reisender sind wie ich, werden Sie solch eine

Frage nicht mehr stellen. *Ich* die vorgeschriebenen Galerien besuchen, in den vorgeschriebenen Kathedralen herumgaffen, die Kette der vorgeschriebenen Sehenswürdigkeiten abklappern – *ich*? Jetzt noch? Ich bitte Sie!

Harris: Hm, ja, aber was machen Sie denn?

Enkel: Was ich mache? Ich flitze – ich eile dahin – ich bin immer unterwegs –, aber ich meide die Herde. Heute bin ich in Paris, morgen in Berlin und dann wieder in Rom; aber Sie würden mich vergeblich in den Galerien des Louvre suchen oder an den allgemeinen Treffpunkten der Gaffer in jenen anderen Hauptstädten. Falls Sie mich finden wollen, müssen Sie in den unbesuchten Ecken und Winkeln nachschauen, die niemand sonst des Ansehens für wert erachtet. An einem Tag werden Sie mich antreffen, wie ich es mir in der Hütte eines unbedeutenden Bauern bequem mache, an einem anderen Tag werden Sie mich in irgendeinem vergessenen Schloß finden, wo ich irgendein kleines Meisterwerk anbete, das das achtlose Auge übersehen hat und das unerfahrene geringschätzen würde; und dann wieder werden Sie mich als Gast im innersten Heiligtum von Palästen finden, während die Herde sich damit begnügt, einen eiligen Blick in die unbenutzten Zimmer zu werfen, indem sie einen Bedienten dafür entlohnt.

Harris: Sie sind *Gast* an solchen Orten?

Enkel: Und ein gern gesehener.

Harris: Das ist überraschend. Wie kommt's?

Enkel: Der Name meines Großvaters ist ein Paß zu allen Höfen Europas. Ich brauche nur diesen Namen zu nennen, und alle Türen öffnen sich mir. Ich eile von Hof zu Hof, ganz wie es mir gefällt und paßt, und bin stets willkommen. Ich bin in den Palästen Europas so sehr zu Hause wie Sie unter Ihren Verwandten. Ich kenne wohl jeden Adligen in Europa. Ich habe die Taschen dauernd voller Einladungen. Ich habe nun versprechen müssen, nach Italien zu reisen, wo ich nacheinander Gast in einer Reihe der vornehmsten Häuser des Landes sein werde. In Berlin ist mein Leben eine ununterbrochene Folge von Lustbarkeiten im kaiserlichen Schloß. Und so geht's, wohin ich mich auch wende.

Harris: Es muß sehr erfreulich sein. Aber gewiß wirkt Boston ein wenig langweilig, wenn Sie zu Hause sind.

Enkel: Ja, natürlich, das tut's. Aber ich bin nicht oft zu Hause. Da ist kein Leben – wenig nur für das höhere Wesen des Menschen. Boston ist nämlich sehr eng. Es weiß es nicht, und man könnte es nicht davon überzeugen – also sage ich nichts, wenn ich drüben bin, hat ja keinen Zweck. Ja, Boston ist sehr eng, aber es hat solch eine gute Meinung von sich selber, daß es nichts davon merkt. Ein Mann, der soviel gereist ist wie ich und soviel von der Welt gesehen hat, der sieht es mehr als deutlich, aber daran ändern kann er auch nichts, wissen Sie, und da ist es das beste, man geht und sucht sich eine Sphäre, die mehr mit dem eigenen Geschmack und der persönlichen Kultur harmoniert. Ich fahre vielleicht einmal im Jahr hinüber, wenn nichts Wichtiges ansteht, aber ich bin dann schon bald wieder hier. Ich bringe mein Leben in Europa zu.

Harris: Ah ... Sie entwerfen Ihr Programm und ...

Enkel: Aber nein, wenn Sie gestatten. Ich entwerfe ganz und gar kein Programm. Ich folge Tag um Tag einfach nur meinen Neigungen. Ich bin durch keine Verpflichtungen behindert, durch keine Erfordernisse; ich bin in gar keiner Weise gebunden. Ich bin ein zu erfahrener Reisender, als daß ich mich durch vorgefaßte Absichten in meiner Freiheit beschränken ließe. Ich bin einfach nur ein Reisender – ein eingefleischter Reisender – mit einem Wort: ein Mann von Welt –, einen anderen Namen kann ich mir nicht beilegen. Ich sage nicht: »Ich gehe hierhin und ich gehe dorthin« – ich sage überhaupt nichts, ich handele. So werden Sie mich in der nächsten Woche zum Beispiel als Gast bei einem spanischen Granden antreffen – oder aber unterwegs nach Venedig, oder wie ich einmal rasch nach Dresden flitze. Ich werde wahrscheinlich plötzlich nach Ägypten reisen; meine Freunde werden zu ihren Freunden sagen: »Jetzt ist er an den Nilfällen« – und genau in dem Augenblick werden sie zu ihrer Überraschung erfahren, daß ich irgendwo ganz weit weg in Indien bin. Ich überrasche die Leute unentwegt. Sie sagen immerzu: »Ja, er war in Jerusalem, als wir das letzte Mal von ihm hörten, aber weiß der Himmel, wo er jetzt ist.«

Nach einer Weile erhob sich der Enkel und wandte sich zum Gehen – vermutlich war ihm eingefallen, daß er eine Verabredung mit irgendeinem Kaiser hatte. Er beehrte uns abermals mit seinen hoch vornehmen Manieren: griff auf Armlänge mit der einen Klaue nach meiner Hand, drückte mit der anderen seinen Hut gegen den Magen, knickte dreimal in der Hüfte ein und murmelte:

»War mir ein Vergnügen; großes Vergnügen, wahrhaftig. Wünsche Ihnen viel Erfolg.«

Dann beraubte er uns seiner gnädigen Anwesenheit. Es ist etwas Großes und Ernstes, etwas Feierliches geradezu, einen Großvater zu haben.

Es war nicht meine Absicht, diesen Jungen in irgendeiner Weise schief darzustellen, denn der geringfügige Unwillen, den er in mir wachrief, schlief bald wieder ein, und es blieb nichts als Mitleid zurück. Man kann keinen Groll gegen ein Vakuum empfinden. Ich habe versucht, die Worte des Kerlchens genau wiederzugeben; wenn mir das auch nicht ganz gelungen sein mag, so ist mir doch auf jeden Fall gelungen, den Kern und den Sinn dessen, was er gesagt hat, festzuhalten. Er und die harmlose Plaudertasche, der ich auf dem Genfer See begegnet bin, waren die einzigartigsten und interessantesten Exemplare des jungen Amerika, die mir bei meinen Reisen im Ausland über den Weg gelaufen sind. Ich habe getreuliche Porträts von ihnen gezeichnet, keine Karikaturen. Der Enkel von dreiundzwanzig Jahren bezeichnete sich selber fünf- oder gar sechsmal als »alten Reisenden«, und mindestens dreimal (mit einer heiteren Selbstgefälligkeit, die einen wahnsinnig machen konnte) als einen »Mann von Welt«. Es hatte etwas sehr Köstliches, wie er Boston, ohne es zurechtzuweisen oder eines Besseren zu belehren, seiner »Enge« überließ.

Ich ließ die Karawane alsbald in Marschordnung antreten, und nachdem ich einmal an der Kolonne auf- und abgeritten war, um mich zu vergewissern, daß sie richtig aneinandergeseilt war, gab ich den Befehl zum Weitermarsch. Nach kurzer Zeit führte uns der Weg in ein offenes, grasbewachsenes Gelände. Wir befanden uns nun oberhalb des lästigen Waldes und erfreuten uns eines unbehinderten Blicks auf den genau vor uns liegenden Gipfel – den Gipfel des Riffelberges.

Wir folgten dem Maultierpfad, einem Zickzackkurs, nun nach links und nun wieder nach rechts, aber immerzu aufwärts und immerzu bedrängt und belästigt von langen Reihen aufsteigender und absteigender unbesonnener Touristen, die in keinem einzigen Falle aneinandergebunden waren. Ich war gezwungen, die äußerste Bedachtsamkeit walten zu lassen, denn an vielen Stellen war der Weg keine zwei Meter breit, und oft fiel an der talwärts gelegenen Seite der schräge Felsenhang zweieinhalb oder gar drei Meter tief ab. Ich mußte den Männern immerzu Mut zusprechen, damit sie nicht ganz ihrer unmännlichen Furcht erlagen.

Wir hätten den Gipfel vielleicht noch vor Einbruch der Nacht erreicht, wenn wir nicht durch den Verlust eines Regenschirms aufgehalten worden wären. Ich war dafür, den Regenschirm als verloren zu betrachten und damit gut, aber die Leute murrten, und zwar nicht ohne Grund, denn in diesem offenen Gelände war ein Schutz gegen Lawinen ganz besonders vonnöten; also ließ ich das Lager aufschlagen und stellte einen starken Trupp ab, der nach dem fehlenden Ausrüstungsstück suchen sollte.

Die Schwierigkeiten des nächsten Morgens waren groß, aber unser Mut war größer, denn unser Ziel rückte nahe. Um die Mittagszeit bezwangen wir das letzte Hindernis, dann standen wir endlich und wirklich auf dem Gipfel, und zwar ohne einen einzigen Mann verloren zu haben, das Maultier, das den Sprengstoff fraß, ausgenommen. Unsere Großtat war getan – die Möglichkeit des Unmöglichen war bewiesen worden, und

Harris und ich zogen stolz in den großen Speisesaal des Riffelberghotels ein und stellten unsere Alpenstöcke in die Ecke.

Jawohl, ich hatte den großen Aufstieg unternommen; aber es war ein Fehler gewesen, ihn im Abendanzug zu machen. Die Zylinder waren verbeult, die Frackschöße flatterten in Fetzen, der Schmutz bedeutete keine Zierde, der allgemeine Eindruck war unerfreulich und sogar unschicklich.

Etwa fünfundsiebzig Touristen befanden sich zu der Zeit im Hotel – hauptsächlich Damen und kleine Kinder –, und sie empfingen uns voller Bewunderung, was uns für alle Entbehrungen und Leiden entschädigte. Der Aufstieg war geschafft, und die Namen und die Daten stehen nun dort auf einem Gedenkstein verzeichnet, der es allen zukünftigen Reisenden beweist.

Ich kochte ein Thermometer ab und stellte die Höhe fest. Das Resultat war höchst verwunderlich: *der Gipfel lag nicht so hoch wie die Stelle am Hang, an der ich die erste Höhenmessung vorgenommen hatte.* Da ich vermutete, eine wichtige Entdeckung gemacht zu haben, schickte ich mich an, sie zu überprüfen. Es traf sich, daß über dem Hotel ein noch höherer Gipfel aufragte, der sogenannte Gornergrat, und trotz der Tatsache, daß er sich in schwindelnder Höhe über einem Gletscher erhebt und der Aufstieg schwierig und gefährlich ist, beschloß ich, mich dort hinaufzuwagen und ein Thermometer zu kochen. Also schickte ich unter der Führung zweier leitender Expeditionsmitglieder einen starken Trupp mit geborgten Hacken aus, der den ganzen Weg hinauf eine Treppe ins Erdreich hieb, und auf dieser Treppe unternahm ich, an die Führer geseilt, den Aufstieg. Diese windige Höhe war der eigentliche Gipfel – ich vollbrachte also sogar noch mehr, als ich mir ursprünglich vorgenommen hatte. Von diesem tollkühnen Unternehmen zeugt ein zweiter Gedenkstein.

Ich kochte mein Thermometer, und tatsächlich – es erwies sich, daß diese Stelle, die dem Anschein nach etwa siebenhundert Meter höher als das Hotel lag, in Wirklichkeit dreitausend

Meter *tiefer* lag. Also war eindeutig bewiesen: *Je höher oberhalb eines bestimmten Punktes ein Punkt zu liegen scheint, desto tiefer liegt er in Wirklichkeit.* War schon unser Aufstieg an sich eine Heldentat – unvorstellbar größer noch war dieser Beitrag zur Wissenschaft.

Spitzfindler werden einwenden, daß Wasser bei immer niedrigerer Temperatur zu kochen beginnt, je höher man hinaufsteigt, und daß sich daraus die scheinbare Anomalie erkläre. Ich gebe zur Antwort, daß ich meine Theorie nicht auf das gründe, was das kochende Wasser tut oder läßt, sondern was ein gekochtes Thermometer anzeigt. Am Thermometer ist nicht zu rütteln.

Ich hatte von dieser Höhe eine herrliche Aussicht auf den Monte Rosa und allem Anschein nach auf die ganze übrige Alpenwelt. Der Horizont war rundum ein hochgetürmter, mächtiger Wirrwarr schneebedeckter Kämme. Man hätte glauben können, die Zelte einer belagernden Heerschar von Brobdingnagiern vor sich zu sehen.

Aber für sich allein und beherrschend und unübertrefflich erhob sich der wundervolle aufrechte Keil des Matterhorns. Seine steilen Hänge waren mit Schnee überpudert, und die obere Hälfte verbarg sich in dichten Wolken, die sich hin und wieder zu einem spinnwebfeinen Vorhang auflösten, durch den einen Augenblick lang der achtunggebietende Turm wie durch einen Schleier sichtbar wurde. Ein wenig später nahm das Matterhorn Ähnlichkeit mit einem Vulkan an*; es war nackt bis zum Scheitel, und um diesen kreisten gewaltige weiße Wolkenkränze, die sich langsam dehnten und schräg zur Sonne hoch davonzogen – wohl dreißig Kilometer quirlenden, sich wälzenden Dampfes, der genauso aussah, als entströme er einem Krater. Wiederum eine Weile später war die eine Seite des Berges sauber und klar und die andere vom Fuß bis zum Gipfel in dichte rauchähnliche Wolken gehüllt, die hoch oben ausfiederten und um die scharfen Kanten des Schaftes geblasen wurden wie Qualm um die Ecken eines brennenden Hauses. Das Matterhorn experimentiert ununterbrochen und erzielt auch immerzu die schönsten Wirkungen. Bei Sonnenuntergang, wenn die ganze niedere Welt bleich in der Finsternis daliegt, zeigt es aus dem durchdringenden Dunkel wie ein Feuerfinger zum Himmel. Bei Sonnenaufgang – nun, es heißt, das Matterhorn sei sehr schön bei Sonnenaufgang.

Meine Gewährsleute stimmen darin überein, daß man von keiner anderen zugänglichen Stelle aus eine solch gewaltige »Anlage« schneeiger alpiner Größe und Erhabenheit überblikken könne wie die, die der Reisende auf dem Gipfel des Riffel-

* Ich hatte das seltene Glück, das Matterhorn einen flüchtigen Augenblick lang von Wolken vollkommen unbehindert zu erhaschen. Sofort richtete ich meinen Photoapparat darauf, und es wäre ein großartiges Bild geworden, wenn sich mein Esel nicht eingemischt hätte. Es war meine Absicht, diese Photographie ganz allein für mein Buch zu zeichnen, aber ich stellte fest, daß Landschaft nicht meine starke Seite ist und sah mich daher gezwungen, den Bergteil einem Künstler vom Fach anzuvertrauen.

berges vor sich sieht. Darum möge der Reisende sich anseilen und dort hinaufsteigen; denn ich habe bewiesen, daß es mit Mut, Umsicht und Besonnenheit zu schaffen ist.

Ich möchte hier noch – in Parenthese, sozusagen – eine Bemerkung anfügen, zu der mich das Wort »schneeig« drängt, das ich soeben benutzt habe. Wir haben alle schon Hügel und Berge und Ebenen mit Schnee darauf gesehen und glauben daher, wir kennten alle Aspekte, die der Schnee bietet, und alle Wirkungen, die er erzielen kann. Aber dem ist durchaus nicht so, bevor wir nicht die Alpen gesehen haben. Möglich, daß Masse und Entfernung etwas dazutun – fest steht jedenfalls, daß hier tatsächlich etwas hinzutritt. So ist zum Beispiel der Alpenschnee in der Ferne, wenn die Sonne auf ihn scheint, von einem blendenden, eindringlichen Weiß, das man als eigentümlich und dem Auge unvertraut erkennt. Der Schnee, an den man gewöhnt ist, zeigt eine ganz leichte Schattierung – Maler geben ihm meistens einen Stich ins Blaue –, nicht so jedoch der ferne Alpenschnee, wenn er bemüht ist, sich von der allerweißesten Seite zu zeigen; an ihm ist nicht die geringste Tönung wahrzunehmen. Und was seine unvorstellbare Pracht betrifft, wenn die Sonne auf ihn niederflammt – nun, sie ist einfach unvorstellbar.

Kapitel 10

Mit einem Reiseführer ist es etwas Merkwürdiges. Der Leser hat soeben miterlebt, was jemand durchzustehen hat, der den großen Aufstieg von Zermatt zum Riffelberg unternimmt. Baedeker jedoch macht folgende seltsame Angaben über dieses Unternehmen:

1. Entfernung – drei Stunden.
2. Den Weg kann man nicht verfehlen.
3. Führer nicht nötig.
4. Entfernung vom Riffelberg-Hotel zum Gornergrat – eineinhalb Stunden.
5. Aufstieg einfach und leicht. Führer nicht nötig.
6. Zermatt, Höhe über dem Meeresspiegel: 1611 m.
7. Riffelberg-Hotel, Höhe über dem Meeresspiegel: 2570 m.
8. Gornergrat, Höhe über dem Meeresspiegel: 3089 m.

Ich habe diese Irrtümer recht wirksam abgewürgt, indem ich ihm, Baedeker, die folgenden bewiesenen Tatsachen mitteilte:

1. Entfernung von Zermatt zum Riffelberg-Hotel – 7 Tage.
2. Man *kann* den Weg verfehlen. Falls ich der erste sein sollte, dem es gelang, dann möchte ich auch, daß es mir angerechnet wird.
3. Führer sind durchaus nötig, denn nur ein Einheimischer kann diese Wegweiser lesen.
4. Die Schätzung der verschiedenen Höhen über dem Mee-

resspiegel ist ziemlich korrekt – für Baedeker. Er verschätzt sich nur um etwa 51900 bzw. 27450 m.

Meine Arnika erwies sich als unschätzbar. Meine Männer litten qualvoll unter der Reibung des zuvielen Sitzens. Während zwei oder gar drei Tagen war keiner von ihnen zu etwas anderem fähig, als sich hinzulegen oder umherzugehen; aber so wirksam war die Arnika, daß am vierten Tag alle wieder sitzen konnten. Ich stehe nicht an zu behaupten, daß ich den Erfolg unseres großen Unternehmens mehr als allem anderen der Arnika und der Opiumtinktur verdanke.

Nachdem meine Männer nun wieder bei Gesundheit und Kräften waren, erhob sich für mich die große Frage, wie ich sie wieder von dem Berg herunterbekommen sollte. Ich war nicht willens, die braven Kerle nochmals den Gefahren, Mühsalen und Plagen jener fürchterlichen Strecke auszusetzen, wenn es sich nur eben vermeiden ließ. Zuerst dachte ich an Ballons; aber diese Idee mußte ich natürlich aufgeben, denn Ballons konnten nicht beschafft werden. Ich dachte an verschiedene andere Beförderungsmittel, ließ sie aber bei näherer Überlegung alle wieder fallen – aus nämlichem Grund. Aber schließlich stieß ich auf die Lösung des Problems. Mir war bekannt, daß das Wandern der Gletscher feststeht, denn ich hatte es im Baedeker gelesen; also beschloß ich, mich zur Fahrt nach Zermatt auf dem großen Gorner-Gletscher einzuschiffen.

Vortrefflich. Die nächste Frage war, wie wir bequem zu dem Gletscher hinunterkommen konnten – denn der Maultierpfad war lang und gewunden und beschwerlich. Ich machte mich ans Überlegen und hatte mir bald etwas ausgedacht. Vom Gornergrat, einer fast senkrechten Felswand von etwa 350 m Höhe, schaut man unmittelbar auf den gewaltigen gefrorenen Fluß hinunter, der den Namen Gorner-Gletscher trägt. Wir hatten 154 Regenschirme mit – und ist ein Fallschirm nicht auch zuallererst und zuvörderst ein Schirm?

Ich erwähnte diesen erhabenen Gedanken begeistert Harris gegenüber und wollte die Expedition gerade mit Regenschirmen auf dem Gornergrat antreten und sich zum truppweisen Flug unter dem Kommando je eines Führers bereitmachen lassen, da hielt Harris mich zurück und bat mich dringend, die Sache doch ja nicht zu überstürzen. Er fragte mich, ob diese Methode des Abstiegs aus den Alpen schon jemals zuvor ausprobiert worden sei. Ich sagte nein, ich hätte noch von keinem derartigen Fall gehört. Dann sei es, seiner Ansicht nach, eine Angelegenheit von beträchtlichem Ernst; seiner Ansicht nach, so sagte er, wäre es nicht gut, die ganze Abteilung zugleich von der Felskante springen zu lassen; besser sei es, zunächst einmal nur einen Mann loszuschicken und abzuwarten, wie es ihm erging.

Ich begriff sofort, daß dies ein kluger Gedanke war. Ich sagte es meinem Reisebegleiter auch und dankte ihm von Herzen und bat ihn, seinen Regenschirm zu nehmen und die Sache unverzüglich auszuprobieren und mit dem Hut zu winken, wenn er unten ankam, falls er an einer weichen Stelle landete. Und dann würde ich alles übrige sofort hinterherschicken.

Dieses Zeichen meines Vertrauens rührte Harris zutiefst, und er offenbarte es mir mit merklich bebender Stimme; gleichzeitig sagte er jedoch, er halte sich einer solchen in die Augen fallenden Gunstbezeigung nicht für würdig; solche Bevorzugung (sagte er) könne sehr leicht zu Eifersüchteleien innerhalb des Expeditionskommandos führen, denn es gebe genug, die nicht zögern würden zu behaupten, er habe sich diesen Auftrag erschlichen, wohingegen sein Gewissen Zeuge sei, daß er überhaupt nicht um ihn nachgesucht habe, ja ihn in seinem Innersten nicht einmal begehre.

Ich erwiderte, daß ihm diese Worte zur allerhöchsten Ehre gereichten, er aber die unvergängliche Auszeichnung, als erster mittels Fallschirm von einem Alpengipfel zurückgekehrt zu sein, nicht von sich weisen dürfe, nur um die Gefühle irgendwelcher neidischer Untergebenen zu schonen. Nein, sagte ich, er müsse die Ernennung annehmen – es sei nun keine Bitte mehr, sondern ein Befehl.

Er dankte mir überschwenglich und sagte, diese Lage der Dinge räume jeglichen Einwand beiseite. Er trat ab und kehrte alsbald mit seinem Regenschirm und vor Dankbarkeit flackernden Augen und vor Freude bleichen Wangen zurück. Gerade in diesem Augenblick kam der Oberführer vorbei. Harris' Gesicht nahm den Ausdruck grenzenlosen Zartgefühls an, und er sagte:

»Dieser Mann hat mich vor vier Tagen grausam beleidigt, und da wünschte ich in meinem Herzen, er werde noch einmal erkennen und bekennen, daß es nur eine einzige edle Rache gibt, die der Mensch an seinem Feind üben kann: Böses mit Gutem vergelten. Ich verzichte zu seinen Gunsten. Ernennen Sie ihn!«

Ich umarmte den großmütigen Mann und sagte:

»Harris, Sie sind die edelste Seele, die es auf Erden gibt. Sie sollen diesen erhabenen Entschluß nicht bereuen, und die Welt wird davon erfahren. Und falls ich noch leben sollte, werden Sie Gelegenheit finden, ihn noch zu übertreffen – denken Sie daran!«

Ich rief den Oberführer herbei und ernannte ihn auf der Stelle.

Aber der Auftrag weckte keine Begeisterung in ihm. Er war ganz und gar nicht angetan von der Idee. Er sagte:

»Mich an einen Regenschirm binden und vom Gornergrat springen! Entschuldigen Sie, aber es gibt eine Menge angenehmere Wege zur Hölle als den.«

Eine Unterhaltung mit ihm über dieses Thema förderte zutage, daß er das Unternehmen für ausgesprochen gefährlich hielt. Ich war nicht davon überzeugt, jedoch auch nicht willens, das Experiment auf irgendeine riskante Weise durchzuführen – das heißt dergestalt, daß Stärke und Leistungsfähigkeit der Expedition dadurch geschmälert wurden. Ich war ziemlich am Ende meiner Weisheit, da kam mir der Gedanke, es mit dem Latinisten zu versuchen.

Er wurde herbeigerufen. Aber er lehnte ab, und zwar unter

Berufung auf fehlende Erfahrung, Schüchternheit in der Öffentlichkeit, mangelnde Neugierde, und was weiß ich noch alles. Ein anderer Mann lehnte ab unter Berufung auf seinen Schnupfen; er halte es für besser, sich nicht der Kälte auszusetzen. Noch ein anderer konnte nicht gut springen – konnte noch *nie* gut springen – glaubte nicht, daß er so weit springen könne ohne langes und geduldiges Training. Wieder ein anderer befürchtete, es könne anfangen zu regnen, und sein Schirm, sagte er, habe ein Loch. Jeder hatte eine Entschuldigung. Das Ergebnis hat der Leser inzwischen erraten: Der großartigste

Gedanke, der jemals gefaßt worden war, mußte aufgegeben werden, einfach weil sich niemand mit genügend Unternehmungsgeist fand, um ihn in die Tat umzusetzen. Ja, ich mußte diesen Plan tatsächlich fallenlassen – und doch werde ich zweifellos noch erleben, daß jemand anders Gebrauch davon macht und mir mein Verdienst stiehlt, um es sich selber zuzuschreiben.

Nun, wir mußten über Land absteigen – einen anderen Weg gab es nicht. Ich führte die Expedition den steilen und beschwerlichen Maultierpfad hinunter und bezog die bestmögliche Stellung mitten auf dem Gletscher – denn im Baedeker stand, das Mittelstück wandere am schnellsten. Aus Gründen der Sparsamkeit stellte ich jedoch einen Teil des schwereren Gepäcks als Frachtgut an die beiden Ränder.

Ich wartete und wartete, aber der Gletscher rührte sich nicht. Es begann zu dämmern, die Nacht brach herein – wir rückten immer noch nicht von der Stelle. Da fiel mir ein, daß im Baedeker vielleicht ein Fahrplan stand; es würde von Nutzen sein, die Abfahrtszeiten herauszufinden. Ich befahl, daß man mir das Buch bringe – es war nicht zu finden. Bradshaw enthielt bestimmt einen Fahrplan; aber auch ein Bradshaw war nicht aufzutreiben.

Nun, ich mußte das Beste aus der Lage machen. Also schlug ich die Zelte auf, pflockte die Tiere an, melkte die Kühe, aß zu Abend, setzte die Leute unter Opiumtinktur, teilte die Wache ein und ging zu Bett – nachdem ich befohlen hatte, daß man mich wecke, sobald Zermatt in Sicht war.

Ich wurde gegen halb elf am nächsten Morgen wach und blickte mich um. Wir waren keinen Deut von der Stelle gerückt! Zuerst begriff ich es einfach nicht, aber dann wurde mir klar, daß der alte Kasten auf Grund gelaufen sein mußte. Also fällte ich ein paar Bäume und machte ein Rundholz an Steuerbord zurecht und ein zweites an Backbord und vertat über drei Stunden mit dem Versuch, uns flottzuhebeln. Aber es nützte nichts. Der Kasten war fast einen Kilometer breit und zwanzig oder dreißig Kilometer lang, und es ließ sich einfach nicht sagen, wo genau er denn nun auf Grund saß. Auch begannen die Männer unruhig zu werden, und plötzlich kamen sie mit aschfahlen Gesichtern angerannt und riefen, wir seien leckgeschlagen.

Nur mein kühler Kopf rettete uns in diesem kritischen Augenblick vor einer neuen Panik. Ich befahl ihnen, mir die Stelle zu zeigen. Sie führten mich zu einem riesigen Felsbrokken, der in einem tiefen, mit kristallklarem Wasser angefüllten Loch lag. Es sah in der Tat nach einem sehr üblen Leck aus, aber das behielt ich für mich. Ich fertigte eine Pumpe an und befahl den Männern, den Gletscher leerzupumpen. Wir hatten Erfolg damit. Nun bemerkte ich, daß es überhaupt kein Leck war. Dieser Felsbrocken war von einer Wand herabgestürzt und mitten auf dem Eis des Gletschers liegengeblieben, und die Sonne hatte ihn Tag um Tag erwärmt, und folglich hatte er sich immer tiefer in das Eis hineingeschmolzen, bis er schließlich in einen tiefen Tümpel aus überaus klarem und kaltem Wasser ruhte, so wie wir ihn vorgefunden hatten.

Plötzlich tauchte der Baedeker wieder auf, und ich suchte gespannt nach dem Fahrplan. Da war kein Fahrplan. In dem Buch stand lediglich zu lesen, daß der Gletscher sich dauernd bewege. Das genügte, also klappte ich das Buch wieder zu und wählte einen Standort, von dem aus ich im Vorbeifahren die Landschaft besonders gut betrachten konnte. Dort stand ich eine Zeitlang und genoß die Reise, aber schließlich fiel mir auf, daß wir in der Landschaft eigentlich nicht so recht weiterkamen. Ich sagte mir: »Dieser verflixte alte Kasten ist bestimmt wieder auf Grund gelaufen!« – und schlug den Baedeker auf, um nachzusehen, ob dort vielleicht ein Mittel gegen diese ärgerlichen Störungen verzeichnet stand. Schon bald stieß ich auf einen Satz, der blendendes Licht auf die Angelegenheit warf. Er lautete: »Der Gorner-Gletscher legt durchschnittlich am Tag zweieinhalb Zentimeter zurück.« Ich habe mich selten so schändlich behandelt gefühlt. Selten ist mein Vertrauen so arglistig betrogen worden. Ich machte eine rasche Überschlagsrechnung: 2,5 Zentimeter am Tag, also etwa achteinhalb Meter im Jahr; geschätzte Entfernung nach Zermatt – 2 bis 30 Kilometer. Fahrzeit auf dem Gletscher *etwas mehr als fünfhundert Jahre!* Ich sagte mir: »Da bin ich schneller *zu Fuß* da! Und bevor ich solch einen Schwindel wie diesen hier unterstütze, gehe ich auch wahrhaftig lieber zu Fuß.«

Als ich Harris eröffnete, daß der Personenteil des Gletschers – der Mittelteil – der Blitzexpreßteil, sozusagen – nicht vor dem Sommer des Jahres 2378 in Zermatt eintreffen werde und das Gepäck, das auf dem langsamen Rand nachkam, erst ein paar Generationen später zu erwarten sei, platzte er mit folgendem heraus:

»Da haben Sie einmal wieder ein typisches Beispiel für europäische Betriebsplanung! Zweieinhalb Zentimeter am Tag – das muß man sich einmal vorstellen! Fünfhundert Jahre für ein bißchen mehr als fünf Kilometer! Aber es überrascht mich gar nicht. Dies ist ein katholischer Gletscher. Das merkt man schon daran, wie er aussieht. Und an der Verwaltung.«

Ich sagte nein, meines Erachtens liege nur das allerletzte Stück in einem katholischen Kanton.

»Nun, dann ist es ein staatlicher Gletscher«, entgegnete Harris. »Es kommt alles auf dasselbe heraus. Hier betreibt der Staat alles – also ist alles langsam; langsam und schlecht organisiert. Aber bei uns, da ist alles privat, und wenn alles privat ist, dann gibt es kein Herumbummeln, darauf können Sie sich verlassen. Ich wünschte, Tom Scott kriegte diesen trägen alten Schlitten mal unter die Finger – Sie würden sehen, der schlüge gleich eine andere Gangart an.«

Ich sagte, ich sei sicher, daß er die Geschwindigkeit erhöhen würde, falls genug Verkehr vorhanden sei, um eine solche Maßnahme zu rechtfertigen.

»Er würde den Verkehr *machen*«, erwiderte Harris. »Das ist der Unterschied zwischen dem Staat und dem Privatmann. Dem Staat ist alles egal, dem Privatmann nie. Tom Scott würde den ganzen Verkehr an sich reißen; in zwei Jahren würden die Gorner-Aktien auf 200 steigen, und nach zwei weiteren Jahren würden alle anderen Gletscher unter den Hammer kommen.« Nach einer Pause, während der er nachdachte, fügte Harris hinzu: »Etwa zweieinhalb Zentimeter; etwa zweieinhalb *Zentimeter*, wohlgemerkt. Na, mit meiner Hochachtung vor Gletschern ist es vorbei.«

Mir war nicht viel anders zumute. Ich bin mit Schleppkähnen, Ochsenkarren, Flößen und mit der Epheser & Smyrnaer Eisenbahn gereist; aber wenn es um gute, gediegene, ehrliche langsame Fortbewegung geht, setze ich bedenkenlos auf den Gletscher. Als Mittel der Personenbeförderung halte ich den Gletscher für einer Versager, aber als Transportmittel für Fracht, die nicht Eilgut ist, ist er meiner Ansicht nach einfach nicht zu schlagen. Die Deutschen könnten ihm in diesem Verkehrszweig manch eine feine Nuance abgucken.

Ich befahl den Männern, das Lager abzubrechen und sich zur Landreise nach Zermatt zu rüsten. In diesem Augenblick wurde ein interessanter Fund gemacht; ein dunkler, in das Gletschereis eingebetteter Gegenstand wurde mit Eispickeln herausgehauen und erwies sich als ein Stück eines abgezogenen Tierfells – vielleicht eine fellbeschlagene Reisekiste? Aber eine nähere Untersuchung versetzte der Reisekistentheorie einen Knacks und eine weitere Diskussion und Prüfung ließen sie vollends platzen – das heißt, nach Ansicht aller Wissenschaftler mit Ausnahme des einen, der sie aufgestellt hatte. Dieser klammerte sich an seine Theorie mit der für Urheber wissenschaftlicher Theorien charakteristischen liebevollen Treue und bekehrte hernach viele der führenden Wissenschaftler seiner Zeit zu seiner Ansicht, und zwar mit Hilfe einer Abhandlung, die den Titel trug: »Beweise, die darlegen, daß die felltragende Reisekiste in ungezähmtem Zustand der frühen Eiszeit angehörte und zusammen mit dem Höhlenbär, dem Urmenschen und anderen Oolithen der alten Silurenfamilie die Wildnis des Chaos' durchstreifte.«

Jeder von unseren Wissenschaftlern hatte seine eigene Theorie und brachte sein eigenes Tier als Kandidaten für das Fell in Vorschlag. Ich unterstützte den Geologen der Expedition in seiner Annahme, daß dieses Stück Fell einstmals in einer alten, vergessenen Zeit mitgeholfen habe, einen sibirischen Elefanten zu bedecken – aber hier trennten wir uns, glaubte doch der Geologe, seine Entdeckung beweise, daß Sibirien früher da gelegen habe, wo jetzt die Schweiz liegt, wohingegen ich die Meinung vertrat, sie beweise lediglich, daß der Urschweizer nicht der stumpfsinnige Wilde war, als der er gemeinhin dargestellt wird, sondern vielmehr ein Wesen von hochentwickelter Geistigkeit, das gerne in den Zoo ging. An diesem Abend trafen wir nach vielen Mühen und Abenteuern auf einer Wiese in der Nähe dieses großen Eistores ein, durch das die tolle Visp unter dem Fuß des großen Gorner-Gletschers hervorkocht, und dort schlugen wir unser Lager auf in dem Bewußtsein, daß wir alle Gefahren bestanden und unser großartiges Unternehmen erfolgreich zu Ende geführt hatten. Am nächsten Tag zogen wir in Zermatt ein und wurden mit den verschwenderischsten Ehren und übergroßem Beifall empfangen. Eine von allen zuständigen Stellen unterzeichnete und besiegelte Urkunde wurde mir überreicht, die feststellte und bestätigte, daß ich die Besteigung des Riffelberges unternommen hatte. Diese Urkunde trage ich um den Hals, und sie wird mit mir begraben werden, wenn ich nicht mehr bin.

Kapitel 11

Heute bin ich nicht mehr so unwissend im Hinblick auf die Wanderung der Gletscher wie damals, als ich mich auf dem Gorner-Gletscher einschiffte. Inzwischen habe ich »nachgeschlagen«. Ich weiß jetzt, daß diese gewaltigen Eismassen nicht alle mit derselben Geschwindigkeit vorrücken. Während der Gorner-Gletscher am Tag knapp zweieinhalb Zentimeter zurücklegt, bringt der Unteraar-Gletscher es auf fast fünfundzwanzig, und noch andere Gletscher sollen Tag für Tag dreißig, vierzig oder gar fünfzig Zentimeter schaffen. Einer der Autoren erklärt, daß der langsamste Gletscher im Jahr etwas über sieben Meter wandert und der schnellste vierhundert.

Was ist ein Gletscher? Es ist leicht gesagt, daß er wie ein gefrorener Fluß aussieht, der das Bett einer gewundenen Schlucht oder eines Einschnitts zwischen zwei Bergen einnimmt. Aber diese Feststellung vermittelt keinen Eindruck von seinen ungeheuerlichen Ausmaßen. Denn er ist manchmal fast zweihundert Meter dick, und wir sind nicht gewöhnt an zweihundert Meter tiefe Flüsse; nein, unsere Flüsse sind zwei, vielleicht zehn und manchmal auch fünfzehn Meter tief; wir können eine solch gewaltige Tatsache wie einen Eisstrom von zweihundert Meter Tiefe nicht ganz begreifen.

Die Oberfläche des Gletschers ist nicht glatt und eben, sondern hat tiefe Mulden und dicke Wülste und sieht zuweilen wie eine tobende See aus, deren hochgepeitschte Wogen im Augenblick der heftigsten Bewegung eingefroren sind; die Oberfläche des Gletschers ist auch keine sprunglose Masse, sondern ein Fluß mit Rissen und Spalten, von denen manche schmal sind, andere weit klaffen. Schon manch einer ist – Opfer eines falschen Tritts oder des Ausrutschens – in eine von diesen Spalten hineingestürzt und hat in ihr den Tod gefunden. Manche sind auch lebendig wieder herausgeholt worden, aber nur, wenn sie nicht sehr tief gefallen waren; die Kälte in großen Tiefen würde den Abgestürzten schnell bewußtlos machen, auch wenn er nicht verletzt ist. Diese Spalten führen nicht senkrecht nach unten; man kann selten tiefer als acht bis zwölf Meter in sie hineinschauen; folglich hat man des öfteren nach Menschen gesucht, die in sie hineingefallen waren, in der Hoffnung, daß sie in einer Tiefe liegengeblieben waren, in der die Hilfe sie noch erreichen konnte, während ihr Fall in Wahrheit von Anfang an hoffnungslos war.

Im Jahre 1864 stieg eine Gruppe von Reisenden vom Mont Blanc ab, und als sie sich, angeseilt, wie es sich gehörte, einen Weg quer über einen der Gletscher dort oben suchte, schnallte sich ein junger Träger vom Seil los und betrat eine Eisbrücke, die sich über eine Gletscherspalte spannte. Die Brücke brach krachend unter ihm zusammen, und er verschwand. Die anderen konnten nicht sehen, wie tief er gefallen war, und glaubten daher, daß ein Rettungsversuch Erfolg haben könne. Ein tapferer junger Bergführer namens Michel Payot meldete sich freiwillig.

Zwei Seile wurden an einem Ledergürtel festgemacht, und das Ende eines dritten hielt er in der Hand, um das Opfer daranzubinden, falls er es finden sollte. Er wurde in die Spalte hinuntergelassen, er stieg tiefer und tiefer zwischen den klaren blauen Wänden aus schierem Eis hinab, er näherte sich einer Biegung in dem Riß und verschwand darunter. Tiefer und tiefer kletterte er in dieses abgründige Grab hinunter; als er eine Tiefe von vierundzwanzig Metern erreicht hatte, folgte er einer zweiten Biegung in der Spalte und stieg von da aus nochmals vierundzwanzig Meter wie zwischen zwei senkrechten Wänden abwärts. Dort angekommen, also fast fünfzig Meter unterhalb der Gletscheroberfläche, spähte er in den dämmerigen Schacht hinunter und stellte fest, daß die Spalte noch einmal eine Biegung machte und dann stark abschüssig in unbekannte Tiefen führte, denn weit hinten verlor sich ihr Verlauf in der Dunkelheit. Welch ein Aufenthaltsort – zumal, wenn dieser Lederriemen reißen sollte! Der Gürtel schnürte so stark, daß der beherzte junge Mann zu ersticken drohte; er rief zu seinen

Freunden hinauf, sie möchten ihn hochziehen, aber sie hörten ihn nicht. Sie ließen ihn immer noch tiefer hinunter. Dann ruckte er so heftig, wie er konnte, an seinem dritten Seil; seine Freunde begriffen und zogen ihn aus dem eisigen Rachen des Todes.

Dann banden sie eine Flasche an ein Seil und schickten sie auf sechzig Meter hinunter, aber sie fanden keinen Grund. Sie kam vereist wieder hoch – Beweis genug, daß den armen Träger mit Sicherheit ein schneller Tod durch Erfrieren ereilt hatte, selbst falls er mit heilen Knochen unten angekommen sein sollte.

Ein Gletscher ist ein staunenerregender, unablässig vorrükkender, unwiderstehlicher Pflug. Er schiebt zusammengepackte Geröllmassen vor sich her, und diese erstrecken sich unmittelbar vor ihm wie ein langes Grab oder ein langes steiles Dach quer durch die Schlucht. Das ist die sogenannte Moräne. Außerdem wirft der Gletscher eine Moräne zu beiden Seiten seines Weges auf.

So eindrucksvoll manche der heutigen Gletscher sein mögen, sie sind doch nicht so riesig wie einige, die früher einmal existierten. So schreibt Mr. Whymper zum Beispiel:

»In grauer Vorzeit war das Tal von Aosta von einem gewaltigen Gletscher angefüllt, der sich über die ganze Länge vom Mont Blanc bis in die Ebene von Piemont erstreckte, viele Jahrhunderte hindurch an seinem unteren Ende stillstand, oder doch jedenfalls annähernd stillstand, und dort ungeheure Geröllmassen ablagerte. Die Länge dieses Gletschers betrug über *hundertdreißig* Kilometer, und er entwässerte ein Becken von fünfundvierzig bis fünfundfünfzig Kilometern Breite, das von den höchsten Bergen der Alpen eingefaßt wurde. Die mächtigen Gipfel ragten zweitausend Meter und mehr über dem Gletscher auf und schickten damals wie heute, in Sonne und Frost zerbröckelnd, ihre Schauer von Felsblöcken und Steinen talwärts, von denen die unermeßlichen Anhäufungen kantiger Brocken zeugen, die die Moränen von Ivrea bilden.

Die Moränen um Ivrea haben ungewöhnliche Ausmaße. Diejenige, die sich auf dem linken Ufer des Gletschers befand, ist etwa *zwanzig Kilometer* lang und erhebt sich stellenweise zu einer Höhe von sechshundertvierzig Metern über der Talsohle! Die Endmoränen (die vor den Gletschern hergeschoben werden) bedecken ein Gebiet von rund fünfzig Quadratkilometern. Im Ausgang des Tals von Aosta muß die Dicke des Gletschers mindestens *sechshundert Meter* betragen haben und seine Breite über *acht Kilometer*.«

Es ist nicht leicht, sich solch eine Eismasse vorzustellen. Wenn man das Fußende eines solchen Gletschers abhacken könnte – einen rechteckigen Block von drei bis fünf Kilometer Breite, acht Kilometer Länge und sechshundert Meter Dicke –, würde man ganz New York darunter verstecken können, und der Turm der Trinity-Kirche würde im Verhältnis nur so weit in ihn eindringen wie ein Schindelnagel in den Boden einer Bohlentruhe.

»Das Geröll vom Mont Blanc in der Ebene unterhalb von Ivrea läßt uns mit Sicherheit schließen, daß der Gletscher, der es beförderte, überaus lange existiert haben muß. Seine gegenwärtige Entfernung von den Felswänden, von denen er herstammt, beträgt etwa 128 Kilometer, und wenn wir annehmen, daß es jährlich etwa 120 Meter gewandert ist, dann muß er zu der Reise nicht weniger als 1066 Jahre gebraucht haben! Aller Wahrscheinlichkeit nach hat er sich jedoch so schnell nicht fortbewegt.«

Gletscher werden zuweilen aus ihrem charakteristischen Schneckentempo aufgescheucht. Dann bietet sich ein wundersames Schauspiel. Mr. Whymper berichtet von einem Fall, der sich 1721 auf Island ereignete.

»Offenbar sammelten sich in der Umgebung des Kotlugja-Berges große Wassermassen unter oder in den Gletschern (entweder infolge der Innenhitze der Erde oder aus anderen Gründen) und gewannen schließlich unwiderstehliche Kraft und rissen die Gletscher von ihren Verankerungen an Land los und über jedes Hindernis hinweg ins Meer. Ungeheuere Eismassen wurden auf diese Weise innerhalb weniger Stunden etwa sechzehn Kilometer weit über Land getragen; und ihre Ausmaße waren so gewaltig, daß sie das Meer bis zu einer Entfernung von elf Kilometern vom Ufer bedeckten und in fast zweihundert Meter tiefem Wasser auf Grund liegen blieben! Die Entblößung des Landes war mehr als eindrucksvoll. Alle Oberflächenanhäufungen wurden weggefegt und das feste Gebirge freigelegt. Man hat in anschaulicher Sprache beschrieben, wie alle Unebenheiten und Vertiefungen ausgelöscht und eine glatte Fläche von mehreren Quadratkilometern bloßgelegt wurde und daß dieses Gebiet aussah, als sei es mit einem *Hobel glattgehobelt* worden.«

In dem aus dem Isländischen übersetzten Bericht steht zu lesen, daß die berggleichen Ruinen dieses majestätischen Gletschers die See so bedeckten, daß, soweit das Auge reichte, kein offenes Wasser ausgespäht werden konnte, nicht einmal von den höchsten Gipfeln. Auch eine Riesenmauer, ein Eiswall quer über ein beträchtliches Stück Land hinweg, wurde von diesem seltsamen Einbruch aufgerichtet.

»Man kann sich eine gewisse Vorstellung von der Höhe dieses Eiswalles machen, wenn in dem Bericht erwähnt wird, daß man vom Dabrekka-Hof, der hoch oben an einem Hang liegt, nicht den etwa zweihundert Meter hohen Kamm des Hjorleifshofdi sehen konnte, sondern zu diesem Zweck an einem Hang östlich vom Dabrekka-Hof bis auf eine Höhe von dreihundertsechzig Metern klettern mußte.«

Diese Angaben werden dem Leser begreifen helfen, wie es kommt, daß ein Mensch, der mit Gletschern umgeht, sich allmählich ziemlich unbedeutend fühlt. Die Alpen und die Gletscher zusammen können einem Menschen auch das letzte bißchen seines Dünkels rauben und das Gefühl von seiner eigenen Bedeutung auf Null herunterschrauben, wenn er nur lange genug in ihrer erhabenen Gegenwart verweilt, damit sie eine faire und vernünftige Chance habe, ihre Wirkung zu tun.

Die Alpengletscher wandern – das gilt nun allgemein als ausgemacht. Aber es gab eine Zeit, da spotteten die Leute nur über den Gedanken. Sie sagten, da könne man auch ebensogut erwarten, daß massive Felsen meilenweise über die Erde kröchen. Aber Beweis über Beweis wurde erbracht, und schließlich mußte die Welt es glauben.

Die Weisen erklärten nicht nur, daß der Gletscher wandere, sondern ergründeten auch das Zeitmaß seiner Fortbewegung. Sie berechneten die Gangart eines Gletschers und verkündeten sodann zuversichtlich, daß er so und so weit in so und so vielen Jahren wandern werde. Es wird von einem überraschenden und seltsamen Beispiel für die Genauigkeit berichtet, die bei diesen Berechnungen erreicht werden kann.

Im Jahre 1820 versuchten ein Russe und zwei Engländer in Begleitung von sieben Bergführern die Besteigung des Montblanc. Sie hatten bereits eine erstaunliche Höhe erklommen und näherten sich dem Gipfel, da riß eine Lawine mehrere von ihnen einen sechzig Meter hohen Steilhang hinunter und schleuderte fünf (fünf Bergführer) in eine der Spalten im Gletscher. Einem von ihnen rettete ein auf seinen Rücken geschnalltes langes Barometer das Leben – es überbrückte die Spalte und hielt ihn, bis Hilfe kam. Der Alpenstock eines anderen rettete seinen Träger auf ähnliche Weise. Drei Männer kamen um – Pierre Balmat, Pierre Carrier und Auguste Tairraz. Sie waren in die unergründliche Tiefe der Gletscherspalte gestürzt.

Der englische Geologe Dr. Forbes hatte das Gebiet um den Montblanc häufig aufgesucht und der umstrittenen Frage der Gletscherwanderung einen großen Teil seiner Aufmerksamkeit geschenkt. Bei einem dieser Besuche schloß er seine Schätzung der Fortbewegungsgeschwindigkeit des Gletschers ab, der die drei Bergführer verschluckt hatte, und sagte voraus, daß der Gletscher seine Toten fünfunddreißig oder vielleicht auch vierzig Jahre nach dem Unfall am Fuß des Berges wieder freigeben werde.

Eine langsame, schwerfällige Reise – eine für das Auge nicht wahrnehmbare Bewegung –, aber der Gletscher rückt nichtsdestoweniger ohne Unterlaß vor. Es war eine Reise, die ein rollender Stein in ein paar Sekunden machen würde – der Ausgangspunkt oben am Berg war von dem unten im Tal gelegenen Dorf aus zu sehen.

Die Voraussage kam der Wahrheit erstaunlich nahe: einundvierzig Jahre nach der Katastrophe wurden die Überreste am Fuß des Gletschers ausgeworfen.

In Stephen d'Arves »Histoire du Mont Blanc« bin ich auf eine interessante Darstellung dieser Begebenheit gestoßen. Ich gebe hier eine kurze Zusammenfassung des Berichtes.

Am 12. August 1861 traf um die Stunde, da die Messe zu Ende ging, ein Bergführer mit einer überaus kummervollen Last auf den Schultern atemlos auf dem Bürgermeisteramt von Chamonix ein. Es war ein Sack voller menschlicher Überreste, die er an der Mündung einer Spalte des Bossons-Gletschers eingesammelt hatte. Er vermutete, daß es sich um die Überreste der Opfer der Katastrophe von 1820 handele, und eine genaue Untersuchung, die unverzüglich von der Ortsbehörde durchgeführt wurde, bestätigte alsbald die Richtigkeit der Annahme. Der Inhalt des Sacks wurde auf einem langen Tisch ausgebreitet und wie folgt amtlich inventarisiert:

Teile von drei menschlichen Schädeln. Mehrere Büschel schwarzen und blonden Haares. Ein menschlicher Kiefer, mit guten weißen Zähnen ausgestattet. Ein Unterarm mit Hand; alle Finger unversehrt. Das Fleisch war weiß und frisch, und sowohl der Arm als auch die Hand ließen sich noch bis zu einem gewissen Grad in den Gelenken bewegen.

Der Ringfinger wies eine geringe Abschürfung auf, und der Blutfleck war noch zu sehen – unverändert nach einundvierzig Jahren. Ein linker Fuß; Fleisch weiß und frisch.

Zu diesen Teilen gesellten sich Fetzen von Westen, Hüten, benagelten Schuhen und anderen Kleidungsstücken; ein Taubenflügel mit schwarzen Federn; ein Stück eines Alpenstockes;

eine Blechlaterne und schließlich eine gebratene Hammelkeule, das einzige Fleisch unter all den Überresten, das einen unangenehmen Geruch ausströmte. Der Bergführer erklärte, daß die Hammelkeule nicht übel gerochen habe, als er sie aus dem Gletscher zog; nach einer Stunde in der Sonne hatte die Verwesung bereits ihr Werk begonnen.

Verschiedene Personen wurden herbeigerufen, damit sie diese armseligen, erbarmungswürdigen Reste identifizierten, und es folgte eine rührende Szene. Zwei von den Männern, die vor fast einem halben Jahrhundert Zeuge der grausamen Katastrophe gewesen waren, lebten noch – Marie Couttet (der durch seinen Stock gerettet worden war) und Julien Davouassoux (den das Barometer vor dem Absturz bewahrt hatte). Diese beiden Männer traten an den Tisch. Davouassoux, der über achtzig war, betrachtete die traurigen Überreste stumm und leeren Blickes, denn sein Verstand und sein Gedächtnis waren der Altersschwäche anheimgefallen; aber Couttet war mit seinen zweiundsiebzig Jahren geistig noch rege und zeigte sich stark bewegt. Er sagte:

»Pierre Balmat war blond; er trug einen Strohhut. Dieses Stück Schädel mit dem blonden Haarbüschel daran, das gehörte ihm. Pierre Carrier war sehr dunkel; das hier ist sein Hut. Dies ist Balmats Hand – wie gut ich mich daran erinnere!« Und der alte Mann kniete nieder und küßte sie ehrerbietig, umfaßte sie dann liebevoll mit den Fingern und rief aus: »Ich hätte nie zu glauben gewagt, daß mir, bevor ich aus dieser Welt scheide, vergönnt sein würde, noch einmal die Hand eines dieser tapferen Kameraden zu drücken, die Hand meines lieben Freundes Balmat!«

Es hat etwas gespenstisch Ergreifendes, dieses Bild des weißhaarigen Veteranen, der mit seinem liebevollen Händedruck den Freund begrüßte, der seit vierzig Jahren tot war. Als diese beiden Hände zum letztenmal einander begegneten, waren sie einander gleich gewesen in der Sanftheit und Frische der Jugend; nun war eine vor Alter braun und runzelig und voller

Schwielen, während die andere immer noch jung und hell und makellos war, als seien diese fünfzig Jahre in einem einzigen Augenblick gekommen und gegangen, ohne eine Spur von ihrem Vorübergehen zu hinterlassen. In dem einen Fall war die Zeit weitergegangen; in dem anderen war sie stehengeblieben. Einen Freund, den man eine Generation lang nicht gesehen hat, behält man stets so in Erinnerung, wie er einem bei der letzten Begegnung erschien, und man ist irgendwie überrascht und auch erschrocken, wenn man bei der Wiederbegegnung den Wandel sieht, den das Alter in der Zwischenzeit gewirkt hat. Marie Couttet, der die Hand seines Freundes dem Bild gegenüber, das er vierzig Jahre lang in seinem Gedächtnis aufbewahrt hatte, unverändert vorfand, steht mit seinem Erlebnis vielleicht allein da in der Geschichte der Menschheit.

Couttet identifizierte noch weitere Überreste:

»Dieser Hut gehörte Auguste Tairraz. Er trug den Käfig mit den Tauben, die wir vom Gipfel fliegenlassen wollten. Das hier ist der Flügel von einer dieser Tauben. Und das hier ist ein Stück von meinem zerbrochenen Bergstock; diesem Stock verdanke ich mein Leben. Wer hätte gedacht, daß ich eines Tages die Genugtuung erleben sollte, noch einmal dieses Stück Holz zu erblicken, das mich über dem Grab festhielt, das meine unglücklichen Kameraden verschlungen hat!«

Von Tairraz' Leichnam waren keine Überreste gefunden worden. Man suchte die Stelle noch einmal sorgfältig ab, aber ohne Ergebnis. Ein Jahr später jedoch veranstaltete man abermals eine Suche, und diese hatte mehr Erfolg. Viele Teile von Kleidungsstücken, die den Bergführern gehört hatten, wurden entdeckt, desgleichen ein Stück von einer Laterne und ein grüner Schleier mit Blutflecken darauf. Aber das eigentlich Fesselnde war folgendes:

Einer der Suchenden stieß plötzlich auf einen in einem Ärmel steckenden Arm, der aus einem Riß in der Eiswand ragte, und die Hand an diesem Arm war ausgestreckt, als entbiete sie einen Gruß! »Die Nägel an den Fingern dieser weißen Hand waren noch rosig, und die Haltung der ausgestreckten Finger war wie ein beredter Willkommensgruß an das langentbehrte Licht des Tages.«

Hand und Arm waren allein; kein Körper saß daran. Nachdem man sie aus dem Eis gebrochen hatte, verblaßte die Tönung des Fleisches schnell, und die rosigen Nägel nahmen das Alabasterweiß des Todes an. Dies war die dritte *rechte* Hand, die man gefunden hatte; also stand fraglos und ohne jedes Herumdeuteln fest, daß alle drei Männer mit dem Gletscher zu Tal gekommen waren.

Dr. Hamel war der Russe bei der Besteigung gewesen, während der das berühmte Unglück sich ereignete. Er verließ Chamonix bei der ersten Gelegenheit, die sich nach dem Abstieg ergab, und da er dem Unglück gegenüber eine eiskalte Gleichgültigkeit an den Tag gelegt und den Witwen und Waisen weder sein Mitleid ausgedrückt noch seine Hilfe angeboten hatte, nahm er die von Herzen kommenden Verwünschungen der ganzen Gemeinde mit.

Vier Monate, bevor die ersten Überreste gefunden wurden, hielt sich ein Bergführer aus Chamonix mit dem Namen Balmat – ein Verwandter des Verunglückten – in London auf, und eines

Tages begegnete er im Britischen Museum einem rüstigen alten Herrn, der ihn ansprach:

»Ich hörte eben Ihren Namen. Sind Sie aus Chamonix, Monsieur Balmat?«

»Ja, mein Herr.«

»Hat man die Leichname meiner drei Bergführer noch nicht gefunden? Ich bin Dr. Hamel.«

»Leider nicht, Monsieur.«

»Nun, man wird sie früher oder später finden.«

»Ja – Dr. Forbes und Mr. Tyndall sind der Ansicht, daß der Gletscher die Überreste der unglücklichen Opfer früher oder später wieder herausgeben wird.«

»Ohne Zweifel, ganz ohne Zweifel. Und es wird eine famose Sache für Chamonix werden, denn es wird die Touristen anlokken. Sie können mit diesen Resten ein Museum einrichten, und sie werden sehen, alle Welt wird kommen, um sie sich anzugucken!«

Diese barbarische Idee hat Dr. Hamels Namen bei den Einwohnern von Chamonix nicht gerade in besseren Geruch gebracht. Aber auf die Menschennatur verstand sich der Mann, das muß man ihm lassen. Seine Idee wurde den Ortsgewaltigen von Chamonix zugeleitet, und sie berieten ernsthaft darüber am amtlichen Ratstisch. An der Verwirklichung wurden sie nur durch den entschlossenen Widerstand der Freunde und Nachkommen der verunglückten Bergführer gehindert, die darauf bestanden, daß man den Resten ein christliches Begräbnis gewährte, und dieses Ziel auch erreichten.

Alle Überreste und Bruchstücke mußten scharf bewacht werden, um Veruntreuungen auszuschließen. Ein paar Ausrüstungsfetzen wurden verkauft. Zerfranste Stücke der groben Bekleidung gingen zum Meterpreis von zwanzig Dollar weg; ein Stück von einer Laterne und einige weitere Nichtigkeiten brachten ihr Gewicht in Gold ein; und ein Engländer bot ein Pfund Sterling für einen einzigen Hosenknopf.

Kapitel 12

Eine der denkwürdigsten aller Alpenkatastrophen war die, die sich im Juli 1865 am Matterhorn ereignete – ich habe wenige Seiten zuvor bereits einmal kurz darauf Bezug genommen. Die Einzelheiten sind bei uns kaum bekannt; die allermeisten Leser wissen überhaupt nichts davon. Mr. Whympers Bericht ist der einzige authentische. Ich will den Hauptteil in dieses Buch übernehmen, weil er solch eine lebhafte Vorstellung davon vermittelt, was es mit dieser gefährlichen Kurzweil, die sich Bergsteigen nennt, auf sich hat. Die Besteigung war Mr. Whympers *neunter* Versuch, diese steile und störrische Felsensäule zu bezwingen; der Versuch gelang, die anderen in den vorausgegangenen Jahren waren fehlgeschlagen. Keinem Menschen zuvor war die Besteigung gelungen, obwohl zahlreiche Versuche unternommen worden waren.

Mr. Whympers Bericht

Wir brachen am 13. Juli um halb sechs von Zermatt auf; der Morgen war klar und vollkommen wolkenlos. Wir waren insgesamt acht – Croz (Führer), der alte Peter Taugwalder (Führer) und seine beiden Söhne; Lord F. Douglas, Mr. Hadow, Pfarrer Hudson und ich. Um eine gleichmäßige Fortbewegung zu erzielen, gingen jeweils ein Reisender und ein Einheimischer zusammen. Mir fiel der jüngste Taugwalder zu. Auch die Beförderung der Weinschläuche fiel mir zu, und den ganzen Tag über füllte ich sie nach jedem Trunk insgeheim wieder mit Wasser auf, so daß sie bei der nächsten Rast voller als vorher waren! Dies wurde allgemein für ein gutes Vorzeichen und beinahe für ein Wunder gehalten.

Wir hatten nicht vor, schon am ersten Tag zu irgendwelcher großen Höhe aufzusteigen, und kletterten daher mit sehr viel Muße. Schon vor zwölf Uhr hatten wir in etwa 3300 m Höhe einen guten Platz für unser Zelt gefunden. Die restlichen Stunden brachten wir mit allerlei Beschäftigungen hin – der eine mit Sonnenbaden, der andere mit Zeichnen oder Sammeln. Hudson machte Tee, ich Kaffee, und schließlich legten wir uns in unseren Schlafsäcken zur Ruhe.

Wir versammelten uns am 14. Juli vor Morgengrauen und brachen auf, sobald es hell genug war, um sehen zu können. Einer von den beiden Taugwaldersöhnen kehrte nach Zermatt zurück. Nach wenigen Minuten bogen wir um den Grat, der uns von unserem Zeltplatz aus den Blick auf die Ostwand verwehrt hatte. Dieser große Hang, der über tausend Meter wie eine riesige natürliche Treppe aufsteigt, lag nun ganz vor uns. Einige Teile waren leicht, andere weniger leicht, aber wir wurden kein einziges Mal von irgendeinem ernstlichen Hindernis zum Halten gezwungen, denn so oft etwas uns den Weg versperren wollte, konnten wir nach links oder rechts ausweichen. Ja, auf dem größten Teil des Weges brauchten wir nicht einmal ein Seil, und manchmal führte Hudson, manchmal ich.

Um 6.20 Uhr hatten wir eine Höhe von 3900 m erreicht und machten eine halbe Stunde Rast; nach der Pause setzten wir den Aufstieg ohne Unterbrechung bis 9.55 Uhr fort und hielten dann in 4200 m Höhe eine Viertelstunde an.

Wir befanden uns nun am Fuß jenes Teiles, der vom Riffelberg aus gesehen lotrecht oder gar überhängend erscheint. Auf der Ostseite konnten wir nicht mehr weiterklettern. Ein kurzes Stück stiegen wir über Schnee den Grat entlang auf und wechselten dann nach rechts, also zur Nordseite, über. Die Arbeit wurde nun schwierig und erforderte Vorsicht. An manchen Stellen gab es nur wenig Halt; die allgemeine Neigung des Berges betrug weniger als 40 Grad, und Schnee hatte sich in den Lücken in der Felswand angesammelt und sie ausgefüllt, so daß nur noch hier und da Stücke hervorschauten. Diese waren zuweilen mit einer dünnen Eisschicht überdeckt. Es war eine Stelle, die jeder einigermaßen geübte Bergsteiger ungefährdet hinter sich bringen kann. Wir arbeiteten uns etwa 120 m fast horizontal zur Seite hinüber, stiegen darauf etwa achtzehn Meter unmittelbar auf den Gipfel zu und schwenkten dann auf den Grat ein, der in Richtung Zermatt abfällt. Ein langer Schritt um eine recht unangenehme Ecke brachte uns erneut auf Schnee. Der letzte Zweifel schwand! Das Matterhorn war unser! Nichts weiter als sechzig Meter leichten Schnees mußten wir noch überwinden.

Je höher wir stiegen, desto heftiger ergriff uns die Erregung. Der Hang wurde sanfter, schließlich konnten wir uns vom Seil trennen, und Croz und ich stürmten los und kamen nach einem Nacken-an-Nacken-Rennen gleichzeitig auf dem Gipfel an. Um 1.40 Uhr nachmittags lag die Welt zu unseren Füßen, und das Matterhorn war bezwungen!

Die anderen trafen ein, Croz nahm nun die Zeltstange und pflanzte sie an der höchsten Stelle im Schnee auf. »Ja«, sagten wir, »da wäre der Fahnenmast, aber wo ist die Fahne?« »Hier«, erwiderte er, während er seine Bluse an den Stock band. Es war eine armselige Flagge, und es wehte kein Wind, der sie hätte flattern lassen können, aber man hat sie überall in der Runde gesehen. In Zermatt sah man sie – auf dem Riffelberg – in Val Tourmanche . . .

Wir blieben eine Stunde auf dem Gipfel –

»Eine Stunde, des herrlichen Lebens voll«.

Sie verging nur zu schnell, und wir fingen an, uns zum Abstieg zu rüsten.

Hudson und ich berieten über die beste und sicherste Reihenfolge. Wir kamen überein, daß es das beste sei, wenn Croz als erster kletterte und Hadow als zweiter; Hudson, der mit seinen Füßen fast so sicher war wie ein Bergführer, wünschte an dritter Stelle abzusteigen; Lord Douglas wurde als nächster eingeordnet und hinter ihm der alte Peter, der stärkste der noch verbleibenden Teilnehmer. Ich schlug vor, bei unserem Eintreffen an der schwierigen Stelle ein Seil an den Felsen zu haken, so daß wir uns beim Abstieg zur größeren Sicherheit daran festhalten

konnten. Hudson hieß den Gedanken gut, aber seine Verwirklichung wurde nicht fest beschlossen. Während ich den Gipfel zeichnete, stellten sich die anderen in der geschilderten Reihenfolge auf, und sie waren gerade damit fertig und warteten darauf, daß ich mich an meinem Platz festband, da fiel einem von ihnen ein, daß wir unsere Namen nicht in einer Flasche zurückgelassen hatten. Sie baten mich, sie niederzuschreiben, und brachen auf, während ich damit beschäftigt war.

Wenige Minuten später band ich mich an den jungen Peter, lief hinter den anderen her und holte sie ein, als sie gerade den Abstieg über die schwierige Strecke beginnen wollten. Man befleißigte sich größter Vorsicht. Nur jeweils ein Mann kletterte; wenn er wieder festen Halt hatte, rückte der nächste nach, und so weiter. Sie hatten jedoch das zusätzliche Seil nicht an dem Felsen festgemacht, und es war auch nicht die Rede davon. Ich hatte den Vorschlag nicht meinetwegen angebracht und dachte nun wohl auch selber nicht mehr daran. Ein kurzes Stück folgten wir zu zweit den anderen, und wir wären auch weiter von den anderen getrennt geklettert, hätte Lord Douglas mich nicht gegen drei Uhr gebeten, daß ich mich an den alten Peter bände, da er, wie er sagte, befürchtete, Taugwalder könne seinen Stand nicht halten, falls es zu einem Ausgleiten kommen sollte.

Ein paar Minuten später lief ein scharfäugiger Junge ins Hotel »Monte Rosa« in Zermatt und rief, er habe eine Lawine vom Gipfel des Matterhorns auf den Matterhorn-Gletscher hinunterstürzen sehen. Der Junge wurde zurechtgewiesen – er möge nicht solche nichtsnutzigen Geschichten erzählen; aber der Junge hatte recht, und was er gesehen hatte, war folgendes.

Michel Croz hatte seinen Eispickel weggelegt und war gerade dabei, Mr. Hadow bei den Beinen zu fassen und ihm einen Fuß nach dem anderen an die richtige Stelle zu setzen, um ihm so größere Sicherheit zu verschaffen. Wirklich abgestiegen ist, soviel ich weiß, in diesem Augenblick keiner. Ich kann es jedoch nicht mit Bestimmtheit sagen, denn die beiden Männer an der Spitze waren meinem Blick teilweise durch dazwischenliegendes Gestein entzogen, aber der Bewegung der Schultern nach zu schließen wollte Croz, nachdem er mit dem eben Geschilderten fertig war, sich gerade umdrehen, um selber ein paar Schritte weiter abzusteigen; in diesem Augenblick rutschte Mr. Hadow aus, fiel gegen ihn und warf ihn um. Ich hörte Croz entsetzt aufschreien und sah dann ihn und Mr. Hadow abwärtsschießen; einen Augenblick später wurde Hudson von seinen Stufen gerissen und unmittelbar nach ihm Lord Douglas. All dies war das Werk einer Sekunde. Sobald der alte Peter und ich Croz' Aufschrei hörten, stemmten wir uns so fest gegen das Seil, wie der Felsen es zuließ; das Seil zwischen uns war straff, und so kam der Ruck für uns beide gleichzeitig. Wir hielten ihn aus; aber das Seil riß in der Mitte zwischen Taugwalder und Lord Douglas. Ein paar Sekunden lang sahen wir unsere unglücklichen Gefährten auf dem Rücken abwärtsrutschen, die Arme in dem Bemühen, sich zu retten, weit ausgebreitet. Sie entschwanden nacheinander unversehrt unserem Blick und stürzten von Steilwand zu Steilwand auf den fast 1200 m tiefer liegenden Matterhorn-Gletscher hinunter. Von dem Augenblick an, da das Seil riß, war es unmöglich, ihnen zu helfen. So kamen unsere Kameraden um!

In den nächsten zwei Stunden glaubte ich fast in jedem Augenblick, der nächste werde mein letzter sein; denn die Taugwalders waren so vollkommen entnervt, daß sie nicht nur zu jeder Hilfeleistung unfähig waren, sondern sich auch in einem Zustand befanden, in dem man damit rechnen mußte, daß jeden Augenblick einer von ihnen ausgleiten konnte. Nach einer Weile gelang es uns, das zu tun, was wir zu Anfang hätten tun sollen: Wir befestigten außer dem Seil, mit dem wir aneinandergebunden waren, noch ein zweites Seil mit Haken an den Felsen. Diese Seile wurden von Zeit zu Zeit gekappt und zurückgelassen. Selbst nun jedoch hatten die Männer Angst, weiterzuklettern, und der alte Peter drehte sich mehrmals mit aschfahlem Gesicht und wankenden Gliedern um und sagte mit schrecklichem Nachdruck: »*Ich kann nicht!*«

Gegen sechs Uhr erreichten wir das Schneefeld auf dem Grat, der nach Zermatt hin abfällt, und alle Gefahr war vorüber. Oft, aber vergeblich, hielten wir nach Spuren unserer unglücklichen Kameraden Ausschau; wir beugten uns über den Grat und riefen nach ihnen, aber es kam keine Antwort zurück. Als wir uns schließlich überzeugen mußten, daß sie weder in Sicht- noch Hörweite waren, gaben wir unsere nutzlosen Versuche auf, und zu niedergeschlagen, um auch nur ein Wort zu sagen, schulterten wir schweigend unser Gepäck und die paar persönlichen Sachen der Verunglückten und beendeten dann den Abstieg.

So lautet Mr. Whympers anschauliche und bewegende Schilderung. In Zermatt geht dunkel das Gerücht, der ältere Taugwalder habe das Seil zerschnitten, als das Unglück sich ereignete, um sich selber vor dem Sturz in den Abgrund zu retten; aber Mr. Whymper schreibt, daß die Enden des Seils nicht auf einen Schnitt, sondern nur auf ein Reißen hingedeutet hätten. Er fügt hinzu, daß Taugwalder, selbst wenn es seine Absicht gewesen wäre, das Seil zu zerschneiden, keine Zeit dazu gehabt hätte; das Unglück geschah viel zu plötzlich und unerwartet.

Lord Douglas' Leichnam ist nie gefunden worden. Wahrscheinlich blieb er auf irgendeinem unerreichbaren Vorsprung in der gewaltigen Steilwand liegen. Die drei anderen Opfer stürzten fast 1200 Meter, und sie lagen dicht beeinander tot auf dem Gletscher, als Mr. Whymper und ein Suchtrupp sie am nächsten Morgen fanden. Ihre Gräber liegen nahe der kleinen Kirche in Zermatt.

Kapitel 13

Die Schweiz ist nichts weiter als ein einziger großer buckeliger Felsblock mit einer dünnen Grashaut darüber. Folglich werden Gräber hier nicht gegraben, sie werden mit Pulver und Zündschnur aus dem Gestein gesprengt. Die Leute können sich keine großen Friedhöfe leisten, dazu ist die Grashaut zu beschränkt und zu kostbar. Sie wird ganz zum Unterhalt der Lebenden benötigt.

Der Friedhof in Zermatt nimmt nur etwa einen Viertelmorgen in Anspruch. Die Gräber sind in den gewachsenen Fels eingelassen und sehr dauerhaft; aber belegt werden sie nur immer auf Zeit; der Benutzer kann immer nur so lange darin bleiben, bis sein Grab für eine spätere Leiche benötigt wird; dann wird er entfernt, denn es ist nicht erlaubt, einen Leichnam über einem anderen beizusetzen. Soviel ich erfahren habe, besitzt eine Familie solch ein Grab, wie sie ein Haus besitzt. Ein Mann stirbt und hinterläßt sein Haus seinem Sohn, und gleichzeitig übernimmt der tote Vater seines Vaters Grab. Er zieht aus dem Haus in das Grab, und sein Vorgänger zieht aus dem Grab in den Keller unter der Kapelle um. Ich sah einen schwarzen Kasten mit aufgemaltem Totenkopf und Knochenkreuz auf dem Friedhof liegen, und man sagte mir, daß er zur Beförderung der Überreste in den Keller benutzt werde.

In diesem Keller lagen die Gebeine und Schädel von mehreren Hundert ehemaligen Einwohnern aufgestapelt. Sie ergaben zusammen einen Berg von über fünf Meter Länge, zwei Meter Höhe und zweieinhalb Meter Breite. Man sagte mir, daß in einigen Schweizer Dörfern die Schädel in den Beinhäusern dieser Art alle mit Zeichen versehen seien, und falls jemand den Schädel seiner Väter und Vorväter finden wolle, so sei ihm das mit Hilfe dieser innerhalb der Familie überlieferten Zeichen möglich.

Ein englischer Herr, der mehrere Jahre in dieser Gegend gelebt hatte, erzählte mir, hier habe die Wiege der Schulpflicht

gestanden. Aber er sagte, die englische Vorstellung, daß die Schulpflicht die Zahl der unehelichen Geburten und den Hang zu Ausschweifungen eindämmen werde, sei ein Irrtum – diese Wirkung erziele sie nicht. Verführungen seien in den protestantischen Kantonen zahlreicher als in den katholischen, denn der Beichtstuhl schütze die Mädchen. Ich frage mich, warum er dann in Frankreich und Spanien nicht die verheirateten Frauen schützt.

Dieser Herr erzählte mir, bei den ärmeren Bauern im Kanton Wallis sei es üblich, daß die Brüder in einer Familie unter sich auslosen, welchem von ihnen das begehrte Vorrecht, heiraten zu dürfen, zufallen soll. Der glückliche Gewinner heirate darauf, und seine Brüder schlössen sich, zum Junggesellentum verdammt, heroisch zusammen und hülfen mit, die neue Familie zu ernähren.

Wir verließen Zermatt an einem Morgen gegen zehn Uhr in einem Wagen – und in einem Unwetter – in Richtung auf St.

Niklaus. Wieder fuhren wir zwischen diesen grasbewachsenen, ungeheuren Felsenklippen hindurch, von deren dreihundert, ja vierhundert Meter hohen grünsamtenen Wänden winzige Häuschen zu uns herunterblickten. Es schien unmöglich, daß selbst die nur in der Einbildung existierende Gemse jene Steilhänge erklomm. Liebende auf gegenüberliegenden Felsen küssen sich vermutlich durchs Fernglas und korrespondieren mit der Flinte.

In der Schweiz ist der Pflug des Bauern eine breite Schaufel, mit der er die dünne Erdhaut über dem Felsen aufkratzt und wendet – und der Mann des Pfluges ist dort ein Held. Hier nun, an unserer Straße nach St. Niklaus, lag ein Grab, und dieses Grab hat eine tragische Geschichte. Ein Pflüger häutete eines Morgens sein Land – nicht das steilste Stück, aber doch ein recht steiles –, das heißt, er häutete nicht den Giebel seines Ackerlandes, sondern das Dach in der Nähe der Traufe –, und da ließ er in Gedanken einmal den Pflugsterz los, um sich auf die übliche Art die Hände zu befeuchten; er verlor das Gleichgewicht und fiel hintüber von seinem Land – der arme Kerl, er streifte nichts, bis er 450 Meter weiter unten aufschlug*. Wir umgeben das Leben eines Soldaten oder Seemannes mit der Gloriole des Heldentums. Aber wir sind nicht daran gewöhnt, die Landwirtschaft als eine horische Beschäftigung zu betrachten. Das kommt, weil wir nie in der Schweiz gelebt haben.

Von St. Niklaus machten wir uns zu Fuß nach Visp oder Vispach auf. Das Unwetter war bereits seit mehreren Tagen am Werk und hatte in der Schweiz und in Savoyen eine Menge Schaden angerichtet. Wir kamen an eine Stelle, wo ein Bach seinen Lauf verändert hatte und, alles mit sich reißend, in einem neuen Bett vom Berg stürzte. Zwei armselige und doch kostbare Äcker an der Straße waren hin. Der eine war restlos fortgeschwemmt worden – man sah den darunterliegenden gewachsenen Fels; der andere lag vollkommen begraben unter einem wüsten Chaos aus Geröll, Kies, Schlamm und Schutt.

* Das war an einem Sonntag. M. T.

Zwei überzeugende Beispiele für die unwiderstehliche Gewalt des Wassers. Ein paar junge Bäume, die im Weg gestanden hatten, waren zu Boden gebogen, gänzlich entrindet und unter Felstrümmern begraben. Die Straße selber war ebenfalls fortgespült worden.

Auf einem anderen Stück Straße, das hoch oben an einer Felswand vorbeiführte und am Außenrand durch eine wenig widerstandsfähige Mauer bewehrt war, stießen wir wiederholt auf Stellen, wo das Mauerwerk eingefallen war und gefährliche Lücken hinterlassen hatte, durch die Maultiere abstürzen konnten; und noch häufiger trafen wir Stellen an, an denen das Mauerwerk leicht zerbröckelt und von Maultierhufen gezeichnet war, woraus wir schließen konnten, daß hier jemanden fast ein Unglück ereilt hätte. Als wir schließlich an ein böse eingerissenes Mauerstück kamen, an dem Hufabdrücke von einem verzweifelten Kampf zur Wiedererlangung des verlorenen Haltes zeugten, warf ich erwartungsvoll einen Blick über den Rand in den schwindelerregenden Abgrund. Aber es war niemand da unten.

Flüsse erfreuen sich in der Schweiz und auch in anderen Teilen Europas der allergrößten Fürsorge und Pflege. Beide Ufer werden mit schräg abfallenden massiven Bruchsteinmauern befestigt – so daß die Ufer dieser Flüsse vom Anfang bis zum Ende wie die Kaianlagen in St. Louis und in anderen Städten am Mississippi aussehen.

Während dieser Wanderung von St. Niklaus aus im Schatten der majestätischen Alpen begegneten wir ein paar kleinen Kindern, die sich – wie uns anfänglich dünkte – auf recht seltsame und originelle Weise vergnügten; aber da irrten wir uns. Sie vergnügten sich aufs natürlichste und typischste. Sie waren mit einem Stück Bindfaden aneinandergeseilt, trugen nachgemachte Alpenstöcke und Eispickel und bestiegen mit einer Umsicht und Vorsicht, die das Blut auf der Stelle gerinnen ließ, einen höchst gewöhnlichen und bescheidenen Misthaufen. Der »Bergführer« an der Spitze schlug mühselig und mit großer

Sorgfalt nur in der Einbildung existierende Stufen in den Hang, und keiner rückte vom Fleck, bevor die Stufe über ihm freigegeben war. Hätten wir gewartet, wären wir ohne Zweifel auch noch Zeugen eines nachgemachten Absturzes geworden; und wir hätten den unerschrockenen Trupp hurra schreien hören bei seiner Ankunft auf dem Gipfel und dem ersten Blick auf die großartige Aussicht und hätten erlebt, wie sich die Teilnehmer der Kletterpartie an diesem beherrschenden Ort erschöpft zu Boden fallen ließen, um zu rasten.

In Nevada habe ich immer wieder Kinder Silberbergwerk spielen sehen. Die ganz große Sache war natürlich ein Grubenunglück, und da gab es zwei »Star«-Rollen: die des Mannes, der in den nur in der Vorstellung existierenden Schacht gefallen war, und die des tollkühnen Helden, der in die Tiefe hinuntergelassen wurde, um ihn wieder heraufzuholen. Ich kannte einen Dreikäsehoch, der stets darauf bestand, *beide* Rollen zu spielen – und das wurde von den anderen auch akzeptiert. Er stürzte in den Schacht und starb und kam dann wieder ans Tageslicht und stieg abermals hinunter, um seine eigenen Überreste zu bergen.

Überall ist es der hellste Junge, der die Rolle des Helden übernimmt; er ist oberster Bergführer in der Schweiz, Obersteiger in Nevada, oberster Stierkämpfer in Spanien und so weiter; aber der Sohn eines Pfarrers, den ich kannte, suchte sich einmal eine Rolle aus, mit der verglichen die eben erwähnten phantasielos und wenig eindrucksvoll wirken. Jimmys Vater untersagte ihm an einem Sonntag, mit einem eingebildeten Pferdewagen zu kutschieren – untersagte ihm am nächsten Sonntag, den Kapitän eines eingebildeten Schiffes zu spielen – untersagte ihm am darauffolgenden Sonntag, eine nur in seiner Einbildung existierende Armee in die Schlacht zu führen – und so weiter. Schließlich sagte der kleine Kerl:

»Ich hab' alles versucht, und nichts ist richtig. Was *darf* ich denn spielen?«

»Ich weiß es auch kaum, Jimmy; aber du darfst nur Spiele spielen, die zum Sonntag passen.«

Am nächsten Sonntag trat der Pfarrer leise an die Tür des Hinterzimmers, um sich zu überzeugen, ob die Kinder sich geziemend beschäftigen. Er spähte hinein. Mitten im Zimmer stand ein Stuhl, und an der Rückenlehne hing Jimmys Mütze; eine von den kleinen Schwestern nahm die Mütze herunter, knabberte daran, gab sie an eine andere kleine Schwester weiter und sagte:

»Iß von dem Obst, es schmeckt lecker.«

Der Pfarrer begriff – da spielten seine Kinder doch tatsächlich die Vertreibung aus dem Paradies! Aber er fand doch noch einen winzigen Krümel Trost. Er dachte bei sich: Diesmal hat Jimmy jedenfalls die Hauptrolle an einen anderen abgegeben – ich habe ihm Unrecht getan; ich hatte nicht geglaubt, daß soviel Bescheidenheit in ihm wohne; ich hätte erwartet, daß er entweder Adam oder Eva spielt.« Jedoch dieser Krümel Trost währte nur eine sehr kleine Weile. Der Pfarrer drehte sich um und sah Jimmy in achtunggebietender Haltung und mit finsterer, drohend gerunzelter Stirn in einer Ecke stehen. Was das bedeutete, war sonnenklar – *er stellte Gott dar!* Man bedenke die arglose Erhabenheit dieser Idee!

Wir erreichten Vispach um acht Uhr abends, nur sieben Stunden nach unserem Aufbruch aus St. Niklaus. Wir mußten also gut zweieinhalb Kilometer in der Stunde zurückgelegt haben, und es war immerzu bergab gegangen, und sehr schlammig war es außerdem noch gewesen. Wir verbrachten den ganzen Abend im »Hôtel du Soleil«; ich erinnere mich noch genau daran, denn die Wirtin, der Portier, die Kellnerin und das Zimmermädchen waren nicht Personen für sich, sondern wurden alle von ein und demselben schmucken, fleckenlos sauberen Musselinkleid umschlossen, und darin steckte das hübscheste junge Persönchen, das ich in der ganzen Gegend sah. Und ich erinnere mich auch, daß sich von allen Einheimischen, die mir in Europa begegnet sind, nur eine ihr ebenbürtig nennen konnte, und zwar die junge Wirtstochter in einem Dorfkrug im Schwarzwald. Warum heiraten nicht noch mehr Leute in Europa und betreiben Gasthäuser?

Am nächsten Morgen reisten wir mit einer befreundeten englischen Familie ab. Wir fuhren mit dem Zug noch Bouveret und von dort mit dem Schiff über den See nach Ouchy (Lausanne). – Ich hatte von jeher ein tiefes und ehrfurchtsvolles Mitleid für den »Gefangenen von Chillon« empfunden, dessen Leidensgeschichte Byron in solch bewegenden Versen erzählt hat; also nahm ich den Dampfer und wallfahrte zum Kerker des Schlosses Chillon, um mir die Stelle anzusehen, an der der arme Bonivard vor dreihundert Jahren seine trostlose Gefangenschaft erduldete. Ich bin froh, daß ich es getan habe, denn die Wallfahrt befreite mich von einem Teil der Pein, die ich des Eingekerkerten wegen verspürt hatte. Sein Verlies war ein hübsches, kühles, geräumiges Gelaß, und ich verstehe nicht, warum er so unzufrieden damit war. Etwas anderes wäre es gewesen, hätte man ihn in einem Privathaus in St. Niklaus gefangengehalten, wo der Dünger vorherrscht und die Ziege beim Gast schläft und die Hühner auf ihm hocken und die Kuh hereinkommt und ihn stört, wenn er gerade nachdenken will. Aber in diesem hübschen Kerker kann es für ihn wahrhaftig so

sehr freudlos nicht gewesen sein. Der Raum hat romantische Fensterschlitze, die großzügige Lichtbalken einfallen lassen, und er hat hohe, edle, offenbar aus dem gewachsenen Fels gehauene Säulen; ja, mehr noch: diese Säulen sind über und über mit Tausenden von Namen bedeckt, worunter sich einige von allergrößter Berühmtheit befinden, so zum Beispiel der Byrons und Victor Hugos. Warum hat Bonivard sich nicht mit dem Lesen dieser Namen verlustiert? Dann sind da die Reiseleiter und Touristen – jeden Tag ganze Schwärme davon. Was soll ihn daran gehindert haben, es sich mit ihnen gut sein zu lassen? Ich glaube, Bonivards Leiden sind überschätzt worden.

Sodann bestiegen wir die Eisenbahn und fuhren nach Martigny, das auf dem Weg zum Montblanc liegt. Am nächsten Morgen brachen wir gegen acht Uhr zu Fuß auf. Wir hatten mehr als genug Gesellschaft in der Form von Wagen- und Maultierladungen von Touristen – und Staub. Der lockere Zug erstreckte sich über gut eineinhalb Kilometer. Die Straße führte bergauf – endlos bergauf – und war recht steil. Die Sonne brannte backofenheiß herab, und die Leute, die auf einem dahinschleichenden Maultier oder in einem dahinkriechenden Wagen braten mußten, boten einen erbarmenswerten Anblick. Wir konnten uns zwischen den Bäumen halten, wo der Schatten uns Erleichterung schaffte, sie aber konnten es nicht. Sie hatten für die Beförderung bezahlt, und damit es sich auch lohnte, ritten oder fuhren sie nun.

Wir nahmen den Weg über die Tête Noir, und als wir die Höhe erklommen hatten, fehlte es nicht an herrlicher Landschaft. An einer Stelle führte die Straße in einem Tunnel durch die Lehne eines Berges; von dort aus blickte man in eine Schlucht mit einem dahinschießenden Gießbach hinunter, und nach allen Seiten boten sich Ausblicke auf Felsenbögen und bewaldete Kuppen. Und auch mit hübschen Wasserfällen wurden wir auf der Tête-Noir-Strecke freigebig versorgt.

Etwa eine halbe Stunde, bevor wir das Dorf Argentière erreichten, schob sich eine gewaltige Schneespitze, auf die gleißend die Sonne schien, allmählich ins Blickfeld und rahmte sich mit einem kräftigen V-förmigen Bergtor, und wir erkannten den Montblanc, den »König der Alpen«. Von nun an erhob sich dieser erhabene Gipfel bei jedem Schritt höher in den blauen Himmel, bis er schließlich den Zenith einzunehmen schien.

Einige von den Nachbarn des Montblanc – nackte, hellbraune, turmspitzenartige Felsen – waren sehr eigentümlich geformt. Ein paar waren zu einer scharfen Spitze zugeschnitzt und am oberen Ende leicht angewinkelt wie der Finger einer winkenden Dame; ein gewaltiger Zuckerhut ähnelte einer Bischofsmütze; er war zu steil, als daß sich der Schnee an seinen Seiten hätte halten können, aber in der Einkerbung war einiger zu sehen.

Als wir uns noch in recht großer Höhe befanden und bevor

wir mit dem Abstieg nach Argentière begannen, blickten wir zu einer Bergspitze in der Nähe auf und beobachteten ein erlesenes Spiel aller Regenbogenfarben um ein paar weiße Wolken, die fast so zart wie ein Altweibersommergewebe aussahen. Die blassen Rosa- und Grüntöne waren besonders herrlich; keine von den Farben war dunkel, sie waren alle von der hellsten Schattierung und zauberhaft ineinander vermischt. Wir setzten uns, um dieses einzigartige Schauspiel genauer zu betrachten und zu genießen. Die Tönungen hielten mehrere Minuten an – glitten dahin, wechselten, verschmolzen miteinander, verblaßten einen Augenblick lang fast ganz, leuchteten dann erneut auf –, es war eine ständig sich wandelnde, ruhlos fließende Folge sanft schillernder Farben, die auf diesem luftigen Wolkenschleier schimmerten und ihn in ein Gespinst verwandelten, das zart und zierlich genug war, einen Engel darin zu kleiden.

Schließlich fiel uns ein, woran diese überaus zarten Farben und ihr fortwährendes Wechselspiel uns erinnerten. Es ist genau das, was man in einer Seifenblase sieht, die im Dahintreiben die wechselnde Tönung von den Dingen übernimmt, an denen sie vorbeifliegt. Eine Seifenblase ist das Schönste und Erlesenste, das die Natur kennt; dieses reizende Gaukelspiel am Himmel ließ uns an eine aufgespaltene und in der Sonne ausgebreitete Seifenblase denken. Was würde eine Seifenblase wohl kosten, wenn es auf der ganzen Welt nur eine einzige gäbe? Bestimmt könnte man mit demselben Geld einen ganzen Hutvoll Kohinoore kaufen.

Für die Wanderung von Martigny nach Argentière brauchten wir acht Stunden. Wir schlugen sämtliche Maultiere und Reisewagen, was nicht die Regel war. Für die Fahrt durchs Tal nach Chamonix mieteten wir eine Art offenen Gepäckwagen und verwandten dann eine Stunde aufs Essen. Dadurch hatte der Kutscher Zeit, sich zu betrinken. Er hatte einen Freund bei sich, und dieser Freund hatte ebenfalls Zeit, sich zu betrinken.

Als wir abfuhren, erklärte uns der Kutscher, alle Reisenden seien eingetroffen und bereits weitergefahren, als wir beim

Essen saßen. »Aber«, sagte er mit großem Nachdruck, »lassen Sie sich dadurch nicht stören – bleiben Sie ganz ruhig – machen Sie sich nur keine Sorgen – der Staub dieser Leute steigt weit vor uns auf, aber Sie werden ihn weit hinter uns verschwinden sehen – seien Sie ganz ruhig, überlassen Sie alles nur mir – ich bin der König der Kutscher. Aufgepaßt!«

Die Peitsche knallte, und wir ratterten davon. Ich bin in meinem ganzen Leben noch nicht so durchgeschüttelt worden. Bäche und Flüsse, die bei dem jüngsten Regen flutartig angeschwollen waren, hatten die Straße stellenweise vollkommen fortgespült, aber nichts konnte uns zum Halten, nichts auch nur zum Verlangsamen unserer Fahrt bringen. Wir sausten dahin über Steine, Geröll, Gräben und freies Feld – manchmal mit einem oder zwei Rädern auf der Straße, meistens jedoch mit keinem. Von Zeit zu Zeit warf dieser gemütvolle, gutartige Verrückte einen majestätischen Blick über die Schulter auf uns zurück und sagte: »Ah, sehen Sie? Habe ich es nicht gesagt? Ich bin der König der Kutscher.« Jedesmal, wenn wir um Haaresbreite dem Verderben entgangen waren, rief er uns in glückseliger Gelassenheit zu: »Genießen Sie's, meine Herren, es ist sehr

selten, es ist sehr ungewöhnlich – nur wenigen ist es vergönnt, mit dem König der Kutscher zu fahren – und merken Sie wohl, es ist so, wie ich's gesagt habe: der König der Kutscher, das bin *ich*!«

Er sprach französisch und gliederte seine Sätze mittels Schluckauf. Sein Freund war ebenfalls Franzose, sprach aber deutsch – allerdings unter Verwendung derselben Interpunktionsmethode. Der Freund nannte sich »Kapitän des Montblanc« und wollte, daß wir den Aufstieg mit ihm machten. Er sagte, er habe mehr Aufstiege hinter sich als irgend jemand sonst – siebenundvierzig –, und sein Bruder habe es auf siebenunddreißig gebracht. Sein Bruder sei der beste Bergführer der Welt, von ihm selber einmal abgesehen – aber er , o ja, man sehe sich ihn genau an – er sei der »Kapitän des Montblanc« – dieser Titel gebühre keinem anderen.

Der »König« stand zu seinem Wort – er holte jenen langen Zug von Reisenden ein und raste wie ein Donnerwetter daran vorbei. Die Folge war, daß wir im Hotel in Chamonix vortrefflichere Zimmer bekamen, als wir bekommen hätten, wenn Seine Majestät ein langsamerer Künstler gewesen wäre – oder sich vor dem Aufbruch von Argentière nicht höchst fürsorglich betrunken hätte.

Kapitel 14

Alles Volk war auf der Hauptstraße des Dorfes zusammengelaufen – nicht auf den Gehsteigen, sondern über die ganze Straße hinweg; alles ging müßig auf und ab, schwatzte, wartete – munter, gespannt, interessiert, denn es war Kutschenzeit. Das halbe Dutzend großer Eilpostwagen aus Genf würde bald eintreffen, und das Dorf war auf vielerlei Art daran interessiert zu erfahren, wieviel Fremde eintrafen und was für Leute es waren. Es dürfte wohl alles in allem die lebhafteste Dorfstraße gewesen sein, die wir in Europa gesehen hatten.

Das Hotel lag unmittelbar an dem tosenden Wildbach, dessen Musik laut und kräftig erklang; wir konnten diesen Wildbach nun nicht sehen, da es dunkel war, aber wo er floß, war auch ohne Licht auszumachen. Vor dem Hotel erstreckte sich ein großer eingefriedigter Garten, der von Einwohnern angefüllt war, die in Gruppen warteten, um der Ankunft der Postwagen zuzusehen oder sich von Ausflüglern für den nächsten Morgen mieten zu lassen. Ein Fernrohr stand in diesem Garten; sein mächtiger Lauf war auf den hellglänzenden Abendstern gerichtet. Die lange, überdeckte Veranda des Hotels war von Reisenden bevölkert, die in Schals und Decken gehüllt angesichts des mächtig und düster aufragenden Montblancs dasaßen und miteinander plauderten oder für sich meditierten.

Noch nie war mir ein Berg so nahe erschienen; seine mächtigen Flanken schienen unmittelbar neben einem anzusteigen, und seine majestätische Kuppel und die luftige Gruppe schlanker Minarette, die sie nachbarlich umstanden, schienen sich geradewegs über einem in den Himmel zu erheben. Es war Nacht auf den Straßen, und die Laternen funkelten allenthalben; die breiten Sockel und Lehnen der Berge lagen in tiefer Finsternis, aber ihre Gipfel waren von einem eigentümlichen hellen Leuchten umgeben – eigentlich noch vom Tageslicht, aber es hatte etwas Sanftes, Mildes, wodurch es sich von dem grellweißen, blendenden Tageslicht unterschied, an das ich gewöhnt war. Es leuchtete kräftig und klar, gleichzeitig jedoch war es einzigartig weich und ätherisch und zuträglich. Nein, es war nicht unser schroffes, forsches, wirklichkeitshartes Tageslicht; eher schien es einem Zauberreich angemessen – oder dem Himmel.

Mondschein und Tageslicht hatte ich auch vorher schon zusammen gesehen, aber noch nie zuvor Tageslicht und schwarze Nacht Seite an Seite. Zumindest hatte ich das Tageslicht noch nie auf einem Gegenstand ruhen sehen, der so nah lag, daß der jähe Gegensatz überraschte und im Widerstreit mit der Natur zu liegen schien.

Das Tageslicht schwand dahin. Alsbald stieg der Mond hinter einem dieser den Himmel durchbohrenden Finger, einem dieser Spitztürme aus schierem Fels empor, von denen ich oben gesprochen habe. Sie lagen ein wenig zur Rechten vom Gipfel des Montblanc und unmittelbar über uns, aber es gelang dem Mond nicht, so hoch zu klettern, daß er ganz über sie hinwegschaute. Er zeigte hin und wieder den glitzernden Bogen seines oberen Drittels und strich damit hinter der kammähnlichen Kette entlang; manchmal stand einer der Türme wie eine Ebenholzfigur steil da vor dem glitzernden weißen Schild, schien dann aus eigenem Willen und eigener Kraft hinauszugleiten und ein blasser Schemen zu werden, während der nächste Turm an seine Stelle glitt und die makellose Scheibe mit dem schwarzen Ausrufungszeichen seiner Anwesenheit bekleckste. Die Spitze des Turms nahm in getuschten Umrissen die gefällige, klar abgesetzte Form eines Kaninchenkopfes an, während sie vor dem Mond stand. Die unbeleuchteten Gipfel und Minarette, die undeutlich und geisterhaft über uns schwebten, während die anderen sich dank Schnee und Mondschein schmerzhaft weiß und scharf aus der Nacht abhoben, verfehlten ihre eigenartige Wirkung nicht.

Aber als sich dann der Mond, nachdem er die Reihe der Spitztürme passiert hatte, hinter der wundervollen weißen Schwellung des Montblanc versteckte, erschien das Meisterwerk des Abends auf der Malerleinwand. Ein tiefgrünes Leuchten sprang hinter dem Berg zum Himmel auf, und darin schwammen einige hauchdünne Dunstfetzen und Streifen und waberten hin und her, nachdem sie diese eigenartige Tönung angenommen hatten: sie zuckten wie blasse grüne Flammen. Nach einer Weile schossen gewaltige, nach oben immer breiter werdende Schattenstreifen strahlenförmig ausgefächert hinter dem Berg bis zum Zenith empor. Es war ein Anblick, der uns den Atem benahm, so wunderbar war er, so erhaben.

Ja, diese mächtigen Licht- und Schattenbalken, die hinter dem gewaltigen dunklen Berg hochfluteten und die Hälfte des blaß erleuchteten, undurchsichtigen Himmels einnahmen, waren das eindrucksvollste und großartigste Wunder, das ich je mit Augen erblickt hatte. Ich kann keinen Vergleich dafür finden, denn nichts ist ihm gleich. Hätte ein Kind mich gefragt, was es sei, wäre meine Antwort gewesen: »Sei demütig in seiner Gegenwart, es ist der Glorienschein, der das verborgene Haupt des Schöpfers umglänzt.« Man ist oft genug weiter von der Wahrheit entfernt, wenn man versucht, den Kleinen Geheimnisse zu erklären. Ich hätte die Ursache dieses ehrfurchtgebietenden Wunders erfragen können, denn es kommt am Montblanc recht häufig vor – aber ich wollte sie nicht wissen. Uns erfüllt ein Regenbogen nicht mit dem ehrfürchtigen Gefühl, mit dem der Wilde ihm begegnet, weil wir wissen, wie er entsteht. Dadurch, daß wir unsere Nase in die Sache stecken mußten, haben wir ebensoviel verloren wie gewonnen.

Wir spazierten ein Stück die Straße hinunter, und an einer Stelle, an der vier Straßen zusammenstießen und alle größeren Geschäfte sich drängten, trafen wir die allerdichteste Versammlung von Männern auf Fahrdamm und Gehsteigen an – denn dies war die »Börse« von Chamonix. Die Männer trugen Bergführer- oder Trägertracht und warteten darauf, in Dienst genommen zu werden.

Das Büro des Oberführers der Bergführerzunft von Chamonix, dieser hochwichtigen Persönlichkeit, lag ganz in der Nähe. Diese Zunft ist eine geschlossene Gesellschaft, in der strenge Regeln herrschen. Es gibt viele Klettertouren, von denen manche gefährlich sind und manche nicht; manche können gefahrlos ohne Bergführer unternommen werden, andere wieder nicht. Das Büro entscheidet alles dies. Wo seinem Beschluß nach ein Bergführer nötig ist, darf man sich ohne ihn nicht hinwagen. Auch wird einem nicht gestattet, das Opfer gewaltsamer wucherischer Erpressung zu werden: das Gesetz schreibt vor, was man zu bezahlen hat. Die Bergführer arbeiten abwechselnd in einer festen Reihenfolge; man kann sich den Mann, dem man sein Leben anvertraut, nicht selber aussuchen, sondern muß mit dem allerschlechtesten vorliebnehmen, falls er gerade an der Reihe ist. Das Honorar für den Bergführer liegt je nach Entfernung und Art des Geländes zwischen einem halben Dollar (für leichte Ausflüge von ein paar Nasenlängen) und zwanzig Dollar. Das Bergführerhonorar für die Führung zum Gipfel des Montblanc und zurück beträgt zwanzig Dollar, und die hat der Mann verdient. Für die Besteigung werden in der Regel drei Tage gebraucht, und aufgestanden wird unentwegt zu einer Morgenstunde, die mehr Gold im Munde hat, als irgendeinem Menschen zusteht. Der Trägerlohn für dieselbe Tour beträgt zehn Dollar. Mehrere Narren – ich wollte sagen: mehrere Touristen – gehen gewöhnlich zusammen und teilen sich die Kosten und halten sie dadurch niedriger; denn wenn ein N – –, Tourist meine ich, allein ginge, brauchte er mehrere Führer und Träger, und dadurch würde die Sache recht kostspielig.

Wir gingen ins Büro des Oberbergführers. An den Wänden hingen Karten der Berge; desgleichen Lithografien berühmter Bergführer und ein Bild des Wissenschaftlers de Saussure.

In Glaskästen wurden verschiedene mit Schildchen versehene Teile von Stiefeln und Stöcken und andere andeutungsvolle Überreste und Erinnerungsstücke von Unfällen am Montblanc aufbewahrt. In einem Buch standen alle Besteigungen verzeichnet, die jemals unternommen worden waren, angefangen mit Nummer 1 und 2 – denen von Jacques Balmat und de Saussure im Jahr 1787 – bis Nummer 685, die noch warm waren. Ja, Nummer 685 stand gerade vor dem amtlichen Schreibtisch und wartete auf die Überreichung des kostbaren amtlichen Diploms, das seiner Familie in Deutschland und seinen Nachkommen beweisen würde, daß er einmal unbesonnen genug gewesen war, um auf den Gipfel des Montblanc zu steigen. Er sah sehr glücklich aus, als er seine Urkunde empfing; ja, er sah nicht nur so aus, er sagte es auch wörtlich: »Ich bin glücklich.«

Ich versuchte, eine Urkunde für einen kranken Freund

daheim zu kaufen, der nie gereist war und sich sein Leben lang gewünscht hatte, einmal den Montblanc zu besteigen. Aber der Oberbergführer weigerte sich recht unverschämt, mir eine zu verkaufen. Ich war sehr gekränkt. Ich erklärte, ich duldete es nicht, daß man mich meiner Staatsangehörigkeit wegen nachteilig behandele; er habe soeben ein Diplom an diesen deutschen Herrn verkauft, und mein Geld sei so gut wie seins; ich würde dafür sorgen, daß er nicht einfach hingehen und seine Ware Deutschen verkaufen, Amerikanern aber vorenthalten könne; es würde mir ein leichtes sein, ihm die Lizenz wegnehmen zu lassen; falls Frankreich sich weigern sollte, ihm das Handwerk zu legen, würde ich einen internationalen Zwischenfall aus der Angelegenheit machen und um ihretwillen einen Krieg anzetteln; der Boden werde mit Blut durchtränkt werden; und nicht genug damit – ich würde ein Konkurrenzgeschäft aufmachen und Diplome zum halben Preis verkaufen.

Und alles dies hätte ich für bare zwei Cents auf mich genommen; aber niemand gab mir die zwei Cents. Ich versuchte, an die Gefühle dieses Deutschen zu rühren, aber vergeblich; er wollte mir sein Diplom nicht geben, und verkaufen wollte er es mir auch nicht. Dabei sagte ich ihm ausdrücklich, daß mein Freund krank sei und selber nicht kommen könne, aber er entgegnete, das kümmere ihn keinen verdammten Pfennig, er wolle sein Diplom selber haben – oder ob ich etwa glaubte, er gehe hin und riskiere seinen Hals wegen dieses Dings, um es dann einem kranken Fremden zu geben? Mitnichten, mein Herr, und ganz bestimmt nicht.

Da beschloß ich, alles zu tun, was in meiner Macht stand, um den Montblanc zu schädigen.

In dem Protokollbuch stand ein Verzeichnis aller tödlichen Unglücksfälle, die sich bis dahin an diesem Berg ereignet hatten. Es begann mit dem Unglück im Jahr 1820, bei dem die drei Bergführer des Russen Dr. Hamel in die Gletscherspalte stürzten, und es wurde auch auf die 41 Jahre danach erfolgte Freigabe der Überreste durch den langsam vorrückenden Gletscher unten im Tal hingewiesen. Die letzte Katastrophe stammte aus dem Jahre 1877.

Wir verließen das Büro und streiften eine Weile im Dorf umher. Vor der kleinen Kirche stand ein Denkmal zur Erinnerung an den kühnen Bergführer Jacques Balmat, den ersten Menschen, der den Gipfel des Montblanc erklomm. Er unternahm diesen abenteuerlichen Ausflug allein und ohne jede Hilfe, und die Besteigung gelang ihm danach noch mehrmals. Fast ein halbes Jahrhundert lag zwischen seinem ersten Versuch und seinem letzten. Im reifen Alter von zweiundsiebzig Jahren kletterte er eines Tages – wiederum allein – um eine Ecke hoch oben in einer luftigen Steilwand des Pic du Midi, da glitt er aus und stürzte ab. So starb er in den Sielen.

In seinen späteren Jahren war er überaus habsüchtig geworden, und er hatte es sich zur Gewohnheit gemacht, heimlich aufzubrechen, um zwischen jenen gefahrvollen Gipfeln und Wänden nach nicht vorhandenem, unmöglichen Gold zu suchen. Er befand sich auf einem solchen Beutezug, als er ums Leben kam. In der Halle unseres Hotels erinnerte ein Standbild an ihn und ein anderes an de Saussure, und ein Messingschild an einer Zimmertür oben im Hotel trug eine Inschrift des Inhalts, daß in diesem Zimmer Albert Smith genächtigt habe. Balmat und de Saussure entdeckten sozusagen den Montblanc, aber Smith machte ihn zu einem Geschäft. Seine Artikel in *Blackwood's Magazin* und seine Vorträge über den Montblanc in London machten ihn der Öffentlichkeit bekannt und erweckten solch einen dringenden Wunsch bei den Leuten, den Berg selber zu sehen, als schulde er ihnen Geld.

Als wir die Straße hinunterschlenderten, blickten wir einmal auf und sahen in der Dunkelheit oben am Hang des Berges eine rote Signallampe. Sie schien nicht sehr hoch zu sein – vielleicht hundert Meter hoch, zehn Minuten zu klettern. Es spricht nur für unser Glück und unseren Scharfsinn, daß wir beschlossen, einen Mann anzusprechen, dem wir begegneten, um uns ein Streichholz für unsere Pfeife zu erbitten, anstatt, wie es unsere

Absicht gewesen war, den Aufstieg zu der Laterne fortzusetzen und uns dort Feuer zu holen. Der Mann sagte, die Laterne brenne auf den Grands Mulets – rund 2000 Meter über dem Tal! Aus unserer Erfahrung am Riffelberg wußte ich, daß wir den größten Teil einer Woche gebraucht hätten, um dort hinaufzugelangen. Lieber würde ich überhaupt nicht rauchen, als mich wegen des Anzündens solcher Mühe zu unterziehen.

Selbst bei Tage führte die große Nähe des Berges wegen der verkürzten Perspektive zu eigentümlichen Täuschungen. So sieht man zum Beispiel mit bloßem Auge eine Hütte dort oben neben dem Gletscher, und ein Stück darüber und ein wenig zurück sieht man die Stelle, an der dieses rote Licht brannte; man glaubt, man könne einen Stein von dem einen Fleck zum anderen werfen. Aber der Unterschied zwischen den beiden Höhen beträgt über neunhundert Meter! Von unten erscheint das unmöglich, aber es ist dennoch wahr.

Beim Umherspazieren verfolgten wir die ganze Zeit über den Mond, und auch nach unserer Rückkehr auf die Veranda des Hotels hielten wir ihn im Auge. Ich hatte eine Theorie entwikkelt, die darauf aufbaute, daß die Gravitation der Refraktion von der atmosphärischen Kompensation abhängt, und daraus folgerte, daß die Refrangibilität der Erdoberfläche diesen Effekt in Gebieten mit hohen Gebirgszügen noch verstärkte und möglicherweise die biegenden und idyllischen Kräfte gemeinsam in solcher Ausgewogenheit einwirken ließ, daß der Mond daran gehindert wird, höher als 3650 Meter (über dem Meeresspiegel) aufzusteigen. Diese kühne Theorie war von einigen meiner wissenschaftlichen Kollegen mit roher Verachtung, von anderen mit begierigem Schweigen aufgenommen worden. Unter den ersteren will ich nur Prof. H. . . .y, unter den letzteren Prof. T. . . .l erwähnen. So ist das mit der beruflichen Eifersucht; ein Wissenschaftler hat einfach kein gutes Wort für eine Theorie übrig, die er nicht selber entwickelt hat. Bei diesen Leuten kommen brüderliche Gefühle nicht vor, ja, sie nehmen es mir sogar jedesmal übel, wenn ich sie Bruder nenne. Um zu zeigen, wozu sie sich in ihrer Engherzigkeit hinreißen lassen, will ich erwähnen, daß ich Prof. H. . . .y angeboten habe, er könne meine große Theorie als seine eigene Entdeckung publizieren; ich bat ihn sogar darum, es zu tun; ich erbot mich sogar, sie auf meine Kosten als seine Theorie zu drucken. Statt mir ewig dankbar zu sein, erklärte er, er werde mich wegen übler Nachrede vor Gericht bringen, falls ich versuchen sollte, ihm diese Theorie anzuhängen. Ich wollte sie schon Mr. Darwin anbieten, von dem ich gehört hatte, daß er ein Mann ohne Vorurteile sei, aber dann fiel mir ein, daß sie ihn wahrscheinlich nicht interessieren werde, da es sich dabei ja nicht um Heraldik handelte.

Aber jetzt bin ich froh, daß ich gezwungen wurde, meine unerschrockene Theorie mir selber zuzuschreiben, denn an dem Abend, von dem ich hier berichte, wurde sie triumphal bestätigt und erhärtet. Der Montblanc ist rund 4800 Meter hoch; hinter ihm verschwand der Mond vollkommen; in seiner Nähe erhebt sich ein Gipfel, der 3648,20 Meter hoch ist; der Mond glitt hinter den Spitztürmen entlang, und als er sich diesem näherte, beobachtete ich ihn mit aufs äußerste gespanntem Interesse, denn mit der nun folgenden Entscheidung mußte mein Ruf als Wissenschaftler stehen oder fallen. Ich kann die Empfindungen nicht beschreiben, die Flutwellen gleich in meinem Busen wogten, als ich den Mond hinter diese Spitze gleiten und weiterwandern sah, ohne daß mehr als ein 1,80 Meter breiter Streifen seines oberen Randes darüber hervorschaute! Nun war ich sicher. Ich hatte gewußt, daß er nicht höher steigen konnte, und nun wußte ich, daß ich recht gehabt hatte. Er segelte hinter all den anderen Gipfeln dahin und es gelang ihm nicht, seine Scheibe auch nur über einen von ihnen zu erheben.

Sooft der Mond hinter einem dieser scharf umrissenen Finger stand, wurde sein Schatten weit über den leeren Himmel geworfen – ein langer, schräger, klar abgesetzter dunkler Strahl, der, ähnlich wie das Wasser, das aus einer tüchtigen Feuerspritze schießt, an eine ihm innewohnende Kraft denken ließ. Es war seltsam, von etwas Unirdischem einen recht kräftigen Schatten über ein so unkörperliches Gefilde, wie die Atmosphäre es ist, geworfen zu sehen.

Wir begaben uns schließlich zu Bett und schliefen bald ein, aber schon nach etwa drei Stunden wachte ich mit pochenden Schläfen auf und mit einem Kopf, der außen und innen wund zu sein schien. Ich war benommen, halb im Traum, elend und katzenjämmerlich und um nichts erfrischt. Ich erkannte den Grund: es war der Gießbach. In den Bergdörfern der Schweiz und auf den Straßen hat man ständig das Tosen des Gießbaches in den Ohren. Man hält es für Musik und denkt allerlei Poetisches dazu; man liegt behaglich im Bett und läßt sich von ihr in den Schlaf lullen. Aber allmählich merkt man, daß einem der Kopf brummt – man kann es sich nicht erklären; in Einöden, wo die tiefste Stille herrscht, fällt einem ein eigensinniges, fernes, ununterbrochenes Dröhnen in den Ohren auf – als habe man eine Muschel darangehalten; man kann es sich nicht erklären; man wird schläfrig und zerstreut, die Gedächtniskraft schwindet zusehends, man kann keinen Gedanken mehr recht erfassen und verfolgen; wenn man sich zum Schreiben hinsetzt, ist der Wortschatz nicht zur Stelle, die passende Wendung will einem nicht einfallen, man vergißt, was man schreiben wollte, und sitzt einfach nur da, die Feder in der Hand, den Kopf in den Nacken gekippt, die Augen geschlossen, und horcht unter Schmerzen auf das gedämpfte Brausen eines weitab vorbeifahrenden Zuges in den Ohren; selbst im tiefsten Schlaf hört die Pein nicht auf, man horcht weiter, horcht immerzu, gespannt, bange, und wacht schließlich aufgerieben, gereizt und genauso müde wie zuvor auf. Man kann sich alles dies einfach nicht erklären. Tag um Tag fühlt man sich, als habe man die Nacht im Schlafwagen zugebracht. Tatsächlich braucht man Wochen, bevor man herausfindet, daß es die lästigen Gießbäche sind, die all dieses Unheil gestiftet haben. Nun wird es Zeit, daß man die Schweiz verläßt, denn sobald man die Ursache entdeckt hat, wächst das Elend um das Mehrfache. Das Tosen des Gießbaches macht einen nun wahnsinnig, denn die Einbildungskraft hilft noch mit; der körperliche Schmerz, den sie einem zufügt, ist von der heftigsten Art. Sobald man feststellt, daß man sich einem dieser Bäche nähert, wird das Grauen so lebendig, daß man dazu neigt, schleunigst kehrt zu machen und dem unversöhnlichen Widersacher auf diese Weise aus dem Weg zu gehen.

Acht oder neun Monate, nachdem ich der Qual der Gießbäche entronnen war, riefen das Brausen und Dröhnen der Pariser Straßen sie mir wieder in Erinnerung. Auf der Jagd nach Ruhe und Frieden zog ich ins sechste Stockwerk des Hotels. Gegen Mitternacht klang der Lärm allmählich gedämpfter und verklang dann ganz, und gerade wollte ich einschlafen, da hörte ich ein neues, eigentümliches Geräusch. Ich horchte – irgendein fröhlicher Wahnsinniger tanzte offensichtlich einen Schleifer in dem Zimmer über mir. Was wollte ich machen? Ich mußte warten, bis er damit fertig war. Fünf sehr lange Minuten lang schlurfte er unentwegt – es folgte eine Pause, dann fiel etwas dumpf zu Boden. Da – er zieht seine Schuhe aus! dachte ich bei mir. Gott sei Dank – er ist fertig! Wieder eine kleine Pause – und er schlurfte erneut los! Ich dachte bei mir: Versucht er etwa herauszufinden, was er mit nur einem Schuh an den Füßen fertigbringt? Schon bald folgten eine neue Pause und noch ein Bums. Ich dachte: Gut, er hat auch den anderen Schuh ausgezogen – jetzt ist er bestimmt fertig. Aber er war noch nicht fertig. Im nächsten Augenblick schlurfte er schon wieder über mir. Ich dachte: Verfluchte Tat, jetzt tanzt er in Pantoffeln! Nach einer Weile kam wieder diese selbe Pause und sofort darauf abermals der Bums auf den Boden. Ich sagte laut: »Zum Henker! Er hatte *zwei* Paar Schuhe an!« Eine geschlagene Stunde lang schlurfte dieser Zauberkünstler weiter und zog immer noch mehr Schuhe aus, bis er schließlich mindestens fünfundzwanzig Paare abgeworfen hatte und ich am Rande des Wahnsinns schwebte. Ich griff nach meiner Flinte und stahl mich hinauf. Der Kerl stand inmitten eines Hektars ausgebreiteter Schuhe, und einen Stiefel hatte er gerade in der Hand und schlurfte – nein, ich meine putzte ihn – putzte ihn blank. Das Rätsel war gelöst. Er hatte nicht getanzt. Er war der Stiefelputzer des Hotels – bei der Arbeit.

Kapitel 15

Nach dem Frühstück an jenem nächsten Morgen in Chamonix gingen wir in den Garten hinaus und sahen den zum Ausflug gerüsteten Touristen zu, die nun allmählich hier eintrafen und sich mit ihren Maultieren und Bergführern und Trägern auf den Weg machten. Dann warfen wir einen Blick durch das Fernrohr auf den Schneebuckel des Montblanc. Er gleißte im Sonnenschein, und die gewaltige glatte Wölbung schien kaum fünfhundert Meter entfernt zu sein. Mit unbewaffnetem Auge war gerade noch das Haus am Pierre Pointue zu erkennen, das neben dem großen Gletscher liegt – neunhundert Meter über der Talsohle. Aber mit dem Fernrohr konnten wir alle Einzelheiten ausmachen. Als ich gerade hindurchschaute, ritt eine Frau auf einem Maultier vorbei, und ich sah sie scharf und deutlich; ich hätte ihre Kleidung genau beschreiben können. Ich sah, wie sie den Leuten am Haus zunickte, ihr Maultier zügelte und eine Hand zum Schutz gegen die Sonne über die Augen legte. Ich war nicht an Fernrohre gewöhnt; ja, ich hatte noch nie zuvor durch ein gutes geguckt; es erschien mir unglaublich, daß diese Frau so weit weg sein konnte. Ich war überzeugt, daß ich all diese Einzelheiten auch mit bloßem Auge sehen konnte; aber als ich es versuchte, waren das Maultier und die lebhaft sichtbaren Leuten vollkommen verschwunden, und das Haus selber war klein geworden und verschwamm. Ich probierte es abermals mit dem Fernrohr, und wieder war alles deutlich und lebhaft. Der kräftige schwarze Schatten des Maultiers und der Frau wurde gegen die Hauswand geworfen, und ich sah die Silhouette des Maultiers mit den Ohren wackeln.

Der Fernrohrwärter sagte, ein Klettertrupp sei zur Zeit bei einem großen Aufstieg und müsse jeden Augenblick sehr weit oben sichtbar werden. Wir warteten daher, um uns diese Darbietung anzusehen.

Plötzlich kam mir eine vortreffliche Idee. Ich wollte mit einer Klettergesellschaft auf dem Gipfel des Montblanc stehen, nur um hinterher sagen zu können, daß ich oben gewesen sei, und ich nahm an, daß das Fernrohr mich zwei Meter von dem obersten Mann entfernt absetzen konnte. Der Fernrohrwärter versicherte mir, daß es das könne. Ich fragte ihn darauf, wieviel ich ihm bis zu der Stelle schuldete, an die ich gelangt war. Einen Franken, sagte er. Ich fragte ihn, was mich der gesamte Aufstieg kosten würde? Drei Franken. Ich beschloß auf der Stelle, den Aufstieg bis ganz oben zu unternehmen. Aber zunächst erkundigte ich mich, ob irgendeine Gefahr bestehe. Er sagte nein – nicht mit dem Fernrohr; er habe schon zahllose Gesellschaften zum Gipfel geführt, und nicht ein einziger sei dabei umgekommen. Ich fragte ihn, was er mir berechnen würde, wenn ich meinen Reisebegleiter mitnähe und dazu die Führer und Träger, die sich als notwendig erweisen sollten. Er erwiderte, er werde Harris für zwei Franken mitgehen lassen; und falls wir nicht ungewöhnlich furchtsam seien, halte er Bergführer und Träger für unnötig; es sei nicht üblich, sie mitzunehmen, wenn man per Fernrohr aufstieg, denn sie seien eher ein Hindernis als eine Hilfe. Er sagte, die Gesellschft, die sich nun auf dem Berg befinde, nähere sich dem schwierigsten Stück, und falls wir uns beeilten, müßte es uns gelingen, sie in zehn Minuten einzuholen, und dann könnten wir uns den Kletterern anschließen und Nutzen aus ihren Führern und Trägern ziehen, ohne daß sie es merkten und ohne daß es uns etwas kostete.

Ich erklärte daraufhin, daß wir sofort aufbrechen würden. Ich glaube, daß ich es recht gelassen sagte, wenn ich auch merkte, wie mich ein Schauder erfaßte und das Blut aus meinen Wangen wich angesichts des Abenteuers, in das ich mich da so unüberlegt stürzte. Aber die mir angeborene Tollkühnheit hatte wieder einmal ganz von mir Besitz ergriffen, und ich erklärte, meine Entscheidung sei gefallen und ich würde nun nicht mehr zurücktreten; ich würde den Montblanc besteigen, und sollte es mein Leben kosten. Ich wies den Mann an, seinen Apparat in die richtige Richtung zu kippen, damit wir losklettern könnten.

Harris hatte Angst und wollte nicht mit, aber ich machte ihm Mut und versprach ihm, ihn auf dem ganzen Weg bei der Hand zu halten; darauf willigte er ein, wenn er auch anfangs noch ein wenig zitterte. Ich warf einen letzten ergreifenden Blick auf die liebliche Sommerlandschaft um mich her, dann drückte ich kühn mein Auge an das Glas und schickte mich zum Aufstieg über grimmige Gletscher und ewigen Schnee an.

Wir suchten uns behutsam und vorsichtig einen Weg über den großen Bossons-Gletscher – über fürchterlich gähnende Spalten hinweg und zwischen achtunggebietenden Eiszacken und Eisbögen hindurch, die von riesenhaften Eiszapfen gesäumt waren. Die Eiswüste, die sich weit und breit um uns herum erstreckte, war unbeschreiblich leer und öde, und die Gefahren, die uns bedrängten, waren zeitweilig so groß, daß ich schon an Umkehr dachte. Aber ich nahm all meinen Mut zusammen und kletterte weiter.

Wir brachten den Gletscher wohlbehalten hinter uns und erklommen mit großer Schnelligkeit die dahinterliegende Steilwand. Sieben Minuten nach dem Aufbruch erreichten wir eine Höhe, in der die Umgebung ein neues Gesicht annahm; ein allem Anschein nach grenzenloser Schneekontinent stieg vor unseren Augen himmelan. Als mein Blick der Böschung bis weit ins Himmelsgewölbe hinauf folgte, dünkte es mich, daß alles, was ich zuvor an Erhabenheit und Großartigkeit gesehen hatte, verglichen mit dem hier klein und unbedeutend war.

Wir ruhten uns ein Weilchen aus und kletterten dann mit größter Geschwindigkeit weiter. Keine drei Minuten später erblickten wir die vor uns aufgestiegene Gesellschaft und hielten inne, um sie uns anzusehen. Die da oben stapften mühselig

einen langen, schrägen, schneebedeckten Grat hinauf – zwölf Leute, in Abständen von etwa fünf Metern aneinandergeseilt. Sie zeichneten sich kräftig gegen den klaren blauen Himmel ab. Eine Frau war darunter. Wir konnten sehen, wie die zwölf die Füße anhoben und aufsetzten; wir sahen, wie sie ihre Alpenstöcke im Takt wie lauter Uhrpendel schwenkten und sich dann darauf stützten; wir sahen die Dame mit ihrem Taschentuch winken. Sie schleppten sich müde und erschöpft aufwärts, denn sie waren von den Grands Mulets auf dem Bossons-Gletscher aus immerzu nur aufgestiegen – seit drei Uhr morgens, und jetzt war es elf. Wir sahen sie in den Schnee sinken und rasten und aus einer Flasche trinken. Nach einer Weile zogen sie weiter, und als sie sich dem Endspurt auf der Zielgeraden näherten, schlossen wir auf und gesellten uns zu ihnen.

Alsbald standen wir alle zusammen auf dem Gipfel! Welch eine Aussicht sich da vor uns breitete! Weit hinten am nordwestlichen Horizont rollten die stummen Wogen des Farneser Oberlandes, deren Schneekronen im gedämpften Licht der Ferne glitzerten; im Norden erhob sich die Riesengestalt des Wabbelhorns, das vom Gipfel über die Hänge hinunter in dräuende Gewitterwolken gekleidet war; dahinter zur Rechten erstreckte sich in sinnenbetörenden Dunst gehüllt die großartige Gipfelkette der Zisalpinen Kordilleren; gegen Osten ragte das kolossale Massiv des Jodelhorns, Fummelhorns und Leghorns auf, deren wolkenlose Gipfel weiß und kalt in der Sonne blitzten; dahinter schimmerte blaß und fern die Linie der Ghauts von Jubberbums und der Alleghener Aiguillen; im Süden türmten sich der rauchende Gipfel des Popocatepetl und die unnahbaren Höhen des unvergleichlichen Krabbelhorns; gegen Süd-Südwest träumte der erhabene Zug des Himalajas in purpurner Finsternis; und von dort rund um den gebogenen Horizont schweifte das Auge über eine aufgewühlte See sonnengeküßter Alpenriesen und erkannte hier die edlen Maße und himmelstürmenden Kuppen des Methorns und dort die des Ziegenhorns und des Waldhorns und des Pulverhorns, die allesamt im Glorienschein des Mittagslichtes badeten und von sanft dahingleitenden Flecken getüpfelt waren, den Schatten der ziehenden Wolken.

Von dem Anblick überwältigt, brachen wir einstimmig in einen ungeheueren Triumphschrei aus. Ein erschrockener Mensch neben mir rief:

»Zum Donnerwetter, warum schreien Sie denn so, hier mitten auf der Straße?«

Wie der Blitz war ich unten in Chamonix. Ich gab diesem Menschen mit klugen Worten den Rat, sich zu entfernen, und bezahlte dem Fernrohrmann dann die volle Gebühr und versicherte ihm, daß die Kletterpartie uns großartig gefallen habe und wir nun unten blieben und nicht erneut aufstiegen, er uns also nicht mit dem Fernrohr herunterzuholen brauche. Das

gefiel ihm sehr, denn wenn wir gewollt hätten, hätten wir natürlich auf den Gipfel zurückkehren und ihn der Mühe unterziehen können, uns nach Hause zu bringen.

Ich sagte mir, daß wir unser Diplom nun auf jeden Fall bekommen würden. Also machten wir uns gleich auf, aber der Oberbergführer vertröstete uns unter diesem oder jenem Vorwand immer wieder, solange wir uns in Chamonix aufhielten, so daß wir schließlich abreisten, ohne eines bekommen zu haben. Das zu seinem Vorurteil in Fragen der Staatsangehörigkeit. Jedoch plagten wir ihn hinreichend, so daß er an uns und unseren Aufstieg noch eine Weile denken wird. Einmal erklärte er sogar, er wünsche, in Chamonix gebe es ein Irrenhaus. Das beweist, das er tatsächlich befürchtete, wir würden ihn zum Wahnsinn treiben. Es war dies unsere Absicht, aber sie wurde vereitelt, da es uns an Zeit mangelte.

Ich unterfange mich nicht, dem Leser einen bestimmten Rat zu erteilen, was die Besteigung des Montblanc betrifft. Ich sage nur dies: Falls er auch nur irgendwie zaghaft ist, werden die Freuden der Klettertour ihn nicht für die Mühen und Plagen entschädigen, die er erdulden muß. Aber für den, der gute Nerven und Jugendfrische, Gesundheit und einen kühnen, festen Willen besitzt und seine Familie, sollte das Schlimmste passieren, in gesicherten Verhältnissen zurückläßt, wird die Besteigung ein wundervolles Erlebnis sein und die Aussicht von der Spitze ein Anblick, von dem er träumen kann, von dem er erzählen kann und an den er sich mit Jauchzen sein ganzes Leben lang erinnern wird.

Einem so gearteten Menschen rate ich zwar nicht, die Besteigung zu wagen, aber ich rate ihm auch nicht davon ab. Falls er sich jedoch dazu entschließen sollte, empfehle ich ihm, auf zwei Dinge mit aller Umsicht zu achten: Er wähle einen ruhigen, klaren Tag und bezahle den Fernrohrmann nicht im voraus. Dunkle Geschichten wissen zu berichten, daß er Vorausbezahler auf den Gipfel geführt und dort verrotten lassen habe.

Eine schreckliche Tragödie wurde einst durch die Chamonixer Fernrohre beobachtet. Man stelle sich die Fragen und Antworten bei der gerichtlichen Untersuchung vor:

Leichenbeschauer: Sie haben gesehen, wie der Tote ums Leben kam?

Zeuge: Ja.

Leichenbeschauer: Wo befand er sich zu der Zeit?

Zeuge: Fast auf dem Gipfel des Montblanc.

Leichenbeschauer: Wo befanden Sie sich?

Zeuge: Auf der Hauptstraße von Chamonix.

Leichenbeschauer: Wie groß war die Entfernung zwischen ihm und Ihnen?

Zeuge: Etwas mehr als acht Kilometer Luftlinie.

Dieses Unglück ereignete sich 1866, ein Jahr und einen Monat nach der Katastrophe am Matterhorn. Drei abenteuerlustige Engländer* mit großer Erfahrung im Bergsteigen

* Sir George Young und seine Brüder James und Albert.

beschlossen, den Montblanc ohne Führer und Träger zu bezwingen. Alle Bemühungen, ihnen ihr Vorhaben auszureden, schlugen fehl. Scharfe Fernrohre sind in Chamonix zahlreich vorhanden. Diese riesigen Messingläufe, die von jedem besonders geeigneten Aussichtspunkt himmelwärts zeigen, haben auf ihren Ständern das furchterregende Aussehen von Artillerie, so daß man den Eindruck hat, das Dorf rüste sich, einen Angriff der Engel abzuschlagen. Der Leser darf mir glauben, daß die Fernrohre an diesem Augustmorgen des Jahres 1866 reichlich Kundschaft hatten, denn jeder wußte von dem gefährlichen Unternehmen, das im Gange war, und alle befürchteten, daß es mit einem Unglück enden könne. Den ganzen Morgen aber blieben die Rohre auf die Berghöhe gerichtet, ein jedes mit einer bangenden Gruppe um sich herum; aber die weiße Einöde blieb leer.

Endlich, gegen elf Uhr, riefen die Leute, die gerade durch die Fernrohre blickten: »Da sind sie!« – und wahrhaftig, hoch oben auf den luftigsten Terrassen des Grand Plateau erschienen, mit bemerkenswerter Kraft und Munterkeit kletternd, die drei Pygmäen. Sie verschwanden im »Korridor« und blieben eine Stunde lang unsichtbar. Dann tauchten sie wieder auf, und alsbald konnte man sie nebeneinander auf der äußeren Spitze des Montblanc stehen sehen. Soweit war alles gut gegangen. Sie verharrten ein paar Minuten lang auf diesem höchsten Punkt Europas, Ziel für alle Fernrohre, und begannen dann mit dem Abstieg. Plötzlich waren sie verschwunden. Einen Augenblick später erschienen sie wieder – *sechshundert Meter tiefer!*

Offenbar waren sie gestolpert und über einen fast senkrechten Hang bis an die Stelle abgestürzt, an der dieser Hang auf den oberen Gletscher stieß. Die fernen Zeugen glaubten nun natürlich, drei Leichen zu betrachten; sie trauten daher ihren Augen nicht, als sie sahen, wie sich nach einer Weile zwei der Männer erhoben und über den dritten beugten. Zweieinhalb Stunden lang sahen sie zu, wie sich die beiden um ihren ausgestreckt daliegenden Bruder bemühten, der sich nicht zu rühren schien. Geschäfte und Arbeit in Chamonix standen still; alles war auf der Straße, jegliches Interesse richtete sich auf das, was auf jener hohen, abgeschiedenen, acht Kilometer entfernten Bühne vor sich ging. Schließlich war zu sehen, wie die beiden – von denen einer nur unter großen Schwierigkeiten gehen konnte – mit dem Abstieg begannen, den dritten, der offensichtlich ohne Leben war, zurücklassend. Man verfolgte ihren Abstieg Schritt für Schritt, bis sie den »Korridor« erreichten und hinter seinem Kamm verschwanden. Bevor sie Zeit hatten, den »Korridor« zu durchqueren und wieder aufzutauchen, war die Dämmerung hereingebrochen und die Macht der Fernrohre am Ende.

Die Überlebenden hatten einen äußerst gefährlichen Gang in der dichter werdenden Dunkelheit vor sich, denn sie mußten bis zu den Grands Mulets hinuntergelangen, bevor sie einen sicheren Rastplatz finden konnten – das war ein langer und beschwerlicher und selbst bei gutem Tageslicht alles andere als ungefährlicher Abstieg. Die ältesten Bergführer äußerten die Ansicht, daß es ihnen nicht gelingen könne. Aller Wahrscheinlichkeit nach würden sie ums Leben kommen.

Aber es gelang diesen tapferen Männern. Sie erreichten die Grands Mulets wohlbehalten. Selbst der entsetzliche Schock, den ihre Nerven hatten überstehen können, reichte nicht aus, um ihnen ihre kühle Besonnenheit und ihren Mut zu rauben. Dem offiziellen Bericht nach zu schließen, brauchten sie für diesen gefahrvollen Abwärtsweg vom Anbruch der Dämmerung bis 2 Uhr morgens oder vielleicht noch länger, denn der Rettungstrupp aus Chamonix erreichte die Grands Mulets gegen 3 Uhr morgens und stieg von dort aus unter Führung von Sir George Young, »der gerade erst angekommen war«, zum Unglücksort auf.

Nachdem Sir George vierundzwanzig Stunden auf den Beinen gewesen war, und das bei den erschöpfenden Strapazen des Bergsteigens, begann er an der Spitze eines Hilfstrupps von sechs Bergführern den Wiederaufstieg, um den Leichnam sei-

nes Bruders zu bergen. Dies wurde für eine neuerliche Unbesonnenheit gehalten – die Zahl sei zu gering für den geforderten Dienst. Ein zusätzlicher Hilfstrupp traf alsbald auf den Grands Mulets ein und bezog dort Quartier, um die weiteren Ereignisse abzuwarten. Zehn Stunden nach Sir Georges Aufbruch zum Gipfel suchte dieser neue Trupp immer noch von seinem eigenen Hochstand in der 3000 Meter über dem Meeresspiegel liegenden Eiswüste die Schneehöhen ab, aber der ganze Vormittag war verstrichen, ohne daß sich irgend etwas Lebendiges dort oben hätte sehen lassen.

Das war beunruhigend. Am frühen Nachmittag machte sich daher ein halbes Dutzend von den Männern auf, um Sir George und seine Bergführer zu suchen und ihnen Hilfe zu bringen. Die Männer, die in der Hütte zurücklieben, sahen diese sechs verschwinden, und dann begann ein erneutes qualvolles Warten.

Vier Stunden vergingen ohne irgendwelche Nachricht. Um fünf Uhr brach dann noch eine weitere Rettungsmannschaft, bestehend aus drei Bergführern, von der Hütte aus auf. Die drei nahmen Proviant und Stärkungsmittel für ihre Vorgänger mit; außerdem trugen sie Laternen. Die Nacht war nicht mehr fern, und als sei das noch nicht schlimm genug, hatte ein feiner, kalter Regen zu fallen begonnen.

Zur selben Zeit, da diese drei Männer ihren gefährlichen Aufstieg begannen, unternahm der amtliche oberste Bergführer des Montblanc-Gebietes ganz allein den gefährlichen Abstieg nach Chamonix, um Verstärkung zu holen. Zwei Stunden später jedoch, um sieben Uhr, nahm die bange Sorge ein Ende, und zwar auf glückliche Art. Man hörte ein Hornsignal, und eine Gruppe schwarzer Pünktchen war auf dem Schnee hoch oben zu erkennen. Die Zuschauer zählten diese Pünktchen gespannt – 14 –, es fehlte niemand. Eineinhalb Stunden später befanden sie sich alle wohlbehalten unter dem Dach der Hütte. Den Leichnam hatten sie mitgebracht. Sir George Young verweilte nur wenige Minuten dort und begann dann den langen und mühseligen Abstieg nach Chamonix. Er traf dort wahrscheinlich gegen 2 oder 3 Uhr morgens ein, nachdem er zwischen Felsen und Gletschern zwei Tage und zwei Nächte auf den Beinen gewesen war.

Ein dichter Nebel war die Ursache gewesen für das unerklärlich lange Ausbleiben Sir Georges und der Rettungsmannschaften oben am Hang, wo das Unglück sich ereignet hatte, – jedenfalls zum Teil dieser Nebel und zum anderen Teil das langwierige, schwierige Unternehmen, den Toten über die gefahrvollen Steilwände zu Tal zu bringen.

An dem Leichnam waren bei der Totenschau keine Wunden zu entdecken, und es dauerte eine Weile, bevor die Ärzte feststellten, daß das Genick gebrochen war. Der eine der noch lebenden Brüder war geringfügig verletzt worden, aber der andere hatte überhaupt keine Verletzungen erlitten. Wie diese beiden Männer sechshundert Meter fast senkrecht abstürzen und danach noch leben konnten, ist höchst eigentümlich und unerklärlich.

Eine große Anzahl von Frauen hat den Montblanc bestiegen. Eine Engländerin, Miß Stratton, kam vor zwei oder drei Jahren auf den kühnen Gedanken, die Besteigung mitten im Winter zu unternehmen. Sie versuchte es – und es gelang ihr. Ja, mehr noch: während des Aufstiegs erfroren ihr zwei Finger, auf dem Gipfel verliebte sie sich in ihren Bergführer, und als sie wieder unten ankam, heiratete sie ihn. Es gibt in der Romanliteratur schwerlich eine Situation, die es an überraschendem Reiz mit dieser Liebesszene mitten am Himmel auf einem abgeschiedenen Eisgrat bei dreißig Grad unter Null und einem arktischen Orkan aufnimmt. – Das erste weibliche Wesen, das den Montblanc bezwang, war ein Mädchen von zweiundzwanzig Jahren – Mademoiselle Maria Paradis – im Jahre 1809. Niemand war bei ihr, nur ihr Liebster, und das war kein Bergführer. Das schöne Geschlecht machte dann etwa dreißig Jahre lang Pause, bis 1838 Mademoiselle d'Angeville die Besteigung unternahm. In Chamonix erwarb ich eine linkische alte Lithographie aus jenen Tagen, die sie auf frischer Tat zeigt.

Ich schätze sie jedoch weniger als Kunstwerk denn als Modebild. Fräulein d'Angeville zog zum Klettern ein Paar Männerhosen an, was klug von ihr war; aber sie verdarb die Zweckmäßigkeit, indem sie ihren Rock darüberzog, was idiotisch zu nennen ist.

Eins der beklagenswertesten Unglücke, zu der die Neigung des Menschen, gefährliche Berge zu besteigen, geführt hat, ereignete sich am

Montblanc im September 1870. Monsieur d'Arve berichtet kurz darüber in seiner »Histoire du Montblanc«. Im folgenden Kapitel will ich die Hauptpartien seiner Darstellung wiedergeben.

Kapitel 16

Eine Katastrophe, die elf Menschen das Leben kostete

Am 5. September 1870 brach eine Karawane von elf Personen aus Chamonix auf, um den Montblanc zu besteigen. Drei von der Gesellschaft waren Reisende: zwei amerikanische Herren, Mr. Randall und Mr. Bean, und Mr. George Corkindale, ein Herr aus Schottland; hinzu kamen drei Bergführer und fünf Träger. Die Hütte auf den Grands Mulets wurde am selben Tage erreicht; der Aufstieg zum Gipfel wurde früh am nächsten Morgen, dem 6. September, begonnen. Es war ein klarer und schöner Tag, und die Kletternden wurden durch die Fernrohre von Chamonix beobachtet; um zwei Uhr nachmittags sah man sie den Gipfel erreichen. Wenige Minuten später sah man sie den Abstieg antreten; aber schon nach den ersten Schritten schloß sich eine Wolke um sie und entzog sie den Blicken.

Acht Stunden vergingen, die Wolke war immer noch da; die Nacht fiel ein, und noch war niemand zu den Grands Mulets zurückgekehrt. Sylvain Couttet, der Hüttenwirt, befürchtete ein Unglück und schickte ins Tal um Hilfe. Eine Abteilung Bergführer stieg auf, aber bevor sie den beschwerlichen Weg hinter sich und die Hütte erreicht hatte, war ein tobendes Unwetter losgebrochen. Sie mußten in der Hütte warten; nichts konnte bei solch einem Sturm unternommen werden.

Der wütende Sturm blies *über eine Woche* ohne Unterbrechung; aber am 17. verließ Couttet mit mehreren Bergführern die Hütte, und es gelang ihnen der Aufstieg. In der Schneewüste dicht unterhalb des Gipfels stießen sie auf fünf Leichen, die auf der Seite lagen, und zwar in einer ruhigen Haltung, die darauf schließen ließ, daß sie vielleicht dort eingeschlafen waren, vor Anstrengung und Hunger erschöpft und vor Kälte betäubt, und nicht merkten, wann der Tod an sie heranschlich. Couttet ging ein paar Schritte weiter und entdeckte noch fünf Leichen. Die elfte Leiche – die eines Trägers – war nicht zu finden, obwohl die Männer sorgfältig danach suchten.

In Mr. Beans Tasche fand man ein Notizbuch, in das mit Bleistift ein paar Sätze eingetragen waren, die uns unmittelbaren Zutritt zu diesen Männern in den letzten Stunden ihres Lebens gewähren und zu dem grausigen Entsetzen, das bei schon benommenem Blick ihr schwindendes Bewußtsein erfaßte:

Dienstag, 6. September. Ich habe zusammen mit zehn anderen den Montblanc bestiegen – acht Bergführer und Mr. Corkindale und Mr. Randall. Wir erreichten den Gipfel um halb drei. Sobald wir ihn wieder verlassen hatten, waren wir in Schneewolken eingehüllt. Wir verbrachten die Nacht in einer in den Schnee gegrabenen Höhle, die nur kläglichen Schutz bot, und mir war die ganze Nacht übel.

7. September. – Morgens. Die Kälte ist ungeheuer. Der Schnee fällt heftig und ohne Unterbrechung. Die Bergführer machen keine Rast.

Abends. Meine liebe Hessie, wir sind seit zwei Tagen auf dem Montblanc, mitten in einem entsetzlichen Schneegestöber, wir haben uns verirrt und sitzen in 4500 m Höhe in einem Loch, das wir in den Schnee gegraben haben. Ich habe keine Hoffnung mehr, daß wir noch einmal herunterkommen.

Sie waren, von diesem Schneesturm geblendet, immer wieder im Kreis herumgegangen – hatten sich hoffnungslos verirrt auf einem Schneefeld von nur hundert Quadratmetern; und als die Kälte und die Erschöpfung sie schließlich übermannten, gruben sie sich in ihre Höhle und legten sich darin zum Sterben nieder – *ohne zu ahnen, daß fünf Schritte weiter der richtige Weg vorbeiführte!* So nahe waren sie dem Leben und der Sicherheit und wußten es nicht. Diese Vorstellung birgt den heftigsten Schmerz, den diese tragische Geschichte vermittelt.

Der Verfasser der »Histoire du Montblanc« leitet die abschließenden Sätze von Mr. Beans ergreifendem Bericht folgendermaßen ein:

»Hier werden nun die Buchstaben groß und unstet; die Hand, die sie schreibt, ist steifgefroren und gefühllos; aber der Geist lebt noch, und Glauben und Resignation des Sterbenden werden mit erhabener Einfachheit ausgedrückt.«

»Vielleicht findet man dieses Notizbuch und schickt es Dir. Wir haben nichts zu essen, meine Füße sind bereits erfroren, und ich bin erschöpft; ich kann nur noch ein paar Worte schreiben. Ich hinterlasse Mittel für C.s Erziehung; ich weiß, Du wirst sie klug verwenden. Ich sterbe im Glauben an Gott und mit liebenden Gedanken an Dich. Lebt alle wohl. Wir werden uns im Himmel wiedersehen. Ich denke immer an Dich.«

Es ist sonst die Art der Alpen, ihren Opfern den Tod mit barmherziger Schnelligkeit zu bringen, aber hier versagte die Regel. Diese Männer erlitten den bittersten Tod, der in der Geschichte dieser Berge verzeichnet steht, einer Geschichte, die mit grausigen Tragödien zur Genüge befrachtet ist.

Kapitel 17

Mr. Harris und ich mieteten ein paar Bergführer und Träger und stiegen zum »Hôtel des Pyramides« auf, das oben auf der hohen Moräne liegt, die an den Bossons-Gletscher grenzt. Der Weg führte die ganze Zeit steil bergauf durch Gras und Blumen und Wälder, und es war ein hübscher Spaziergang, von der Strapaze des Anstiegs abgesehen.

Vom Hotel aus konnten wir den riesigen Gletscher aus allergrößter Nähe betrachten. Nach einer Rast folgten wir einem Pfad, der in den steilen Innenrand der Moräne gehauen worden war, und gelangten so auf den Gletscher selber hinunter. Eine der Sehenswürdigkeiten war hier eine tunnelähnliche Höhle, die aus dem Gletscher herausgehauen worden war. Der Besitzer dieser Höhle zündete Kerzen an und führte uns hinein. Sie war etwa eineinhalb Meter breit und knapp zwei Meter hoch. Ihre Wände aus schierem, massivem Eis strahlten ein blaues Licht aus, das eine liebliche Wirkung hervorrief und an verzauberte Höhlen und dergleichen denken ließ. Als wir einige Meter zurückgelegt hatten und ins Dunkle vorstießen, drehten wir uns um und erblickten durch das zartblaue Leuchten der Tunnelatmosphäre ein vom kräftigen Bogen des Eingangs gerahmtes zierliches, sonnenbeschienenes Bild ferner Wälder und Berge.

Die Höhle war fast hundert Meter lang, und als wir ihre innere Grenze erreichten, trat der Besitzer mit seinen Kerzen in einen hier abzweigenden Seitentunnel und ließ uns mitten in den Eingeweiden des Gletschers in pechschwarzer Finsternis zurück. Wir vermuteten, daß er Mord und Raub im Auge hätte; also holten wir unsere Streichhölzer hervor und machten uns bereit, unser Leben so teuer wie möglich zu verkaufen, indem wir, sollte es ganz schlimm kommen, Feuer an den Gletscher legten, aber wir bemerkten bald, daß dieser Mann es sich anders überlegt hatte; er begann mit tiefer, melodischer Stimme zu singen und erzielte allerhand wunderliche und reizvolle Echowirkungen. Schließlich kam er zurück und tat so, als sei er deswegen nach dort hinten verschwunden. Davon glaubten wir gerade soviel, wie wir glauben wollten.

So also hatten wir wieder einmal in drohender Lebensgefahr geschwebt, aber durch den Einsatz unseres rasch zupackenden Scharfsinns und kühlen Mutes, die zusammen uns schon oft gerettet hatten, war es uns gelungen, der langen Liste erfolgreichen Entrinnens ein weiteres hinzuzufügen. Der Reisende sollte die Eishöhle auf jeden Fall besuchen, denn sie ist durchaus der Mühe wert; aber ich würde ihm raten, nur mit einer starken und gut bewaffneten Streitmacht anzurücken. Ich halte Artillerie nicht für unbedingt notwendig, aber falls es keine

Umstände macht, wäre es nicht unratsam, sie mitzuführen. Der Hin- und Rückweg mißt etwa fünf Kilometer, wovon viereinhalb eben verlaufen. Wir haben beides in weniger als einem Tag geschafft, aber ich würde dem Ungeübten – falls die Zeit ihn nicht drängt – raten, sich zwei Tage zu gestatten. Durch Überanstrengung ist in den Alpen nichts gewonnen; nichts ist gewonnen, wenn man das Werk zweier Tage in einen zwängt, nur um sich hinterher – armseliger Zweck! – damit brüsten zu können. Es wird sich auf die Dauer als zweckmäßiger erweisen, jeweils zwei Tage auf ein Unternehmen zu verwenden und dann beim Erzählen einen Tag abzuziehen. Das erspart Strapazen und schadet der Erzählung nicht. Alle rücksichtsvollen Alpenreisenden halten es so.

Wir suchten nun den Oberbergführer auf und baten um eine Schwadron Führer und Träger für die Besteigung des Montanvert. Dieser Schwachkopf starrte uns an und sagte:

»Sie brauchen keine Führer und Träger für den Weg zum Montanvert.«

»Was brauchen wir denn?«

»*Sie?* – einen Krankenwagen!«

Diese brutale Bemerkung kränkte mich dermaßen, daß ich mich mit meiner Bestellung anderswohin wandte.

Schon früh am nächsten Morgen hatten wir eine Höhe von 1500 m über dem Meeresspiegel erklommen. Hier schlugen wir unser Lager auf und frühstückten. Es fand sich an dieser Stelle – sie heißt Caillet – eine Hütte und eine Quelle mit eiskaltem Wasser. An der Tür der Hütte prangte ein Schild mit einer französischen Aufschrift des Inhalts, daß man hier eine »lebende Gemse für fünfzig Centimen« sehen könne. Wir investierten nicht; was wir zu sehen wünschten, war eine tote.

Kurz nach Mittag beendeten wir den Aufstieg und trafen in dem neuen Hotel auf dem Montanvert ein, von wo aus wir zehn Kilometer weit den großen Gletscher hinaufblicken konnten, das berühmte Mer de Glace. An dieser Stelle sieht der Gletscher wie ein Meer aus, dessen tiefe Wellentäler und lange, rollende Wellenkämme mitten in der Bewegung eingefroren waren; weiter oben jedoch türmte er sich zu wildbewegten Eiswogen.

Wir stiegen auf einem schwierigen Pfad ab, der am steilen Rand der Moräne abwärtsführte, und drangen auf den Gletscher vor. Reisende beiderlei Geschlechts waren weit und breit über ihn verstreut, und er bot das fröhliche Bild einer Eislaufbahn.

Die Kaiserin Josephine ist einmal bis hierher gekommen. Sie bestieg den Montanvert im Jahr 1810 – aber nicht allein; eine kleine Armee von Männern zog ihr voraus, um den Weg freizumachen – und ihn vielleicht mit Teppichen zu belegen –, und sie folgte unter dem Schutz von *achtundsechzig* Bergführern.

Ihre Nachfolgerin besuchte später Chamonix, aber in sehr viel anderem Stil. Es waren sieben Wochen nach dem ersten Zusammenbruch des Kaiserreiches, und die arme Marie-Louise, nun Ex-Kaiserin, war ein Flüchtling. Sie kam bei Nacht und in einem Gewitter mit nur zwei Begleitern und stand müde, schmutzig und vom Regen durchnäßt vor der Hütte eines Bauern, »den roten Abdruck ihrer verlorenen Krone noch um die Stirn«, und bat flehentlich um Einlaß – und wurde abgewiesen! Noch wenige Tage zuvor hatten die Schmeicheleien und der Beifall eines ganzen Volkes in ihren Ohren geklungen, und nun war es mit ihr dahin gekommen!

Wir überquerten das Mer de Glace wohlbehalten, hatten jedoch unterwegs unsere Befürchtungen. Die Spalten im Eis gähnten tief und blau und geheimnisvoll, und es machte einen nervös, sie überschreiten zu müssen. Die riesigen runden Eiswogen waren schlüpfrig und schwer zu erklimmen, und die Aussichten, zu stolpern und eine von ihnen hinunterzuschlittern und geradenwegs in eine der Spalten zu stürzen, waren zu zahlreich, als daß man sich hätte wohlfühlen können.

Unten in einem tiefen Wellental zwischen zwei der höchsten Eiswogen stießen wir auf einen Schwindler, der vorgab, Stufen ins Eis zu schlagen, um die Sicherheit der Touristen zu gewährleisten. Er schonte sich gerade, als wir vor ihm auftauchten, aber er sprang auf und hackte ein paar Stufen, die für eine Katze gerade breit genug waren, und berechnete uns einen oder zwei Franken dafür. Dann setzte er sich wieder, um vor sich hinzudösen, bis der nächste Schub anrückte. Er hatte an dem Tag bereits Räubersold von zwei- bis dreihundert Leuten einkassiert, aber noch nicht annähernd genug Eis herausgehackt, um den Gletscher merklich zu schwächen. Ich habe schon von sehr vielen Sinekuren gehört, aber das Einnehmen von Wegzoll auf einem Gletscher dürfte die schlaraffenmäßigste sein, der ich bisher begegnet bin.

Es war ein glühendheißer Tag, und der Durst plagte uns daher beständig. Welch eine unaussprechliche Köstlichkeit, diesen Durst mit dem reinen und durchsichtig klaren Eiswasser des Gletschers zu löschen! An den Seiten jeder größeren Eisrippe flossen durchsichtig klare Rinnsale in Rillen herab, die sie sich durch die eigene Reibung selber geschürft hatten; ja, besser noch: wo immer einmal ein Stein gelegen hatte, da war nun eine schüsselförmige Vertiefung mit glatten weißen Wänden und einem Boden aus Eis, und diese Schale war bis zum Rand mit solch vollkommen klarem Wasser gefüllt, daß man es beim flüchtigen Hinsehen überhaupt nicht bemerkte und glauben konnte, die Schale sei leer. Diese Brunnen wirkten auf mich so anziehend, daß ich mich oft lang ausstreckte, auch wenn ich nicht durstig war, und mein Gesicht hineintauchte und trank, bis mir die Zähne wehtaten. Überall in den Schweizer Bergen war diese Wohltat zur Hand, die in Europa nirgendwo zu finden ist, *außer* in den Bergen: Wasser, das es fertigbringt, den Durst zu löschen. Überall im Schweizer Hochland hüpften kristallklare kleine Rinnsale köstlich kalten Wassers neben Straßen und Wegen einher, und mein Reisegefährte und ich tranken immerzu und drückten unsere tiefe Dankbarkeit aus.

Aber überall sonst in Euorpa ist das Wasser schal und unschmackhaft und überhaupt nicht zu beschreiben. Es wird lauwarm serviert; aber das macht nichts, Eis könnte ihm nicht helfen; es ist unheilbar fade, es ist unheilbar geschmacklos. Es taugt ausschließlich zum Waschen; ich frage mich vergeblich, warum es dem Durchschnittsbewohner nicht in den Sinn kommt, es einmal dafür auszuprobieren. Die Leute in Europa sagen verächtlich: »Niemand trinkt hier Wasser.« Sie haben wahrhaftig allen Grund dazu. Vielerorts verbietet es sich geradezu, Wasser zu trinken. In Paris und München zum Beispiel hört man den Rat: »Trinken Sie das Wasser nicht, es ist schieres Gift.«

Entweder ist Amerika trotz seiner »lebensgefährlichen« Schwäche für Eiswasser gesunder als Europa, oder aber man führt dort nicht so strikte Buch über die Sterbeziffern wie auf dem alten Kontinent. Aber ich glaube, unsere Sterbestatistik stimmt genau; und falls dem so ist, dann sind unsere Städte gesunder als die Städte in Europa. Die deutsche Regierung stellt jeden Monat die Sterbeziffern der ganzen Welt zusammen und veröffentlicht sie. Ich notierte mir diese Berichte mehrere Monate hindurch, und es war eigentümlich anzusehen, wie regelmäßig und beharrlich jede Stadt Monat um Monat auf die gleiche Zahl von Sterbefällen kam. Man hätte ebensogut immer wieder dieselbe Tabelle drucken können, so wenig unterschieden sie sich voneinander. Diese Tabellen basierten auf wöchentlichen Berichten, die die durchschnittliche Sterbeziffer für je 1000 Einwohner pro Jahr angaben. München war regelmäßig mit seinen 33 Sterbefällen pro 1000 Einwohner (Jahresdurchschnitt) vertreten, Chicago ebenso beständig mit seinen 15 oder 17, Dublin mit seinen 48 und so weiter.

Nur ein paar amerikanische Großstädte erscheinen in diesen Tabellen, aber sie sind so weit über das Land verstreut, daß sie einen guten Durchschnitt der allgemeinen *Großstadt*gesundheit in den Vereinigten Staaten ergeben; und es darf wohl als ausgemacht gelten, daß unsere Dörfer und Kleinstädte gesunder sind als unsere Großstädte.

Hier folgt der Durchschnitt der einzigen amerikanischen Städte, über die in den Tabellen berichtet wird:

Chicago, jährliche Sterbeziffer pro 1000 Einwohner: 16; Philadelphia: 18; San Francisco: 19; New York (das amerikanische Dublin): 23.

Und nun beachte man, wie die Zahlen hinaufschnellen, sobald man sich die transatlantische Liste ansieht.

Paris: 27; Glasgow: 27; London: 28; Wien: 28; Braunschweig: 28; Königsberg: 29; Köln: 29; Dresden: 29; Hamburg: 29; Berlin: 30; Bombay: 30; Warschau: 31; Breslau: 31; Odessa: 32; München: 33; Straßburg: 33; Pest: 35; Kassel: 35; Lissabon: 36; Liverpool: 36; Prag: 37; Madras 37; Bukarest: 39; St. Petersburg: 40; Triest: 40; Alexandria (Ägypten): 43; Dublin: 48; Kalkutta: 55.

Edinburgh ist so gesund wie New York – 23; aber die ganze Liste enthält keine einzige Großstadt, die gesunder ist, ausgenommen Frankfurt am Main – 20. Aber Frankfurt ist nicht so gesund wie Chicago, San Francisco, Saint Louis oder Philadelphia.

Ein streng errechneter Weltdurchschnitt würde vielleicht ergeben, daß auf einen Gestorbenen von je 1000 Amerikanern zwei von je 1000 Bewohnern anderer Erdstriche kommen.

Ich mache nicht gerne Andeutungen, aber ich glaube, obige Statistik läßt dunkel vermuten, daß die Leute hier dieses abscheuliche Wasser *heimlich* trinken.

Wir erklommen die Moräne auf der anderen Seite des Gletschers und krochen etwa hundert Meter auf ihrem scharfen Grat entlang, wobei ziemlich ununterbrochen die Gefahr eines Absturzes auf den unter uns liegenden Gletscher bestand. Die Fallhöhe hätte nur 30 Meter betragen, aber sie hätte mir ebenso sicher den Garaus gemacht wie eine von 300. Ich respektierte sie dementsprechend und war heilfroh, als die Klettertour vorbei war. Eine Moräne ist ein garstig Ding, wenn man sie Hals über Kopf angeht. Aus der Ferne sieht sie aus wie ein endloses Grab aus feinem Sand, ebenmäßig geformt und hübsch glattgestrichen; betrachtet man sie jedoch aus der Nähe, stellt sich heraus, daß sie in der Hauptsache aus Steinen und Felsblöcken jeglicher Größe besteht, von der Größe eines Menschenkopfes bis zu der eines kleinen Hauses.

Schließlich gelangten wir an den *Mauvais Pas* oder die »Böse Straße«, um es mit der rechten Empfindung zu übersetzen. Es war ein halsbrecherischer Pfad um eine Steilwand von zwölf oder gar fünfzehn Meter Höhe herum, auf dem man sich an nichts weiter festhalten konnte als an einem von diesen Eisengeländern. Ich schritt langsam und behutsam und mit einem unbehaglichen Gefühl aus und erreichte schließlich die Mitte. Meine Hoffnung belebte sich ein wenig, wurde aber augenblicklich wieder zunichte; denn dort begegnete ich einem Schwein – einem langnasigen, borstigen Burschen, der die Schnauze hob und mich mit heftig arbeitenden Nüstern forschend betrachtete. Ein Schwein auf einer Vergnügungsreise durch die Schweiz – man stelle sich das vor! Es ist überraschend und ungewöhnlich; man könnte ein Gedicht darüber schreiben. Es konnte nicht zurück, selbst wenn es die Neigung dazu ver-

spürt hätte. Es wäre närrisch gewesen, hier auf unserer Würde zu bestehen, wo wir kaum Platz hatten, um auf den Füßen zu stehen, darum ließen wir es uns gar nicht erst einfallen. Zwanzig oder auch dreißig Damen und Herren befanden sich hinter uns; wir alle machten kehrt und gingen zurück, und das Schwein folgte uns. Der Bursche schien nicht im geringsten von dem berührt, was er angerichtet hatte; er hatte es wahrscheinlich schon öfter gemacht.

Wir erreichten das Restaurant auf der »Chapeau« genannten Höhe um vier Uhr nachmittags. Es war eine Andenkenfabrik, und das Angebot war groß, billig und mannigfaltig. Ich kaufte das übliche Papiermesser zur Erinnerung an den Ort und ließ den Montblanc, den Mauvais Pas und die übrige Gegend in meinen Alpenstock einbrennen; dann stiegen wir ins Tal hinab und gingen nach Hause, ohne uns anzuseilen. Dies war nicht gefährlich, denn das Tal war acht Kilometer breit und vollkommen eben.

Vor neun Uhr trafen wir im Hotel ein. Am nächsten Morgen fuhren wir oben auf dem Eilpostwagen unter dem Schutz einer lustigen Plane nach Genf ab. Wenn ich mich recht erinnere, saßen über zwanzig Leute obenauf. Der Wagen war so hoch, daß man ihn mit einer Leiter bestieg. Das riesige Vehikel war überall voll, außen und innen. Fünf weitere Postwagen fuhren zur gleichen Zeit ab, und auch sie waren sämtlich voll besetzt. Wir hatten, um sicherzugehen, unsere Plätze zwei Tage zuvor bestellt und den festgesetzten Preis bezahlt – je fünf Dollar; aber die anderen waren klüger gewesen; sie hatten Baedeker vertraut und gewartet; folglich bekamen einige von ihnen ihre Plätze für einen oder zwei Dollar. Baedeker weiß alles, was es über Hotels, Bahn- und Reisewagengesellschaften zu wissen gibt, und er hält mit seiner Meinung nicht hinter dem Berg. Er ist ein vertrauenswürdiger Freund des Reisenden.

Am eindrucksvollsten zeigte sich uns der Montblanc, als wir viele Kilometer von ihm entfernt waren; nun hob er sein majestätisches Ebenmaß hoch in den Himmel, ganz weiß und kalt und voll ernster Würde, so daß die übrige Welt neben ihm klein und plebejisch und gering und unbedeutend erschien.

Als er schließlich unseren Blicken entschwand, rückte ein alter Engländer sich auf seinem Sitz zurecht und sagte:

»So, ich bin zufriedengestellt; ich habe die beiden Hauptmerkmale der Schweizer Landschaft gesehen – Montblanc und den Kropf. Nun auf nach Hause!«

Kapitel 18

Wir verbrachten ein paar angenehme, geruhsame Tage in Genf, dieser höchst erfreulichen Stadt, in der genaugehende Uhren für die ganze Welt hergestellt werden, aber deren eigene Uhren nicht einmal per Zufall jemals die richtige Zeit anzeigen.

Genf ist voll von hübschen kleinen Läden, und die Läden sind voll von verführerischstem Tand, aber sobald man eins dieser Geschäfte betritt, fällt jemand über einen her und folgt einem auf Schritt und Tritt und hängt einem immerzu in den Ohren, dies oder das oder jenes zu kaufen, so daß man heilfroh ist, wenn man wieder draußen ist, und aller Wahrscheinlichkeit nach den Versuch nicht wiederholt. Die Geschäftsleute von der kleineren Sorte sind in Genf so lästig und hartnäckig wie die Verkäufer in jenem monströsen Bienenstock in Paris, den Grands Magasins du Louvre – ein Etablissement, in dem man ungezogenes Belästigen, Nachstellen und Nichtlockerlassen zu einer Wissenschaft entwickelt hat.

In Genf sind die Preise in den kleinen Läden überaus elastisch – das ist ein weiterer übler Zug. Ich besah mir in einem Schaufenster eine sehr hübsche Perlenkette, die für ein Kind passend gewesen wäre. Ich bewunderte sie nur; ich hatte keine Verwendung dafür; ich trage kaum jemals Perlen. Die Verkäuferin kam heraus und bot mir die Kette für fünfunddreißig Franken an. Ich sagte, das sei billig, aber ich brauche sie nicht.

»Ah, aber Monsieur, sie ist so schön!«

Ich gab es zu, erklärte jedoch, daß sie sich für jemanden in meinem Alter und von meinem einfachen Wesen nicht eigne. Sie schoß in den Laden zurück und brachte die Kette heraus und versuchte sie mir in die Hand zu drücken.

»Ah, aber sehen Sie doch nur, wie hübsch sie ist!« sagte sie dabei. »Aber natürlich werden Monsieur sie nehmen; Monsieur sollen sie für dreißig Franken haben. Da – ich habe es gesagt – es ist ein Verlust für mich, aber man muß schließlich leben.«

Ich nahm meine Hände herunter und versuchte, sie dazu zu bringen, meine Wehrlosigkeit zu respektieren. Aber nein, sie ließ die Kette vor meinem Gesicht baumeln und rief: »Ah, Monsieur *können* ihr nicht widerstehen!« Sie hing sie an meinen Jackenknopf, faltete resigniert die Hände und sagte: »Verkauft – und für dreißig Franken, die wunderhübschen Perlen – es ist unglaublich! Aber der liebe Gott wird mein Opfer heiligen.«

Ich nahm die Kette vorsichtig ab, gab sie zurück und ging weiter – kopfschüttelnd und mit einem Lächeln törichter Verlegenheit –, während die Passanten stehenblieben, um zuzuschauen. Die Frau beugte sich zur Tür hinaus, schüttelte die Perlen und rief mir nach:

»Monsieur sollen sie für achtundzwanzig haben!«

Ich schüttelte den Kopf.

»Siebenundzwanzig! Es ist ein grausamer Verlust, es ist mein Ruin – aber nehmen Sie sie, nehmen Sie sie!«

Ich verneinte abermals mit einem stummen Kopfschütteln. Eine Kinderfrau und ein kleines englisches Mädchen waren in meiner Nähe gewesen und gingen nun hinter mir her. Die Verkäuferin lief auf die Kinderfrau zu, drückte ihr die Perlenkette in die Hand und sagte:

»Monsieur soll sie für fünfundzwanzig haben! Nehmen Sie sie mit ins Hotel – er soll mir das Geld morgen schicken – übermorgen – wann er will.« Dann zu dem Kind: »Wenn dein

Vater mir das Geld schickt, dann komm' du auch, mein Engel, und du sollst etwas *so* Hübsches bekommen!«

So wurde ich dank göttlicher Fürsorge gerettet. Die Kinderfrau wies die Perlen entschieden und fest zurück, und damit war die Angelegenheit beendet.

Die »Sehenswürdigkeiten« von Genf sind nicht sehr zahlreich. Ich machte den Versuch, die einstmals von diesen beiden unangenehmen Leuten, Rousseau und Calvin, bewohnten Häuser aufzuspüren, hatte jedoch keinen Erfolg. Dann beschloß ich, nach Hause zu gehen. Es stellte sich heraus, daß es leichter war, den Vorsatz zu fassen, als ihn auszuführen, denn diese Stadt ist verwirrend. Ich verirrte mich in einem Geschlinge aus engen und krummen Straßen und fand ein paar Stunden lang nicht wieder hinaus. Schließlich stieß ich auf eine Straße, die mir irgendwie bekannt vorkam, und ich sagte mir: »Nun bin ich wohl zu Hause.« Aber ich irrte mich; dies war die »*Höllen*straße«. Alsbald stieß ich auf eine andere Gasse, die mir vertraut aussah, und sagte mir: »Jetzt bin ich aber bestimmt zu Hause.« Es war wieder ein Irrtum. Dies war die »*Fegefeuer*straße«. Nach einem weiteren Weilchen sagte ich: »*Jetzt* bin ich aber wirklich an der richtigen Stelle ... nein, dies hier ist die ›*Paradies*straße‹; ich bin weiter weg von zu Hause als zu Anfang.«

Das waren wunderliche Namen – gewiß hatte Calvin sie sich ausgedacht. »Hölle« und »Fegefeuer« trafen den Nagel auf den Kopf, aber das »Paradies« erwies sich als sarkastisch.

Schließlich und endlich kam ich am Seeufer aus, und nun wußte ich, wo ich war. Ich schlenderte vor den glitzernden Juwelierläden einher, und hier beobachtete ich einen sonderbaren Auftritt. Eine Dame kam vorbei, und ein Modegeck spazierte gemächlich auf anscheinend so sorgfältig berechnete Art quer über den Gehsteig, daß er genau auf ihrer Höhe war, als sie vor ihm ankam. Er machte keine Anstalten, beiseitezutreten; er entschuldigte sich nicht; ja, er nahm nicht einmal Notiz von ihr. Sie mußte stehenbleiben und ihn vorbeischlendern lassen. Ich fragte mich, ob diese Grobheit wohl Absicht gewesen sei. Er spazierte auf einen Stuhl zu und setzte sich an einen kleinen Tisch; zwei oder drei andere Männer saßen an ähnlichen Tischen und schlürften Zuckerwasser. Ich wartete; nach einer Weile kam ein junger Mann vorbei, und dieser Kerl stand auf und spielte ihm denselben Streich. Um meine Neugierde zu befriedigen, ging ich einmal um die vier Ecken, und tatsächlich, als ich mich näherte – mit tüchtigem Tempo – stand er auf, schlenderte gemächlich quer über meinen Weg und geriet genau im richtigen Augenblick mit meinem Kurs in Kollision, um all mein Gewicht gegen sich anprallen zu lassen. Damit war bewiesen, daß seine voraufgegangenen Auftritte nicht Zufall, sondern Absicht gewesen waren.

Ich sah das sonderbare Spiel dieses Dandys später verschiedentlich in Paris, wo es allerdings nicht zur Belustigung gespielt wurde, ja eigentlich mit gar keinem Motiv, sondern lediglich aus selbstsüchtiger Gleichgültigkeit gegenüber dem Wohlbefinden und den Rechten anderer Leute. Man sieht es jedoch nicht so oft in Paris, wie man vielleicht erwartet, denn hier besagt das Gesetz mehr oder weniger, daß es »Angelegenheit der Schwachen ist, den Starken aus dem Weg zu gehen«. Wir bestrafen einen Droschkenkutscher, wenn er einen Einwohner überfährt; Paris bestraft den Einwohner, weil er sich überfahren lassen hat. Jedenfalls behauptet das ein jeder – aber ich sah etwas, das Zweifel in mir wachrief; ich sah eines Tages einen Reiter eine alte Frau zu Boden reiten – die Polizei verhaftete ihn und nahm ihn mit. Das sah danach aus, als hätten sie vor, ihn zu bestrafen.

Es ziemt sich nicht für mich, amerikanische Bräuche zu preisen – denn sind sie nicht die ständige Zielscheibe für die Scherze des kritischen und gebildeten Europas? Dennoch muß ich es wagen, in einem Punkt eine Überlegenheit unserer Bräuche zu behaupten; eine Dame kann bei uns zu jeder Tageszeit über die Straße gehen und kommen und gehen, wie es ihr beliebt, und sie wird niemals von einem Mann belästigt werden; aber falls eine Dame ohne Begleitung in London über die Straße geht, und sei es auch am hellen Mittag, so ist es nur zu wahrscheinlich, daß sie angesprochen und beleidigt wird – und nicht etwa von betrunkenen Seeleuten, sondern von Männern mit dem Auftreten und der Kleidung eines Herrn von Stand. Es wird behauptet, daß diese Leute keine Herren seien, sondern von niederer Herkunft und nur als Herren verkleidet. Der Fall des Obersten Valentine Baker entkräftet dieses Argument, denn niemand kann in der britischen Armee Offizier werden, er sei denn ein Herr von Stand. Dieser Mensch, als er sich mit einem wehrlosen Mädchen allein in einem Eisenbahnabteil befand – aber das ist eine abscheuliche Geschichte, und zweifellos erinnert sich der Leser noch gut daran. London muß mehr oder weniger an die Bakers gewöhnt gewesen sein und an die Manieren der Bakers, denn sonst hätte London sich ja wohl beleidigt fühlen und sich erregen müssen. Baker wurde »gefangengesetzt« – in einem Salon; und er hätte nicht mehr besucht und mehr mit Aufmerksamkeiten überschüttet werden können, wenn er ein sechsfacher Mörder gewesen und dann – während der Galgen gezimmert wurde – nach Art des heiligen Charles Peace seligen Gedenkens – »erleuchtet« worden wäre. Arkansas – es mag ein wenig unfein erscheinen, unsere eigene Überlegenheit hinauszuposaunen, und Vergleiche sind immer vom Übel, aber trotzdem – Arkansas hätte Baker ganz gewiß gehenkt. Ich behaupte nicht, daß es ihm vorher den Prozeß gemacht hätte, aber gehenkt hätte es ihn auf jeden Fall.

Selbst die würdeloseste Frau kann bei uns unbehelligt über die Straße gehen, ihr Geschlecht und ihre Schwäche bieten ihr ausreichenden Schutz. Sie wird nicht solch feiner Lebensart wie in der alten Welt begegnen, aber sie wird genügend menschliche Rücksichtnahme treffen, die den Mangel wieder ausgleicht.

Die Musik eines Esels weckte uns am nächsten Morgen, und wir standen auf und rüsteten uns zu einer recht beträchtlichen Fußwanderung – nach Italien; aber die Straße war so eben, daß wir mit dem Zug fuhren. Auf diese Weise verloren wir eine Menge Zeit, aber das spielte keine Rolle, wir hatten es nicht eilig. Vier Stunden brauchen wir bis Chambéry. Die Schweizer Züge fahren streckenweise schneller als fünf Kilometer die Stunde, aber sie sind vollkommen sicher.

Die alte französische Stadt Chambéry war so wunderlich und winkelig wie Heilbronn. Eine schläfrige, geruhsame Stille herrschte in den Seitenstraßen und machte das Herumschlendern sehr angenehm, von der fast unerträglichen Hitze der Sonne einmal abgesehen. Auf einer von diesen Straßen, die zweieinhalb Meter breit, anmutig geschwungen und mit kleinen altertümlichen Häusern bebaut war, sah ich drei fette Schweine liegen und schlafen und einen Jungen (der ebenfalls schlief) sie hüten. Von den eigentümlich altmodischen Fenstern in der Kurve ragten Kästen mit bunten Blumen vor, und über den Rand von einem dieser Kästen hingen Kopf und Schultern einer (ebenfalls schlafenden) Katze. Diese fünf schlafenden Geschöpfe waren das einzige, was an Lebendigem in der Straße zu

sehen war. Man hörte keinen Laut; es herrschte absolute Stille. Es war Sonntag; man ist in Europa an solch verträumte Sonntage nicht gewöhnt. In unserem Teil der Stadt ging es am Abend anders zu. Ein Regiment braungebrannter und arg mitgenommener Soldaten war aus Algerien nach Hause gekommen, und sie mußten unterwegs wohl durstig geworden sein. Sie sangen und tranken bis zum Morgen in der linden Luft draußen im Freien.

Am nächsten Morgen fuhren wir nach Turin weiter, und zwar auf einer Eisenbahnstrecke, die verschwenderisch mit Tunneln verziert war. Wir hatten vergessen, eine Laterne mitzunehmen, folglich entging uns die ganze Landschaft. Unser Abteil war voll besetzt. Eine gewichtige flachsköpfige Schweizerin, die recht sehr die feine Dame markierte, aber sichtlich mehr an das Waschen als an das Tragen von Linnen gewöhnt war, saß auf einem Eckplatz und legte ihre Beine auf den Sitz gegenüber, ihren hochkant gestellten Koffer als Zwischenstütze benutzend. Auf dem solcherart bestohlenen Sitz saßen zwei Amerikaner, denen die majestätischen, sargumschlossenen Füße dieser Frau sehr lästig fielen. Einer von ihnen bat sie höflich, sie möge sie entfernen. Sie riß die Augen ganz weit auf und starrte ihn an, gab aber keine Antwort. Nach einer Weile trug er seine Bitte abermals vor, auch diesmal mit großer Ehrerbietung. Sie erwiderte in gutem Englisch und zutiefst beleidigt, daß sie für ihre Fahrkarte bezahlt habe und nicht daran denke, sich von ungebildeten Ausländern einschüchtern und ihr »Recht« nehmen zu lassen, wenn sie auch allein und ohne Schutz sei.

»Aber ich habe auch ein Recht, gnädige Frau. Meine Fahrkarte gibt mir das Recht auf einen Sitzplatz, aber Sie nehmen die Hälfte davon in Anspruch.«

»Ich rede nicht mit Ihnen, mein Herr. Welches Recht haben Sie, mich anzusprechen? Ich kenne Sie nicht. Man merkt sofort, daß Sie aus einem Land kommen, in dem es keine Herren gibt. Kein wirklicher Herr würde eine Dame so behandeln, wie sie mich behandelt haben.«

»Ich komme aus einer Gegend, wo eine Dame einen Herrn wohl kaum auf solche Art herausfordern würde.«

»Sie beleidigen mich, mein Herr! Sie unterstellen, daß ich keine Dame bin – und ich hoffe, ich bin auch keine nach dem Muster Ihres Landes!«

»Ich bitte Sie sehr, sich darum nicht beunruhigen zu wollen, gnädige Frau; aber gleichzeitig muß ich – durchaus ehrerbietig – darauf bestehen, daß Sie mir einen Sitzplatz lassen.«

Hier brach die zerbrechliche Wäscherin in Tränen und lautes Schluchzen aus.

»So hat man mich noch nie beleidigt! Noch nie, noch nie! Es ist schändlich, es ist roh, es ist gemein, eine schutzlose Dame einzuschüchtern und zu beschimpfen, die ihre Gliedmaßen nicht bewegen und ihre Füße nur unter größten Schmerzen auf den Boden stellen kann!«

»O mein Gott, gnädige Frau, warum haben Sie das denn

nicht gleich gesagt! Ich bitte tausendmal um Entschuldigung, und ich bitte aus aufrichtigstem Herzen darum. Ich wußte nicht – ich *konnte* nicht wissen, daß Ihnen etwas fehlte. Der Platz ist Ihnen mit Freuden gegönnt, und er wäre es von Anfang an gewesen, hätte ich nur gewußt, was ich nicht wußte. Es tut mir wahrhaftig leid, daß alles dies passieren mußte, dessen versichere ich Sie.«

Aber er konnte ihr nicht ein einziges verzeihendes Wort entringen. Sie schluchzte und schniefte auf unterdrückte, aber gänzlich unversöhnliche Art volle zwei Stunden lang, während derer sie den Mann mehr denn je mit ihren Leichenbestattermöbeln bedrängte und nicht im geringsten von seinen wiederholten schüchternen Tröstungsversuchen Notiz nahm. Dann hielt der Zug an der italienischen Grenze, und sie sprang auf und marschierte zum Wagen hinaus – mit Beinen, die so kräftig waren, wie sie sich irgendeine Waschfrau ihres Schlages nur wünschen konnte! Und mir wurde übel, als ich so mit ansehen mußte, wie sie mich zum Narren gehalten hatte!

Turin ist eine sehr schöne Stadt. Was Geräumigkeit angeht, so übertrifft sie wohl alles, was jemals zuvor erträumt wurde. Sie liegt inmitten einer weiten, vollkommen flachen Ebene, und man sieht sich zu der Vermutung gezwungen, daß einem hier das Bauland geschenkt wird und keine Steuern dafür zu bezahlen sind, so verschwenderisch macht man davon Gebrauch. Die Straßen sind außerordentlich breit, die gepflasterten Plätze gewaltig, die Häuser groß und schön und zu einheitlichen Fluchten zusammengefaßt, die sich pfeilgerade dahinziehen. Die Bürgersteige sind ungefähr so breit wie sonst in Europa die Straßen und von einer Doppelarkade überdeckt, die auf mächtigen steinernen Pfeilern oder Säulen ruht. Man kann von einem Ende dieser geräumigen Straßen zum anderen gehen und ist immer geschützt, und der ganze Spazierweg wird von den hübschesten Geschäften und den einladendsten Speisehäusern gesäumt.

Es gibt dort einen weiten, länglichen Hof, in dem die aufs

verruchteste verführerischen Geschäfte nur so glitzern und der hoch oben mit Glas überdacht ist; und des Abends, wenn hier die Gaslaternen hell leuchten und die schwatzende und lachende Menge zu ihrem Vergnügen auf und ab schlendert, bietet er einen überaus sehenswerten Anblick.

Alles ist in großem Maßstab angelegt; zum Beispiel die öffentlichen Gebäude – und sie sind nicht nur groß, sondern auch architektonisch eindrucksvoll. Auf den großen Plätzen stehen große Bronzedenkmäler. Im Hotel gab man uns Zimmer von beunruhigender Größe und einen dazu passenden Salon. Zum Glück machte das Wetter ein Feuer im Salon nicht erforderlich, denn man hätte ebensogut versuchen können, einen Park zu heizen. Der Raum würde jedoch bei jedem Wetter ein warmes Aussehen haben, denn die Fenstervorhänge waren aus rotem Seidendamast, und die Wände hatte man mit demselben feuerfarbenen Material bespannt – desgleichen die vier Sofas und die Brigade von Stühlen. Die Möbel, der Zierrat, die Kronleuchter, die Tapeten waren alle neu und prächtig und teuer. Wir brauchten überhaupt keinen Salon, aber man sagte uns, daß er zu den beiden Schlafzimmern gehöre und wir ihn benutzen könnten, falls wir es wünschten. Da er nichts kostete, hatten wir natürlich nichts dagegen.

Seit mehreren Wochen hatte ich alle Auskünfte über Italien gesammelt, die ich von Reisenden bekommen konnte. In einem Punkt waren alle Reisenden derselben Meinung – man müsse damit rechnen, bei jeder Gelegenheit von den Italienern betrogen zu werden. Ich machte einen Abendspaziergang in Turin und stieß plötzlich auf einem der großen Plätze auf ein Puppentheater. Zwölf oder vielleicht auch fünfzehn Leute bildeten das Publikum. Diese Miniaturbühne war nicht viel größer als ein aufrechtstehender Sarg; die obere Hälfte war offen und gab den Blick auf einen Rauschgoldsalon frei – ein tüchtiges Taschentuch hätte als Vorhang gereicht; das Rampenlicht bestand aus zwei zollhohen Kerzenstummeln; verschiedene Männchen in Puppengröße erschienen auf der Bühne und redeten anhaltend aufeinander ein. Dabei gestikulierten sie ausgiebig, und ehe sie ganz fertig waren, wurden sie meistens handgemein. Sie wurden an Fäden von oben geführt, und die Illusion war nicht vollkommen, denn man sah nicht nur die Fäden, sondern auch die muskulöse Hand, die sie bewegte; und die Schauspieler und Schauspielerinnen sprachen auch alle mit derselben Stimme. Das Publikum, das vor dem Theater stand, schien jedoch an der Vorstellung großen Spaß zu haben.

Als das Stück zu Ende war, ging ein Junge in Hemdsärmeln mit einer kleinen kupfernen Untertasse umher, um zu sammeln. Ich wußte nicht, wieviel ich geben sollte, nahm mir jedoch vor, mich nach meinen Vorgängern zu richten. Unglücklicherweise hatte ich nur zwei, und sie halfen mir nicht sehr, denn sie gaben überhaupt nichts. Ich hatte kein italienisches Geld, also legte ich eine kleine Schweizer Münze von etwa zehn Cents auf den Teller. Der Junge beendete seine Sammlung und leerte das Resultat auf der Bühne aus; er führte einen lebhaften Wortwechsel mit dem Prinzipal, dann bahnte er sich einen Weg durch die Zuschauermenge zurück – auf der Suche nach mir, wie mir schien. Ich wollte mich schon davonmachen, änderte jedoch dann meinen Entschluß; ich würde nicht weichen und jeder Schurkerei ins Auge sehen. Der Knabe stand nun vor mir und hielt tatsächlich diese Schweizer Münze hoch und sagte etwas. Ich verstand ihn nicht, nahm jedoch an, daß er italienisches Geld haben wollte. Die Menge rückte näher um zuzuhören. Ich war gereizt und sagte (natürlich auf englisch):

»Ich weiß, es ist Schweizer Gcld, aber entweder du nimmst das, oder du kriegst gar nichts. Ich habe kein anderes.«

Er wollte mir die Münze in die Hand drücken und sagte wieder etwas. Ich zog die Hand zurück und sagte:

»O nein, mein Lieber. Ich kenne euch ganz genau. Mir kommt ihr nicht mit einem von euren betrügerischen Scherzen. Falls dieses Geldstück unter Pari stehen sollte, tut es mir leid, aber ich zahle deshalb nichts drauf. Ich habe gesehen, daß ein

Teil der Zuschauer überhaupt nichts gegeben hat. Alle anderen laßt ihr ohne ein Wort gehen, aber auf mich stürzt ihr euch, weil ihr denkt, ich bin hier fremd und lasse mich lieber erpressen, ehe ich eine Szene mache. Aber diesmal habt ihr euch geirrt. Entweder du bist mit diesem Schweizer Geld zufrieden, oder es gibt gar nichts.«

Der Junge stand sprachlos und verwirrt mit dem Geldstück in der Hand da; er hatte natürlich kein Wort verstanden. Ein Englisch sprechender Italiener griff nun ein und sagte:

»Sie verstehen den Jungen falsch. Er hat nichts Arges im Sinn. Er konnte nur nicht glauben, daß Sie ihm soviel Geld absichtlich gegeben hätten, also kam er schnell zurück, um Ihnen die Münze wiederzugeben, damit Sie nicht schon fort seien, bevor Sie Ihren Irrtum entdeckten. Nehmen Sie das Geldstück zurück und geben Sie ihm einen Penny – dann ist alles wieder gut.«

Wahrscheinlich bin ich rot geworden in diesem Augenblick – Anlaß dazu hatte ich gewiß. Über den Dolmetscher bat ich den Jungen um Verzeihung, weigerte mich jedoch edelmütig, die zehn Cents zurückzunehmen. Ich erklärte, ich sei gewohnt, große Summen auf diese Weise zu verprassen – es liege nun einmal in meinem Wesen. Dann trat ich den Rückzug an, um mir zu notieren, daß in Italien Menschen, die mit der Bühnenkunst zu tun haben, nicht betrügen.

Diese Episode mit dem Puppenspieler erinnert mich an ein dunkles Kapitel meines Lebens. Ich stahl einmal einer alten und blinden Bettlerin vier Dollar, und zwar in einer Kirche. Das geschah folgendermaßen. Als ich mit den *»Innocents Abroad«* unterwegs war, legte unser Schiff im russischen Hafen Odessa an, und ich ging mit noch andern an Land, um mir die Stadt anzusehen. Ich verlor die anderen und streifte bis in den späten Nachmittag allein umher; dann betrat ich eine griechische Kirche, weil ich wissen wollte, was sie innen aussah. Als ich mich schon wieder zum Hinausgehen anschickte, bemerkte ich zwei runzelige alte Frauen, die in der Nähe der Tür in steifer

Haltung aufrecht an der Innenwand standen, die braunen Hände offen vorgestreckt, um Almosen zu empfangen. Ich gab der ersten von ihnen etwas und verließ die Kirche. Ich war vielleicht fünfzig Schritte gegangen, da fiel mir ein, daß ich wahrscheinlich die ganze Nacht über an Land bleiben mußte, denn ich hatte gehört, das Schiff solle seiner Ladung wegen gegen vier Uhr verholt werden und erst am nächsten Morgen an den Kai zurückkehren. Es war nun kurz nach vier. Ich war mit nur zwei Geldstücken in der Tasche an Land gegangen; beide waren etwa gleich groß, unterschieden sich jedoch gewaltig in ihrem Wert – das eine war ein französisches Goldstück im Werte von vier Dollar, das andere eine türkische Münze im Werte von zwei Cents. Mit plötzlicher banger Besorgnis griff ich in die Tasche, und tatsächlich – ich holte diesen türkischen Nichtsnutz heraus!

Das war eine Situation! Im Hotel würde man Bezahlung im voraus verlangen – ich würde die ganze Nacht durch die Straßen wandern müssen und wahrscheinlich als verdächtiges Individuum verhaftet werden. Es gab nur einen Ausweg aus der schwierigen Lage – ich eilte zu der Kirche zurück und trat leise ein. Da standen die alten Frauen noch, und in der offenen Hand der ersten lag noch mein Goldstück. Ich atmete auf. Ich schlich mich heran – mir war unaussprechlich gemein zumute; ich nahm meinen türkischen Sechser und streckte gerade bebend die Hand aus, um den ruchlosen Tausch vorzunehmen, da hörte ich jemanden hinter mir husten. Ich sprang zurück, als habe man mich bezichtigt, und stand zitternd da; ein Gläubiger trat ein und ging den Mittelgang hinauf.

Ein volles Jahr brachte ich mit dem Versuch zu, jenes Geld zu stehlen; jedenfalls kam es mir wie ein volles Jahr vor, obwohl es natürlich in Wirklichkeit sehr viel weniger lange dauerte. Die Gläubigen kamen und gingen; es waren kaum jemals mehr als drei gleichzeitig in der Kirche, aber einer war immer da. Sooft ich mein Verbrechen begehen wollte, kam jemand herein oder ging jemand hinaus. Aber endlich ergab sich doch eine Gelegenheit; einen Augenblick lang war außer mir und den beiden Bettlerinnen niemand in der Kirche. Mit blitzschnellem Griff nahm ich der alten Frau das Goldstück aus der Hand und ließ statt dessen den türkischen Pfennig hineinfallen. Die arme Alte, sie murmelte ihren Dank – er traf mich mitten ins Herz. In schuldbewußter Hast eilte ich davon, und als ich schon einen guten Kilometer von der Kirche entfernt war, sah ich mich immer noch jeden Augenblick um, ob ich nicht vielleicht verfolgt würde.

Dieses Erlebnis war für mich von unbezahlbarem Wert und Nutzen. Damals beschloß ich, solange ich lebte nie wieder eine blinde Bettlerin in einer Kirche zu berauben, und ich habe mein Wort bis heute gehalten. Die nachhaltigsten Lehren für unser sittliches Verhalten empfangen wir nicht durch pedantische Unterweisung – sie werden uns von der Erfahrung erteilt.

Kapitel 19

In Mailand brachten wir die meiste Zeit in der weitläufigen sogenannten Arkade oder Galerie zu, oder wie immer diese Anlage genannt wird. Fluchten hoher neuer Häuser von der prächtigsten Bauart, reich geschmückt und mit Standbildern verziert, die Straßen zwischen diesen Fluchten sehr hoch oben mit Glas überdacht, alle Gehsteige aus glattem, buntfarbigen, zu geschmackvollen Mustern geordnetem Marmor, überall auf diesen Marmorstraßen kleine Tische, Menschen daran, die essen, trinken, rauchen, andere Menschenmengen, die vorbeischlendern – das ist die Arkade. Am liebsten würde ich mein ganzes Leben dort zubringen. Die Fenster der prächtigen Restaurants stehen offen, und man frühstückt dort und genießt das vorbeiziehende Schauspiel.

Wir wanderten durch die ganze Stadt und erfreuten uns an allem, was auf den Straßen zu sehen war. Wir machten eine Fahrt mit dem Omnibus, und da ich kein Italienisch sprach und nicht nach dem Fahrpreis fragen konnte, hielt ich dem Schaffner ein paar Kupfermünzen hin, und er nahm zwei davon. Dann ging er hin und holte seine Tarifkarte und zeigte mir, daß er nur den festgesetzten Betrag genommen hatte. Also notierte ich: Italienische Omnibusschaffner betrügen nicht.

In der Nähe des Domes begegnete ich einem weiteren Beispiel für Redlichkeit. Hier verkaufte ein alter Mann Puppen und Spielzeugfächer. Zwei kleine amerikanische Kinder kauften Fächer, und eins von ihnen gab dem alten Mann einen Franken und drei Kupfermünzen, und dann gingen beide weiter; aber sie wurden zurückgerufen und bekamen den Franken und eine Kupfermünze zurück. Es steht also fest, daß Italiener, die mit der Bühnenkunst, dem öffentlichen Verkehrswesen und der Spielzeugindustrie zu tun haben, nicht betrügen.

Der Vorrat an Verkaufsgütern in den Läden war im allgemeinen nicht sehr umfangreich. Im Flur eines Ladens, in dem allem Anschein nach Bekleidung verkauft wurde, sahen wir acht oder zehn hölzerne Schneiderpuppen stehen, die alle in wollene Straßenanzüge gekleidet und mit einem Preisschild versehen waren. Ein Anzug war mit 45 Franken ausgezeichnet, das sind

etwa neun Dollar. Harris ging hinein und sagte, er hätte gerne einen solchen Anzug. Nichts leichter als das: der alte Kaufmann schleifte die Holzpuppe in den Laden, bürstete sie mit einem Handbesen ab, zog sie aus und schickte die Sachen ins Hotel. Er erklärte uns, daß er nicht zwei Anzüge von derselben Art am Lager halte, sondern einen neuen mache, wenn er gebraucht werde, um die Holzpuppe wieder anzuziehen. In einem anderen Viertel trafen wir sechs Italiener bei einem heftigen Streit. Sie tanzten wie wild umher, gestikulierten mit dem Kopf, mit den Armen, mit den Beinen, mit dem ganzen Körper; ab und zu stürzten sie, von plötzlicher Leidenschaft gepackt, aufeinander zu und fuchtelten sich gegenseitig mit den Fäusten vor dem Gesicht herum. Eine halbe Stunde ging uns an der Stelle verloren, weil wir darauf warteten, beim Aufstapeln der Toten mitzuhelfen, aber schließlich umarmten die sechs einander zärtlich und überschwenglich, und die ganze Aufregung war vorbei. Interessant war die Episode ja wohl, aber wir hätten es uns wohl kaum leisten können, soviel Zeit zu verschwenden, wenn wir schon vorher gewußt hätten, daß nichts weiter dabei herauskam als eine Versöhnung. Dazu notiert: In Italien betrügen Leute, die sich streiten, den Zuschauer.

Etwas später erlebten wir noch eine Enttäuschung. Wir näherten uns einer zutiefst anteilnehmenden Menschenmenge. In ihrer Mitte schwatzte und gestikulierte ein Kerl über einem Kasten auf dem Boden, der mit einem Fetzen von einer alten Decke zugedeckt war. Alle paar Augenblicke beugte er sich zu dem Kasten hinunter und griff mit lang ausgestreckten Fingerspitzen nach einem Zipfel der Decke und hob ihn leicht an, wohl um zu zeigen, daß von einer Täuschung nicht die Rede sein könne. Dabei plapperte er ununterbrochen weiter, aber sooft ich hoffte, nun ein prachtvolles Zauberkunststück zu sehen zu bekommen, ließ er den Deckenzipfel wieder los, richtete sich auf und ließ weitere Erklärungen folgen. Endlich jedoch deckte er den Kasten ab und holte einen Löffel mit einer Flüssigkeit heraus und zeigte ihn offen herum, damit die Leute sähen, daß alles mit rechten Dingen zuging. Sein Geplapper wurde dabei noch aufgeregter. Ich nahm an, er werde nun die Flüssigkeit anzünden und hinunterschlucken, und war daher aufs äußerste gespannt und ganz bei der Sache. In der einen Hand hielt ich einen Cent bereit und in der anderen einen Gulden. Den Cent würde ich ihm geben, falls er den Versuch überlebte, den Gulden, falls er dabei ums Leben kam – denn literarisch gesehen, würde sein Schaden mein Gewinn sein, und ich war gewillt, einen angemessenen Preis für den Stoff zu zahlen. Aber dieser Schwindler beendete seine Vorstellung, indem er der Flüssigkeit irgendein Pulver hinzufügte und damit – den Löffel polierte! Dann hielt er ihn hoch, und er hätte nicht wilder triumphieren können, wenn ihm ein unsterbliches Wunder gelungen wäre. Die Menge applaudierte dankbar, und mir schien, daß die Fama die Wahrheit sagt, wenn sie behauptet, die Kinder des Südens seien leicht zu amüsieren.

Wir verbrachten eine eindrucksvolle Stunde in dem erhabenen Dom, in dem lange Strahlenbündel farbigen Lichts von den hohen Fenstern her das feierliche Halbdunkel zerteilten und hier auf einen Pfeiler, dort auf ein Bild und dort auf einen im Gebet versunkenen Knienden fielen. Die Orgel murmelte, Weihrauchkessel wurden geschwungen, die Kerzen schimmerten auf dem fernen Altar, und Priester im Meßgewand gingen stumm vor ihm hin und her; es war ein Anblick, der alle leichtfertigen Gedanken hinwegwischte und die Seele in eine heilige Stille tauchte. Eine elegante junge Amerikanerin blieb ein paar Schritte von mir entfernt stehen, richtete den Blick auf die sanften Lichter, die weit vorne den Altar tüpfelten, neigte einen Augenblick lang ehrfürchtig den Kopf, richtete sich dann auf, kickte mit dem Absatz ihre Schleppe hoch, fing sie behende mit einer Hand auf und marschierte mit energischen Schritten wieder hinaus.

Wir besuchten die Gemäldegalerien und die anderen Standard-Sehenswürdigkeiten von Mailand – nicht weil ich abermals darüber schreiben wollte, sondern nur um zu sehen, ob ich in den vergangenen zwölf Jahren etwas dazugelernt hatte. Aus demselben Grund besuchte ich später die großen Galerien in Rom und Florenz, und ich stellte fest, daß ich eins gelernt hatte: Als ich zum erstenmal über die alten Meister schrieb, behauptete ich, daß die Kopien besser seien als die Originale. Das war ein kolossaler Irrtum. Die alten Meister mißfielen mir nun immer noch, aber verglichen mit den Kopien waren sie wahrhaft himmlisch. Die Kopie ist im Vergleich zum Original so blaß und modisch und tot wie eine Gruppe von Wachsfiguren im Vergleich zu der kraftvollen und ernsten und würdigen Gruppe von Menschen, die sie darstellen soll. Den gedämpften Farben der alten Bilder wohnt eine milde Sattheit inne, die auf das Auge so wirkt wie ein gedämpfter, runder, voller Ton auf das Ohr. Dies ist der Vorzug, der an den alten Bildern am lautesten gepriesen wird und den der Kopist unmöglich nachahmen kann. Die Maler, mit denen ich sprach, waren allgemein der Ansicht, daß dieser reife Glanz, diese milde Sattheit dem Bild vom *Alter* beigegeben würden. Warum verehren wir aber dann den alten Meister, dem das Verdienst hierfür nicht gebührt? Warum verehren wir statt seiner nicht die Zeit? Vielleicht war das Bild eine schrille Klingel, bevor die Zeit es dämpfte und lieblicher stimmte.

Einen Maler, mit dem ich mich in Venedig unterhielt, fragte ich:

»Was sehen die Leute denn nun in den alten Meistern? Ich war im Dogenpalast und habe mehrere Hektar sehr schlechten Zeichnens, sehr schlechter Perspektive und sehr ungenauer Proportionen gesehen. Paul Veroneses Hunde sehen nicht wie Hunde aus; alle Pferde sind Blasen auf Beinen; ein Mann hat ein rechtes Bein auf der linken Seite; auf dem großen Bild, auf dem der Kaiser (Barbarossa?) vor dem Papst auf den Knien liegt, stehen drei Männer im Vordergrund, die über neun Meter groß sind, wenn man von der Größe eines kleinen knienden Knaben vorne in der Mitte des Bildes ausgeht, und bei Anwendung desselben Maßstabes ist der Papst zwei Meter groß und der Doge ein eingeschrumpfter Zwerg von ein Meter zwanzig.«

Der Maler erwiderte:

»Ja, die alten Meister zeichneten oft schlecht; sie scherten sich nicht viel um Richtigkeit und Genauigkeit unbedeutender Details. Und trotzdem – trotz schlechten Zeichnens, falscher Perspektive, falscher Proportionen und der Wahl von Themen, die den Leuten heute nicht mehr soviel zu sagen haben wie denen vor dreihundert Jahren, ist da ein gewisses Etwas in ihren Bildern, und das ist vortrefflich, herrlich, göttlich – ein Etwas, das die Kunst aller Epochen seither nicht wieder vermitteln konnte – ein Etwas, das die Maler zur Verzweiflung triebe, falls sie danach strebten, es zu erreichen, weshalb sie sich gar nicht erst den Kopf darüber zerbrechen.«

Das hat er gesagt – und er sagte, was er glaubte, und nicht nur glaubte, sondern auch fühlte.

Eine Beweisführung – besonders eine Beweisführung ohne spezielle Kenntnisse – muß in Fällen wie diesen ausgeschaltet werden. Sie kann dem Wißbegierigen nicht helfen. Sie würde ihn auf dem allerlogischsten Wege zu dem nach Ansicht der Maler allerunlogischsten Schluß führen. Nämlich so: schlechtes Zeichnen, falsche Proportionen, falsche Perspektive, Gleichgültigkeit gegenüber Richtigkeit der Details, Farbe, die ihren Wert von der Zeit erhält und nicht vom Maler – dies macht den alten Meister aus. Daraus folgt: der alte Meister war ganz und gar kein alter Meister, sondern ein alter Lehrling. Mein Freund, der Maler, gesteht mir meine Prämissen zu, verwehrt mir aber meine Schlußfolgerung; er wird behaupten, daß der alte Meister trotz dieser furchterregenden Liste eingestandener Mängel ein Etwas besitze, das unübertrefflich und unzugänglich sei, und daß diese Tatsache von keiner wie auch immer gearteten Beweisführung wegbewiesen werden könne.

Das will ich glauben. Es gibt Frauen, deren Gesicht ein nicht zu definierender Reiz innewohnt, der sie ihrem engsten Kreis schön erscheinen läßt; aber ein kaltherziger Fremder, der versuchen wollte, mit Hilfe einer Beweisführung zu dieser Schönheit zu finden, würde Schiffbruch erleiden. Er würde von einer solchen Frau sagen: Das Kinn ist zu kurz, die Nase ist zu lang, die Stirn ist zu hoch, das Haar ist zu rot, der Teint ist zu blaß, die Perspektive der ganzen Komposition stimmt nicht; Schlußfolgerung: die Frau ist nicht schön. Aber ihr bester Freund wird vielleicht sagen – und mit Recht: »Ihre Prämissen stimmen, ihre

Logik ist ohne Fehl, aber trotzdem ist ihre Schlußfolgerung falsch; die Frau ist ein alter Meister – sie ist schön, aber nur für die, die sie kennen; es ist eine Schönheit, die nicht formuliert werden kann, aber sie ist nichtsdestoweniger da.«

Ich fand diesmal mehr Freude an der Betrachtung der alten Meister als bei meinen früheren Reisen durch Europa, aber es war auch jetzt noch eine gelassene Freude; es war nichts Überhitztes daran. Als ich zum erstenmal in Venedig war, fand ich wohl kein Bild, das mich sonderlich berührte, aber diesmal waren da zwei, die mich Tag für Tag in den Dogenpalast lockten und mich auf Stunden dort festhielten. Eins davon war Tintorettos Drei-Hektar-Gemälde im Saal des Großen Rates. Als ich es vor zwölf Jahren sah, fühlte ich mich nicht sehr stark davon angezogen – der Führer erklärte mir damals, es handele sich um einen Aufstand im Himmel. Aber das war ein Irrtum.

Die Bewegung in diesem großen Kunstwerk ist vortrefflich. Es enthält zehntausend Figuren, und sie alle tun etwas. Die ganze Komposition hat einen wundervollen Schwung. Einige der Figuren stürzen mit verschränkten Händen kopfüber herab, andere schwimmen durch die Wolkenschwärme – einige auf der Brust, andere auf dem Rücken –, lange Prozessionen von Bischöfen, Märtyrern und Engeln ergießen sich geschwind aus verschiedenen Richtungen vom Rand her zur Mitte – allenthalben sieht man begeisterte Freude, überall stürmische Bewegung. Fünfzehn oder auch zwanzig Figuren mit Büchern sind über das ganze Bild verteilt, aber sie können ihre Aufmerksamkeit nicht auf die Lektüre versammeln – sie bieten die Bücher anderen an, aber niemand will jetzt lesen. Der Löwe des Evangelisten Markus ist da mit seinem Buch; der Evangelist selber ist da mit erhobener Feder; er und der Löwe sehen einander mit ernster Miene an. Sie überlegen, wie ein bestimmtes Wort geschrieben wird – der Löwe blickt hingerissen vor Bewunderung auf, während der Evangelist Markus buchstabiert. Dies wurde vom Maler wundervoll interpretiert. Es ist das Meisterstück in diesem unvergleichlichen Gemälde.

Ich ging tagtäglich hin und wurde es nie müde, dieses großartige Bild zu betrachten. Wie ich bereits zu verstehen gab, ist die Bewegung geradezu unvorstellbar kraftvoll; die Figuren singen, jauchzen und frohlocken, und viele blasen Trompete. So lebhaft wird der Eindruck des Lärms erweckt, daß fast alle Zuschauer, die sich von dem Bild gefangennehmen lassen, plötzlich einander Kommentare ins Ohr brüllen und die vorgehaltene Hand zu einer Trompete biegen, da sie fürchten, sonst nicht verstanden zu werden. Oft sieht man einen Touristen, der sich, seine Hand als Schallrohr benutzend, zum Ohr seiner Frau hinunterbeugt, und, während die beredten Tränen ihm über die Wangen strömen, hineinschreit: *»Oh, dort zu sein und in Frieden!«*

Nur die allergrößte Kunst kann solche Wirkung mit dem stummen Pinsel hervorrufen.

Vor zwölf Jahren hätte ich mit diesem Bild nichts anzufangen gewußt. Mein Kunststudium in Heidelberg war eine vortreffliche Belehrung. Alles, was ich heute in der Kunst bin, verdanke ich ihm.

Das andere große Werk, das mich faszinierte, war Bassanos unsterblicher »Reisekoffer«. Er befindet sich im Saal des Rates der Zehn. Er ist eins von den drei Zwölfmeterbildern, die die Wände dieses Raumes schmücken. Die Komposition dieses Bildes kann nicht genug gepriesen werden. Der Reisekoffer wird dem Fremden nicht an den Kopf geworfen, wie das mit dem Hauptzug eines unsterblichen Werkes so oft geschieht; nein, er wird sorgsam von jeglichem Hervorstechen bewahrt, er ist untergeordnet, er wird gezügelt, er wird geschickt und klug in Reserve gehalten; der Meister führt höchst vorsichtig und einfallsreich auf ihn zu, so daß der Betrachter, wenn er schließlich vor ihm eintrifft, nicht auf der Hut und vollkommen unvorbereitet ist und er, der Reisekoffer, mit betäubender Überraschung auf ihn einstürzt.

Man kann sich nicht lassen vor Staunen angesichts all der Überlegung und Sorgfalt, die dieser kunstvolle Entwurf gekostet haben muß. Bei einem allgemeinen Blick auf das Bild würde man niemals vermuten, daß sich ein Reisekoffer darin befindet; der Reisekoffer wird nicht einmal im Titel erwähnt – dieser lautet: »Papst Alexander III. und der Doge Ziani, der Bezwinger Kaiser Friedrich Barbarossas«; ganz im Gegenteil wird also selbst der Titel dazu benutzt, die Aufmerksamkeit von dem Koffer abzulenken. Nichts weist daher auf die Anwesenheit des Koffers hin, nicht einmal andeutend, und doch führt alles wohlüberlegt Schritt um Schritt auf ihn zu. Wir wollen dies näher untersuchen und unser Augenmerk auf die höchst kunstvolle Kunstlosigkeit des Entwurfes lenken.

Am äußersten linken Rand des Gemäldes sehen wir zwei Frauen, von denen eine ein Kind trägt, das über seine Schulter zu einem Verwundeten hinunterschaut, der mit verbundenem Kopf auf der Erde sitzt. Diese Leute scheinen unnötig zu sein, aber nein, sie sind zu einem Zweck da; man kann sie nicht betrachten, ohne die prächtige Prozession der Granden, Bischöfe, Hellebardiers und Bannerträger zu sehen, die hinter ihnen vorbeizieht; man kann die Prozession nicht betrachten, ohne ein Gefühl der Neugierde zu verspüren und wissen zu wollen, wohin sie sich bewegt; sie führt einen zum Papst in der Mitte des Bildes, der mit dem barhäuptigen Dogen spricht – in aller Seelenruhe übrigens, obwohl keine sechs Schritte weiter ein Mann auf seine Trommel einschlägt und nicht weit von dem Trommler zwei Menschen ins Horn stoßen und viele Reiter umhersprengen – ja, siebeneinhalb Meter dieses großen Werkes sind ganz tiefe und glückhafte Feiertagsheiterkeit und Sonntagsschulprozession, und dann stoßen wir unvermittelt auf viereinhalb Meter Lärm und Aufruhr und Unbotmäßigkeit. Letzterer Zustand ist kein Zufall, sondern hat seinen Sinn. Ohne ihn würde man bei dem Papst und dem Dogen verweilen und sie für Motiv und Hauptsache des Bildes halten, wohingegen man nun geradezu unbewußt weitergerissen wird, weil man wissen will, was es mit diesem Aufruhr auf sich hat. Und da, ganz am *Ende* dieses Tumults, einen Meter vor dem Ende des

Bildes und volle elf Meter von seinem Anfang entfernt, platzt der Reisekoffer elektrisierend plötzlich in all seiner unerreichten Vollkommenheit über den Betrachter herein, und der Triumph des großen Meisters ist umfassend und vollständig. Von diesem Augenblick an hat nichts anderes auf diesen zwölf Metern Leinwand noch irgendwelchen Reiz; man sieht den Reisekoffer und nur den Reisekoffer, und ihn sehen heißt ihn anbeten. Bassano brachte sogar noch Gegenstände in die unmittelbare Nachbarschaft des Hauptstückes, deren Zweck einzig und allein darin bestand, die Aufmerksamkeit noch ein wenig länger von ihm abzulenken und somit die Überraschung noch weiter zu verzögern und zu steigern; so hat er zum Beispiel zu seiner Rechten einen Mann hingestellt, dessen Mütze so rot ist, daß sie ganz gewiß den Blick einen Moment lang fängt – zur Linken läßt er in zwei Meter Entfernung einen rotberockten Mann auf einem aufgepumpten Pferd heranreiten, und dieser Rock zieht den Blick im nächsten Moment auf sich – dann hat er zwischen den roten Reiter und den Koffer noch einen Mann eingeschoben, der, nackt bis zu den Hüften, einen prachtvollen Mehlsack statt auf der Schulter mitten auf dem Rücken trägt – dieses bewunderswürdige Kunststück interessiert einen natürlich und hält einen noch eine kleine Weile länger zurück, so etwa wie ein Socken oder eine Jacke, die man dem verfolgenden Wolf hinwirft –, aber letztlich und endlich muß trotz all dieser Ablenkungen und Umwege auch das Auge des unempfindlichsten und achtlosesten Betrachters mit Sicherheit auf das größte Meisterwerk der Welt fallen, und in diesem Augenblick taumelt man zu seinem Stuhl oder stützt sich haltsuchend auf seinen Führer.

Beschreibungen eines solchen Werkes müssen notwendig unvollkommen bleiben, dennoch haben sie ihren Wert. Der Deckel des Reisekoffers ist gewölbt; die Wölbung bildet einen vollkommenen Halbkreis im römischen Stil, denn während des damaligen raschen Verfalls der griechischen Kunst machte sich der wachsende Einfluß Roms in der Republik bereits bemerkbar. Der Koffer ist rundum, wo der Deckel dem Hauptteil aufliegt, in Leder eingefaßt oder gebunden. Viele Kritiker halten dieses Leder für zu kalt im Ton, aber ich sehe gerade hierin seinen größten Vorzug, wurde es jedoch offensichtlich mit Bedacht so gemalt, um durch den Kontrast die leidenschaftliche Inbrunst des Schließhakens noch zu steigern. Die Glanzlichter in diesem Teil des Werkes sind klug gesetzt, das *Motiv* ist den Grundtönen bewundernswert untergeordnet, und die *Technik* ist vortrefflich. Die Köpfe der Messingnägel sind im reinsten Frührenaissancestil gebildet. Die Strichführung ist hier sehr kräftig und kühn – jeder Nagelkopf ist ein Porträt. Der Griff am Ende des Koffers ist offensichtlich übermalt worden – wohl mit einem Stück Kreide –, aber auch jetzt noch spürt man die Inspiration des alten Meisters in der gelassenen, vielleicht zu gelassenen Art, wie dieser Griff an dem Koffer hängt. Das Fell auf dem Reisekoffer ist gleichsam *wirkliches* Fell mit weißen Flecken und braunen Flecken. Die Details sind wunderschön herausgearbeitet; die dem Haar in gleichsam liegender und untätiger Haltung eigene Ruhe ist reizend getroffen. Dieser Teil des Werkes strömt ein Gefühl aus, das es auf die höchsten Höhen der Kunst emporhebt; jeglicher Gedanke an niedrigen Realismus schwindet dahin – man erkennt, daß hier *Seele* ist.

Man kann den Reisekoffer betrachten, wie man will, er ist eine Augenweide, eine Perle, ein Wunderding. Einige der Effekte sind sehr verwegen; sie wetteifern mit den kühnsten Flügen des Rokoko, des Schirokko und der byzantinischen Schule – aber die Hand des Meisters zaudert nie – sie malt weiter, ruhig, majestätisch, zuversichtlich –, und mit jener Kunst, die die Kunst verbirgt, breitet sie schließlich vermöge einer nur ihr gehorchenden geheimnisvollen Methode über das *tout ensemble* ein subtiles Etwas, das die trockenen Bestandteile verfeinert, bändigt, vergeistigt und mit dem tiefgründigen Reiz und der anmutigen Zauberkraft der Poesie belebt.

Unter den Kunstschätzen Europas gibt es Bilder, die dem

»Reisekoffer« nahekommen – es gibt zwei, von denen man sagen könnte, daß sie ihm ebenbürtig sind –, aber es gibt keins, das ihn übertrifft. So vollkommen ist der »Reisekoffer«, daß er sogar Menschen anrührt, die sonst kein Gefühl für die Kunst haben. Als ein Gepäckmeister von der Erie-Eisenbahn ihn vor zwei Jahren sah, konnte er sich kaum bezwingen, ihn nicht mit Schildern zu behängen und aufzugeben; und als einmal ein Zollinspektor zu ihm hingeführt wurde, betrachtete er ihn mehrere Augenblicke lang in stummer Verzückung, legte dann langsam und unbewußt die eine Hand mit der Handfläche nach oben auf den Rücken und holte mit der anderen seine Kreide hervor. Diese Tatsachen sprechen für sich.

Kapitel 20

Man verweilt in Venedig oft und lange vor und in der Markuskirche. Sie hat etwas überaus Faszinierendes – teils weil sie so alt ist, teils weil sie so häßlich ist. Zu vielen von den berühmten Bauwerken der Welt mangelt es an einer Haupttugend – Harmonie; sie bestehen aus einer methodelosen Mischung des Häßlichen mit dem Schönen; das ist schlecht; das ist verwirrend, das ist beunruhigend. Man fühlt sich unbehaglich bei ihnen, es quält einen etwas, und man weiß nicht, was es ist. Aber vor der Markuskirche ist man ruhig und auch in ihr ist man ruhig; man würde auf ihrem Dach ruhig sein und in ihrem Keller; denn ihre Einzelteile sind meisterhaft häßlich, keine unangebrachten, ungereimten Schönheiten schleichen sich ein, und das Ergebnis ist folglich ein großartiges harmonisches Ganzes von besänftigender, entzückender, beruhigender, seelenlabender Häßlichkeit. Die Bewunderung, die man für etwas Vollkommenes hegt, nimmt niemals ab, sondern wächst beständig, und das ist der sicherste Beweis, daß dieses Vollkommene wirklich und wahrhaftig vollkommen ist. Die Markuskirche ist vollkommen. Für mich war sie schon bald so herrlich, so erhaben häßlich, daß es mir schwerfiel, ihr fernzubleiben, und sei es auch nur für eine kleine Weile. Jedesmal, wenn ihre gedrungenen Kuppeln meinen Blicken entschwanden, fühlte ich mich verzagt, jedesmal, wenn sie wieder auftauchten, verspürte ich aufrichtiges Entzücken – glücklichere Stunden als die, die ich täglich vor dem Café Florian mit Blick über die Piazza zu ihr hinüber zugebracht habe, hatte ich nie erlebt. Mit ihrer langen Reihe dickbeiniger Säulen und ihrem kuppelbehöckerten Rükken sieht sie aus wie ein riesiger warziger Käfer auf einem besinnlichen Spaziergang.

Die Markuskirche ist natürlich nicht das älteste Bauwerk der Welt, aber sie scheint das älteste zu sein und sieht wie das älteste aus – besonders im Innern. Wenn die altertümlichen Mosaiken an den Wänden beschädigt sind, werden sie geflickt, aber nicht geändert; die seltsamen alten Muster und Figuren werden beibehalten. Altertümlichkeit hat ihren eigenen Reiz, und ein Herausputzen würde ihn zerstören. Eines Tages saß ich auf einer roten Marmorbank in der Vorhalle und blickte zu einer alten Lehrlingsarbeit in Mosaik auf, die das Gebot, fruchtbar zu sein und sich zu vermehren, erläutert. Die Kirche selber war mir sehr alt erschienen; aber dieses Bild bezog sich auf eine Geschichtsepoche, mit der verglichen das Bauwerk jung war. Aber alsbald fand ich eine Antike, die älter als die arg mitgenommene Kirche und das Datum jenes Stückes Geschichte war; es war dies ein spiralförmiges Fossil von der Größe eines Hutes ohne Krempe; es war in die Marmorbank eingebettet, und Touristen hatten es solange besessen, bis es schließlich vollkommen glattgewetzt war. Im Vergleich zum unvorstellbaren Alter dieses bescheidenen Fossils waren die anderen Dinge geradezu leichtfertig modern – unergiebig – gerade von vorgestern. Das Gefühl, daß die Kirche alt sei, schwand unter dem Einfluß dieser wahrhaft ehrwürdigen Erscheinung dahin.

Die Markuskirche ist ein Denkmal; sie ist ein unvergänglicher Zeuge für die tiefe und einfache Frömmigkeit des Mittelalters. Wer immer eine Säule aus einem heidnischen Tempel stehlen konnte, stahl sie und spendete seine Beute diesem christlichen. So kommt es, daß sich diese geweihte Stätte dank mehreren Hundert Erwerbungen dieser Art erhebt. Heutzutage wäre es unmoralisch, mittels Straßenraub die Backsteine für eine Kirche zu beschaffen, aber in jenen alten Zeiten war es keine Sünde. Die Markuskirche selber war einmal das Opfer eines bemerkenswerten Raubes. Die Geschichte steht in den Annalen Venedigs verzeichnet, aber man könnte sie in Tausendundeine Nacht einschmuggeln, und sie würde dort nicht fehl am Platze erscheinen:

Vor fast vierhundertfünfzig Jahren erhielt ein Kreter namens Stammato aus dem Gefolge eines Fürsten des Hauses Este die Erlaubnis, sich die Schätze der Markuskirche anzusehen. Sein sündiges Auge wurde von ihrem Anblick geblendet, und er versteckte sich mit bösen Absichten im Herzen hinter einem Altar. Ein Priester entdeckte ihn jedoch und setzte ihn vor die Tür. Später gelangte er noch einmal in die Kirche – diesmal mit einem Nachschlüssel. Nacht für Nacht ging er hin und arbeitete zäh und geduldig und ganz allein, überwand im Schweiße seines Angesichts Schwierigkeit im Schwierigkeit, bis es ihm schließlich gelang, einen großen Block aus dem Marmorfries herauszulösen, der die Schatzkammer unten umschloß. Diesen Block baute er so wieder ein, daß er ihn nach Belieben jederzeit wieder herausholen oder zurückschieben konnte. Wochenlang brachte er nun alle Mitternächte in seiner herrlichen Goldgrube zu, besichtigte sie in Sicherheit, weidete sich mit Muße daran und schlich sich vor dem Morgengrauen mit einem königlichen Batzen unter dem Mantel in sein unbekanntes Quartier zurück. Er brauchte nicht aufs Geratewohl zuzugreifen und loszurennen – Eile war nicht vonnöten. Er konnte bedächtig und wohlüberlegt wählen und seinen Geschmack zu Rate ziehen. Man begreift, wie ungestört er sich fühlte und wie sicher vor jeglicher Gefahr des Entdecktwerdens, wenn man liest, daß er sogar das Horn eines Einhorns – nur eine Kuriosität – mitgehen ließ, welches in einem Stück nicht durch den Ausschlupf wollte, sondern zersägt werden mußte: ein Unternehmen, das ihn Stunden beschwerlicher Arbeit kostete. Immer mehr Schätze häufte er so in seiner Behausung, bis seine Beschäftigung schließlich den Reiz der Neuheit verlor und eintönig wurde; dann ließ er befriedigt davon ab. Und er durfte wahrhaftig zufrieden sein, denn seine Sammlung stellte nach heutigem Wert ein Vermögen von 50 Millionen Dollar dar!

Er hätte als der weitaus reichste Einwohner seines Landes heimkehren können, und vielleicht wären Jahre vergangen, bevor man sein Beutegut vermißt hätte; aber er war ein Mensch – er vermochte sich nicht allein daran zu erfreuen, er brauchte jemand, mit dem er darüber sprechen konnte. Also nahm er einem kretischen Edelmann namens Crioni einen feierlichen Schwur ab und führte ihn dann in sein Quartier und benahm ihm fast den Atem mit einem Blick auf den funkelnden Schatz. Er entdeckte eine Veränderung im Gesicht seines Freundes, die seinen Argwohn weckte, und wollte ihm gerade ein Stilett zwischen die Rippen schieben, da rettete Crioni sich, indem er erklärte, was er in seinem Gesicht sehe, sei nichts weiter als der Ausdruck höchsten und glücklichen Erstaunens. Stammato machte Crioni einen der größten Edelsteine des Staates zum Geschenk – einen riesigen Karfunkel, der später einen Platz in der Prunkmütze des Dogen einnahm –, und das Paar trennte sich. Crioni ging stehenden Fußes zum Palast, denunzierte den Halunken und übergab den Karfunkel als Beweis. Stammato wurde mit altvenezianischer Promptheit festgenommen, vor Gericht gestellt und verurteilt. Man henkte ihn zwischen den zwei hohen Masten auf der Piazza – mit einem vergoldeten Strick, was vielleicht als Kompliment für seine Liebe zum edlen Metall gedacht war. Er hatte keinen Nutzen von seiner Beute gehabt – *alles* wurde wiedergefunden.

In Venedig widerfuhr uns ein Luxus, dessen wir uns in Europa nur sehr selten hatten erfreuen können – ein Essen in einem Privathaus. Wenn man auf Reisen immer bei privaten Familien absteigen könnte, besäße Europa einen Reiz, der ihm

nun fehlt. Denn man muß natürlich in Hotels wohnen, und das ist eine kummervolle Angelegenheit. Wer an amerikanisches Essen und an amerikanische häusliche Küche gewöhnt ist, würde in Europa zwar nicht plötzlich verhungern; aber ich glaube, er würde allmählich dahinschwinden und schließlich sterben.

Er müßte ohne seine gewohnte Morgenmahlzeit auskommen. Das ist eine solch einschneidende Umstellung, daß er ganz gewiß darunter leiden würde. Er könnte das schattenhafte Abbild, die Nachahmung, die Fälschung dieser Mahlzeit bekommen, aber das würde ihm nichts nützen, und die Wirklichkeit könnte er für Geld und gute Worte nicht kaufen.

Um mich etwas genauer auszudrücken: das einfachste und gewöhnlichste Frühstück des Durchschnittsamerikaners besteht aus Kaffee und Steak. Nun, Kaffee ist in Europa ein unbekanntes Getränk. Man kann das bekommen, was der europäische Hotelier für Kaffee hält, aber es ähnelt wirklichem Kaffee ungefähr so, wie Heuchelei der Heiligkeit ähnelt. Es ist ein schwaches, charakterloses, zu keiner Begeisterung fähiges Zeug und fast so untrinkbar, als habe man es in einem amerikanischen Hotel gebraut. Die dazu servierte Milch ist von der Sorte, die man in Frankreich »christliche« Milch nennt – Milch, die getauft ist.

Nach mehrmonatiger Bekanntschaft mit europäischem »Kaffee« spürt man, wie die geistigen Kräfte abnehmen und mit ihnen der Glaube, und man beginnt sich zu fragen, ob das starke, duftende Getränk zu Hause mit seiner klumpigen Schicht gelber Sahne obenauf nicht doch vielleicht nur ein Traum war und in Wirklichkeit nie existierte.

Dann kommt das europäische Brot – nicht schlecht, auf seine Art sogar ganz gut, aber kalt; kalt und zäh und unsympathisch; und nie einmal was anderes, nie ein bißchen Abwechslung – immer dasselbe langweilige Zeug.

Dann die Butter – die vorgebliche, geschmacklose Butter; kein Salz darin, und weiß der Himmel, woraus sie gemacht wird.

Dann ist da das Steak. Das gibt es in Europa, aber sie wissen nicht, wie man es zubereitet. Und sie schneiden es einfach nicht richtig. Es kommt in einer kleinen, runden, flachen Zinnschüssel auf den Tisch. Es liegt mitten in dieser Schüssel in einem einfassenden Beet aus fettdurchtränkten Kartoffeln; es hat die Größe, Form und Dicke einer Männerhand, von der Daumen und Finger abgeschnitten wurden. Es ist ein bißchen zu sehr durchgebraten, es ist ziemlich trocken, es schmeckt sehr fade, es weckt keine Begeisterung. Man stelle sich den armen Verbannten vor, wie er dieses stumpfsinnige Ding betrachtet; und man stelle sich einen Engel vor, der plötzlich aus einem besseren Land dahergeflogen kommt und ihm ein mächtiges zwei Finger dickes Porterhouse-Steak vorsetzt – heiß und brutzelnd aus der Pfanne, mit duftendem Pfeffer überstäubt, durch kleine Stückchen schmelzender Butter von der allertadelfreiesten Frische und Echtheit bereichert – die kostbaren Fleischsäfte tropfen heraus und mischen sich unter die mit Pilzen archipelierte Soße; ein oder zwei Ortschaften gelblichen Fetts schmücken die Randbezirke dieses weitläufigen Landkreises aus Steak; der lange weiße Knochen, der das Lendenstück vom Nierenstück scheidet, befindet sich noch an Ort und Stelle. Und man stelle sich vor, daß der Engel auch noch eine große Tasse mit amerikanischem hausgemachtem Kaffee dazusetzt, auf dem die Sahne schäumt, sodann richtige feste, gelbe, frische Butter, ein paar Scheiben dampfend heißen Toasts, einen Teller mit heißem Buchweizenkuchen und durchsichtigem Syrup darauf – könnten Worte die Dankbarkeit dieses Verbannten beschreiben?

Das europäische Mittagessen ist besser als das europäische Frühstück, aber es hat ebenfalls seine Fehler und Unzulänglichkeiten; es macht nicht satt. Man setzt sich begierig und hungrig zu Tisch; man löffelt seine Suppe – irgendwo scheint ihr etwas Undefinierbares zu fehlen; man glaubt, der Fisch werde sich als das herausstellen, worauf man aus ist – man ißt ihn und ist nicht ganz sicher; man glaubt, der nächste Gang werde der sein, der die hungrige Stelle trifft – man nimmt davon und wird gewahr, daß auch ihm irgendwo etwas fehlte. Und so jagt man weiter von Gang zu Gang wie ein Knabe, der hinter einem Schmetterling her ist, der bei jedem Auffliegen fast gefangen wird, aber letztlich und endlich doch entwischt; und zum Schluß ist es dem Verbannten und dem Knaben ungefähr gleich ergangen – der eine ist vollgestopft, aber kummervoll ungesättigt, der andere hat reichlich Bewegung, allerhand interessante Aussichten und lauter schöne Hoffnungen gehabt, aber einen Schmetterling hat er nicht gefangen. Es gibt hier und da einen Amerikaner, der behaupten wird, er könne sich erinnern, daß er einmal vollkommen gesättigt von einer europäischen Table d'hôte aufgestanden sei; aber wir dürfen nicht vergessen, daß es ebenfalls hier und da einen Amerikaner gibt, der lügt.

Die Zahl der Gänge ist ausreichend; aber es ist solch ein eintöniges Angebot reizloser Gänge. Es ist eine fade, platte Ebene des Nichtschlechten und Nichtguten. Da ist nichts, was einen Akzent setzen würde. Wenn man den Hammel- oder Rinderbraten – einen großen, tüchtigen – auf den Tisch bringen und vor den Augen des Gastes zerlegen würde, so könnte man ihm vielleicht den rechten Ernst und einige Wirklichkeit verleihen; aber das ist nicht üblich – das bereits in Scheiben geschnittene Fleisch wird auf einer Schüssel herumgereicht, und folglich bleibt man vollkommen ruhig; es erregt einen nicht im geringsten. Dagegen nun ein mächtiger gebackener Truthahn – auf dem Rücken ausgestreckt – Hacken in die Höh' – und der würzige Saft trieft aus den fetten Flanken ... aber hier mache ich am besten Schluß, denn in Europa wüßte man einfach nicht, wie man ihn zubereiten sollte. Dort kann man nicht einmal ein Hühnchen anständig braten; und was das Tranchieren angeht, das machen sie mit dem Hackbeil.

So sieht im Sommer die übliche Speisenfolge an der gemeinschaftlichen Gasthaustafel aus:

Suppe (ohne besondere Merkmale).

Fisch – Seezunge, Lachs oder Schellfisch – gewöhnlich nicht schlecht.

Braten – Hammel oder Rind – ohne Geschmack –, dazu ein paar Kartoffeln vom Jahr zuvor.

Eine Pastete oder irgendein anderes fertiges Gericht – gewöhnlich gut – »den Umständen gemäß«.

Ein Gemüse – mit großem Aufwand serviert und ganz allein – gewöhnlich laffe Linsen oder grüne Bohnen oder nichtssagend zubereiteter Spargel.

Gebratenes Huhn – geschmacklos wie Papier.

Grüner Salat – nicht schlecht.

Vermoderte Erdbeeren oder Kirschen.

Manchmal sind die Aprikosen und Feigen frisch, aber das ist kein Vorteil, da diese Früchte ohnehin unbedeutend sind.

Die Trauben sind gewöhnlich gut, und manchmal gibt es einen nicht unbekömmlichen Pfirsich – aus Versehen.

Die Abwechslung ist bei obigem Speisezettel nur gering: nach vierzehn Tagen merkt man, daß die Abwechslung nur scheinbar Abwechslung ist; in der dritten Woche bekommt man, was man in der ersten bekam, und in der vierten Woche ißt man, was man in der zweiten aß. Drei oder vier Monate von diesem ermüdenden Einerlei bringen den robustesten Appetit um.

Es ist nun, da ich dies schreibe, viele Monate her, seit ich zum letztenmal ein nahrhaftes Mahl zu mir genommen habe, aber bald wird mir eins vergönnt sein – ein bescheidenes privates Essen, ganz für mich allein. Ich habe ein paar Gerichte ausgesucht und eine kleine Speisenfolge zusammengestellt, die einen Dampfer früher nach Hause reisen und heiß auf mich warten wird, wenn ich eintreffe.

Folgendermaßen:

Radieschen. *Bratäpfel* mit Sahne.
Gebackene Austern; *gedünstete Austern*. Frösche.
Amerikanischer Kaffee mit echter Sahne.
Amerikanische Butter.
Huhn à la Maryland.
Steak.
Saratoga-Kartoffeln.
Schmorhuhn nach amerikanischer Art.
Heißer Toast nach Südstaatenart.
Heiße Buchweizenkuchen.
Warmes Weizenbrot nach Südstaatenart.
Amerikanischer Toast. Klarer Ahornsirup.
Virginia-Speck, gebraten.
Kleine Austern auf halber Schale.
Kirschkernmuscheln.
San-Franzisko-Muscheln, gedämpft.
Austernsuppe. Muschelsuppe.
Sumpfschildkrötensuppe Philadelphia.
Austern in der Schale gebacken.
Zangenmuscheln. Maifisch aus Connecticut.
Baltimorer Barsch.
Bachforelle aus der Sierra Nevada.

Teichforelle aus dem Tahoe-See.
Schafskopf und Quaker aus New Orleans.
Schwarzbarsch aus dem Mississippi.
Amerikanisches Roastbeef.
Gebratener Truthahn, Danksagungstagsstil.
Preiselbeerensoße. Sellerie.
Gebratener wilder Truthahn. Waldschnepfe.
Kanevasente aus Baltimore.
Präriehühner aus Illinois.
Missouri-Rebhühner, geschmort.
Opossum. Waschbär.
Bostoner Speck und Bohnen.
Speck und Gemüse nach Südstaatenart.
Maisbrei. Gekochte Zwiebeln. Weiße Rüben.
Kürbis. Spargel.
Butterbohnen. Süßkartoffeln.
Grüner Salat. Grüne Bohnen.
Kartoffelbrei. Pikante Soße.
Kartoffeln im Schlafrock.
Neue Kartoffeln, ohne Schale.
Frühkartoffeln, nach Südstaatenart in der Asche geröstet, heiß serviert.
Tomatenscheiben mit Zucker oder Essig.
Gedünstete Tomaten.
Grüner Mais vom Kolben geschält und mit
Butter und Pfeffer serviert.
Grüner Mais am Kolben.
Warmes Eierbrot nach Südstaatenart.
Buttermilch. Geeiste Süßmilch.
Apfelklöße mit echter Sahne.
Apfeltorte. Apfelpfannkuchen.
Pfirsichpastete nach Südstaatenart.
Pfirsichtorte. Kürbispastete.
Alle Arten amerikanischen Gebäcks.
Frisches amerikanisches Obst jeder Art, darunter Stachelbee-

ren, die nicht ausgeteilt werden, als seien sie Edelsteine, sondern auf etwas freigebigere Weise.
Eiswasser – nicht in dem wirkungslosen Becher zubereitet, sondern in einem ehrlichen und tüchtigen Kühlschrank.

Amerikaner, die etwa ein Jahr in europäischen Hotels zuzubringen gedenken, würden gut daran tun, sich diese Speisekarte abzuschreiben und mit auf die Reise zu nehmen. Sie werden feststellen, daß sie ein vorzügliches Mittel zur Erzeugung von Appetit beim entmutigenden Anblick der schmutzigen Table d'hôte ist.

Ausländern schmeckt unser Essen wahrscheinlich ebensowenig wie uns ihres. Das ist nicht weiter verwunderlich, denn Geschmack wird anerzogen, man wird nicht damit geboren. Ich könnte meinen Speisezettel bis zur Erschöpfung immer weiter verbessern, und doch würde der Schotte schließlich noch sagen: »Wo ist der im Schafsmagen geschmorte Fleischpudding?«, und der Fidschi-Insulaner wird seufzen und fragen: »Wo ist mein Missionar?«

Ich besitze eine recht ansehnliche Begabung in bezug auf alles, was mit Ernährung zu tun hat, und die Anerkennung der Fachleute bleibt mir nicht versagt. Ich habe oft Rezepte zu

Kochbüchern beigesteuert. Hier sind ein paar Entwürfe, die ich kürzlich für das geplante Kochbuch eines Freundes zusammengestellt habe, aber da ich vergaß, Schaubilder und perspektivische Zeichnungen mitzuliefern, konnten sie natürlich nicht aufgenommen werden.

Rezept für einen Aschenkuchen: Man nehme ein Lot Wasser und gebe ein Lot grobgemahlenen Mehls und ein Viertellot Salz hinein. Dies mischt man gründlich, knetet es zur Form eines Maisbrotes und läßt das Brot eine Weile stehen – nicht auf seiner Kante, sondern anders. Nun kratzt man eine Stelle in der Glut frei, legt den Laib dorthin und bedeckt ihn etwa einen Daumen dick mit heißer Asche. Wenn er gar ist, nimmt man ihn heraus und bläst alle Asche bis auf eine Schicht weg. Diese buttert und ißt man. *Merke:* In keinem Haus sollte dieser Talisman jemals fehlen. Man hat festgestellt, daß Landstreicher sich nie einen zweiten Aschenkuchen holen kommen.

Rezept für Neuengland-Torte: Bei der Herstellung dieses vortrefflichen Frühstücksgerichtes gehe man wie folgt vor. Man nehme ausreichend Wasser und ausreichend Mehl und verfertige einen kugelsicheren Teig. Diesen Teig formt man zu einer Scheibe, deren Rand etwa zwei Zentimeter hochgebogen wird. Ein paar Tage bei milder, aber gleichbleibender Temperatur im Backofen härten und trocknen. Sodann verfertige man auf die gleiche Weise und aus denselben Zutaten eine Abdeckung für diese Schanze. Man füllt mit gedünsteten Trockenäpfeln, verstärkt mit Nelken, Zitronenschale und Streifen von Zitronat, fügt zwei Portionen New-Orleans-Zucker hinzu, lötet den Dekkel zu und stellt das Ganze an einen sicheren Ort, bis es versteinert. Man serviere die Torte kalt zum Frühstück und lade seinen persönlichen Feind ein.

Rezept für deutschen Kaffee: Man nehme ein Faß Wasser und bringe es zum Kochen. Darauf reibe man eine Zichorienbeere an einer Kaffeebohne und gebe erstere in das Wasser. Man setze das Kochen und Verdampfen fort, bis die Intensität des Dufts und Aromas von Kaffee und Zichorie auf einen angemessenen Grad gesunken ist, nehme dann den Sud vom Feuer und lasse ihn abkühlen. Nun schirrt man die Überreste einer ehemaligen Kuh vom Pflug los, schiebt sie in eine hydraulische Presse, und wenn man einen Teelöffel voll von diesem blaßblauen Saft gewonnen hat, der einem deutschen Aberglauben zufolge als Milch gilt, mildere man die ihm innewohnende schädliche Kraft mit einem Eimer lauwarmen Wassers und läute zum Frühstück. Man mische das Getränk in einer kalten Tasse, genieße mit Maßen davon und binde zum Schutz gegen zu starke Erregung ein nasses Tuch um den Kopf.

Das Tranchieren von Geflügel nach deutscher Art: Man benutze eine Keule und meide die Gelenke.

Kapitel 21

Ich frage mich, warum manches ist, wie es ist. Zum Beispiel gestattet man der bildenden Kunst heutzutage ebensoviel Freizügigkeit im Unschicklichen wie in früheren Zeiten – aber die Vorrechte der Literatur sind in dieser Hinsicht während der letzten achtzig oder neunzig Jahre stark beschnitten worden. Fielding und Smolett konnten die Gemeinheiten ihrer Zeit mit der gröbsten Sprache darstellen. Wir haben es zwar heute ebenfalls mit allerhand schimpflichen Dingen zu tun, aber man gestattet uns nicht, sehr nahe an sie heranzugehen, nicht einmal in einer schicklichen, behutsamen Sprache. Anders jedoch bei der Kunst. Der Pinsel darf sich immer noch frei eines jeden Gegenstandes annehmen, mag er auch noch so abstoßend und unfein sein. Der Sarkasmus dringt einem aus allen Poren, wenn man durch Rom oder Florenz geht und sieht, was diese letzte Generation mit den Statuen gemacht hat. Diese Werke, die jahrhundertelang in unschuldiger Nacktheit dastanden, sind nun alle mit Feigenblättern versehen. Ja, alle. Zuvor hat vielleicht niemand ihre Nacktheit bemerkt; nun kann keiner umhin, sie zu bemerken – die Feigenblätter machen sie so auffällig. Das Komische an der ganzen Sache ist jedoch, daß das Feigenblatt auf den kalten und bleichen Marmor beschränkt ist, der auch ohne dieses heuchlerische und schaustellerhafte Symbol der Keuschheit kalt wäre und nicht auf Gedanken brächte, während warmblütige Gemälde, die es wirklich nötig haben, in keinem Fall damit ausgestattet wurden.

Am Eingang zu den Uffizien in Florenz sieht man sich den Statuen eines Mannes und einer Frau gegenüber; sie sind ohne Nasen, auch sonst arg mitgenommen, schwarz von angesammeltem Schmutz – man denkt bei ihrem Anblick kaum noch an menschliche Wesen – aber diese lachhaften Geschöpfe sind von unserer mäkelnden Generation rücksichtsvoll und gewissenhaft mit Feigenblättern bedacht worden. Man tritt ein und begibt sich in jene meistbesuchte Galerie der Welt, und dort darf man an einer Wand ohne sichtbehindernde Falten oder Feigenblätter das gemeinste, nichtswürdigste, obszönste Bild betrachten, das die Welt besitzt – Tizians Venus. Nicht etwa, weil sie nackt ist und ausgestreckt auf einem Bett liegt – nein, es handelt sich um die Haltung des einen Armes und der einen Hand. Wagte ich es, diese Haltung zu beschreiben, würde sich ein schönes Geschrei erheben – aber da liegt sie, diese Venus, und jeder, der will, kann sich an ihr weiden – und sie hat ein Recht, dort zu liegen, denn die Malerei hat ihre Privilegien. Ich habe junge Mädchen verstohlen zu ihr hinblicken sehen; ich habe junge Männer gesehen, die sie lange und versunken anstarrten; ich sah betagte, schwache Männer mit erbarmungswürdigem Interesse an ihren Reizen hängen. Wie gerne würde ich sie beschreiben – nur um zu sehen, welch heilige Entrüstung ich in der Welt entfachen kann – nur um zu hören, wie der gedankenlose Durchschnittsmensch sich über meine Roheit und Gemeinheit und so weiter ausläßt. Die Welt behauptet, keine Beschreibung eines bewegenden Anblicks sei auch nur zu einem Hundertteil so bewegend wie der Anblick selber – und doch ist die Welt willens, ihren Söhnen und ihren Töchtern und sich selber einen Blick auf Tizians Bestie zu gestatten, während sie eine Beschreibung in Worten nicht duldet. Womit bewiesen ist, daß diese Welt nicht so konsequent ist, wie sie sein könnte.

Es gibt Bilder von nackten Frauen, die keinen unzüchtigen Gedanken aufkommen lassen – das weiß ich sehr wohl. Diese sollen hier nicht geschmäht werden. Worauf ich mit Nachdruck hinweisen will, ist die Tatsache, daß Tizians Venus sehr weit davon entfernt ist, zu diesen zu gehören. Ganz ohne Zweifel wurde sie für ein Badehaus gemalt, und da hat man sie wahrscheinlich als ein bißchen zu stark zurückgewiesen. Sie ist, um die Wahrheit zu sagen, für jeden Ort zu stark – eine öffentliche Gemäldesammlung ausgenommen. Tizian hat zwei Venusse in den Uffizien; wer die gesehen hat, wird sich ohne Schwierigkeiten erinnern, welche von den beiden ich im Auge habe.

In jeder Galerie in Europa hängen abscheuliche Bilder voller Blut, Gemetzel, herausquellenden Gehirnen, Fäulnis – Bilder, auf denen es wimmelt von jedem nur denkbaren, bis ins fürchterlichste Detail ausgemalten Grauen – und ähnliche Bilder werden Tag für Tag auf die Leinwand geworfen und öffentlich ausgestellt – ohne daß auch nur jemand murrt –, denn sie sind unschuldig, sie sind nicht anstößig, da sie ja Kunstwerke sind. Aber angenommen, ein Künstler des Wortes wagte sich an eine peinlich genaue Schilderung einer dieser Scheußlichkeiten – die Kritiker würden ihm lebendig das Fell abziehen. Nun, mag es so sein – es läßt sich nicht ändern; die Kunst behält ihr Vorrecht, die Literatur hat das ihre verloren. Soll jemand anders das Warum und das Wieso und die Konsequenz der Geschichte herauszutüfteln versuchen – ich habe keine Zeit dazu.

Tizians Venus besudelt und schändet die Uffizien, die Tatsache läßt sich nicht beschönigen. Aber sein »Moses« verherrlicht sie. Die schlichte Wahrhaftigkeit dieses erhabenen Werkes gewinnt das Herz und den Beifall eines jeden Besuchers, mag er nun gebildet oder unwissend sein. Nachdem man sich müdegeguckt hat an Hektar über Hektar vollgestopfter, weicher, ausdrucksloser Säuglinge, die die Bilder der altitalienischen Meister bevölkern, ist es erfrischend, vor diesem unvergleichlichen Kind zu stehen und die Verzückung zu verspüren, die einem sagt: Hier endlich ist das Wirkliche, das Wahre. Dies ist ein Menschenkind, dies ist echt. Man hat es tausendmal schon gesehen – man hat es genauso gesehen, wie es einem dort entgegenblickt – und man bekennt rückhaltlos, daß Tizian wirklich ein Meister war. Die Puppengesichter anderer gemalter Kinder mögen dieses oder jenes bedeuten, beim »Moses« jedoch liegt der Fall anders. Der berühmteste aller Kunstkritiker hat gesagt: »Hier besteht nicht der geringste Zweifel – dieses Kind muß!«

Meiner Ansicht nach reicht kein Werk der alten Meister an den »Moses« heran, ausgenommen vielleicht Bassanos herrlicher »Reisekoffer«. Ich bin sicher, daß die Welt gewonnen hätte, wenn alle anderen alten Meister verlorengegangen und nur diese beiden bewahrt worden wären.

Ich bin nur aus diesem einen Grund nach Florenz gegangen – ich wollte den »Moses« sehen, und zum Glück kam ich gerade noch rechtzeitig, denn man traf gerade Vorbereitungen, ihn an einen privateren und geschützteren Ort zu bringen, da es zu der Zeit in Europa gerade Mode war, die großen Galerien auszurauben.

Ich fand einen tüchtigen Maler, der mir das Bild kopierte; Pannemaker, der Kupferstecher der Doréschen Bücher, hat es mir gestochen, und ich habe das Vergnügen, es dem Leser in diesem Band vorzulegen*.

Wir machten einen Abstecher nach Rom und ein paar weiteren italienischen Städten – von dort ging es dann nach München und weiter nach Paris –, teils der Bewegung halber, hauptsäch-

* Dies Bild, halb süßlich, halb drastisch gehalten in naturalistischem Stil, wurde in die vorliegende Ausgabe nicht aufgenommen (Der Verlag).

lich jedoch, weil diese Orte auf unserem Programm standen, und es war nur recht und billig, daß wir diesem Programm treu blieben.

Von Paris aus bog ich ab und wanderte durch Holland und Belgien, ab und zu, wenn ich müde war, auf Schiene oder Kanal zurückgreifend, und alles in allem erging es mir vortrefflich. Spanien und andere Gegenden bearbeitete ich mittels Reisebegleitern, um Zeit und Sohlenleder zu sparen.

Wir fuhren nach England hinüber und traten dann die Heimreise mit dem Cunarder *Gallia* an, einem sehr tüchtigen Schiff. Ich war froh, daß es wieder nach Hause ging – unermeßlich froh – ja, es schien mir unmöglich, daß mich jemals irgend etwas dazu bringen könne, das Land noch einmal zu verlassen. Kein Vergnügen, das ich drüben genossen hatte, schien mir der Freude vergleichbar, die ich verspürte, als ich den New Yorker Hafen wiedersah. Europa besitzt viele Vorzüge, die wir nicht besitzen, aber sie machen das gerüttelte Maß noch wertvollerer nicht wett, die nur in unserem Land und sonst nirgendwo anzutreffen sind. Und dann sind wir solch ein heimloses Häuflein, wenn wir dort drüben sind! Die Europäer selber allerdings nicht minder: Sie wohnen in dunklen, kalten, mächtigen Gräbern – recht kostbar, mag sein, aber ohne jede Bequemlichkeit. Dazu verdammt zu sein, so zu leben, wie die durchschnittliche europäische Familie lebt, würde einer durchschnittlichen amerikanischen Familie das Leben zu einer recht drückenden Bürde machen.

Alles in allem glaube ich, daß kurze Europareisen besser für uns sind als lange. Erstere bewahren uns davor, europäisiert zu werden; sie halten den Stolz auf unser Land lebendig, und gleichzeitig steigern sie unsere Liebe zu unserem Land und unserem Volk; wohingegen lange Reisen diese Gefühle abstumpfen – jedenfalls in den allermeisten Fällen. Wer viel mit Amerikanern umgeht, die schon lange im Ausland wohnen, muß zu diesem Schluß kommen.

Anhang

Nichts verleiht einem Buch soviel Gewicht
und Würde wie ein Anhang

Herodot

A

Der Portier

Der persische Dichter-Prophet Omar Chaijam schrieb vor über achthundert Jahren:

»In den vier Teilen der Welt leben viele, denen es gegeben ist, gelehrte Bücher zu schreiben, viele, die ein Heer anführen können, und viele, die fähig sind, ein Königreich oder Kaiserreich zu regieren; aber nur wenige gibt es, die ein Hotel führen können.«

Ein Wort über den Hotelportier in Europa. Er ist eine höchst bewunderungswürdige Erfindung, ein überaus nützlicher Komfort. Er trägt stets eine in die Augen fallende Uniform; er ist immer zu finden, wenn man ihn braucht, denn er verläßt nie seinen Posten am Eingang; er ist höflich wie ein Herzog; er spricht vier bis zehn Sprachen; er ist die sicherste Hilfe und Zuflucht bei Kummer und Schwierigkeiten. Er ist nicht der Empfangschef, aber auch nicht der Wirt, er rangiert über dem Empfangschef und vertritt den Wirt, den man nur selten zu sehen bekommt. Sucht man eine Auskunft, geht man nicht wie bei uns zum Empfangschef, man geht zum Portier. Der Empfangschef bei uns setzt im allgemeinen seinen Stolz darein, nicht das mindeste zu wissen; der Portier setzt im allgemeinen seinen Stolz darein, alles zu wissen. Man frage den Portier nach den Abfahrzeiten der Züge – er wird sie einem unverzüglich nennen; oder man frage ihn nach dem besten Arzt am Orte oder nach dem Droschkentarif oder wieviele Kinder der Bürgermeister hat oder an welchen Tagen die Galerien geöffnet sind und ob man eine Besuchserlaubnis braucht und wo man sie bekommt und was sie kostet oder wann die Theatervorstellungen anfangen und zu Ende sind und welche Stücke man bringen wird und was man für die Plätze bezahlt oder wie die neue Hutmode aussieht oder wo die durchschnittliche Sterblichkeitsziffer liegt oder wer Billy Patterson geohrfeigt hat. Ganz gleich, was man ihn fragt: in neun von zehn Fällen weiß er die Antwort und im zehnten erkundigt er sich, bevor man sich dreimal umdrehen kann. Es gibt nichts, womit er sich nicht befaßt. Angenommen, man sagt ihm, man wolle von Hamburg nach Peking reisen, und zwar über Jericho, und kenne weder Routen noch Preise – am nächsten Morgen wird er einem ein Blatt Papier geben, auf dem die ganze Reise bis in die letzten Einzelheiten ausgearbeitet ist. Nach kurzem Aufenthalt auf europäischem Boden mag man zwar immer noch behaupten, man baue auf die Vorsehung, aber bei näherem Hinsehen wird man entdecken, daß man sich in Wirklichkeit auf den Portier verläßt. Was einem Kopfzerbrechen bereitet oder Verdruß oder was man benötigt – er weiß es bereits, bevor es auch nur zur Hälfte heraus ist, und er sagt prompt: »Überlassen Sie das mir!« Folglich gewöhnt man sich bald ganz von selber daran, alles ihm zu überlassen. Es geschieht nie ohne eine gewisse Verlegenheit, ein gewisses Zögern, ein Gefühl der Unsicherheit angesichts einer möglichen Zurückweisung, daß man sich an den durchschnittlichen amerikanischen Empfangschef wendet; aber man verspürt keine Verlegenheit im Umgang mit dem Portier; mit einer Begeisterung, die einen neuen Mut schöpfen läßt, hört er sich an, was man auf dem Herzen hat, und mit einer Dienstfertigkeit, die geradezu trunken macht, stürzt er sich in die Erledigung. Je mehr Anforderungen man auf ihn häuft, desto lieber ist es ihm. Die Folge ist natürlich, daß man aufhört, irgend etwas noch selber zu tun. Er ruft eine Droschke, wenn man eine benötigt, hilft einem beim Einsteigen, sagt dem Kutscher, wohin man gebracht zu werden wünscht, empfängt einen bei der Rückkehr wie ein längst verloren geglaubtes Kind, erledigt allen Zank mit dem Droschkenkutscher selber und bezahlt ihn aus der eigenen Tasche. Er besorgt einem Theaterkarten und bezahlt dafür; er besorgt alles, was man auch nur irgend nötig hat, sei es ein Arzt, ein Elefant oder eine Briefmarke, und wenn man schließlich abreist, wird man einen Untergebenen auf dem Bock neben dem Kutscher finden, der einen ins Zugabteil verfrachtet, die Fahrkarten löst, das Gepäck wiegen läßt, die Gepäckmarke bringt und ausrichtet, daß alles auf der Rechnung stehe und bereits bezahlt sei. Zu Hause trifft man solch eine sorgsam durchdachte, vortreffliche und bereitwillige Bedienung nur in den besten Hotels unserer großen Städte an; aber in Europa darf man auch in jedem beliebigen abgelegenen Städtchen damit rechnen.

Welches Geheimnis steckt hinter dem hingebungsvollen Eifer des Portiers? Ganz einfach: Er bekommt *Trinkgeld und kein Gehalt*. Und sein Trinkgeld ist ziemlich fest geregelt. Bleibt man eine Woche, gibt man ihm fünf Mark – eineinviertel Dollar, also etwa achtzehn Cents pro Tag. Bleibt man einen Monat, senkt man diesen Schnitt ein wenig. Bleibt man zwei oder drei Monate oder noch länger, vermindert man ihn um die Hälfte oder sogar mehr als die Hälfte. Bleibt man nur einen Tag, gibt man dem Portier eine Mark.

Der Oberkellner bekommt ein bißchen weniger Trinkgeld; der Hausknecht, der die Schuhe putzt und die Kleider ausbürstet und die Koffer trägt, bekommt ein etwas niedrigeres Trinkgeld als der Oberkellner, und das Zimmermädchen rangiert wiederum unter dem Hausknecht. Man gibt nur diesen vieren ein Trinkgeld und sonst niemandem. Ein deutscher Herr sagte mir, daß er bei einwöchigem Aufenthalt in einem Hotel dem Portier fünf Mark, dem Oberkellner vier Mark, dem Hausknecht drei Mark und dem Zimmermädchen zwei Mark gebe; und falls er drei Monate bleibe, verteile er ungefähr in diesem Verhältnis neunzig Mark auf sie. Neunzig Mark sind 22,50 Dollar.

Keines von diesen Trinkgeldern zahlt man jemals, bevor man das Hotel verläßt, und bliebe man auch ein ganzes Jahr – es sei denn, einer der Bediensteten ginge in der Zwischenzeit weg; in diesem Fall wird er ganz gewiß kommen und sich verabschieden und einem Gelegenheit geben, zu zahlen, was ihm Rechtens zukommt. Es gilt als sehr unklug, einem Bediensteten ein Trinkgeld zu geben, wenn man noch länger im Hotel zu bleiben gedenkt, denn gibt man ihm zuwenig, wird er einen fortan vernachlässigen, gibt man ihm jedoch zuviel, vernachlässigt er vielleicht einen anderen Gast, um sich einem selber zu widmen. Man erachtet es für das beste, seine Erwartungen bis zum Schluß des Aufenthaltes gespannt zu halten.

Ich weiß nicht, ob Hotelbedienstete in New York ein festes Gehalt beziehen, aber ich weiß, daß das Trinkgeldsystem, das in einigen Hotels dort Mode ist, eine schwere Belastung bedeutet. Der Kellner erwartet einen Vierteldollar beim Frühstück – und kriegt ihn. Man hat einen anderen Kellner beim Mittagessen, also kriegt er ebenfalls einen Vierteldollar. Der Kellner beim Abendbrot ist abermals ein Unbekannter, folglich kriegt auch er einen Vierteldollar. Der Junge, der einem die Reisetasche aufs Zimmer trägt und die Gaslampe anzündet, hantiert herum und steht bedeutungsschwer da, und man gibt ihm ein Trinkgeld, um ihn loszuwerden. Nun klingelt man vielleicht nach Eiswasser und zehn Minuten später nach einer Limonade und noch zehn Minuten später nach einer Zigarre und schließlich nach einer Zeitung – und was ist das Ergebnis? Nun, jedesmal ist ein neuer Knabe erschienen und hat herumhantiert und herumgehampelt, bis man ihm etwas gegeben hat. Angenommen, man trumpfte auf und erklärte, es sei Sache des Hotels, sein Personal zu bezahlen? Und angenommen, man bliebe dabei und gäbe einfach kein Trinkgeld mehr? Man wird zehn- bis fünfzehnmal klingeln müssen, bevor ein Bediensteter kommt, und wenn er dann geht, um den Auftrag zu erledigen, wird man alt und tatterig, ehe man ihn wiedersieht. Vierundzwanzig Stunden lang wird man sich vielleicht würdig zur Wehr setzen, falls man von unerschütterlicher Wesensart ist, aber in diesen vierundzwanzig Stunden ist man so elend und unverschämt bedient worden, daß man schließlich die Flagge streicht und darangeht, sich durch Trinkgeldgeben an den Bettelstab zu bringen.

Es wäre, scheint mir, ein glücklicher Gedanke, das europäische Trinkgeldsystem nach Amerika zu importieren. Es könnte dazu führen, daß selbst in den Hotels von Philadelphia jemand kommt, wenn man klingelt, und einen freudig bedient.

Die größten amerikanischen Hotels beschäftigen eine Anzahl von Empfangs- und anderen Angestellten und einen Kassierer und zahlen ihnen Gehälter, die im Laufe eines Jahres zusammen eine beträchtliche Summe ausmachen. Die großen Hotels in Europa beschäftigen einen Kassierer für ein geringes Gehalt und einen Portier, *der dem Hotel ein Gehalt zahlt*. Bei diesem System sparen Hotel und Gäste Geld und werden besser bedient als bei unserem System. Einer von unseren Konsuln hat mir erzählt, daß der Portier eines großen Berliner Hotels pro Jahr 5000 Dollar für seine Stellung bezahle und doch noch 6000 dabei verdiene. Der Portier in den führenden Hotels von Saratoga, Long Branch, New York und ähnlichen Mittelpunkten des Fremdenverkehrs könnte es sich wohl leisten, sogar noch mehr als 5000 Dollar für seine Stellung auf den Tisch zu legen.

Als wir vor gut einem Jahrzehnt die Trinkgeldmethode aus Europa übernahmen, hätte das Zahlen von festen Gehältern natürlich eingestellt werden müssen. Es wäre an der Zeit, diese Korrektur vorzunehmen. Und den Portier sollten wir ebenfalls einführen. Seit meine Aufmerksamkeit auf den Portier gelenkt wurde, habe ich Gelegenheit gehabt, ihn in den führenden Städten Deutschlands, der Schweiz und Italiens zu beobachten; und je vertrauter er mir wurde, desto dringender wünschte ich, er würde nach Amerika übernommen und auch dort das werden, was er in Europa ist: des Fremden Schutzengel.

Ja, was vor achthundert Jahren stimmte, trifft heute noch genauso zu: »Nur wenige gibt es, die ein Hotel führen können.«

Vielleicht liegt es daran, daß in allzuvielen Fällen Wirte und ihre Untergebenen ihr Gewerbe betreiben, ohne es vorher gelernt zu haben. In Europa wird der Beruf des Hoteliers gelehrt. So wie bei uns ein Druckerlehrling zunächst Ausfegen und Wasserholen lernt und dann Kurbeln und Sortieren und dann Setzen und schließlich seine Lehre mit der ersten selbständigen Druckarbeit vollendet und abschließt, so arbeitet der Wirtlehrling zunächst als Laufjunge, dann als Unterkellner, dann als Salonkellner, dann als Oberkellner, als der er oft alle Rechnungen ausstellen muß, dann als Empfangschef oder Kassierer und dann als Portier. Nun hat er sein Gewerbe erlernt, und bald nimmt er Stil und Würde eines Wirtes an, und man sieht ihn sein eigenes Hotel leiten.

Die Belohnung nun für einen Mann, der sein Haus eine Reihe von Jahren so vortrefflich geführt hat, daß es zu großem Ansehen gelangt ist, bleibt in Europa ebensowenig aus wie in Amerika. Er kann von diesem Ansehen gedeihlich leben. Er kann sein Hotel bis zum untersten Grad der Schäbigkeit verkommen lassen, und es wird jedoch jederzeit voll besetzt sein. Da ist zum Beispiel das Hôtel de Ville in Mailand. Es wimmelt darin von Mäusen und Flöhen, und falls die ganze übrige Welt zu Bruch ginge, gäbe es genügend Dreck her, um eine neue damit anzufangen. Das Essen würde im Armenhaus zu einem Aufstand führen, aber wenn man außerhalb ißt, holt dieses Hotel den Verlust wieder herein, indem es einem für allerhand Kleinigkeiten zuviel berechnet – und zwar ohne es in Abrede zu stellen oder sich deswegen zu entschuldigen. Aber der hervorragende alte Ruf des Hôtels de Ville sorgt auch jetzt noch dafür, daß seine öden Zimmer von Reisenden bevölkert werden, die woanders abgestiegen wären, wenn sie nur einen klugen Freund gehabt hätten, der sie hätte warnen können.

B

Das Heidelberger Schloß

Das Heidelberger Schloß muß sehr schön gewesen sein, bevor die Franzosen es vor zweihundert Jahren beschossen und wund schlugen und ausbrannten. Der Stein ist braun mit einer rosigen Tönung darin und scheint nicht leicht schmutzig zu werden. Der zierliche und kunstvolle Schmuck an seinen beiden Hauptfassaden ist so fein gearbeitet, als sei er für das Innere eines Wohnraums und nicht für die Außenwand eines Hauses gedacht gewesen. Viele Früchte- und Blumenornamente, Menschenköpfe und grimmig vorstehende Löwenköpfe sind noch so vollkommen in allen Einzelheiten erhalten, als seien sie neu. Aber die zwischen den Fenstern aufgereihten Standbilder haben gelitten. Es sind dies lebensgroße Steinplastiken alter Kaiser und Kurfürsten und ähnlicher Großen in voller Rüstung mitsamt ihrem mächtigen Schwert. Einige von ihnen haben einen Arm verloren, einige den Kopf, und ein armer Kerl ist in der Mitte durchgehackt worden. Es wird behauptet, daß ein Fremder, der über die Zugbrücke kommt und ohne ein Wort zu sagen quer über den Vorhof bis zur Schloßfassade geht, sich etwas wünschen dürfe, und der Wunsch werde erfüllt. Aber es wird auch behauptet, daß man noch nie die Probe aufs Exempel habe machen können, denn jedem Fremden entlocke die Schönheit der Schloßfassade einen Ausruf des Entzückens, bevor er von der Zugbrücke bis zu der festgesetzten Stelle gehen könne.

Eine Ruine muß richtig liegen, um zu wirken. Diese hier könnte keinen besseren Platz finden. Sie steht auf einer beherrschenden Anhöhe, sie wird von grünen Wäldern umschlossen, der Boden um sie her ist nirgendwo eben, ganz im Gegenteil, eine bewaldete Terrasse türmt sich über die andere, und man blickt durch schimmerndes Laubwerk in tiefe Klüfte und Abgründe hinunter, in denen Dämmerung herrscht, weil die

Sonne nicht eindringen kann. Die Natur weiß, wie sie eine Ruine schmücken muß, um die beste Wirkung zu erzielen. Einer von den alten Türmen ist der Länge nach gespalten, und eine Hälfte ist zur Seite hin eingestürzt. Sie stürzte so, daß sie eine malerische Haltung einnahm. Es fehlte ihr dann nur noch eine passende Drapierung, und dafür hat die Natur gesorgt; sie hat die zerklüfteten Trümmer in Blumen und grünes Rankenwerk gekleidet und so zu einer Augenweide gemacht. Die stehengebliebene Hälfte hält dem Beschauer ihre überwölbten, höhlenartigen Räume wie offene zahnlose Münder hin, und auch hier waren Kletterpflanzen und Blumen schmückend am Werk. Die Rückseite des Turmes ist ebenfalls nicht vernachlässigt worden. Sie ist mit einem dicht haftenden Gewand aus blankem Efeu bekleidet, das Wunden und Flecken verhüllt, die ihr von der Zeit beigebracht wurden. Nicht einmal obenauf blieb die Turmruine nackt und bloß: sie wird von einem üppig gedeihenden Gehölz aus Bäumen und Büschen gekrönt. Das Unglück war für diesen alten Turm das, was es zuweilen für den Charakter eines Menschen gewesen ist – er wurde besser davon.

Ein Herr bemerkte eines Tages, daß es schön gewesen sein müsse, in dem Schloß zu wohnen, als es in der Blüte seiner Jahre stand, aber daß wir einen Vorteil genössen, der seinen dahingegangenen Bewohnern versagt sei – den Vorteil, eine wundervolle Ruine besuchen und über sie nachsinnen zu können. Aber das war ein voreiliger Gedanke. Jene Leute waren in Wirklichkeit uns überlegen. Sie wohnten in ihrem schönen Schloß und konnten außerdem noch das Rheintal kreuzen und über die stattliche Ruine von Trifels nachsinnen. Und die Leute von Burg Trifels wiederum konnten zu ihrer Zeit, nämlich vor fünfhundert Jahren, ausziehen und über majestätische Ruinen nachsinnen, die nun bis zum letzten Stein verschwunden sind. Zweifellos hat es immer Ruinen gegeben und immer nachdenklich gestimmte Menschen, die bei ihrem Anblick seufzten, und Esel, die ihren Namen und das wichtige Datum ihres Besuches in sie eingekratzt haben. Hundert Jahre nach Adams Auszug aus dem Garten Eden holte der Fremdenführer wahrscheinlich zu der üblichen schwungvollen Handbewegung aus und sagte: »Die Stelle, an der die Tiere ihren Namen erhielten, meine Damen und Herren; die Stelle, an der der Baum mit der verbotenen Frucht stand; genau auf diesem Fleck begegneten Adam und Eva einander zum erstenmal; und hier, meine Damen und Herren, haben wir, geschmückt und geheiligt von Namen und Adressen dreier Generationen von Touristen, die zerfallenen Überreste von Kains Altar – eine schöne alte Ruine!« Dann nahm er ihnen gewiß pro Nase einen Sekel ab und ließ sie gehen.

Eine festliche Beleuchtung des Heidelberger Schlosses gehört zu dem, was man in Europa gesehen haben muß. Das malerische Äußere des Schlosses, seine beherrschende Lage auf halber Höhe an einem steilen bewaldeten Berghang, seine gewaltige Größe – diese Merkmale machen zusammen eine Festbeleuchtung zu einem überaus wirkungsvollen Schauspiel. Natürlich ist es teuer und folglich ziemlich selten. Sooft daher eine von diesen Schaustellungen stattfindet, steht die Ankündigung überall in der Zeitung, und Heidelberg ist an dem Abend mit Sicherheit voll von Menschen. Mir und meinem Reisebegleiter bot sich eine von diesen Gelegenheiten, und wir nutzten sie.

An dem betreffenden Abend überquerten wir zusammen mit ein paar amerikanischen Studenten bei strömendem Regen den Fluß auf der unteren Brücke und gingen die Straße hinauf, die auf der Neunheimer Neckarseite am Ufer entlangführt. Die Straße war gedrängt voll von Wagen und Fußgängern – Wagen jeglichen Alters und Fußgänger jeglichen Alters und beiderlei Geschlechts.

Diese einmütige schwarze Masse kämpfte sich durch Spülicht und Finsternis und Wolkenbruch mühsam vorwärts. Wir wateten einen guten Kilometer weit und faßten schließlich in einem ungeschützten Gartenrestaurant unmittelbar gegenüber dem

Schloß Posten. Wir konnten das Schloß zwar nicht sehen – sehen konnten wir überhaupt nichts –, aber die Silhouette des Berges auf der anderen Seite war undeutlich in der durchdringenden Dunkelheit zu erkennen, und wir wußten, wo das Schloß ungefähr lag. Wir warteten stehend unter unseren Regenschirmen auf einer von den hundert Bänken in dem Garten; auf den anderen neunundneunzig standen ebenfalls Männer und Frauen, und auch sie hielten Regenschirme. Die ganze Gegend um uns herum und die Straße flußaufwärts und flußabwärts waren ein einziger dichter menschlicher Dschungel unter einem ununterbrochenen Pflaster aus Kutschendächern und Regenschirmen. Zwei gießende Stunden lang verharrten wir so. Kein Regen fiel auf meinen Kopf, aber von den zusammenstoßenden Fischbeinspitzen eines Dutzends nachbarlicher Schirme ergossen sich kühlende Rinnsale in meinen Nacken und manchmal in meine Ohren und verhinderten somit, daß ich mich erhitzte und ungeduldig wurde. Auch wurde ich zu der Zeit von Rheumatismus geplagt, und mir war gesagt worden, daß diese Behandlung gut dafür sei. Hinterher gewann ich jedoch die Überzeugung, daß die Wasserkuren für Rheumatismus nicht gut sind. Sogar kleine Mädchen waren an diesem schrecklichen Ort zu sehen. Ein Mann hielt genau vor mir fast eine Stunde lang eins im Arm, und die ganze Zeit über saugten sich die Kleider der Kleinen mit dem Schirmgetropfe voll.

Unter diesen Umständen waren zwei Stunden eine beträchtliche Wartezeit, aber als dann die Beleuchtung endlich anfing, fühlten wir uns belohnt. Sie kam natürlich unerwartet – alles, wonach man lange Ausschau gehalten und sich gesehnt hat, kommt schließlich unerwartet. Mit vollkommen atemberaubender Plötzlichkeit wurden mehrere riesige Garben farbiger Raketen aus den schwarzen Schlünden der Schloßtürme unter wahrem Donnergetöse himmelwärts gespien, und augenblicklich stand die wundervolle Ruine mit jeder Einzelzeit klar umrissen vor dem Berghang und glühte in kaum noch zu ertragender Feuer- und Farbenpracht. Eine kleine Weile war das ganze Bauwerk ein einziges hochrotes helles Leuchten, die Türme spuckten weiter dicke Raketensäulen in die Luft, und über uns erstrahlte der Himmel von pfeilförmigen Blitzstrahlen, die sich ihren Weg zum Zenit bahnten, dort innehielten, anmutig abwärtskurvten und schließlich zu einem gleißenden Sprühregen bunt glitzernder Funken sprangen. Die roten Feuer im Innern des Schlosses erloschen allmählich, und das Gehäuse verdunkelte sich, bis es fast schwarz war. Der düstere Schimmer, der nun durch die zerborstenen Gewölbe und die zahllosen leeren Fensterhöhlen schien, stellte den Anblick wieder her, den das Schloß damals geboten haben muß, als die französischen Plünderer das ungeheuerliche Freudenfeuer, das sie dort angezündet hatten, schwelend verblassen und schließlich verlöschen sahen.

Während wir noch hingerissen hinüberstarrten wurde die Ruine plötzlich in quirlende Massen aus feurigem grünen Rauch eingehüllt, dann in solche aus blendendem Violett, und darauf folgte ein Ineinander von vielen Farben und badete das großartige Bauwerk in seinem schillernden Glanz. Inzwischen war die nächstgelegene Brücke beleuchtet worden, und von mehreren auf dem Fluß verankerten Flößen wurden Sternschnuppenregen aus Raketen, Leuchtkugeln, Knallbomben, Schlangen und Feuerwerksrädern in verschwenderischer Fülle zum Himmel emporgeschleudert – wahrhaftig ein herrliches Bild für einen Menschen wie mich, der so wenig an dergleichen Anblicke gewöhnt war. Eine Weile war es um uns her taghell, obwohl es die ganze Zeit in Strömen regnete. Bald darauf war die abendliche Festlichkeit beendet, und wir schlossen uns der Karawane der zahllosen halbertrunkenen Zuschauer an und wateten wieder nach Hause.

Der Schloßpark ist sehr weitläufig und sehr schön, und da er an den Park des Hotels grenzte und man über keine Zäune zu klettern, sondern nur eine prachtvoll überschattete Steintreppe hinunterzusteigen brauchte, ergingen wir uns fast jeden Tag eine Zeitlang auf seinen glatten Wegen und in seinen belaubten

Hainen. Zwischen den Bäumen lag ein anziehendes Fleckchen mit einer großen Anzahl hölzerner Tische und Bänke; und dort konnte man sitzen und so tun, als schlürfe man seinen schaumgekrönten Humpen Bier, während man die Menge in Augenschein nahm. Ich sage »so tun«, weil ich nur tat, als tränke ich, und nicht wirklich trank. Das ist die höfliche Art; aber wenn man zum Aufbruch bereit ist, leert man den Humpen auf einen Zug. Eine Blaskapelle wartete hier jeden Nachmittag mit vortrefflicher Musik auf. Manchmal kamen soviele Leute, daß jeder Tisch und jeder Platz besetzt war. Und niemals auch nur ein einziger ungeschliffener Kerl in der Versammlung – lauter gutgekleidete Väter und Mütter, junge Herren und Damen und Kinder und reichlich Studenten und glitzernde Offiziere und hier und da ein ergrauter Professor oder eine stille alte Dame mit ihrem Strickzeug und stets ein paar dazwischengesprenkelte linkische Ausländer. Jeder hatte sein Glas Bier vor sich oder seine Tasse Kaffee oder seine Flasche Wein oder sein warmes Kotelett mit Kartoffeln; junge Damen plauderten miteinander oder fächelten sich oder häkelten oder stickten; die Studenten fütterten ihre Hunde mit Zucker oder redeten über Duelle oder veranschaulichten mit ihren kleinen Stöckchen neue Fechtkniffe; und überall herrschten Behaglichkeit und Freude und überall Frieden und Wohlwollen gegenüber den anderen Menschen. In den Bäumen jubilierten die Vögel, und auf den Wegen tollten die Kinder. Man konnte hier jeden Nachmittag einen Platz und reichlich Musik für etwa acht Cents haben, und eine Familiendauerkarte für den ganzen Sommer kostete zwei Dollar.

Zur Abwechslung – falls einen danach verlangte – konnte man zum Schloß spazieren und in seine Kerker kriechen oder in seinen zerstörten Türmen herumklettern oder eine der Sehenswürdigkeiten im Innern besichtigen – zum Beispiel das große Heidelberger Faß. Jeder hat von dem großen Heidelberger Faß gehört, und die meisten haben es gewiß gesehen. Es ist ein Weinfaß von der Größe eines einstöckigen Hauses, und man-

che behaupten, daß es achtzehnhunderttausend Flaschen aufnehmen könne, andere, daß es achtzehnhundert Millionen kleine Fässer fasse. Ich halte es für wahrscheinlich, daß die eine der beiden Behauptungen einen Irrtum enthält und die andere gelogen ist. Allerdings ist die Frage des Fassungsvermögens an und für sich gänzlich ohne Bedeutung, da das Faß nämlich leer ist und, wie die Überlieferung versichert, immer leer war. Ein leeres Faß von der Größe einer Kathedrale könnte mich nur in geringfügige Erregung versetzen. Ich sehe keinen Sinn im Bau eines Faßungeheuers zum Aufbewahren von Leere, wenn man jederzeit draußen kostenfrei eine bessere Qualität haben kann. Wozu kann dieses Faß gebaut worden sein? Je mehr man hier nachforscht, desto unsicherer und unglücklicher wird man. Einige Geschichtsschreiber erklären, dreißig Paare könnten gleichzeitig oben auf dem Faß tanzen, andere sagen dreißigtausend. Selbst dies scheint mir kein stichhaltiger Grund für den

Bau des Fasses. Es wirft nicht einmal Licht auf das Problem. Ein tiefgründiger englischer Gelehrter – ein Fachmann –, der fünfzehn Jahre seines Lebens einzig und allein der Erforschung des großen Heidelberger Fasses widmete, erzählte mir, er sei nun überzeugt, daß die Alten es gebaut hätten, um deutsche Sahne darin herzustellen. Er sagte, daß die durchschnittliche deutsche Kuh einen bis zweieinhalb Teelöffel Milch gebe, falls sie nicht mehr als achtzehn bis neunzehn Stunden am Tag vor dem Pflug oder dem Heuwagen arbeitet. Diese Milch sei süß und gut und von einer schönen durchschimmernd bläulichen Farbe; aber um auf die sparsamste Art Sahne aus ihr zu gewinnen, sei ein eigentümliches Verfahren notwendig. Er glaube nun, daß die Alten das Ergebnis mehrerer Melkbemühungen in einer Tasse gesammelt, in das große Faß von Heidelberg geschüttet, daß Faß mit Wasser aufgefüllt und dann die Sahne von Zeit zu Zeit – ganz wie der Bedarf im Deutschen Reich es erfordere – abgeschöpft hätten.

Das war endlich einmal eine einsichtige Begründung. Zumindest fand ich hier eine Erklärung für die deutsche Sahne, der ich in so vielen Hotels und Restaurants mit Staunen begegnet war. Aber dann schoß mir ein Gedanke durch den Kopf:

»Warum hat aber denn nicht jeder Milchbauer früher einfach seine eigene Tasse Milch und sein Faß Wasser genommen und beides gemischt, ohne gleich ein staatlich geregeltes Unternehmen daraus zu machen?«

»Wo hätte er ein Faß hernehmen sollen, das groß genug war, um die richtige Menge Wasser aufzunehmen?«

Sehr wahr. Es war unverkennbar, daß der Engländer das Problem nach allen Seiten erforscht hatte. Dennoch glaubte ich, ihn bei einer Inkonsequenz ertappt zu haben: Ich fragte ihn, warum der jetzige Staat des Volkes Sahne nicht im Heidelberger Faß herstelle, anstatt es unbenutzt verfaulen zu lassen. Aber er war auf diese Frage gefaßt.

»Eine geduldige und sorgfältige Untersuchung der heutigen deutschen Sahne hat mich überzeugt, daß man das große Faß von Heidelberg nun nicht mehr benutzt, weil man irgendwo ein noch *größeres* versteckt hält. Entweder ist dies der Fall, oder aber man gießt die Frühjahrsmilch in die Gebirgsbäche und sahnt dann den ganzen Sommer hindurch den Rhein ab.«

Im Schloß befindet sich ein Antiquitäten-Museum, und zu seinen geschätztesten Andenken gehören alte Urkunden aus der deutschen Geschichte. Hunderte davon sind hier versammelt, und sie reichen viele Jahrhunderte zurück. Eine ist eine von einem der Nachfolger Karls des Großen im Jahre 896 eigenhändig unterzeichnetes und gesiegeltes Edikt. Eine Unterschrift von einer Hand, die vor fast tausend Jahren aus diesem Leben schwand, ist noch eindrucksvoller als selbst eine Schloßruine. Luthers Trauring wurde mir gezeigt, desgleichen eine Gabel aus der Zeit vor unserer Zeit und ein alter Stiefelknecht. Und man verwahrte dort die Gipsbüste eines Mannes, der vor etwa sechzig Jahren ermordet wurde. Die Stichwunden im Gesicht waren unangenehm naturgetreu nachgeahmt. Ein paar Haare staken noch in den Augenbrauen der Plastik. Diese kleine Zutat schien das Abbild fast in eine echte Leiche zu verwandeln.

Viele betagte Porträts hängen in dem Museum – manche sind kostbar, andere wertlos, einige haben einen großen Reiz, andere wieder überhaupt keinen. Ich kaufte zwei – einen prachtvollen Herzog aus früherer Zeit und ein hübsches blauäugiges Fräulein, vielleicht eine Prinzessin. Ich habe sie als Grundstock für eine Porträtgalerie meiner Ahnen gekauft. Für den Herzog habe ich eineinhalb Dollar bezahlt und für die Prinzessin zweieinhalb. Man kann sich in Europa Ahnen zu noch billigeren Preisen zulegen, falls man nur lange genug in alten Bilderläden herumstöbert und nach günstigen Gelegenheiten Ausschau hält.

C

Der Karzer

Der Student kann offenbar gegen eine ganze Anzahl staatlicher Gesetze verstoßen, ohne sich dafür vor den staatlichen Behörden verantworten zu müssen. Sein Fall kommt zur Verhandlung und Aburteilung vor die Universität. Falls ein Polizist ihn bei einer gesetzwidrigen Handlung ertappt und ihn festnehmen will, erklärt der Missetäter, daß er Student sei und zeigt vielleicht seinen Immatrikulationsausweis vor, woraufhin der Schutzmann sich die Adresse geben läßt und dann seiner Wege geht und den Vorgang auf der Wache meldet. Handelt es sich bei dem Vergehen um eines, das nicht unter die Gerichtsbarkeit der Stadt fällt, meldet die Behörde den Fall auf dem Amtswege der Universität und kümmert sich nicht weiter darum. Das Universitätsgericht läßt den Studenten kommen, hört sich die Aussagen an und verkündet das Urteil. Die üblicherweise verhängte Strafe lautet auf Haft im Universitätsgefängnis, dem sogenannten Karzer. Soviel ich gehört habe, wird oft gegen einen Studenten verhandelt, ohne daß dieser überhaupt anwesend ist. Dann trägt sich ungefähr folgendes zu: Ein Pedell in Diensten der Universität begibt sich in die Wohnung des besagten Studenten, klopft an, wird zum Eintreten aufgefordert, tritt ein und sagt höflich:

»Wenn Sie gestatten, ich bin gekommen, um Sie in den Karzer zu bringen.«

»Ach«, sagt der Student. »Damit habe ich nicht gerechnet. Was habe ich getan?«

»Vor zwei Wochen hatte die öffentliche Ruhe die Ehre, von Ihnen gestört zu werden.«

»Das ist wahr; ich hatte es vergessen. Nun schön, man hat mich angezeigt, vor Gericht gebracht und für schuldig befunden – ja?«

»Genau. Sie sind zu zwei Tagen Einzelhaft im Karzer der

Universität verurteilt worden, und man hat mich geschickt, um Sie zu holen.«

Student: »Oh, aber heute kann ich nicht.«

Pedell: »Und warum nicht, wenn Sie gestatten?«

Student: »Ich habe eine Verabredung?«

Pedell: »Dann vielleicht morgen?«

Student: »Nein, morgen gehe ich in die Oper.«

Pedell: »Könnten Sie Freitag kommen?«

Student (überlegt): »Warten Sie – Freitag – Freitag. Freitag scheint nichts anzuliegen.«

Pedell: »Wenn Sie gestatten, werde ich Sie also Freitag erwarten.«

Student: »Gut, ich komme Freitag vorbei.«

Pedell: »Danke schön. Guten Tag, mein Herr.«

Student: »Guten Tag.«

Und so geht der Student am Freitag aus eigenem Antrieb ins Gefängnis und wird eingelassen.

Es ist fraglich, ob die Weltgeschichte des Verbrechens einen seltsameren Brauch aufzuweisen hat als diesen. Niemand weiß heute mehr, wie er entstanden ist.

Unter den Studenten haben sich stets viele Adlige befunden, und alle Studenten gelten selbstverständlich als junge Herren von Stand; in früheren Zeiten war es üblich, solche Leute so wenig wie möglich in ihrer Bequemlichkeit zu beeinträchtigen; vielleicht verdankt dieser nachsichtige Brauch diesem Umstand seinen Ursprung.

Eines Tages hörte ich einer Unterhaltung über dieses Thema zu, in deren Verlauf ein amerikanischer Student erwähnte, daß er vor einiger Zeit wegen einer leichten Störung der öffentlichen Ruhe bestraft worden sei und dem Pedell versprochen habe, daß er demnächst einen freien Tag finden und sich in den Karzer begeben werde. Ich bat den jungen Mann, mir den Gefallen zu tun und so bald ins Gefängnis zu gehen, wie es ihm bequemerweise möglich sei, so daß ich ihn dort besuchen und mir ansehen könne, was es mit der Universitätshaft auf sich habe. Er erwiderte, er werde den allerersten Tag festsetzen, den er erübrigen könne.

Seine Haft sollte vierundzwanzig Stunden dauern. Er bestimmte kurz darauf seinen Tag und schickte mir Nachricht. Ich machte mich sofort auf den Weg. Als ich auf dem Universitätsplatz eintraf, sah ich zwei Herren, die sich unterhielten, und da sie Mappen unter dem Arm trugen, hielt ich sie für Tutoren oder ältere Studenten; also bat ich sie auf englisch, mir den Weg zum Karzer zu zeigen. Ich hatte mich daran gewöhnt, es als ausgemacht zu betrachten, daß in Deutschland jeder, der überhaupt etwas kann, Englisch kann, und hatte darum aufgehört, die Leute mit meinem Deutsch zu quälen. Diese beiden Herren schienen leicht belustigt – und auch leicht verwirrt –, aber einer von ihnen sagte, er werde mit mir um die Ecke gehen und mir den Karzer zeigen. Er fragte mich, was ich dort wolle, und ich antwortete, ich wolle hinein, um einen Freund zu besuchen – und aus Wißbegierde. Er bezweifelte, daß man mich einlassen würde, erbot sich jedoch, beim Wächter ein gutes Wort für mich einzulegen.

Er läutete die Glocke, eine Tür öffnete sich, und wir traten in einen gepflasterten Gang und dann in ein kleines Wohnzimmer, wo wir von einer wackeren und gutmütigen Frau von etwa fünfzig Jahren empfangen wurden. Sie schlug mit einem überraschten »Ach Gott, Herr Professor!« die Hände über dem Kopf zusammen und legte die größte Hochachtung für meinen neuen Bekannten an den Tag. Aus dem Funkeln ihrer Augen schloß ich, daß auch sie höchst belustigt war. Der Herr Professor sagte etwas auf deutsch zu ihr, und ich verstand immerhin soviel davon, um zu wissen, daß er sehr stichhaltige Gründe für meinen Wunsch, eingelassen zu werden, vorbrachte. Sie taten ihre Wirkung. Also nahm der Professor meinen aufrichtigen Dank entgegen und empfahl sich. Die gute Frau nahm ihren Schlüssel, ging mit mir zwei oder drei Treppen hoch, schloß eine Tür auf, und da standen wir vor dem Verbrecher. Voller Eifer stürzte sie sich sofort in eine vergnügte Schilderung dessen, was sich unten zugetragen hatte – was der Professor gesagt hatte, und so weiter und so fort. Sie betrachtete es augenscheinlich als einen unübertrefflichen Witz, daß ich einem Professor aufgelauert und ihn zu solch sonderbarem Dienst verwendet hatte. Aber es wäre mir nicht in den Sinn gekommen, wenn ich gewußt hätte, daß er Professor war; ich hatte daher ein reines Gewissen.

Die gute Frau ließ uns nun allein. Die Zelle war nicht gerade geräumig, aber doch ein bißchen größer als eine gewöhnliche Gefängniszelle. Sie hatte ein gut bemessenes Fenster mit einem Eisengitter davor, und es standen darin ein kleiner Ofen, zwei einfache Stühle, zwei sehr alte Eichentische, die aufs kunstvollste mit eingeschnitzten Namen, Wahlsprüchen, Gesichtern, Wappen und dergleichen geschmückt waren – das Werk mehrerer Generationen von eingesperrten Studenten – und eine schmale hölzerne Bettstelle mit einem miserablen alten Strohsack darauf, aber ohne Laken, Kissen, Decken oder Oberbett, denn Bettzeug muß der Student auf eigene Kosten beschaffen, falls er es wünscht. Einen Teppich gab es natürlich nicht.

Die Decke war vollkommen mit Namen, Daten und Monogrammen bedeckt, die man mit Kerzenrauch daruntergeschrieben hatte. Die Wände waren dicht mit Zeichnungen und Porträts (im Profil) bedeckt, von denen einige mit Tinte, andere mit Ruß, andere mit Bleistift und wieder andere mit roter, blauer oder grüner Kreide angefertigt worden waren; und überall dahin, wo zwischen den Bildern ein Daumenbreit Platz freigeblieben war, hatten die Häftlinge Klageverse oder Namen und Daten geschrieben. Ich glaube nicht, daß ich jemals in einem sorgfältiger ausgemalten Zimmer gewesen bin.

An der Wand hing ein Anschlag mit der Karzerordnung. Ich habe mir einige Punkte notiert. Zum Beispiel: Der Gefangene hat für das »Recht«, den Karzer zu beziehen, eine Gebühr von 20 Cents nach unserem Geld zu entrichten, für das Recht, ihn wieder verlassen zu dürfen, wenn seine Haft beendet ist, ebenfalls 20 Cents; für jeden im Karzer verbrachten Tag bezahlt er

12 Cents, für Feuer und Licht gleichfalls 12 Cents pro Tag. Kaffee bekommt er des Morgens gegen geringes Entgelt vom Wärter; Mittagessen und Abendessen können von draußen gebracht werden, falls der Gefangene es wünscht – und auch dafür darf er bezahlen.

Hier und dort tauchten die Namen amerikanischer Studenten an den Wänden auf, und an einer Stelle prangte das amerikanische Wappen mitsamt Wahlspruch in bunter Kreide.

Mit Hilfe meines Freundes übersetzte ich viele der Inschriften. Einige von ihnen waren fröhlich, andere das Gegenteil. Hier sind ein paar Beispiele für den Leser:

»In meinem zehnten Semester (meinem besten) bin ich hierher verbannt durch die Klagen anderer. Möge dies denen, die mir folgen, zur Warnung dienen.«

»III Tage ohne Grund, angeblich aus Neugierde.« Was bedeuten soll, daß er darauf brannte, selber zu erfahren, wie es sich im Karzer lebte; also verstieß er gegen irgendein Gesetz und kriegte drei Tage dafür. Es ist mehr als wahrscheinlich, daß dieselbe Neugierde ihn nie wieder geplagt hat.

»E. Glinicke, vier Tage für zu eifriges Zuschauen bei einem Streit.«

»F. Graf Bismarck – 27.-29. II. 1874.« Was bedeutet, daß Graf Bismarck, der Sohn des großen Staatsmannes, im Jahre 1874 zwei Tage hier gefangen saß.

»R. Diergardt – um der Liebe willen – 4 Tage.« Viele Leute auf dieser Welt hat es schlimmer erwischt wegen derselben Unbesonnenheit.

Dann kurz und bündig:

»Vier Wochen wegen falsch gedeuteter Ritterlichkeit.«

Ich wünschte, der Betroffene hätte dies etwas näher erklärt. Eine vierwöchige Haft ist eine recht ernste Sache.

Viele wenig schmeichelhafte Inschriften an den Wänden bezogen sich auf einen bestimmten unbeliebten Würdenträger der Universität. Einem der Dulder waren drei Tage aufgebrummt worden, weil er ihn nicht gegrüßt hatte. Ein anderer hatte wegen dieses selben »Dr. K.« »hier zwei Tage geschlafen und drei Nächte wachgelegen.« An einer Stelle war ein Bild von Dr. K., das ihn am Galgen hängend zeigte.

Hier und da hatten sich einsame Gefangene die schwere Zeit dadurch ein wenig leichter gemacht, daß sie die Inschriften ihrer Vorgänger änderten. Sie hatten den Namen und die Daten der Haft stehengelassen, die Beschreibung des strafbaren Vergehens aber ausgekratzt und statt dessen mit deutlichen großen Druckbuchstaben »WEGEN DIEBSTAHL!« oder »WEGEN MORD!« oder irgendein anderes grausiges Verbrechen hingeschrieben. An einer Stelle stand ganz für sich das kalte Schauer erweckende Wort:

»RACHE!«

Kein Name stand dabei und kein Datum. Die Inschrift war vortrefflich dazu angetan, die Neugierde zu wecken. Man wüßte nur allzu gerne, welcher Art das Unrecht war, das hier erduldet wurde, und an welche Form der Rache der Gefangene dachte und ob er jemals ans Ziel seiner Wünsche gelangte. Aber es war unmöglich, dies zu erfahren.

Hin und wieder stand hinter einem Namen nur die Bemerkung: »II Tage wegen Ruhestörung« – ohne Hinweise auf die Gerechtigkeit oder Ungerechtigkeit der Strafe.

An einer Stelle fand sich ein vergnügtes Bild eines Studenten vom Grünmützen-Korps mit einer Flasche Champagner in jeder Hand, und darunter stand zu lesen: »Sie machen ein hartes Los erträglich.«

Der Karzer hatte zwei Zellen, und in keiner von beiden war an Wänden oder Decke noch irgendwo Platz für noch einen Namen oder ein Porträt oder eine Zeichnung. Die beiden Türen waren innen vollkommen mit den Visitenkarten ehemaliger Insassen bedeckt, die man kunstvoll in das Holz eingelassen und durch Glasscheiben vor Schmutz und Beschädigung geschützt hatte.

Ich hätte sehr gerne einen von den erbärmlichen alten

Tischen gehabt, die von den Gefangenen seit so vielen Jahren mit ihren Taschenmessern verziert worden waren, aber der Amtsschimmel stand im Weg. Die Wärterin konnte mir keinen verkaufen ohne eine Anweisung von einem Vorgesetzten; und dieser wiederum hätte die Erlaubnis bei einem noch höheren einholen müssen – und so weiter und immer noch höher hinauf, bis schließlich der Senat zusammentreten und über die Angelegenheit beraten mußte. Das System war richtig, und niemand könnte es tadeln; aber es schien mir nicht gerechtfertigt, so viele Leute zu belästigen, also verfolgte ich die Sache nicht weiter. Es hätte mich ohnehin vielleicht mehr gekostet, als ich mir leisten konnte, denn einer dieser Karzertische, der sich zu der Zeit in einem privaten Museum in Heidelberg befand, ging später bei einer Versteigerung für zweihundertfünfzig Dollar weg. Er war nicht mehr als einen Dollar oder vielleicht eineinhalb Dollar wert gewesen, bevor die eingesperrten Studenten ihn zu bearbeiten begannen. Leute, die ihn bei der Versteigerung sahen, versicherten, er sei mit seiner eigenartigen und wunderschönen Schnitzerei das Geld wert gewesen, das man für ihn bezahlt hatte.

Unter all den vielen, die die öde Gastlichkeit des Universitätskarzers genossen haben, befand sich auch ein lebhafter junger Bursche aus einem der Südstaaten Amerikas, der in seinem ersten Jahr recht eigentümliche Erfahrungen mit dem deutschen Studentenleben machte. Am Tage seiner Ankunft in Heidelberg ließ er sich in die Universitätsmatrikel einzeichnen, und er war in solch gehobener Stimmung, weil seine teuerste Hoffnung sich erfüllt hatte und er nun wirklich und wahrhaft Student an der alten und berühmten Universität war, daß er sich noch am selben Abend daranmachte, das Ereignis zusammen mit einigen anderen Studenten durch einen tollen Jux zu feiern. Im Verlauf dieses Juxes gelang es ihm, heftig gegen eines der strengsten Gesetze der Universität zu verstoßen. Die Folge: Noch bevor es Mittag wurde am Tage darauf, saß er im Karzer – für drei Monate. Die zwölf Wochen schleppten sich langsam hin, und schließlich kam der Tag der Entlassung. Eine große Menge mitfühlender Kommilitonen empfing ihn mit einer begeisternden Kundgebung, als er herauskam, und natürlich kam es abermals zu einem tollen Jux – in dessen Verlauf es ihm gelang, heftig gegen eines der strengsten Gesetze der *Stadt* zu verstoßen. Die Folge: Noch bevor es Mittag wurde am Tage darauf, saß er wohlbehalten im Stadtgefängnis – für drei Monate. Diese zweite langwierige Haft nahm schließlich auch ein Ende, und wieder bereitete ihm eine große Menge mitfühlender Kommilitonen einen begeisternden Empfang, als er herauskam, aber sein Entzücken darüber, daß er wieder frei war, war so unbändig, daß er einfach nicht nüchtern und ruhig von dannen gehen konnte, er mußte aus schierem Überschwang die graupelige Straße hinunter hüpfen und hopsen und springen. Die Folge: Er rutschte aus und brach sich ein Bein und lag wahrhaftig die nächsten drei Monate im Krankenhaus!

Als er endlich ein freier Mann war, erklärte er, er werde sich doch lieber einen flotteren Sitz der Gelehrsamkeit suchen; die Heidelberger Vorlesungen möchten ja gut sein, aber man erhalte zu selten Gelegenheit, an ihnen teilzunehmen, und der Bildungsprozeß sei daher zu langsam. Er sagte, er habe sich mit der Vorstellung nach Europa begeben, daß der Erwerb einer Bildung lediglich eine Frage der Zeit sei, aber falls er den Durchschnitt des Heidelberger Systems korrekt ermittelt habe, sei es eher eine Frage der Ewigkeit.

D

Die schreckliche deutsche Sprache

Ein bißchen Bildung macht alle Welt verwandt.
Sprüche 32,7

Ich ging oft ins Heidelberger Schloß, um mir das Raritätenkabinett anzusehen, und eines Tages überraschte ich den Leiter mit meinem Deutsch, und zwar redete ich ausschließlich in dieser Sprache. Er zeigte großes Interesse; und nachdem ich eine Weile geredet hatte, sagte er, mein Deutsch sei sehr selten, möglicherweise einzigartig; er wolle es in sein Museum aufnehmen.

Wenn er gewußt hätte, was meine Kunst mich gekostet hatte, hätte er ebenfalls gewußt, daß ihre Erwerbung der Ruin eines jeden Sammlers gewesen wäre. Harris und ich arbeiteten zu der Zeit bereits seit mehreren Wochen hart an unserem Deutsch, und wir hatten zwar gute Erfolge erzielt, aber doch nur unter großen Schwierigkeiten und allerhand Ärger, denn drei von unseren Lehrern waren in der Zwischenzeit gestorben. Wer nie Deutsch gelernt hat, macht sich keinen Begriff, wie verwirrend diese Sprache ist.

Es gibt ganz gewiß keine andere Sprache, die so unordentlich und systemlos daherkommt und dermaßen jedem Zugriff entschlüpft. Aufs hilfloseste wird man in ihr hin und her geschwemmt, und wenn man glaubt, man habe endlich eine Regel zu fassen bekommen, die festen Boden zum Verschnaufen im tosenden Aufruhr der zehn Redeteile verspricht, blättert man um und liest: »Der Lernende merke sich die folgenden *Ausnahmen.*« Man überfliegt die Liste und stellt fest, daß diese Regel mehr Ausnahmen als Beispiele kennt. Also springt man abermals über Bord, um nach einem neuen Ararat zu suchen, und was man findet, ist neuer Treibsand. Dies war und ist auch jetzt noch meine Erfahrung. Jedesmal, wenn ich glaube, ich hätte einen von diesen vier verwirrenden Fällen endlich da, wo ich ihn beherrsche, schleicht sich, mit furchtbarer und unvermuteter Macht ausgestattet, eine dem Anschein nach unbedeutende Präposition in meinen Satz und zieht mir den Boden unter den Füßen weg. Zum Beispiel fragt mein Buch nach einem gewissen Vogel (es fragt immerzu nach Dingen, die für niemanden irgendwelche Bedeutung haben): »Wo ist der Vogel?« Die Antwort auf diese Frage nun lautet – laut Buch –, daß der Vogel in der Schmiede wartet, wegen des Regens.

Selbstverständlich würde kein Vogel das tun, aber ich muß mich an das Buch halten. Schön und gut, ich mache mich also daran, das Deutsch für die englisch angegebene Antwort zusammenzuklauben. Ich fange am falschen Ende an, das muß so sein, denn das ist die deutsche Idee. Ich sage mir: »Regen ist Maskulinum – oder vielleicht Femininum – oder auch Neutrum – es ist zu mühsam, das jetzt nachzuschlagen. Daher ist es entweder *der* Regen, *die* Regen, oder *das* Regen – je nachdem, zu welchem Geschlecht er oder sie oder es gehört, wenn ich nachsehe. Im Interesse der Wissenschaft will ich einmal von der Hypothese ausgehen, Regen sei Maskulinum. Schön – der Regen ist *der* Regen, wenn er im Ruhestand, ohne Ergänzung oder weitere Erörterung, lediglich *erwähnt* wird – Nominativ; aber falls der Regen herumliegt, etwa so ganz allgemein auf dem Boden, dann ist er örtlich fixiert, er *tut etwas*, nämlich er liegt (was nach den Vorstellungen der deutschen Grammatik eine Tätigkeit ist), und das wirft den Regen in den Dativ und macht aus ihm *dem* Regen. (Oder vielleicht dem *Boden?*) Dieser Regen jedoch liegt nicht, sondern tut etwas *Aktives* – er fällt (vermutlich um den Vogel zu ärgern), und das deutet auf *Bewegung* hin, die wiederum bewirkt, daß er in den Akkusativ rutscht und sich aus *dem* Regen in *den* Regen verwandelt. Damit ist das grammatikalische Horoskop für diesen Fall abgeschlossen, und ich gebe zuversichtlich Antwort und erkläre auf deutsch, daß der Vogel sich wegen *den* Regen in der Schmiede aufhält. Sofort fällt der Lehrer mir sanft mit der Bemerkung in den Rücken, daß das Wort *wegen*, wenn es in einen Satz einbricht, den betroffenen Gegenstand *immer* und ohne Rücksicht auf die Folgen in den *Genetiv* befördere – und daß dieser Vogel daher wegen *des* Regens in der Schmiede gewartet habe.

N. B. Von maßgeblicher Stelle erfuhr ich später, daß es hier eine »Ausnahme« gebe, die es einem erlaube, in gewissen eigentümlichen und komplizierten Umständen »wegen *den* Regen« zu sagen; aber diese Ausnahme finde auch wirklich nur auf Regen Anwendung.

Es gibt zehn Redeteile oder Wortklassen, und alle zehn machen Ärger. Ein durchschnittlicher Satz in einer deutschen Zeitung ist eine unübertrefflich eindrucksvolle Kuriosität; er nimmt ein Viertel einer Spalte ein; er enthält sämtliche zehn Redeteile – nicht in ordentlicher Folge, sondern durcheinander; er ist hauptsächlich aus zusammengesetzten Wörtern aufgebaut, die der Schreiber an Ort und Stelle hergestellt hat, so daß sie in keinem Wörterbuch zu finden sind – sechs oder sieben Wörter zu einem zusammengepackt, und zwar ohne Gelenk und Naht, will sagen: ohne Bindestriche; er handelt von vierzehn bis fünfzehn verschiedenen Themen, die alle in ihre eigene Parenthese eingesperrt sind, und jeweils drei oder vier dieser Parenthesen werden hier und dort durch eine zusätzliche Parenthese abermals eingeschlossen, so daß Pferche innerhalb von Pferchen entstehen; schließlich und endlich werden alle diese Parenthesen und Überparenthesen in einer Hauptparenthese zusammengefaßt, die in der ersten Zeile des majestätischen Satzes anfängt und in der Mitte seiner letzten aufhört – *und danach kommt das* VERB, und man erfährt zum erstenmal, wovon die ganze Zeit die Rede war; und nach dem Verb hängt der Schreiber noch »haben sind gewesen gehabt worden sein« oder etwas dergleichen an – rein zur Verzierung, soweit ich das ergründen konnte –, und das Monument ist fertig. Dieses abschließende Hurra entspricht wohl dem Schnörkel an einer Unterschrift – nicht notwendig, aber hübsch. Deutsche Bücher sind recht einfach zu lesen, wenn man sie vor einen Spiegel hält oder sich auf den Kopf stellt, um die Konstruktion herumzudrehen, aber eine deutsche Zeitung zu lesen und zu verstehen wird für den Ausländer wohl immer eine Unmöglichkeit bleiben.

Aber selbst deutsche Bücher sind nicht völlig frei von Anfällen der Parenthesekrankheit, wenn sie hier auch gewöhnlich so milde verläuft, daß sie nur ein paar Zeilen in Mitleidenschaft zieht. Man kann daher dem Verb, wenn man es endlich erreicht, einige Bedeutung abgewinnen, erinnert man sich doch noch an ein gut Teil des Voraufgehenden.

Ich zitiere hier einen Satz aus einem vielgelesenen und vortrefflichen deutschen Roman:

»Wenn er aber auf der Straße der in Samt und Seide gehüllten, jetzt sehr ungeniert nach der neuesten Mode gekleideten Regierungsrätin begegnete ...«

Der Satz stammt aus dem »Geheimnis der alten Mamsell« von Mrs. Marlitt und ist nach dem anerkanntesten deutschen Modell konstruiert. Man beachte, wie weit das Verb von der Ausgangsbasis des Lesers entfernt liegt; man beachte ferner, daß die Parenthesezeichen, die alles, was zwischen »der« und »Regierungsrätin« in den Satz eingeschaltet ist, zusammenschließen müßten, nicht einmal gesetzt worden sind, wodurch dem Leser der Weg zum entlegenen Verb willentlich noch weiter erschwert wird. Nun, in deutschen Zeitungen bringt man das Verb erst auf der nächsten Seite, und ich habe gehört, daß die Leute zuweilen in Eile geraten, nachdem sie sich ein paar Spalten lang in aufregenden Präliminarien und Parenthesen ergangen haben, und schließlich drucken müssen, ohne überhaupt bis zum Verb vorgestoßen zu sein, was natürlich dazu führt, daß der Leser seine Lektüre sehr erschöpft und um nichts klüger beendet.

Auch in unserer Literatur gibt es die Parenthese- und Einschiebekrankheit, und man kann tagtäglich Fälle in unseren Büchern und Zeitungen entdecken: aber bei uns verraten sie einen ungeübten Schreiber oder einen unklaren Geist, während sie bei den Deutschen zweifellos das Zeichen für eine geübte Feder und das Vorhandensein jenes lichten geistigen Nebels sind, der bei diesem Volk als Klarheit gilt. Denn es ist ganz gewiß *keine* Klarheit – es kann einfach nicht Klarheit sein. Selbst der Scharfsinn einer Jury von Geschworenen würde genügen, um das zu erkennen. Die Gedanken und Vorstellungen eines Schreibenden müssen schon mächtig verwirrt und in Unordnung sein, wenn er sich zu der Feststellung anschickt, daß ein Mann der Frau eines Regierungsrates auf der Straße begegnet, und dann inmitten dieses so schlichten Unterfangens die beiden näherkommenden Leute anhält und stillstehen läßt, bis er ein Verzeichnis vom Putz der Frau angefertigt hat. Das ist deutlich widersinnig. Es erinnert einen an jene Zahnärzte, die sich unser augenblickliches und atemverschlagendes Interesse für einen Zahn sichern, indem sie ihn mit der Zange packen, und dann da stehen und lang und breit einen lahmen Witz erzählen, bevor sie zu dem gefürchteten plötzlichen Ruck übergehen. In der Literatur und in der Zahnheilpraxis sind Parenthesen schlechter Geschmack.

Die Deutschen kennen noch eine weitere Form der Parenthese, die sie herstellen, indem sie ein Verb spalten und die eine Hälfte an den Anfang eines spannenden Kapitels setzen und die andere Hälfte an den Schluß. Kann man sich etwas Verwirrenderes vorstellen? Diese Dinger heißen »trennbare Verben«. Die deutsche Grammatik strotzt von trennbaren Verben, und je weiter die beiden Teile auseinandergerissen werden, desto zufriedener ist der Urheber des Verbrechens mit seiner Leistung. Eines der beliebtesten trennbaren Verben ist »abreisen«.

Hier ist ein Beispiel, das ich in einem Roman auflas:

»Die Koffer waren gepackt, und er REISTE, nachdem er seine Mutter und seine Schwester geküßt und noch ein letztesmal sein angebetetes Gretchen an sich gedrückt hatte, das in einfachem weißen Musselin und mit einer einzigen Tuberose im wallenden braunen Haar kraftlos die Treppe herabgetaumelt war, immer noch blaß von dem Entsetzen und der Aufregung des voraufgegangenen Abends, aber voller Sehnsucht, ihren armen schmerzenden Kopf noch einmal dem Mann an die Brust zu legen, den sie mehr als ihr eigenes Leben liebte, AB.«

Es ist jedoch nicht ratsam, zu lange bei den trennbaren Verben zu verweilen. Man verliert unfehlbar bald die Beherrschung, und wenn man bei dem Thema bleibt und nicht gewarnt wird, weicht schließlich das Gehirn davon auf oder versteinert.

Die Adjektive nun sind ein ewiges Kreuz in dieser Sprache, und man hätte sie besser weggelassen. Einfachheit wäre auch hier ein Vorzug gewesen, und nur aus diesem und aus keinem anderen Grund hat der Erfinder das Adjektiv so kompliziert gestaltet, wie es eben ging. Wenn wir in unserer eigenen aufgeklärten Sprache von unserem »good friend« oder unseren »good friends« sprechen, bleiben wir bei der einen Form, und es gibt deswegen keinen Ärger und kein böses Blut. Im Deutschen jedoch ist das anders. Wenn einem Deutschen ein Adjektiv in die Finger fällt, dekliniert und dekliniert und dekliniert er es, bis aller gesunde Menschenverstand herausdekliniert ist. Es ist so schlimm wie im Lateinischen. Er sagt zum Beispiel:

Singular		Plural
Nominativ:	Mein gut*er* Freund	Mein*e* gut*en* Freund*e*
Genitiv:	Mein*es* gut*en* Freund*es*	Mein*er* gut*en* Freund*e*
Dativ:	Mein*em* gut*en* Freund	Mein*en* gut*en* Freund*en*
Akkusativ:	Mein*en* gut*en* Freund	Mein*e* gut*en* Freund*e*

Nun darf der Kandidat fürs Irrenhaus versuchen, diese Variationen auswendig zu lernen – man wird ihn im Nu wählen. Vielleicht ist es leichter, in Deutschland ohne Freunde auszukommen, als sich all diese Mühe mit ihnen zu machen. Ich habe gezeigt, wie lästig es ist, einen guten (männlichen) Freund zu deklinieren; das ist aber erst ein Drittel der Arbeit, denn man muß eine Vielzahl neuer Verdrehungen des Adjektivs dazulernen, wenn der Gegenstand der Bemühungen weiblich ist, und noch weitere, wenn er sächlich ist. Nun gibt es aber in dieser Sprache mehr Adjektive als schwarze Katzen in der Schweiz, und sie müssen alle ebenso kunstvoll gebeugt werden wie das oben angeführte Beispiel. Schwierig? Mühsam? Diese Worte können es nicht beschreiben. Ich habe einen Studenten aus Kalifornien in Heidelberg in einem seiner ruhigsten Augenblicke sagen hören, lieber beuge er hundertmal beide Knie als auch nur einmal ein einziges Adjektiv, und es handelte sich nicht etwa um einen Turner.

Der Erfinder dieser Sprache scheint sich einen Spaß daraus gemacht zu haben, sie auf jede Art, die ihm nur in den Sinn kam, zu komplizieren. Wenn man zum Beispiel ein Haus oder ein Pferd oder einen Hund beiläufig erwähnt, schreibt man diese Wörter wie angegeben; aber wenn man sich auf sie im Dativ bezieht, hängt man ein närrisches und unnötiges *e* an und schreibt sie »Hause«, »Pferde«, »Hunde«. Da nun ein *e* oft den Plural bezeichnet, kann es dem Anfänger leicht passieren, daß er zwei Monate lang aus einem Dativhund Zwillinge macht, bevor er seinen Irrtum entdeckt; und auf der anderen Seite hat manch ein Anfänger, der sich solche Einbuße nur schlecht leisten konnte, zwei Hunde erworben und bezahlt und nur einen von ihnen erhalten, da er diesen Hund unwissentlich im Dativ Singular kaufte, während er im Plural zu sprechen glaubte – wobei das Recht gemäß den strengen Gesetzen der Grammatik natürlich auf seiten des Verkäufers war und das verlorene Geld daher nicht eingeklagt werden konnte.

Im Deutschen beginnen alle Substantive mit einem großen Buchstaben. Das ist nun wahrhaftig mal eine gute Idee, und eine gute Idee fällt in dieser Sprache durch ihr Alleinstehen notwendigerweise auf. Ich halte diese Großschreibung der Substantive darum für eine gute Idee, weil man ihr zufolge ein Substantiv fast immer erkennen kann, sobald man es sieht. Hin und wieder irrt man sich allerdings und nimmt den Namen einer Person fälschlich für den einer Sache und verschwendet viel Zeit darauf, einen Sinn aus dem Ganzen herauszulesen. Deutsche Namen bedeuten fast immer etwas, und das fördert die Täuschung des Lernbeflissenen. Ich übersetzte eines Tages einen Satz, in dem es hieß, die wütende Tigerin habe sich losgerissen und »den unglückseligen Tannenwald gänzlich aufgefressen«. Schon rüstete ich mich, um dies zu bezweifeln, da fand ich heraus, daß Tannenwald in diesem Falle der Name eines Mannes war.

Jedes Substantiv hat sein grammatisches Geschlecht, und die Verteilung ist ohne Sinn und Methode. Man muß daher bei jedem Substantiv das Geschlecht eigens mitlernen. Eine andere Möglichkeit gibt es nicht. Um das fertigzubringen, braucht man ein Gedächtnis wie ein Terminkalender. Im Deutschen hat ein Fräulein kein Geschlecht, wohl aber ein Kürbis. Welch übermäßige Hochachtung vor dem Kürbis und welch kaltherzige Mißachtung der unverheirateten jungen Dame sich hier verrät! Ein Baum ist männlich, seine Knospen aber sind weiblich und seine Blätter sächlich; Pferde sind geschlechtslos, Hunde sind männlich, Katzen weiblich; Mund, Hals, Busen, Ellenbogen, Finger, Nägel, Füße und Rumpf eines Menschen sind männlichen Geschlechts; was auf dem Hals sitzt, ist entweder männlich oder sächlich, aber das richtet sich nach dem Wort, das man dafür benutzt, und nicht etwa nach dem Geschlecht des tragenden Individuums, denn in Deutschland haben alle Frauen entweder einen männlichen »Kopf« oder ein geschlechtsloses »Haupt«. Nase, Lippen, Schultern, Brust, Hände, Hüften und Zehen eines Menschen sind weiblich, und sein Haar, seine Ohren, Augen, Beine, Knie, sein Kinn, sein Herz und sein Gewissen haben gar kein Geschlecht. Was der Erfinder der Sprache vom Gewissen wußte, muß er vom Hörensagen gewußt haben.

Aus obiger Sektion wird der Leser ersehen, daß in Deutschland ein Mann zwar glauben mag, er sei ein Mann, aber sobald er sich die Sache nüchtern und genauer ansieht, müssen ihm Zweifel kommen: Er findet heraus, daß er in Wahrheit eine höchst lachhafte Mischung darstellt. Und wenn er sich dann mit dem Gedanken trösten möchte, daß doch immerhin ein verläßliches Drittel dieses Durcheinanders männlichen Geschlechts sei, wird der demütigende zweite Gedanke ihn sofort daran erinnern, daß er sich da um nichts besser steht als irgendeine Frau oder Kuh im Lande.

Es stimmt, daß im Deutschen die Frau infolge eines Versehens des Erfinders der Sprache weiblich ist; ein Weib jedoch ist es zu seinem Pech nicht. Ein Weib hat hier kein Geschlecht, es ist ein Neutrum; laut Grammatik ist also ein Fisch »er«, seine Schuppen »sie«, ein Fischweib aber keins von beiden. Ein Weib geschlechtslos zu nennen, darf wohl als eine hinter dem Sachverhalt zurückbleibende Beschreibung gelten. Schlimm genug – aber übergroße Genauigkeit ist sicherlich noch schlimmer. Ein Deutscher nennt einen Bewohner Englands einen Engländer. Zur Änderung des Geschlechts fügt er ein »-in« an und bezeichnet die weibliche Einwohnerin desselben Landes als Engländerin. Damit scheint sie ausreichend beschrieben, aber für einen Deutschen ist es noch nicht exakt genug, also stellt er dem Wort den Artikel voran, der anzeigt, daß das nun folgende Geschöpf weiblich ist, und schreibt: »*Die* Engländerin.« Meiner Ansicht nach ist diese Person überbezeichnet.

Schön. Aber auch wenn der Lernbegierige das Geschlecht einer großen Anzahl von Substantiven auswendig gelernt hat, hören die Schwierigkeiten noch nicht auf. Er kann nämlich seine Zunge einfach nicht dazu bringen, die Dinge, die er gewohnheitsmäßig mit *»it«*, also *»es«*, bezeichnet, nun auf einmal »er« oder »sie« zu nennen. Mag er sich auch im Geiste den deutschen Satz mit allen »er« und »ihn« und »sie« an der richtigen Stelle zurechtgelegt haben und sich unter Aufbietung all seines Mutes anschicken, ihn auszusprechen – in dem Augenblick, in dem er den Mund aufmacht, bricht seine Zunge aus der Bahn aus, und die sorgfältig erarbeiteten Formen kommen als lauter »es« ans Licht. Sehen Sie den Tisch, es ist grün.

Wohl in allen Sprachen sind Ähnlichkeiten in Aussehen und Klang zwischen Wörtern, bei denen keine Ähnlichkeit der Bedeutung besteht, eine ewige Quelle der Verwirrung für den Ausländer. Das ist in unserer Sprache so und sehr auffallenderweise im Deutschen. Da hätten wir zum Beispiel das lästige Wort »vermählt«. Für mich hat es solch eine große – wirkliche oder nur eingebildete – Ähnlichkeit mit drei oder vier anderen Wörtern, daß ich nie weiß, ob es tatsächlich »verheiratet« bedeutet (wie mir das Wörterbuch beim Nachschlagen immer wieder versichert), oder ob ich es nicht doch einmal wieder mit »verschmäht«, »gemalt« oder »verdächtigt« verwechselt habe. Solche Wörter gibt es haufenweise, und sie sind eine rechte Plage. Damit die Schwierigkeit noch größer werde, gibt es außerdem Wörter, die einander zu ähneln *scheinen*, sich jedoch in Wirklichkeit ganz und gar nicht ähneln; aber sie machen nicht weniger Ärger, als wenn sie es wirklich täten. Da haben wir zum Beispiel das Wort »vermieten« und das Wort »verheiraten«. Ich habe von einem Engländer gehört, der in Heidelberg bei einem Mann anklopfte und in dem besten Deutsch, das ihm zur Verfügung stand, fragte, ob er ihm sein Haus verheiraten könne. Dann gibt es da gewisse Wörter, die eins bedeuten, wenn man sie auf der ersten Silbe betont, aber ganz etwas anderes, wenn man den Ton auf die zweite oder letzte Silbe verschiebt. So kann man zum Beispiel mit einem Menschen umgehen oder aber ihn umgehen – je nachdem, wie man das Wort betont; und man darf sich darauf verlassen, daß man die Betonung in der Regel auf die falsche Silbe legt und Ärger bekommt.

Diese Sprache besitzt einige außerordentlich nützliche Wörter. *Schlag*, zum Beispiel, und *Zug*. Im Wörterbuch ist eine Dreiviertelspalte mit »Schlag« angefüllt und eine halbe mit »Zug«. Das Wort Schlag kann Hieb, Stoß, Streich, Rasse, Haus (z.B. für Tauben), Lichtung, Feld, Enttäuschung, Portion, rasche Folge (wenn es zu »Schlag auf Schlag« gedoppelt wird), sodann einen Anfall, eine unangenehme Wirkung des Schicksals, eine ebensolche des elektrischen Stromes und wahrscheinlich noch einiges mehr bedeuten. Alles das ist seine einfache und *genaue*, das heißt also: seine beschränkte, seine gefesselte Bedeutung; aber es gibt außerdem noch Möglichkeiten, es freizulassen, so daß es davonschweben kann wie auf den Schwingen des Morgens und nie wieder zur Ruhe kommt. Man kann ihm jedes beliebige Wort hinten anhängen und ihm so jede nur gewünschte Bedeutung geben. Man kann bei der Schlagader anfangen und dann Wort um Wort das ganze Wörterbuch anhängen, bis hin zu »Schlagwasser«, einem anderen Wort für Bilgewasser, und »Schlagmutter«, womit die Schwiegermutter gemeint ist.

Nicht anders steht es mit »Zug«. *Genau* genommen bedeutet

Zug eine Fortbewegungsform, Kennzeichen, Merkmal, Charaktereigenschaft, Teil des Gesichtsausdrucks, Neigung, Hang, Marsch, Prozession, Wagenreihe, Schublade, Luftströmung, Gespann, Richtung, Schwarm, Register (an der Orgel), Schluck, einen Vorgang beim Schachspiel und beim Atmen –, aber was es *nicht* bedeutet, nachdem all seine rechtmäßigen Anhänglinge angehängt worden sind, hat man bisher noch nicht herausgefunden.

Der Nutzen von Schlag und Zug ist einfach nicht zu überschätzen. Mit weiter nichts als diesen beiden Wörtern und dem Wort »also« bewaffnet, bringt der Ausländer auf deutschem Boden fast alles zuwege. Das deutsche Wort »also« ist ein reiner Lückenbüßer, es bedeutet nicht das geringste – jedenfalls nicht beim Reden, wenn auch manchmal in einem gedruckten Zusammenhang. Sooft ein Deutscher den Mund aufmacht, fällt ein »also« heraus, und sooft er ihn zuklappt, zerbeißt er eins, das gerade entwischen wollte.

Mit diesen drei edlen Wörtern ausgerüstet, ist der Ausländer jederzeit Herr der Lage. Er kann furchtlos drauflosreden; er kann sein leidliches Deutsch unbekümmert hervorsprudeln: wenn ihm einmal ein Wort fehlt, braucht er nur ein »Schlag« in die leere Stelle zu stopfen, und er hat beste Aussichten, daß es wie ein Stöpsel paßt. Paßt es jedoch nicht, stoße er sofort mit einem »Zug« nach – den beiden zusammen kann es kaum mißlingen, das Loch zu verspunden. Sollte es ihnen irgendeinem Wunder zufolge aber einmal nicht gelingen, möge er schlicht »Also!« sagen; damit schafft er sich den Augenblick Aufschub, den er braucht, um nach dem benötigten Wort zu suchen. In Deutschland sollte man beim Laden der Redeflinte stets ein paar »Schlag« und »Zug« mit hineinschieben, denn wie sehr die übrige Ladung auch streuen mag, mit diesen beiden muß man einfach treffen. Dann sagt man freundlich »also« und lädt von neuem. Nichts verleiht einer deutschen Unterhaltung soviel Anmut und ungezwungene Eleganz wie das ausgiebige Beträufeln mit »also«.

In meinem Notizbuch finde ich folgende Eintragung:

1. Juli. Im Krankenhaus wurde gestern einem Patienten – einem Norddeutschen aus der Nähe von Hamburg – ein dreizehnsilbiges Wort herausgenommen; aber da die Chirurgen ihn höchst unglücklicherweise an der falschen Stelle geöffnet hatten (nämlich in der Annahme, er habe ein Panorama verschluckt), starb er. Das traurige Ereignis hat einen düsteren Schatten über die ganze Stadt geworfen.

Diese Eintragung liefert mir den Text zu ein paar Bemerkungen über einen der eigentümlichsten und bemerkenswertesten Züge des hier von mir behandelten Gegenstandes – die Länge deutscher Wörter. Manche deutschen Wörter sind so lang, daß man sie nur aus der Ferne ganz sehen kann. Man betrachte die folgenden Beispiele:

Freundschaftsbezeigungen.

Dilettantenaufdringlichkeiten.

Stadtverordnetenversammlung.

Dies sind keine Wörter, es sind Umzüge sämtlicher Buchstaben des Alphabets. Und sie kommen nicht etwa selten vor. Wo man auch immer eine deutsche Zeitung aufschlägt, kann man sie majestätisch über die Seite marschieren sehen – und wer die nötige Phantasie besitzt, sieht auch die Fahnen und hört die Musik. Sie geben selbst dem sanftesten Thema etwas schauererregend Martialisches. Ich interessiere mich sehr für diese Kuriositäten. Sooft mir ein gutes Exemplar begegnet, stopfe ich es aus für mein Museum. Auf diese Weise habe ich eine recht wertvolle Sammlung zusammengebracht. Wenn ich auf Duplikate stoße, tausche ich mit anderen Sammlern und erhöhe so die Mannigfaltigkeit meines Bestandes. Hier sind einige Exemplare, die ich kürzlich auf der Versteigerung des persönlichen Besitzes eines bankrotten Raritätenjägers erstand:

Generalstaatsverordnetenversammlung

Altertumswissenschaften

Kinderbewahrungsanstalten

Unabhängigkeitserklärungen

Wiederherstellungsbestrebungen
Waffenstillstandsunterhandlungen

Natürlich schmückt und adelt solch ein großartiger Gebirgszug die literarische Landschaft, wenn er sich quer über die Druckseite erstreckt, gleichzeitig jedoch bereitet er dem Anfänger großen Verdruß, denn er versperrt ihm den Weg. Er kann nicht darunter herkriechen oder darüber hinwegklettern oder einen Tunnel hindurchbohren. Er wendet sich also hilfesuchend ans Wörterbuch, aber dort findet er keine Hilfe. Das Wörterbuch muß irgendwo eine Grenze ziehen, daher läßt es diese Sorte von Wörtern aus, und zwar mit Recht, denn diese langen Dinger sind wohl kaum rechtmäßige Wörter, sondern vielmehr Wortkombinationen, deren Erfinder man hätte umbringen sollen. Es sind zusammengesetzte Wörter ohne Bindestrich. Die einzelnen Wörter, die zu ihrem Aufbau benutzt wurden, stehen im Wörterbuch, wenn auch recht verstreut. Man kann sich also das Material Stück um Stück zusammensuchen und auf diese Weise schließlich auf die Bedeutung stoßen, aber es ist eine mühselige Plackerei.

Also! Falls es mir nicht gelungen ist, zu beweisen, daß Deutsch eine schwierige Sprache ist – versucht habe ich es jedenfalls. Ich hörte von einem amerikanischen Studenten, den jemand fragte, wie er mit seinem Deutsch vorwärtskomme, und der unverzüglich antwortete: »Überhaupt nicht. Drei volle Monate habe ich jetzt hart daran gearbeitet, und dabei ist nichts weiter herausgekommen als eine einzige deutsche Wendung: ›Zwei Glas!‹«

Er hielt einen Augenblick lang inne und fügte dann mit Nachdruck hinzu: »Aber das sitzt!«

Und falls ich nicht ebenfalls bewiesen habe, daß das Studium des Deutschen ein aufreibendes und erbitterndes Unternehmen ist, dann liegt das an unzureichender Beweisführung und ganz gewiß nicht an mangelnder Absicht. Ich hörte neulich von einem bis zur Erschöpfung geplagten amerikanischen Studenten, der sich zu seiner Erleichterung in ein gewisses deutsches

Wort flüchtete, wenn Ärger und Verdruß ihn zu überwältigen drohten – in das einzige Wort der ganzen Sprache, das lieblich und kostbar in seinen Ohren klang und seinem zerrissenen Gemüt Heilung gewährte. Dies war das Wort »damit«. Aber es war nur der Klang, der ihm half, nicht die Bedeutung, und als er daher schließlich erfuhr, daß der Ton nicht auf der ersten Silbe lag, war sein einziger Halt dahin, und er verfiel immer mehr und starb.

Meiner Ansicht nach muß die Beschreibung eines lauten, aufrührenden, ungestümen Vorgangs im Deutschen unvermeidlich zahmer ausfallen als im Englischen. Unsere beschreibenden Wörter haben hier einen tiefen, starken, volltönenden Klang, während ihre deutschen Entsprechungen mir dünn und sanft und kraftlos vorkommen. Sie wären wunderhübsch geeignet, Kinder damit in den Schlaf zu singen, oder aber meine ehrfurchtheischenden Ohren sind mir zur Schaustellung gewachsen und nicht zu höchster Nützlichkeit beim Analysieren von Klängen. Würde jemand bei einer Begebenheit ums Leben zu kommen wünschen, die mit einem solch zahmen Ausdruck wie »Schlacht« belegt wird? Und würde sich nicht ein Schwindsüchtiger allzusehr eingemummelt dünken, der sich anschickt, in Kragen und Siegelring in einen atmosphärischen Zustand hinauszutreten, zu dessen Bezeichnung das Vogelsangwort »Gewitter« benutzt wird? Oder man nehme das stärkste Wort, das die deutsche Sprache zum Ersatz für das Fremdwort »Explosion« kennt – »Ausbruch«. Da ist unser Wort für Zahnbürste – *toothbrush* – kraftvoller. Mir scheint, es wäre nicht das Schlechteste, wenn die Deutschen es zur Beschreibung besonders gewaltiger Explosionen importierten. Das Wort »Hölle« sodann hat gleichfalls einen geradezu munteren, leichtherzigen und ganz und gar nicht eindrucksvollen Klang. Man kann sich kaum vorstellen, daß jemand, dem man auf deutsch rät, dorthin zu fahren, es nicht für unter seiner Würde betrachtet, beleidigt zu sein.

Nachdem ich nun auf die verschiedenen Untugenden dieser

Sprache ausführlich hingewiesen habe, komme ich jetzt zu der kurzen und angenehmen Aufgabe, ihre Tugenden hervorzuheben. Die Großschreibung der Substantive habe ich bereits erwähnt. Aber weit größer noch als dieser Vorzug ist ein anderer: daß die Wörter so geschrieben werden, wie sie klingen. Nach einer kurzen Unterweisung im Alphabet weiß der Lernende ohne zu fragen, wie ein jedes deutsche Wort ausgesprochen wird.

Einige deutsche Wörter sind von einzigartiger Ausdruckskraft. Zum Beispiel jene, die das einfache, stille und zärtliche häusliche Leben beschreiben; sodann die, die mit der Liebe in all ihren Arten und Formen zu schaffen haben, von bloßer Güte und Wohlwollen gegenüber dem durchreisenden Fremden bis hin zum Liebeswerben; aber auch die Wörter, die von den zartesten und liebreizendsten Dingen draußen in der Natur künden – von Wiesen und Wäldern und Vögeln und Blumen, vom Duft und Sonnenschein des Sommers und dem Mondschein in stillen Winternächten; mit einem Wort: alle jene, die von Ruhe, Rast und Frieden handeln; auch jene, die sich auf die Wesen und Wunder des Märchenlandes beziehen. Letztlich und hauptsächlich ist die Sprache unübertrefflich reich und ausdrucksvoll bei allen Wörtern, die Gefühl ausdrücken. Es gibt deutsche Lieder, die den, dem die Sprache fremd ist, zum Weinen bringen können. Darin zeigt sich, daß der *Klang* der Wörter korrekt ist – er interpretiert die Bedeutung mit Wahrhaftigkeit und Genauigkeit; und so wird das Ohr unterrichtet und durch das Ohr das Herz.

Die Deutschen scheinen nicht davor zurückzuschrecken, ein Wort zu wiederholen, wenn es das richtige ist. Sie wiederholen es sogar mehrmals, wenn es sein muß. Im Englischen bilden wir uns ein, wir gerieten ins Tautologische, wenn wir ein Wort zweimal im selben Absatz verwendet haben, und in unserer Schwäche tauschen wir es gegen ein anderes Wort aus, das sich seiner Genauigkeit nur annähert, um so dem auszuweichen, was wir zu Unrecht für den größeren Makel halten. Wiederholung mag von Übel sein, aber Ungenauigkeit ist gewiß schlimmer.

Es gibt Leute auf der Welt, die sich der allergrößten Mühe unterziehen, um auf die Schwächen einer Religion oder einer Sprache hinzuweisen, und dann freundlich ihrer Wege gehen, ohne irgendwelche Verbesserungsvorschläge zu machen. Ich bin nicht von der Sorte. Ich habe dargelegt, daß die deutsche Sprache reformbedürftig ist. Nun denn, ich bin bereit, sie zu reformieren. Zumindest bin ich bereit, die richtigen Vorschläge zu machen. Solch ein Unterfangen mag bei einem anderen unbescheiden erscheinen; ich jedoch habe fürs erste und letzte neun volle Wochen dem sorgfältigen und kritischen Studium dieser Sprache gewidmet und dadurch ein Vertrauen in meine Fähigkeiten, sie zu verbessern, gewonnen, das mir eine nur oberflächliche Bekanntschaft nicht hätte verschaffen können.

Zunächst einmal würde ich den Dativ auslassen. Er bringt die Plurale durcheinander, und außerdem weiß man nie, wann man sich im Dativ befindet, es sei denn, man bemerkt es zufällig – und dann weiß man nicht, wann und wo man hineingeraten ist oder seit wann man darin war oder wie man jemals wieder herauskommen soll. Der Dativ ist nichts weiter als schmückender Unsinn – es ist besser, ihn abzuschaffen.

Sodann würde ich das Verb weiter nach vorne holen. Man mag noch so ein gutes Verb laden, bei der gegenwärtigen deutschen Entfernung bringt man nach meiner Beobachtung das Subjekt nie wirklich zur Strecke – man schießt es nur an. Ich empfehle daher mit Nachdruck, diesen wichtigen Redeteil an eine Stelle vorzuziehen, wo man ihn mit bloßem Auge sehen kann.

Drittens würde ich ein paar starke Ausdrücke aus dem Englischen importieren – zum Fluchen und auch zur kraftvollen Beschreibung aller möglichen kraftvollen Vorgänge.*

* »Verdammt« und seine Variationen und Erweiterungen sind Wörter von allerhand Bedeutung, aber ihr *Klang* ist so sanft und wenig ausdrucksvoll, daß deutsche Damen sie benutzen können, ohne daß es eine Sünde wäre. Deutsche Damen, die durch keinerlei Überredung oder Zwang dazu gebracht werden

Viertens würde ich die Geschlechtszugehörigkeit neu regeln und die Verteilung gemäß dem Willen des Schöpfers vornehmen. Dies schon aus Respekt.

Fünftens würde ich diese großen langen zusammengesetzten Wörter abschaffen oder aber von dem Sprechenden verlangen, daß er sie abschnittweise vorträgt und mit Erfrischungspausen dazwischen. Sie gänzlich abzuschaffen wäre das beste, denn Gedanken werden leichter aufgenommen und verdaut, wenn sie einer nach dem anderen und nicht zu großen Haufen geballt daherkommen. Mit der geistigen Nahrung verhält es sich genauso wie mit jeder anderen: es ist angenehmer und bekömmlicher, sie mit dem Löffel anstatt mit der Schaufel zu sich zu nehmen.

Sechstens würde ich von dem Sprechenden verlangen, daß er Schluß macht, wenn er fertig ist, und nicht einen Schwanz von diesen nutzlosen »haben sind gewesen gehabt haben worden sein« hinten an den Satz anhängt. Solcherart Tand schmückt das Gesagte nicht, sondern raubt ihm seine Würde. Er ist daher ein Ärgernis und sollte abgeschafft werden.

Siebtens würde ich die Parenthese mit und ohne Klammer abschaffen. Desgleichen die Überparenthese, die Oberüberparenthese, die Außenumoberüberparenthese und schließlich auch die letzte, weitreichende, alles umfassende Hauptparenthese. Ich würde von jedermann, ob hoch oder niedrig, verlangen, daß er mir einfach und geradezu mit dem kommt, was er mir erzählen will, oder aber seine Geschichte zusammenrollt und sich daraufsetzt und Ruhe gibt. Übertretungen dieses Gesetzes müßten mit dem Tode bestraft werden.

könnten, eine Sünde zu begehen, stoßen ohne Zögern eins dieser harmlosen kleinen Wörter aus, wenn sie sich ihr Kleid zerreißen oder die Suppe ihnen nicht schmeckt. Sie klingen ungefähr so verrucht wie »O weh!«. Deutsche Damen sagen dauernd »Ach Gott!« »Gott im Himmel!« »Herr Gott!« »Lieber Herr Jesus!« usw. Sie glauben vielleicht auch, unsere Damen frönten demselben Brauch, denn einmal hörte ich, wie eine vornehme und reizende alte Dame zu einer reizenden jungen Amerikanerin sagte: »Die beiden Sprachen ähneln sich sehr – wie angenehm das ist; wir sagen ›Ach Gott!‹, und Sie sagen ›Goddam‹.«

Und achtens und letztens würde ich »Zug« und »Schlag« mit allen ihren Anhängseln behalten und das übrige Vokabular abschaffen. Dies würde die Sprache sehr vereinfachen.

Ich habe nun die Änderungen genannt, die ich für die nötigsten und wichtigsten halte. Dies sind wohl alle, die man von mir gratis erwarten kann; aber ich habe noch weitere Vorschläge, die ich machen kann und auch machen werde, falls meine geplante Bewerbung dazu führt, daß ich von der Regierung amtlich angestellt werde, an der Verbesserung der Sprache zu arbeiten.

Auf Grund meiner philologischen Studien bin ich überzeugt, daß ein begabter Mensch Englisch (außer Schreiben und Sprechen) in dreißig Stunden, Französisch in dreißig Tagen und Deutsch in dreißig Jahren lernen kann. Es liegt daher auf der Hand, daß die letztgenannte Sprache getrimmt und repariert werden sollte. Falls sie so bleibt, wie sie ist, sollte sie sanft und ehrerbietig zu toten Sprachen gestellt werden, denn nur die Toten haben genügend Zeit, um sie zu lernen.

E

Sage von den Burgen

Genannt »Schwalbennest« und »Die Brüder«, nach der Erzählung des Kapitäns kurz zusammengefaßt

Vor ungefähr dreihundert Jahren saßen auf Burg Schwalbennest und auf der größeren Burg zwischen dort und Neckarsteinach zwei alte Ritter, die Zwillingsbrüder waren und Junggesellen. Sie hatten keine Verwandten. Sie waren sehr reich. Sie hatten in vielen Kriegen gefochten und sich nun ins Privatleben zurückgezogen – mit ehrenvollen Narben bedeckt. Sie waren ehrliche, ehrenhafte Männer im Umgang, aber die Leute hatten ihnen Spitznamen gegeben, die für sich sprachen – Herr von Gebenich und Herr von Herzelos. Die alten Ritter waren so stolz auf diese Namen, daß kein Bürger sie mit ihrem richtigen ansprechen konnte, ohne daß sie ihn verbesserten.

Der berühmteste Gelehrte Europas war zu der Zeit der Herr Doktor Franz Reikmann in Heidelberg. Ganz Deutschland war stolz auf den verehrungswürdigen Gelehrten, der sehr einfach lebte, da große Gelehrte stets arm sind. Er war arm an Geld und doch sehr reich, denn er hatte seine reizende Tochter Hildegarde und seine Bibliothek. Sein ganzes Leben lang hatte er seine Bibliothek zusammengesammelt, Buch um Buch, und er liebte sie wie ein Geizhals sein gehamstertes Gold. Sein Herz hänge nur an zweierlei, pflegte er zu sagen, an seiner Tochter und an seinen Büchern, und wenn man das eine oder das andere ihm nähme, würde es ihm das Herz zerreißen und er müßte sterben.

In einer Unglücksstunde nun hatte dieser einfache alte Mann, in der Hoffnung, eine Mitgift für seine Tochter dabei zu gewinnen, seine geringen Ersparnisse einem Gauner für eine sehr verlockende Spekulation anvertraut. Aber das war noch nicht einmal das Schlimmste: er unterschrieb ein Schriftstück, ohne es vorher zu lesen. So ist das mit Dichtern und Gelehrten, sie unterschreiben immer, ohne zu lesen, was sie unterschreiben.

Das gerissene Schriftstück schob ihm die Verantwortung für ich weiß nicht was alles zu. Infolgedessen stellte er eines Abends fest, daß er dem Bauernfänger achttausend Goldstücke schuldete – eine solch gewaltige Summe, daß der bloße Gedanke daran ihn betäubte. Es war eine Nacht des Jammers im Haus des Gelehrten.

»Ich muß mich von meiner Bibliothek trennen – ich besitze nichts sonst. Es zerreißt mir das Herz«, sagte der alte Mann.

»Was wirst du dafür bekommen, Vater?« fragte das Mädchen.

»Nichts! Siebenhundert Goldstücke ist sie wert; aber bei einer Versteigerung wird sie für wenig oder nichts weggehen.«

»Dann wirst du dich ganz nutzlos von der Hälfte deines

Herzens und der Freude deines Lebens getrennt haben, da dir ja immer noch eine mächtige Schuldenlast verbleibt.«

»Es geht nicht anders, mein Kind. Unsere Lieblinge müssen unter den Hammer. Wir müssen bezahlen, was wir können.«

»Mein Vater, ich habe das Gefühl, daß die Jungfrau Maria uns helfen wird. Wir dürfen den Mut nicht verlieren.«

»Sie kann kein Wunder vollbringen und *nichts* in achttausend Goldstücke verwandeln, und geringere Hilfe wird uns wenig Frieden bringen.«

»Sie vermag sogar noch mehr, mein Vater. Sie wird uns retten, dessen bin ich gewiß.«

Gegen Morgen, als der alte Mann erschöpft in seinem Sessel eingeschlafen war, wo er vor seinen Büchern gesessen hatte wie einer, der bei seinen geliebten Toten wacht und sich ihre Züge einprägt, damit er Trost daraus schöpfe für die Zeit der Leere und Einsamkeit danach, kam seine Tochter ins Zimmer gesprungen, weckte ihn sanft und sprach:

»Meine Vorahnung hat mich nicht getrogen! Sie wird uns retten! Dreimal ist sie mir im Traum erschienen und hat gesagt: ›Geh zu Herrn von Gebenich, geh zu Herrn von Herzelos, bitte sie zu kommen und zu bieten.‹ Da – habe ich nicht gesagt, sie wird uns retten, die dreimal seliggepriesene Jungfrau?«

So traurig der alte Mann auch sein mochte, hier mußte er aber doch lachen.

»Da könntest du gleich den harten Fels zu erweichen versuchen, auf dem ihre Burgen stehen, statt der noch härteren Steine, die diese Männer in ihrer Brust tragen, mein Kind. *Die* und auf Bücher bieten, die in den gelehrten Sprachen geschrieben sind! Sie können ihre eigenen kaum lesen!«

Aber Hildegardes Zuversicht war nicht im mindesten erschüttert. Mit dem ersten Sonnenstrahl sah man sie die Straße neckaraufwärts ziehen, vergnügt wie ein Vögelchen.

Unterdessen saßen Herr von Gebenich und Herr von Herzelos auf des ersteren Burg – Spatzennest – bei einem frühen Frühstück, das sie sich mit einem Zank würzten. Denn obwohl die Zwillinge eine Liebe füreinander empfanden, die schon fast an Verehrung grenzte, gab es doch *ein* Thema, das sie nicht berühren konnten, ohne einander harte Worte an den Kopf zu werfen. Und ausgerechnet das war das Thema, das sie öfter als jedes andere berührten.

»Ich prophezeie dir«, sagte von Gebenich, »du wirst dich noch an den Bettelstab bringen mit deiner wahnwitzigen Verschwendung von Geld auf diese und jene, die du für bedürftig und würdig hältst. Seit Jahren beschwöre ich dich nun, mit dieser törichten Unsitte Schluß zu machen und hauszuhalten mit deinem Vermögen, aber es hat alles nichts genützt. Dauernd lügst du mir etwas vor, um diese heimlichen Wohltaten vor mir zu verbergen, aber bisher ist es dir noch nicht gelungen, mich zu täuschen. Jedesmal, wenn einem armen Teufel auf die Beine geholfen worden war, habe ich gemerkt, daß du die Hand dabei im Spiel hattest – du unverbesserlicher Esel!«

»Jedesmal, wenn du selber ihm nicht aufgeholfen hast, meinst du. Wo ich *einem* Unglückswurm eine Kleinigkeit zukommen lasse, sind's bei dir gleich ein Dutzend. Die Idee, daß *du* im Lande herumstolzierst und dich mit dem Spitznamen von Gebenich hätschelst – unausstehlicher Blödsinn! Eher würde ich mir die rechte Hand abhacken, als mir solchen Schwindel einfallen zu lassen. Dein Leben ist eine einzige ununterbrochene Lüge. Aber mach nur weiter so, auch *ich* habe mein Bestes versucht, um dich davor zu bewahren, daß du dich mit deiner ausschweifenden Mildtätigkeit zum Bettler machst; jetzt sage ich dir zum tausendsten Mal, daß ich mit den Folgen nichts zu tun habe. Ein kindischer alter Dummkopf, jawohl! das bist du!«

»Und du bist ein faselnder alter Idiot!« brüllte von Gebenich und sprang auf.

»Es hält mich nichts bei einem Mann, dem es so sehr an Takt fehlt, daß er mich derartig beschimpft! Du ungehobeltes Borstenvieh!«

Dabei sprang auch Herr von Herzelos zornbebend auf. Aber

wie immer, konnte auch diesmal wieder ein glücklicher Zufall sie dazu bewegen, das Thema zu wechseln, und so endete ihr täglicher Streit mit der üblichen täglichen liebevollen Versöhnung. Die grauhaarigen alten Sonderlinge verabschiedeten sich voneinander, und Herr von Herzelos machte sich auf den Weg zu seiner eigenen Burg.

Eine halbe Stunde darauf stand Hildegarde vor Herrn von Gebenich. Er hörte sie an und antwortete: »Sie tun mir leid, mein Kind, aber ich bin sehr arm; für Bücherkram habe ich nichts übrig; ich komme nicht.«

Er sagte die schroffen Worte in freundlichem Ton, dennoch brachen sie der armen Hildegarde fast das Herz. Nachdem sie gegangen war, rieb sich der alte Herzensbrecher die Hände und brummte:

»Das war ein Meisterstreich. Diesmal habe ich den Geldbeutel meines Bruders vor ihm selber bewahrt. Nichts sonst hätte ihn davon abgehalten, Hals über Kopf hinzueilen und den alten Gelehrten, Deutschlands Stolz, aus der Not zu erretten. Das arme Kind wird sich zu *ihm* nicht hintrauen nach der Abfuhr, die ihr sein Bruder, der Gebenich, erteilt hat.«

Aber da täuschte er sich. Die Jungfrau hatte befohlen, und Hildegarde gehorchte. Sie ging zu Herrn von Herzelos und erzählte auch ihm, was sich zugetragen hätte. Aber der erwiderte kalt:

»Ich bin sehr arm, mein Kind, und Bücher bedeuten mir nichts. Ich wünsche Ihnen alles Gute, aber ich komme nicht.«

Nachdem Hildegarde gegangen war, kicherte er vergnügt und sagte:

»Wie würde dieser Dummkopf, dieses Weichherz, dieser herzerweichende Dummkopf von meinem Bruder, wie würde er rasen, wenn er wüßte, wie listig ich seinen Beutel gerettet habe! Wie wäre er geflogen, um dem alten Mann zu helfen! Jetzt aber wird sich das Mädchen nicht zu ihm hintrauen!«

Als Hildegarde nach Hause kam, fragte ihr Vater sie, was sie erreicht habe. Sie antwortete:

»Die Jungfrau Maria hat es versprochen, und sie wird Wort halten; aber nicht so, wie ich gedacht habe. Sie hat ihre Mittel und Wege, und die sind die besten.«

Der alte Mann strich ihr über den Kopf und lächelte ungläubig, wenn auch ihr tapferer Glaube ihm Achtung abnötigte.

II.

Am Tag darauf versammelte sich alles im großen Saal des »Ritterbräu«, um die Versteigerung mitzuerleben – denn der Inhaber hatte erklärt, der Herzensschatz von Deutschlands meistgeehrtem Sohn dürfe an keinem geringeren Ort verschleudert werden. Hildegarde und ihr Vater saßen stumm und unglücklich dicht bei den Büchern und hielten einander bei der Hand. Eine große Menschenmenge wartete. Das Bieten begann.

»Wieviel für diese kostbare Bibliothek, so wie Sie sie hier vor sich sehen, komplett?« rief der Auktionator.

»Fünfzig Goldstücke!«

»Hundert!«

»Zweihundert!«

»Drei!«

»Vier!«

»Fünfhundert!«

»Fünfhundertfünfundzwanzig!«

Kurze Pause.

»Fünf vierzig!«

Längere Pause, während der Auktionator seine Überredungsbemühungen verstärkte.

»Fünf fünfundvierzig!«

Zäher, schleppender Gang. Der Auktionator redete gut zu, flehte, beschwor – es nützte nichts, alles blieb still und stumm.

»Na dann – zum ersten, zum zweiten *und* –«

»Fünfhundertfünfzig!«

Diese mit schriller Stimme von einem gebeugten alten Mann,

der ganz in Lumpen gekleidet war und auf dem linken Auge eine grüne Augenklappe trug. Alles in seiner Nähe drehte sich zu ihm um und starrte ihn an. Es war von Gebenich, verkleidet. Und er sprach auch mit verstellter Stimme.

»Gut!« rief der Auktionator. »Zum ersten, zum zweiten –«

»Fünfhundertsechzig.«

Dies mit tiefer, rauher Stimme mitten aus der Menschenmenge am anderen Ende des Saales. Die Leute in der Nähe drehten sich um und erblickten einen alten Mann in einem merkwürdigen Gewand, der sich auf Krücken stützte. Er trug einen langen, weißen Bart und eine blaue Brille. Es war Herr von Herzelos, der, verkleidet, mit verstellter Stimme gesprochen hatte.

»Gut, gut! Zum ersten, zum –«

»Sechshundert!«

Sensation. Die Menge schrie: »Hurra!« und rief: »Jetzt aber ran, Grünklappe!« Das brachte das Publikum in Stimmung, und ein gutes Dutzend Stimmen rief: »Ran, Grünklappe!«

»Zum ersten, zum zweiten, und – zum –«

»Siebenhundert!«

»Hurra! Bravo, Krücke!« rief jemand. Die Menge griff es auf; alle zusammen schrien: »Bravo, Krücke!«

»Fabelhaft, meine Herren! Sie sind ja ganz großartig. Zum ersten, zum zweiten –«

»Eintausend!«

»Grünklappe – hipp, hipp, hurra! Auf ihn mit Gebrüll, Krücke!«

»Zum ersten, zum zwei–«

»Zweitausend!«

Und während die Leute Beifall klatschten und schrien, murmelte „Krücke“ vor sich hin: »Wer mag denn bloß dieser Teufel sein, der so verbissen um diese nutzlosen Bücher kämpft? – Aber egal, er kriegt sie nicht. Deutschlands Stolz soll seine Bücher haben. Ich kaufe sie ihm, und wenn ich darüber zum Bettler werde!«

»Zum ersten, zum zweiten, zum –«

»Dreitausend!«

»Los, alle zusammen: Grünklappe! Grünklappe!«

Und während sie Grünklappe anfeuerten, murmelte Grünklappe vor sich hin: »Der Krüppel muß wahnsinnig sein. Trotzdem soll der alte Gelehrte seine Bücher haben, und wenn mein Beutel dafür schrumpft und schwitzt!«

»Zum ersten, zum zweiten –«

»Viertausend!«

»Hurra!«

»Fünftausend!«

»Hurra!«

»Sechstausend!«

»Hurra!«

»Siebentausend!«

»Hurra!«

»*Acht*tausend!«

»Wir sind gerettet, Vater! Habe ich dir nicht gesagt, die Jungfrau Maria hält Wort?« »Gesegnet sei ihr heiliger Name«, erwiderte der alte Gelehrte bewegt. Die Menge tobte. »Hurra, hurra, hurra! Noch einmal ran, Grünklappe!«

»Zum ersten, zum –«

»*Zehn*tausend!« Als von Gebenich das rief, war seine Erregung so groß, daß er sich vergaß und sich seiner natürlichen Stimme bediente. Sein Bruder erkannte ihn sofort daran und knurrte, ohne daß es in dem allgemeinen Beifallssturm irgend jemand hörte:

»Aha, du bist da, was, du wahnwitziger alter Trottel, du? Nimm die Bücher, ich weiß schon, was du damit machen wirst!«

Damit schlüpfte er aus dem Saal, und die Versteigerung war beendet. Von Gebenich bahnte sich einen Weg durch die Menge zu Hildegarde, flüsterte ihr etwas ins Ohr, dann war auch er verschwunden. Der alte Gelehrte und seine Tochter umarmten einander, und der erstere sagte: »Die Muttergottes hat wahrhaftig mehr getan, als sie versprochen hat, Kind; sie hat dir zu einer herrlichen Mitgift verholfen – denk doch nur: zweitausend Goldstücke!«

»Und noch mehr!« rief Hildegarde. »Denn sie hat dir deine Bücher zurückgegeben. Der Fremde hat mir ins Ohr geflüstert, daß er keins davon haben will – ›Deutschlands geehrter Sohn muß sie behalten‹, so hat er gesagt. Ich wollte, ich hätte ihn nach seinem Namen gefragt und ihm die Hand geküßt und um seinen Segen gebeten; aber er war der Engel Unserer Lieben Frau, und es ist nicht recht, daß wir Irdischen uns zu sprechen erkühnen mit denen, die über uns wohnen.«

F

Deutsche Zeitungen

Die Tageszeitungen in Hamburg, Frankfurt, Baden-Baden, München und Augsburg sehen alle mehr oder weniger gleich aus. Ich nenne diese, weil ich sie besser kenne als irgendwelche anderen deutschen Zeitungen.

Sie enthalten keinen einzigen Leitartikel, keine »Privaten Mitteilungen« – was vielleicht eher ein Vorzug als ein Fehler ist –, keine Witzecke, keine Polizeigerichtsberichte, keine Berichte über Verhandlungen vor höheren Gerichten, keine Information über Preisboxen oder andere Balgereien, keine über Pferderennen, Wettgehen, Segelregatten, Schießwettkämpfe oder irgendwelche anderen sportlichen Vorkommnisse; keine Wiedergabe von Bankettreden, keinen Klatsch und Tratsch, keine »Gerüchte« über dies und das und diesen und jenen, keine Voraussagen oder Prophezeiungen über irgend etwas oder irgend jemanden, kein Verzeichnis erteilter und angemeldeter Patente oder irgendeinen Hinweis auf dergleichen, keine Beschimpfung von Beamten, weder großen noch kleinen, keine Klagen über sie und kein Lob derselben; keine religiöse Spalte am Samstag und keine wiederaufgewärmten Predigten am Montag, keinen Wetterbericht, keine Lokalnachricht, die enthüllt, was sich in der Stadt tut – ja, überhaupt nichts von örtlichem Interesse außer dem Kommen und Gehen irgendeines Fürsten oder dem geplanten Zusammentreffen irgendeiner Ratsversammlung.

Nach solch einem furchterregenden Verzeichnis all dessen, was man in einer deutschen Zeitung nicht findet, mag man sehr wohl fragen, was überhaupt darin steht. Die Frage ist schnell beantwortet: Eine Kinderhandvoll Telegramme, hauptsächlich über europäische innen- und außenpolitische Vorgänge, Korrespondentenberichte per Post über dieselben Dinge, Marktberichte. Aus. Daraus besteht eine deutsche Tageszeitung. Eine deutsche Tageszeitung ist die langweiligste und traurigste und ödeste Erfindung der Menschheit. Unsere eigenen Tageszeitungen versetzen den Leser oft genug in Wut; die deutsche Tageszeitung stumpft ihn nur ab. Einmal in der Woche lockert die deutsche Tageszeitung vom höchsten Rang ihre gewichtigen Spalten auf – d. h. sie glaubt sie aufzulockern –, nämlich durch eine tiefschürfende, abgründige Buchkritik; eine Buchkritik, die einen abwärts, abwärts, abwärts in die wissenschaftlichen Eingeweide des Themas führt – denn deutsche Kritiker sind Wissenschaftler, oder sie sind nichts –, und wenn man endlich wieder auftaucht und frische Luft atmet und das heitere Tageslicht wiedersieht, kommt man einmütig zu dem Schluß, daß die Methode, eine deutsche Tageszeitung durch eine Buchbesprechung aufzulockern, verfehlt ist. Manchmal bringt einem die erstklassige Tageszeitung an Stelle der Kritik einen ihrer Ansicht nach fröhlichen und munteren Aufsatz – über Bestattungsgebräuche im antiken Griechenland, über die Technik der alten Ägypter beim Teeren von Mumien oder über die Gründe zu der Annahme, daß einige von den Völkern, die es vor der Sintflut gab, Katzen nicht leiden konnten.

Es sind dies keine unerfreulichen Themen, es sind keine uninteressanten Themen, ja es sind sogar aufregende Themen – bis sie einem dieser gediegenen Wissenschaftler in die Finger fallen. Er überzeugt einen alsbald, daß es möglich ist, selbst diese Dinge so abzuhandeln, daß der Leser ganz niedergeschlagen davon wird.

Die durchschnittliche Tageszeitung nun besteht, wie schon gesagt, ausschließlich aus Korrespondenz – ein bißchen davon kommt telegrafisch, der Rest mit der Post. Vor jeder Meldung sind der Ort – »London« oder »Wien« oder irgendeine andere Stadt – und das Datum angegeben, und immer steht vor dem Namen des Ortes ein Buchstabe oder ein Zeichen, die anzeigen, wer der Berichterstatter ist, damit die Behörde ihn finden kann, wenn sie ihn aufzuknüpfen wünscht. Sterne, Kreuze, Dreiecke, Quadrate, Halbmonde, Sonnen – das sind einige der von Korrespondenten benutzten Zeichen.

Einige Tageszeitungen arbeiten zu schnell, andere zu langsam. So war zum Beispiel meine Heidelberger Zeitung immer vierundzwanzig Stunden alt, wenn sie im Hotel eintraf; aber eine meiner Münchner Abendzeitungen pflegte volle vierundzwanzig Stunden vor dem Erscheinungsdatum zu erscheinen.

Einige der weniger bedeutenden Tageszeitungen bieten einem jeden Tag einen Löffelvoll von einer Fortsetzungsgeschichte; sie erstreckt sich nach französischer Manier quer über den unteren Teil der Seite. Wenn man die Zeitung fünf Jahre lang abonniert, wird es einem wohl gelingen, so ziemlich die ganze Geschichte mitzubekommen.

Fragt man einen Münchner, was die beste Münchner Tageszeitung sei, erhält man stets zur Antwort, daß es nur *eine* gute Münchener Tageszeitung gebe und die erscheine in dem siebzig oder achtzig Kilometer entfernten Augsburg. Das ist so, als behaupte man, die beste New Yorker Zeitung erscheine irgendwo draußen in New Jersey. Ja, die *Augsburger Allgemeine Zeitung* ist »die beste Münchener Zeitung«, und an sie hatte ich gedacht, als ich oben eine »erstklassige deutsche Tageszeitung« beschrieb. Die gesamte Zeitung ist, aufgeschlagen, nicht einmal ganz so groß wie ein einziges Blatt des New Yorker *Heralds*. Sie ist natürlich auf beiden Seiten bedruckt, aber in solch einer großen Type, daß ihr gesamter Inhalt, in der

Herald-Type gedruckt, auf eine einzige Seite des *Herald* ginge – und es wäre immer noch Platz darauf für die »Beilage« der *Allgemeinen Zeitung* und einen Teil des Inhalts der *Allgemeinen* vom nächsten Tag.

So sieht die erstklassige Tageszeitung aus. Die tatsächlich in München gedruckten Blätter werden von den Einwohnern sämtlich zweitklassig genannt. Fragt man, welche die beste von diesen zweitklassigen Zeitungen sei, wird einem erklärt, daß es da keinen Unterschied gebe – eine sei so gut wie die andere. Von einer von ihnen habe ich eine Nummer aufbewahrt; sie heißt *Münchener Tages-Anzeiger* und trägt das Datum vom 25. Januar 1879. Vergleiche sind scheußlich, brauchen aber nicht bösartig zu sein, und ohne jede Bösartigkeit möchte ich diese in einer deutschen Stadt von 170000 Einwohnern erschienene Zeitung mit Zeitungen in anderen Ländern vergleichen. Ich wüßte nicht, wie ich es dem Leser sonst ermöglichen soll, sich ein Urteil zu bilden.

Eine Spalte in einer durchschnittlichen amerikanischen Tageszeitung enthält 1800 bis 2500 Wörter; der Text einer einzigen Nummer besteht aus 25000 bis 50000 Wörtern. Der Text in meiner Nummer der Münchener Zeitung umfaßt alles in allem 1654 Wörter – ich habe sie gezählt. Das ergäbe beinahe eine Spalte in einer von unseren Tageszeitungen. Eine einzige Ausgabe der dicksten Zeitung der Welt, der Londoner *Times*, enthält oft 1000000 Wörter Text. Bedenkt man, daß der *Tages-Anzeiger* die üblichen sechsundzwanzig Nummern im Monat herausbringt, so ergibt sich, daß der Text einer einzigen Nummer der Londoner *Times* ihn mit Stoff für zweieinhalb Monate versorgen könnte!

Der *Anzeiger* ist eine achtseitige Zeitung; seine Seite ist einen Zoll länger und einen Zoll breiter als ein Foliobogen, das heißt also, ihre Maße liegen zwischen denen einer Schiefertafel und denen eines Damentaschentuchs. Ein Viertel der ersten Seite wird vom Zeitungskopf in Anspruch genommen, wodurch sie ziemlich kopflastig aussieht; der Rest der ersten Seite besteht aus Text; die ganze zweite Seite besteht aus Text; die anderen sechs Seiten enthalten Anzeigen.

Der Text ist in zweihundertfünf Korpus-Zeilen zusammengedrängt und durch acht Cicero-Überschriften aufgelockert. Die Speisenfolge sieht so aus: An erster Stelle steht unter einer Cicero-Überschrift, um Aufmerksamkeit und Respekt zu erzwingen, eine vierzeilige Predigt, in der die Menschen angehalten werden, sich zu erinnern, daß sie, obgleich Pilger hienieden, doch Erben des Himmels seien, und »Wenn sie von der Erde scheiden, steigen sie zum Himmel auf.« Vielleicht ist eine vierzeilige Predigt in einer Samstagszeitung das ausreichende deutsche Gegenstück zu den acht bis neun Spalten voller Predigten, die den New Yorkern in ihren Montagmorgenzeitungen geliefert werden. Die neuesten (zwei Tage alten) Nachrichten folgen der vierzeiligen Predigt unter der Cicero-Überschrift »Telegramme« – »telegrafiert« wurden diese Meldungen mit einer Schere aus der *Augsburger Allgemeinen Zeitung* vom Tag zuvor. Diese Telegramme umfassen vierzehnzweidrittel Zeilen aus Berlin, fünfzehn Zeilen aus Wien und zweifünfachtel Zeilen aus Kalkutta. Dreiunddreißig Korpus-Zeilen telegrafischer Nachrichten in der Hauptstadt eines Königs mit 170000 Einwohnern sind gewiß keine Überdosis. Nun kommt die Cicero-Überschrift »Neuigkeiten des Tages«, unter der die folgenden Tatsachen aufgereiht sind: Prinz Leopold fährt zu einem Besuch nach Wien, sechs Zeilen; Prinz Arnulph wird aus Rußland zurückerwartet, zwei Zeilen; der Landtag wird um zehn Uhr zusammentreten und über ein Wahlgesetz beraten, drei Zeilen und ein Wort; eine Bekanntmachung der Stadtverwaltung, fünfeinhalb Zeilen; Preise der Eintrittskarten für den bevorstehenden großen Wohltätigkeitsball, dreiundzwanzig Zeilen – denn diese eine Mitteilung füllt fast ein Viertel der gesamten ersten Seite; in Frankfurt findet demnächst ein wunderbares Wagner-Konzert mit einem Orchester von hundertacht Instrumenten statt – siebeneinhalb Zeilen, und damit schließt die erste Seite. Alles in allem also fünfundachtzig Zeilen auf dieser Seite, drei Überschriften mit eingerechnet. Etwa fünfzig von diesen Zeilen beziehen sich, wie man sieht, auf örtliche Ereignisse: die Reporter werden nicht mit Arbeit überladen.

Genau die Hälfte der zweiten Seite wird von einer Opernkritik, dreiundfünfzig Zeilen (davon drei Überschriften) und den Todesanzeigen, zehn Zeilen, eingenommen.

Die andere Hälfte der zweiten Seite besteht aus zwei Artikeln unter der Überschrift »Vermischte Nachrichten«. Einer von diesen Artikeln berichtet über einen Streit des russischen Zaren mit seinem ältesten Sohn, einundzwanzigeinhalb Zeilen; und der andere berichtet von der grausamen Ermordung eines Bauernkindes durch seine Eltern – vierzig Zeilen oder ein Fünftel des gesamten Textes der Zeitung.

Man überlege nur einmal, worauf sich ein Fünftel des Textes einer Tageszeitung in einer amerikanischen Stadt von 170000 Einwohnern beläuft! Was für eine Masse! Würde irgend jemand auch nur annehmen, ich könnte diese Masse so bequem in einem Kapitel dieses Buches verstecken, daß es dem Leser schwerfallen würde, sie wiederzufinden, wenn er die Stelle verloren hat? Ganz gewiß nicht. Ich gebe diesen Kindsmord hier wortwörtlich wieder, damit der Leser eine Vorstellung davon gewinnt, wie ein Fünftel des Textes einer Münchener Tageszeitung aussieht, wenn es einem leibhaftig unter die Augen tritt.

»Von Oberkreuzberg, 21. Januar, erhält die *Donau-Zeitung* einen längeren Bericht, dem wir kurz folgendes entnehmen: In Rametnach, einem Dorf bei Eppenschlag, lebten seit Georgi v.J. zwei junge Eheleute, welche außer einem Knaben mit 2 Jahren noch einen zweiten, illegitim der Mutter mit 5 Jahren hatten. Aus diesem Grund und da dem Knaben von einem Verwandten in Iggensbach auch 200 fl. vermacht worden waren, scheint derselbe dem unbarmherzigen Stiefvater im Wege gewesen zu sein und sollte hienach ein grausames Opfer der unnatürlichen Eltern werden. Der Knabe wurde nämlich langsam ausgehungert und zeitweise schrecklich mißhandelt, wie jetzt die Dorfleute zu spät erzählen. Man sperrte ihn in ein Loch, von welchem aus er weinend die Vorübergehenden um Brot bat. Diese und ähnliche Mißhandlungen dauerten bis zum 3. Jänner l. J., an welchem Tage ihnen der Knabe endlich erlag. Der plötzliche (sic!) Tod des Kindes machte Aufsehen um so mehr, als man dessen Leiche mit Kleidern angetan sofort auf die Bahre legte. Der Totenbeschauer machte deshalb Anzeige und am 6. ds. wurde an der Leiche durch eine Gerichtskommission von Grafenau die Sektion vorgenommen. Welch ein erbarmungswürdiger Anblick bot sich da? Der Leichnam war ein vollständiges Skelett. Die Gedärme, selbst der Mastdarm waren leer, nur mit Gas gefüllt, ebenso der Magen. Das Fleisch am Leibe war keinen Messerrücken dick und das Seziermesser konnte keinen Tropfen Blut aus demselben hervorbringen. An der Haut war nicht ein Fünfmarkstück großer gesunder Fleck am ganzen Körper: Nur Wunden, Narben, braun oder mit Blut unterlaufen; selbst an der Fußsohle zeigten sich Wunden. Die Rabeneltern wollten glauben machen, der Knabe sei ein bösartiges Kind gewesen und habe deshalb gezüchtigt werden müssen. Zuletzt sei er noch über eine Bank gestürzt und habe sich das Genick gebrochen. Allein auf Grund des Resultates der Sektion wurden sie verflossene Woche verhaftet und in das Gefängnis von Deggendorf abgeführt.«

Ja, sie wurden verflossene Woche, also zwei Wochen nach der gerichtlichen Untersuchung, verhaftet! Wie vertraut das klingt! Diese Art von polizeilicher Fixigkeit erinnert mich ein Gutteil mehr an mein Heimatland, als der deutsche Journalismus es vermag.

Meiner Ansicht nach stiftet eine deutsche Zeitung keinen nennenswerten Nutzen, allerdings richtet sie auch keinen Schaden an. Das ist ein sehr großes Verdienst und sollte nicht als unbedeutend erachtet werden.

Die deutschen humoristischen Blätter sind schön gedruckt auf gutem Papier, und die Illustrationen sind vortrefflich gezeichnet, vortrefflich gestochen, und sie sind nicht auf geschmacklose, sondern auf köstliche Weise komisch. Dasselbe trifft im allgemeinen auf die zwei oder drei kurzen und bündigen Sätze zu, die die Bilder begleiten. Ich erinnere mich an eine von diesen Zeichnungen: ein gründlich heruntergekommener Landstreicher betrachtet kummervoll ein paar Geldstücke, die er in der offenen Hand hält. Er sagt: »Na, mit dem Betteln ist es auch bald nichts mehr. Nur fünf Mark für den ganzen Tag – manch ein Beamter verdient mehr!« Und ich denke an ein Bild, auf dem ein Handlungsreisender gerade seine Muster auspacken will:

Kaufmann (verdrießlich): Nein, bitte nicht! Ich kaufe nichts.

Handlungsreisender: Gestatten Sie, ich wollte sie Ihnen nur zeigen – – –

Kaufmann: Aber ich will sie nicht sehen!

Handlungsreisender (nach einer Pause, flehend): Aber hätten Sie etwas dagegen, wenn *ich* sie mir anguckte? Ich hab' sie schon seit Wochen nicht mehr gesehen!

Editorische Notiz

Bummel durch Europa erschien zuerst im Jahre 1880 unter dem Titel *A Tramp Abroad* bei der American Publishing Company in Hartford (Conn.). Die Erstausgabe enthält 328 Illustrationen von W. Fr. Brown, True W. Williams, B. Day und anderen Künstlern; einige stammen vom Autor selbst. Die englische Erstausgabe wurde im gleichen Jahr von Chatto & Windus in London veröffentlicht.

Als Leseausgabe empfiehlt sich: *A Tramp Abroad*. Introduced by Norman Lewis, London: Century Publishing Company [and] Gentry Books Limited 1982.

Die früheste deutsche, allerdings gekürzte, Übersetzung stammt von Ulrich Steindorff, *Bummel durch Europa*, Berlin: Ullstein [1922].

Inhalt

1. Buch

2. Buch

Anhang

Englische und amerikanische Literatur im insel taschenbuch

Jane Austen: Die Abtei von Northanger. Aus dem Englischen von Margarete Rauchenberger. Mit Illustrationen von Hugh Thomson. it 931

– Anne Elliot. Aus dem Englischen von Margarete Rauchenberger. Mit Illustrationen von Hugh Thomson. it 1062

– Emma. Aus dem Englischen von Charlotte Gräfin von Klinckowstroem. Mit Illustrationen von Hugh Thomson. it 511

– Lady Susan. Ein Roman in Briefen. Die Watsons. Sanditon. Zwei Romanfragmente. Aus dem Englischen von Angelika Beck und Elizabeth Gilbert. it 1192

– Stolz und Vorurteil. Aus dem Englischen von Margarete Rauchenberger. Mit Illustrationen von Hugh Thomson und mit einem Essay von Norbert Kohl. it 787

Harriet Beecher-Stowe: Onkel Toms Hütte. In der Bearbeitung einer alten Übersetzung. Herausgegeben und mit einem Nachwort versehen von Wieland Herzfelde. Mit 27 Holzschnitten von Georg Cruikshank aus der englischen Ausgabe von 1852. it 272

Ambrose Bierce: Aus dem Wörterbuch des Teufels. Auswahl, Übersetzung und Nachwort von Dieter E. Zimmer. it 440

– Mein Lieblingsmord. Erzählungen. Mit einem Nachwort von Edouard Roditi. Aus dem Amerikanischen von Gisela Günther. it 39

– Der Mönch und die Henkerstochter und andere Schauermärchen. Deutsch von Karl Bruno Leder. it 1268

Anne Brontë: Agnes Grey. Aus dem Englischen von Elisabeth von Arx. it 1093

Charlotte Brontë: Jane Eyre. Eine Autobiographie. Aus dem Englischen von Helmut Kossodo. Mit einem Essay und einer Bibliographie herausgegeben von Norbert Kohl. it 813

– Shirley. Aus dem Englischen von Johannes Reiher und Horst Wolf. it 1145

– Über die Liebe. Herausgegeben von Elsemarie Maletzke. Übertragen von Eva Groepler und Hans J. Schütz. it 1249

Emily Brontë: Die Sturmhöhe. Aus dem Englischen von Grete Rambach. it 141

Edward George Bulwer-Lytton: Die letzten Tage von Pompeji. Aus dem Englischen von Friedrich Notter. it 801

Lewis Carroll: Alice hinter den Spiegeln. Mit einundfünfzig Illustrationen von John Tenniel. Übersetzt von Christian Enzensberger. it 97

– Alice im Wunderland. Mit zweiundvierzig Illustrationen von John Tenniel. Übersetzt und mit einem Nachwort von Christian Enzensberger. it 42

153/1/10.90

Englische und amerikanische Literatur im insel taschenbuch

Lewis Carroll: Briefe an kleine Mädchen. Herausgegeben und übersetzt von Klaus Reichert. Erweiterte Ausg. mit dreißig Fotografien des Autors. it 172

– Geschichten mit Knoten. Eine Sammlung mathematischer Rätsel. Herausgegeben und übersetzt von Walter E. Richartz. Mit Illustrationen von Arthur B. Frost. it 302

– Die Jagd nach dem Schnark. Übersetzt und ausgeleitet von Klaus Reichert. Mit Illustrationen von Henry Holiday. it 598

Geoffrey Chaucer: Die Canterbury-Erzählungen. Vollständige Ausgabe. Aus dem Englischen übertragen und herausgegeben von Martin Lehnert. Mit Illustrationen von Edward Burne-Jones. it 1006

Gilbert Keith Chesterton: Alle Pater-Brown-Geschichten. 2 Bände in Kassette. it 1263/1149

– Neue Pater-Brown-Geschichten. Die Ungläubigkeit des Pater Brown. Das Geheimnis des Pater Brown. 19 Detektivgeschichten. it 1263

– Pater-Brown-Geschichten. 24 Detektivgeschichten. Mit einem Nachwort von Norbert Miller. it 1149

James Fenimore Cooper: Der Lederstrumpf. Vollständige Ausgabe in fünf Bänden. In der Bearbeitung der Übersetzung von C. Kolb durch Rudolf Drescher. Mit Illustrationen von O. C. Darley. it 760

– Der letzte Mohikaner. Vollständige Ausgabe. In der Bearbeitung der Übersetzung von C. Kolb durch Rudolf Drescher. Mit Illustrationen von O. C. Darley und einem Nachwort von Peter Härtling. it 1212

Daniel Defoe: Glück und Unglück der berühmten Moll Flanders, die, im Zuchthaus Newgate geboren, nach vollendeter Kindheit noch sechzig wertvolle Jahre durchlebte, zwölf Jahre Dirne war, fünfmal heiratete, darunter ihren Bruder, zwölf Jahre lang stahl, acht Jahre deportierte Verbrecherin in Virginien war, schließlich reich wurde, ehrbar lebte und reuig verstarb. Beschrieben nach ihren eigenen Erinnerungen. Deutsch von Martha Erler. Mit Illustrationen von William Hogarth und einem Essay von Norbert Kohl. it 707

– Robinson Crusoe. Mit Illustrationen von Ludwig Richter. In der Übersetzung von Hannelore Novak. it 41

Charles Dickens: Bleak House. Aus dem Englischen von Richard Zoozmann. Mit Illustrationen von Phiz. it 1110

– David Copperfield. Mit Illustrationen von Phiz. it 468

– Detektivgeschichten. Aus dem Englischen von Franz Franzius. it 821

– Eine Geschichte aus zwei Städten. Mit Illustrationen von Phiz. it 1033

– Große Erwartungen. Aus dem Englischen von Margit Meyer. Mit Illustrationen von F. W. Pailthorpe. it 667

153/2/10.90

Englische und amerikanische Literatur
im insel taschenbuch

Charles Dickens: Harte Zeiten. Aus dem Englischen von Paul Heichen. Mit Illustrationen von F. Walker und Maurice Greiffenhagen. it 955
– Das Leben unseres Herrn Jesus Christus. Von Charles Dickens geschrieben für seine Kinder. Mit Zeichnungen von Gunter Böhmer. Aus dem Englischen von Hans Mardersteig. it 1154
– Martin Chuzzlewit. Mit Illustrationen von Phiz. it 1233
– Oliver Twist. Aus dem Englischen von Reinhard Kilbel. Mit einem Nachwort von Rudolf Marx und 24 Illustrationen von George Cruikshank. it 242
– Die Pickwickier. Mit Illustrationen von Robert Seymour, Robert William Buss und Phiz. it 896
– Der Raritätenladen. Aus dem Englischen von Leo Feld. Mit Holzschnitten von George Cattermole, H. K. Browne, George Cruikshank und Daniel Maclise. it 716
– Weihnachtserzählungen. Mit Illustrationen von Leech, Stanfiels, Stone u. a. it 358
Charles A. Eastman: Indianergeschichten aus alter Zeit. Deutsch von Elisabeth Friederichs. Mit einem Nachwort herausgegeben von Dietrich Leube. Illustrationen und Anmerkungen von Frederick Weygold. it 861
Henry Fielding: Mr. Jonathan Wild der Große. Die Geschichte eines Helden. Aus dem Englischen übersetzt von Horst Höckendorf. it 535
– Tom Jones. Die Geschichte eines Findelkindes. 2 Bde. Mit Illustrationen von Gravelot und Moreau le jeune. Herausgegeben und mit einem Nachwort von Norbert Kohl. it 504
Bret Harte: Goldgräbergeschichten. Aus dem Amerikanischen von Wilhelm Lange. Mit zeitgenössischen Fotografien. it 803
Nathaniel Hawthorne: Der Marmorfaun. Aus dem Englischen von Gisela Günther. Mit Zeichnungen von Michael Schroeder. it 1043
Samuel Johnson: Reisen nach den westlichen Inseln bei Schottland. Nach einer anonymen Übertragung aus dem Jahr 1775. Herausgegeben von Volker Wolf und Bernd Zabel. Mit zahlreichen Abb. it 663
James Joyce: Die Katze und der Teufel. Eine Geschichte von James Joyce. Deutsche Übertragung von Fritz Senn. Mit Bildern von Richard Erdoes. Vierfarbendruck. it 2024
Edward Lears kompletter Nonsens. Limericks, Lieder, Balladen und Geschichten. Ins Deutsche geschmuggelt von Hans Magnus Enzensberger. Mit Illustrationen von Edward Lear. it 1119

153/3/10.90

Englische und amerikanische Literatur im insel taschenbuch

Matthew Gregory Lewis: Der Mönch. Aus dem Englischen von Friedrich Polakovics. Mit einem Essay und einer Bibliographie von Norbert Kohl. it 907

Lord Byron. Ein Lesebuch mit Texten, Bildern und Dokumenten. Herausgegeben von Gert Ueding. it 1051

Charles Robert Maturin: Melmoth der Wanderer. Roman. Aus dem Englischen von Friedrich Polakovics. Mit einem Nachwort von Dieter Sturm. it 1279

Herman Melville: Moby Dick. 2 Bde. Übertragen von Alice und Hans Seiffert. Mit einem Nachwort von Rudolf Sühnel. Mit Illustrationen. it 233

Samuel Pepys: Das geheime Tagebuch. Herausgegeben von Anselm Schlösser und übertragen von Jutta Schlösser. Mit Abbildungen. it 637

Edgar Allan Poe: Der entwendete Brief und andere Erzählungen. Ausgewählt von Franz-Heinrich Hackel. Aus dem Amerikanischen von Werner Beyer u. a. Mit Holzschnitten von Fritz Eichenberg. Großdruck. it 2309

– Das Geheimnis der Marie Rogêt und andere Erzählungen. Aus dem Amerikanischen von Werner Beyer, Felix Friedrich und anderen. it 783

– Grube und Pendel. Und andere Erzählungen. Mit einem Nachwort von Franz Rottensteiner und Illustrationen von Harry Clarke. Aus dem Amerikanischen von Günther Steinig. ›Grube und Pendel‹ wurde von Elisabeth Seidel übersetzt. it 362

Walter Scott: Im Auftrag des Königs. Die gefährlichen Abenteuer des Quentin Durward. Mit Illustrationen aus dem neunzehnten Jahrhundert und einem Nachwort von Traude Dienel. it 188

– Ivanhoe. Roman. Deutsch von Leonhard Tafel. Textrevision und Nachwort von Paul Ernst. it 751

Charles Sealsfield: Das Kajütenbuch oder Nationale Charakteristiken. Herausgegeben von Alexander Ritter. it 1163

William Shakespeare: Hamlet. Prinz von Dänemark. Aus dem Englischen von August Wilhelm von Schlegel. Durchgesehen von Levin L. Schücking. Mit Illustrationen von Eugène Delacroix. Herausgegeben und mit einem Essay versehen von Norbert Kohl. it 364

– Richard III. Aus dem Englischen von Thomas Brasch. it 1109

– Was ihr wollt. Aus dem Englischen von Thomas Brasch. it 1205

Mary W. Shelley: Frankenstein oder Der moderne Prometheus. Mit einem Essay von Norbert Kohl. it 1030

153/4/10.90

Englische und amerikanische Literatur
im insel taschenbuch

Muriel Spark: Mary Shelley. Eine Biographie. Deutsch von Angelika Beck. Mit zahlreichen Abbildungen. it 1258

Laurence Sterne: Leben und Meinungen von Tristram Shandy Gentleman. In der Übersetzung von Adolf Friedrich Seubert. Durchgesehen und revidiert von Hans J. Schütz. Mit einem Essay und einer Bibliographie von Norbert Kohl. Illustrationen von George Cruikshank. it 621

– Yoricks Reise des Herzens durch Frankreich und Italien. Aus dem Englischen übersetzt und mit einem Nachwort versehen von Helmut Findeisen. Mit zwölf Holzschnitten nach Tony Johannot. it 277

Robert Louis Stevenson: Entführt oder Die Erinnerungen des David Balfour an seine Abenteuer im Jahre 1751. Mit einem Vorwort von E. Y. Meyer. Aus dem Englischen übersetzt von Michael Walter. Mit den Illustrationen der Erstausgabe. it 321

– Die Schatzinsel. Aus dem Englischen von Karl Lerbs. Mit Illustrationen von Georges Roux. it 65

– Der seltsame Fall von Dr. Jekyll und Mr. Hyde. Deutsch von Grete Rambach. Mit Illustrationen von S. G. Hulme Beaman. it 572

Bram Stoker: Dracula. Aus dem Engl. von Karl Bruno Leder. it 1086

Jonathan Swift: Ausgewählte Werke in drei Bänden. Herausgegeben, eingeleitet und kommentiert von Anselm Schlösser. Mit einem Essay von Martin Walser. it 654

– Ein bescheidener Vorschlag, wie man verhindern kann, daß die Kinder der Armen ihren Eltern oder dem Lande zur Last fallen und andere Satiren. Mit einem Essay von Martin Walser, Die notwendigen Schritte. Übersetzt von Felix Paul Greve. Revision der Übersetzung von Walther Freisburger und Klaus Reichert. it 131

– Gullivers Reisen. Mit Illustrationen von Grandville und einem Vorwort von Hermann Hesse. Aus dem Englischen übersetzt von Franz Kottenkamp. Vervollständigt und bearbeitet von Roland Arnold. it 58

William Makepeace Thackeray: Das Buch der Snobs. Aus dem Englischen von H. Conrad. Mit Illustrationen von W. M. Thackeray. Herausgegeben von Norbert Kohl. it 372

– Jahrmarkt der Eitelkeit. Ein Roman ohne Held. 2 Bde. Mit Illustrationen von Thackeray. Herausgegeben und mit einem Nachwort von Norbert Kohl. Dem deutschen Text wurde eine Übertragung aus dem Nachlaß von H. Röhl zugrunde gelegt. it 485

153/5/10.90

[illegible] Englische und amerikanische Literatur [illegible]
[illegible] taschenbuch

Mark Twains Gesammelte Werke in 10 Bänden. Ausgewählt und herausgegeben [illegible] [illegible] it [illegible]

[illegible] und [illegible] Deutsch von [illegible] [illegible] [illegible] [illegible] Janssen. it [illegible]

Band [illegible] Abenteuer [illegible] Mit Illustrationen von True W. Williams. it [illegible]

Band [illegible] Tom Sawyer im Ausland. Tom Sawyer als Detektiv. it 818

Band [illegible] [illegible] Europa. Deutsch von [illegible] [illegible] Mit Illustrationen [illegible] W. [illegible] Brown, True W. Williams [illegible] it [illegible]

Band [illegible] Prinz und Bettelknabe. Deutsch von Wolfgang [illegible]. Mit Illustrationen der [illegible] von Frank T. Merrill, John J. Harley [illegible] it [illegible]

Band [illegible] Leben auf dem Mississippi. Deutsch von [illegible] [illegible]. Mit Illustrationen von Klaus Ensikat. it [illegible]

[illegible] Yankee [illegible] Deutsch von [illegible] [illegible] Mit Illustrationen von Edward W. Kemble. it [illegible]

Band [illegible] Der [illegible] des Königs Artus. Deutsch von [illegible] [illegible] Mit Illustrationen [illegible] von Dan Beard. it [illegible]

Band [illegible] [illegible] und andere Erzählungen. it [illegible]

Band [illegible] [illegible] [illegible] und andere [illegible] [illegible] Deutsch von Walter [illegible] [illegible] Mit Illustrationen der [illegible] [illegible] W. [illegible] [illegible]

Der [illegible] [illegible] Elefant und andere Erzählungen. Ausgewählt von Hans-Heinrich [illegible] und Norbert Kohl. Mit zahlreichen Abbildungen [illegible] it 1108

Horace Walpole: Die Burg von Otranto. [illegible] [illegible] Englischen von [illegible] [illegible] [illegible] Mit [illegible] Illustrationen der Ausgabe von [illegible] [illegible] von Walter Scott und einem Essay von [illegible] it [illegible]

Oscar Wilde: Gesammelte Werke in zehn Bänden. Herausgegeben von Norbert Kohl.

Band 1: Das Bildnis des Dorian Gray. [illegible]

Band 2: Märchen und Erzählungen. [illegible]

Band 3: Theaterstücke I. [illegible]

Band 4: Theaterstücke II. [illegible]

Band 5: Gedichte. [illegible]

Band 6: Essays I. [illegible]

Band 7: Essays II. [illegible]

Band 8: Briefe I. [illegible]

Band 9: Briefe II. [illegible]

Band 10: [illegible] it 582